北京市中小学校园阅读促进项目

区域整体推进校园阅读促进的研究及实践
——北京市门头沟区校园阅读素养提升项目成果集（上、下册）

（上册）

陈江锋　主编
白丰莲　李东梅　胡国友　副主编

电子工业出版社
Publishing House of Electronics Industry
北京·BEIJING

内 容 简 介

　　阅读是人们收集信息、认识世界、发展思维的重要途径。少儿时期的阅读是成长的开始，是通向未来成功之路的基础。校园阅读推广是基础教育改革的核心和突破口，是培养学生思维、能力及人格的重要途径。本图书阐述了国内外有关阅读促进活动的相关研究与政策，针对新时代校园阅读促进所面临的问题提出了一系列对策。门头沟区基于实践，推动了课程和教学的整体性变革，规划和实施了一系列以内涵发展为主的创新性实践项目。校园阅读促进工程是在区级层面统筹规划的重要基础性项目之一，借助互联网大数据分析评价技术，有效地激发了学生的阅读兴趣、提升了学生的阅读能力、丰富了校园阅读的内涵，帮助每个学生个性化、快乐地成长，是在传统阅读促进活动基础上的一种创新。

　　未经许可，不得以任何方式复制或抄袭本书的部分或全部内容。
　　版权所有，侵权必究。

图书在版编目（CIP）数据

　　区域整体推进校园阅读促进的研究及实践：北京市门头沟区校园阅读素养提升项目成果集：全2册／陈江锋主编．—北京：电子工业出版社，2018.12

　　ISBN 978-7-121-33973-8

　　Ⅰ．①区… Ⅱ．①陈… Ⅲ．①中小学－读书活动－门头沟区 Ⅳ．① G632.46

　　中国版本图书馆 CIP 数据核字（2018）第 065973 号

策划编辑：管晓伟
责任编辑：管晓伟　　特约编辑：李兴 等
印　　刷：三河市鑫金马印装有限公司
装　　订：三河市鑫金马印装有限公司
出版发行：电子工业出版社
　　　　　北京市海淀区万寿路 173 信箱　邮编：100036
开　　本：787×1092　1/16　印张：33　字数：1162 千字
版　　次：2018 年 12 月第 1 版
印　　次：2018 年 12 月第 1 次印刷
定　　价：180.00 元（上、下册）

　　凡所购买电子工业出版社图书有缺损问题，请向购买书店调换。若书店售缺，请与本社发行部联系，联系及邮购电话：(010) 88254888，88258888。
　　质量投诉请发邮件至 zlts@phei.com.cn，盗版侵权举报请发邮件至 dbqq@phei.com.cn。
　　本书咨询联系方式：(010) 88254460；guanphei@163.com。

编 委 会

主　编： 陈江锋

副主编： 白丰莲　李东梅　胡国友

编　委： 杨　艳　赵明勇　赵　薇　宋淑英　韩文帅　陈明欣　杜庆艳

前言
PREFACE

　　阅读是人们汲取知识、开发智力、发展思维、启迪智慧的重要方式；是将知识信息内化为发展动力、认识世界的载体；是一种润物无声的影响，滋养一个人的品格，使个人获得成功的必备和先决条件。在深层次上，阅读也是人们享受教育教学权利、广泛参与社会政治生活、消弭教育鸿沟、紧密家庭关系、关心弱势群体的重要手段，更是一个国家乃至一个民族精神发育、文明传承的重要桥梁。

　　2016年12月，我国发布了《全民阅读"十三五"时期发展规划》。大力倡导全民阅读，提升国民素质和社会文明程度，共同建设书香社会，被列为"十三五"的一项重要工作。一个没有阅读的学校不会存在真正的教育。从2001年开始，我国就十分关注和重视针对青少年的阅读推广工作，积极汇聚各方研究和推广资源，自主研发阅读课程，区域化推进书香校园建设，搭建阅读研究和推广平台，大力推动校园阅读工程的实施。

　　2016年，为进一步推进基础教育课程改革，落实立德树人根本任务，提升学校办学品质，由北京市教委发起了"北京市中小学校园阅读促进项目"。门头沟区积极响应，基于多年的教育教学实践，致力于推动课程和教学的整体性变革，合理规划和实施了一系列以内涵发展为主的创新性实践项目，校园阅读促进工程就是在区级层面统筹规划的重要基础性项目之一。该项目及时地面向现实中迫切需要解决的问题，旨在充分利用和发挥互联网大数据分析评价技术的优势和功能，在学生全面发展的基础上，以营造校园阅读文化氛围、深化阅读教育内涵、丰富校园阅读资源、开发阅读课程体系、建设数据化跟踪评价平台为保障，以提高学生阅读兴趣、培养学生阅读习惯、提升教师阅读指导能力及学生阅读综合素养为目标，整合相关资源，在全区中小学开展深层次校园阅读促进提升工作，形成具有门头沟区阅读教育特色的"立体式"发展模式。"门头沟区校园阅读素养提升项目"展现了门头沟区教育科研工作研究的新成果，开创了区域教育发展的新局面。

在实际研究中，一方面借助文献调查的方式，从分类总结的角度出发，参考了大量与阅读相关的文献资料，全面了解国外的阅读推广情况，系统综述和剖析了美国、英国、德国、日本、韩国和加拿大等发达国家的阅读推广活动和阅读推广经验，对于探讨提升门头沟区中小学生阅读水平和能力起到了很好的借鉴意义。

另一方面，通过资料搜集、信息整合等方式，在认真领会相关政策文件精神的基础上，再结合问卷、访谈等多种形式，对门头沟区各中小学阅读基本情况进行了详细的摸底和调研，对阅读环境、阅读现状做了详细的考察，对于存在的问题做了详细的归纳和总结。详细解读了门头沟区校园阅读促进推广的整体规划，明确了该项目三年内的具体规划和实施内容，并以分类的独特角度做了大数据归纳和分析。围绕阅读资源、阅读文化、阅读课程、跟踪评价工具、阅读活动及长效化机制等方面，多角度、系统化地开展，不仅积极推动阅读跟踪评价平台在各中小学的应用和推广，而且结合中小学教研工作，研发适合中小学教学实际需要的阅读课程，详细介绍了"绘本阅读课程""整本书阅读课程""阅读及戏剧通融课程""高效阅读课程"等方面的设计示例，同时还积极开展教师培训及教研活动，进一步加强学校对阅读的整体认识和提升教师的阅读指导能力。

《区域整体推进校园阅读促进的研究及实践——北京市门头沟区校园阅读素养提升项目成果集》是对2016年在门头沟区中小学范围内发起的"中小学校园阅读素养提升工程"实施情况的系统归纳和总结，是对为期三年的校园阅读整体提升计划的梳理，集中反映和体现了门头沟区教育科研的智慧，是门头沟区教委高度重视校园阅读促进工程的心血和结晶，对于门头沟区进一步营造良好的阅读氛围，提升学生的阅读素养和教师的专业水平起到了很好的促进作用，同时也可为其他地区的校园阅读推广活动的顺利开展提供宝贵的经验借鉴。

作为教育改革的践行者，教育工作者要不负使命、践行责任，通过一系列的举措保障中小学生的阅读权利、启蒙他们的阅读意识、激发他们的阅读兴趣、培养他们良好的阅读习惯、奠定他们的阅读能力。开展阅读理论研究、探索校园阅读推广和体验活动新形式、营造良好的校园阅读氛围、推动校园阅读实践是我们的目标。在探索少儿阅读理论、开展校园阅读推广实践中，我们如履薄冰，不敢有丝毫懈怠。今后将进一步加强阅读课程的深化与推广，全面深化和开展区域共读，进一步提升教师的阅读指导能力，深化区域阅读的成效。

回顾过去，门头沟区在促进内涵发展的实践过程中结出了丰硕的素质教育果实。展望未来，门头沟区也将一如既往、守正出新，在人才培养、教育实验、科研攻关、文化传承方面实现新的腾飞和创新发展。

目　录

第一章　国际阅读促进活动的相关研究 　001
　1.1　美国阅读促进活动研究 　001
　1.2　英国"阅读起跑线"计划 　009
　1.3　德国促进儿童阅读的经验 　017
　1.4　日本儿童读书推进运动 　021
　1.5　韩国阅读教育推动情况 　023
　1.6　加拿大阅读习惯的培养 　029
　参考文献 　032

第二章　我国关于阅读促进的相关规划及政策文件 　034
　2.1　《全民阅读"十三五"规划》 　034
　2.2　关于加强新时期中小学图书馆建设与应用工作的意见 　044
　2.3　2017年普通高考考试大纲修订内容通知 　048
　2.4　完善中华优秀传统文化教育指导纲要 　051

第三章　新时代下校园阅读促进面临的问题及对策 　058
　3.1　基于核心素养背景下的阅读素养分析 　058
　3.2　基于互联网背景下的校园阅读促进模式 　069
　3.3　基于新中高考背景下的阅读对全科教学的影响研究 　073
　3.4　校园阅读管理实践及总结 　079
　参考文献 　079

第四章 门头沟区校园阅读促进整体规划及阅读活动示例 　　081
    4.1 门头沟区校园阅读素养提升项目三年规划（2016—2018） 　　081
    4.2 门头沟区阅读项目2017—2018学年实施内容 　　086
    4.3 门头沟区书香校园评选办法 　　088
    4.4 门头沟区中小学推荐书单 　　094
    4.5 师生朗读者活动 　　096

第五章 门头沟区阅读课程示例 　　100
    5.1 绘本阅读课程设计示例 　　100
    5.2 整本书阅读课程设计示例 　　108
    5.3 阅读及戏剧通融课程设计示例 　　131
    5.4 高效阅读课程设计示例 　　143

第六章 基于攀登阅读的大数据阅读跟踪评价体系构建 　　156
    6.1 理论依据 　　156
    6.2 评价工具 　　161
    6.3 评价体系架构 　　163
    6.4 各评价模块的数据获取方式及评价标准 　　164
    6.5 实施方案 　　167
    6.6 小结 　　173

第七章 门头沟区校园阅读促进成效分析 　　175
    7.1 门头沟区参与率分析 　　176
    7.2 门头沟各学校参与率分析 　　178
    7.3 阅读数量分析 　　180
    7.4 阅读应用分析 　　182
    7.5 阅读均衡度分析 　　183

后记 　　187

第一章 Chapter

国际阅读促进活动的相关研究

古人云："读万卷书，行万里路。"可见，阅读在我们人的成长历程中占据十分重要的地位。阅读是一种润物无声的影响，于无声之中滋养一个人的性格，是个人获得成功的必备和先决条件。同样，阅读也是人类开发智力、汲取精神营养、增长见识、开阔眼界、启迪智慧的重要方式。更深层次上，阅读与人们所处的社会密切相关，是公民平等地享受教育教学权利、广泛参与社会政治生活、消弭教育鸿沟、紧密家庭关系、关心弱势群体的重要手段[1]，更是一个国家乃至一个民族精神发育、文明传承的重要桥梁。

伴随着社会的日益发展和变革，民族阅读能力对社会和经济的发展至关重要。近些年来，国民阅读兴趣培养的重要性与必要性日益凸显，引起越来越多国家政府和社会公益性机构的高度重视，丰富多彩、形式各样的阅读促进和推广活动也如雨后春笋般兴起、层出不穷，并且展现出蓬勃发展的态势。

美国、英国、日本、德国、韩国等中央政府携手公益基金会、公共图书馆等机构和组织，不遗余力地积极参与到推动阅读运动行列之中，其中美国"阅读挑战"行动及"不让一个孩子落后"的教育改革、英国的"Book Star阅读起跑线"计划、德国的"阅读测量尺"活动、日本的"儿童读书推进运动"等活动持续发展多年，对于自身国内阅读水平的整体提升起到了十分重要的作用。这些国家成功的案例各具特色，对于探讨和提升世界各国促进学生阅读水平和能力有着十分重要的借鉴意义和参考价值。

1.1 美国阅读促进活动研究

国际教育成就评价协会（International Association for the Evaluation of Educational

---

[1] 章红雨. 世界各国的推广儿童阅读运动[EB/OL]. (2009-06-01) [2018-02]. http://www.chinanews.com/cul/news/2009/06-01/1714867.shtml.

Achievement，IEA）发布的研究结果表明，美国孩子在阅读方面展现出独特的优势，相比世界上其他任何国家的同龄孩子，拥有更强、更好的阅读能力。这项研究并不是无稽之谈，因为有相应的例证可以证明。目前美国小学四年级学生当中，能够阅读中等难度的成人报纸者占78%，能阅读难度较高的文学名著者占46%，这两个数据相比国际平均水平，分别高出27个百分点和21个百分点[2]。这样突出的成绩当然与美国重视阅读的传统密不可分。

阅读是国民教育和国家竞争力的重要衡量指标之一，美国历届政府和社会都十分重视阅读教育的发展，一直贯彻与执行着积极倡导和重视阅读的行为理念，而且几乎是全民阅读。在美国教育部的网站上醒目地写着教育部长玛格丽特·斯佩林斯的话："能够阅读的孩子，是能够学习的孩子。而能够学习的孩子，将在学校和生活中获得成功[3]。"可以说，美国在阅读教育改革之中一马当先，在许多方面都是先行一步的。美国联邦政府不懈追求高水平阅读教育的实践，为其他国家实现阅读能力的提升提供宝贵经验。

由政府主导，推动全民阅读的实施战略已经成为世界发展的一大潮流。美国政府于20世纪80年代之后日益加大对于阅读教育的重视程度，出台了一系列相关的政策法规促进儿童阅读能力的发展，将阅读教育提升到教育政策和立法的高度，并将其纳入法制化轨道，进一步加以规范化管理。美国有关阅读教育方面的投资也处于总体上升的趋势，这些深层次的教育改革在很大程度上对于促进美国阅读教育的进步和阅读水平的提升起到了举足轻重的作用。

1.1.1 美国"阅读挑战"行动

（一）美国"阅读挑战"行动实施背景

由于美国盛行进步主义教育运动，对阅读教育运动的实施和进展产生了一定程度的影响，导致20世纪绝大部分时间，阅读教育在美国不仅没有得到应有的关注和重视，还呈现出令人担忧的发展态势。1983年，美国国家优质教育委员会（The National Commission on Excellence in Education）在详细调查美国中小学教育发展状况之后，向美国政府和教育部提交了《国家处在危险之中：教育改革势在必行》（*A Nation at Risk：The Imperative for Educational Reform*）的报告。报告显示，美国学生在工作技能与思辨能力、考试成绩、阅读和写作能力及国际竞赛成绩四个方面均存在能力下降的趋势；并且调查发现，全美80%的学前儿童不能独立进行阅读，2300万美国成人是半文盲，全美大约13%的17岁青少年是

---

[2] 欧孔群.美国学生阅读能力的培养[J].广西教育,2017(48):42-43.
[3] 黄爱丽.唤醒阅读的力量[J].中华家教,2013(4):24-25.

功能性文盲，少数民族中这一比例竟然高达40%[4]。这一报告给美国政府及美国公民带来了不小的冲击。美国的教育现状不容乐观，教育改革迫在眉睫，因此逐渐形成了呼吁和强调以三基（阅读、计算、写作）为特色的教育改革的大趋势。时隔十一年之后，国家教育进步评估委员会（National Assessment of Education Progress）公开指明，美国少儿阅读水平呈现下降趋势，同时指出，美国四年级的学生有40%达不到基本的阅读水平。随后阅读教育引起人们的广泛关注和重视，到20世纪90年代后期逐渐成为美国联邦政府和整个社会关注的重点问题之一。

（二）美国"阅读挑战"行动具体措施

为摆脱美国教育所面临的困窘局面，提高儿童的阅读水平，使美国阅读教育摆脱尴尬的境地，自称为"教育总统"的克林顿于1997年10月21日在美国白宫发表了美国阅读动员报告，提出了"美国阅读挑战行动"。这场"阅读挑战行动"旨在号召和动员全国所有资源——学校、图书馆、教会、大学、大学生和年长公民，即美国全体公民及一切资源帮助全美儿童在三年级末达到独立、有效的阅读水平，以便让他们更好地适应变化激烈、竞争激烈的社会。

为了实现这一目标，美国政府专门成立了负责的机构——"美国阅读挑战办公室"，并将1997年确立为美国的阅读年，同时向全民倡导"多看书，少电视"。同时，美国政府还积极加大对阅读教育方面的资金投入力度，划拨专项资金用于支持阅读挑战行动，多次投入大量资金用于更新教育技术、教育手段，也更加重视提高学生"读、写、算"等基本能力，以便进一步提高儿童的整体阅读水平。同时，美国国会于1998年正式通过了《阅读卓越法》，将阅读教育纳入法制化的轨道，使阅读教育更加规范化和科学化。另外，该法案划拨了2.6亿美元用于推广儿童及家庭阅读工作。

随后"阅读挑战行动"有了更快、更好的发展。教育部和国家服务公司（Corporation for National Service Support，CNS）还专门成立了美国阅读支持办公室，任命国务卿高级顾问担任"美国阅读挑战行动"的总负责人，负责整个行动的总体协调和支持工作。教育部和CNS负责整合各方资源以支持和推动这个全国性的阅读行动，如提供行动总指导方针、相关出版物、儿童工具包，建立美国阅读挑战官方网站等。2000年，国家阅读研究小组（National Reading Panel）正式成立，并且发表了多篇阅读相关的研究报告。同年，为了防止儿童暑假期间产生阅读断层而导致的阅读能力退步，美国政府特意建立了"暑期阅读之乐"网站，旨在进一步增进对儿童阅读的监督和管理，使儿童阅读延续性得以实现。

---

[4] National Commission on Excellence in Education. A nation at Risk: The Imperative for educational reform [J]. The Elementary School Journal, Vol. 84, No. 2 (Nov., 1983).

此外，美国教育部发布了《怎样支持美国阅读挑战》，号召每一个美国人通过个人和职业的努力帮助孩子阅读，并对社会各个阶层、各团体组织提出了具体要求。例如，家庭要积极鼓励孩子学会自己阅读，借助校外阅读提高他们在校内获得的能力。美国的"阅读挑战行动"不仅获得了政府部门的大力支持，还得到了社会各界的广泛参与和协助。家庭、中小学校、雇主、社区、文化和宗教组织、高等院校等社会组织和机构纷纷加入阅读挑战行动的行列，呈现出全民参与阅读和教育改革的可喜局面。

大学生是社会上最有热情、最有理想的群体，是社会运动的主力军。美国的阅读挑战行动通过"热情参与，有偿服务"的形式积极号召和鼓励大学生参与其中，以阅读免除政策鼓励大学生参加勤工助学计划帮助儿童阅读。如果大学生参加阅读挑战项目，他们将会得到由政府支付的全额工资（政府通过要求5%的联邦勤工助学资金用于社区服务保证这一政策的落实）。1998年，免除政策扩展到了参与家庭识字项目的大学生，这些大学生如果帮助了孩子们和他们的家长或养育者提高阅读和识字水平，也会获得政府提供的全额工资。

美国政府不仅使身心健康的孩子享受到阅读教育的权利，同时也充分考虑和兼顾有阅读困难的孩子。1998年，为了帮助那些有阅读困难的孩子扫除阅读障碍，美国教育部专门成立了"克服儿童阅读困难委员会"，通过建立丰富而多样的研究数据，将研究成果转化为对父母、教育者和出版者有用的建议和指导，同时将这些建议传达给有需要的人们。美国国家研究委员会定期发布《排除儿童阅读困难报告》，并集结成《克服儿童阅读困难》并加以出版，引导社会各界对阅读困难儿童加以关注并倾注一份力量。

（三）美国"阅读挑战"行动实施效果

从1998年到1999年上半年，总计1000多所大学和学院参与到美国阅读挑战行动之中，参加联邦勤工俭学项目的大学生不仅做孩子的阅读辅导教师，还在全国性的家庭识字项目里做辅导教师，充分发挥了大学生的作用和价值。几千位阅读辅导者及训练人员通过"美国团队"（AmeriCorps）、"参观者"（VISTA）、"国家高级服务队"（National Senior Service）为社区培养阅读辅导者。几百个社区招募志愿的阅读伙伴，组织读书项目（Book Drives），通过帮助孩子阅读支持学校。超过250个组织参与到了美国阅读挑战行动，涵盖商业机构、宗教团体、学校、图书馆、剧院、专业机构（如识字团体）、媒体、父母和教师组织等各个方面。随后，国家教育进步评估委员会（NAEP）在1999年3月发布了1998年度阅读调查报告，调查分为国家级别和州级别，测评了四年级、八年级、十二年级学生的阅读水平，并将结果与1992年、1994年的调查情况加以比较，结果显示美国学生的阅读水平略有提高。以南佛罗里达州为例，实施阅读挑战行动之后，整合了包括高校、中小学校、社会各方和地方教育管理部门等各方力量，积极组建行动委员会，拟定行动计划，安排受过培训的辅导员开展阅读辅导，之后再对培训结果加以评估，进而发现问题并提出提升方案，最终形成了一整套系统、有效的闭环的管理模式，在两年中，共有将近6000名儿童接受了阅读辅导，大约500名大学生成了辅导员志愿者。这是美国全民参与，共同努力换来的丰硕成果。

1.1.2　美国基础教育改革方案——《不让一个孩子落后》(No Child Left Behind)

（一）美国基础教育改革方案发起背景

在之前历届政府的不懈努力之下，20世纪八九十年代美国阅读教育取得了显著成就，国民整体阅读水平有了很大的提升，但是在学前儿童、贫困儿童等的阅读教育上还存在一定的问题，国内中小学生读、写、算等方面能力低下的问题仍有待解决，阅读困难成为影响美国儿童取得学业成就的主要原因，同时教育不公平等问题成为阻碍美国基础教育水平提高的一大障碍。美国布什政府试图通过实施这一法案来保留其原有的自由、灵活、开放的教育体系，在培养和发展学生创造力的同时加强其基础知识教学，进一步完善美国的中小学教育体系。

（二）《不让一个孩子落后》的出台和实施

2001年，美国第43届总统布什就任后延续其前任的阅读行动，对阅读教育继续加以重视和推崇。在上任伊始，他就向国会提交了《不让一个孩子落后》(No Child Left Behind)的教育改革计划，并于2002年签署和发布，称为NCLB法案。它以提高学生学业成绩为根本目的，明确指出每个孩子应该接受好的教育，不允许任何一个孩子在学习上落后和掉队。布什政府勾画了新世纪美国教育改革与发展的蓝图，重申了美国公立学校不分地区、不论家庭背景、没有肤色之别地发展学生心智、培养学生品格的历史使命与责任，并郑重宣布将与国会共同努力，力争不让一个孩子掉队，从而最终实现中小学教育的高质量[5]。《不让一个孩子落后》是美国进入21世纪颁布的首部有关基础教育改革的重要法案，不仅在美国当代教育史中占据重要的地位，在国际教育史上也产生了深远的影响，该法案颁发之初，就被社会各界评价为具有"里程碑"的意义。

该法案的确立以增进教育公平、提高学生学习成绩、缩小或消灭劣势群体（比如贫困学生）和非劣势群体学生间学业成绩差距为宗旨，以标准化考试为工具，对美国基础教育进行改革。总目标是确保所有公立学校里的每个孩子都能享受做好充分准备的教师的教育、基于科学研究基础的课程和安全的学习环境，进而最终实现中小学教育教学质量的全面提高。因此，在教育改革的过程中不仅关注教育公平，同时积极改革评价制度，大力实

---

[5]　U.S. Government Printing Office. No Child Left Behind Act[EB/OL]. (2002-01-08). https://www.gpo.gov/fdsys/pkg/PLAW-107publ110/html/PLAW-107publ110.htm.

施奖罚措施，有效地提高了学生尤其是少数族裔学生的学业成绩，同时大大提升了美国联邦政府在公共教育领域的地位。

这部法案可以说是1965年以来，美国最重要的中小学改革法案之一，对美国基础教育也产生了极其深远的影响。正如亚斯潘研究所（Aspen Institute）的一份报告所言，"相比于美国以前的教育法案，NCLB法案更深程度地影响美国学生的家庭、课堂、学校及学区。该法案也影响着教育系统的每一个部分……从小学教育到高中教育，从教师的聘任到联邦资源的分配及运用。不管整个教育系统如何看待这些影响，系统里头的很多人都会同意这个说法，即使法案明天就消失了，美国的学校依然会被完全地改变[6]。"

（三）《不让一个孩子落后》计划内容

《不让一个孩子落后》改革计划一如既往地关注着美国中小学生的阅读、数学和科学素质；关注着主流文化和非主流文化群体学生学业成就之间存在的差距；全国统一的、严格的学业标准的制定和实行；高科技、安全的学校环境建设以及学校、家庭和社区对提高学生学业成就责无旁贷地参与和支持[7]。其主要内容包括：第一，建立中小学教育责任制，各州制定并实施富有挑战性的州级阅读和数学标准，设立的具体目标则是全美所有学生的阅读、数学和科学的成绩在2014年以前必须达到"熟练"的水平；第二，给地方和学校更大的自主权，可以灵活分配资源，自由改革创新；第三，给父母更多的选择权，为家长提供学校及孩子学习的相关信息，提升家长的知情权；第四，提高教师质量，对教师教学严把质量关，强调在科学研究的基础上开展教育工作；第五，检查各州的学习成绩，提高移民儿童的英语水平。

法案规定和要求每个州均采用年度评估来衡量学生的进步情况，各州必须根据学生目前的学业总水平制定一个逐年递进的适当年度进步率（Adequate Yearly Progress，AYP）。之后根据学生的测试情况，学校将被评估，或者获得奖励，或者得到处罚。另外值得指出的是，在该法案当中，专门针对阅读问题详细制定了两项方案：一项是针对从学前班到小学三年级（K-3）儿童的"阅读优先"（Reading First）计划；另一项则是专门针对学前儿童的"早期阅读优先"（Early Reading First）计划，并且规定在2002—2007财政年度，每项计划每年分别投入9亿美元和7500万美元，旨在提高学前儿童特别是来自弱势群体的儿童的早期阅读技巧、认知能力和早期语言能力[8]。

---

[6] Thompson T, Barnes R. Beyond NCLB: Fulfilling the Promise to Our Nation's Children [M]. The Aspen Institute, 2007.
[7] 常生龙. 教育漫谈四十三：美国现代教育制度（三）[EB/OL].（2009-03-03）[2018-02]. http://blog.sina.com.cn/s/blog_58cc4a870100dfzg.html.
[8] 王娟涓. NCLB法案对美国农村学校提出的挑战[J]. 外国中小学教育, 2004(5):24-28.

(四)《不让一个孩子落后》计划实施效果

NCLB法案和相关政策迎合了美国家长关心子女成长的心态，因而得到了学生家长和社会各界的大力支持。在全国范围内，《不让一个孩子落后》法案，尤其是作为该法案核心的责任制，正在一步步地得到落实并已取得了巨大进展，虽然其中一些州也存在一定的抵触情绪。在年度考试、达标标准和惩罚机制的多重压力之下，各中小学都不同程度地采取了应对措施，有的中小学在时间、资源、教师等各个方面对各州考科目的教学予以加强；有的中小学延长了学校上课时间，增加了放学后的补课；也有的学校加强了教师进修，以提高教学水平。有相关调查数据显示，这场改革在提高学生尤其是处境不利的学生的阅读和数学成绩方面已取得显著成效，同时，教师质量整体水平有所提升，不同族裔学生之间的学业差距也有了缩小的趋势，在一定程度上达到了预期的目标。

但是，该法案规定让美国全部的学生在各州考科目上达到熟练水平是十分困难的，也是极不现实的，在一定程度上产生了一些负面影响。首先，严格的规定给学校、学生和教师都带来了沉重的负担，几乎所有的中小学都不同程度地面临着压力。其次，美国政府过分看重成绩，也使美国教育面临应试教育的危险。再次，该法案实施需要大笔的资金，在实际执行过程中也面临一些经费不足的困境。

因此，《不让一个孩子落后》法案自实施起就成为教育界关注的焦点，有赞扬，也引发了一些争议，如今美国政府正在对其存在的一些弊病加以修正和完善。

1.1.3 奥巴马时期《改革蓝图：中小学教育法重新授权》

(一)发布《改革蓝图：中小学教育法重新授权》的时代背景

2009年，奥巴马就任美国总统后，在教育改革方面也面临一些难题。一方面，前总统布什发布的《不让一个孩子落后》法案过分强调教育的公平，以高额的财政投入支持学前阅读教育的发展，但是在实际的实施过程中却出现了资金投放不足、给学校和学生造成沉重压力的负面情况，不仅在一定程度上影响到学生阅读教育的发展，也为阅读教育后续的发展带来一定的负面影响。另一方面，由于受到传统教育观念的影响，重点关注初等、中等及高等教育的发展，因此美国存在学前阅读教育质量低下的弊病，学前教育体系比较复杂且缺乏有力、统一的领导，很难开展系统的教学，这些成为奥巴马政府急需解决的问题。

为了解决这些问题，奥巴马政府着手进行一系列的教育改革，一方面延续了布什总统的阅读教育政策，另一方面也做出了革新和调整。他分别提出《美国复苏与再投资法案》(*American Recovery and Reinvestment Act*)和《冲顶计划》作为教育指导方针，继续将美国阅读行动向深度和广度推进。奥巴马政府在《美国复苏与再投资法案》中提出了提高学生读写能力的综合性计划，规定在小学阶段开展广泛的阅读活动，实施新的阅读课程，并要求对教师和校长进行两年的强化培训。同时划拨43.5亿美元用于"冲顶计划基金",作为鼓励和奖励各州创造教育革新和改革条件的竞争性经费。随后,奥巴马政府在2010年3月签署了《改革蓝图——对初等及中等教育法的重新授权》(以下简称《改革蓝图》)法案,该法案是基于2009年签发的《美国复苏与再投资法案》所提出来的,旨在促进美国学前教育及中等教育的发展,另外也希望促进学前教育和中等教育的对接。

（二）《改革蓝图》发布的意义

需要指出的是,《改革蓝图》还是奥巴马政府对布什政府《不让一个孩子落后》法案的继承与发展,希望借助此法案使所有儿童特别是贫困儿童接受平等、高质量的学前教育。《改革蓝图》中关于提升学前儿童的阅读教育也有明确的说明。

《改革蓝图》针对大力提升学前儿童的阅读能力做出了新的探索和实践,制定了"全面扫盲计划",该计划主要是针对美国所有儿童,特别是针对印第安、亚裔、非裔及低收入家庭儿童的读写能力发展。奥巴马政府希望借此计划能够特别保障弱势儿童的权益,确保早期教育的公平性,大力缩小美国各个阶层儿童之间的阅读能力及学习能力的差异,提升美国整体的儿童阅读水平。另外,美国学校正在大力开展由美国阅读公司发起的"挑战100本书"(100 Book Challenge)的活动,这里的"100本书"是指100个15分钟的阅读任务,每一个15分钟成为一个step,完成100个step后学校就会广播表扬一次,并发给一个印有挑战100本书字样的小奖品。

1.1.4 美国阅读促进活动的总结

首先,虽然美国历届政府所代表的利益共同体都有所不同,但是在学前儿童的阅读教育上历届政府的观点都高度一致,美国历届政府开展的阅读教育政策改革在发展中不断调整、变化与完善,关于学前儿童的阅读政策具有很强的连贯性及互补性,在制定相关政策时取其精华,弃其糟粕,使得美国学前儿童阅读教育政策不断发展和优化,逐渐提高到一个新的水平。

其次,强制立法手段及充足的经费供应是历届政府政策得以执行的有效保障,教育立法具有强制性和稳定性,这在一定程度上能够保证教育立法的可行性、连贯性及有效性。

再次,因为美国是一个分权制国家,体现在教育上就是联邦政府与地方政府分权治理教育问题,联邦政府给予政策上的指引,一方面宏观调控学前教育的发展态势,另一方面也尊重各州按照自己的特点进行分权管理。而地方政府则根据本州的具体情况,在联邦政府教育大原则之下因地制宜,制定适合本州情况的具体教育政策。

最后,美国历届政府关于学前儿童的阅读教育政策都体现了"效率"与"公平"相结合的特点,这也是美国学前儿童阅读教育取得显著成就的主要原因。

1.2 英国"阅读起跑线"计划

英国是一个拥有悠久历史、崇尚阅读的国家,英国社会历来也十分重视阅读教育。早在1850年,英国就出台了世界上第一部全国性公共图书馆法。据统计,1997年,英国平均每1.2万人就拥有一座公共图书馆,是世界上人均占有公共图书馆份额最多的国家[9]。不仅是国家层面,英国家庭也历来重视家庭阅读。在国家和家庭双方面的推动下,英国培养国民阅读素养的系统完善且丰富,不可忽视的是英国的诸多阅读项目,英国的"阅读起跑线"(Book Start)计划就是其中的一项。

1.2.1 "阅读起跑线"计划实施状况

"阅读起跑线"计划是一个全球性的计划,是世界上第一个专为学龄前儿童提供阅读指导服务的计划。众所周知,阅读素养被认为是参与现代社会竞争的先决条件,民众良好的阅读习惯对一个国家的文化基础有很大的影响。儿童是未来促进社会发展进步的生力军,关注他们的启蒙教育、学前教育,培养他们良好的阅读习惯,将为他们未来的求学、发展打下良好的基础。"阅读起跑线"计划就是在此背景下展开的,旨在让每一个英国儿童都能够在早期阅读中受益,并以享受阅读的乐趣为基本原则,培养他们将阅读作为终身爱好。

此项阅读计划完善的体制和指导服务不仅能够帮助世界各地的参与机构顺利开展工作,同时也提供了一个国际交流的机会。该计划已经实行了二十多年,到目前为止,成功推广至欧洲、亚洲、北美洲、南美洲和大洋洲[10],已在比利时、丹麦、智利、德国、意大利、美国、加拿大、澳大利亚、日本、韩国、泰国、墨西哥、波兰、南非、印度等25个国家和地区拥有分支,在中国苏州也有一家分支机构[11]。该计划已成为全球最具有影响力的婴幼儿阅读推广计划。

英国的"阅读起跑线"计划是世界上首例独具国家性质、专为婴幼儿提供阅读指导服务的计划。该计划的实施旨在让阅读走进婴幼儿的生活,让每一个儿童都能够从早期阅读中受益,享受阅读的乐趣并将阅读作为终身爱好。该计划专门免费为4岁以下儿童发放与他们年龄相对应的阅读资料包(Book Start Packs),为他们的成长保驾护航,同时积极开展各种亲子互动的阅读活动,进一步帮助家长掌握培养孩子养成良好阅读习惯的方法和技巧,鼓励家长到附近的图书馆借阅书籍并利用相关资源,形成全社会重视阅

---

[9] 鞠英杰. 英国公共图书馆事业[J]. 图书馆建设,2004(6).
[10] Welcome to Child's Play [EB/OL]. [2012-09-10]. http://childs-play.com/.
[11] 苏州图书馆. 苏州图书馆"悦读宝贝"加入英国"阅读起跑线"[EB/OL]. (2014-02-10). http://www.jslib.org.cn/pub/njlib/njlib_yjdt/jslib_shengnei/201402/t20140210_124251.htm.

读的良好态势[12]。

1.2.2 "阅读起跑线"计划发展历程

"阅读起跑线"计划开始于1992年,最初由英国图书信托基金会（Book-Trust）策划和发起。"Book Start"集书籍（Book）与开始（Start）两层意思于一身,形象鲜明地表现出该计划设立的目的和初衷。起初,该项阅读计划推广范围不大,只是在很小的范围内开展一些试验项目,并且涉及对象只是英国国内贫困地区的儿童,主要为他们解决阅读的难题。之后越来越多的赞助加入行列之中,赛恩斯伯里的股份有限公司赞助600万英镑,作为"阅读起跑线计划"1999—2000年的活动经费,使得该项阅读计划的服务范围扩大到全英国。英国各地政府及相关社会团体在赞助商的影响下,对该项阅读计划也日益关注,并积极参与到该项计划之中。到2000年3月,伴随着全英国92%的地方政府的加入,这一阅读计划更呈现出迅猛发展的态势,日益发展壮大。从此,"阅读起跑线"计划成为世界上第一个国家性质的专为学龄前儿童提供阅读指导服务的阅读推广活动,并逐渐受到了国际社会的广泛关注和重视。从2000年开始,该项阅读计划每年都会获得国家相关政府部门的资助。2001年,新一代"阅读起跑线"资料和共同分担权利与义务的合作模式被引入"阅读起跑线"计划。与此同时,英国图书信托基金会开始与童书出版商建立合作,红房子书友会和儿童读物出版商每年为"阅读起跑线"计划提供市值约560万英镑的图书,从而大大降低了阅读资料包的成本,能够提供的阅读资料包的数量出现了质的飞跃。2004年5月,英国政府设立"确保开始"（Sure Start）中心,为"阅读起跑线"计划提供经费支持和辅助管理。英国财政大臣郑重宣布,"阅读起跑线"计划开始向全球范围内的适龄婴幼儿提供免费阅读资料包,希望将其发展成为全球最有影响力的婴幼儿阅读推广计划。

1.2.3 "阅读起跑线"计划主要推行机构

该项阅读计划的顺利开展和实施离不开相关机构的倡导与支持,英国公益慈善机构——图书信托基金会、伯明翰图书馆服务部（Birmingham Library Services）和基层医护服务信托基金会（Grass-roots Medical Service's Trust）这三大机构作为联合发起者,在"阅读起跑线"计划实施过程中发挥了举足轻重的作用。

作为英格兰艺术委员会（Arts Council England）资助的独立慈善组织及英国最大的文化艺术组织的图书信托基金会主要致力于帮助人们从小和图书形成密切的联系,将人与书紧密地联系在一起,培养各种文化背景、各个年龄段的公众对阅读的兴趣,不遗余力地为学校、图书馆和家长提供各种信息资源,并积极开展各种文化活动,包括"阅读起跑线"

---

[12] 陈永娴. 英国"阅读起跑线"（Bookstart）计划及意义[J]. 深图通讯,2006(4):65-70.

计划、"一起写作"（Writing Together）计划和国家儿童图书周（National Children's Book Week）。

在"阅读起跑线"计划中，图书信托基金会负责提供和分发各种免费资料，研究和评估该计划的实施情况，推广成功经验，促进该计划的进一步发展。伯明翰图书馆服务部与当地基层医护服务信托基金会作为"阅读起跑线"的执行单位，在7～9个月宝宝回到当地健康中心检查听力时，免费赠送阅读礼袋给每一个育有婴幼儿的家庭，包括两本图画书、《宝宝爱看书》（Babies Love Books）导读手册、推荐书目、图书馆借书证申请表，还有当地阅读说明宣传资料等。若错过婴幼儿健康检查时间，则由儿童保健员家访并赠送阅读礼袋，提倡和鼓励婴幼儿尽早接触图书，特别是图画书，让家长与幼儿共同分享亲子图画书阅读的乐趣，为培养婴幼儿终身阅读习惯奠定良好基础。

1.2.4　阅读资料包内容

"阅读起跑线"计划是全世界第一个由基金会发起的主要针对婴幼儿及家长的免费发放阅读礼袋的读书运动，倡导每一个孩子都有阅读好书的权利，积极践行并落实国际图联倡导的《公共图书馆宣言》，主张阅读图书永远不嫌早，宝宝很小就可以看书、需要看书、也喜欢看图画书。该计划最为核心的工作内容就是由公共图书馆与教育和健康等多家机构联手免费为每个儿童发放一个市值60英镑的资料包，这些资料分装在不同款式的帆布包里，根据儿童成长的实际需要，分年龄段以不同的方式分发。

婴儿包（Book Start Baby Pack）是印有"阅读起跑线"计划标志的紫色帆布挎包，主要适用于0～12个月的婴儿，内含两本精装书、一本介绍与幼儿分享故事的方法和建议的小册子——《婴儿爱阅读》（Babies Love Books）、一个推荐书目——《欢迎参加"阅读起跑线"计划》（Welcome to Book Start）和一本童谣书。这个帆布包通常由健康访视员在幼儿出生后的第8个月进行规定检查时带给幼儿的父母。

高级包（Book Start Plus Pack）是一种印有"阅读起跑线"计划小熊标志的彩色尼龙书包，主要适用于一岁半到两岁半的学步儿童，内含两本图书、一个涂鸦板、各种彩色蜡笔、一本识数小册子、一本为初学走路的孩子准备的推荐书目、一套藏书标签（鼓励孩子建立自己的藏书）、一本关于如何培养孩子听说能力的小册子。高级包旨在鼓励孩子发展语言、会话、收藏图书，以及通过鼓励孩子随意涂鸦，帮助他们尽快学会写字。孩子和家长可以在进行规定的健康检查时向健康访视员索取高级包。

百宝箱（My Book Start Treasure Box）是一个印有"最高机密"字样的神秘的彩色小塑料箱，适用于3～4岁的学前儿童，内含一个A4彩色塑料文件袋、两本图书、一本关于儿童教育的书、一本介绍如何获取特定主题图书的小册子、一套藏书标签、一盒彩色蜡笔和一个卷笔刀。百宝箱除了具有高级包的功能外，还鼓励儿童练习写字。孩子和家长可以在托儿所、图书馆等地方，凭借儿童的健康记录本（Health Book）获取百宝箱。

发光包（Book Shine Pack）适用于0～4岁聋儿，内含两本精装书，一本介绍如何与聋儿分享图书的发光小册子，一本列出更多书目、资源的发光指南书，一个印有手语儿歌的餐垫。

触摸包（Book Touch Pack）是特意为有视力障碍的儿童准备的，适用于0～4岁全盲和弱视儿童，供其体验阅读的乐趣，并帮助他们养成良好的阅读习惯，培养听说能力，希望能让每一个视障儿童从最初对图书、故事童谣、儿歌的喜爱中受益，帮助视障儿童家庭从慈善机构获得帮助。资料包内有一本指导家长如何与视障儿童分享图书的小册子——《和孩子分享图书》，一个新书推荐书单——《欢迎参加"阅读起跑线"计划》（Welcome Book Start），一本指导视障儿童进行阅读的小册子——《阅读的方法》（Way of Reading），以及两本专为视障儿童选取的特制图书（其中有一本是用布莱叶盲文印制的），两本特制图书被称为"触摸和感觉图书"，它们能够让视障儿童通过他们的手指触摸图书来获取信息，书里的图画都是清晰、粗线条和强对比色的图片，从而让视障儿童能够轻松地欣赏图片，使阅读成为令人兴奋的享受。触摸包一般由图书信托基金会直接邮寄给"阅读起跑线"计划的合作机构、地方教育局的视障儿童教师、健康访视员或视障儿童的家长。

双语资料（Dual Language Books）适用于母语为非英语的儿童。为了使"阅读起跑线"计划能够在全球推广，该计划不遗余力地提供多种语言版本的免费指导资料。同时，随着参加计划的国家不断增加，免费资料的语种数量也在不断增多。"阅读起跑线"计划提供的多语种免费指导资料主要是《婴儿爱阅读》，这本小册子有14种不同语言版本，包括阿尔巴尼亚语、阿拉伯语、孟加拉语、中文、法文、盖尔语、西班牙语、索马里语等。此外，"阅读起跑线"计划的官方网站（www.bookstart.eo.uk）还提供另外9种语言版本的指导资料的下载链接，包括捷克语、波斯语、波兰语、葡萄牙语、俄罗斯语、塞尔维亚语、修纳语、泰米尔语和越南语。用户如果希望增加其他语种的指导资料，可以向"阅读起跑线"计划工作小组提出建议。

以上每种阅读资料包内均装有不同的图书和物品，内容丰富，实用性强，激发了婴幼儿及家长的阅读兴趣，强烈吸引着他们主动了解和参与"阅读起跑线"计划的其他活动。

1.2.5 "阅读起跑线"计划拓展服务项目

当然，除了核心的免费阅读资料包之外，"阅读起跑线"计划还设置了类型多样的拓展性服务。在通过免费阅读资料包吸引婴幼儿家庭参与到该项阅读计划之后，图书馆还开展各种亲子互动的阅读活动，吸引婴幼儿家庭驻足于更加丰富多彩的活动。诸如"儿歌时间""故事时间"、蓝熊俱乐部和全国活动周等。在英国，"阅读起跑线"计划每年举办数千场亲子阅读活动，组织者也积极为这些亲子阅读活动创设良好的阅读环境，因此在活动地点方面多半选择当地的图书馆、幼儿园或儿童活动中心,家长可以随时从当地图书馆或者"阅读起跑线"网站获取相关的活动时间安排信息。家长通过参加这些丰富多彩的活动,可以很好地学会如何与孩子分享图书,如何与孩子一起唱儿歌、做游戏,同时也能够掌握培养孩子养成良好阅读习惯的方法和技巧,也可以在这些活动的支持、鼓励之下,更加频繁地走进图书馆、利用其他图书馆资源。

(一)儿歌时间(Book start Rhyme Times)

"儿歌时间"是"阅读起跑线"计划为初生婴儿、初学走路的儿童和他们的家长设计的亲子互动活动,该活动一般在图书馆举行,活动内容包括童谣、儿歌和律动,还有游戏、新奇小说和玩具分享环节。儿歌简单、灵活,可以根据实际需要,改变节奏和动作,还可以利用各种道具来丰富和加强效果,家长和孩子可以在图书馆里学会后,将其作为家庭娱乐项目,增添生活乐趣。参加"儿歌时间"活动,儿童可以通过声音和动作的模仿,练习发声,理解词语的含义,领会节奏的概念,以及增进亲子之间的感情交流。

(二)故事时间(Story Times)

"故事时间"是"阅读起跑线"计划在各地开展的现场活动,同样,一般在当地的图书馆、幼儿园和儿童活动中心进行。"故事时间"的安排也是针对不同年龄段的幼儿有不同的活动环节。其中包括经典童话、新奇故事和与其他幼儿家庭共同在精彩的故事中探险等丰富多彩的活动内容。"故事时间"活动可以使儿童的专注力、理解能力、想象能力和沟通能力得到提升,增进了儿童与图书的感情。

(三)蓝熊俱乐部(Book Start Bear Club)

这些拓展活动,不仅局限于现场形式,也有独特的网上项目,蓝熊俱乐部就是通过网络开展的一项阅读体验活动。如果想参加该阅读活动,家长需要在网上填写并提交宝宝的注册信息,随后将及时获得个性化的推荐书目、附近地区将要举办的推广活动的通知,这样孩子就可以参与蓝熊俱乐部的独家线上游戏,同时还能建立图书心愿单,并且能够根据宝宝每次参与活动的记录信息来兑换相应的漂亮证书。集齐十个证书的宝宝就能换到一张非常特别的终极证书,从而鼓励宝宝更多地参与到阅读活动和游戏中来。这项活动借助一定的奖励机制,很好地调动了宝宝的积极性,促使越来越多的宝宝加入"蓝熊俱乐部"的行列之中。

(四)全国活动周(National Book Start Week)

"阅读起跑线"计划每年都会在6月份定期举行全国周庆活动,每年选取一个主题,并紧紧围绕主题展开活动，在一周时间内，全国将举办超过5000个家庭活动。无论在图书馆、幼儿园、儿童活动中心、书店，还是其他地方，儿童和他们的父母都能随时随地参与到分享故事、图书和儿歌的活动中来，并且获得额外赠送的主题宣传画册。这项每年一次的全国性活动，将"阅读起跑线"计划推向了一个新高峰。

除此之外，还有活动角、睡前阅读、儿歌挑战等项目来鼓励儿童阅读和游戏。如今，"阅读起跑线"计划一直致力于开发新的活动项目来丰富和活跃孩子们的文化生活。

1.2.6 "阅读起跑线"计划实施效果

"阅读起跑线"计划是整个社会关怀婴幼儿阅读的运动。从1992年英国伯明翰第一批300位宝宝参与"Book Start"的赠书计划开始，到2004年获得英国政府全面经费资助，"阅读起跑线"计划走过了13年的艰辛历程，逐渐发展完善，从一个地方性读书运动上升到由英国政府主动参与推广的全国性读书运动，发展壮大为一个由政府及私人机构赞助，由文化艺术、教育和健康三大公共服务机构负责活动的开展工作，并由一家慈善机构负责日常管理的大型计划。同样也是一个由民间基金会、政府、公共图书馆、出版社、企业等机构携手推动的阅读运动，更是一个家长、老师、图书管理员、医生、出版商、阅读指导专家、阅读志愿者一起共同参与的阅读运动。其中，英国图书馆利用各种阅读活动推广婴幼儿阅读，内容包括图画故事、童谣、乐器、玩具，以及图画歌谣和手工作品等。

一系列调查研究表明，"阅读起跑线"计划效果显著，它积极倡导亲子阅读，让婴幼儿把家长带回书本之中，带回图书馆，使越来越多的婴幼儿家庭加入阅读运动之中，拉近了儿童和图书及图书馆的距离，增强了儿童的认知、理解和学习能力，明显地推动了婴幼儿阅读。

有相应的数据显示，参与到该阅读计划的家庭中，71%的父母会给孩子买更多的书，28%的父母会花更多的时间与孩子一起阅读[13]；参与计划的儿童更加愿意将读书作为自己的爱好，更加频繁地走进图书馆并借书[14]；参与计划的家庭会有更多的父母愿意为孩子通篇阅读并与孩子讨论故事情节，鼓励孩子加入到故事中并展开联想；参与计划的儿童在语言读写方面具有显著优势。他们的听说成绩和写作成绩分别超出班里平均水平20%和12%[15]；参与计划的儿童不仅在学校有好的开始，而且这样的优势会延续到7岁左右，他们在阅读理解、写作、数学等方面的成绩一般会高于班里其他同学[16]。

---

[13] Wade B, Moore M. Book start[R]. London: Book trust, 1993.
[14] Wade B, Moore M. Home Activities: The Advent of Literacy [J]. European Early Childhood Education Research Journal, 1996(2):63-76.
[15] Margaret H, Greg B. Sheffield Babies Love Books: An Evaluation of the Sheffield Book start Project[R]. Sheffield: University of Sheffield. 2005.
[16] Wade B, Moore M.A Sure Start with Books [J]. Early Years, 2000(2):39-46.

同时，为促进和鼓励0～6岁婴幼儿充分利用图书馆，以培育他们日后成为图书馆的潜在的读者和终身利用图书馆的习惯，公共图书馆举办"阅读快乐"集点活动（Book Start Book Crawl），所有到馆的婴幼儿和学龄前儿童均可获得1张贴纸并且粘贴在收藏卡上，集齐4张者，将会得到插图画家绘制的证书一张，来图书馆次数越多，获得越多；小小读者和家长沐浴在阅读欢乐中，享受阅读带来的愉悦，让更多家长常为孩子阅读，使图书陪伴孩子们健康成长的理念深入家庭、深入民心、深入社会。

"阅读起跑线"计划还聘请专门的投资回报研究机构测算该项计划的社会投资回报（SROI）。以其在2009—2010财年的社会投资回报为例，英国政府每投入1英镑到"阅读起跑线"计划中，就会产生25英镑的社会价值[17]。高额回报的投资项目自然会吸引资金的投入，从而保障项目的可持续发展。

1.2.7 "阅读起跑线"评估机制

该项读书运动历经十几年的探索、实践、发展和研究，取得了显著的效果，进而发展成为一个引起广泛响应和全面推广的世界性婴幼儿阅读推广活动，受到许多国家和地区的效仿。为了能够更好地实现"阅读起跑线"计划的理念，将各种免费的阅读服务切实落实到每一个符合条件的儿童身上，帮助每一个儿童体验早期阅读的乐趣，培养每一个儿童养成让其受益终生的阅读习惯，"阅读起跑线"计划以"加盟"的模式吸纳更多的地区和国家参与进来。凡是加入该计划的机构，在活动过程中都必须采用统一的模式，如运用统一的"阅读起跑线"标志、统一的各类型免费资料包及其分发时间表等，同时该计划的负责小组将为新加入的机构提供内容详细的活动开展指南、实践经验介绍和具体指导。当然，这并不代表"阅读起跑线"计划是一个僵化的活动，它具有很大的灵活性，在不违背该计划的精神、目的和总体活动设计思想的基础上鼓励各参加机构因地制宜、灵活创新，同时搜集、分享和推广各参加机构的成功的实践经验和特色活动，使"阅读起跑线"计划得以持续发展。

在实施计划的过程中，与每一个参与机构签订合约，该合约明确规定了图书信托基金会和参与机构双方的权利和义务，权责分明，使各参与机构在开展具体活动时有法可依、有章可循。这样做不仅有效保证了参与机构能够秉承"阅读起跑线"计划的精神，热诚服务每一个符合条件的儿童，同时也明确规定图书信托基金会必须向参与机构提供的帮助项目，包括经费物品和信息指导两方面。

另外，为了使"阅读起跑线"计划能够顺利开展，并取得较好的成效，向全球推

---

[17] Social return on investment [EB/OL]. [2012-11-05]. Http://www.Bookstart.org.uk/professionals/about-Bookstart-and-the-packs/research/social-return-on-investment.

广，各参与机构必须重视与其他机构的协作、沟通。《推广指南》详细介绍了如何与图书馆、参与计划较早的机构、卫生健康机构，以及其他机构（人员），如"确保开始"（Sure Start）机构、CPT、健康访视员、视障人员服务工作者、保育员、家长等的沟通，包括沟通人员的选择、沟通方式、主要内容、注意事项等方面。为了实现好的研究效果，"阅读起跑线"计划工作组每年定期进行全国性的调研，总结活动经验、成效、存在的问题等，并在每年的6月或7月将年度调研报告提供给所有的计划参与者，从而指导具体工作的开展。

1.2.8 "阅读起跑线"计划实施意义

"阅读起跑线"计划的有效实施对英国乃至世界儿童阅读教育的发展产生了深远的影响。

（1）首先，该计划加强了学前教育，提高了儿童素质。

"阅读起跑线"计划不仅使家长深刻意识到学前教育的重要性，同时该计划提供的指导资料和阅读活动也让家长看到了孩子的进步，使他们希望投入更多的时间和精力提高孩子的阅读水平。同时有研究表明，参加过"阅读起跑线"计划的学前儿童相比未参加过的儿童在阅读过程中更能够保持注意力集中，更懂得翻页，更懂得分析图书内容并做出评论，并且在阅读和算术等基本能力测试方面展现出一定的优势[18]。

（2）其次，该项阅读计划实现了亲子共读，增进了交流。

"阅读起跑线"计划鼓励家长与孩子共同阅读，分享故事和儿歌，为家长提供各种介绍如何与儿童分享阅读乐趣的指导资料，这些指导资料一方面使家长意识到学前教育的重要性，另一方面帮助家长掌握辅导孩子阅读的方法和技巧，增强其信心。"阅读起跑线"计划使阅读真正走进人们的生活，许多家庭逐渐把讲故事、唱童谣和儿歌作为家庭娱乐的保留节目，在娱乐中学习，在娱乐中交流，在娱乐中增进彼此的感情。

（3）再次，帮助贫困儿童，缩小阅读差距。

"阅读起跑线"计划是一个公益性的全国计划，贫困家庭能够从中获得各种免费的图书资料，参加图书馆活动，并得到专业人士的指导。该计划能够唤起家长对儿童早期教育问题的重视，帮助孩子从小养成良好的阅读习惯，而阅读正是生活基本技能的基础，它将让儿童受益终生。"阅读起跑线"计划对儿童的智力开发、语言技能、学习技能、沟通交流技能的培养等方面都有重要作用，它使贫困儿童拥有接受良好的学前教育的机会，使他们在进入学校时能够与富裕家庭的孩子站在同一起跑线上，为创建美好的未来打下基础。

---

[18] Maggie Moore, Barrie Wade. Bookstart: A qualitative evaluation[J]. Educational Review, 2003, 55(1):3-13.

1.3 德国促进儿童阅读的经验

1.3.1 德国社会阅读发展状况

德国是一个经济发达的资本主义国家，在政治、经济、文化等各个方面均呈现出迅猛的发展态势，这种民富国强的背后一定是一种文化力量在推动，那就是全民阅读的力量，而德国人酷爱阅读的背后，离不开政府的硬件支持、社会的广泛弘扬及自身习惯的传承。

德意志民族有着悠久、深厚的历史文化积淀，同时也保留着十分悠久的阅读文化传统，阅读成为德国人精神生活当中不可或缺的重要组成部分。德国在阅读方面展现出独有的特点，无论是人均阅读量还是人均购书量，均居世界各国前列[19]。德国书业协会2015年发布了一项调查，结果显示28%的德国公民是"书痴"，35%以上的人年阅读书籍超过18本，14%的德国家庭有"家庭图书馆"或"家庭图书角"，50%的德国人表示"没有书，我也不想活了"[20]。另外，德国从未放松过阅读教育，无论是德国政府还是民间组织，都不遗余力地促进德国阅读事业的发展，使阅读在德国市民日常生活当中占据十分重要的位置。

如今德国已形成了一种特有的"德式阅读"，即软硬件全方位成就的全民阅读，也可以理解成一种德国特有的读书文化。德国在读书设施方面十分健全和完善，随处可见的阅读设施为德国公民提供了随时随地阅读的可能，培养了德国公民阅读至上的读书习惯，在主动学习和终身学习理念的影响和促进之下，形成了一种全民阅读的读书氛围。

1.3.2 德国促进儿童阅读发展历程

德国阅读的历史源远流长，早在18世纪末期，德国就曾掀起了历时25年之久的"阅读革命"，这场革命对德国产生了极其深远的影响，其意义和作用不亚于法国大革命和英国工业革命。德国在经历过这场阅读革命之后，阅读不再受到身份、阶级、地位的限制和束缚，不再只是王公贵族的特权，中产阶级也逐渐觉醒，并逐渐加入阅读的行列。在此契机和背景之下，德国社会掀起了全民阅读的序幕，为德国人阅读根基的发展奠定打下了良好的基础。

德国政府历来十分重视儿童阅读习惯的培养，将阅读当成一项儿童启蒙的社会工程来对待，将青少年阅读推广活动作为全民阅读的基础来抓，青少年阅读推广活动形式多样，普及面广，成效显著。德国社会大约有200多个阅读推广的组织和机构，其中最为著名、影响最为深远的是在1988年成立的"促进阅读基金会"，它是在德国政府的积极推动和大

---

[19] 李宏巧. 借鉴德国经验推广青少年阅读活动[J]. 山东图书馆学刊（读者工作），2012(6).
[20] 郭洋. 记者手记：走进德国"灵魂的加油站"[EB/OL]. (2016-04-21). http://www.xinhuanet.com/2016-04/21/c_1118694342.htm.

力支持之下成立的，是德国社会阅读推广领域最卓有成效的机构。虽然是一个民间组织，但是历任名誉主席都由德国总统担任，这对于提升基金会的知名度、筹集经费、联合其他社会团体、促进阅读活动项目措施、开展国民阅读调查研究等各方面工作均起到重要作用。该基金会的资金筹集主要来源于德国总理基金及企业、机构、个人支持捐款，每年可获得350万欧元的赞助。这些资金不仅用于赞助失学儿童，还专门用于培训家长的阅读能力和朗读水平。

该基金会每年会利用各类契机定期或不定期地对儿童开展一些阅读推广活动，其推广目标不是以儿童死读书为目标，而是通过引发兴趣，促使儿童在自愿阅读的过程中收获知识、收获快乐[21]。德国还将儿童阅读上升到国家战略的高度，制定了一系列推动儿童阅读的政策和制度，给儿童阅读推广提供了法制保障，使其成为一种常态化的推广机制，并在儿童阅读推广方面成效显著，对国际社会其他国家开展儿童阅读推广的理论和实践有着极大的借鉴意义。

1.3.3 德国儿童阅读推广举措

（一）起点阅读推广形式："阅读三个里程碑"项目

"起点阅读"项目是德国在充分借鉴英国发起的"阅读起跑线"计划成功经验的基础上发起的"阅读起跑线"工程，旨在为德国所有儿童提供均等的教育机会，培养婴幼儿的阅读习惯。从2006年起，该项目在德国萨克森州和汉堡市部分地区试点运行，这些地区的婴儿在出生后就会得到当地图书馆赠送的"阅读礼包"，里面有木头书、塑料书和父母阅读宣传手册，其中包括一个经得住啃咬的"图书玩具"。随后该项目的推行范围逐渐扩大，到2011年，在联邦德国教育与研究部和德国促进阅读基金会的共同努力下，联合发起"阅读三个里程碑"项目，该项目投资2600万欧元，主要参与者包括州政府机构、儿童医院、图书馆、学校、出版商和其他社会力量，惠及300万的1～6岁儿童。

在"阅读三个里程碑"项目中，主办方会聘请大学和科研机构分别针对1岁、3岁和6岁儿童的特点设计阅读礼包，动员孩子的父母从孩子1岁便带领孩子阅读。这里提到的"三个里程碑"[22]，是指根据儿童所处的不同年龄，分别在孩子10～12个月、3岁左右和6岁左右这三个年龄阶段，为孩子提供适宜的儿童书籍及指导材料，即三个阶段提供不同的儿童阅读大礼包。在此过程中，孩子分别在三个不同的年龄阶段，从医院、社区图书馆和学校三个地方得到三本书，经历过这三个阶段之后，儿童时代的三个里程碑就算完成。这三个里程碑是根据每一阶段儿童的需求和特点制定的，将玩乐和阅读有机结合，更好地将兴

---

[21] 郑辰.福州市少儿图书馆儿童阅读推广活动研究——家长的认知和态度[D].合肥：安徽大学硕士学位论文，2013.
[22] 李蕊.德国社会阅读推广考察及启示[J].图书馆界，2014(2):46-49.

趣融入儿童的内心，另外还有一些针对家长如何指导孩子阅读的书籍。考虑到移民子女的教育问题，阅读礼包中专门针对家长的指导性内容附有波兰语、土耳其语和俄语版本[23]。

（二）"全民朗读"推广形式

"全民朗读"活动是德国阅读基金会在政治家、作家、电影明星、运动员和其他各界人士的大力支持下，由德国阅读基金会与享有盛誉的《时代》周报联合发起的一项全国性的读书活动，并且在每年11月都会定期举行以宣传朗读为目的的庆祝活动。"全民朗读"内容多样，形式不一，主要包括明星朗读、志愿者朗读、亲子朗读、朗读比赛等。

明星朗读即邀请电影电视明星、体育明星、高收视率电视节目主持人等一些知名人士，让他们充当推广阅读的"志愿者"，让他们去给孩子朗读，和青少年一起参与重大的阅读活动。这样既可以引起青少年的注意，又可以提高他们对阅读的兴趣。

志愿者朗读则是在全德国范围内广泛征集志愿者，在对他们进行一系列专业培训的基础上，让他们为某些孩子提供义务朗读服务，因此又被称为阅读导师或学习导航员。这项活动一举两得，不仅解决了图书馆人手不足很难为个别青少年提供服务的困难，而且与孩子建立互相信任的关系，让孩子在愉快的氛围内享受阅读的乐趣。

亲子朗读则是鼓励和支持家长自愿到图书馆、学校和幼儿园给孩子们进行"亲子式"的朗读，培养孩子爱书的感情，很多家长还坚持给自己的孩子朗读，在亲子交流中，对孩子进行爱书感情的培养。

朗读比赛在德国有着悠久的历史，是德国一项较为传统的青少年阅读推广活动。在校园"海选"阅读小明星，先从每班产生一个冠军，再依次产生校冠军、州冠军、国家冠军。经过层层比赛筛选出最佳阅读者，可以与德国总统一起上电视朗读图书。主办方以此激励和鼓舞青少年阅读。

这些阅读推广活动的显著特点，是通过系统分类的方式，使阅读内容更好地为青少年所接受，提高他们的阅读兴趣。

（三）"分类阅读"推广形式

德国各地公共图书馆非常重视儿童阅读推广，值得一提的是，德国在青少年阅读推广活动中有一个显著的特点，就是根据青少年在各年龄段不同的心理和生理特点，对阅读活动加以系统分类，进而有针对性地进行阅读推广活动，开展了许多富有创意的阅读活动。

在众多的阅读推进活动中，由德国布里隆市图书馆馆长乌特·哈赫曼女士推出的"阅读测量尺"活动自实施之日起便受到德国民众的广泛关注，也得到了广泛好评。"阅读测

---

[23] 芦婷婷.德国儿童阅读推广举措及对我国的启示[J].图书馆工作与研究，2016,1(6):116-120.

量尺"是哈赫曼馆长亲自设计完成的，依据不同年龄阶段孩子的特点，"阅读尺"分为赤橙黄绿青蓝紫及粉红、桃红、橘红共10段，分别对应不同的儿童阅读信息。"阅读尺"上面印有年龄、身高等信息，可以为0～10岁的每个年龄段的孩子提供最佳的阅读和语言提高的信息。家长带孩子到图书馆后，只要让孩子测一下身高，就可以为其提供阅读建议及父母们的必知信息，用以指导家长辅导孩子阅读。这种测量尺方便简明，在德国随处可见，可以挂在家里、幼儿园、图书馆的阅览室，甚至还会出现在不同公共场所中专为家长、孩子设立的等候区，用以提醒父母各年龄段的孩子如何选择书籍，尽可能地为家长提供合理、有效的建议，因而受到家长的喜爱。

哈赫曼馆长认为，如同身体不断长高一样，孩子们的阅读需要也是不断成长变化的，每一个年龄段的阅读需求是不一样的，阅读兴趣需要持续培养直至成为终生习惯。"阅读测量尺"能够起到协助父母选择适龄读物及指导孩子们阅读技巧的作用。

"分类阅读"在有针对性进行分类实施和推广的过程中，有一些对于提升青少儿的阅读水平起到了很好的推动作用。比如在幼儿时期推行的"阅读礼包"，内含图画书影院，营造电影院气氛；生日大礼包，使孩子们在玩玩具的过程中尽量地开口表达；"海盗导游"，则是面向年幼的孩子，让他们在图书馆"寻宝"，既可以让孩子们熟悉图书馆的地理和各项服务措施，又可以消除他们对图书馆的陌生感；"图书馆驾照"，就是在孩子们成功解答某些问题或完成某些任务后，就能够获得一张证书，即图书馆驾照，用这一方法给孩子们更多鼓励。对五、六年级孩子则开展"职业研究者""阅读背包活动"等阅读活动。为高中生开展"学术文章角""图书馆之夜"等阅读活动，通常让他们一个班参加，带着睡袋住在图书馆，在夜晚的烛光中进行勇气测试，完成一些小任务，还可以用手电在图书馆随意看书，非常有意思。

1.3.4　德国阅读推广经验

德国青少年阅读活动之所以能成功、顺利地开展，与政府的支持和重视是密不可分的。政府的重视是青少年阅读推广活动的关键前提，政府的支持对青少年阅读活动的开展起着推进作用。政府不仅是青少年阅读推广活动的倡导者和组织者，而且还是活动的推动者和实践者，市图书馆、市学校都是受到政府经费支持运营的，政府还给予帮助、经费支持（经费主要用于活动中买书）等。除了德国政府的大力支持之外，还离不开社会各界的大力支持。社会各界的多方支持是青少年阅读推广活动的重要基础。阅读的培育是一个漫长的过程，需要全社会的关注与参与。除政府之外，图书馆、德国读书基金会、各类德国图书协会、邮政、媒体、学校、街道、儿童医院、出版商及社会公益力量等，形成了德国强大的多元化、全方位的儿童阅读推广媒介，并积极、广泛开展各项有助于提升孩子阅读水平的阅读活动。围绕群体的特点设计图书馆，是青少年阅读推广活动的有效环节。德国并不强迫孩子，而是根据孩子的年龄特点，在兴趣爱好中，一点一点地渗透阅读内容，让阅读成为一件快乐的事，促使他们爱上阅读，并能自主自愿地去阅读。德国将阅读理念延伸至生命的全程，积极倡导终身学习的理念，因而才能形成社会阅读的大氛围[19]。

1.4　日本儿童读书推进运动

"儿童阅读"是一个古老而常新的问题，是目前世界各国正在进行的教育改革中的一项重要内容，作为读书大国日本也不例外。其实日本推进儿童读书的举措由来已久，有着很深的历史渊源，也经历了一段较为漫长的发展历程。

1.4.1　相关图书馆法律的制定

早在1924年，日本图书馆协会借助关东大地震灾后重建这一契机，发起了大规模的读书活动，借此积极推广儿童阅读运动。1948—1953年的五年间，日本政府陆续出台和颁布了一系列有关图书馆管理的法律法规，分别是《国立国会图书馆法》《图书馆法》及《学校图书馆法》，这三项法律成为日本图书馆法律体系的基本法律，从国家层面保障了国民阅读活动的进行。1997年，日本修正了《学校图书馆法》，对其中的相关规定进行了明确说明，指出学校规模只要超过12个班，都必须指派学校图书管理员。1999年，日本众议院、参议院两院审议通过了《儿童读书活动促进法》，将2000年指定为"儿童读书年"。此后，社会各界热情高涨，一些积极促进儿童读书的措施陆续展开。这件事在日本"儿童读书推进运动"中有着里程碑意义。2001年12月底，日本政府针对18岁以下未成年人颁布了《儿童读书推进相关法律》，规定每年4月23日是"儿童读书日"。正式以国家法律的形式来保障儿童读书的权利，推动儿童养成喜爱读书的习惯。

自2002年起，日本文部科学省基于该法律，三次制定《关于儿童读书活动推进基本计划》。日本政府分五年投入650亿日元，敦促各级学校、社区和地方政府加紧脚步，改善下一代的读书环境。2007年2月，日本文部科学省制定了《新学校图书馆配备五年计划》，对该计划拨款1000亿日元。日本国会在2008年和2013年，又两次对《儿童读书推进法》进行修订。2015年5月，日本第三次制定了《儿童读书活动推进基本计划》，该计划不仅明确强调了儿童阅读的重要性，而且详细规划了日本儿童从托儿所到高中各个阶段的读书目标，还明确规定了家庭、学校、图书馆、社区、民间团体及从中央到地方各级政府主管部门等各自在推进儿童读书方面的分工和义务。

伴随着这些法律法规的出台，日本各府道县、市町也纷纷制订相应的推进计划，比如

---

[19]　李宏巧.借鉴德国经验推广青少年阅读活动[J].山东图书馆学刊（读者工作），2012(6).

开展儿童读书周活动、向各儿童机构赠送儿童图书、召开专门研讨会等。

1.4.2 日本推进"儿童读书运动"的具体途径和措施

日本政府及社会各界在推进儿童读书运动等方面做出了很多努力，实施了很多独具特色的有效措施。

（一）确立"儿童读书日""儿童读书周""儿童读书年"

为了进一步提高国民的读书量，帮助国民养成终身读书的良好习惯，日本主要采取了"从娃娃抓起"的办法。1947年，战后的日本希望借助读书的力量重新崛起，号召将每年的10月27日到11月9日设定为日本的读书周，并逐渐发展壮大，提升了公民的阅读意识，提高了国民的阅读水平，随后这一决定一直执行[24]。从1959年开始，日本建立了读书推进运动协议会，协议会规定每年的5月1日到5月14日两周为"儿童读书周"，以积极推进儿童的阅读水平[25]。1999年，日本国会通过决议，正式确立2000年为儿童读书年，特意举办阅读年活动，旨在增强儿童学习语言的能力，磨砺感性，提高敏感度和表现力，促进表达能力和想象力的提升，进而更深刻地体验人生。这一年，儿童读书周从4月23日开始到5月12日结束，特意延长一周，并积极效仿英国"阅读起跑线"计划，积极鼓励和倡导家长为儿童讲故事，进一步将儿童阅读活动推向高潮。2001年，又确立4月23日为"日本儿童读书日"，这些特殊的节日在一定程度上对"儿童读书运动"起到了积极的推动作用。

（二）"清晨读书"规划

1998年，日本开始实施"清晨读书"规划，这是由日本千叶县两名高中教师发起的"晨读"活动，他们提倡在每天上课前花10分钟为兴趣而读书，在没有压力和负担的情况下，全校师生一起开展课外书籍阅读活动。这一规划积极促进了日本全国读书运动的开展。目前，日本已有近3万所中小学开展了这项活动。每年，来自全国各地的老师还会聚在一起，交流经验。

（三）开展"亲子阅读"活动

"儿童读书推进计划"还鼓励家长和孩子一起进行亲子阅读。这项"亲子阅读"活动是由一位儿童读物作家发起的，活动要求父母每天至少陪孩子阅读20分钟的书籍，在阅读的过程中加强亲子间的互动。这样的"亲子阅读"活动的开展和实施，不仅可以增进家庭

---

[24] 霍晓伟.日本少儿阅读推广的多元化合作机制研究[J].图书情报工作，2013(12).
[25] 万亚平.日本"儿童读书推进运动"评析[J].新世纪图书馆（国外图林），2010(1).

成员间的沟通，而且有利于幼儿身心的健康成长，还在一定程度上创造了良好的全民读书氛围。这一"亲子阅读"活动逐渐得到社会各界的支持和认可，越来越多的家长投入到"亲子阅读"活动之中。后来，这一"亲子阅读"活动还带动了日本"家庭文库"的发展，解决了一些儿童阅读困难的问题。

目前，在日本各府县道、市町都设有大大小小的亲子读书会、地区文库全国联络会等，"亲子读书"活动和"家庭文库"都在培养教育儿童方面做出了积极有益的贡献[25]。

1.4.3 日本"阅读推进运动"的特点及意义

日本的"阅读推进运动"是日本政府行政、民间运动和图书馆活动相互作用的结果。日本政府把提倡阅读风气、提升阅读能力列为教育改革的重点，日本政府制定了许多详尽的法律法规和具体的阅读措施，在大力提倡、积极推动之下，日本的阅读呈现了迅猛发展之势。

日本的民间组织"读书推进运动协议会"积极推进各类读书活动，广泛推介各类图书。现在日本有超过50个部道、府县都设有专门的"读书推进运动协议会"，这些组织对于推进儿童读书运动起到了极大的推动作用。另外，日本政府于2002年开始构建民间读书活动团体的网络系统，计划每5年编辑发行"全国读书团体总览"，以积极推动和促进各团体间的信息交流与合作。

日本的图书馆，尤其是国际儿童图书馆在推动儿童阅读活动中起到了举足轻重的作用，日本政府出台和颁布的一系列有关图书馆管理的法律，对提升图书馆的价值和利用率发挥了极大的作用。图书馆丰富齐全的设施和周到的服务为儿童阅读提供了有利的条件，而且国际儿童图书馆与开展儿童阅读活动的国家展开了积极的交流和合作。

1.5 韩国阅读教育推动情况

近些年来，韩国在政治、经济、文化等方面呈现出快速发展的趋势，韩国学生的阅读素养在PISA（Program for International Student Assessment）国际评价当中也是名列前茅，这与韩国政府重视普及教育和促进全民阅读有着密切的联系。无论是在被日本殖民统治时期，还是在取得独立后的百废待兴时期，韩国政府从未放弃过对于教育的投入。而如今韩国经济的起步和腾飞，与其社会良好的教育环境和阅读氛围也存在着千丝万缕的联系。

韩国政府高度重视发展国民教育，从中央到地方各级政府、图书馆、学校等职能部门密切合作，努力提高国民综合素质，为经济发展奠定人才基础。

---

[25] 万亚平.日本"儿童读书推进运动"评析[J].新世纪图书馆（国外图林），2010(1).

1.5.1 与阅读相关的"国语"课程改革

为积极响应教育改革的号召，努力提升韩国的教育教学水平，进一步加强国际竞争力，实现以学习者为中心的教育目标，韩国于1997年开展了一次规模宏大的教育课程改革，同时制定了第7次基础教育课程改革大纲。其中，教育课程改革大纲尤其突出和强调了与阅读教育密切相关的"国语"课程部分的改革内容，展现出鲜明的阅读教育特色。大纲规定，建立"分领域评价"的课程评价体系，加强对于阅读本质的理解，同时强调努力培养创造性和批判性思维，在考虑评价对象特殊性的情况下，突出和强调多元化的国语课程评估方式，另外还强调要加强国语知识的学习，加强其与生活的紧密联系，发挥情感思想表达及鉴赏功能。

1.5.2 制定及完善阅读推广的相关法律法规

图书馆作为重要的阅读场所，不仅能为读者提供丰富的阅读资源，同时也可以营造出一种适宜的阅读文化氛围，让阅读者徜徉于知识的海洋，更为重要的是，它在社会中同样扮演着"阅读倡导者"的角色，图书馆的兴衰存亡直接关系到社会阅读推广的成败。因此，很多国家在阅读改革和运动中都对图书馆的发展方向做出过明确的规定，以法律的形式确保其在国家事业机构中的基础地位，进而间接推动社会阅读推广的发展。韩国同样如此，韩国社会阅读推广活动的开展不仅离不开图书馆的支持，更离不开图书馆法给予的基础性保障。因此，韩国积极制定相关法律和阅读推广条例，采取了许多阅读推广方案和措施，为营造良好的阅读氛围、推进阅读生活化做出了巨大的贡献。

（一）修缮《图书馆法》

韩国图书馆法的制定最初源于1963年颁布的第一部《图书馆法》，此后又陆续经历了四次重大修订，且每一次修订都与图书馆发展和阅读振兴密切相关。韩国分别于1987年制定《图书馆法》、1994年制定了《图书馆及读书振兴法》及相关法律法案，2006年修订和重制的《图书馆法》（Library Act）是韩国当前的现行版本。该项法案较修订之前更加突出其基本法的特性，更加注重从细节上践行法律精神，具体明确地划分责任和义务，在一定程度上保障了公民的知情权，并从国家发展的高度和层面来看待图书馆的发展，进一步提高了图书馆的社会地位，提升了大众对图书馆的认知度，创造了全民阅读的良好环境。

（二）颁布《图书馆及读书振兴法》

韩国国会为促进文化、图书馆事业发展和读书振兴，于1994年颁布了《图书馆及读书振兴法》，旨在借助图书馆的建设，激励民众读书，从而振兴全民族、振兴整个国家。这是韩国图书馆法的一大特点。此法颁布后，韩国政府积极倡导读书活动。随后伴随着互联网等新媒体的出现与普及，韩国政府更加意识到阅读在知识经济时代的重要性，便将读书振兴作为一项专门法提出，以规范和促进社会的全民阅读。2006年，政府颁布了《阅读文化振兴法》，包括授权制定阅读文化推广的基本计划、建立阅读推广委员会、要求各级政府为国民提供平等的阅读教育机会，并明确社区、学校、机构、团体在阅读推广中的职责。当年还开展了名为"创建读书社会的国民运动"的阅读推广活动，推出了"神奇图书馆""小小图书馆"等全国性计划，对阅读推广，公共图书馆特别是儿童图书馆环境的改善都产生了积极的影响和推动作用。

（三）制定《学校图书馆振兴法》

韩国学校图书馆众多，为更好地规范和推动学校图书馆的发展，解决图书馆管理遇到的问题，更加充分地保障未成年人的阅读权益，韩国政府特意为学校图书馆发展单独立法。韩国政府在2008年设立了《学校图书馆振兴法》，这是一部针对高中及高中以下各级学校图书馆制定的法律，旨在规范学校图书馆的设立、运营及提供相关协助等方面的准则，加强对学校图书馆的有效管理。

（四）颁布《读书文化振兴法》

《图书文化振兴法》是从《图书馆及读书振兴法》中将读书振兴内容分离出来而设立的，韩国在进入21世纪之后，传统阅读形式面临着互联网严重冲击，韩国政府意识到单纯依靠建设和完善图书馆根本无法扭转国民阅读率下降的问题，在此形势之下，2006年，韩国国会通过了《读书文化振兴法》，把振兴全民族阅读作为一项专门法案确定下来。法律明确规定文化体育观光部为国民阅读推广的官方机构，并成立读书振兴委员会，每5年制定一份读书文化振兴基本计划。根据《读书文化振兴法》，文化体育观光部将2007年定为读书振兴元年，并计划通过读书振兴政策的推广创建"读书社会"。2008年，第一个阅读推进计划出台，文化体育观光部拨款116亿韩元，用于阅读推广基础设施建设、阅读教育和出版产业振兴、各类阅读推广活动实施及弱势群体阅读保障等项目。此外，为推进国民阅读，文化体育观光部还将每年9月定为全国阅读月[26]。

1.5.3 韩国社会各界阅读推广项目

政府机构、出版界和书店、图书馆、协会和民间组织、传媒机构是世界发达国家推广全民阅读活动的中坚力量，它们在阅读推广中发挥着各自不可替代的作用。政府策划组织的工作通常具有指明性、感召性和不可抗性，因此可以保证阅读推广活动切实开展，而非

---

[26] 国外助进全民阅读的经验[EB/OL]. (2014-02-13). http://finance.china.com.cn/roll/20140213/2181362.shtml.

政府机构开展的工作则具有针对性、现实性和适用性，因此可以因地制宜地进行阅读推广。推广的模式往往以政府导向为指引方向，各机构参与协同带动的方式进行。

（一）政府主导的阅读推广项目

韩国政府部门十分重视在全国范围内推广阅读项目，多年来，韩国政府一直将提高公民阅读作为首要工程来对待，在各项法律法规、资金政策、项目支持等方面展示出特别的鼓励和支持。在政府部门的大力倡导之下，越来越多的阅读推广组织机构加入到韩国政府的阅读推广项目的行列。韩国政府不仅制定了与图书馆管理有关的法律法规，还努力在全社会创设适宜的阅读环境，通过制定一系列切实可行的推广阅读政策来改善韩国整体的阅读环境，比如《学校图书馆活性化综合方案》《提高阅读教育和中小学图书馆的综合规划》，这些规划项目是由韩国教育科学技术部制定的，对于提升韩国的阅读环境起到了极佳的推动作用。另外，韩国文化运动及观光部（Ministry of Culture, Sports and Tourism）在2003年推动"全面发展图书馆体系计划"（Comprehensive Development Plan for the Library System），工作的着眼点聚焦于韩国国家图书馆及公立图书馆的改善。同时为大力提倡全民阅读，特意设立全国阅读月，每年9月定期举行，并在该月向对推进国民阅读做出突出贡献的个人颁发总统勋章，通过颁发读书文化奖，借机大力推动阅读行动。韩国深受英国"阅读起跑线"计划的影响，2003年，也在全国范围内推行"阅读起跑线"工程，这项工程主要由中央和地方政府、图书馆、出版商、社区中心、慈善机构联合施行，旨在培养幼儿早期阅读的良好习惯。许多公立图书馆在寒暑假针对儿童及青少年设立不同类型的阅读推广方案，"阅读起步走"、说故事、书籍展演、读书俱乐部、阅读班等各式各样的阅读推广活动积极引导和推动青少年阅读，为加快发展全民阅读打下了良好的基础[27]。

（二）国家儿童青少年图书馆阅读推广项目

韩国国家图书馆在韩国占据着十分重要的地位，它作为韩国图书馆界的典型代表，一直积极、努力地为韩国国民创造更加优越、更加舒适的读书环境，不断致力于推进韩国国民的阅读水平提升。在韩国阅读群体当中，韩国社会一直最为重视和最为关注的是儿童青少年阅读能力的提升和发展，因此，面向韩国儿童青少年的阅读推广计划一直是韩国国家少年儿童图书馆的主要任务和目标，它主要负责的推广项目包括：①"与图书馆一起读书"计划，这项计划的实施旨在帮助贫困家庭孩子养成良好的阅读习惯，通过各种形式的读书活动创造阅读教育的机会，帮助他们提升读写能力和阅读技能；②"多文化家庭共享读书"计划，该计划旨在帮助多文化家庭的孩子提升和改善语言能力，将翻译成五大语言

---

[27] 李蕊，赵俊玲. 韩国社会阅读推广的主要政策和模式[J]. 襄阳职业技术学院学报，2014, 13(4):129-133.

的以叙述故事情节为主要内容的图书和DVD，分发给公共图书馆和文化中心，以帮助和促进多文化家庭的孩子阅读；③"13～18岁书虫图书馆冒险"计划，该项计划的执行是由800多位中学生阅读爱好者向其同龄人推荐图书并积极组织参与图书馆举行的各种冒险活动，为积极鼓励和推动中学生的阅读起到了极大作用；④"公共图书馆阅读培训班"计划，这项计划是由国家儿童青少年图书馆的大力领导和组织、全国800多家公共图书馆联合运营的一项阅读培训班活动，规模之大可见一斑。这项培训班活动每年寒暑假各举行一次，在国家儿童青少年图书馆的大力推动之下，做出了细致的规划，制定了相应的宣传手册，及时召开不同的培训班和研讨会，在一定程度上大大提升了图书管理员的实际工作能力和韩国学生的阅读能力；⑤开设"图书管理员继续教育课程"，这些课程的设置是为了进一步提升图书管理员的专业技能，进一步培育和提升图书管理员的职业精神，为顺利开展阅读推广工作打下了一个良好的基础。

（三）学校图书馆阅读推广项目

韩国教育及人力资源发展部在2003年至2007年间推动了为期五年的"学校图书馆全面改善计划"（Comprehensive School Library Improvement Plan）。在该项计划中，积极推广学校图书馆总体计划，全力打造优良的图书馆，积极投入资金，扩大图书馆的藏书规模，改善图书馆的各项设备设施，并且积极聘请专业人士为图书管理员进行相关的业务培训。随后，韩国教育科学技术部在2008年也提出了"学校图书馆振兴项目计划"（School Library Revitalization Project Plan），积极为全民阅读营建良好的阅读环境和氛围。其后又在2009年制定了《学校阅读教育及图书馆推广计划》（Plans to Promote School Reading Education and Library），这样的推广计划一举两得，不仅从硬件上改善了学生的阅读学习环境，也从软件上强化了学生的阅读意识。随后，为了积极配合阅读工作的深入开展，学校及学校图书馆积极组织了各项活动，诸如大力推行"10分钟晨读"活动，该活动要求每个学生上午上课前阅读10分钟，该活动的实行使得韩国学生养成阅读习惯后的学习能力大大提升，进一步推动了阅读素养的提升[28]；积极推动学校建立和运营面向适应师生乃至家长的读书俱乐部，同时积极举办阅读教育及中小学图书馆研讨会，还在一定程度上为阅读能力较低的学生提供阅读对策，提供各种形式的阅读咨询建议。这样的活动积极促进了学校对于阅读的重视程度，学生的阅读兴趣也极大地提高了。

---

[28] Sook Hyeun Lee. Korean National Strategy for Library Development and Reading Promotion for Children and Young Adults [R]. I-FLA, 2011.

（四）社会各界力量开展的阅读推广项目

不仅韩国的政府和学校在为儿童青少年阅读能力的提升贡献力量，韩国社会各种力量都在不遗余力地在阅读推广领域开展各种各样的阅读推广活动，在良好的社会责任感和使命感的推动之下，这些社会各界的力量在韩国阅读推广活动中占据着不可替代的重要作用。

这些社会力量开展的阅读推广活动涉及的范围也相对广泛，内容形式多样，比较有代表性的是以下提到的几个项目：①"小小图书馆"运动，这项运动的开展离不开私人投资和社会捐赠，是民间力量发展壮大的结果。这项社会运动积极渗透到了民众层面，设立的小型图书馆大部分是为了服务地区民众，进一步推动着阅读运动的发展[29]；②"阅读文化公民行为"，这是通过扩大和改善知识服务设施，使人人享有平等获取知识的权利，是韩国民众自主发起的一项公民运动，一方面致力于创造全体公民平等地享受阅读和教育的机会，另一方面借此机会培养公民阅读和知识意识，积极促进公平和正义；③"让孩子靠近图书"活动，这项活动是由"奇迹图书馆"与社会团体、地区小学和儿童福利中心联合发动和执行的，这项活动的落实和实践旨在帮助阅读能力差、缺乏阅读技巧和学习成绩落后的孩子进一步提升阅读水平。其目的是进一步促进儿童的健康成长，使能力相对较差的孩子也可以获得较大的提升和进步[27]。

1.5.4 韩国阅读推广项目的特色经验

在韩国政府与各种组织机构对于阅读推广项目不遗余力地实施之下，韩国整体的阅读推广项目取得了显著成效，阅读能力和水平得到了极大的提升，也在一定程度上提升了韩国总体的阅读质量。这些成绩的取得离不开韩国国家、中央政府的高度重视——直接参与图书馆政策的制定和研究，并且专门设立了"图书馆信息政策委员会"作为总统咨询机构，充分体现了对图书馆发展和建设的重视。

同时，韩国确立和颁布了一系列行之有效的法律法规，不仅为图书馆事业健康发展提供强有力的保障，同时也为阅读推广的实施提供了强有力的法律制度方面的保障。韩国政府审时度势，根据社会的发展及时制定、修改法律和相关条例，使得各项法规不仅能够很好地适应时代的发展要求，而且也能为后续法律制度的完善奠定良好的基础。更加值得一提的是，韩国政府不仅站在国家发展的高度推行阅读推广计划，同时也能够从细微之处着手，及时关注和兼顾到社会各阶层、弱势群体、儿童青少年的利益，及时高效地为这些人群提供平等的阅读教育机会，这样在一定程度上有利于加强和促进整个国家和社会均衡、平等、和谐地发展，为促进儿童青少年的健康成长做出了很好的典范。

---

[29] Yong-jae Lee. The modern history of the library movement and reading campaign in Korea[R]. IFLA, 2006.
[27] 李蕊, 赵俊玲. 韩国社会阅读推广的主要政策和模式[J]. 襄阳职业技术学院学报, 2014, 13(4):129-133.

其次，韩国能够及时有效地针对国内青少年的身心和年龄特点，设计灵活、有针对性的阅读推广方案，在推荐书目的选择、阅读活动的宣传推广方式方面都有独特的设计，积极创造各种条件让青少年自愿加入到阅读的行列，不仅提高了青少年的兴趣，也极大地提高了青少年的参与度，取得了较好的群体效应。韩国也十分重视对于阅读推广指导人员的教育培训工作，进行定期免费培训，在提高工作人员专业素养的基础上，更好地开展阅读推广工作。

阅读推广是一项系统工程，需要政府、学校、图书馆、家长等社会各方的共同努力，需要政府、公共、学校图书馆等职能部门通力合作，必要的法律法规和实施条例作为保障，而且要有长效机制。韩国的做法就是全面综合考虑到这些因素，而且将各因素的优势发挥出来，韩国的这些高效的做法值得很多国家学习和借鉴。

1.6 加拿大阅读习惯的培养

阅读活动是一项持久重大的工程，近些年来，世界各地纷纷掀起了国家范围内的阅读推广活动和计划，相比较而言，欧美等发达国家在阅读活动推广与实行方面展现出一定的优势，逐渐发展成熟和完善。加拿大是在世界上众多的国家之中，最早开展阅读推广活动的国家之一，目前加拿大的阅读推广水平已处于世界领先行列。

1.6.1 加拿大阅读活动推广特色

（一）政府高度重视，是推广阅读的中流砥柱

加拿大中央政府在推动国内阅读进步与能力提升方面起到了积极的引导作用，是阅读推广的主力，不仅从全局的高度总揽阅读推广的事宜，同时具体到微观细节层面，主要涉及相关法律法规和政策的制定、经费划拨、组织管理等各个方面，都需要一一落到实处。在中央政府的大力支持之下，社区成人学习委员会、家庭阅读计划、志愿者辅导成人阅读计划、语言学习班等形式各异、功能多样的阅读推广计划百花齐放，在各个方面做到了协调高效。而且，加拿大政府不仅从政策、资金方面加大力度予以支持，相关人员还积极参与到大型阅读推广活动之中。

（二）社会各界力量广泛参与

加拿大十分重视对于儿童阅读能力的培养，参与幼儿阅读推广的群体不仅仅是幼儿园和学校，而且是积极渗透到日常生活各个领域，从公共图书馆到社区活动中心，甚至家庭医生和儿科医生的诊所，都无一例外地提供了大量的、丰富的视听和阅读资料。加拿大人对读书的崇尚程度很高，可谓是被阅读包围的国度，无论在公园还是地铁、公交站、商

场……几乎任何一个场所，都可以随时看到儿童、青年、老年人读书的身影，而加拿大所采取的各项有效的阅读推广活动起到了不可估量的作用。

图书馆在加拿大人生活当中占据着不可缺少的重要地位。在加拿大，图书馆的数量众多，类型多样，服务质量优良，在国际社会上同样是首屈一指。三千多个公共图书馆及二千六百多个专业图书馆，再加上各大高校图书馆，以及将近一万个中小学图书馆，这样庞大的图书馆体系、无可比拟的卓越的图书馆资源，对于加拿大在促进阅读推广方面发挥了积极的作用。

作为加拿大从事阅读推广的主要机构，也为了更好地服务于所有人群，图书馆会定期举办很多针对不同群体、不同受众的免费活动，而且还和社区公立学校紧密结合，尽可能提供给所有孩子良好的阅读环境，比如说图书馆会定期举办针对婴幼儿的读书会，同时也会举办类似于"家庭故事会、睡衣故事会"这类不定期的相关阅读的活动，旨在培养孩子的阅读兴趣和阅读能力，为整个社会阅读的推广和持续打下了坚实的基础。有一点值得关注的是，加拿大教育部门将图书馆课程作为一门正式课程纳入教学体系之中，根据年龄和学习需求的不同，不同年级的图书馆课程内容和要求不同，进而促进图书馆阅读教育的发展。

除了极具特色的图书馆之外，学校还为学生提供了更多自由的空间，即便在课堂，也都有专门时间让孩子阅读，教师每隔一段时间就对学生的阅读水平展开评级，之后根据评定情况为孩子选择相应级别的读物，这样学校将阅读期望和阅读要求结合起来，加深学生对阅读的理解，并且积极鼓励学生自主开展阅读，实行奖励制度，对定期定时阅读的孩子提供奖励，以增强学生阅读积极性。

加拿大社会存在着很多种非营利机构，为积极开展和推广阅读活动做出了重要的贡献。这些非营利组织也主要负责推广和运行加拿大阅读推广项目，诸如"Word on the Street"是北美最大的阅读推广盛会，1989年于多伦多举办第一次盛会之后，便于每年定期开展，主要目标是积极鼓励写作、出版、建设阅读社区，以鼓励和培养人们积极的阅读意识，到特定的日期会组织阅读主题公园活动，大力推进将阅读渗透入生活，是一种积极的节日庆典式的阅读推广。还有一项值得关注的项目是ABC Life Literacy项目，即"终身阅读项目"，它要求以终生阅读为理念，开展常规式阅读，联合并动员企业、工会、政府、社区和个人支持终生学习并实现其梦想，是一个由非营利组织开展的激励加拿大人提高阅读技巧的项目。这些项目的实施在一定程度上将阅读渗透进每个人日常生活中，潜移默化地影响人们，是一种深层次的推广。无论是婴儿、儿童、成人，还是阅读障碍人群、残障人士、就业困难人群，在加拿大都有针对性的常规项目对其进行深层次的定向推广，相比于节日庆典式推广，常规推广更具有长远意义。

（三）阅读深入普及到每位公民

加拿大阅读推广活动，在逐渐完善壮大的过程中，有着良好的设计初衷，实施了不同的阅读推广方案，并且根据不同的阅读人群有不同的推广方案，涉及搭配成人、儿童、阅读障碍儿童等，对于阅读群体推行细分的小型阅读推广项目，可以对特定阅读群体做出更加深度的推广，并且使得阅读推广深入普及至每位公民。在该理念的指导下，主要实行了面向婴幼儿的"读给我听"（Read to Me）；面向学龄儿童的"一年级赠书计划""学校阅读行动方案""男孩和文学""加拿大儿童图书周"；面向成人的"阅读真棒""图书漂流"；面向年轻母亲的"阅读生活"；面向家庭的"家庭阅读日""家庭阅读趣事"；高年级学生帮助低年级学生阅读的"Florilege"等[30]。

1.6.2　加拿大培养孩子阅读习惯方式

值得提出的是，加拿大对于儿童阅读是十分重视的，不仅在幼儿园和学校层面加以重视和关注，而且广泛渗透到日常生活各个领域，从公共图书馆到社区活动中心，甚至家庭医生和儿科医生的诊所，都无一例外提供了大量的、丰富的视听和阅读资料。

而且在加拿大，教育观念中强调持久性，良好的阅读习惯是加拿大人长久的积淀逐渐形成的，在良好的条件之下，学校、家庭、社会三管齐下，对阅读能力的提升会大有帮助。因此，加拿大社会一直传递的一种声音和理念就是在阅读中有所收获，获得必要的终身学习能力的保障，并在此过程中享受阅读所带来的快乐。

在加拿大，将"儿童阅读"作为一门科学来对待，不难看出加拿大政府的重视，对儿童阅读能力的培养从学前班开始，阅读的重任已经由学校负责一部分。学校延续并引申了家庭、社区和图书馆的功能，并借助自身教育的优势。这些从孩子的课程安排及学校的奖励机制等方面都能明显体现出来。

结合以上各个国家有关阅读推广活动的分析，我们不难发现，当面对新形势下的阅读问题时，各个国家都基于国内的实际情况采取了不同的方式和措施来改善国民的阅读状况。

例如美国、英国和日本等发达国家都积极倡导阅读推广和促进活动，不仅中央政府高度重视阅读推广活动，还积极出台相关的法律法规，投入大量的教育资金来倡导阅读推广，开展一系列阅读活动，积极促进全民阅读，形成一种全社会热爱阅读的良好氛围。

另外，除了中央政府的高度重视之外，各国的出版机构和教育机构、家庭也都发挥了一些值得我们借鉴的作用。比如，出版机构为适应大众移动阅读的新形势，积极研发各种形式的阅读方式，日本和德国十分重视家庭阅读等。在所有的机构中，学校、图书馆、出版单位、家庭积极联合起来，教育合力，大力营造阅读氛围，推进全民阅读的发展。

---

[30]　赵俊玲，郭腊梅，杨绍志.阅读推广：理念·方法·案例[M].北京：国家图书馆出版社，2013.

另外，在各国积极开展的阅读促进活动中，可以很容易发现公共图书馆的积极响应。以欧美发达国家为例，公共图书馆是社区中最重要的免费公共文化生活空间，承担着满足社区居民文化需求、提高国民文化素养、增进社区居民凝聚力等重要使命。在人们的生活中，尤其是在社区文化中占据着十分重要的地位。由于公共图书馆在社区中具有强大功能，政府就能有效地在公民中发挥其宏观引导作用。例如英国图书馆学会、各种类型的图书馆积极参加"读者发展"活动，公共图书馆已将"读者发展"作为其服务的一项主要内容。

当我们上升到民族发展、国家振兴的角度来看待阅读推广活动，不难发现，提倡全民阅读是一项长期的基础性工程，需要一个漫长的发展历程。从国家层面来看，发达国家的一些做法值得借鉴：不断加大投入，完善各项硬件设施。在社会层面，则需要增强多渠道、多形式、多层次的图书阅读活动，营造全民阅读氛围。希望国际社会有关阅读推广的活动能够对于我国和其他国家开展和推动全民阅读提供一定的借鉴和思考，并且积极主动地采取一些措施来推动社会阅读，发挥各个机构应有的社会作用。

参考文献

[1] 章红雨. 世界各国的推广儿童阅读运动[EB/OL]. (2009-06-01) [2018-02]. http://www.chinanews.com/cul/news/2009/06-01/1714867.shtml.

[2] 欧孔群. 美国学生阅读能力的培养[J]. 广西教育, 2017(48):42-43.

[3] 黄爱丽. 唤醒阅读的力量[J]. 中华家教, 2013(4):24-25.

[4] National Commission on Excellence in Education. A nation at Risk: The Imperative for educational reform [J]. The Elementary School Journal, Vol. 84, No. 2 (Nov., 1983).

[5] U.S. Government Printing Office. No Child Left Behind Act[EB/OL]. (2002-01-08). https://www.gpo.gov/fdsys/pkg/PLAW-107publ110/html/PLAW-107publ110.htm.

[6] Thompson T, Barnes R. Beyond NCLB: Fulfilling the Promise to Our Nation's Children [M]. The Aspen Institute, 2007.

[7] 常生龙. 教育漫谈四十三：美国现代教育制度（三）[EB/OL].（2009-03-03）[2018-02]. http://blog.sina.com.cn/s/blog_58cc4a870100dfzg.html.

[8] 王娟涓. NCLB法案对美国农村学校提出的挑战[J]. 外国中小学教育, 2004(5):24-28.

[9] 鞠英杰. 英国公共图书馆事业[J]. 图书馆建设，2004(6).

[10] Welcome to Child's Play [EB/OL]. [2012-09-10] .http://childs-play.com/.

[11] 苏州图书馆. 苏州图书馆"悦读宝贝"加入英国"阅读起跑线"[EB/OL]. (2014-02-10). http://www.jslib.org.cn/pub/njlib/njlib_yjdt/jslib_shengnei/201402/t20140210_124251.htm.

[12] 陈永娴. 英国"阅读起跑线"（Bookstart）计划及意义[J]. 深图通讯，2006(4):65-70.

[13] Wade B, Moore M. Book start[R]. London: Book trust, 1993.

[14] Wade B, Moore M. Home Activities: The Advent of Literacy [J]. European Early Childhood Education Research Journal, 1996(2):63-76.

[15] Margaret H, Greg B. Sheffield Babies Love Books: An Evaluation of the Sheffield Book start Project[R]. Sheffield: University of Sheffield. 2005.

[16] Wade B, Moore M.A Sure Start with Books [J]. Early Years, 2000(2):39-46.

[17] Social return on investment [EB/OL]. [2012-11-05]. Http://www.Bookstart.org.uk/professionals/about-Bookstart-and-the-packs/research/social-return-on-investment.

[18] Maggie Moore, Barrie Wade. Bookstart: A qualitative evaluation[J]. Educational Review, 2003, 55(1):3-13.

[19] 李宏巧. 借鉴德国经验推广青少年阅读活动[J]. 山东图书馆学刊（读者工作），2012(6).

[20] 郭洋. 记者手记：走进德国"灵魂的加油站"[EB/OL]. (2016-04-21). http://www.xinhuanet.com/2016-04/21/c_1118694342.htm.

[21] 郑辰. 福州市少儿图书馆儿童阅读推广活动研究——家长的认知和态度[D]. 合肥：安徽大学硕士学位论文，2013.

[22] 李蕊. 德国社会阅读推广考察及启示[J]. 图书馆界，2014(2):46-49.

[23] 芦婷婷. 德国儿童阅读推广举措及对我国的启示[J]. 图书馆工作与研究，2016, 1(6):116-120.

[24] 霍晓伟. 日本少儿阅读推广的多元化合作机制研究[J]. 图书情报工作，2013(12).

[25] 万亚平. 日本"儿童读书推进运动"评析[J]. 新世纪图书馆（国外图林），2010(1).

[26] 国外助进全民阅读的经验[EB/OL]. (2014-02-13). http://finance.china.com.cn/roll/20140213/2181362.shtml.

[27] 李蕊，赵俊玲. 韩国社会阅读推广的主要政策和模式[J]. 襄阳职业技术学院学报，2014, 13(4):129-133.

[28] Sook Hyeun Lee. Korean National Strategy for Library Development and Reading Promotion for Children and Young Adults [R]. I-FLA, 2011.

[29] Yong-jae Lee. The modern history of the library movement and reading campaign in Korea[R]. IFLA, 2006.

[30] 赵俊玲，郭腊梅，杨绍志. 阅读推广：理念·方法·案例[M]. 北京：国家图书馆出版社，2013.

第二章
我国关于阅读促进的相关规划及政策文件

党的十八大以来,以习近平同志为核心的党中央高度重视全民阅读。2012年11月,党的十八大报告提出"开展全民阅读活动"。2014年以来,"倡导全民阅读"连续3年被写入国务院政府工作报告。《中华人民共和国国民经济和社会发展第十三个五年规划纲要》要求"推动全民阅读",并将全民阅读工程列为"十三五"时期文化重大工程之一,将全民阅读提升到国家战略高度。在新的历史条件下,深入开展全民阅读对于提高公民的思想道德素质和科学文化素质,培育和践行社会主义核心价值观,传承中华优秀传统文化,满足人民群众日益增长的精神文化需求,都具有重大而深远的意义。在中宣部、中央文明办、新闻出版广电总局、文化部、国家新闻出版广电总局、教育部、解放军总政宣传部、共青团中央、全国总工会、全国妇联等部门的共同倡导下,全民阅读活动在全国各地蓬勃发展,活动规模不断扩大,内容不断充实,方式不断创新,影响日益扩大。

2.1 《全民阅读"十三五"规划》

2016年,国家新闻出版广电总局从国家宏观层面组织编制《全民阅读"十三五"时期发展规划》(以下简称《规划》),旨在推动全民阅读工作常态化、规范化,共同建设书香社会。这是我国制定的首个国家级"全民阅读"规划,共有十二章(含序言),根据十年来全国各地各部门开展全民阅读的好经验好做法,《规划》提炼出了"政府主导,社会参与;重在内容,提升质量;少儿优先,保障重点;公益普惠,深入基层"的基本原则,科学遵循了全民阅读工作的规律和属性。《规划》编制历时三年多,结合国家"十三五"规划纲要等要求,明确了全民阅读工作的指导思想、基本原则和主要目标,明确"十三五"时期的重点任务及时间表、路线图等。

以下为《规划》全文。

全民阅读"十三五"时期发展规划

为深入贯彻落实党中央、国务院关于开展全民阅读的重要部署,提升国民素质和社会文明程度,共同建设书香社会,根据《中共中央关于制定国民经济和社会发展第十三个五年规划的建议》《中华人民共和国国民经济和社会发展第十三个五年规划纲要》和《国家"十三五"时期文化改革发展规划纲要》,编制本规划。

序　言

阅读是人类获取知识、增长智慧的重要方式,是一个国家、一个民族精神发育、文明传承的重要途径。中华民族有着优良的读书传统,崇尚读书、诗书继世之风绵延数千年。

党的十八大以来,以习近平同志为核心的党中央高度重视全民阅读。2012年11月,党的十八大报告提出"开展全民阅读活动"。2014年以来,"倡导全民阅读"连续3年写入国务院政府工作报告。《中华人民共和国国民经济和社会发展第十三个五年规划纲要》要求"推动全民阅读",并将全民阅读工程列为"十三五"时期文化重大工程之一,将全民阅读提升到国家战略高度。

"十三五"时期,是全面建成小康社会的决胜阶段,是实现"两个一百年"宏伟目标、实现中华民族伟大复兴中国梦的关键时期。在新的历史条件下,深入开展全民阅读对于提高公民的思想道德素质和科学文化素质,培育和践行社会主义核心价值观,传承中华优秀传统文化,满足人民群众日益增长的精神文化需求,都具有重大而深远的意义。

一、指导思想、基本原则和主要目标

(一)指导思想

高举中国特色社会主义伟大旗帜,以邓小平理论、"三个代表"重要思想、科学发展观为指导,全面贯彻党的十八大和十八届三中、四中、五中、六中全会精神,深入贯彻习近平总书记系列重要讲话精神和治国理政新理念新思想新战略,紧紧围绕"五位一体"总体布局和"四个全面"战略布局,牢牢把握"两个巩固"根本任务,按照全面建成小康社会的总体要求,以满足人民群众精神文化需求为出发点和落脚点,完善体制机制,创新方式方法,将丰富阅读活动内容与提升思想文化内涵相结合,将出版精品与推荐精品相结合,将公益活动和市场推广相结合,将传统阅读与数字阅读相结合,将服务与管理相结合,全面提升全民阅读质量和水平,推动国民素质和社会文明程度显著提高,为实现"两个一百年"奋斗目标和中华民族伟大复兴中国梦提供强大的精神动力和文化支撑。

(二)基本原则

——**坚持政府主导,社会参与**。全民阅读功在当代、利在千秋。必须强化政府责任,完善机制,健全制度,加强宏观指导和政策推动。开展全民阅读,每个人既是参与者,也

是推动者。必须充分调动社会各界的积极性、主动性和创造性，鼓励、动员和引导社会力量共同参与，加强理念创新、制度创新、方式创新，推动全民阅读长期深入开展。

——坚持重在内容，提升质量。全民阅读的核心是阅读内容。必须加强优秀作品的创作生产，进一步完善创作出版扶持和激励机制，加强对精品力作的宣传推广，拓宽传播渠道，为全民阅读提供更多优质阅读内容，充分发挥引领示范作用，不断提升全民阅读的质量和水平。加强对数字化阅读的规范和引导，推动传统阅读和数字阅读相融合。

——坚持少儿优先，保障重点。少儿阅读是全民阅读的基础。必须将保障和促进少年儿童阅读作为全民阅读工作的重点，从小培育阅读兴趣、阅读习惯、阅读能力。要着力保障农村留守儿童、城市流动儿童和贫困家庭儿童的基本阅读需求。要着力保障残疾人、进城务工人员等困难群体、特殊群体的基本阅读需求。

——坚持公益普惠，深入基层。全民阅读具有典型的公益性。必须加快推进全民阅读推广服务体系城乡一体化建设，坚持公益性、基本性、均等性和便利性相统一，面向基层、面向群众，保障全民平等享有基本阅读权益。

（三）主要目标

本规划期限为2016年到2020年。主要目标是：各类全民阅读活动蓬勃开展，全民阅读氛围更加浓厚，全民阅读理念更加深入人心，优质阅读内容供给能力显著提升，全民阅读基础设施建设更加完善，阅读推广人队伍更加壮大，各类阅读推广机构不断涌现，全民阅读法制化建设取得积极进展，全民阅读工作体制机制更加健全，基本形成与全面建成小康社会发展要求相适应的以人为本、面向基层、惠及群众、兼顾重点的全民阅读推广服务体系，推动国民素质和社会文明程度显著提高。

二、重点任务

（一）举办重大全民阅读活动

开展全国范围的"书香中国"系列活动，动员各方力量，加强品牌建设，办好各类读书节、读书周、读书月、读书季等全民阅读活动，提升群众参与度、平台辐射面和品牌号召力。

在世界读书日、"六一"儿童节及其他重要节庆期间开展内容丰富、形式多样的全民阅读活动，各级领导干部带头参加，引领示范，不断扩大全民阅读的社会影响力。

围绕党和国家工作大局和重大节庆活动，组织开展主题演讲、经典诵读、读书征文、知识竞赛等丰富多彩的主题阅读活动，弘扬主旋律、传播正能量。

办好全国书博会、书展、书市等各种行业展会，通过论坛讲座、评书荐书、名家签售等人民群众喜闻乐见的形式，将之打造成为连接作者、读者、出版者和书店、媒体的阅读桥梁，充分发挥其推动全民阅读的功能和作用。

专栏1　全民阅读品牌活动

（一）"书香中国"系列活动

打造"书香中国"系列活动品牌，培育和巩固"书香中国·北京阅读季""书香江苏""书香荆楚·文化湖北""书香中国·上海周""书香岭南""书香湖南""书香八闽""书香辽宁""书香龙江""海南书香节""书香八桂""书香燕赵""书香赣鄱""三秦书月""书香安徽阅读季""书香天府""书香齐鲁""书香陇原""书香天津""书香天山""书香宁夏""书香青海"以及"深圳读书月""苏州读书节"等全国各地书香活动品牌。到2020年，所有省（自治区、直辖市）、计划单列市、地级市都有品牌活动，80%以上的县（区）有品牌活动。

（二）举办主题读书活动

结合传承和弘扬中华优秀传统文化、加强中国特色社会主义和中国梦宣传教育、弘扬社会主义核心价值观、民族团结进步、迎接党的十九大召开、庆祝建军90周年、纪念改革开放40周年、新中国成立70周年、全面建成小康社会、中国共产党成立100周年等重大主题，广泛开展各类主题读书活动。

（三）行业展会服务全民阅读

充分发挥全国图书交易博览会、北京国际图书博览会等行业展会推广全民阅读的重要功能，举办"读者大会"等全民阅读活动。

（二）加强优质阅读内容供给

完善创作出版扶持引导机制，引导广大作者和出版者自觉践行社会主义核心价值观，传承和弘扬中华优秀传统文化。发挥国家出版基金的积极作用，实施重大出版工程等，出版更多在文化传承上有新的突破、学术水平上有新的超越的精品力作。充分发挥"五个一工程"奖、中国出版政府奖、中华优秀出版物奖等奖项的导向作用。

进一步完善针对不同读者群体的优秀出版物推荐机制，提升推荐出版物的权威性和影响力。坚持价值导向、专家意见、市场表现、群众口碑、质量标准相统一的原则，向读者推荐更多思想精深、艺术精湛、制作精良的优秀出版物。继续开展面向青少年、老年人、少数民族等不同群体的优秀出版物推荐活动，推动精品出版物宣传推介常态化、制度化。加强和改进书评机制，加强图书评论工作，加强对各类图书排行榜的引导和管理。

专栏2　全民阅读优质内容建设工程

（一）重点出版物出版工程

"十三五"时期推出重点主题出版物、重大出版工程、文艺原创精品、未成年人出版物、少数民族文字出版物、古籍、辞书、社会科学与人文科学出版物、自然科学与工程技术出版物等3000种左右。

（二）优秀出版物推荐工程

进一步完善推荐机制，做好"中国好书""向全国青少年推荐百种优秀出版物""优秀老年人出版物""大众喜爱的50种图书""优秀民族图书""中华优秀传统文化普及图书""优秀少儿报刊""精品文学期刊""优秀网络文学原创作品"等推荐工作。

（三）推动全民阅读深入基层、深入群众

大力推进全民阅读进农村、进社区、进家庭、进学校、进机关、进企业、进军营，使阅读活动真正深入基层、深入群众。倡导党员干部带头读书，建立和完善党员干部读书学习制度，激发广大党员干部读书学习的热情，带领本单位、本系统、本地区大兴读书之风。倡导在高校大学生和中青年人群中建立读书会，开展读书活动。充分利用农家书屋、社区书屋、职工书屋等各类阅读设施，开展各种形式的基层读书活动。开展书香军营活动，服务强军建设。完善"书香之家""书香之乡（镇、街道）"等的推荐机制，发挥典型榜样的引领示范作用，展现基层群众的读书传统和读书风采。

强化公益性文化单位在全民阅读工作中的重要作用，文化馆（站）、公共图书馆、科技馆、工人文化宫、青少年宫、妇女儿童活动中心等各级公益性文化单位要常年开展主题读书活动、荐书送书活动、读书交流会等。鼓励政府机关、社会组织和企事业单位开展公益性阅读活动。实施市民阅读发放计划。完善全民阅读示范单位、先进个人和优秀项目推荐机制。

专栏3　全民阅读"七进"工程

（一）"书香之家""书香之村（社区）""书香之乡（镇、街道）"、书香企业、书香机关推荐活动

"十三五"期间推荐3000家"书香之家"、500个"书香之村（社区）"、200个"书香之乡（镇、街道）"、1000个"书香企业"、500个"书香机关"，向全社会展现基层群众读书风采，引领阅读风尚。

（二）开展"书香中国·全民阅读大讲堂""强素质·作表率"读书讲坛

邀请文化名家、社会名人深入群众，引导党员干部和群众认真读书学习、开阔文化视野、全面增强素质，有效推动学习型党组织建设、学习型社会建设。

（三）"书香军营"系列活动

组织一批文化界、艺术界的名家大家深入基层部队，举办"书香军营"讲坛，并广泛开展"主题读书日""月读一书""名家荐书""军营读书节"等活动，营造浓厚的军营阅读氛围。

(四)大力促进少年儿童阅读

大力倡导家庭阅读、亲子阅读，发挥父母和未成年人监护人言传身教的重要作用，推动全社会共同创造、维护少年儿童良好阅读环境。鼓励幼儿园开展与学龄前儿童的年龄和心理状况相适应的阅读活动，着力培养阅读兴趣、阅读习惯。

加强中小学书香校园文化建设，完善中小学图书馆等校园阅读设施，开展多种形式的校园阅读活动。充分利用少年儿童图书馆、农家书屋、职工书屋、社区书屋、基层综合性文化服务中心以及青少年活动中心、少年宫等青少年活动场所，支持和帮助中小学生参加校外阅读活动，开展少儿阅读推广活动。

加强对少儿阅读规律的研究和运用，科学研究不同年龄、不同群体、不同性别少年儿童的智力、心理、认知能力和特点，借鉴国外阅读能力测试、分级阅读等科学方法，探索建立中国儿童阶梯阅读体系，加快提高我国少年儿童的整体阅读水平。

重点保障农村留守儿童、城市流动儿童、贫困家庭儿童等儿童群体的基本阅读需求。鼓励学校、全民阅读设施管理单位、阅读推广人及阅读推广机构等对其进行定期阅读指导和服务。将本行政区域内的外来务工人员随居子女纳入当地全民阅读服务保障范围。有条件的地方可以积极探索开展农村地区学龄前儿童基础阅读促进工作。

专栏4 少年儿童阅读工程

(一)家庭阅读·亲子阅读工程

开展丰富多彩、喜闻乐见的亲子阅读活动，通过推荐优秀读物、开展阅读指导、开展爱心捐赠、阅读推广展示等，传递家庭教育科学理念，引领亲子阅读风尚，营造书香氛围，培育良好家风，促进儿童健康成长。

(二)少儿阶梯阅读推广

建立符合中国儿童特点的阶梯阅读体系，开展我国少儿阶梯阅读工程的研发及推广应用工作。开展我国少儿阅读能力测试项目的研发工作，建设少儿阅读能力监测体系，科学推动整体提高少儿阅读能力。

(三)"书香校园"建设

通过创造浓郁的阅读氛围，整合丰富的阅读资源，开展多彩的读书活动，让阅读成为师生最日常的生活方式，进而推动书香校园的形成。

(四)"少儿报刊阅读季"活动

广泛开展各种内容丰富、形式多样的少儿报刊阅读活动，充分利用"4·23世界读书日""六一"国际儿童节等重要时间节点，开展组织捐赠优秀少儿报刊、"好报刊伴我成长"等专题宣传推广活动。

(五)保障困难群体、特殊群体的基本阅读需求

切实加强针对残障人士、外来务工人员、贫困地区居民等困难群体、特殊群体的阅读服务，保障其基本阅读需求。加快将进城务工人员阅读服务纳入常住地全民阅读服务体系，鼓励以社会文化机构、用工企业等为主体，满足进城务工人员的基本阅读需求，继续扩大"书香中国e阅读"工程的覆盖范围。

鼓励全民阅读设施管理单位及阅读推广人等进行定期阅读指导和服务，有针对性地向残疾人提供盲文出版物、有声读物等阅读资源、设施与服务。各类全民阅读设施应加强无障碍设施建设。建立和完善社会各界为特殊群体、困难群体开展志愿者助读、发放购书券、组织出版物捐赠等捐助和服务的渠道。

专栏5　重点群体阅读促进工程

（一）盲文出版物出版与阅读推广工程

加强盲文出版基地建设，实施盲文出版工程，支持有声读物开发，扩大各类盲人读物有效供给，完善盲文出版物、有声出版物邮寄借阅平台，推动各级图书馆开设视障阅览室，面向视力障碍人群，提供阅读服务。

（二）"书香中国e阅读"推广工程

以政府购买服务的方式，定期向全国进城务工人员、边疆民族地区手机用户推送国家新闻出版广电总局组织推荐的各类优秀图书、报刊等。2016年覆盖人群1000万人，到2020年覆盖5000万人。

(六)完善全民阅读基础设施和服务体系

统筹规划，合理布局，进一步加大城乡基层全民阅读设施建设力度。制定和完善公共图书馆、基层综合性文化服务中心、农家书屋等公共文化服务设施建设标准和资源配置标准，推进全民阅读公共文化设施建设的规范化、标准化。

加快促进城乡基本公共文化服务均等化，实现农村、城市社区公共文化服务资源整合和互联互通，以创新管理机制、提升服务效能为重点，探索长效管理机制。充分发挥各级各类图书馆在阅读推广中的重要作用。加强出版物发行网点建设，特别是农村和社区网点建设，支持实体书店、书报亭、高校书店等各类阅读设施的发展，发挥其促进全民阅读的公益功能。在充分利用现有设施基础上，统筹建设社区阅读中心、数字农家书屋、公共数字阅读终端等设施。

专栏6　全民阅读设施建设重点工程

（一）农家书屋提升工程

建立健全农家书屋管理员队伍，完善出版物补充机制，加大少年儿童出版物配备比例，推动数字（卫星）农家书屋建设，推动农家书屋和基层图书馆、基层综合性文化服务中心资源整合，培育"我的书屋·我的梦"农村少年儿童阅读活动品牌，更好发挥农家书屋作为农村阅读活动和阅读服务主阵地的作用。

（二）支持实体书店发展

坚持改革创新，发挥市场作用，加强政府引导，注重统筹协调，推动实体书店与社会经济协调发展，到2020年，基本形成布局合理、功能完善、主业突出、多元经营的实体书店发展格局。

（三）城乡阅报栏（屏）建设工程

在车站、商场、广场、社区、学校、医院等人流密集地点新增建设一批阅报栏（屏）和全民阅读数字触摸屏，完善数字阅读屏维护更新机制。

（七）提高数字化阅读的质量和水平

适应数字化新趋势，充分利用数字技术，大力推进数字化阅读发展，建立全民阅读数字资源平台，推进数字化阅读服务。建立内容丰富的数字阅读资源库群，加强公共电子阅览室建设计划和全国文化信息资源共享工程网络建设，加强数字图书馆建设。形成覆盖全国的全民阅读数字服务网络。

加快推进传统出版单位数字化转型升级，通过制订配套政策、专项资金资助、推介示范单位等多种方式，推动出版与科技融合发展。实施网络文艺精品创作和传播计划，加强网络文学出版传播的管理和引导，推出更多网络原创精品力作。加强数字出版内容投送平台建设和管理，改善数字出版内容消费服务方式，提升公众数字阅读消费满意度。深入探索读者阅读行为和阅读习惯的数字化转型，提供更便捷、更人性化的数字化阅读技术服务，全面推进全民阅读的多媒体、多平台融合。

专栏7　数字化阅读建设重点工程

（一）全民数字化阅读推广工程

组织开展系列专题数字化阅读活动，大力提升全民数字化阅读率；支持建设一批数字化阅读服务平台，助力全民阅读普及，提升数字出版在公共文化服务体系建设中的支撑能力。

（二）国家全民阅读数字化平台建设

建设3至4家国家级公益性数字化阅读推广、优质阅读内容数字化传播、移动阅读数字化传播平台,与各类图书馆、农家书屋等终端联网,向读者提供数字化阅读服务。

(三)网络文学精品出版工程

用3至5年时间,使创作导向更加健康,创作质量明显提升,推出一批思想精深、艺术精湛、制作精良、深受群众喜爱的原创网络文学精品,在网络内容建设和文艺创新中的作用更加突出。

(八)组织引导社会各方力量共同参与

鼓励和吸引社会力量建设全民阅读公共设施、提供全民阅读服务。充分发挥热心阅读推广的社会名人、文化名家的阅读引领作用。鼓励和支持公务员、教师、新闻出版工作者、大学生等加入阅读推广人队伍,定期培训,提升阅读推广人队伍的整体素质和服务能力。鼓励和支持文化团体、教育机构和其他社会组织开展阅读推广并提供公益阅读服务。成立各级全民阅读促进协会。鼓励和支持高等院校和科研单位进行阅读研究,鼓励从跨学科的角度研究阅读理论,创新研究方法,加强阅读学学科建设,促进全民阅读工作的开展。

专栏8　社会力量参与机制

(一)建立阅读推广人队伍

制定阅读推广人培养方案及管理办法,建立基层全民阅读工作者队伍培训机制,对全国各级全民阅读工作人员、图书馆馆员、农家书屋管理员、阅读推广人等进行系统培训,提高全民阅读推广能力,支持开展各类基层读书活动。

(二)培育阅读推广机构

充分发挥各类绘本馆、阅读空间、读书会等的重要作用,提升阅读推广专业性、阅读服务规范性,培育一批在社会上具有广泛影响力的阅读推广机构。

(三)成立全民阅读促进协会

汇聚相关部门、群团组织、阅读推广机构、出版发行单位、公共图书馆、基层阅读组织、知名作家学者以及其他热心全民阅读推广的社会人士,组建各级全民阅读促进协会,开展全民阅读推广工作。到2020年,全国所有省(自治区、直辖市)都应成立全民阅读促进协会,50%的地级市应成立全民阅读促进协会。

(九)加强全民阅读宣传推广

重视和发挥中央媒体和地方媒体、传统媒体和新兴媒体、主流媒体和各类媒体的重要作用,形成强大宣传合力,营造全民阅读的良好氛围。进一步做好理念创新、手段创新、载体创新,把创新的重心放在基层一线,从围绕相关节庆、重点事件报道向常态化、持续化发展，从书评、书摘、书讯等传统栏目向典型报道、深度报道、专题报道、系列报道扩展，从报刊读书栏目、广播电视读书节目向公益广告、户外传媒、新媒体等全媒介多元化发展。

鼓励和支持各类媒体、组织全民阅读媒体联盟和全民阅读百网联盟成员单位深入街道、社区和乡镇、农村等基层，抓取第一手新闻素材，把鲜活读书故事、先进读书人物传递给广大读者。要充分发挥正面宣传鼓舞人、激励人的作用，多宣传读书陶冶情操、读书改变命运、读书成就人生等感人故事，让全民阅读理念春风化雨，润物无声。

专栏9 全民阅读宣传推广

（一）全民阅读媒体联盟和全民阅读百网联盟

充分发挥各类媒体的特点，适应分众化、差异化传播趋势，实现传统宣传推广形式与新媒体宣传推广形式深度融合，以全民阅读官方网站和全民阅读工作网站为平台和纽带，利用官方微博、微信公众号和新闻客户端"两微一端"，资源共享、信息互通、资讯互联，形成合力，共同向广大读者宣传推广全民阅读。

（二）书香中国万里行

组织全民阅读媒体联盟、全民阅读百网联盟成员单位深入街道、社区和乡镇、农村等基层，宣传报道全民阅读先进典型和感人事迹，营造开展全民阅读的良好氛围。

三、加强组织领导和统筹实施

加强全民阅读工作的组织领导和统筹协调，建立相关部门共同参与的协商推进机制，形成合力，共同承担全民阅读工作的职责。加强全民阅读法制建设，制订发布《全民阅读促进条例》，鼓励和推动地方开展全民阅读立法工作。

建立书香社会指标体系，定期评估和发布。鼓励将全民阅读指数纳入社会发展指标体系，纳入创建文明城市指标体系，将工作情况纳入目标管理和考核体系。

专栏10 全民阅读长效机制建设工程

（一）制订《全民阅读促进条例》

将全民阅读纳入法制化轨道，规范政府责任，保障公民基本阅读权利，促进全民阅读服务体系建设。推动地方全民阅读立法工作。到2020年，推动全国所有省（自治区、直辖市）出台本地的全民阅读地方性法规、地方政府规章及政策性文件等。

（二）建立全民阅读指导委员会

建立国家全民阅读指导委员会和地方各级全民阅读指导委员会，形成各部门综合协调机制，共同研究全民阅读工作中的重大问题，制订全民阅读公共服务基本标准，协调全民阅读基础设施建设与资源配置，促进阅读相关机构和组织合作。

（三）书香社会指标体系

定期开展全国国民阅读调查，建设全民阅读监测体系，监测全民阅读发展水平、阅读服务公众满意度、阅读服务标准实现程度；对全民阅读活动、工程效果进行第三方测评，收集群众反馈意见，对活动进行科学评估。

参考资料

[1] 欧兴荣. 首个国家级全民阅读规划发布 提出十项主要任务[EB/OL].（2016-12-27）[2018-02]. http://culture.people.com.cn/n1/2016/1227/c87423-28980503.html.

[2] 国家新闻出版广电总局. 全民阅读"十三五"时期发展规划[J]. 全国新书目，2016(12):43-48.

2.2　关于加强新时期中小学图书馆建设与应用工作的意见

2015年5月20日，教育部、文化部、国家新闻出版广电总局以教基一〔2015〕2号印发《关于加强新时期中小学图书馆建设与应用工作的意见》。该《意见》分总体要求、重点任务、保障措施3部分12条。

重点任务是：推进基础条件建设；确保馆藏资源质量；规范馆藏采购机制；不断提高信息化水平；充分发挥育人作用；带动书香社会建设。

教基一〔2015〕2号

各省、自治区、直辖市教育厅（教委）、文化厅（局）、新闻出版广电局，新疆生产建设兵团教育局、文化广播电视局、新闻出版局，教育部直属各高等学校：

为贯彻党中央关于深化教育领域综合改革精神，指导中小学校全面贯彻教育方针、实施素质教育，提升学校内涵与品质，形成书香校园，带动全民阅读，助推学习型社会和书香社会建设，现就加强新时期中小学图书馆（含图书室，下同）建设与应用工作，提出如下意见。

一、总体要求

（一）重要意义。中小学图书馆作为服务教育教学、教育科学研究的重要办学条件，是基本实现教育现代化的重要体现，是均衡合理配置教育资源的重要内容，是广大学生、教师获取信息资源不可或缺的重要途径，是落实立德树人根本任务、全面深化课程改革的重要阵地，对于保障教学、服务教学、改善教学，提高学生自主学习能力和终身学习能力，促进教师专业成长和学生全面发展具有重要作用。中小学图书馆作为国家图书馆服务体系的重要组成，对于服务学习型社会和书香社会建设，完善公共文化服务体系，丰富群众精神文化生活具有深远意义。

近年来，国家先后实施一系列基础教育重大建设工程，全面提高了中小学图书馆保障水平。但认识不足、摆位不当，区域、城乡、学校之间建设水平不均衡，管理服务水平不高，与教育教学融合不够，信息化基础薄弱，专业化队伍匮乏等问题仍然存在，直接影响中小学图书馆育人功能和综合效益的发挥。

面对全面深化教育综合改革的新形势，加快推进治理现代化的新部署，深入推进义务教育均衡发展的新要求，落实立德树人深化课程改革的新任务，倡导全民阅读建设书香社会的新氛围，必须深刻认识加强中小学图书馆建设与应用工作的重要意义，切实增强责任感、使命感和紧迫感，全面落实责任，明确目标任务，切实加大力度，不断完善措施，将中小学图书馆建设与应用工作提高到新水平。

（二）**工作目标**。到2018年，结合全面改善贫困地区义务教育薄弱学校基本办学条件、中西部农村初中校舍改造工程等重大项目实施，有条件地区要按照学校建设标准补充新建图书馆，改善不达标图书馆，不具备条件的农村中小学、教学点要建有图书柜、图书角。到2020年，绝大部分中小学要按照国家规定标准建有图书馆。

基本建成与深化课程改革、实施素质教育相适应的现代化中小学图书馆建设、管理和服务体系。使图书馆与教育教学全面深度融合，成为学校信息资源高地和师生智慧中心、成长中心、活动中心。基本形成中小学图书馆与公共图书馆、高等学校图书馆馆藏资源共享格局，带动全民阅读，助推公共文化服务体系、学习型社会和书香社会建设。

二、重点任务

（三）**推进基础条件建设**。各地要落实要求，将图书馆纳入中小学建设规划，对中小学图书馆的功能定位、馆舍面积、配套设施、馆藏保障、资源利用、队伍建设、管理应用等方面做出合理安排。加快推进中小学图书馆建设。逐步将图书馆建设为设施齐全、功能完备、运转顺畅、服务便捷、使用高效的育人阵地和重要课堂。鼓励有条件的学校利用图书、报刊布置走廊、教室等边角空间，倡导学生自主管理、诚信取阅，形成学校在"图书馆"中的良好氛围，使师生阅读方式广泛多样、阅读选择丰富多元。

（四）**确保馆藏资源质量**。教育、文化和新闻出版部门要积极创造条件，组织专家学者、文化工作者和出版发行单位，为中小学生创作更多富有教育性、启发性，符合年龄特点、品种丰富的优质出版物。各地要结合实际合理确定中小学图书馆藏书复本量标准及馆藏定向补充和剔旧原则。要制定增剔工作计划，严格操作，确保剔旧后每年至少生均新增一本纸质图书，确保实现生均纸质图书册数达标。妥善存续具有收藏保存价值的图书，基础藏书配备目录内的藏书，一般不进行剔旧。进一步整合实体和虚拟资源，形成相互补充、多元统一的馆资源体系。改善图书馆馆藏结构，探索建立学生、教师读书反馈和评议推荐制度，遴选学生和教师心目中的好书。各地中小学要重视对校本资源、特色资源的收集、整理、加工、保存和应用。

（五）**规范馆藏采购机制**。各级教育、文化和新闻出版部门要建立协作机制，完善中小学图书馆馆藏资源招标采购办法及实施细则。逐步健全师生、家长和专家学者等多方参与的采购机制，充分发挥全社会民主监督作用，共同把好中小学图书馆馆藏采购质量关。明确馆藏采购责任主体，将教育部指导编制的《全国中小学图书馆（室）推荐书目》作为中小学图书馆馆藏采购的主要参考依据。新闻出版部门要会同教育部门加强监管，严格审查参与中小学图书馆馆藏招标采购单位资质，共同加大验收检查力度，严禁盗版图书等非法出版物及不适合中小学生阅读、价格虚高的图书、音像制品和电子出版物进入中小学图书馆，发现一起，查处一起。对有令不行、有禁不止、违法情节严重的出版发行单位，新闻出版部门要依法依规严肃查处。

（六）**不断提高信息化水平**。各地要将中小学图书馆信息化建设纳入区域和中小学信息化建设整体规划，创造条件积极推进中小学数字图书馆及配套阅览条件建设。要充分发挥教育主干网、城域网、校园网的作用，以县级网络中心为依托推进数字图书馆和信息资源中心建设，辐射县域内学校。逐步建立起县级、地市级、省级中小学数字图书馆网络体系，为中小学图书馆、公共图书馆馆际数字资源共享搭建教育资源公共服务平台。县级以上数字图书资源中心要能够满足区域学校教育教学和广大师生电子阅读需求，确保师生便捷获取数字图书和电子期刊等数字资源。要逐步实现中小学图书馆管理信息化和服务形式网络化，探索动态实现区域内中小学图书馆纸质图书、报刊的联合采编、公共检索、馆际互借等功能。

（七）**充分发挥育人作用**。中小学图书馆每周开放时间原则上不少于40小时，确保每天课余时间、周末和寒暑假期间对师生有效开放，鼓励适当延长并向社会开放。要围绕深化课程改革目标任务，推进图书馆与学科教学有效结合、深度融合，将图书馆作为课程资源进行整合形成教学资源。提升学科教师对图书馆的认识，倡导学科教师自觉利用图书馆改善教育教学，开展教育科研活动，推出一批优秀教学案例和先进教师典型。创新图书借阅方式，简化图书借阅管理，将馆藏资源推送到楼层、课堂，促进师生便捷、有效阅读。要利用一定课时，培养学生搜集、整理、分析和选择信息资源的能力，提高学生信息素养。拓展图书馆使用功能，利用图书馆举办学术讲座，展示师生作品，开展教研、学习交流活动。积极组织开展书香校园创建活动，结合校园文化，开展经常性主题读书活动，传播社会主义核心价值观，培养学生阅读兴趣、阅读习惯等有效阅读能力，发挥好引领、辐射和带动作用。组织力量积极开展针对中小学图书馆的理论与实践研究，加强科研引领。

（八）**带动书香社会建设**。在每年4月23日"世界读书日"和9月9日"国家图书馆日"，积极开展形式多样、丰富多彩的中小学生读书专题活动。提倡小学生每天课外阅读半小时、中学生每天课外阅读1小时。丰富学生课后生活，特别要为家庭贫困学生、寄宿制学校学生、农村留守儿童提供便利读书条件。鼓励中小学图书馆设立家长定期开放日，提倡学生和家长共同读书、读同一本书，营造良好阅读氛围。中小学图书馆与本地公共图书馆特别是少年儿童图书馆、高等学校图书馆要积极开展合作，推进资源共享，探索实现通借通还。中小学图书馆要主动探索向社区、社会开放，提高馆藏资源利用率。农村中小学图书馆要发挥辐射作用，采取有效措施服务农民精神文化需求。

三、保障措施

（九）**落实经费保障**。各地教育部门要在每年教育经费预算中安排中小学图书等馆藏资源购置经费，并向农村学校和薄弱学校倾斜。要结合学校标准化建设工作，围绕中小学图书馆建设工作目标和主要任务，制定资金筹措计划。积极拓宽办馆渠道，鼓励企事业单位、社会团体和公民个人以各种方式支持中小学图书馆建设，规范捐赠程序，明确责任与义务，确保捐赠馆藏和援建工程质量。

（十）**强化队伍建设**。逐步建成由专（兼）职人员、志愿者等组成的中小学图书馆管理人员队伍，有条件的地方或学校要配备专职管理人员。探索设立中小学图书馆图书资料系列专业技术岗位，其编制在本校教职工编制总数内合理确定，建立完善资格准入、岗位聘用和定期考核制度。不断提高图书馆专业人员比例。通过多种方式吸纳优秀人才进入中小学图书馆管理人员队伍。对从事图书馆工作的兼职教师进行图书馆业务培训，在职务（称）评聘、晋升、评优评先、待遇等方面，给予图书馆管理人员与教师同等机会。创新培训机制，建立分层分级培训体系，制定培训计划，提倡利用网络资源平台开展远程培训。鼓励各地充分利用高等院校图书馆及学术团体、行业组织专业优势，开展形式多样的中小学图书馆专（兼）职管理人员培训。加大高等学校培养中小学图书馆专门人才的力度。

（十一）**纳入督导评估**。教育督导部门要把图书馆建设与应用工作纳入依法治校，作为中小学校综合督导评估和义务教育均衡发展评估认定的重要内容，完善评估标准和实施细则，定期开展应用管理评估工作，并将评估结果纳入学校管理考核，督促和指导做好相关工作。加强中小学图书馆和相关出版领域的行业标准和业务规范的研制和执行工作，不断推进图书馆建设管理的制度化、规范化和专业化。

（十二）**加强组织领导**。各地教育、文化和新闻出版部门要将中小学图书馆建设与应用纳入教育和公共文化服务体系事业发展总体规划，有效运用项目实施、政策引导和经费支持等手段，加强对中小学图书馆建设的统筹协调和分类指导。发挥各级基础教育主管部门、教育装备部门在中小学图书馆建设、配备、管理、应用各个环节的作用。要结合本地实际，提出新时期推进中小学图书馆建设与应用工作的具体方案。省级工作方案应由教育、文化、新闻出版部门联合制订并推动落实。

教育部 文化部 国家新闻出版广电总局
2015年5月20日

2.3　2017年普通高考考试大纲修订内容通知

　　2016年10月8日，教育部考试中心正式下发《关于2017年普通高考考试大纲修订内容的通知》（教试中心函〔2016〕179号），发布2017年普通高考考试大纲修订内容。

关于2017年普通高考考试大纲修订内容的通知
教育部　教试中心函（2016）179号

各省、自治区、直辖市教育考试院（中心、局），高校招生办公室：

　　考试大纲是高考命题的规范性文件和标准，是考试评价、复习备考的依据，是推进考试内容改革的切入点，修订考试大纲，贯彻立德树人任务要求，全面总结考试内容改革成果，体现课程改革新理念，为实现2020年高考改革目标做积极准备，是落实《国务院关于深化考试招生制度改革的实施意见》精神、提升教育考试质量的重要举措。在广泛征求意见的基础上，考试中心组织专家修订、审定了2017年普通高考考试大纲。

　　现将各学科考试大纲主要修订内容（见附件）下发给你们，各地要及时传达，认真做好贯彻落实和宣传工作，加强与基础教育行政部门和教研部门沟通协调，做好考试大纲的解读和适应测试工作，帮助中学准确把握考试大纲修订情况，及时回应教师、学生和社会关切，维护正常的教学秩序，保证高考平稳顺利。

附　件
高考各学科考试大纲修订内容

一、修订基本原则

　　坚持整体稳定，推进改革创新。处理好继承与发展、稳定与创新的关系，在保证考试大纲总体框架不变的前提下，进一步巩固考试内容改革成果，确保高考内容改革的顺利推进。

　　优化考试内容，着力提高质量，把提升考试大纲的科学性和公平性作为修订工作的核心，依据高校人才选拔要求和国家课程标准，科学设计考试内容，增强基础性、综合性、应用性和创新性，适应经济社会发展对多样化高素质人才的需要。

提前谋篇布局，体现素养导向，做好与新课程标准理念的衔接，在高考考核目标中适当体现核心素养的要求，梳理"必备知识、关键能力、学科素养、核心价值"的层次与关系。

二、主要修订内容

1. 增加中华优秀传统文化的考核内容，积极培育和践行社会主义核心价值观，充分发挥高考命题的育人功能和积极导向作用。比如，在语文中增加古代文化常识的内容，在汉语中增加文言文、传统节日、民俗等内容，在数学中增加数学文化的内容。

2. 完善考核目标，结合学科特点和核心素养的要求，在考试大纲中对考核目标的内涵进行修订，在考试说明中对各个考核目标进行具体解析，并补充试题样例，进一步说明考核目标要求，便于考生理解和复习备考。

3. 调整考试内容。在强调共同基础的前提下，合理设置选考模块，满足高校人才选拔要求，契合课程标准的修订方向。比如，语文将文学类文本阅读、实用类文本阅读均设为必考内容，适应高校对新生基本能力和综合素质的要求，呼应中学教学的意见；数学减少选考模块"几何证明选讲"，物理将模块3-5列为必考，顺应课程标准修订的趋势。

三、各学科修订内容

语　文

更注重体现语文学科的基础性和综合性，优化考查内容，调整选考模块，全面考查语文能力和人文素养。

1. 能力目标设计学科化，注重考查更高层级的思维能力，如鉴赏评价能力。

2. 适度增加阅读量，考查信息时代和高校人才选拔要求的快速阅读能力和信息筛选处理能力。

3. 现行考试大纲规定的2个选考模块分别为"文学类文本阅读"和"实用类文本阅读"，要求学生从两道选考题中选择1道作答，修订后的考试大纲取消选考模式，将"文学类文本阅读"和"实用类文本阅读"均作为必考内容。

4. 在"古诗文阅读"部分增加"了解并掌握常见的古代文化常识"的考查内容。

汉　语

1. 考试科目名称由"汉语文"更改为"汉语"。

2. 新增"考核目标与要求"，明确考核目标是考生的汉语运用能力，并结合汉语的学科特点，确定了不同层级的具体要求，更注重对能力的考查，由传统的知识化的表述转向能力化的表述。

3. 调整试卷结构，强化能力立意。调整Ⅰ、Ⅱ卷分值比例，减少对记忆性知识的考查，并根据考生群体的特点增加对读、写能力进行考查的试题，阅读材料由一篇调整为两篇，文体覆盖更全面。

4.优化考试内容，增加了对文言文、中华优秀传统文化常识考查的试题。

数　　学

1.在能力要求内涵方面，增加了基础性、综合性、应用型、创新型的要求，增加了数学文化的要求，同时对能力要求进行了加细说明，使能力要求更加明确具体。

2.在现行考试大纲三个选考模块中删去"几何证明选讲"，其余2个选考模块的内容和范围都不变，考生从"坐标系与参数方程""不等式选讲"2个模块中任选1个作答。

历　　史

现行考试大纲规定的6个选考模块分别为"历史上的重大改革""近代社会的民主思想与实践""20世纪的战争与和平""中外历史人物评说""探索历史的奥秘"和"世界文化遗产荟萃"。

修订后的考试大纲删去选考模块"近代社会的民主思想与实践""探索历史的奥秘"和"世界文化遗产荟萃"，其余3个选考模块内容和范围都不变，考生从3个模块中任选1个作答。

地　　理

现行考试大纲规定的3个选考模块分别为"旅游地理""自然灾害与防治"和"环境保护"，要求学生从3个模块中选择1个模块作答。

修订后的考试大纲删去"自然灾害与防治"模块，考生从"旅游地理"和"环境保护"模块中任选1个模块作答。

思想政治

对学科"获取和解读信息""调动和运用知识""描述和阐释事物""论证和探究问题"四项能力考核目标的解析内容进行了修订完善，补充试题样例加以说明，进一步明确考查要求，结合思想政治学科特点和核心素养的要求，突出正确的政治方向和坚定的政治立场，强调德育导向和社会主义核心价值观引领作用的发挥。

物　　理

1.进一步细化对"理解能力""推理能力""分析综合能力""应用数学处理物理问题的能力"和"实验能力"的考查要求，增加例题进行阐释，明确能力考查的具体要求。

2.优化考试内容。现行考试大纲规定的4个选考模块分别为选修2-2、3-3、3-4和3-5，修订后的考试大纲删去选修2-2的内容，将选修3-5的内容列为必考，其余2个选考模块的内容和范围都不变，考生从中任选1个模块作答。

化　　学

现行考试大纲规定的4个选考模块分别为"化学与生活""化学与技术""物质结构与性质"和"有机化学基础"，要求学生从4个选考模块中选择1个模块作答。

修订后的考试大纲删去"化学与生活"和"化学与技术"两个模块，考生从"物质结构与性质"和"有机化学基础"模块中任选1个作答。

生　　物

1. 对能力要求的一些表述进行了调整。例如，将"关注对科学、技术和社会发展有重大影响和意义的生物学新进展以及生物科学发展史上的重要事件"调整成"关注对技术和社会发展有重大影响的、与生命科学相关的突出成就及热点问题"。

2. 在考试大纲中删去选修1中"植物组织培养"的内容；考试说明选修1中增加"某种微生物数量的测定"以及"微生物在其他方面的应用"；选修3中"基因工程的原理及技术"调整成"基因工程的原理及技术（含PCR）"。

2.4　完善中华优秀传统文化教育指导纲要

2014年3月26日，教育部下发《完善中华优秀传统文化教育指导纲要》（教社科〔2014〕3号）。

完善中华优秀传统文化教育指导纲要

为贯彻落实党的十八届三中全会关于完善中华优秀传统文化教育的精神，落实立德树人根本任务，进一步加强新形势下中华优秀传统文化教育，制定本指导纲要。

一、加强中华优秀传统文化教育的重要性和紧迫性

1. 加强中华优秀传统文化教育，是深化中国特色社会主义教育和中国梦宣传教育的重要组成部分。中国特色社会主义道路是在对中华民族5000多年悠久文明的传承中走出来的，具有深厚的历史渊源和广泛的现实基础。加强中华优秀传统文化教育，对于引导青少年学生更加全面准确地认识中华民族的历史传统、文化积淀、基本国情，认清中国特色社会主义的历史必然性，坚定走中国特色社会主义道路、实现中华民族伟大复兴中国梦的理想信念，具有重大而深远的历史意义。

2. 加强中华优秀传统文化教育，是构建中华优秀传统文化传承体系，推动文化传承创新的重要途径。当今世界，文化在综合国力竞争中的地位和作用更加凸显，越来越成为民族凝聚力和创造力的重要源泉，博大精深的中华优秀传统文化是我们在世界文化激荡中站稳脚跟的根基。青少年学生是祖国的未来，民族的希望，加强对青少年学生的中华优秀传统文化教育，对于培养中华优秀传统文化的继承者和弘扬者，推动文化传承创新，建设社会主义先进文化具有基础作用。

3. 加强中华优秀传统文化教育，是培育和践行社会主义核心价值观，落实立德树人根本任务的重要基础。世界多极化、经济全球化深入发展，国内经济社会转轨转型，深刻变革，现代传播技术迅猛发展，世界范围内各种思想文化的交流交融交锋更加频繁，社会思想观念日益活跃。青少年学生思想意识更加自主，价值追求更加多样，个性特点更加鲜明，社会上一些不良思想倾向和道德行为，对青少年学生健康成长产生了不容忽视的影响。加强中华优秀传统文化教育，对于引导青少年学生增强民族文化自信和价值观自信，自觉践行社会主义核心价值观具有重要作用。

4. 加强中华优秀传统文化教育，必须正视面临的一系列困难和挑战。改革开放以来特别是新世纪以来，中华优秀传统文化教育不断加强，取得了显著成效，对于培养学生良好思想品德和行为习惯，培育和弘扬爱国主义精神，增强文化自觉自信等方面发挥了积极作用。但是，面对新形势、新要求，中华优秀传统文化教育还存在不少突出问题，对中华优秀传统文化教育重要性的认识有待进一步提高，教育内容的系统性、整体性还明显不足，重知识讲授、轻精神内涵阐释的现象还比较普遍，课程和教材体系有待完善，教师队伍整体素质有待提升，全社会共同参与的教育合力有待加强等，有效解决这些问题，迫切需要进一步完善中华优秀传统文化教育。

二、加强中华优秀传统文化教育的指导思想、基本原则和主要内容

5. 加强中华优秀传统文化教育的指导思想。坚持以邓小平理论、"三个代表"重要思想、科学发展观为指导，深入贯彻落实党的十八大、十八届三中全会精神和习近平总书记系列重要讲话精神，全面贯彻党的教育方针，积极培育和践行社会主义核心价值观，围绕立德树人根本任务，以弘扬爱国主义为核心的团结统一、爱好和平、勤劳勇敢、自强不息的民族精神为主线，以推进大中小学中华优秀传统文化教育一体化为重点，整体规划、分层设计、有机衔接、系统推进，促进青少年学生全面发展，培养富有民族自信心和爱国主义精神的社会主义事业建设者和接班人。

6. 加强中华优秀传统文化教育的基本原则。

——坚持中华优秀传统文化教育与培育和践行社会主义核心价值观相结合。要坚持历史唯物主义和辩证唯物主义的立场、观点和方法，深入挖掘和阐发中华优秀传统文化讲仁爱、重民本、守诚信、崇正义、尚和合、求大同的时代价值。要处理好继承和创新的关

系，重点做好创造性转化和创新性发展。

——坚持中华优秀传统文化教育与时代精神教育和革命传统教育相结合。既要大力弘扬以爱国主义为核心的民族精神，又要积极弘扬以改革创新为核心的时代精神，继承和弘扬革命传统文化。

——坚持弘扬中华优秀传统文化与学习借鉴国外优秀文化成果相结合。既要高度重视培育学生的民族自信心、自豪感，又要注重引导学生树立世界眼光，博采众长。

——坚持课堂教育与实践教育相结合。既要充分发挥课堂教学的主渠道作用，又要注重发挥课外活动和社会实践的重要作用。

——坚持学校教育、家庭教育、社会教育相结合。既要发挥学校主阵地作用，又要加强家庭、社会与学校之间的配合，形成教育合力。

——坚持针对性与系统性相结合。既要根据不同学段学生身心发展特点，区分层次，突出重点，又要加强各学段的有机衔接，逐步推进。

7. 开展中华优秀传统文化教育的主要内容。中华优秀传统文化是中华民族语言习惯、文化传统、思想观念、情感认同的集中体现，凝聚着中华民族普遍认同和广泛接受的道德规范、思想品格和价值取向，具有极为丰富的思想内涵。加强对青少年学生的中华优秀传统文化教育，要以弘扬爱国主义精神为核心，以家国情怀教育、社会关爱教育和人格修养教育为重点，着力完善青少年学生的道德品质，培育理想人格，提升政治素养。

——开展以天下兴亡、匹夫有责为重点的家国情怀教育。着力引导青少年学生深刻认识中国梦是每个人的梦，以祖国的繁荣为最大的光荣，以国家的衰落为最大的耻辱，增强国家认同，培养爱国情感，树立民族自信，形成为实现中华民族伟大复兴的中国梦而不懈努力的共同理想追求，培养青少年学生做有自信、懂自尊、能自强的中国人。

——开展以仁爱共济、立己达人为重点的社会关爱教育。着力引导青少年学生正确处理个人与他人、个人与社会、个人与自然的关系，学会心存善念、理解他人、尊老爱幼、扶残济困、关心社会、尊重自然，培育集体主义精神和生态文明意识，形成乐于奉献、热心公益慈善的良好风尚，培养青少年学生做高素养、讲文明、有爱心的中国人。

——开展以正心笃志、崇德弘毅为重点的人格修养教育。着力引导青少年学生明辨是非、遵纪守法、坚韧豁达、奋发向上，自觉弘扬中华民族优秀道德思想，形成良好的道德品质和行为习惯，培养青少年学生做知荣辱、守诚信、敢创新的中国人。

三、分学段有序推进中华优秀传统文化教育

8. 小学低年级，以培育学生对中华优秀传统文化的亲切感为重点，开展启蒙教育，培养学生热爱中华优秀传统文化的感情。认识常用汉字，学习独立识字，初步感受汉字的形体美；诵读浅近的古诗，获得初步的情感体验，感受语言的优美；了解一些爱国志士的故事，知道中华民族重要传统节日，了解家乡的生活习俗，明白自己是中华民族的一员；初

步了解传统礼仪,学会待人接物的基本礼节;初步感受经典的民间艺术。引导学生孝敬父母、尊敬师长、友爱同学、礼貌待人,养成勤俭节约、吃苦耐劳、言行一致的生活习惯和行为规范,培育热爱家乡、热爱生活、亲近自然的情感。

9. 小学高年级,以提高学生对中华优秀传统文化的感受力为重点,开展认知教育,了解中华优秀传统文化的丰富多彩。熟练书写正楷字,理解汉字的文化含义,体会汉字优美的结构艺术;诵读古代诗文经典篇目,理解作品大意,体会其意境和情感;了解中华民族历代仁人志士为国家富强、民族团结做出的牺牲和贡献;知道重要传统节日的文化内涵和家乡生活习俗变迁;感受各民族艺术的丰富表现形式和特点,尝试运用喜爱的艺术形式表达情感;培养学生对传统体育活动的兴趣爱好。引导学生学会理解他人,懂得感恩,逐步提高辨别是非、善恶、美丑的能力,开始树立人生理想和远大志向,热爱祖国河山、悠久历史和宝贵文化。

10. 初中阶段,以增强学生对中华优秀传统文化的理解力为重点,提高对中华优秀传统文化的认同度,引导学生认识我国统一多民族国家的文化传统和基本国情。临摹名家书法,体会书法的美感与意境;诵读古代诗词,初步了解古诗词格律,阅读浅易文言文,注重积累、感悟和运用,提高欣赏品位;知道中国历史的重要史实和发展的基本线索,理解国家统一和民族团结的重要性,认识中华文明的历史价值和现实意义;欣赏传统音乐、戏剧、美术等艺术作品,感受其中表达的情感和思想;参加传统礼仪和节庆活动,了解传统习俗的文化内涵。引导学生尊重各民族传统文化习俗,珍视各民族共同创造的中华优秀文明成果,培养作为中华民族一员的归属感和自豪感。

11. 高中阶段,以增强学生对中华优秀传统文化的理性认识为重点,引导学生感悟中华优秀传统文化的精神内涵,增强学生对中华优秀传统文化的自信心。阅读篇幅较长的传统文化经典作品,提高古典文学和传统艺术鉴赏能力;认识中华文明形成的悠久历史进程,感悟中华文明在世界历史中的重要地位;认识人民群众创造历史的决定作用和杰出人物的贡献,吸取前人经验和智慧,培养豁达乐观的人生态度和抵抗困难挫折的能力;感悟传统美德与时俱进的品质,自觉以中华传统美德律己修身;了解传统艺术的丰富表现形式和特点,感受不同时代、地域、民族特色的艺术风格,接触和体验祖国各地的风土人情、民俗风尚,了解中华民族丰富的文化遗产。引导学生深入理解中华民族最深沉的精神追求,更加全面客观地认识当代中国,看待外部世界,认识国家前途命运与个人价值实现的统一关系,自觉维护国家的尊严、安全和利益。

12. 大学阶段,以提高学生对中华优秀传统文化的自主学习和探究能力为重点,培养学生的文化创新意识,增强学生传承弘扬中华优秀传统文化的责任感和使命感。深入学习中国古代思想文化的重要典籍,理解中华优秀传统文化的精髓,强化学生文化主体意识和文化创新意识;深刻认识中华优秀传统文化是中国特色社会主义植根的沃土,辩证看待中华优秀传统文化的当代价值，正确把握中华优秀传统文化与中国化马克思主义、社会主义核心价值观的关系。引导学生完善人格修养，关心国家命运，自觉把个人理想和国家梦想、个人价值与国家发展结合起来，坚定为实现中华民族伟大复兴的中国梦不懈奋斗的理想信念。

四、把中华优秀传统文化教育系统融入课程和教材体系

13. 在课程建设和课程标准修订中强化中华优秀传统文化内容。围绕中华优秀传统文化教育的主要任务，适时启动课程标准修订和课程开发的研究论证、试点探索和推广评估工作。在中小学德育、语文、历史、艺术、体育等课程标准修订中，增加中华优秀传统文化内容比重。地理、数学、物理、化学、生物等课程，应结合教学环节渗透中华优秀传统文化相关内容。鼓励各地各学校充分挖掘和利用本地中华优秀传统文化教育资源，开设专题的地方课程和校本课程。开展职业院校民族文化传承与创新示范专业点建设。鼓励有条件的高等学校统一开设中华优秀传统文化必修课，拓宽中华优秀传统文化选修课覆盖面。面向各级各类学校重点建设一批中华优秀传统文化精品视频公开课。加强中华优秀传统文化相关学科建设。

14. 修订相关教材和组织编写中华优秀传统文化普及读物。根据修订后的中小学课程标准，修订相关教材。制作内容精、形式活、受欢迎的数字化课件。在高等学校统一推广使用马克思主义理论研究和建设工程重点教材《中国文化概论》。鼓励有条件的地方结合地方课程需要编写具有地域特色的中华优秀传统文化读本。组织知名专家编写多层次、成系列的普及读物。

15. 充分发挥中小学德育课和高校思想政治理论课的重要作用。促进思想政治教育与中华优秀传统文化教育的紧密结合，以爱国主义教育为核心，深入挖掘中华优秀传统文化中蕴含的丰富思想政治教育资源，进一步丰富中小学德育课和高校思想政治理论课的教学内容，创新教学方法和手段，提升教学效果。

五、全面提升中华优秀传统文化教育的师资队伍水平

16. 打造一支中华优秀传统文化教育骨干队伍。在中小学教师资格考试内容中增加中华优秀传统文化的比重。在师范院校开设中华优秀传统文化课程。鼓励民间艺人、技艺大师、非物质文化遗产传承人参与职业教育教学。建立非物质文化遗产传承人"双向进入"机制，设立技艺指导大师特设岗位，鼓励有条件的职业院校成立大师工作室。在长江学者奖励计划、新世纪优秀人才支持计划、高等学校青年教师培养计划等各类人才计划，以及"万人计划"教学名师评选中，增加传统文化教学和研究人才比重，培养和造就一批中华优秀传统文化教学名师和学科领军人才。

17. 加强面向全体教师的中华优秀传统文化教育培训。在哲学社会科学教学科研骨干研修、高校思想政治理论课骨干教师研修、高校辅导员骨干培训中加大中华优秀传统文化内容比重。在中小学教师国家级培训计划、义务教育学校校长和农村幼儿园园长研修培训计划、职业学校教师和校长素质提高计划中增加中华优秀传统文化培训内容，提高各级各类学校教师开展中华优秀传统文化教育的能力。

六、着力增强中华优秀传统文化教育的多元支撑

18. 建设不断适应时代需要的中华优秀传统文化网络教育平台。利用好现有全国文化资源共享工程、公共电子阅览室建设工程、数字图书馆推广计划等数字文化惠民工程的数据资源成果，推动优秀传统文化网络传播，制作适合互联网、手机等新兴媒体传播的传统文化精品佳作。重点打造一批有广泛影响的传统文化特色网站，支持和鼓励学校网站开设传统文化专栏。加强校园网络建设，依托高校网络文化示范中心、大学生网络文化工作室等，拓宽适合青少年学生学习特点的线上教育平台。选取一批有代表性的中华优秀传统文化经典诗文，建设"中华经典资源库"。在中国大学生在线、易班网等设立中华优秀传统文化教育专栏，进行形式活泼、内容丰富的在线学习。

19. 加强中华优秀传统文化校园教育活动。利用学校博物馆、校史馆、图书馆、档案馆等，结合校史、院史、学科史和人物史的挖掘、整理和研究，发挥其独特的文化育人作用。深入开展创建中华优秀传统文化艺术传承学校活动，邀请传统文化名家、非物质文化遗产传承人等进校园、进课堂。依托少先队、共青团、学生党支部、学生会、学生社团等，开展主题教育、理论研讨、社会实践、志愿服务、文艺体育等形式多样、丰富多彩的活动。

20. 构建互为补充、相互协作的中华优秀传统文化教育格局。充分利用博物馆、纪念馆、文化馆（站）、图书馆、美术馆、音乐厅、剧院、故居旧址、名胜古迹、文化遗产、具有历史文化风貌的街区等，组织学生进行实地考察和现场教学，建立中小学生定期参观博物馆、纪念馆、遗址等公共文化机构的长效机制。积极配合文化、新闻出版广电等部门，提倡和扶持弘扬中华优秀传统文化的各类文艺作品创作，在评奖、宣传等方面加强引导，办好青少年电视频道，做好图书出版规划，创作、出版一批青少年喜爱的影视片、音像制品和文学艺术作品，为加强中华优秀传统文化教育提供丰富、生动的教育资源。

21. 充分发挥家庭在中华传统文化教育中的重要作用。要重视发挥中小学家长委员会以及各级各类家长学校、家庭教育指导机构、校外活动场所的作用，把学校教育与家庭教育紧密结合起来，积极组织开展学生和家长共同参与的传统文化体验、主题教育实践活动、志愿者服务和公益性活动，践行中华优秀传统美德，弘扬中华优秀传统文化。倡导家长通过言传身教，形成爱国守法、遵守公德、珍视亲情、勤俭持家、邻里和睦的良好家风，营造弘扬中华优秀传统文化的家庭教育氛围。

七、加强中华优秀传统文化教育的组织实施和条件保障

22. 加强对中华优秀传统文化教育的组织领导。各级党委教育工作部门和教育行政部门要把加强对青少年学生中华优秀传统文化教育作为一项战略任务，与宣传、文化、新闻出版广电等部门以及工会、共青团、妇联等群团组织密切配合，建立健全党委统一领导、党政群齐抓共管、有关部门各负其责、全社会共同参与的工作机制，形成中华优秀传统文化教育合力。教育部统筹规划和推进中华优秀传统文化教育课程、教材、师资等建设，明确具体任务和政策措施。充分发挥专家咨询作用，为开展中华优秀传统文化教育提供智力支持。要不断完善社会力量和市场力量参与的传统文化教育投入机制，鼓励和引导多途径增加传统文化教育投入。

23. 完善中华优秀传统文化教育的评价和督导机制。研究制定中华优秀传统文化教育的评价标准，将中华优秀传统文化教育作为教育现代化监测评价指标体系的重要内容。增加中华优秀传统文化内容在中考、高考升学考试中的比重。将中华优秀传统文化教育纳入课程实施和教材使用的督导范围，定期开展评估和督导工作。

24. 加强中华优秀传统文化教育教学研究。充分利用传统文化优势学科、重点研究基地和相关科研力量，深入开展中华优秀传统文化教育教学研究，为中华优秀传统文化教育教学提供理论基础和学理支撑。鼓励各地各校组织专门力量，加强中华优秀传统文化研究机构建设，为学校和教师提供专业服务和指导。

第三章 Chapter
新时代下校园阅读促进面临的问题及对策

3.1 基于核心素养背景下的阅读素养分析

3.1.1 引言

进入21世纪以来,伴随着科学技术的快速发展与人类社会的日益变革,培养适应未来社会发展的人才对教育提出了新的要求。全世界范围内的基础教育改革越来越多地关注和重视学生核心素养的培养与发展。培养学习者的核心素养也越来越被提到知识与能力之上,并且已经逐渐形成一种较为流行的潮流和发展趋势。

为了积极应对全球化与知识时代的机遇与挑战,进一步促进信息时代科技的发展,进一步提升教育质量和教学水平,经济合作与发展组织(Organization for Economic Co-operation and Development,OECD)专门对素养进行界定和遴选,旨在促进个体成功与社会健全发展,并于1997年开展了De Se Co(Definition and Selection of Competencies: Theoretical and Conceptual Foundations)项目。随后许多国际组织十分重视人才培养,例如联合国教科文组织(UNESCO)、欧盟(EU)、国际文凭组织(IBO)、世界银行(World Band)等组织也开展了有关人才核心素养的探究。

在国际组织的积极引导和带动之下,世界各国或地区也逐渐加大了对于核心素养的重视程度,英国、法国、美国、日本、加拿大、新西兰、澳大利亚、芬兰、匈牙利、新加坡等国家也积极参考国际社会对于"核心素养"的诠释和解读,紧紧围绕本国教育发展境况积极开发核心素养框架,并开始围绕核心素养进行基础教育阶段课程改革,最终取得了一定的成效和进展。

当今社会,核心素养这一主题已经逐渐成为世界各国或地区教育部门关注的焦点,当然在中国也不例外。因为受到国际和周边环境的广泛影响,我国学者对核心素养的了解和认识也在逐步增多和深入，由于我国的香港和台湾地区受到西方文化影响较大，因此早已确定核心素养框架体系，开展了一系列行之有效的基础教育课程改革。在我国大陆地区，教育部《关于全面深化课程改革落实立德树人根本任务的意见》中首次出现"核心素养"一词，并针对"核心素养"提出了具体而明确的要求："要加快制定学生核心素养体系，并把核心素养落实到学科教学中，促进学生全面而有个性的发展"，"学生核心素养"这一重要的研究课题开始正式走入人们的视野，几乎成为整个教育界的焦点。

伴随着国内基础教育课程改革已迈入深入推进与发展的新阶段，为了进一步加强和深化基础教育课程改革，扎实有效落实"立德树人"的根本任务，深入探讨和研究在新的时代背景下应该"培养什么人、怎么培养人"这一重大问题，2014年，教育部组织研究提出各学段的学生发展的核心素养体系。核心素养的提出，被认为是基础教育改革的里程碑，被誉为基础教育改革创新阶段的破题之作。

而这里我们提到和强调的"核心素养"是学生应该具备的适应社会发展所需的知识、技能和情感态度的总和。寻找核心素养落地生根的着力点，是当下基础教育研究的热点。在这一过程中，不论是为了获取知识与技能、实现自我价值，还是充分展示和发挥知识技能与储备，抑或是情感态度的表达，以及与社群的沟通、互动和交流，其中不可或缺的一大因素就是"阅读"。阅读作为学校、课堂之外的教育主阵地，承担着将核心素养由价值目标向实践转化的责任[1]。可以说，阅读是实现以上事宜的一个极其重要的途径和方式。同时，阅读是一个人理解外部世界变化的重要方式，良好的阅读素养被视为学生未来学业发展成就的重要影响因素。相关研究表明，阅读素养是学生学习其他学科素养的基础。因此，阅读素养成了学生面向未来的核心能力，培养学生的阅读素养是21世纪人才核心素养的关键[2]。

3.1.2 有关核心素养的研究

（一）"核心素养"提出的国际背景

20世纪中期，世界各国各地区开始关注学生核心素养的发展。早在1883年，伴随着公立学校制度的整顿，"素养"这一术语开始产生。"其核心是读写能力""由非情景化的知识技能构成的""意味着参与社会公共领域的基础——共同教养"[3]。在国外，最具代表性和公认性的是1997年OECD组织启动的De Se Co项目。该项目基于不同领域专家对核心素养的认识，提出核心素养是指覆盖多个生活领域的、促进成功的生活和健全的社会的重要

---

[1] 王伟福.在阅读中发展核心素养[J].中国教育报，2017年12月第010版.
[2] 陈鹏.PISA与美国《共同核心标准》中的阅读素养内容比较研究[D].上海师范大学硕士学位论文，2017年3月.
[3] 成尚荣.回到教学的基本问题上去[J].课程·教材·教法，2015.35(1):24.

素养[4]。同时，在国际社会，为了积极应对信息时代到来对教育的挑战，提升教育的质量和水平。经济合作与发展组织最早提出名为"为了新千年学习者的21世纪技能和素养"（21th century skills and competences for new millennium learner）这一完整的核心素养体系框架，对其他国家和地区开展有关核心素养的研究起到了很好的指引作用，欧盟委员会（European Commission）在OECD的基础上建立了名为"为了终身学习的核心素养"（Key Competencies for Lifelong Learning: An European Reference Framework）的核心素养框架，另一个影响较大的核心素养体系框架则是由美国提出来的。之后，英国、法国、日本、澳大利亚等国家和地区也相继提出核心素养框架，进一步丰富和完善了世界上有关"核心素养"的理论研究成果。

（二）"核心素养"提出的国内背景

伴随着经济全球化的逐步深入发展，信息网络技术的更新换代日益加速，国际竞争也日益激烈，国际社会上有关综合国力的竞争，说到底是国家之间"软实力"的较量，是人才的竞争。整个时代的发展和社会的繁荣进步对国民素质提出了更高的要求。正如2015年3月两会期间时任教育部部长袁贵仁提出："今年政府工作报告关于教育工作的部署，非常鲜明的特点，就是从认识、适应和引领经济发展新常态的国家大局出发，全面部署教育工作。"[5]可见在国家层面上，对提升整体的国民素质，培育素质化高效能人才提出了更高的要求。

因此，我国提出"核心素养"的概念，首先是基于基础教育改革的发展形势。从2001年教育部正式启动新一轮基础教育课程改革到如今，经历十几年的发展历程之后，我国在基础教育领域取得了巨大的成绩，不仅仅体现在课程、教学方面，更体现在教师、学生及评价等各个方面，展示出巨大的突破和变化，基础教育课程改革进入到深入推进的新阶段。但是仍然值得我们关注的是，课程改革在诸多方面仍然存在着显著的差距，存在着许多深层次的问题。其中，尤为突出的是教育观念的问题，存在一种较为严峻的现象——"重智轻德"，学校单纯过度地追求分数与升学率，因此在教育教学理念上有待革新。

其次，在课程方面，课程衔接的有机性不够，高校与中小学的部分学科内容交叉重复，教材缺乏一定的系统性与适宜性。再次，在教学方面，讲授方式仍以传统的"填鸭式"为主，缺乏对于学生学习积极性的调动及以学生为中心的教学理念的认识。同时，在学习方面，高考仍然是选拔考生的唯一标准，学习压力很大，学生在绝大多数情况下仍然

---

[4] The European Parliament and the Council of the European Union. Recommendation of the European Parliament and of the Council of 18 December 2006 on Key Competences for Lifelong Learning [J].Official Journal of the European Union.2009(8).

[5] 张彦."两岸三地"学生核心素养的比较研究[D].西南大学硕士学位论文，2017年5月.

被动地接受知识，严重限制了教学改革的有效推进；在教师方面，师资队伍水平有待加强，仍存在教师体罚学生的现象。在学生方面，应该加强培育和完善学生的责任感、创新精神和实践能力。最后，在教育评价方面，考试招生和评价制度与新课程改革仍需要逐渐磨合[6]。

可见，当前支撑保障课程改革的机制仍然不够健全，基础教育课程改革过程中存在的这些深层次的问题仍亟待解决，它迫使基础教育课程改革进入到一个新的阶段。

因此，"核心素养"这一重要议题作为教育理论和实践领域关注的焦点，其出现被称为课程教育改革创新阶段的破题之作，同时也是贯彻落实党的十八大提出的"立德树人"根本任务的重要举措。

党的十八大报告明确指出："坚持教育为社会主义现代化建设服务、为人民服务，把立德树人作为教育的根本任务，培养德智体美全面发展的社会主义事业的建设者和接班人。"这里提到的"立德树人"是指"树立德业、培养人才"，中国历来重视人格品质和良好德行的培养和塑造。对于当今的教育而言，认真贯彻落实"立德树人"的根本任务，则需要认真贯彻和坚持以德育为先、以能力为重、实现人的全面发展为根本，因此必然要求全面深化课程改革，着力推进教育领域及关键领域和主要环节的大力改革。

教育部要贯彻落实"立德树人"根本任务，就需要深入探究新时代背景下"培养什么人、怎么培养人"这一问题，从教育改革的成果与发现的问题来看，人们对于核心素养的认识也越来越清晰，育人的目标也越来越明确，因此根据学生的成长规律及当代社会对人才的需求，将对学生德智体美全面发展的总体要求和社会主义核心价值观的有关内容具体化和细化，研究制定学生发展核心素养体系及学业质量标准，成为基础教育教学改革的重点内容。

（三）"核心素养"的内涵

"核心素养"到底是什么？不同的国家和国际组织对此所用词汇不尽相同，诸如欧盟用"关键素养"，美国的表达是"21世纪技能"，澳大利亚则是用"综合能力"，日本使用"能力"来阐述，但这些词汇都是对"培养什么样的人才能让他顺利地在21世纪生存、生活与发展"这一问题的回答[7]。

2014年3月，在教育部印发的《关于全面深化课程改革落实立德树人根本任务的意见》（以下简称《意见》）中首次提出了"核心素养"这一概念，使得基础教育领域迅速掀起了以"核心素养"为热门话题和重点研究课题的风潮，众多学者纷纷对核心素养进行了

---

[6] 教基二〔2014〕4号,《关于全面深化课程改革,落实立德树人根本任务的意见》[Z].
[7] 袁振国,张绪培,崔允漷."核心素养"引发的思考[J].上海教育,2016(5):13.

相关研究。钟启泉教授认为核心素养是指学生借助学校教育所形成的解决问题的素养与能力[8]。王红、吴颖民认为核心素养指的就是那些一经习得便与个体生活、生命不可剥离的，并且具有较高的稳定性，有可能伴随其一生的素养[9]。林崇德等人综合世界各个国家和地区及国际组织对核心素养概念内涵的界定，同时考虑到不同学科对核心素养的研究，以及我国的现实需求和教育实际，将核心素养定义为：核心素养是学生在接受相应学段的教育过程中，逐步形成的适应个人终生发展和社会发展需要的必备品格和关键能力[10]。可见这"核心素养"是十分特殊的，并非一般性的，是所有学生应具有的最为关键、最为必要的共同素养，或者说，核心素养是学生在21世纪最应该具备的那些"最核心"的知识、能力与态度[11]。

2016年9月，中国学生发展核心素养总体框架正式发布，确立了三个方面的六大核心素养，具体为文化基础（人文底蕴、科学精神）、自主发展（学会学习、健康生活）和社会参与（责任担当、实践创新）[12]。学生发展核心素养是指学生应具备的、能够适应终身发展和社会发展需要的必备品格和关键能力。

（四）"核心素养"的维度

教育部委托北京师范大学，联合国内各大高校近百位专家组成课题研究小组，研究和修订中国学生发展核心素养的总体发展框架。历时三年，最终于2016年9月正式发布了学生核心素养的总体框架。这份总体框架是在《中国学生发展核心素养（征求意见稿）》中的学生核心素养框架的基础上逐渐修改和完善的，最终确定的学生核心素养包括"文化基础""自主发展""社会参与"三大维度[13]。

首先，文化基础是学生核心素养的第一个维度。众所周知，文化对个人的成长和发展起着举足轻重的作用，是个人存在的根本和灵魂。中国学生发展核心素养的总体发展框架中，在"文化基础"这一维度，对学生发展提出了极为重要的要求。它要求学生能够习得人文社会科学和自然科学等各领域的不同的知识和技能，能够掌握和运用人类文明中优秀智慧的成果，能够丰富内在精神，努力追求真善美，最终成为具有宽厚的文化基础，并且有更高精神追求的人。

其次，自主发展是学生核心素养的第二个维度。作为独立存在的个体，人拥有一定的自主性，可以自主判断和自主行动，不受他人的干涉和支配。自主发展重点是强调学生能

---

[8] 钟启泉. 核心素养的"核心"在哪里——核心素养研究的构图[N]. 中国教育报，2015.4.1.
[9] 王红，吴颖民. 放慢知识的脚步，回到核心基础[J]. 人民教育，2015(7):18-21.
[10] 林崇德. 21世纪学生发展核心素养研究[M]. 北京：北京师范大学出版社，2016.
[11] 钱华. 初探核心素养背景下高中化学课堂教学的重构策略[J]. 中学化学教学参考，2016(13):17-19.
[12] 李建红. "核心素养"背景下内地西藏班英语Project板块的教学研究[J]. 西藏教育，2017(10):43-45.
[13] 林露，贺迎春. 中国学生发展核心素养发布[J/OL]. 人民网，http://edu.people.com.cn/n1/2016/0914/c1053-28714231.html.

够有效管理自己的学习和生活，认识和发现自我价值，发掘自身潜力，有效应对复杂多变的周围环境，成为目标明确的人。

再次，社会参与是学生核心素养的第三个维度。人的本质属性是社会性。"社会参与"这一维度则是重点强调学生能够处理好个人与社会的关系，能够养成现代公民所必须遵守与履行的道德准则和行为规范，增强社会责任感，提升自身的创新精神和实践能力，努力实现个人价值，进而推动社会的发展进步。

学生核心素养总体框架的制定和完善，是紧紧围绕培养"全面发展的人"的核心，在与"治学、修身、济世"的传统文化相对应的基础上，划分出了"文化基础、自主发展和社会参与"这三个维度，同时也充分展示和体现了国家、社会、公民这三个层面的具体要求，可以进一步实现和践行社会主义核心价值观。

（五）"核心素养"的理论基础

"核心素养"概念不是凭空提出的，而是建立在一定的理论基础之上的。首先是一种实用理性教育观，因为只有在满足了人类的基本的生产和生活及个人的生存发展的需要之上，教育才能够得以产生和发展。尤其是在当今时代，教育已成为人生存和发展的重要方式。实用理性教育的核心就是满足人生存和发展的需要，而且在当今"终身学习""终身教育"思潮盛行的学习型的社会，依然充满着实用理性的精神，实用理性教育观占据了主导地位。一般大众所接受的义务教育被看成一种基于提升的个体和拓展的国家间的合作来追求国家进步的新的社会组织模型的聚合[14]。

首先，面对着经济飞速发展，科学技术更新周期越来越短，因此，对人才提出更高更新的要求。各国际组织为了健全的社会、成功的生活或全面发展的人，提出了发展学生核心素养。现实中教育总是要讲"功利"的，总是要讲效益的，希望培养学生具有更好生活的能力，希望培养使社会更健全和美好的公民。

其次，是"个人全面发展"学说。人的全面发展是指社会每个成员都能完全自由地发展和发挥他的全部才能和力量[15]。马克思主义认为，在世界上最宝贵的资源是人，决定生产力发展水平的力量也是人，人的全面发展决定着社会的全面进步。社会的发展包含着人的全面发展并且制约着人的全面发展，同时，人的全面发展又能为社会的发展提供积极的主体条件，进而促进社会的发展。

从马克思主义有关人的全面发展理论中不难发现，人具有主体性、社会性和文化性的三大本质和特性。为了培养"德智体美劳"全面发展的社会主义建设者和接班人，实现我

---

[14] 雷蒙德·艾伦·蒙罗，卡洛斯·阿尔伯特·托雷斯. 社会理论与教育——社会与文化再生产理论批判[M]. 上海：上海人民出版社，2012.

[15] 陈金芳. 素质教育基本理论研究[M]. 北京：中国科学技术出版社，2011.

国教育的培养目标，基于"全面发展的人"的内涵和本质，学生核心素养的理论中必然包含着人的主体性、社会性和文化性。这些内容分别涉及三个方面，其一是包括生理、心理、智能和个性品质等多方面的个人自我发展的素养；其二是发展个体处理好与他人、家庭、社会、国家甚至国际等多种社会关系的"社会性"素养；其三是强调发展学生能学习和传承人类优秀文化的相关素养及人的主要涉及文化学习方面的"文化性"素养。"全面发展的人"这一教育目标要求所有的学生必须全面、自由、和谐、充分地发展这三类素养。虽然个体三大特性互不相同，但彼此关联、相互补充、相互影响、相互支撑，是一个有机的整体[16]。

再次，是科学人文主义教育思想。科学人文主义教育思想强调应该把人视为人和自然的和谐统一，把人视为具体的人、群体的人，强调教育主要是促进人的全面发展，强调科学教育和人文教育的融合与互动，强调教育教学方法应该是科学化的、人文化的和两者的结合，教学方法主要不是向学生灌输知识，而应该是充分发展学生的潜能，教师应该尽力因材施教，充分发挥出学生的主体性，让学生自主地学习，同时，教师应指导和鼓励学生，强调终身教育，并将终身教育视为实现人生价值的必要途径[17]。

核心素养的提出，使教师超越了书本和习题的限制，也打破了以分数为衡量评判学生的标准，更加关注到学生的成长，注意到学生作为一个生命个体而存在，看到了让学生成为人、以教育来成人的目标。核心素养更加关注学生的未来发展，让学生具备终身学习的能力。

最后，是多元文化主义理论。随着改革开放的不断深入，我国的发展进入转型期，我国的文化也呈现出多元发展的趋势，非主流文化与主流文化、现代文化和传统文化、西方文化和东方文化、大众文化和精英文化等并存的状态[18]。新的形势要求学校培养的新型人才需要具有全球意识、国际视野和开放心态，能够理解人类命运共同体的内涵与价值。学生核心素养的提出和实施正是体现了多元文化主义理论。核心素养要求学生了解人类文明进程和世界的发展动态，认知到人类共同的命运，能够理解、尊重和包容各种文化的多样性和差异性，能够积极参与到各国、各族群之间的多元文化交流中来。

（六）"核心素养"的意义与价值

核心素养的形成并非与生俱来，在发展的过程中，还需要一定的过程，需要长期、慢慢地加以引导，借助各教育阶段进行长期培养，并且不断完善和发展，国家课程将为学生核心素养的形成奠定坚实的基础，而学科课堂将成为发展学生核心素养的重要途径。

---

[16] 辛涛,姜宇,林崇德.论学生发展核心素养的内涵特征及框架定位[J].中国教育学刊,2016(6):6-7.
[17] 李明德.西方教育思想史——人文主义教育之演进[M].北京：人民教育出版社,2008.
[18] 何淼林.多元文化背景下大学生社会主义核心价值观教育策略探析[J].学校党建与思想教育,2013(8):25.

核心素养对于学生以后的发展具有重要作用和意义，核心素养更加关注学生的未来发展，让学生具备终身学习的能力。能够帮助学生更好展现自身的能力，实现学生的自我价值和社会价值，使学生能够更好地融入社会生活之中，从而促进学生的未来发展。在帮助学生提高核心素养的同时，还要帮助学生树立正确的世界观、人生观和价值观，从而促进学生的全面发展。同时，核心素养的提高还需要学生在日常的学习和生活中慢慢积累，才能由量的积累逐渐达到质的飞跃。核心素养是对当今时代公民素养的高度概括，学校教育将核心素养的要求通过实施体系付诸实践，发展学生的核心素养。学生核心素养体系确定之后，教育的主阵地——课程和教学改革就有了精确的切入口和明晰的导向。

3.1.3 "阅读素养"相关内容

在"知识社会""信息时代""经济全球化"的国际背景下，人的发展面临来自社会迅速变化带来的机遇与挑战。因此，教育教学的过程中就应该必须考虑什么样的人才能够做到真正适应未来社会的发展，这些人才应该具备什么样的条件和素质。世界性国际组织以及发达国家率先展开了关于核心素养的研究，OECD在2005年发布的"素养的界定与遴选"跨国研究，提出了"能动地使用工具沟通、能在不同社群中进行互动，以及能自律自主地行动"，并且伴随着课程改革步伐的不断推进，"核心素养"教学理念在基础教育中的地位和作用越来越突出。

相关研究表明，阅读素养是学生学习其他学科素养的基础，阅读是促成核心素养形成的重要途径和方式，而且这一观念和看法受到了国际社会的广泛认同[2]。阅读素养成了学生面向未来的核心能力，培养学生的阅读素养是21世纪人才核心素养的关键。因此探究国际上对于阅读素养的界定、内涵建设及主要内容的理论和实践，对于我们看清未来学生阅读素养的培养方向具有一定的启发意义。

（一）"阅读素养"含义

阅读素养的概念是在国际阅读测评研究的发展过程中逐渐形成的。近几年来，伴随着"核心素养"研究的逐渐深入，国际学生评估项目（PISA）也越来越多地受到国际社会的广泛关注，阅读素养测评是其测评体系中的核心领域之一，该测评对阅读素养做出了明确的界定，并与时俱进地更新理念。

在国外，"阅读素养"一词通常用"reading literacy"来表达，其中"literacy"一词的意思是"素养"。韦伯斯特大词典中对其也有两种释义，其一"the ability to read and write"特指阅读和写作的能力；其二"knowledge that relates to a specified subject"指与某

---

[2] 陈鹏.PISA与美国《共同核心标准》中的阅读素养内容比较研究[D].上海师范大学硕士学位论文，2017年3月.

种具体学科相关的知识，比如计算机素养、文化素养等。

联合国教科文组织（UNESCO）则认为，"素养"所关注的是最基本的识字能力，并且随着信息技术的发展，以应对知识的变化。同时，素养是一个人基本权利和终身学习的基础，是适应社会和社会发展来具备改变生活的能力的重要因素。素养对于个人、家庭和社会来说，都具有十分重要的意义，是增强个人健康、收入和人际关系的工具。

而对中国来说，对于"素养"的理解，可能更多地会趋向于表现人的一种气质与涵养，是知识与经历经过内化的一种体现。笔者在查阅《辞海》等工具书的过程中了解到，书中对"素养"的解读是指由训练和实践而获得的技巧或能力；而另一种说法是平素的修养。阅读是一种过程，是指看书、报、文件等，并领会其内容，从视觉材料中获取信息的一个过程。《普通高中语文新课程标准（实验）》在"阅读与鉴赏教学建议"中特别提出"阅读是搜集处理信息、认识世界、发展思维、获得审美体验的重要途径。"[19]由此，本文认为阅读是通过书面语言获取思想或体验情感的心理活动，是读者与作者之间的以文本为凭借的对话。阅读对于人的发展具有极其重要的意义，人们不仅可以读书、阅报，而且可以浏览网页、获取信息。网络信息的丰富性、传播迅速和资源共享等特点，使阅读成为现代社会人生活中不可缺少的一部分。而"阅读素养"则可以理解为看（书、报、文件等）阅读材料并领会其内容，通过训练和实践的过程获得阅读的技巧或能力，并展现为人平素的修养。

因此，综合以上研究和分析，从这些角度综合理解阅读素养，本文所指的阅读素养包含两个层面的内容，既指通过阅读理解文本内容的读写能力，又包括关于阅读的一切知识、技能或方法。

（二）国际阅读测试推动阅读素养研究的发展

在国际上，国际教育评价协会（International Association for the Evaluation of Educational Achievement，IEA）与OECD这两个国际组织主要负责对于学生学业成就开展调查和评价，并且由于这两个国际组织在实施调查和评价的过程中，有严格规范的程序，在评价维度、指标和工具的科学性与严密性方面做出了极好的表率，因此在国际社会享有很高的声誉。

在这两个组织执行调查评价的历程中，出现过一些值得关注的事情。一个是2001年，IEA以四年级学生的阅读素养为评价核心，开展了国际阅读素养进步研究（Progress in International Reading Literacy Study，PIRLS），这项调查研究每五年进行一次，旨在调查和探究9~10岁儿童的阅读能力。另外，OECD从2000年开始，专门开展了有关国际学生阅

---

[19] 普通高中语文课程标准（实验）[J]. 语文建设，2003(09):50-64.

读、数学以及科学素养的测试（Program for International Students Assessment，PISA）。这个项目的开展实际上是源于发达国家对基础教育质量的反思，这些发达国家的教育专家和政府意识到人类面临"知识社会""信息社会"和"经济全球化"带来的新挑战。在有了这样深度的反思之后，"必须重新设定教育标准、改革学校课程教学并建立国际学习质量监测系统，以促进各国教育改革、提升基础教育质量。"[20]同时，在阅读领域，PISA组织主要聚焦于15岁学生的阅读素养，重点关注学生能否掌握参与社会所需要的阅读知识、技能、态度以及利用阅读解决问题的能力。

在这两大国际组织的带动之下，世界上各个国家和地区也逐渐关注学生阅读素养的测评与培养，在这个过程中，国际测试发挥了重要的促进作用。基于各项国际测试的结果以及多国发展教育的经验，阅读作为学生学习的一项重要途径及教师教学的主要方式之一，其在学校教育中的意义逐渐彰显出来。

（三）"阅读素养"的内容

本文借鉴OECD有关核心素养的认识和理念，认为素养即学生在主要学科领域应用知识和技能的能力，以及在不同情境中提出、解决和解释问题时有效地分析、推理和交流的能力。但是，从2000年开始PISA阅读测试其对阅读素养的定义一直没有固定，一直处于不断发展的过程中。PISA2000提出，"阅读素养是为了实现个人发展目标，增长知识、发挥潜力并有效地参与社会活动，而理解、使用和反思文本材料的能力。"[21]除了识字和理解字面意思外，还包括解释和反思，以及利用阅读来达到生活目标的能力。到2009年新一轮的PISA阅读测试在此基础上增加了对阅读活动的"投入"（engage）能力。

具体而言，PISA2009对阅读素养的发展有以下几个方面[22]：①把阅读活动的"投入"度作为阅读素养的一部分，这种对阅读的投入包括有阅读的动力、阅读兴趣、享受阅读、阅读的多样性以及阅读的频次；②明确地把阅读活动中的认知策略和元认知策略作为阅读素养的一部分；③扩展了对于"文本材料"的理解，既包括手写、印刷文本，也包括电子媒体呈现的文字或有文字说明的图文形式内容，但不包括录音和录像，也不包括没有文字说明的图片。

本文对PISA阅读素养加以归纳和整理，将其内涵总结为，最为基础的是对于文本字面表达意思的理解与使用；同时加强对于文本材料的反思，强调阅读者应该从文本材料中分析、总结并提炼出自己的观点，是阅读进一步发展的能力；其三对阅读活动的参与、态

---

[20] 张民选，陆憬，占胜利，朱小虎，王婷婷. 专业视野中的PISA[J]. 教育研究，2011(6):5.

[21] OECD. PISA 2009 Assessment Framework: Key Competencies in Reading Mathematics and Science[R]. OECD: OECD publishing, 2010.

[22] 陆璟. PISA测评的理论和实践[M]. 上海：华东师范大学出版社，2013.

度及质量，是高阶性表现。因此，阅读素养的定义并不局限于以往知识与技能方面的内容，也包括阅读的动机、态度和行为，它既保留了阅读素养的原初内容，又随着理论研究和社会发展而与时俱进[23]。

3.1.4 有关"阅读素养"的研究

（一）当前研究的特点

长期以来，人们存在着这样的一种观念，认为阅读素养培养是语文素养的一个重要部分，因此很多人认为阅读素养的培养和提升主要是语文学科应该关注的问题。虽然学界有关阅读素养的相关研究确实在语文学科的探讨方面涉及得非常多，如《小学语文阅读素养：内涵、构成及测量》《初中语文教学中学生阅读素养养成的策略探讨》……但是，最近几年，伴随着阅读的范围、阅读形式、阅读信息量的扩展以及阅读内容的技术性、复杂性逐渐加深，阅读素养的培养已不再仅限于语文学科，而是从语文学科逐渐扩大到其他的学科领域，比如历史学科、物理学科、英语学科、数学学科等。这些研究主要强调的是在相关的学科领域，培养学生阅读素养的重要性与必要性，并结合相关的学科特点，提出相应的阅读策略。可见，在多学科中培养阅读素养是未来的一大发展趋势。

（二）核心素养背景下的阅读素养产生的条件

阅读素养的提出、发展与实施不是凭空产生的，而是受到社会、经济、文化等方面的因素的影响，在一定的社会条件下发生发展的。伴随着生活水平的逐步提高，人们对阅读的认识与探讨也在逐步地深入，人们的思想观念有了一定的转变，逐渐开始意识到传统的书本阅读已经不再是阅读的全部，社会发展变化对人们的阅读要求不断提高，因此阅读成为主要关注的焦点之一，纷纷出现了对于阅读素养的关注，并且逐渐产生了相应的教育改革。

对于阅读素养发展产生重大影响的有很多方面，其一就是社会的巨大发展，人类获取信息的渠道、吸纳信息的方式已经发生了重大的变化，人们不得不面临"知识社会""信息时代"和"经济全球化"带来的新挑战，这就促使阅读内容、形式发生变化。而且阅读复杂性提高，对人们的阅读素养提出了更高的要求。其二，基础教育中存在的一些亟待解决的问题引发了教育专家和政府的重视，深切认识到要重新设定教育标准、改革学校课程教学并建立新的教学体系，以促进各国教育改革、提升基础教育质量。其三，世界范围内的有关阅读素养的测评结果逐渐引起各国的关注，对国内的阅读素养的具体状况更加重视。

---

[23] 罗德红，龚婧. PISA、NAEP和PIRLS阅读素养概念述评[J]. 上海教育科研，2016（1）：34-37.

3.1.5 小结

无论是个人发展还是民族进步，阅读素养都在其中占据着重要的地位，与之有着紧密的联系。阅读素养是学生学习和成长的基本条件，是实现社会发展和精神发展的基石。具备很好的阅读素养，才能提高鉴赏能力，接受全方位的信息，才能更好地学习其他知识、融入社会，才能满足工作乃至生存的需要，一个国家只有多培养有阅读素养的社会公民，才能够提升社会的整体素质水平，增强国家的综合实力。

因此，在日益提倡"核心素养"的今天，更应该关注到阅读素养的培养，需要重点关注以下几个方面的内容：第一，基于良好分析能力的阅读素养培养。因为良好的分析能力是阅读素养的基础，只有通过高水平的分析之后才能形成对文章不同层次的理解，才能获得高质量的阅读成果。第二，注重以解决问题为导向的阅读素养提升。随着现代社会的灵活性和创新性逐渐增加，传统的死记硬背的学习方式已经完全无法适应新时代的学习需求，取而代之的是对信息的搜集、整合、应用与创新，而这种能力的形成首先应该从培养学生的阅读素养做起，让他们在大量的阅读中获取信息，提升能力。第三，是应对复杂文本媒介、类型和体裁的阅读素养养成。随着社会生产力的飞速发展，信息化时代使得阅读的媒介、类型都迅速发生变化。特别是近些年移动互联网的普及，微信、微博等App移动互联平台走入每个人的日常生活，阅读比以往变得更加复杂了。第四，注重情感投入与感悟的阅读素养实现。阅读不仅仅是让学生会考试，也不仅仅是为了了解信息。阅读者通过阅读可以达到个人娱乐、学习的目的，也可以满足工作和生活的需求，拓展个人的知识储备，丰富阅读者的精神世界，还可以通过阅读参与社会活动。这是未来阅读走向可持续发展，形成核心素养的必然趋势。

3.2 基于互联网背景下的校园阅读促进模式

3.2.1 引言

21世纪是信息技术与网络技术迅速发展的时代，互联网在人们的日常生活和工作中的应用越来越广泛。从互联网的Web1.0时代到Web2.0时代再到现在的移动终端时代，整个社会环境在不断改变，人们生活状态也日新月异。互联网技术的革新伴随着时代的日益进步和发展，促使阅读方式出现了新的变革，同时，由于互联网在社会生活中的不断渗透，也对于阅读促进和推广产生了一定程度的影响，从过去以网络页面为载体到现在以iPad、手机移动终端为载体，受众阅读载体的变化潜移默化中影响着受众阅读方式的改变。因此，考察互联网背景下阅读现状、借助互联网的发展趋势，思考校园阅读推广中遇到的机遇与挑战，进而提出校园阅读推广的新方式，以适应互联网时代发展的需求。

迈入21世纪，随着互联网时代的到来，信息技术方面不断进行着革命创新，互联网网络媒体广泛普及，全球经济社会发展逐渐显现出信息化和科技化的显著特征。在这样的时代背景条件下，阅读的媒介逐渐增多，不仅在一定程度上给人们的学习、工作、生活及思维等方面带来了影响，同时，也给人类的阅读习惯和阅读方式带来了深刻的变革。

从书本或有关资料中获取有用信息是人们广泛阅读的目的所在，在此过程之中，扩大范围的广度就是推广的意义所在，阅读的推广往往可以让越来越多的人参与进来，但是从另一层面来说，阅读的推广不仅仅是指阅读人数的增加，阅读的推广更应该包括阅读渠道的拓展和增加、阅读媒介的多样化等，而校园阅读促进和推广过程中也应该充分考虑到以上内容。

3.2.2 互联网背景下校园阅读促进活动面临的问题

当今是移动互联网快速发展的时代，信息技术日益普及，电子产品更新换代的速度非常快，手机、电脑的广泛使用已然成了当下学生的一大特点，所以这就导致很多学生开始使用并习惯运用电子产品进行阅读。在互联网的时代背景下，应运而生的数字阅读渐渐成为各阶层、各年龄段人们的阅读方式之一。再加上信息网络的高速发展，使得学生们能够通过网络方便快捷地查找到自己需要的资料，不必再像从前频繁出入图书馆查找资料，省去了诸多麻烦，图书馆的职能逐渐削弱，因此，互联网时代下，校园阅读促进活动在图书馆职能发挥方面起到了一定的阻碍作用。

加之互联网时代下，人们可以随时随地借助网络了解到各类信息和资讯，这使得校园的阅读方式在不经意间发生了巨大变化。在阅读方式改变的浪潮中，虽然可以更快接触到更多的信息，人们的日常需求也得到了更大的满足。但是有利必有弊，处于这样一个信息大爆炸时代，海量信息，琳琅满目、纷繁复杂、真假难辨，质量也良莠不齐。同时，在快节奏生活的互联网时代，人们的阅读时间上出现了碎片化现象，阅读深度也逐渐浅泛化，在互联网环境下，人们的阅读必须进行优势筛选，耗费了学生大量的精力和时间，由此也带来了一个很大的问题——阅读越来越瞬时化、碎片化、娱乐化，这样很不利于阅读的推广，因此在互联网时代背景下，校园阅读推广和促进面临着一定的挑战，存在一些亟待解决的问题。

同时，互联网的快速发展也带来了浅薄化阅读，因为当学生进行纸质阅读的时候对重点的内容进行标注，实现知识的深化记忆。然而，随着阅读形式的转变以及图文展现形式的创新，学生通过电子阅读接触到的知识量逐渐丰富，注意力逐渐分散，导致学生们不太注重有记忆的了解，反而更加注重视觉上的感知，这是导致学生阅读水平低下、过于浅显的最主要的原因，也是阻碍校园阅读推广的主要因素之一。

3.2.3 互联网时代下校园阅读促进所面临的机遇

但是我们都知道，互联网的快速发展就是一把"双刃剑"，虽然给校园阅读的促进和推广带来了很多挑战，但是在互联网环境下，校园阅读推广的机遇无疑是丰富的，在这样的背景之下，校园阅读推广和促进的途径变得更为丰富，传播速度更加快捷，且目标定位明确，方便易行。

由于互联网的普及，学生们阅读的时间、地点不再是制约阅读推广的因素，获取信息几乎不再受到时间、地点的限制。这样，学校就可以紧跟时代发展的潮流，通过借助互联网这一特性开发网络平台，打破传统阅读推广受到图书馆客观因素的限制，进而进一步来宣传阅读、推广阅读，加快阅读项目的促进和发展，以取得较为显著的效果。

同时，在互联网时代，以新媒体技术为前提，在校园阅读推广和促进的过程中进行调整时，拓宽了阅读的推广途径。各主体之间的交流也变得更为便利与频繁，在这样的条件之下，学校可以根据学生们或者读者反馈的各类信息，对阅读内容进行系统科学的整理归类，并针对不同人群进行不同类别知识的推广，引发不同学生群体进行讨论，从而增加阅读的实效性。

正是因为互联网时代各类信息传播迅速，因此，不会受到时间、地域的限制，时效性大大增强，使知识信息的传播速度得到显著提升，运用互联网的优势，开展校园阅读推广活动，及时更新有效信息并及时发布、传播出去，进一步提升校园阅读推广的效率，进一步方便读者。

3.2.4 互联网背景下的校园阅读促进模式

学校可以依托互联网的发展优势，积极打造数字化图书馆，创建阅读推广和促进活动。在新时代，人们生活被数字信息服务紧紧包围着，数字信息无处不在，借助短信、电邮、论坛、微博、微信、App、门户网站等多种载体和途径加以呈现。校园内的阅读促进模式可以充分发挥信息技术的优势和价值，可以借助数字图书馆的模式来实现阅读的推广，这也是近些年来重点研究的课题。因为数字图书馆具有操作智能化、收藏数字化、传递网络化、信息存取自由化、资源共享化、结构连接化的特点和优势，使信息服务更加方便快捷。

随着智慧中国建设的不断深化和发展，以及当前互联网迅猛高速发展，基于移动信息服务开展阅读推广，不仅突破了时空界限，大大方便了读者阅读，而且，可以通过阅读资源的针对性推送，激发读者潜在需求。移动阅读是阅读推广新阵地，不仅有利于突破阅读推广以活动为主的传统形式，同时还以一种全新的形式提升了人们的参与性和积极性，互联网信息技术不仅为人们带来了丰富多彩的生活，同样便捷、互动、高效的数字信息服务也给数字化阅读带来更多的途径，从而给阅读推广的推进提供更加广阔的空间[24]。

（一）阅读推广的"云"思维

网络、互联网有一种比较生动形象的比喻说法就是"云"。"云"这个词的出现带动了许多名词的发展，比如"云计算""云服务"，但不管是什么，这些词语出现的基本特征都是尽可能多地将各种资源汇集在一起，然后实现按需分配。学校作为政府提供的文化服务基础场所，富集阅读推广资源，积极为学生们开展各类阅读活动服务。传统形式的阅读推广模式逐渐受到限制和束缚，而无界、便捷、自由、平等的互联网能提供更好的阅读体验。互联网时代，学校完全可以借用"云"思维的建设思路首先在线上实现服务资源汇集，为各个学校不同年龄段不同学习阶段的学生按需提供线上的阅读服务，再逐步推进线下资源互助，这将是我国最有竞争力的阅读服务云，必将有力提升新时代下的阅读推广的质量与影响力。

（二）阅读推广的数据化

以"互联网"的时代背景和思维方式来考虑和思索阅读推广模式，已经打破了传统意义上的思维的束缚，已不再是互联网技术的简单应用，而是对校园阅读推广设计和建设全方位的项目体系，将阅读活动数据化，这样才能形成庞大的数据网络和支撑。

在校园阅读体系中可以构建健全的网络化信息体系，配备最权威最全面的信息系统——"图书馆自动化集成系统"。在这样的条件之下，创设和打造阅读活动的信息系统，也是数据化的起点。随后，也要逐渐完善校园阅读的数字化信息，逐渐完善自助借还、移动阅读、数字阅读服务、人流计数、免费WiFi接入、多媒体视听服务等多种新形式的服务技术。再后，将这些系统形成一个大的网络联系起来，形成一种互联互通，进而产生各种不同类型的各类阅读行为数据，再将各类阅读行为数据进行汇集、分析和挖掘，在深入研究和挖掘数据背后价值的基础上，找出有效的信息，并进行下一步的指导和发展。同时，在分析挖掘数据的过程中，不能只看中阅读内容数字化而忽视阅读活动的数据化建设，来将这些有效数据形成一种有利的资源，进而加以合理利用。

（三）阅读推广支持云化

本着开放、共享、协作的精神，在网络、系统平台、服务资源等各层面上进行资源汇集，做到资源的共用共享。互联网背景下，许多服务支持完全可以突破地域限制构建服务支持云，进一步完善表达、分享、推荐、协助阅读管理、阅读智能追踪、跨时空知识支持

---

[24] 邬海波. 以"互联网+"思考阅读推广[J]. 科学报，Bosom Friend Inspiration知音励志，229.

等阅读服务。

需要改变以往阅读推广活动组织"一厢情愿"的做法，在基于阅读活动数据挖掘的基础上，创造适合阅读分享的空间，创设阅读活动各方能够便捷参与和平等表达的环境，"重视每一个人的力量"，支持读者共同设计阅读推广活动。

（四）阅读推广方式的多元化

在现如今这个科学技术高速发展的时代，在这个互联网时代，校园开展阅读推广过程中需要有更多的方式开展和进行。因此，校园阅读更应该注重数字图书馆的建设，并对内容进行分类规划，这样才能够满足不同年龄、不同学段、不同读者间的差异化及个性化需求。另外，在互联网时代，伴随着信息网络的不断发展，学校的校园阅读还可以从打造网络平台入手，依据新平台，提供新的交流方式，促进数字化的交流，并依据读者反馈的信息对不完善之处加以修正，完善图书馆的建设，同时还可以通过交流来调动读者的积极性，利用话题讨论吸引更多的读者，从而达到推广阅读的目的。

另外，针对阅读信息纷繁复杂、杂乱无章的情况，学校在阅读推广方面可以借助互联网的优势，重视馆员书评的引导作用，创建书评电子系统及留言电子系统，之后为学生提供很好的指引，帮助学生建立起辨识信息的能力，使他们免于受到诸多的干扰。

在信息社会的潮流中，互联网技术发挥了重大的作用，随着手机等移动智能设备渗透率不断提高，公众对阅读资源的开放性、交互性、便捷性提出了更高需求。在这种形势下，国内公共图书馆要大力加强阅读推广队伍建设。阅读推广者需要充分了解读者的阅读行为，这正是公共图书馆的先天优势所在。另外，图书管理员是馆藏资源与读者之间的桥梁，是使书籍的潜在价值变为现实价值的关键，是提升阅读推广水平的重要保障。

3.2.5 小结

目前，互联网环境下学校阅读的推广和促进活动既面临着机遇，也面临着挑战，在这个互联网的大环境下，就应该充分地利用信息技术来进行阅读推广工作，同时，还要紧跟时代的步伐，积极融入这个时代，以保证校园阅读促进的顺利开展。

3.3 基于新中高考背景下的阅读对全科教学的影响研究

3.3.1 颁布新中高考发展改革的指导意见

教育部印发《关于进一步推进高中阶段学校考试招生制度改革的指导意见》（以下简称《指导意见》），强力推进中考改革。当中最主要的目标是在改变目前招生将部分学科成绩简单相加作为录取唯一依据的做法的基础上，克服唯分数论，规范招生行为，进而逐步建立基于初中学业水平考试成绩、结合综合素质评价的高中阶段学校考试招生录取模式，促进教育公平。

由于当前重视核心素养的呼吁越来越普遍，教育部对于学生核心素养的研究日益深入，随着基础教育课程改革的推进，一些地方在初中毕业生学业考试、综合素质评价、高中招生录取等方面进行了积极探索，积累了许多有益的经验，值得总结推广。加之近年来，高中阶段学校考试招生制度也还存在着招生录取唯分数论、招生行为不规范等突出问题，亟待解决。同时，党的十八届五中全会和国家"十三五"规划纲要强调："深化考试招生制度改革，推行初高中学业水平考试和综合素质评价。"《国务院关于深化考试招生制度改革的实施意见》要求改进高中阶段学校考试招生方式。党中央、国务院的决策部署明确了中考改革的方向和要求[25]。可见，当前推进中考改革十分重要和紧迫，也引起了社会各界的广泛关注。因此，有必要进一步推进中考改革，更好地发挥其在推进素质教育中的正确导向作用，促进教育公平。因此，《指导意见》就是在这样的条件下应运而生的。

而此次有关中考内容是改革，是紧紧围绕党的教育方针，认真、全面地贯彻落实"立德树人"的根本任务，积极促进和推动素质教育的深入实施。这样的改革思路是始终坚持育人为本的，充分地将义务教育、高中教育的性质和特点展示出来，与高考改革相衔接、相协调，遵循教育规律和学生成长规律，使人才选拔的要求和人才培养的目标、过程相一致，形成育人合力，促进学生全面发展、健康成长。积极促进公平，促进学生全面、健康、协调发展，积极培育适应经济社会发展的各级各类人才。

根据教育部公布的中高考改革细节：中考改革将从2017年试点，到2020年成型。而高考改革则早从2014年开始试点，到2018年大致结束。而此次基础教育改革的总体目标是到2020年左右初步形成新的基于初中学业水平考试成绩、结合综合素质评价的高中阶段学校考试招生录取模式和规范有序、监督有力的管理机制，促进学生全面发展、健康成长，维护教育公平。这次改革紧紧围绕五大任务展开：推行初中学业水平考试、完善学生综合素质评价、改革招生录取办法、进一步完善自主招生政策和加强考试招生管理。

在教育部有关中高考改革的内容中，有一条提到了对于"综合素质"的评价改革，教育界对此的探究一直没有中断过，并且针对综合素质评价改革提出了新的要求，分别在评价内容、评价重点、评价程序、评价结果等方面加强规范，要求细化和完善思想品德、学业水平、身心健康、艺术素养和社会实践五个方面的评价内容和要求，努力把党的教育方针落实落细。

---

[25] 新中考：既立足全面发展，又关注个体差异——教育部有关负责人就中考改革答记者问[J].人民教育，2016(19):28-31.

3.3.2 基于新中高考背景下的阅读对全科教学的影响研究

当素质教育反复被提为教育改革的首要内容，中学教育就更加应该加强和注重对学生自学能力的培养。而值得关注的是，学生自学能力的核心体现就是阅读能力。新课程背景下的中学教育，阅读的重要性已经不言而喻，已经不再局限于语文和英语学科之中，它在数学教学、物理教学等诸多学科中都占据着十分重要的地位，发挥的作用也越发凸显。只有当学生掌握和具备了一定的阅读能力，才可以对全部学科的核心概念、定律、定理等相关知识和练习题进行有效阅读，这种有效阅读可以加快他们对不同学科的知识的理解与掌握，帮助他们更好地去发现和探索不同的方法，领悟不同学科的不同的学习方式和思想。

（一）阅读对语文学科的影响

阅读在当今学习中的重要性越发突出，不仅是中小学语文课程中最重要的学习内容，也是现代社会生活中必备的一种基本能力。随着社会信息化程度的提升，无论在课堂内的知识学习还是社会中的工作交往，都对学生的阅读能力提出了更高的要求。语文课程对中学生阅读素养的关注主要体现在阅读教学和阅读测评两方面，而语文高考阅读测试就是国内阅读测评的典范。

在高考制度几十年的不断改革和发展中，语文阅读测试也经历了自身的变革和完善，命题由全国统一到地方多元，文本类型、题型呈现也不断扩展、丰富。伴随着中高考的教育改革，阅读对于语文学科教学产生了深远的影响。在不同的学习阶段，对于语文教学提出了具体而明确的要求。

具体而言，在中考阶段，教师教学要更加注重学生能力素养的积累，在教学的过程中关注学生的整体素养的提升，尤其要注意的就是要善于把语文美好的东西通过巧妙的方法展现给学生，让语文课变得有趣、富有变化、丰富厚重而灵动。比如学习课文的过程当中，教师可以采用多角度的品读方式，借助多角度对话、多角度评论、微写作的形式，把课堂引向学生的深度思考。另外教师需要注意的是，要注重学生优秀的传统文化的培养和熏陶，使学生自然地爱上传统文化，让传统文化经典重回语文课堂，借助黑板报、PPT、手抄报、书签制作、讲故事、朗读、演讲等丰富多彩的形式让学生用自己喜欢的形式去表达，鼓励学生加强课外阅读，充分发挥学生的创造力和表现欲。教师要积极引导学生，使学生能够独立思考问题，形成不依赖的习惯，在引导学生阅读的同时，要根据不同的书籍的特点做细致有效的阅读指导，并不失时机跟进读书交流活动、辩论会、阅读心得展示。帮学生学会把所阅读的书籍结合各方面来思考之后，学生才能真正理解、掌握这些知识，并使其为己所用。

同样，针对高中的语文阅读，教师在教学的过程中要着重于思想引领，从思想层面加强培育。因为纵观最近几年高考语文阅读材料，我们不难发现，当今高考的命题趋势是更加倾向于注重学生对中华优秀传统文化的培养，所以教师在教学中要善于引导学生，帮助学生树立正确的思想价值观，树立正确的社会责任感和使命感。另外，高中生的阅读时间虽然有限，但是绝不能放松对于他们在阅读方面的要求。教师要加强学生对于经典名著的阅读指导，着重让学生关注和阅读《语文高考考试说明》中列出的十二部名著考查篇目，让学生将名著阅读贯彻到底。教师要重视培养学生的基本素养，现在的考试加强了开放和拓展、联系和整合的考查力度。对文学作品的理解更加突出开放性和个性化。

（二）阅读对于数学学科教学的影响

很多人觉得数学只要算得好就行了，没必要阅读，这种想法是大错特错的。实际上，数学学科同语文这样的学科一样，是离不开阅读的，只有让学生产生阅读的欲望与兴趣，他们才会积极主动地投入其中。

教育改革发展的形势之下，初中、高中的数学教材也包含着丰富的可以吸引学生不断深入阅读的素材，教师认真地对这些素材加以点拨与加工之后，就是非常好的课堂阅读材料。因此，以数学文本为载体，来引导学生积极阅读，不失为一个就地取材又效果明显的方法。

第一，在数学学科的教学过程中，要重视和强调阅读的重要性，同时发挥教师引导的巨大作用，提高学生数学阅读能力。其实数学的阅读能力同语文一样，也需要找准精确的点，这样就需要教师在教学中对学生积极加以引导，让学生学会透过文字看实质，努力挖掘蕴含于图形、符号、概念、定理背后的"隐性知识"。

在这样的基础之上，教师也应该注重通过阅读、讲解、练习相结合的方法来提高学生的数学阅读能力。可以先让学生了解一个数学定义，在对这个定义有了初步了解的基础上，通过提问的形式引导学生自身对这个定义加以思考，之后小组的同学间可以交流讨论和学习，再让学生进行讨论和归纳、总结，在这几个步骤之后，让学生将自己的理解与课本内容加以对照，再回顾有无差错。这样的过程虽然漫长，但是这样可以使学生能够深刻领会，产生了将书读透、读深的意愿，在这种意愿的支撑下，学生的阅读能力自然而然地得到提升。

第二，教师在教学的过程中，也需要关注学生正确的阅读习惯的培养，以探究式阅读为方法，帮助学生形成正确的阅读习惯。教师无论是采取什么样的方法与形式，其目的都是让学生掌握正确的阅读方法，养成一个良好的数学阅读习惯，从而优化学习过程。

第三，在数学领域，阅读也是有一定的方法和技巧的，而非杂乱无章的。教师要引导学生在阅读概念、定义的基础上举出相应的例子，再正确运用阅读公式、定律等，然后结合相应的例题进行解答，在这样的阅读指引下，学生可以进行自主性探究阅读。将教材中的一些难点、重点及关键点进行编排，以思考题的形式呈现在学生面前，让他们带着问题进行探究性阅读。

从上面不难发现，阅读教学在中学生的数学教学和学习当中占据着十分重要的地位，起着举足轻重的作用。不可否认的是，数学教学方面较语文和英语阅读教学相比，仍然存在一定的局限性，在以后的教学过程中，需要教师在方法或者是形式上加以完善和不断地积极探索。

（三）阅读对于英语学科教学的影响

当前，在中高考改革的大背景下，英语学科教学当中还存在一些亟待解决的问题。因此，需要加强对于学生在英语阅读能力方面的培养，提升学生的英语阅读学习兴趣动机，加强其情感态度的培养，需要从各个层面加强对于学生心理素质的关注程度。

第一，由于师生都十分了解阅读的重要性，因此在实际的教学过程中，教师须要求学生在课前做好准备工作，积极发挥学生学习英语的主动性，提前安排学生对即将学习的内容加以预习。

由于我国学生学习英语受到词汇量不足的影响，因此当学生面对大段的文章的时候，会产生抵触情绪，这些无疑都会影响学生的学习积极性，影响整体英语教学的效率。因此，教师教学的过程中，需要让学生首先解决阅读的基本问题，就是对课文基本意思的了解和掌握，学生要认真阅读和认真预习，查找生词的基本意义，理顺篇章结构，找到学习重点、难点，以使课堂学习能有目的性地解决心中的疑惑。只有进行了认真的课前预习，学生有了准备，这样他们走进课堂时学习起来才能改变过去的被动局面。

第二，在英文课堂上，始终坚持以学生为主体，教师为主导，教师要改变教学方式，积极探究在新的改革的背景之下，教师应该考虑如何提高学生的参与积极性，以及应该在如何调动学生学习的主观能动性上下功夫，立足于激发出学生的主体意识，形成以教师为主导、学生为主体的新型师生关系，打造高效的英语学习课堂[26]。美国教育家杜威在《民主主义与教育》中说："如果学生不能筹划他自己解决问题的方法（自然不是和教师、同学隔绝，而是和他们合作进行），自己寻找出路，即使他能背出一些正确的答案，百分之百正确，他还是学不到什么。"

在教学的过程中，教师应该积极为学生创造多种条件加强训练，为调动学生的兴趣以及为了能够让学生在高中英语课堂上实现踊跃地参与，教师要在课堂上为学生多提出些问题，多提出些为什么，以此激发学生的探究意识，教会学生如何去发现问题，思考问题，

---

[26] 周晓纪.浅谈新课改背景下的高中英语阅读教学[J].基础教育教学·吉林教育，2017(33).

找到解决问题的办法。教师要关注他们的个性化发展，科学引导，发挥启发式教学的作用，营造和谐良好的学习氛围，尊重学生的独立人格发展，调动学生的学习积极性，既给学生充分的发展空间，又能准确把握教学节奏。

第三，英语学科的发展和完善不能仅仅局限于课内，要想提高学生的阅读能力和水平，需要教师多加引导，带领学生积极拓展课外课程，以培养兴趣为主，适当扩大学生的阅读范围，开拓学生的英语学习视野，帮助学生在英语阅读的深度和广度上进行拓展。教师要加强引导，在进行相关的英语阅读训练时，在获取英语语言信息、对信息进行处理方面需要加以引导，以提升记忆和表达能力。

教师可以加强对学生的英语学习的要求，大力提倡原版英文的阅读，可以为学生订阅英文原版书报刊等，设立英语阅读角。这不仅可以让学生接触到原汁原味的英语语言，还可以帮助学生了解时事，增长见闻，大大提高英语学习的兴趣。英语教师更要发挥导向性作用，在新课改的大背景下，抓住机遇，为学生营造良好的英语学习氛围，创造英语阅读的大环境，帮助学生成为有国际视野、具有前瞻性的人才。

3.3.3 小结

伴随着中高考改革政策的进一步深化，促进学生全面、健康、协调发展的理念进一步落实，这也为积极培育适应经济社会发展的各级各类人才发挥了极其重要的作用。素质教育改革作为中高考改革众多内容当中的一项，早已经成为极为重要的研究课题，一直广受关注，实施方案逐渐完善，更加具体而明确。

在中高考改革的大背景下，学生阅读能力培养和塑造已经打破了固有学科的限制，不再单纯局限于语文和英语学科之中，在数学、物理、历史等诸多学科领域，都占据着一席之地，发挥着重要的作用。当学生在认真掌握和具备了一定的阅读能力之后，就可以对全部学科的核心概念、定律、定理等相关知识和练习题进行有效阅读，这种有效阅读可以加快他们对不同学科的知识的理解与掌握。

而受到中高考改革的深刻影响，阅读对不同的学科教学也产生了深层次的影响。不同学科的教师在课堂教学的过程中，更应该时刻注意对学生的引导作用，鼓励学生增强阅读意识和观念，拓展阅读量，提高各学科的阅读素养和能力。教师要注重阅读素养的能力的积累和阅读方法的引导，并且及时关注学生的情况，提升学生的整体阅读水平，帮助他们更好地去发现和探索不同的方法，领悟不同学科的不同的学习的方式和思想。

3.4 校园阅读管理实践及总结

在当今这个互联网发展迅速的信息化时代背景下，校园阅读促进活动既面临机遇又充满了挑战，本章节结合核心素养的发展背景，对于阅读素养进行了深入的分析和探究，以进一步加强阅读素养的提升，并且针对新形势下校园中阅读活动的推广面临的问题和难题做了详细的阐释，在分析原因和借助互联网优势的基础上提出新的阅读推广模式，进一步加大对校园阅读的推广。

参考文献

[1] 王伟福.在阅读中发展核心素养[J].中国教育报，2017年12月第010版.

[2] 陈鹏.PISA与美国《共同核心标准》中的阅读素养内容比较研究[D].上海师范大学硕士学位论文，2017年3月.

[3] 成尚荣.回到教学的基本问题上去[J].课程·教材·教法，2015.35(1):24.

[4] The European Parliament and the Council of the European Union. Recommendation of the European Parliament and of the Council of 18 December 2006 on Key Competences for Lifelong Learning [J].Official Journal of the European Union.2009(8).

[5] 张彦."两岸三地"学生核心素养的比较研究[D].西南大学硕士学位论文，2017年5月.

[6] 教基二〔2014〕4号,《关于全面深化课程改革，落实立德树人根本任务的意见》[Z].

[7] 袁振国，张绪培，崔允漷."核心素养"引发的思考[J].上海教育，2016(5):13.

[8] 钟启泉.核心素养的"核心"在哪里——核心素养研究的构图[N].中国教育报，2015.4.1.

[9] 王红，吴颖民.放慢知识的脚步，回到核心基础[J].人民教育，2015(7):18-21.

[10] 林崇德.21世纪学生发展核心素养研究[M].北京：北京师范大学出版社，2016.

[11] 钱华.初探核心素养背景下高中化学课堂教学的重构策略[J].中学化学教学参考，2016(13):17-19.

[12] 李建红."核心素养"背景下内地西藏班英语Project板块的教学研究[J].西藏教育，2017(10):43-45.

[13] 林露，贺迎春.中国学生发展核心素养发布[J/OL].人民网，http://edu.people.com.cn/n1/2016/0914/c1053-28714231.html.

[14] 雷蒙德·艾伦·蒙罗，卡洛斯·阿尔伯特·托雷斯.社会理论与教育——社会与文化再生产理论批判[M].上海：上海人民出版社，2012.

[15] 陈金芳.素质教育基本理论研究[M].北京：中国科学技术出版社，2011.

[16] 辛涛,姜宇,林崇德.论学生发展核心素养的内涵特征及框架定位[J].中国教育学刊,2016(6):6-7.

[17] 李明德.西方教育思想史——人文主义教育之演进[M].北京：人民教育出版社,2008.

[18] 何森林.多元文化背景下大学生社会主义核心价值观教育策略探析[J].学校党建与思想教育,2013(8):25.

[19] 普通高中语文课程标准（实验）[J].语文建设,2003(09):50-64.

[20] 张民选,陆璟,占胜利,朱小虎,王婷婷.专业视野中的PISA[J].教育研究,2011(6):5.

[21] OECD. PISA 2009 Assessment Framework: Key Competencies in Reading Mathematics and Science[R]. OECD: OECD publishing, 2010.

[22] 陆璟.PISA测评的理论和实践[M].上海：华东师范大学出版社,2013.

[23] 罗德红,龚婧.PISA、NAEP和PIRLS阅读素养概念述评[J].上海教育科研,2016（1）:34-37.

[24] 邬海波.以"互联网+"思考阅读推广[J].科学报,Bosom Friend Inspiration知音励志,229.

[25] 新中考：既立足全面发展,又关注个体差异——教育部有关负责人就中考改革答记者问[J].人民教育,2016(19):28-31.

[26] 周晓纪.浅谈新课改背景下的高中英语阅读教学[J].基础教育教学·吉林教育,2017(33).

第四章
门头沟区校园阅读促进整体规划及阅读活动示例

4.1 门头沟区校园阅读素养提升项目三年规划(2016—2018)

门头沟区中小学校园阅读素养提升工程
实施方案(2016—2018年)

阅读是人们收集信息、认识世界、发展思维的重要途径。少儿时期的阅读是成长的开始，是通向未来成功之路的基础。校园阅读推广是基础教育改革的核心和突破口，是培养学生思维、能力及人格的重要途径。门头沟区基于实践，推动了课程和教学的整体性变革，规划和实施了一系列以内涵发展为主的创新性实践项目，校园阅读促进工程是在区级层面统筹规划的重要基础性项目之一，借助了互联网大数据分析评价技术，可以有效激发学生阅读兴趣、提升学生阅读能力、丰富校园阅读内涵，帮助每个学生个性化、快乐地成长，是在传统阅读促进活动的基础上的一种创新。项目具体实施方案如下。

一、项目指导思想

通过"校园阅读素养提升工程"的全面实施，深化阅读教育内涵、丰富阅读促进手段、建立阅读跟踪评价机制、创新阅读促进手段、活跃校园阅读文化氛围，让阅读成为习惯，让阅读成为生活的一部分，让门头沟每一名学生成为爱书人。

二、项目工作目标

用三年左右的时间，以学生的全面发展为基础，以营造校园阅读文化氛围、丰富校园阅读资源、开发阅读课程体系、建设数据化跟踪评价平台为保障，以提高学生阅读兴趣、培养学生阅读习惯、提升教师阅读指导能力及学生阅读综合素养为目标，整合相关资源，在全区中小学开展深层次校园阅读促进提升工作，通过阅读促进工作摸索出门头沟区域教育的特色发展、优质发展和内涵发展模式。

三、工作任务

门头沟区校园阅读促进工程，将围绕阅读资源、阅读文化、阅读课程、跟踪评价工具、阅读活动以及长效化机制多方面、多角度系统化开展，具体工作任务如下。

1. 基于学生认知规律，建立分级阅读体系，完善校园阅读资源

以"在合适的时机，给学生看合适的书"为基础理念，开发符合不同年级段、不同阅读水平的分级阅读书目，为分级书单开发跟踪评价题目资源，并基于分级书目进行校园阅读书目配备，丰富校园图书馆、公共阅读区以及班级阅读角阅读资源配备。

具体任务：收集全区各学校阅读基础书单，研发门头沟区级层面基础书单以及各学校校本特色书单。每学期结合学校图书馆存情况，为各学校提供馆配图书目录动态建议参考。

2. 基于校园文化特点，完善校园阅读环境及设施

各学校根据自身校园文化特点，改造提升校园图书馆软环境及文化氛围，将图书馆建成学生喜欢、向往的区域，也成为课间、课后集中活动区域。图书馆功能设计方面，除传统阅览功能外，还需要有授课、表演等区域，将图书馆打造成集阅览、故事会分享、阅读课授课、绘本剧演出等多功能为一体的新型学习空间。此外，还可充分挖掘楼梯角、走廊等公共空间，设计多文化、多主题的阅读空间，学生可以温馨地停留和阅读。

具体任务：为每所学校提供阅读文化环境改进建议，并选择三所示范小校、两所示范中学，进行阅读文化的规划及设计。

3. 基于信息技术，构建全区性阅读跟踪评价系统

在全区范围内为各学校搭建一个集成分级书单推荐、学生阅读情况跟踪评价、阅读互动交流以及综合展示的信息化系统平台，实现学生阅读兴趣的激发、阅读情况的跟踪评价可视化等功能，为全区开展阅读推进提供基础阅读量评价数据参考，为全区及各学校阅读促进工作的开展提供抓手。

具体任务：于2016年7月1日前，完成全区所有小学系统平台的应用部署，实现4所中学的应用部署及培训。2016年10月30日前，完成所有初中校系统的应用部署。2016年下半年至2018年下学期，每学期提供一份全区阅读整体情况分析报告，为每所学校提供一份校级阅读情况分析报告。

4. 基于培养目标及标准，建立区域阅读课程示范

基于未来学生创新学习能力培养目标及教育部关于阅读能力的相关培养要求，拓展语文课本相关的阅读材料体系，开拓独立阅读课程体系，实现学生阅读策略、阅读方法与阅读能力的体系化教学与训练。

具体任务：初步构建校园阅读戏剧示范课程，基于一所示范校，进行戏剧的创编、排练和展演，为学校开展此项工作奠定探索实践基础。开展阅读戏剧交流展示活动，推广经验。

研发整本书阅读课程，探索整本书阅读的课程体系建设，选择两所小学示范校、一所中学示范校进行示范应用；进行整本书课程教学模式的观摩及研讨，举办一次全区性阅读课程学术研讨及示范展示活动。

5. 基于长效机制，开展丰富的阅读活动

通过校园阅读活动的开展来提升学生阅读参与热情、形成书香校园的文化氛围，活动包括全区书香校园评比、区级阅读达人评比、阅读名师评比等，以及校级特点的"阅读之星"评选、"故事大王"比赛、体验式阅读活动（绘本剧、主题阅读体验活动）、作家进校园、小记者、图书漂流等活动。

具体任务：2016—2018年，每年设计一次全区性阅读主题活动，在全区范围内开展，并形成区域性常态品牌活动，由攀登阅读方提供活动策划方案和激励方案及相关礼品，由学校负责具体活动的组织和宣传。此外，每学期开展一次线上、线下结合的阅读之星、书香班级的评选活动。

2016—2018年，开展10次作家进校园活动。

6. 基于理论指导，开展多层次阅读培训指导

邀请北京市阅读课程专家、儿童文学专家等，由各学校推荐、区教师进修学校组织，选拔一批（20名）阅读指导种子教师，对教师进行系统化培训。培养一批懂阅读、爱阅读的教师。

具体工作内容有：阅读种子教师指导培训200人次，含外出参观学习；与种子共同进行阅读课程的研发和研究；此外还开展多层次指导工作，主要包括以下内容。

（1）学生阅读素养基础理论研究指导

针对1~6年级教师开展学生阅读素养基础理论体系的培训及教学指导。

（2）分级阅读体系应用指导

不同年级的学生由于阅读能力的差异，在阅读书目方面，也存在适合性的问题，基于目前国际主流分级阅读理念，对教师进行分级阅读开展指导和培训。

（3）学生阅读能力评价应用指导

给出学生阅读能力评价的基础框架，并对教师进行应用指导。

四、具体措施

1. 统筹规划，区域推进

从全区角度，统筹规划阅读促进项目，将涉及各学校共性的项目，如阅读分级书单、阅读跟踪评价平台、阅读指导师资培训等项目，由区教委统筹组织实施；涉及各学校个性化实施的项目，由教委前期组织试点、建设示范，并组织各学校交流、观摩，充分集中资源、整体推进，保证项目的经济性和进度。

2. 详细调研，立足现状

项目实施前，需要对全区各学校实际情况进行详细调研，对各学校图书配备情况、学生阅读习惯情况、计算机使用情况等基础现状进行摸底，根据各学校实际情况开展图书配备、阅读环境建设以及校本阅读课程建设的相关工作，既要解决对各学校具有普遍性的问题，也要关注对校本特殊性问题的研究。

3. 教研引领，多方合作

将阅读素养提升项目纳入教育科研及课改体系中，使阅读项目与区域课程研究结合，充分发挥教研员的引领作用，从课程、教学方法、评价、信息技术等角度，分类、分层研究项目的实施内容和措施。充分吸引社会专业机构、专家等相关资源的参与，通过政府购买服务等方式，引进知名机构及专家学者参与项目的研发和实施。

4. 督导评估，建立机制

通过将校园阅读情况作为学校及教师的评优评先的一项重要指标，以及将阅读情况与相关经费拨付结合起来，形成一个良性的阅读长效促进机制。

五、实施步骤

门头沟区校园阅读促进体系建设项目按整体规划、分层实施、示范建设、逐步推广的思路，通过三年时间推动全区中小学阅读的整体提升。

门头沟区校园阅读促进项目实施计划						
年度	项目类别	项目内容	交付物	覆盖范围	实施月份
2016年	A. 阅读资源建设	A1.区级阅读书单制定	1～9年级阅读指导书单	全区中小学	6月
		A2.校级图书配备建议	学校图书配备清单	全区中小学	5—7月
	B. 阅读文化及环境	B1.校园阅读文化建设建议	阅读文化改进建议	全区中小学	5—11月
		B2.示范校阅读环境设计	阅读文化设计方案	2所示范校	9—11月
	C. 阅读评价应用服务	C1.小学阅读跟踪评价系统应用服务	平台应用服务	全区24所小学	5—7月
		C2.中学阅读跟踪评价系统应用服务	平台应用服务	全区12所中学	7—11月
	D. 阅读课程建设	D1.阅读戏剧课程	戏剧策划及指导	1所示范校	5—11月
		D2.小学整本书阅读课程	课程方案	2所示范校	9—12月
		D3.初中整本书阅读课程	课程方案	1所示范校	9—12月
		D4.阅读课程学术研讨会	举办会议	全区	12月
	E. 阅读活动	E1.区级阅读达人评选活动一期	评选及颁奖	前期平台应用校	7月
		E2.区级阅读达人评选活动二期	评选及颁奖	全区中小学	12月
		E3.作家进校园活动	校园活动	示范校	9—12月
	F. 教师培训	F1.阅读基础理论指导	指导培训	全区中小学	9—12月
		F2.阅读课程研发种子教师	指导培训	20名	9—12月
		F3.跨区域交流学习	参观学习	100名	9—12月

（续表）

门头沟区校园阅读促进项目实施计划					
年度	项目类别	项目内容	交付物	覆盖范围	实施月份
2017年	A. 阅读资源建设	A1.区级阅读书单更新	1～9年级阅读指导书单	全区中小学	3月
		A2.校级图书配备建议	学校图书配备清单	全区中小学	3月
	B. 阅读文化及环境	B1.校园阅读文化展示及交流	交流会	全区中小学	4月
		B2.2所学校的阅读环境改造设计	设计方案	2所示范校	2月
	C. 阅读评价应用服务	C1.小学阅读跟踪评价系统应用服务	平台应用服务	全区24所小学	全年
		C2.中学阅读跟踪评价系统应用服务	平台应用服务	全区12所中学	全年
	D. 阅读课程	D1.阅读戏剧课程交流研讨	交流会	全区中小学	4月
		D2.整本书阅读课程交流研讨	交流会	全区中小学	10月
		D3.整本书阅读课程的深入推进	课程指导	示范校	上半年
	E. 阅读活动	E1.区级阅读主题月活动	活动方案	全区中小学	4月
		E2.世界读书日大型主题活动	展示活动	全区中小学	4月
	F. 教师培训	F1.跨区域交流学习	参观学习	100名	全年
2018年	A. 阅读资源建设	A1.区级阅读书单更新	1～9年级阅读指导书单	全区中小学	3月
		A2.校级图书配备建议	学校图书配备清单	全区中小学	3月
	C. 阅读评价应用服务	C1.小学阅读跟踪评价系统应用服务	平台应用服务	全区24所小学	全年
		C2.中学阅读跟踪评价系统应用服务	平台应用服务	全区12所中学	全年
	D. 阅读课程	D1.审辩式思维课程建设	课程研发	2所示范校	全年
		D2.阅读课程体系化总结	总结文档	全区中小学	12月
	E. 阅读活动	E1.承办全国性阅读主题学术论坛	活动方案	全区中小学	4月
		E2.阅读主题月活动（形成常规）	展示活动	全区中小学	4月
	F. 教师培训	F1.跨区域交流学习	参观学习	100名	全年

六、预期效果

通过区级阅读素养提升工程的整体实施，用三年的时间，达到以下预期效果：

1. 建立起全区阅读跟踪评价监控系统网络，可以掌握每所学校的阅读开展情况、学生的真实阅读情况。

2. 形成区域阅读促进的文化氛围，各学校对阅读促进的目标及相关要求有清晰的了解，并形成了校园特色的阅读促进路径和方法。

3. 有效地帮助学生养成阅读习惯，一定程度上提升了学生的阅读能力。

4. 建立起了阅读戏剧、整本书阅读等课程体系，通过示范校的应用、区级交流观摩等活动，为全区中小学阅读课程建设，提供了参考和示范。

5. 培养了一批种子教师，发现和培养20名以上阅读种子教师，为校园阅读教学的提升奠定人才基础。

4.2 门头沟区阅读项目2017—2018学年实施内容

门头沟小学校园阅读素养提升工程
2017—2018学年主要工作安排

按照门头沟区中小学校园阅读素养提升工程整体规划，在过去一年实施的基础上，2017—2018学年度小学和中学的主要工作包括以下几方面内容。

第一部分　小学工作计划

1. 阅读课程的深化与推广

本学期阅读课程的构建主要开展的方向有三个：绘本阅读课程构建、整本书阅读课程构建以及单元主题拓展阅读体系构建。结合这三方面研究方向，项目组会在课程资源的研发构建、教师课程能力的培训提升、课程的展示及提升等方面对参与学校进行支持，绘本阅读、整本书阅读、单元主题拓展阅读共同体课程，积累实践经验和研究成果，专家引领梳理和总结工作路径及方法，反思项目实施中的问题，形成论文集和课例资源包。将研究成果在课程研究项目校中推广，从个体研究扩展到全校实践。在共同体中培养打造特色校。

2. 区域共读计划的深化与推广

本学期由进修学校和项目组共同研制了门头沟区共读书单，并在区域内开展共读计划，同一年级共读经典图书。由专家依托网络平台利用课外时间带着学生走进书中，深入了解读书中内容，培养学生的阅读思考和交流的习惯。在本学期开展的基础上加大推广，争取成为全区家庭阅读、亲子共读的主要方式之一。

3. 教师阅读指导能力提升

针对教师阅读指导能力的提升，由进修学校和项目组推出系列指导课程，结合研修工作，涉及教师语言素养提升、语文核心素养解读、阅读能力测评、阅读课程建构等多专题。

4. 区域阅读活动的深化开展

区级阅读活动方面，将继续为各学校及广大师生搭建展示交流的平台，2018年上学期延续开展"成语大赛""书香校园评选"活动，书香校园评选活动中除书香校园、书香班级及阅读之星评选外，将增设书香家庭奖项。在2017年经验基础上，优化调整书香校园评选方案，持续开展书香校园评选，力争通过三年的时间门头沟区达到"书香校园"标准的小学达到80%以上。成语大赛的举办时间初步定在4月中旬。

组织召开门头沟区中小学校园阅读素养提升工程总结会，以现场展示课、学校代表进行经验总结分享的方式，展示学校在三年阅读项目推广中取得的成果和经验。

5. 依托攀登阅读平台校园阅读工作持续深化

发布和解读区域阅读报告，为下一阶段工作开展提供依据和指导。

结合依托攀登阅读平台基础数据形成阅读报告和书香校园评选，组织下校调研，调研重点是学校阅读工作计划及实施情况，阅读活动、阅读课程开展情况，和学校做攀登阅读平台阅读报告分析，和专家一起帮助学校规划阅读方案，策划阅读活动，将攀登阅读平台应用和读书节列入学校常态性阅读工作。

6. 成果梳理经验推广

面向全区小学语文教师、教学干部及教研员征集主题为"落实语文核心素养，推进校园阅读活动"的文章，要求上报到进修学校进行初选，初选后再由项目组专家复审，复审后的优秀作品由专家进行指导，由项目组帮助刊登在知名报刊上，作为区里一项阅读项目成果。

第二部分　中学工作计划

1. 教师阅读指导能力提升

根据2017—2018年度工作计划中的培训设想，对全区中学语文教师进行整本书阅读、中高考政策解读及应对方案的培训。

使教师掌握整本书阅读和重点阅读的技巧（注意培训中更多的是实操性的内容），让教师懂得作为语文教师阅读的意义和程度，同时明确教师对学生整本书阅读的要求和指导。结合小组合作的任务形式或者沙龙形式，使教师都有任务且参与其中，同时促成专家与教师之间的双向互动。

2. 整本书阅读教学资源开发

为学校提供整本书阅读课程资源包，整本书课程资源需包含导读设计、学生阅读手册、学生学习活动设计、学生阅读测评设计，辅助教师做好整本书教学。

3. 攀登阅读平台应用的深化

深化攀登阅读平台在全区中学的应用，为全区中学开通阅读跟踪评价系统平台及应用，结合中学教育阶段的学习特点，阅读系统以教育部大纲指定书目中学生课外文为范围，详细书目以教育部大纲为准，以中高考必读书目为主要资源设置阅读任务。利用项目组开发的"校园阅读评价方案"，引领学校进行校园阅读自我诊断，明确校园阅读的优势与不足，确定校本阅读促进方向。

4. 共读直播推广

在全区中学推广共读直播，从激发阅读兴趣、指导阅读策略、化解阅读难度、提升阅读能力与阅读耐力等角度入手，帮助学生解决不愿读、不会读、不习惯读整本书的问题。

5. 全区阅读活动推广和深化

在每所学校选择2～3名"最美校园阅读人"，并为其录制一些音频，再通过抓拍校园阅读、班级阅读的情景，制作成倡导校园阅读文化的宣传资料，在学校的电子屏上播放。同时，由校园领读者和最美校园阅读人通过校园广播的形式，每周为大家进行一次朗读或作品赏析。开展作家、名家进校园活动，邀请作家、名家走进学校解读名著，分享写作经验。

6. 成果梳理经验推广

面向全区中学语文教师征集相关论文，经过一轮评审后，聘请专家为质量较高的论文进行指导并帮助发表。同时，收集学生、教师、家长中较好的作品，编订成果集。

4.3 门头沟区书香校园评选办法

门头沟区校园阅读素养提升工程
书香校园评选方案

为培养广大中小学生的阅读习惯，营造读书氛围，进一步扩展知识结构，提高文化修养，探索学校文化建设新途径，全面深化课程改革和推进素质教育，着眼于学生的全面健康成长和教育事业的长远发展，区教委决定在全区范围内开展"书香校园"评选活动。为使本次活动有序、有效开展，特制订本方案。

一、指导思想

通过全区开展"书香校园"评选活动，营造"人人爱阅读、处处飘书香"的学习氛围。以读书凝聚力量，以读书推进发展，使读书成为一种时尚、阅读成为一种习惯，让师生读书活动成为区域教育的一道亮丽的风景，为校园阅读的发展提供强有力的智力支撑和精神动力。

二、活动时间

2018年6月。

三、评选范围

门头沟区中小学。

四、评选标准

1. 书香校园

从组织领导、阅读环境、活动及课程、阅读效果四个条件进行评选。采用实地调研、学校自评和区级评选的方式，评选标准详见附件1。

2. 书香班级

从班级阅读环境、活动及课程、阅读效果三个条件进行评选，采用学校推荐，区级评选的方式。评选标准详见附件2。

3. 阅读领航人

从教师读书、班级阅读、阅读教学以及班级阅读效果等条件进行评选，采用学校推荐，区级评选的方式。评选标准详见附件3。

4. 阅读之星

从阅读量、阅读效果"攀登阅读平台"等条件进行评选，采用学校推荐，区级评选的方式。评选标准详见附件4。

5. 书香家庭

从阅读环境、亲子共读、阅读效果等条件进行评选，采用自主报名，学校推荐，区级评选的方式。评选标准详见附件5。

五、评选流程

1. 学校参照评选条件，根据任务完成情况、学校成果、数据报告（攀登阅读平台提供）等信息，填写"书香校园"考评细则表（附件1）、"书香班级"考评细则表（附件2）、"阅读领航人"考评细则表（附件3），开展学校自评，填写"阅读之星"考评细则表（附件4）开展学校自评，填写"书香家庭"考评细则表（附件5）开展学校自评。学校各类自评表及学校阅读自评报告纸质版（盖章）及相关的电子、纸质支撑性资料于2018年6月9日下班前交至小幼科李执老师、中教科裴军老师。

2. 门头沟区教委将组织评选专家委员会，根据学校上报情况及攀登阅读平台的使用情况进行各类奖项的评选，确定入选名单后，教委召开总结表彰会统一颁发"书香校园""阅读领航人"及"阅读之星"证书。

门头沟区教委中、小教科
2017年9月5日

附件1 "书香校园"考评细则表

目录	内容		考核内容	分值	评分标准	评分依据	学校评分	考核分
书香校园 100分	组织领导 12分	1	将"书香校园"活动列入学校文化建设重要内容，将阅读工作纳入学期工作计划	2	以听取汇报和查阅有关资料为准	有详细的计划得2分，计划中有提及得1分		
		2	积极配合"校园阅读促进"项目组进行学生及教师的相关培训，并向家长下发校园阅读的相关说明	2	以培训照片及通知为准	全部满足得2分，满足其中一项得1分		

（续表）

内容目录		考核内容	分值	评分标准	评分依据	学校评分	考核分
书香校园 100分	组织领导 12分	3	成立教师及学生阅读长效机制组织，并定期与不定有丰富的班级校级活动开展	2	以组织介绍和开展活动的照片、新闻和相关材料为准	有组织介绍校级活动开展的材料丰实多样加1分；班级活动开展的材料丰实多样加1分		
		4	全校师生对"书香校园"活动的知晓率和参与率在90%及以上	2	以问卷调查和现场访谈为准	知晓率和参与率在90%以上（含90%）得2分；70%～89%得1分		
		5	积极参与区教委及进修学校开展的相关培训及活动	2	以签到为准	缺席一次扣0.5分		
		6	将学年"书香校园"活动及文化建设等阅读工作开展情况及效果纳入工作总结中	2	以上报材料为准	资料具体全面得2分，没有阅读工作总结的不得分		
	阅读环境设施 10分	7	学校有专门的阅览室，至少并能容下1个班学生活动	2	现场检查及资料为准	有阅览室加1分，能容下1个班学生活动加1分		
		8	学校藏书人均：小学不得少于10本，初中不得少于20本	2	现场检查及资料为准	小学10本以上得2分，5本至10本之间得1分；初中20本以上得2分，10本至20本之间得1分		
		9	图书利用率高，并有完整的借阅记录	2	现场检查、查阅相关图书室记录	借阅率高得2分，一般得1分		
		10	班级设有读书角或校园设有读书橱窗，并经常更新内容	2	现场检查为准	满足得2分		
		11	能结合校园环境特点，创设良好的书香校园文化，营造浓厚的书香氛围。有关读书的格言和标语悬挂在校园显著位置	2	现场检查及资料为准	阅读氛围浓厚得2分，比较浓厚得1分		
	活动及课程 40分	12	学校有阅读课程的开设，并且有清晰的课程体系	8	通过座谈、查阅有关记录	有完整清晰的课程体系并有阅读课开设得8分，有阅读课开设但无课程体系得6分		
		13	在课程编排方面，每周能拿出固定时间，用于阅读教学及学生自主阅读	8	以课表为准	每周1课时得8分，有选修课时安排的得6分，无明确课时的得4分		

（续表）

目录	内容		考核内容	分值	评分标准	评分依据	学校评分	考核分
书香校园100分		14	每学年至少举办2次校级阅读相关活动	8	以活动录像和现场记录为准	2次及以上得8分，1次得4分		
		15	班级层面阅读相关活动，每学期至少4次	8	以访谈和问卷为准	每次加2分		
		16	通过多种方式引导家长参与到学生读书活动中来，开展了"书香家庭"的创建和指导家长如何和孩子共同阅读等活动，引领学生的校外阅读	8	查阅开展活动的有关资料，座谈了解	开展情况非常好得8分，比较好得6分，一般得4分		
	阅读效果38分	17	学生参与"攀登阅读"评价平台的应用率达到80%	10	以攀登阅读平台数据统计报告为准	应用率达到80%及以上得10分，60%及以上得6分，其他得4分		
		18	学期学生人均平均阅读量，按"攀登阅读"评价平台排名	10	以攀登阅读平台数据统计报告为准	前5名得10分，第6~10名得8分，11~15名得6分，其他得4分		
		19	阅读笔记等相关写作成果	8	以攀登阅读平台数据统计报告为准	人均在3篇以上有效作品的，得8分，人均2~3篇的得6分，1篇以下的得4分		
		20	有体系化的阅读成果及展示，如学生写作作品集、原创绘本、校本戏剧剧目及展演	10	以实际作品及相关资料为准	有三项的得10分，两项的得8分、一项的得6分		

附件2 "书香班级"考评细则表

目录	内容		考核内容	分值	评分标准	评分依据	学校评分	考核分
书香班级100分		1	班级有清晰的学期阅读计划	10	有清晰详细的计划得10分，有提及但不清晰不详细得5分，未提供班级阅读计划不得分	以学期工作计划为准		
		2	班级创设图书角，藏书量不少于每个学生两本，并配有阅读记录档案	10	2本以上得10分，2本得5分	以现场检查或学校提供的图片为准		
		3	学生每学期阅读量不少于5本，并有读书笔记、手抄报等作品	10	5本以上并有丰富的读书作品得10分，5本读书作品不丰富得5分	以读书作品为准		
		4	每周设有固定的阅读时间或课程，每周不少于2次，每次不少于20分钟	10	2次以上并排有阅读课程得10分，2次及无固定课程得6分	以工作计划和课程表为准		

（续表）

内容目录		考核内容	分值	评分标准	评分依据	学校评分	考核分
书香班级100分	5	每学期至少开展两次班级读书活动，并有活动资料和总结	10	2次及以上得10分，2次得8分	以学校提供的资料为准		
	6	积极参加区级和学校阅读活动并且班级或个人取得至少两次前三名或同等荣誉	10	区级活动第一名得10分，前三名得6分，校级前三名得5分	以获得的奖状及证书为准		
	7	班级在攀登阅读平台的智慧星总数排名不低于全校前10名	40	全校排名第一的得40分，2～5名得20分，5～10名得10分，低于前十名的不予打分	以攀登阅读平台班级智慧星总数为准		

学校：　　　　　　　　　　填表人：　　　　　　　　　　联系电话：

附件3　"阅读领航人"考评细则表

内容目录		考核内容	分值	评分标准	评分依据	学校评分	考核分
阅读领航人100分	1	教师制订促进个人成长的读书计划，并按照计划自主阅读	10	有清晰详细的计划得10分，有提及但不清晰不详细得5分，未提供班级阅读计划不得分	以教师学期工作计划为准		
	2	把读书活动落实到日常的工作、生活中，每学期至少读3本，读书随笔每周不少于一篇，字数不少于500字	10	3本以上得10分，3本得5分	以现场检查或提供读书笔记为准		
	3	搞好班级图书角的管理、运作工作，图书角设计合理、科学，各项记录齐全、规范	10	5本以上并有丰富的读书作品得10分，5本读书作品或不丰富得8分	以提交的资料为准		
	4	积极开展阅读课程研究和课堂实践	10	2次以上并排有阅读课程得10分，2次及无固定课程得8分	以提交的资料为准		
	5	组织学生积极参加学校、班级的读书活动，每学期至少在班里组织一至两次读书交流会	10	2次及以上得10分，2次得8分	以提交的资料为准		
	6	在各级各类报刊中发表一定数量的作品或者在上级组织的有关读书写作比赛中获奖	10	全国及市级比赛或报刊发表得10分，为区级活动得8分，校级活动得5分	以获得的奖状及证书为准		
	7	所带领的班级在攀登阅读平台的智慧星总数排名不低于全校前10名	40	全校排名第一的得40分，2～5名得20分、5～10名得10分，低于前十名的不予打分	以攀登阅读平台班级智慧星总数为准		

学校：　　　　　　　　　　填表人：　　　　　　　　　　联系电话：

附件4 "阅读之星"评选细则表

内容目录		考核内容	分值	评分标准	评分依据	学校评分	考核分
阅读之星 100分	1	有较深厚的阅读兴趣和良好的阅读习惯；能在班级或学校起模范带头作用	10	非常好得10分，比较好得8分，一般得5分	以学校评价以及提交的资料为主要依据		
	2	积极参加学校、班级组织的读书活动，表现出色	10	非常好得10分，比较好得8分，一般得5分	以学校评价以及提交的资料为主要依据		
	3	读书量大，认真阅读学校推荐的必背古诗词和必读书目，经常向学校阅览室、班级图书角借阅书籍	15	低年级一学期课外阅读总量不少于1万字，中年级一学期课外阅读总量不少于5万字，高年级一学期课外阅读总量不少于15万字。超过以上标准得15分，达到90%得10分，达到80%得5分	以学校评价以及提交的资料为主要依据		
	4	特色作业之"自主阅读"评价优秀，有特色；课外阅读摘抄作业优秀，发表文章多（包括班级微信、校园网、攀登阅读平台及报刊等）	15	非常好得15分，比较好得10分，一般得5分	以提交的资料为准		
	5	在各级各类报刊中发表一定数量的作品或者在上级组织的有关读书写作比赛中获奖	10	全国及市级比赛或报刊发表得10分，区级活动得8分，校级活动得5分	以获得的奖状及证书为准		
	6	攀登阅读平台智慧星总数本校排名在前10名	40	全校排名第一的得40分，2～5名得20分，5～10名10分，低于前十名的不予打分	以攀登阅读平台智慧星总数为准		

学校： 　　　　　　　　　　填表人： 　　　　　　　　　　联系电话：

附件5 "阅读之星"评选细则表

内容目录		考核内容	分值	评分标准	评分依据	学校评分	考核分
书香家庭 100分	1	家庭阅读气氛浓郁，开展家庭亲子阅读，可以共读一本书，可以共看报纸，有固定的阅读时间，良好的阅读环境，并有一定的阅读记录。每天阅读不少于30分钟，要求认真撰写亲子共读笔记，每学期不少于5篇	15	超过考核标准得15分，达到或基本达到标准得10分，未达到标准但有共读笔记得5分	以学校评价以及提交的资料为主要依据。		

(续表)

内容目录	考核内容	分值	评分标准	评分依据	学校评分	考核分
书香家庭100分	2 学生在学校所呈现出来的读书修养。如，在学习方面所表现出来的良好的口语表达能力，在课堂发言过程中能够引经据典，表达流利、语病少，作文水平较高。有作品在各级各类杂志刊物上发表或在各级各类读书竞赛中获奖的优先考虑	10	有作品发表或在比赛中获奖得10分，有比较好的作品得8分	以学校评价以及提交的资料为主要依据		
	3 家庭对学校、班级读书活动的支持力度。比如，读书活动开展、班级图书角创建工作等	10	非常好得15分，比较好得10分，一般得5分	以学校评价为主要依据		
	4 家庭藏书（不包括学生用书）达到80册及以上（照片提供最好）	15	80册以上且大多符合学生该年龄段阅读得15分，80册以下或大多不符合该年龄段阅读得10分	以学校评价和提交的资料为主要依据		
	5 家长每月至少带孩子去一次书店或图书馆	10	1次以上得10分，1次得8分	以学校评价和提交的资料为主要依据		
	6 攀登阅读平台智慧星总数学校排名前10名	40	全校排名第一的得40分，2～5名得20分，5～10名10分，低于前十名的不予打分	以攀登阅读平台智慧星总数为准		

学校：　　　　　　　　　　　　填表人：　　　　　　　　　　　　联系电话：

4.4　门头沟区中小学推荐书单

自2016年项目开始以来，项目组联合门头沟区教师进修学校研发了1～9年级分级阅读书单，并为7000余册图书配备了测评及训练资源超过100 000道，使得全区中小学图书配备的针对性和丰富性得到了显著提高。

必读书目和选读书目

学段	年级	必读书目	选读书目
第一学段	一年级	《幼学启蒙第一辑》《中国古代民俗故事》《猜猜我有多爱你》《大卫上学去》《好消息坏消息》《东郭先生》连环画《我和小姐姐克拉拉》	《没头脑和不高兴》《我爸爸》《我妈妈》《咕叽咕叽》

（续表）

学　段	年　级	必读书目	选读书目
第一学段	二年级	《我有友情要出租》 《神笔马良》 《让路给小鸭子》 《了不起的狐狸爸爸》 《大闹天宫》连环画 《逃家小兔》 《克里克塔》	《兔子坡》 《不一样的卡梅拉》 《晴天有时下猪》 《自然图鉴》
第二学段	三年级	《怪老头》 《长袜子皮皮》 《时代广场的蟋蟀》 《绿野仙踪》 《三只小猪》 《童年》 《中国古代寓言故事精选》 《岳飞传》	《巫婆的孩子》 《你很快就会长高》 《装在口袋里的爸爸》 《狐狸列那的故事》 《帅狗杜明尼克》 《THIS IS米先生的世界旅游绘本》
第二学段	四年级	《青鸟》 《夏洛的网》 《一千零一夜》 《伊索寓言》 《小王子 小红帽》	《乌丢丢的奇遇》 《爱丽丝漫游奇境》 《木偶奇遇记》 《鳄鱼爱上长颈鹿》系列 《小人国与大人国》
第二学段	五年级	《西游记》 《城南旧事》 《春神跳舞的森林》 《爱的教育》 《名人传》 《朝花夕拾》 《男生贾里女生贾梅》	《小淘气尼古拉绝版故事系列》 《女生小小系列》 《中国古今寓言》 《最美的科普·四季时钟系列》 《海底两万里》 《将军胡同》 《奔跑的女孩》
第三学段	六年级	《300首经典古诗词中的趣味故事》 《漂亮老师和坏小子》 《开往远方的列车》 《活了一百万次的猫》 《钢铁是怎样炼成的》 《鲁滨孙漂流记》 《三国演义》 《草房子》	《繁星·春水》 《汤姆·索亚历险记》 《城南旧事》 《安徒生童话选》 《泰戈尔诗选》 《昆虫记》 《野性的呼唤》
第三学段	七年级	《傅雷家书》 《朝花夕拾》 《论语》 《骆驼祥子》 《红岩》 《老人与海》	《假如给我三天光明》 《上下五千年》 《浮生六记》 《猎人笔记》 《飞鸟集》 《童年》 《堂吉诃德》

（续表）

学　段	年　级	必读书目	选读书目
第四学段	八年级	《水浒传》 《红楼梦》 《名人传》 《平凡的世界》 《巴黎圣母院》 《雾都孤儿》	《狼图腾》 《追风筝的人》 《彷徨》 《莫泊桑短篇小说选》 《欧亨利短篇小说集》 《儒林外史》
	九年级	《四世同堂》 《傅雷家书》 《把栏杆拍遍》 《红与黑》 《家》	《简·爱》 《麦田守望者》 《林海雪原》 《人生》 《泰戈尔诗选》

4.5　师生朗读者活动

门头沟区小学师生朗读者展演

为落实国家新闻出版广电总局发布的《全民阅读"十三五"时期发展规划》的要求，为贯彻《义务教育语文课程标准》中要"培养学生广泛的阅读兴趣，扩大阅读面，增加阅读量，提倡少做题，多读书，好读书，读好书，读整本的书"的新课程理念，门头沟区教委高度重视校园阅读促进工作，自2016年启动门头沟区中小学阅读素养提升工程以来，在区教委的领导和支持下，全区各学校经过两年多的探索实践，各校因地制宜为师生创设了良好的阅读环境，开展了丰富多彩的阅读活动并积极研究和实践阅读课程。

为了进一步深化门头沟区中小学校园阅读素养提升工程，提升门头沟区小学师生的人文修养及朗读水平，传承经典、品味名篇，弘扬社会主义核心价值观，让学生在阅读和表达中树立正确的人生观、世界观和价值观，门头沟区教委小教科、门头沟区教师进修学校联合攀登阅读项目组在2017年12月举办区级阅读活动"师生朗读者"。

11月15日活动正式启动，项目组在全区小学范围内发布了门头沟区小学"师生朗读者"活动通知。自通知发布后，得到全区小学的积极响应，经过各校校内初选，项目组共收到选报节目36个，项目组专家通过上报的光盘视频进行评审，评选出一等奖8个、二等奖21个、三等奖7个，并从中选出15个优秀节目作为代表参加全区展演。12月8日所有入选节目在影剧院彩排，项目组导演针对展演节目进行现场指导。

12月13日，门头沟区"师生朗读者"活动在门头沟区影剧院顺利开展，区教委副主任白丰莲和教委相关科室负责人、区教师进修学校校长胡国友等领导、部分学校校长、24所小学阅读工作负责人，以及师生和家长代表共计500余人观看了本次展演。

根据评审出的节目内容，本次展演设置了三个主题篇章，分别为"感恩""思乡""爱国、爱家、爱校"。

第一篇章"感恩"

人因为有爱，所以温暖。人因为感恩，所以会爱。

人生道路，曲折坎坷，不知有多少艰难险阻，甚至遭遇挫折和失败。在危困时刻，有人向你伸出温暖的双手，解除生活的困顿；有人为你答疑解惑，让你明确前进的方向；甚至有人用肩膀、身躯把你擎起来，让你攀上人生的高峰……

参加此篇章展演的节目分别为王平村中心小学的《感恩、陪伴》、东辛房小学的《感恩生命中的所有》、黑山小学的《师生情》、潭柘寺中心小学的《背影》和人大附小京西分校的《心中最美的彩虹》。

感恩，是我们古老中国的传统文明。古人云："受人滴水之恩，当以涌泉相报。"存一颗感恩的心，去看待我们正在经历的生命、身边的生命，面对生活中的一切，我们也应该心存感恩，这样既可以为别人带来快乐，也能给自己的生活增添色彩。节目向同学们传递了要怀着一颗感恩的心，感恩父母，感恩老师，感恩朋友，感恩所有关爱自己的人，用自己的实际行动践行感恩之情。

第二篇章"乡愁"

乡愁，是小时候那枚小小的邮票，是长大离家后那张窄窄的船票，是母亲心头那一湾浅浅的海峡，是所有少小离家的人，那份永远也化不开的浓浓的眷恋。

参加第二篇章展演的节目有龙泉雾小学的《思乡》、斋堂中心小学的《我的家乡——斋堂》和大峪第一小学的《记住乡愁》。

乡愁是一本历史的巨著，它送给我们的不仅是沙漠甘甜，也给人们浇灌上心智的露水。月是故乡明，华夏民族是最恋家的民族。这种情结折射到文学作品中，体现出的是浓浓的思乡情结，从《思乡》到《记住乡愁》，同学们无不展示华夏民族那种浓得化不开的乡情、乡愁。

第三篇章"爱国、爱家、爱校"

爱，是人类的永恒的话题，是人类持续及发展的永恒动力，愿同学们自尊自爱，互尊互爱，爱自己，爱家，爱校，爱国，成为有修养的人！

参加第三篇章展演的节目有付家台中心小学的《我们是京西少年》、三家店铁路中学小学部的《我骄傲，我是中国人》、北京市第八中学京西附属小学的《祖国啊，如果我是一棵小草》、北京第二实验小学永定分校的《心语》、京师实验小学的《你好，白杨——写给自己的生日寄语》、育园小学的《行走吧，梦想》和大峪第二小学的《中国红》共七个节目。

爱国，是至高无上的品德、民族的灵魂，爱家是我们做人的基本品质，爱校是我们必须具备的个人素养。中华民族是一个伟大的民族，而作为一名学生，"爱国"绝不是一句空喊的口号，而应立足于我们身边的具体行动，就是从点点滴滴的小事做起，从日常行为规范做起，把爱国化为具体的行动。爱国，首先要爱自己的父母、爱家庭、爱学校、爱班级、爱老师、爱周围的人、爱周围的环境。七个节目从付家台中心小学的《我们是京西少年》到大峪第二小学的《中国红》，无不体现出门头沟区小学师生们的爱国、爱家、爱校的情怀。

朗读是提高小学生阅读能力的重要手段，是用形象化的口语表达文章思想感情的艺术手段，更是阅读的重要素养之一。"师生朗读者"让无声的文字化为有声的朗读，激起了学生的朗读兴趣，在全区掀起了口读耳听、美读赏读的读书热潮，让阅读真正活了起来。"师生朗读者"展演先告一段落，门头沟区阅读项目将继续深化，希望展演能带给全体师生一些感悟和启发，也希望各校在书香校园建设中勇于探索，积极实践，呈现出更多高质量可推广的阅读工作经验和成果，让广大的师生从中受益，在阅读中获得成长，为门头沟区打造书香校园添一份力。

展演获奖名单：

学校名称	节目名称
一等奖	
育园小学	行走吧，梦想
黑山小学	师生情
大峪第一小学	记住乡愁
北京第二实验小学永定分校	背影
北京第二实验小学永定分校	世界上最大的房子
北京第二实验小学永定分校	心语
京师实验小学	你好，白杨——写给自己的生日寄语
人大附小京西分校	心中最美的彩虹
二等奖	
琉璃渠小学	少年中国说
城子小学	师生古诗联诵
东辛房小学	老师，我想对您说
东辛房小学	感恩生命中的所有
龙泉雾小学	思乡
斋堂中心小学	我的家乡——斋堂
大台中心小学	古韵——将进酒
王平村中心小学	感恩、陪伴

（续表）

学校名称	节目名称
三家店铁路中学小学部	我骄傲，我是中国人
三家店铁路中学小学部	毛泽东诗词联诵
三家店小学	中华少年
大峪第二小学	中国红
军庄中心小学	白天与黑夜
潭柘寺中心小学	背影
北京市第八中学京西附属小学	我骄傲，我是中国人
北京市第八中学京西附属小学	祖国啊，如果我是一棵小草
大峪第一小学	水调歌头 明月几时有
京师实验小学	祖国——以梦为马
人大附小京西分校	我愿是只幸福鸟
付家台中心小学	我们是京西少年
军响中心小学	生命—树花开
三等奖	
龙泉小学	诗歌朗诵
育园小学	祖国妈妈，我们爱您
城子小学	教师演讲
斋堂中心小学	我深深爱恋的祖国
三家店小学	我爱你 油城
潭柘寺中心小学	我的梦
清水学校	祖国母语

第五章

门头沟区阅读课程示例

5.1 绘本阅读课程设计示例

绘本阅读《三只山羊嘎啦嘎啦》教学设计

教学设计个人信息					
姓　名					
李婧		北京市第八中学京西附属小学			
绘本阅读《三只山羊嘎啦嘎啦》教学基本信息					
课题	《三只山羊嘎啦嘎啦》绘本阅读推荐				
学科	语文	学段	低段	年级	二年级
教材　绘本《三只山羊嘎啦嘎啦》					
1. 指导思想与理论依据					

理论依据

1. 语文新课程标准提出："语文课程应培育学生热爱祖国语文的思想感情,指导学生正确地理解和运用祖国语言,丰富语言的积累,培养语感,发展思维,使他们具有适应实际需要的识字写字能力、阅读能力、写作能力、口语交际能力。"语文教学实践承担着重要的责任和使命,教师如何在教学中为学生描绘丰富的精神底色,这是小学语文教学的内在使命。绘本阅读课不仅可以用以讲故事、学知识,还可以帮助孩子建构人文精神,培养多元智能。

2. 根据皮亚杰的认知发展阶段理论可知,(小学低段的)儿童的抽象逻辑思维发展还处于起步阶段。在小学低年级阶段的教学中,学生识字量较少,教师需要借助大量的图画、图表、实物等教具帮助儿童建立具体形象思维的表象。绘本的图画内容丰富而文字较少,图画形象、直观而又充满创意和想象,发挥着叙述故事、表情达意的功能。绘本的这些特点与一般纯文字图书相比更加符合低年级儿童心理发展的要求,是激起学生学习语文的浓厚兴趣的有效载体,所以适当地引入图文并茂的绘本进行教学可以激发低段学生的学习兴趣

设计理念

有效的阅读需要调动学生多方面的感官体验,是对学生的识字能力、理解能力、想象能力等多个方面的考察,教师可以将绘本作为媒介,通过图文并茂的教学形式引导学生深入理解绘本的故事内容,结合绘本中的各个细节描写,引导学生思考

2. 教学背景分析

教学内容

本课是一节绘本推荐课,在这本绘本中,你会看到生动惊险的故事,同时还有精美的绘画,当小朋友将故事和图画配合起来的时候,就会发现自己已经被这本绘本深深地吸引住了,这本绘本借助对民间故事的三次重复,带给读者3次不同的惊险体验,成功地实现了对故事的结合,会给小朋友带来很好地享受

学生情况

二年级的学生,他们已经具备了一定的识字量和阅读能力。他们喜欢绘本,容易被绘本中有趣的图画和故事情节所吸引,他们有着天马行空的想象和表演的热情,但是在阅读中对于细节信息的获取还存在一定的困难

教学方式

讲授法、情景教学法、讨论法

教学手段

1. 了解绘本,猜想激趣
2. 关注细节,提取信息
3. 加入表演,丰富体验
4. 利用留白,大胆想象

3. 教学目标(含重、难点)

教学目标

1. 初识绘本,学会简单的绘本阅读方法。
2. 通过泛读、品读、想象、表演、创编等活动,感受阅读带来的乐趣

教学重点

了解故事内容,具备一定的阅读理解能力,并能抓住三只山羊过桥时不同的细节描写

教学难点

抓住三只山羊过桥的不同的细节描写,在三次重复的故事情节中获得不同的情感体验

4. 教学过程

一、趣味导读

三只山羊的名字都叫嘎啦嘎啦,它们想去山里的草原吃胖一点。但是,山谷间有一座桥,桥下住着一只可怕的大妖怪。它们敢去过桥吗,遇见了大妖怪它们怎么办?最后它们吃到山里的嫩草了吗,我们快去书中看一看吧。

二、赏读封面,走近作者

拿到绘本,首先映入眼帘的就是封面,请你按照从上到下的顺序仔细观察,看看你都有哪些收获?

(一)这是一本关于挪威民间故事的绘本

（二）书名及图案
（三）图文作者及译者
　　一般绘本都有文作者、图作者，这本外国绘本还有一位译者。让我们一起去了解一下这几位作者吧。
（1）文本整理作者
　　绘本来源于挪威民间故事，由P.C.阿斯别约恩森（Christen·Asbjørnsen；1812－1885）和J.E.姆厄（Jørgen·Moe；1813－1882）进行整理。格林兄弟的《孩子和家庭的童话集》于1812年问世畅销后，作为同窗的两人受到启发并经格林兄弟的引导，毕业后跑到全国各地去访问农民，将在老百姓中间口传下来的民间故事记录并整理。他们虽然不是专业作家，但整理的态度十分严谨。他们把自己称作挪威民间故事的"编辑者和复述者"。复述，这其中就意味着他们必须改变故事原先讲述使用的方言，但是他们仍然尽最大努力在复述民间故事时"忠实地反映出我们从讲述者那里所听来的"语言。
（2）图画作者
　　玛夏·布朗（Marcia Brown）1918年生于美国纽约州的一个牧师家庭，她从小就随家人在州内四处迁徙。她非常喜欢阅读、画画和手工，每次搬家后总要先跑到社区图书馆办好借书证后才能安下心来回家整理东西。据说她小时候每天至少读三本书。12岁时，她的父亲把厨房的墙壁涂成黑色，让她当黑板画画。玛夏常常一画就是好几个小时。此时，她在心中埋下了一个愿望——希望自己将来做一个插画家。大学毕业后，她当了三年的高中语言老师，后来，只身来到纽约，在公立图书馆担任故事会讲师，同时还拜师学画。在图书馆工作的五年间，她不仅在馆内接触孩子们，还经常走进社区给来自世界各地的孩子们讲故事。这种经验为她后来的绘本创作工作打下良好的基础。她意识到民间故事能帮助儿童健康成长，因此她将世界各地的经典童话做成风格不同的绘本作品，本书也是其中之一。
（四）内容猜想
　　绘本封面画着三只山羊在干什么，观察三只山羊有什么不同，大胆猜想一下绘本中可能会写一个怎样的故事？
　　我还有其他发现或问题？
三、共读情节，找一找
　　这三只山羊都有什么特点，它们走上独木桥时桥发出了什么样的声音，观察画面想想为什么要用不同的声音？它们是如何应对山怪的？山怪回答三只山羊的话一样吗？

小　羊	身　材	过桥的声音	如何应对山怪
第一只山羊			
第二只山羊			
第三只山羊			

四、品读语言，演一演
　　怎么表现出三只都名为嘎啦嘎啦小羊的不同特点。可怕的山怪都跟它们说了什么，应该用什么样的语调说？山羊回答时语气都是什么样的，嗓音又有什么不同？
　　品读它们的对话，试着演一演吧！
五、联系生活，想一想
　　三只山羊，运用了各自的方法战胜了山怪，如果你在生活中遇到了危险和困难，你会怎么做？
六、大胆想象，编一编
　　三只山羊后来怎么样了？大胆发挥你的想象，你能续编故事吗？

5. 板书设计
三只山羊嘎啦嘎啦 第一只　　最小　　吱呀 第二只　　大一点　　嘎吱 第三只　　最大　　吱——吱——嘎
6. 本教学设计与以往或其他教学设计相比的特点（300～500字）
好的绘本就是利用图画讲故事，在带领孩子阅读绘本时，我们最常用的手段就是猜猜接下来会发生什么，孩子们可能猜到99种结果，而作者呈现的却是第100种结果，绘本带给孩子的就是总能让他们眼前一亮。因此，绘本阅读的一项重要作用就是培养孩子天马行空的想象和联想能力。绘本《三只山羊嘎啦嘎啦》角色形象鲜明，色彩鲜艳，画风独特，画面直接，有简单的对话。同时，也可以选择一些画面内容能激发学生联想到画面以外的内容，且故事具有一定的哲理性和教育性。绘本看似重复的故事情节，但通过对细节的不同刻画却给读者带来不同的情感体验，在文末给读者留足了想象的空间。通过整本书的阅读，重在引导学生体会绘本的阅读方法，切实感受和体会绘本阅读所带来的乐趣，关注细节、大胆想象，激发学生对绘本阅读的浓厚兴趣，养成良好的阅读习惯

整本书阅读《我爸爸》教学设计

教学设计个人信息					
姓　　名		单　　位			
赵辉		育园小学			
整本书阅读《我爸爸》教学基本信息					
课题	我爸爸				
学科	语文	学段	低	年级	二年级
教材 　　低年级绘本阅读《我爸爸》。 　　讲述父子亲情的书籍很多，但是很少有像《我爸爸》这样的角度和方式，真正撼动心灵地描绘孩子对于爸爸的热爱和崇拜。作者是安东尼·布朗，以一个孩子的目光生动地表达了对爸爸的崇拜和赞美，故事内容很简单，却表达了"我"和爸爸的爱。这本书是可以说是作者对所有父亲的献礼，不仅是给孩子读的，也是给家长读的					
1. 指导思想与理论依据					
理论依据 　　"课标"要求，必须引导学生"乐于运用阅读和生活中学到的词语"，注意"增强学生在各种场合学语文、用语文的意识""能根据日常生活需要，运用常见的表达方式写作"。绘本独特的设计，恰好与学生的兴趣爱好相吻合。学生乐于阅读，自然与之相关的写作行为，学生接受起来也变得容易些。另外，在指导学生直接进行生活积累的同时，要引导学生注重间接的生活积累。绘本，提供了方便，让学生在广阔天地里获得自由发展。有了一定的生活储备，学生的写作也就有了丰盈的源泉					

设计理念	绘本阅读指导不能等同于绘画欣赏,尽管画面占有主体地位,文字不过300余字,但绘本仍然是一种文学读本。同时绘本阅读指导不能上成简单的语言课,要重在激发学生阅读兴趣。所以绘本的阅读应该定位在图文结合阅读欣赏,实现读读、想想、说说、写写、演演、玩玩的有趣的阅读过程。新《纲要》指出,教师要成为学习活动的支持者、合作者与引领者。活动中力求形成"合作探究式"的师生互动
	**2. 教学背景分析**
教学内容	《我爸爸》是由英国绘本大师,曾获全球儿童文学界的最高荣誉——国际安徒生大奖的安东尼·布朗所作。绘本主要以图画的形式,配以简短的话语,把一个勇敢、坚强、多才多艺又温柔的了不起的爸爸的形象展现出来。绘本突出了一个主题:爸爸虽然其貌不扬,但"我"却爱他,他也爱我。爸爸就是我心中的太阳
学生情况	由于低年级学生识字少,他们的思维还处于形象思维阶段,他们对图画的喜爱远远超过了对文字的喜爱。为了有效地调动学生浓厚的阅读兴趣,培养学生良好的阅读习惯,我便将这种贴近学生生活、符合学生年龄及思维特点的绘本作品作为低年级学生课外阅读的首选。 这节课是小学低段绘本阅读教学指导课。绘本最主要的特点就是那些充满童趣的图画,低年级的学生非常喜欢读绘本,因此在教师带领孩子一起阅读时,把图画展示给孩子看,声情并茂地讲述故事,让孩子通过阅读图画和简短的文字,感受隐藏在背后的东西,这对孩子永远有着一股无法抗拒的魔力,能够发挥学生的观察力和想象力,对语言文字的学习也有着很好的促进作用
教学方式	1. 引导学生学会分组观察、整体感知、重点回忆阅读图画书的方法,在此过程中创设情境,激发想象,从而小结出爸爸在"我"心中的形象。 2. 借助师生生动的语言描述,启迪学生想象,并能用"也""像……一样"进行语言文字训练。孩子们在老师的引领下去发现,在发现中表达。 3. 借助儿童自由创作探究,进一步丰富想象,加深对父亲的感情。引导学生感受文本:由《我爸爸》,到"我爱爸爸",最后到"爸爸爱我,我爱爸爸"的情感升华。 阅读是一辈子的事,阅读绘本所给予的不仅是视觉的享受,更多的是细节的领悟和心灵的体会,从小培养孩子的阅读兴趣
教学手段	1. 利用多媒体手段进行教学。 2. 创设情景进行教学。 3. 互动式教学。 4. 体验学习
	**3. 教学目标(含重、难点)**
教学目标	1. 知识与技能目标 ①引导学生观察绘本图片,听文和想象,发现图片中的故事,了解故事内容。 ②培养学生的观察、表达和想象能力。

2.过程与方法目标

①完成任务的过程中，通过引导、自主探究，体验读绘本的乐趣。

②在探究的过程中能够发现问题和解决问题。从绘本中学表达，学习用"……像……一样……"和"也像……一样……"的句式表达。

3.情感态度与价值观目标

①在学习中养成自主探究、发现问题解决问题的意识。

②感知父爱的温暖，体会我对爸爸深深的爱

教学重点
想象画面，体会我对爸爸的爱和爸爸对我的爱，学习句式表达
教学难点
在阅读绘本的同时学习展开丰富的想象，同时训练学生的表达能力、叙述能力和概括能力
4. 教学过程

（一）导入封面，了解作者

1.谈话：让孩子们说说自己眼中的爸爸。

2.有一位获得过安徒生绘画大奖的英国绘本作家——安东尼·布朗又是怎样描述自己的爸爸呢？现在我们就来欣赏他的绘画作品《我爸爸》。

3.引导学生认识绘本。

认识封面、封底、环衬、扉页。

这本书环衬非常特别，黄格子图案。扉页的一个面包机，烤出了一片黄格子面包，面包飞到哪儿去了呢？

（设计意图：通过认识绘本，调动学生的阅读期待；通过简介作者，拉近学生与文本的距离，产生热爱阅读的兴趣；通过设疑，激发学生的探究欲望。）

（二）走进绘本，说说爸爸

1.看第一幅图，初识爸爸。

这是什么样的爸爸？

就是这样的一个其貌不扬的爸爸，但在我眼里，他真的很棒！

（设计意图：从画面初步感知人物，引发学生进一步阅读绘本，为后文认知的反转做铺垫。）

2.第一组图，看看画面。

图一，指导读出画中画。

看到一个什么样的爸爸？

小结：爸爸什么都不怕，他就是我心目中的英雄。朗读句子。

图二，他能飞过月亮。

图三，他还敢走钢索。

图四，爸爸还敢做什么？

图五，不仅如此，在运动会比赛中，爸爸轻轻松松就跑了第一名。

小结：看到这里，你觉得我爸爸怎么样？具体说说他怎么勇敢？

（设计意图：不管是日本久负盛名的绘本阅读的推广者松居直，还是美国教育心理学家杰洛姆·布鲁纳，他们都一致认为：教师得先为儿童读故事。当教师用自己的声音、用自己的感受来讲述时，绘本所表达的快乐、喜悦和美感才会被淋漓尽致地表现出来，永远地留在学生的记忆当中。）

3. 观察第二组图，学学表述。

图一，猜猜看，画面想说什么？

图二，说说这幅图。

图三、图四，自由选择，仔细看，想说哪幅就说哪幅。

出示句子：
我爸爸吃得像马一样多。
我爸爸游得像鱼一样快。
我爸爸像大猩猩一样强壮。
他笑眯眯地像河马一样愉快。

小结：安东尼·布朗多会打比方夸爸爸啊。这就是我爸爸，有这样的爸爸，好亲切，好快乐。在我们眼里，（师生齐说）他真的真的很棒！

（设计意图：在读故事的同时，从绘本中学表达，尝试表达。当发现自己的表述和作者一样时，会是一种非常喜悦的体验。）

4. 观察第三组图，猜猜内容。

猜猜这本图画书上还会画些什么？

教师播放图，学生一边看图，教师一边读文。

爸爸做了什么傻事？

小结：这就是我爸爸，他真的真的很棒！

（设计意图：在绘本中，图画不是文字的附庸，而是故事的主角，甚至可以说是图画书的生命，所以，给学生一些时间，引导学生沉下心来读图，去猜测，去观察，去品味，去想象，去感受画面所流露的情感、所表达的意蕴，这是阅读绘本的重要环节。）

5. 观察第四组图，读读故事。

一幅幅画面里面藏着无穷奥秘，请用上眼睛、耳朵、想象，自己来读读这组故事。

引导学生进入情境，请同学们送给我爸爸一句话。

小结：这就是我爸爸，在我眼里，他千变万化无所不能。有这样的爸爸多自豪！他真的真的真的很棒！

（设计意图：绘本阅读不同于讲故事，如果仅仅是讲述，不质疑、不点拨、不指导，绘本阅读也就没有了意义。当然，绘本更不是我们的语文教材，如果一味引导学生研读绘本，这样只会拉开学生与绘本的距离。因此，绘本阅读就是要让学生自然而然地沉浸在有趣的故事中，不知不觉地感受故事中蕴含的哲理。）

(三) 构建整体，感恩爸爸

1. 总结板书。

回放第一幅图，重新认识我爸爸。

2. 哪幅图给我们留下的印象最深，仔细地品味，再让学生说一说。

3. 了解这全是作者的想象，在夸爸爸。知道作者要通过这些想象表达我爱爸爸。

4. 再回到第一幅图，原来爸爸的确很普通、平凡，但因为我们感受到的那份爱，因为这份爱，所以，爸爸在我的眼里就像太阳一样给我温暖、给我力量。

5. 引读绘本全部画面：

我爱爸爸。却猛然间发现……爸爸爱我。

6. 在安东尼·布朗十七岁那年，爸爸因病突然去世，安东尼再也不能跟爸爸说一声"我爱你"！那件黄格子睡袍成了爸爸唯一的遗物。所以它出现在每一页爸爸身上，甚至环衬和面包片上。

（设计意图：就在这不知不觉中，我们展开想象，丰富了人物的形象，丰富了绘本的语言。通过几次回看第一幅图，感知我爸爸形象，从其貌不扬的渺小——无所不能的高大——平凡朴实的真爱。）

(五)拓展延伸，描绘爸爸

1. 喜欢画画的，画出自己的爸爸。
2. 喜欢写作的，写出自己的爸爸。
3. 喜欢阅读的，阅读安东尼·布朗的作品：《我妈妈》《我哥哥》"亲情三部曲"。

（设计意图：绘本阅读的最终目的是帮助学生健康成长。孩子随着年龄的增长，对自己的亲人了解越来越多，应该让他们体会亲情，懂得感恩。）

5. 板书设计

灵活

强壮　　　　　快乐

我（心形—爱）爸爸　……

高大　　　　　幽默

6. 本教学设计与以往或其他教学设计相比的特点（300～500字）

整个教学过程中，一张张用PPT制成的图片，用一种贯穿的方式进行有效的串联，使内容看上去很连贯。环节一步步地进行，稳步有序，总结画面时字体的变大、配乐的画面，突破了教学重难点。我创造了一个宽松自由的语言环境，师生、生生、师生与绘本之间进行互动，调动学生的各种感官去参与，既符合学生的生活经验，又活跃了课堂气氛。在整个活动中，可以明显地感觉到孩子们对于绘本阅读的喜爱。

1. 创设幽默和谐情景，发挥想象。

我和学生一起观察图画，品读文本语言，猜一猜，演一演，说一说，学生兴趣盎然，把自己当做作家，驰骋在想象的海洋之中，妙语连珠。

2. 层次回味绘本内容，情感升华。

在本活动设计中，我首先通过封面观察爸爸，了解到他其貌不扬；再通过四组图片的分段欣赏，引导学生理解绘本中爸爸的高大形象，并尝试用"像……一样"的句式说话；最后通过再看绘本，让学生理解爸爸平凡中的伟大和对自己的爱，从而萌发对自己爸爸深深的爱。

3. 细看印象深刻图画，联想画面。

布朗的图画向来喜欢暗藏玄机，借着隐藏的图像影射复杂的心理变化，图像的表现比较单纯，但却暗藏着许多有趣的细节，引发学生联想。如，藏在树林里的小红帽和三只小猪、椅子露出马脚、球形的云和树、三大男高音中的帕瓦罗蒂和多明戈……

4. 积累绘本语言范式，学以致用。

《我爸爸》绘本的语言有独到的特点。凭借这个教材，学生初步学会了如何阅读绘本，学会了用句式进行表达，这就是用教材来教"语文"，而非教内容。学生听、说、读、写、书，语文素养通过这样的一个个例子而得到提高。

5. 分层布置作业模式，拓展阅读。

多项自主作业，学生任意选择，延伸了一本书的阅读。

5.2 整本书阅读课程设计示例

教学设计个人信息	
姓　　名	单　　位
张付祥	实验二小永定分校
整本书阅读《青铜葵花》教学基本信息	

课题	"整"本书中找关联　解读人物悟主题 ——《青铜葵花》整本书阅读分享课			
学科	语文	学段	高	年级	六年级

教材　曹文轩《青铜葵花》

1. 指导思想与理论依据

理论依据

　　《语文课程标准》指出："培养学生广泛的阅读兴趣，扩大阅读面，增加阅读量，提倡少做题，多读书，好读书、读好书、读整本的书。"本着这样的理念，我们有计划地组织学生阅读"整本的书"。《青铜葵花》是曹文轩教授纯美小说的系列作品之一，比较适合小学高年级学生阅读。小说告诉孩子们如何正确对待苦难。作者笔下的苦难不是生活中的意外，而是生活中的常态；苦难不能摧毁人们的意志，反而会使人们展现人性的光辉

设计理念

　　本设计围绕作品中感人的情节，通过阅读体验交流，走进文本中的人物，引导学生与文本对话，与作者对话，引导学生正确对待痛苦与挫折，正确面对人生，热爱生活，享受生活

2. 教学背景分析

教学内容

　　《青铜葵花》是一部优美而高贵的儿童文学作品，作者曹文轩对儿童文学作品的价值有深刻的体认，更有自觉的追求。他认为孩子是民族的未来，儿童文学作家是民族未来性格的塑造者。儿童文学作家应当有这一庄严而神圣的使命感。每个时代的人，都有每个时代的痛苦，痛苦不是今天的少年才有的。少年时，就有一种对痛苦的风度，长大时才可能是一个强者。所以《青铜葵花》始终与苦难纠缠着，城里孤女葵花遇上乡村哑巴男孩青铜一家后，灾难依旧不断：水灾、蝗灾、病魔，但他们坚韧、从容、淡定地一点点熬过，经过，走过，一家人温和、温暖、温馨地相依相靠。正因为背后有极致的大美和充满生机的至爱支撑，所以，苦难是可以吞咽的良药，是可以忍受的生活状态。并且，能在苦难中开出花，闪出光，照亮书里书外所有人必经的坎坷人生路

学生情况

　　在上这节课之前，学生们用自己的方式、以自己的理解读过这本书，教师辅以导读单促进学生阅读。而我所要努力的，就是通过恰当的方式、适当的引领，让学生了解如何规范、深入地读好、读懂一本书，在读书中掌握"整"本书中找关联的读书方法，通过绘制人生轨迹图，关联人物与世界的对话方式等策略，逐步走进人物的内心世界，感受面对苦难时的人性之美，人与人之间的大爱。从而读到、读出自己

教学方式	
	共读　分享　交流
教学手段	
	绘制人生轨迹图　关联人物与世界的对话方式

3. 教学目标（含重、难点）

教学目标

1. 引导学生正确对待痛苦与挫折，正确面对人生，热爱生活，享受生活。
2. 通过绘制人生轨迹图，关联人物与世界的对话方式等策略，逐步走进人物的内心世界，感受面对苦难时的人性之美，人与人之间的大爱。
3. 立足整本书，关联内容，在阅读、交流中，体验阅读的快乐，培养阅读的兴趣和习惯

教学重点

通过绘制葵花人生轨迹图，关联人物与世界的对话方式等策略，逐步走进人物的内心世界，感受面对苦难时的人性之美，人与人之间的大爱

教学难点

立足整本书，关联内容，在阅读、交流中，体验阅读的快乐，培养阅读的兴趣和习惯

4. 教学过程

一、回顾通读过程，明确章节标题的作用

1. 同学们，这段日子，我们阅读了曹文轩的《青铜葵花》，让我们一起来回顾阅读的历程：（配乐小视频）

((学生一起读书的照片，一起研究的照片)学生读书照片+关键词堆砌法的照片+任务卡)

关键词堆砌法：在每一章节中学生挑选一句最核心的语句或最喜欢的语句，在句子中挑选核心词进行串联成一句话，从而形成整本书的内容概要。

2. 我们知道这本书共有9个章节，请同学们来看看这9个章节的标题，你发现了什么？

预设：1）都是三个字名词词组

2）都很有画面感

3）能够概括各章节的主要内容

4）一连串的词组又构成了一条叙事的线索

小结：目录都是一个物件，每一章都是围绕这件物品发生一个故事，这些物件串联起来组成了一条叙事的线索。读书时，我们关注书籍的目录，能够帮助我们准确地把握作品的主要内容。

这节课，我们就来关联这九个章节的内容，继续走进人物，走进他们的内心世界。

二、关联全文，深度解读人物

葵花

人生轨迹
- 三岁丧母 —— 五岁随父离城
- 七岁丧父 —— 到青铜家
- 十二岁被迫返城

（一）借助人生轨迹图，关联之中走进人物内心
1. 交流轨迹图，整体感知葵花人生经历
（1）小组交流葵花的人生轨迹图
（2）追问：大家看看葵花的人生轨迹图，你有哪些感受？
预设：可怜、不幸、经历生离死别……
2. 串联生活经历，走进人物内心世界
下面，我们一起借助文字，走进她的生活。
（1）借助文字，走进生活，感受孤独——葵花五岁随父离城
预设：第6页、第2页、34页。
小结：此时，虽然跟着爸爸一起生活，可是，
生接读：葵花很孤独，是那种一只鸟拥有万里天空而却看不见另外一只鸟的孤独。
（2）创设情境，直接感知孤独——七岁丧父
追问：七岁，她唯一的亲人——爸爸也走了，你想说什么？
孤独前加一个"更"字
是啊，失去了爸爸，失去了父爱。
生接读：葵花很孤独，是那种一只鸟拥有万里天空而却看不见另外一只鸟的孤独。
（3）对比选择，探究中感悟孤独——选择青铜一家
葵花被送到了大麦地，面对着嘎鱼一家和青铜一家，她为什么选择了青铜一家？
预设：1）比较初次见面，青铜和嘎鱼的做法。
　　　2）青铜和葵花隔着河一起玩耍，一个表演一个看，建立了感情。
　　　3）缘分：青铜像他死去的哥哥。
明确：她想要的是什么？（家的温暖，亲人的陪伴，一家人在一起的感觉）
她想要的，恰恰是她最缺少的，正是因为，
生接读：葵花很孤独，是那种一只鸟拥有万里天空而却看不见另外一只鸟的孤独。
师接着：才让她有了这样的渴望。
（4）推想生活，品悟孤独——葵花返城
过渡：然而，天不遂人愿，葵花被迫返城了，同学们，推想一下，又是怎样的生活等待着她呢？
陌生的城市、陌生的人、陌生的生活，让她的一颗刚刚温暖的心又重回孤独，也许回城后，
生接读：葵花很孤独，是那种一只鸟拥有万里天空而却看不见另外一只鸟的孤独。
（三）整体回归：
三岁丧母，五岁离城，七岁丧父，十二岁返城，我们的目光走进文字，关联文本，走进了葵花的生离死别，感受到她内心无尽的孤独。关联整本书，按照时间顺序围绕葵花3—12岁所发生的重要事件，运用图示法梳理葵花的人生轨迹，让我们走进了葵花孤独的内心世界。

青铜

（1）过渡：青铜呢？不能说话的青铜是怎样与这个世界对话的？又是怎样表达自己的喜怒哀乐的呢？请同学们结合学习单在小组内进行交流。
（2）交流体会
青铜与世界：44　　　　　——喜怒哀乐无法表达，寻找存在感——孤独
青铜与动植物：45……　⎫　内心世界很丰富，情感很细腻，无法倾诉，只能与
青铜与牛：25……　　　⎭　动物与植物与牛来交流，倾诉——孤独

青铜与父母：……生活艰辛，家庭负担重，无暇顾及——孤独
青铜与奶奶：……唯有奶奶能够懂他
所以书中这样写道：
"青铜很孤独。一只鸟独自拥有天空的孤独，一条鱼独自拥有大河的孤独，一匹马独自拥有草原的孤独。"
直到葵花的出现：（幻灯出示）
"青铜走到哪，她就跟到哪。几乎没有用什么时间，葵花就能与青铜交流一切，包括心中最细微的想法，而且这种交流如水过平地一般流畅。"
只是五年后，葵花的被迫返城，让青铜又再次陷入孤独……
（4）小结：我们通过关联青铜与这个世界的对话方式，在反复中走进了人物孤独的内心世界。

三、关联人物，建立苦难与大爱之间的联系

1.关联人物孤独的内心
青铜葵花在没有相遇前：

> 葵花很孤独，是那种一只鸟拥有万里天空而却看不见另外一只鸟的孤独。
> 青铜很孤独。一只鸟独自拥有天空的孤独，一条鱼独自拥有大河的孤独，一匹马独自拥有草原的孤独。

小结：一个无处倾诉、一个无法倾诉，一个无人能懂，一个无人关怀！
2.关联事件，感悟苦难中的大爱
（1）回顾事件：
两个孤独的心灵相遇了，在这五年间，他们彼此之间发生过哪些事，给你留下了深刻的印象？（预设：芦花鞋、纸灯笼、三月蝗……）
（2）关联三段事件中青铜做法及背景，感悟苦难中的大爱。
出示三段事件中青铜做法的文字及背景：同学们，发现了什么？
3.小结：面对苦难时人物的顽强与坚韧，彼此之间的爱与慰藉，让他们能够在苦难中顽强展现光芒的纯美与大爱，携手前行，一起面对生活中一个又一个的苦难！
4.曹文轩的写法特点：曹文轩用人性美去降格苦难，让我们不再关注苦难本身，而去关注人性美，这也正是他的创作态度！

四、情感升华，深化主题

作品写苦难——大苦难，将苦难写到深刻之处；
作品写爱——至爱，将爱写得充满生机与情意。

岁月维艰，爱弥珍贵！**大苦难中，因为有了大爱，让我们不觉苦难，只觉得温暖！**
正像曹文轩所说的：生活处处是苦难，我却只看到美！

五、推荐阅读，引发期待

曹文轩的纯美小说系列中还有很多精彩的作品，如《根鸟》《草房子》《山羊不吃天堂草》（出示书的图片）等，每一部都能震撼我们的心灵。读书是幸福的，交流是快乐的，期待下次分享课，我们继续交流，延续快乐！

附：导读单

第一章　小木船

班级：　　　姓名：

1. 读第一章的1、2小节，哪些地方体现了葵花的孤独寂寞？用圆形图进行头脑风暴。

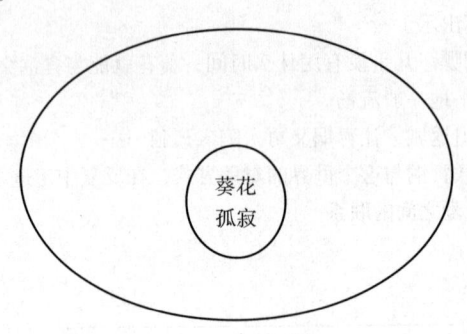

（葵花 孤寂）

2. 默读第一章的3、4小节，想一想围绕着"葵花、青铜、嘎鱼"写了哪一件事？（按照事件的起因、经过、结果进行概括）通过这件事，你对这三个人物有怎样的印象？

第二章　葵花田

班级：　　　姓名：

1. 默读书中20～25页，用复杂流程图梳理青铜变成哑巴的原因及由此带来的影响。

[青铜变成哑巴]

2. 默读25～27页，青铜葵花是怎样隔河交流的？从中你感受到了什么？

3. 你认为葵花的爸爸是个怎样的人？请说明理由。

第三章　老槐树

班级：　　　姓名：

1. 青铜是怎样表达自己的喜怒哀乐的？

2. 青铜的世界与别的孩子有什么不同？

3. 青铜是如何与奶奶交流的？

4. 青铜为了让父亲同意收养葵花，做了哪些努力？

第四章　芦花鞋

班级：　　　姓名：

1. 默读61～62页，青铜和葵花是怎样交流的？（用原文中的语句回答）

2. 默读63～68页，回答下面问题：
（1）青铜想上学吗？从哪些地方可以看出来？

（2）家里只能供一个人上学，青铜和葵花分别是怎样做的？结果怎样？从中你感受到了什么？

3. 默读79～86页，青铜为了卖出芦花鞋，做出了怎样的努力？其中最打动你的是什么？为什么？

4. 为了满足别人，青铜把脚上的芦花鞋卖了，却只要了该收的钱，这件事中你看到了一个怎样的青铜？

第五章　金茅草

班级：　　　姓名：

1. 狂风暴雨之后，青铜的家只剩断壁残垣，一家人只能住窝棚，葵花为了写作业，忍受了哪些委屈？

2. 青铜为了不让葵花受委屈，为妹妹做了十盏南瓜灯。读一读下面这段话，有什么感受，进行批注。
　　他在心里算计了一下，只要突然一下跳起来，就可将它捉住，他屏住气，在萤火虫又向他靠近了一些时，纵身一跃，双手在空中一合，将它捉住了。但，他脚下的小船被蹚开了，他跌落在了水中。他呛了两口水，却依然没有松手，从水中挣扎出来后，他合着的手掌内，那萤火虫的亮光，依然没有熄灭，像在空中飞翔时一样地亮着，亮光透过手掌，将手掌照成半透明的。
　　批注：

3. 为什么说这是大麦地最亮、最美丽的灯?

4. 默读104～106页,说说奶奶是个怎样的人?说明理由。

第六章　冰项链

班级：　　　姓名：

1. 默读117～127页,稻香渡看马戏团表演时,发生了什么事?青铜是怎样做的?

2. 默读127～139页,葵花看守茨菰田时,发生了什么事?结果怎样?

3. 默读139～147页,葵花在文艺节目中担任主持人,她都遇到了哪些困难?又是怎样解决的?

第七章　三月蝗

班级：　　　姓名：

在这一章节,嘎鱼一家和青铜一家发生了一场误会,请你用自己的话讲一讲这场误会(可以从起因、经过、结果三方面来写)。

第八章　纸灯笼

班级：　　　姓名：

1. 奶奶为什么去东海边,表面上看是去做什么?实际上奶奶去的原因是什么?

2. 奶奶去东海边都做了什么?结果怎样?

3. 奶奶病倒了,家中无钱给奶奶治病,葵花为了省钱,做了两件事?分别是什么?

第一件事:

第二件事:

通过这两件事,你觉得葵花是个怎样的孩子?

4. 在葵花去江南捡银杏时,青铜每天都做什么?从中你感受到了什么?

第九章　大草垛

班级：　　　姓名：

1. 葵花为了不回城,是怎样做的?

2. 葵花走后，青铜又有怎样的表现呢？

3. 读过全文，你最深的感受是什么？写一写吧！

5. 板书设计

《青铜葵花》阅读分享

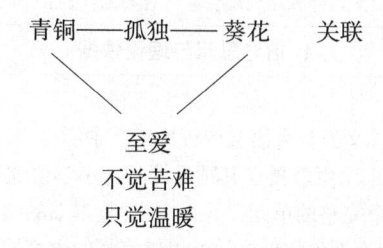

青铜——孤独——葵花　关联

至爱
不觉苦难
只觉温暖

6. 本教学设计与以往或其他教学设计相比的特点（300～500字）

在曹文轩的笔下，苦难不是生命的意外而是生命的常态。苦难并没有摧毁人，反而使他们呈现出人性的熠熠美丽光辉。在享乐主义泛滥的今天，《青铜葵花》无疑留给学生一种逆向的思考，一种面对苦难与痛苦如何正确诠释的思考。本教学设计与以往教学设计相比，特点如下：

一、回顾通读过程，明确章节标题的作用

教学时，首先通过串联全书9个小标题来概括全书主要内容的方式，理清书中的关键人物、重要线索以及双线并举的故事框架。接着仍旧以9个小标题为依托，通过梳理关键人物青铜和葵花的关系，改写目录标题，初步体会作者的写作意图。最后通过摘录书中经典句子，从句子中提取关键词，并用一段话将这些关键词连缀在一起作为对《青铜葵花》主题的理解，以此来深入体会作者营造的美好意境、感人情谊以及内在蕴含的深意。

二、关联全文，深度解读人物

整本书阅读中，关联的作用很重要，将人物置于整个故事情节中，将人物前后的变化建立联系，不断对书中的人物、情节等进行回顾、梳理，抓住细节述说生活的"困难"后，再回忆他们的"幸福"生活，从而更深入地了解人物特点，从而体会"不觉苦难只觉温暖"的深刻含义。

三、融入情感，反复朗读中深化主题

没有情感的教学是平淡乏味的教学，没有情感的教学是游离文本的教学。学生交流"困难"和"至爱"生活体会的过程中，始终贯穿着浓浓的情意。汇报中，学生们或是用低沉的诉说，或是用动人的话语，感染了在座每一个人，也将这部作品的人性之美、大爱之美推向了高潮，阅读教学真正走进了学生的精神世界。

整个交流过程中，我努力用自己优美的语言创设一个诗意的课堂，带给学生一次精神的旅行和享受，在与学生的平等对话、畅所欲言中，激发他们更大的阅读热情

整本书阅读《俗世奇人》教学设计

教学设计个人信息	
姓　　名	单　　位
郝娜	育园小学
整本书阅读《俗世奇人》教学基本信息	
课题	阅奇书探传承开启入俗探奇之旅
学科	语文	学段	第三学段	年级	五年级
教材：俗世奇人/冯骥才著　作家出版社　2008.12	

1. 指导思想与理论依据

指导思想

　　2011年，我国教育部颁布的《义务教育语文课程标准》中明确提出"读整本的书"，显然，整本书阅读已经为语文教育界所重视。王荣生教授在其精品课程《小学语文课程标准与教材研究》中将"小学生整本书阅读的指导"列为一个完整的单元，并指出："整本书的阅读以后将会成为小学语文课堂教学中的主要形态。"整本书阅读能为学生的母语学习提供完整的语言情景，使学生更好地发展语言，养成良好的阅读习惯，获得丰富广阔的体验。因此，对语文整本书阅读的研究不容忽视。

　　叶圣陶先生在1941年发表的论文《论中学国文课程标准的改订》中，明确提出"把整本书作主体，把单篇短章作辅佐"的主张。到1949年，叶老又在其制定的《中学语文科课程标准》中，把上述主张修正并发展成这样的表述："中学语文教材除单篇的文字外，兼采书本的一章一节，高中阶段兼采现代语的整本的书。"然而叶老的"读整本书"思想不是虚浮的几句"大空话"，其从理论到策略都有具体清晰的阐述。叶圣陶认为指导学生"读整本书"是实现国文教学目标的必要途径，"读整本书"有利于养成学生良好的读书习惯、发展语言、锻炼思维、丰富体验……对于整本书阅读的指导，叶老在其《略读指导举隅》一书中提出了五个方面的策略:版本指导、序目指导、参考书籍指导、阅读方法指导和问题指导，从书目的选择到评价的实施，叶老都给出了具体的阐述。叶圣陶"读整本书"思想指导下的小学整本书阅读，强调读物的自身特点，尊重学生的年龄特点，重视阅读本身的规律性，使教师在指导学生进行整本书阅读时具有系统理论和有效策略的支撑，能从学生的角度出发，以学生为本，做出科学系统的指导及评价，激发学生自主阅读的兴趣，为学生的终身学习打下基础。

　　随着课程改革的深入，课外阅读的重要性已经深入人心，引领学生阅读整本书的重要性也已经得到了人们的充分认可。《语文课程标准》中明确指出："提倡少做题，多读书，好读书，读好书，读整本的书，鼓励学生自主选择阅读材料。"引领学生读整本的书，使读书成为学生的一种自觉生活方式，已成为语文教学的一项重要任务。新课程标准对小学语文阅读教学提出的要求是："具有独立阅读的能力，学会运用多种阅读方法。有较为丰富的积累和良好的语感，注重情感体验，发展感受和理解能力。能阅读日常的书报杂志，能初步鉴赏文学作品，丰富自己的精神世界。能借助工具书阅读浅易的文言文。九年课外阅读总量应在400万字以上。"这样的阅读能力单靠课堂上几篇课文的学习与训练是远远不够的。小学生阅读能力的高低不仅会直接影响到他们对其他学科的学习，而且会进一步影响他们对于信息的理解与处理能力。我认为要在根本上实现对学生阅读能力的培养，就要将学习的知识有机、综合地运用起来，而这样阅读能力训练的最好方式就是整本书阅读

设计理念	
	十八大以来，习总书记在一系列国内外重大场合以及调研考察过程中不仅大力提倡要弘扬中华优秀传统文化，而且在各种场合的讲话中，引经据典，深入浅出地阐述中华优秀传统文化的精髓、要义，并与国内国际的政治、经济、文化、生态等发展战略紧密结合，运用于治国理政和大国外交的实践中。从习主席一系列讲话和阐述中我们可以发现，当今中国，弘扬中华优秀传统文化，不仅具有重大的理论意义，而且更具有重大的战略意义。作为小学语文教师的我们应该大力传播中华文化，让我们的传统文化传承下去是教育工作者义不容辞的职责和义务。 阅读目标确定： 1. 阅读内容要与传统文化相结合，让学生多了解中华博大精深文化。 2. 阅读所选内容必须学生喜欢，愿意主动研究，能锻炼孩子自主学习的能力和探究意识。 3. 让学生在阅读活动中不但获得书本上知识，更要让学生学会学习，学会合作，学会提问并通过多种手段得到丰富的知识，获得学习知识的技能
2. 教学背景分析	
教学内容	《刷子李》是一篇小说，也是五年级下册第七单元的一篇略读课文。这篇课文通俗易懂，语言有地方色彩，突出了人物性格，以这一课当作引领课，拓展阅读冯骥才所写的《俗世奇人》一书，开展丰富多彩的语文实践活动，了解天津传统文化、语言特点、手艺人的传承，感受他们做事有态度才能有实力，有实力所以受尊重，在阅读中让学生感受百年前天津卫的奇人、奇艺、奇志、奇事
学生情况	《俗世奇人》是著名作家冯骥才创作的同名小说集。全书大约4万字，由18个短篇小说连缀构成，各篇文字极精炼，半文半白，带有"三言两拍"的笔意，作品的风格也接近古典传奇色彩，取话本文学旨趣。书中所讲之事，又多以清末民初天津卫市井生活为背景，每篇专讲一个传奇人物生平事迹，素材均收集于长期流传津门的民间传说，人物之奇特闻所未闻，故事之精妙叹为观止。对于五年级学生来说，短时间内通读一遍本书是很简单的事。学生读过书后，对刷子李、苏七块、龙袍郑、泥人张、狗不理、张大力等几个故事最感兴趣，口头交流后发现学生觉得这本书中他们最奇，有孩子们想不明白或感到有趣的吸引人的内容。利用周末时间让孩子们初步去思考：如果让你来介绍书中的人物，你要怎样介绍？要求学生用文字的形式记录他们的想法。 初次让学生尝试找出研究点的结果是：学生不明所以，不知道该干什么。本班共34名学生，在学生所写内容中有两人提出自己心中的困惑，如：泥人张为什么能在袖子里捏泥人还捏得活灵活现，栩栩如生？苏七块为什么一定要收七块银元？他们提出的问题在文中找到了简单的答案，没有深入思考为什么是这样的结果。展示型学生有两组，分别想以相声和吆喝叫卖的形式展示他们的研究，相声组已写出了稿子，吆喝组只有想法没写做法。写读后感的有14人，能联系实际写出他们的观点。照抄故事12人，感受少。写剧本的有2人，想把张大力的故事改变，但是没写出剧本。 对本班学生的初次阅读研究成果进行分析发现：学生不懂什么是阅读研究，只把这件事当作是作业来完成，没有自己的思考，更谈不上有研究方向和研究方法
教学方式	自主探究式　　小组合作式　　全班讨论式
教学手段	学生自主初读个性交流 师生共同品读探究交流

整本书导读引发思考
小组合作确立深入阅读方向
3. 教学目标（含重、难点）
教学目标： 1. 通过师生共读、小组合作交流引导学生深入阅读，帮助学生明确整本书阅读的方法。 2. 通过深入阅读，帮助学生掌握有序阅读整本书的方法和发现不同作者撰写书籍有不同的编写特色。 3. 通过教师引导学生观察目录页为例，帮助学生发现《俗世奇人》独具匠心之处
教学重点： 通过师生同读一本书帮助学生再次明确整本书阅读的方法
教学难点： 通过读书交流活动帮助学生发现《俗世奇人》与其他书籍的不同之处
4. 教学过程

一、交流所知　引发回忆

　　1. 全班交流：同学们都读过《俗世奇人》这本书了，谁来说说你读了这本书的想法？

　　生：说看了这本书的想法。

　　【设计意图】

　　了解学生的已有认知（学生感兴趣的故事，感兴趣的人物），激发学生交流的兴趣，回忆书中所写内容。

　　2. 师生交流：你对作者起的这个书名有什么看法？

　　生：俗世，就是平凡的世界；奇人，有特点的人。

　　小结：《俗世奇人》是著名作家冯骥才创作的同名小说集，全书由18个短篇小说连缀构成，各篇文字极精短，半文半白，作品的风格也接近古典传奇色彩，取话本文学旨趣。书中所讲之事，又多以清末天津市井生活为背景，每篇专讲一个传奇人物生平事迹，素材均收集于长期流传津门的民间传说，故事生动有趣，惟妙惟肖，使人物跃然纸上，令人赞叹不已。

　　【设计意图】

　　帮助了解学生全面了解这本书的作者、作品和写作背景，揣摩作者的创作意图等。

　　过渡：大家对这本书的内容了解很多，可是我猜大家还是有没关注的细节，咱们一起来看一看？

二、教师引导　明确方法

　　1. 看图片（目录页）问：大家看看这张目录与我们平时所看的图书有什么不同？

　　生说发现。

　　生1：目录竖着写。（问：为什么这样写？）

　　生2：数字用的是大写数字。（问：为什么这样写？）

　　生3：没有序号。

　　生4：没有标点符号。

　　小结：都是中国古文书籍目录的特点，传承书籍排版文化，见识古老的版本样式。

　　【设计意图】

　　通过看目录页感受作家在书籍设计排版上的与众不同之处，帮助学生感受作家创作中形式上的独特之处。

2. 小组合作交流：找一找本书中与其他书籍的不同之处。
生1：全书由黑白两色书写，绘图。（问：你觉得为什么作者只用黑白二色印刷整本书？）
生2：插画有时代特色（选自《醒俗画报》）（看书138页有关《醒俗画报》的内容）。
生3：书名用毛笔和宋体书写两次，毛笔字旁边有作家所盖的印章。
生4：语言方面，在题外话中作者的话。
生5：有题外话。
师：相机指导学生提到的相关知识。让学生关注本书中18个故事之外的内容。
小结：这样独具匠心的一本书大家只关注了故事情节，太可惜啦，孩子们呀，好好学本事吧。
【设计意图】
学生自主交流找到的本书设计上独具匠心之处，感受作者所传达的百年前的天津文化特色、创作意图、创作过程和成就。

3. 一起欣赏书中的一个故事：《泥人张》
1）一起看看这张图说的是什么故事？
学生看图，猜故事：《泥人张》。
2）你是从哪看出是《泥人张》这个故事的？
生：说看图的感受。
3）学生复述故事情节，说一说泥人张奇在何处？
生：手艺奇、做法奇等。

小结：PPT出示。
俗世奇人，不只是手艺奇，行事更是与众不同，机智巧妙，希望大家到书中寻找这些奇人的与众不同之处。
【设计意图】
通过一起交流一个故事，帮助学生梳理看单个故事的方法，明白读书的目标不只是了解故事情节，更要了解人物与众不同之处，关注人物性格特点、处事风格等。

三、总结提升　激趣阅读
师总结：张大力，泥人张，黑头有的是天生的奇，他们这些奇人、奇事、奇艺、奇志……只要是空前绝后的都是奇的，都可以写一写。一部《俗世奇人》，正是天津卫整个社会的缩影：三教九流纷纷登场，真善美、假恶丑一齐上演，这就是社会，这就是生活，这就是人性，这更是文学。就让我们一起再次走进《俗世奇人》开启入俗探奇之旅！
还是刷子李那句话：好好学本事吧！

5. 板书设计
俗世奇人 冯骥才 奇人　奇事　奇艺　奇志 奇书
6. 本教学设计与以往或其他教学设计相比的特点（300～500字）
1. 课内外阅读相结合 　　以语文书中的一篇课文为起点，带领学生认识一位作家，一部作品，使学生更完整地了解一位作家的创作意图、创作风格、创作过程和成就。 　　《刷子李》是五年级下册第七单元的一篇略读课文。选自冯骥才所写的《俗世奇人》一书，作家冯骥才的多部作品收入到九年义务教育语文教材中，我们在教学中有必要帮助学生全面"立体"地认识这位作家，为今后阅读他的更多作品打好基础，而不是简单地知道作家的生平及代表作品。 　　2. 激发学生阅读兴趣 　　本书写了百年前天津卫的风土人情，有助于学生了解天津传统文化、语言特点、手艺人的传承，本书注意选取新颖的视角，用多变的艺术手法，细致深入的描写，开掘生活的底蕴，咀嚼人生的回味。故事短小，情节生动，孩子们阅读起来没有负担，随时读随时都会有新的收获，新奇的体验，作家的津味特色语言的运用增大了学生的想象空间，增加了阅读的兴趣，交流的话题，使学生对本书爱不释手，反复咀嚼。 　　3. 弘扬优秀传统文化 　　由于时代的变迁，科技的发展，曾经在大街小巷上随处可见的手艺人越来越少，对于学生而言只能在一些影视作品中看到一些，书籍中专门为手艺人著书立说的也不在多数，《俗世奇人》就是此类作品中很适合小学生阅读的作品之一，书中展示的百年前天津卫各行各业的奇人妙法，让学生对天津文化产生了了解的兴趣，由此在教师的帮助下可以开展一系列的语文实践活动，可以专门研究津门文化，也可京津对比，更多地认识北京传统文化，感受京津地区文化特色，产生自豪感

整本书阅读《查理和巧克力工厂》教学设计

教学设计个人信息					
姓　　名			单　　位		
熊建丽			门头沟区大峪一小		
整本书阅读《查理和巧克力工厂》教学基本信息					
课题			《查理和巧克力工厂》导读课		
学科	语文	学段	中	年级	四年级
教材 小学语文人教版四年级上册					

	**1. 指导思想与理论依据**
理论依据	
	新课标指出："要重视培养学生广泛的阅读兴趣，扩大阅读面，增加阅读量，提高阅读品味。"因此，随着学生年龄的增长，整本书阅读是十分必要的。学生可以在阅读中感受形象、体验情感、品味语言，以此提升阅读能力、审美情趣、语言品味以及思维水平，整体推进语文学科核心素养的发展
设计理念	
	培养孩子学习阅读一本厚书的方法，激发孩子的阅读兴趣。作为孩子阅读的同行者，教师通过引领读书中的情节，带领孩子走进故事，共同体验读书的快乐。制造悬念，充分想象，感受作品的独特魅力；大胆猜想，引发期待，引导学生深入读书、用心思考
	**2. 教学背景分析**
教学内容	
	《查理与巧克力工厂》是挪威籍英国杰出儿童文学作家罗尔德达尔的著名作品，讲述了小查理在其小镇上的全世界最大的巧克力工厂中奇遇的故事。在这本书中引人入胜的不仅有奇妙的故事情节，还有漫画型的人物构造和夸张、生动的语言，让人一读就爱不释手。 　　对儿童读者而言，这还是一部优秀的道德教育教材，通过塑造五类不同的人物形象，揭示了儿童文学对儿童读者发挥教化功能的内在机制，有利于儿童理性的成熟
学生情况	
	现如今，"学生的阅读现状呈现散点式、碎片化、拼接型"。在日常的语文教学中，学生习惯了单篇课文的学习形式；在生活的网络环境下，学生习惯了微信、微博等碎片化、拼接型的阅读方式。因此，在这样的环境下，学生的阅读习惯不利于培养。学生虽然知道读书的重要性，但学生没有毅力看下去整本书，也没有方法去读整本书。 　　对于四年级的学生，如果想让学生喜爱阅读，让读书成为生活的一部分，就需要让孩子有读书的兴趣。于是，在对学生现阶段喜爱的书籍进行调查分析之后，我发现中年级的学生喜欢探险类等节奏欢快的故事书。可是，学生喜爱的书有趣，但不都是有营养的书，可见四年级的学生需要在选书环节有所引导，需要教师为学生们推荐有意思并且有意义的书籍
教学方式	
	运用谈论法、猜测法，通过师生、生生多重对话，激发学生的阅读兴趣，传授学生阅读方法
教学手段	
	适时适度运用演示文稿，配以有关书的视频、图片、文字信息，增强趣味性，丰富学生的阅读体验
	**3. 教学目标（含重、难点）**
教学目标	
	1. 通过猜测工厂与金奖券，激发学生阅读《查理与巧克力工厂》的兴趣。 　　2. 让学生学习猜测阅读的读书方法，乐于讨论，与他人分享阅读感受。 　　3. 通过插图以及对书中部分精彩片段的阅读，感受书中夸张的人物形象与生动的语言魅力
教学重点	
	1. 通过猜测工厂与金奖券，激发学生阅读《查理与巧克力工厂》的兴趣。 　　2. 让学生学习猜测阅读的读书方法，乐于讨论，与他人分享阅读感受

教学难点
通过插图以及对书中部分精彩片段的阅读，感受书中夸张的人物形象与生动的语言魅力
4. 教学过程

一、猜测工厂之谜，激发兴趣

（一）创设情境，猜测工厂之谜

导语：今天我们一起走进一个有趣的童话故事《查理与巧克力工厂》。

你从封面得到了哪些信息？（出示）

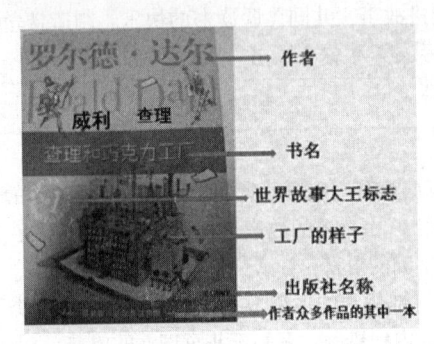

说说这个巧克力工厂是什么样的？

学生自由想象。

（二）引发期待，激发阅读兴趣

过渡：我们看看书上是怎么说的。指名读。

教师引：我们一起走进这个巧克力工厂。

二、猜测奖券之源，结识人物

（一）联系插图，认识五个人物

1. 出示巧克力工厂老板——旺卡先生在报纸上登出的告示，学生猜测怎么才能进去。

告　示

　　我，威利·旺卡已决定允许五个孩子于今年参观我的工厂，这五位幸运儿将由我亲自陪同参观我的工厂，我将让他们看到工厂里的一切奥秘。参观结束以后，他们将得到一件特殊的礼物，那就是终生享用巧克力和糖果！已经用金纸印制了五张金参观券，这五张金参观券就分别藏在五块普通巧克力的包装纸下面，只有那五位找到金参观券的人才有资格参观我的工厂并能看见那里的一切！愉快地去追寻吧！

预设：买好多好多巧克力，增加得到金奖券的概率。

2. 出示得到金奖券的五个小朋友的插图，认识五个人物。

（二）联系文本，猜测如何得到

1. 出示对五个小朋友的描写，让学生根据插图猜测是谁，并且说出原因。

查理·巴克特：一个出身贫穷的小男孩。他从不因为肚子饿而吃长辈们省给他的那份饭，他宁愿大口地闻不远处飘来的巧克力香，也不逼着大人给他买一块巧克力。

奥古斯塔斯·格鲁普：这是一个过度肥胖的小男孩，肉嘟嘟的脸上嵌着两只葡萄干似的小眼睛，一只眼睛闪烁着贪婪，另一只眼睛还是闪烁着贪婪。在别人细细品尝薄荷软糖的时候，他却抓起大把的糖豆，塞满嘴巴和口袋。他的黄金券可是一块、一块不停地吃巧克力才得到的。

维鲁卡·索尔特：她喜欢用一哭二闹三打滚的方式要挟父母，家底丰厚的父亲每次都能满足她的愿望。父亲手下的所有女工在剥了三天的巧克力包装纸后，终于找到了黄金券。参观巧克力工厂期间，她也是什么都要——奥姆帕·洛姆帕人、糖果船、巧克力河……

维奥莉特·博雷加德：她是一个刻薄的小孩，不但嘲弄自己的妈妈，还常常将嚼过的口香糖粘在电梯按钮上，捉弄那些乘电梯的人。口香糖是她的最爱，黄金券的吸引力也只不过让她放弃了口香糖一段时间，运气不错的她在找到黄金券后又开始嚼起了口香糖。参观工厂时，她经常将口香糖吹得噼啪直响，使旺卡先生非常恼火。至于她的优点嘛，就是"专一"——一颗口香糖嚼了三个月。

迈克·蒂维：这个九岁男孩，拿到黄金券时一点不像别的孩子那么兴奋，他赶走了所有为他庆祝的人，两眼只是盯着电视机，而里面正播放匪徒互相用机枪扫射的画面，他自己身上也挂着各种类型的玩具手枪，并不时举起这支或那支枪，朝人叭叭叭地打上几枪。或许是警匪片看多了的原因，迈克异常"勇敢"。他先是胡乱操纵可以向四方移动的电梯，后来又想把自己变成世界上第一个被电视机传送出去的人。

预设1：学生可以根据形象轻松地认出肥胖的奥古斯塔斯以及迈克。

预设2：学生通过口香糖，很容易认出维奥莉特。

预设3：学生互相补充对"貂皮"的认识，从而留有维鲁卡家庭富有的印象。

预设4：学生最后会发现查理看似普通的形象下是"皮包骨头"的。

2. 去掉文本，让学生再猜猜五个小朋友分别是怎么得到金奖券的。

（1）教师指导学生根据插图形象猜测，根据前文段猜测。

（2）随学生发言，出示维鲁卡、奥古斯塔斯和查理有关得到金奖券的文中片段。

预设1：维鲁卡一看家里就很有钱，肯定买了很多很多！

教师引导：那我们来看看你猜得对不对？这是维鲁卡的爸爸接受记者采访时说的话。

出示：我的小女儿一对我说一定要得到一张金奖券，我就进城把我能买到的所有旺卡工厂出品的巧克力糖全部买了下来。我准是买了成千上万块，几十万块！

我让工厂里上百个女工坐在她们的位子上，从早到晚用最快的速度撕掉一块块巧克力糖的包糖纸。

但是三天过去了，我们还没有如愿以偿。每次我回家她就对着我尖声大叫："我的金奖券在哪里？我要我的金奖券！"她会在地板上躺上几个小时，用最吓人的样子又踢又叫，吵个没完。

唉，我就怕看到我的小女儿这么难过，于是我发誓要继续找，接着……就在第四天的晚上，我的一个女工把找到的奖券交给我，我拿了就赶回家，把它交给我的小宝贝维鲁卡。现在她又满脸笑容了。

预设2：奥古斯塔斯那么胖，肯定是吃了很多很多！

出示他妈妈的一句话，揭晓答案。

他一天吃那么多块巧克力糖，要他不找到一张根本不可能。你们要知道，吃是他的嗜好。这是他唯一的乐趣。

预设3：查理皮包骨头，不可能买好多得到的。（出示家里贫穷文段）

木屋很小，总共只有两个房间和一张床。这张床让给了四位老人家睡，因为他们又老又没有力气。

他们太穷了！他们早餐只能吃一两片面包；午餐吃土豆和卷心菜；晚餐吃卷心菜汤，这一家人虽然还不至于饿死，可每个人从早到晚，特别是小查理都有一种肚子空荡荡的感觉。

小查理只有在自己生日时，才能得到一块巧克力，他对它宝贝极了，足足可以把这块生日巧克力吃上一个多月。

预设4：猜生日时，他会幸运地得到奖券。（出示生日文段）

查理开始用手指慢慢地打开包装纸的一小角。

忽然之间，查理像是再也忍不住这样猜想下去了，把包糖纸一下子撕到半当中……在他的膝盖上落下了……一块淡棕奶油色的巧克力糖。

里面连金奖券的影子也没有。

查理抬起眼睛。床上四张慈祥的脸紧张地看着他。查理向他们微笑。接着他耸耸肩，捡起巧克力糖，把它递给他的妈妈说："吃吧，妈妈吃一口。我们把它分了吃。我要每个人都尝一尝。"

（3）讨论：你怎么看待查理呢？

预设1：贫穷，可怜，失望。

预设2：懂事、孝顺、懂得分享，知足，有着爱与希望。

预设3：查理虽然没有拥有富有的家庭，但爱他的家人。

（三）总结方法，传授阅读方法

教师传授方法：我们运用到了一种很重要的阅读本领。那就是——猜读法。看封面猜测；根据前文推测。按照自己的猜测去读，会让我们的阅读像探险一样有趣。

三、猜测情节之趣，引发思考

（一）走进工厂大门，猜测情节

过渡：总之，查理成了其中一位幸运儿，和其他孩子们一起进入了那个奇妙的巧克力工厂。刚才你们知道了外面的样子。那你们再猜猜这个工厂里面什么样呢？

学生自由想象

1. 屏显打开工厂门的视频节选，揭示工厂里的样子。

教师问：你从画面里看到什么了？那我们看看书中旺卡先生怎么介绍这里的。

2. 屏显巧克力车间的文段节选，对比感受工厂奇特。

过渡：不仅如此，这里许多有趣的车间，每个车间都在制造绝妙、好吃的东西呢！读一读！

3. 出示：书本中不同车间制造的糖果的介绍文字，展示工厂里的有趣。

4. 教师引导：你们再猜猜，他们会在工厂里，发生什么事呢？学生运用猜读法，根据前文自由猜想。

（二）走进果仁车间，谈谈感受

1. 出示书中精彩章节，品味语言魅力。

过渡：让我们一起和他们进入果仁车间看看，会发生什么呢？

2. 学生四人小组交流看完之后的感受。

3. 全班交流：可以评价人物，也可以只感受情节的有趣。

4. 教师总结引导：在我们笑过之后，书也能够带给我们思考，对我们产生影响。

四、开启读书之旅，介绍书籍

过渡：维鲁卡无法继续参观了，那你们猜猜是谁参观到了最后？学生发言。

1. 顺学生回答引发学生思考。

为什么会是查理呢？神秘的巧克力工厂内还有哪些我们意想不到的事情发生？查理走到最后是最终结果吗？还有更不可思议的结果吗？你心中的谜团要靠这本书——解开。

2. 顺学生兴趣介绍书籍。
（1）出示书籍封底获奖之多引学生惊叹。
（2）对比引出作者名声之大激发学生兴趣。
（出示罗尔德达尔图片）

无论他走到哪个国家，随便敲开一家有小孩子的屋子说："啊，我走累了，可以请我进来喝杯茶吗？"孩子们会立刻尖叫着，欢呼着迎他进门。在英国，如果您不认识他，别人就会说您无知。

达尔是一位儿童作家，在读书期间，一家巧克力工厂会寄新的巧克力产品到学校，让学生试吃来测试味道。达尔常常想自己发明一些新的巧克力，这就触发了他的灵感，写出了这本《查理和巧克力工厂》。

5. 板书设计

金奖券　　查理　　不可思议　　猜读法
　？　　　？　　　　？
　　　　　和
　　　　巧克力工厂
　　　　　　？

6. 本教学设计与以往或其他教学设计相比的特点（300～500字）

1. 引工厂创境，导读中突出一个"趣"字。

巧妙利用文本资源，借助行文开篇的故事创设情境，唤起学生的阅读期待，激发其阅读兴趣，形成"课伊始，趣亦浓"的学习氛围。课中延伸情节，再次创境，使学生在"趣"中感悟方法，体会表达效果。将书的文学性与趣味性融为一体，从而激发学生愿意阅读的兴趣。

2. 借插图文本，训练中突出一个"猜"字。

教学整本书阅读的导读课，除了达成激趣目标之外，还应有着更为重要的教学任务——即发展学生语言，传授阅读方法。本课设计有效利用文本信息，为学生搭设口语交际的平台，并借助插图、精彩文段等细化手段帮助学生运用猜读法，使其在"猜"中训练条理表达，学习阅读方法。

整本书阅读《夏洛的网》教学设计

教学设计个人信息	
姓　名	单　位
艾彦华	北京市门头沟区大峪第一小学

整本书阅读《夏洛的网》教学基本信息						
课题	创设情境　有效阅读						
学科	语文	学段	中	年级	三年级
教材	上海译文出版社《夏洛的网》						

1. 指导思想与理论依据
理论依据
1.《小学语文课程标准》提出"小学语文必须高度重视并引导学生进行课外阅读。"课外阅读是语文教学的延伸和补充，它不仅对扩大学生知识、培养阅读兴趣、养成阅读习惯、提高读写能力有着密切的关系，而且对发展思维、陶冶情操、促进志向的形成起着重要的作用。
2. 苏霍姆林斯基认为：学生到了中年级和高年级能不能顺利地学习，首先就取决于他会不会有效地阅读，在阅读的同时能否思考，在思考的同时能否阅读。因此，学生的智力发展取决于良好的阅读能力。
3. 心理学家认为小学生的心灵发展是一个由量变向质变的发展过程。而大量阅读、语言的积累则是促进质变的有效渠道。因为大量阅读扩大了信息的输入和积累，这些信息的广泛性、层次性和新颖性，促进学生人格与才华向高层次发展。再者，根据人的发展关键期论点，十三岁以前，也就是小学阶段是人的机械记忆的黄金时期。因此，我们在教学工作中，应遵循儿童心理发展规律，让学生多读多记，扩大学生的课外阅读量，丰富词汇量，为学生的终身发展做准备
设计理念
《语文课程标准》指出："要努力建设开放而有活力的语文课堂。""培养学生广泛的阅读兴趣，扩大阅读面，增加阅读量，提倡少做题，多读书，好读书，读整本书。"恰当地指导学生进行课外阅读，不仅有益于对孩子进行情感熏陶，品德塑造，更是引导孩子积累语言的最佳途径
2. 教学背景分析
教学内容
《夏洛的网》作为一部风行世界五十年的优秀儿童文学名著，为我们建构了一个温馨感人而又妙趣横生的童话故事。作品中洋溢着作品中的爱与温情。通过静心阅读，孩子们一定能深刻地感受到。所以选择了这部作品，希望通过导读不仅让孩子们学会读一本书，更重要的是在心底里留下生命、友情、关爱……
学生情况
学生们很喜欢这本书，对文章的题目特别感兴趣。学生们以往都是拿起书就读没有关注过封面、封底、作者，更没有关注过写作的背景，对整本书的阅读还缺乏方法，没有头绪，只是碎片阅读
教学方式
运用读书指导法、讨论法、体验学习教学法
教学手段
感知、聆听、观察、猜想、批注、品味
3. 教学目标（含重、难点）
教学目标
1. 渗透初步感知整本书的阅读方法——设置情境、自主阅读、阅读交流、延伸阅读。
2. 通过聆听、观察和猜想，批注、品味书中主要角色，产生美好的情感。
3. 通过猜读想象、思维导读等形式，激发阅读整本书的兴趣
教学重、难点
通过聆听、观察和猜想，批注、品味角色，产生美好的情感

4. 教学过程

一、创设情境，激趣导入

1. 有位作家曾经说过："能够从书架上找到自己喜欢的书是一件很棒的事，如果能够把自己喜欢的书介绍给别人，那更是一件幸福的事。"今天，老师要做一个幸福的人，向大家推荐一本非常精彩的童话书——夏洛的网（课件：夏洛的网）。

这本书曾被誉为是"20世纪读者最多、最受爱戴的童话作品"。

2. 小结：相信你们读过之后会激起我们每个人心中无限的爱与温情。

板书：《夏洛的网》

二、初读外观，引发期待

1. 认识封面

师：封面好似书的眼睛，所以阅读一本书，我们最初是应当从封面开始的。试着读一读封面看看有什么收获？（引导学生关注书名、作者、翻译者、出版社、插图等）

▲这本书，是排在美国最伟大的十部儿童文学名著的首位，风行世界五十年；这本书不仅写给孩子，大人们也爱看，这本书，是谁写的呢？

▲介绍作者怀特。

▲任溶溶先生翻译的这个版本的《夏洛的网》，自2004年5月在我国第一次出版之后，反响极其强烈，至2008年4月已是第18次印刷，印数高达四十七万六千三百多册。可见这是一本深受读者喜爱的好书呀！

2. 学读《人"物"表》

师：老师刚开始读这本书的时候记不清里面的人物，总感觉他们的名字很绕口，请同学们帮我读一读（出示人物表）。

▲请你来看看这张人物表，看谁眼睛最尖还能发现其他的秘密。(学生找，指出：有三个人物是用黑色加粗的。）作者为什么要加粗呢？（因为这三个是最主要的人物）

▲读一读人物的名字，并联系封面，认识主人公。（现在我们知道了小女孩叫弗恩、小猪叫威尔伯、蜘蛛叫夏洛）【板书：弗恩、威尔伯、夏洛】

小结：我们在读一些作品时，如果作品有人物表，我们可以读一读，这样就能帮助我们更好地了解作品中有哪些主要角色。

3. 了解目录

师：目录是书本内容的高度浓缩，相当于文章的小题目，通过看目录，就能读懂一本书的主要内容，看着这本书的目录，说一说它一共由哪些小故事组成？（引导学生关注22个小标题）

师小结读书方法：刚才我们通过关注书的封面、作者、人物表和目录等略读的方法，对这本书有了一个大致的了解，接下来我们一同走进书的内容，去感受一下整本书的魅力。【板书：略读】

三、走进作品，感知角色

（一）走近弗恩

▲出示插图一（夺斧）要想知道这本书的内容，还得从这幅插图说起——猜猜看，这幅图后面隐藏着一个什么故事？【板书：猜想】

生：根据图意猜故事。

师：是不是这样呢？（出示P3页文字，学生阅读）

▲出示插图二（喂奶、散步）片段链接：弗恩坐在厨房……有时候，在散步……

生：看插图读语段，感受弗恩的善良与爱心。

师：看了这两个温馨的画面，假如你就是这只因祸得福的威尔伯，此时你最想说什么？【板书：想象】

师：读到这里，你觉得弗恩是个什么样的孩子？

▲出示图10：多温馨的场面啊！你听到了弗恩在对威尔伯说什么吗？（生想象）

师：弗恩爱威尔伯胜过一切。这是一个苹果花开的季节，天气越来越暖和，小猪威尔伯长到快两个礼拜了，它被安置在苹果树下，你们看，苹果树下有小猪威尔伯舒服的木箱猪栏。读书P11（出示图12）

师：读到这儿，老师不禁想问问你们，如果你就是小猪威尔伯，你感觉生活如何？

（二）走进威尔伯

1. 要是日子都能这样过下去该有多好呀！可惜，快乐的时光总是那么短暂。（图13）
2. 出示图14：就这样，威尔伯来到了新家。
3. 威尔伯来到新家以后，感觉如何？
4. 是的，老师也感受到了小猪的不快乐，如果你就是威尔伯，你会怎么说这段话呢？
5. 那我们怎么帮助小猪呢？
6. 出示图19：经历这一次不成功的逃跑之后，小猪威尔伯陷入了危机。

（三）走近夏洛

1. 略读故事，初步感知

过渡：快乐的时光总是短暂的，两个月大的威尔伯，被迫送到了朱克曼家的谷仓，在这里小猪威尔伯和蜘蛛夏洛建立了真挚的友谊，它们在这谷仓中生活的非常满足，然而，一个坏消息从此打破了谷仓的平静。

师：接下来我们用略读的方法去阅读第七章——坏消息，看看到底是什么样的坏消息，听到这个消息后威尔伯的反应是什么？

生边读边思考：听到这个消息后威尔伯的反应是什么？

师指导：不动笔墨不读书，读书要做记号，要及时地写下自己的感受。这就是批注阅读。【板书：批注】

师：指明读，生概述消息的内容"威尔伯即将面临被杀后做成熏肉火腿的悲惨命运。"

2. 精读片段，品味语言。

过渡：让我们再次读一读威尔伯的语言描写，说一说你是从哪儿读出威尔伯的紧张、伤心、害怕的？【板书：精读】

课件出示：威尔伯和夏洛的对话"别说了……不过我要救你的……"。

师：你有过害怕（焦急、伤心）的时候吗？把你的体会送到句子中，品味着读一读，让我们听到威尔伯的害怕（焦急、伤心）好吗？【板书：品味】

生：边读边品味威尔伯的语言，进行角色体验。

师：用同样的方法，读一读夏洛对威尔伯说的话，说说你从中体会到了什么？由此可以看出夏洛是一只怎样的蜘蛛？（有爱心、看重友情……）

生：边读边品味夏洛语言，进行角色体验。

四、巧设悬念，延伸阅读

过渡：是啊，听到这么糟糕的消息，夏洛也很伤心，它不愿看到威尔伯失去生命，于是它非常坚定地说："这得走着瞧，不过我是要救你的……"那么，夏洛为什么要救威尔伯？让我们一起来听一听夏洛的心声。

课件出示："你为什么要为我做这一切呢？"威尔伯问道，"我不配。我没有为你做过任何事情。""你一直是我的朋友，"夏洛回答说，"这件事本身就是一件了不起的事。我为你织网，因为我喜欢你。再说，生命到底是什么啊？我们出生，我们活上一阵子，我们死去。一只蜘蛛，一生之中只忙着捕捉和吃苍蝇是毫无意义的，通过帮助你，也许可以提升一点我生命的价值。谁都知道人活着该做一点有意义的事情。"

师：从夏洛的话语中你能知道它救威尔伯的原因吗？它是怎样想的？

生："喜欢你所以就得帮助你；帮助了你，我的生命或许就会多些意义"。

师：夏洛做了什么有意义的事？

生：用自己的智慧和生命挽救了朋友的性命。

小结："一只蜘蛛，一生只忙着捕捉和吃苍蝇是毫无意义的，通过帮助你，也许可以提升一点我生命的价值。谁都知道人活着该做一点有意义的事情。"多么富有哲理的语言，一只弱小的蜘蛛尚且具有如此高尚的人生观，何况我们人呢？让我们来齐读这句话，把这句话摘抄下来，牢牢地记住它！

要救威尔伯可不是一件容易的事。夏洛到底通过什么方法改变了人的意愿，拯救了威尔伯的性命？我相信大家肯定很期待，那么课后赶快去阅读吧！

小结：通过这节课，老师想告诉大家，读任何一本书了解故事不是目的，而通过阅读来启迪思想，陶冶情操，获取心灵的感悟才是最重要的！让我们记住今天收获的读书方法，相信大家在今后的阅读之路上一定会收获更多！

五、思维导图，深化主题

1. 读完这本书，你们能不能利用思维导图把这本书进行梳理呢？

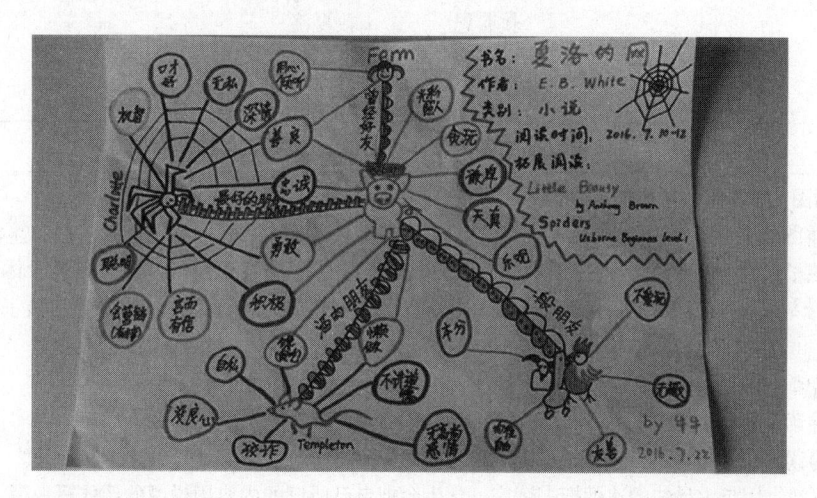

师：请大家看看这位同学制作的思维导图，这只是他绘制的。我相信经过你们对故事的理解，对人物的感受，一定在自己心中也有自己的独特阅读感受。

★梳理框架结构

★设计思维导图

★推荐介绍人选

2. 展示小组合作成果。

六、课堂评价，巩固延伸

（一）选择

1. 小猪威尔伯从小被（　　）抚养。
   A. 艾弗里　　　　B. 弗恩　　　　C. 阿拉布尔　　　　D. 勒维
2. 夏洛第三次为威尔伯织的字是（　　）。
   A. 了不起　　　　B. 天下无敌　　　C. 光彩照人　　　　D. 天下第一
3. 夏洛的后代有三个留下来陪威尔伯，他们是：（　　）、阿拉妮、内莉。
   A. 乐观　　　　　B. 谦卑　　　　　C. 快乐　　　　　　D. 开心
4. 夏洛的卵袋里有（　　）个卵。
   A. 三百五十个　　B. 七百二十个　　C. 五百四十个　　　D. 五百一十四个
5. 在威尔伯几乎绝望时，夏洛对他说（　　）。
   A. "我救你"　　　B. "我帮你"　　　C. "我答应你"　　　D. "别害怕"

（二）讨论

威尔伯应该感谢谁？——结合文章内容进行讨论。

---

5. 板书设计

夏洛的网

救弗恩　　　救夏洛

略读：猜想　　想象

精读：批注　　品味

---

6. 本教学设计与以往或其他教学设计相比的特点（300～500字）

一、导读插图，激发阅读期待

通过插图的使用。整本书的故事梗概被勾勒出来，书中的重要人物——威尔伯和夏洛也呼之欲出。再让孩子们看封面和书名，孩子们恍然大悟。为下一步感知故事情节、走进角色、体会角色奠定了基础。"读插图——读人物——读目录——读细节"这一环节的进行，我仿佛看到了孩子们激动兴奋的神情。

二、自读增值，实现文本对话

如果导读是阅读的序曲，那么自读就是阅读的主旋律了。

第一遍读属于基础性的浅阅读——基于学生关注故事情节的阅读心理，先让学生速读，不带任何问题全身心沉浸，用自由最快的速度把书读完，学生会把自己所读的内容用说说的形式写一写，记一记。

第二遍读进行赏析性的深层阅读——提出书中的一些重要话题，带着思考进行阅读。实践证明，读书伴随思考，伴随动笔，一是推动全体学生投入到书本中，二是让学生将读书时的发现记录下来。能让学生的思维更加清晰深刻。

三、碰撞交流，分享阅读成果

1. 整体把握，巧妙设置话题

结合主题"威尔伯应该感谢谁？"这一话题进行讨论。引导学生各抒己见，达到个性赏析的目的。

2. 引发冲突，激起思维火花

话题的设计要善于抓住文本中的冲突点，将学生置身于矛盾冲突中，让学生在思考中领悟，在思辨中明晰。

3. 关注细节，品悟语言文字

　　细节描写既能塑造人物形象，又是学生学习语言的典范。关注略读和精读的区别，引导学生深入到语言层面体会语言表达的特色，文字背后蕴含的情感。

4. 深层领悟，反观自我生活

　　对整本书的阅读还要引导学生到书本中寻找自我。通过话题引导学生思考和联系自己的现实生活，感悟书籍对我们的生活是大有影响和教益的。

　　阅读整本书是一个复杂且艰难的过程，需要我们语文老师的管理和引领，重心下移，结构开放，让阅读的种子在孩子们的心中生根、发芽，用我们的努力与实践让整本书的阅读丰厚起来

5.3　阅读及戏剧通融课程设计示例

阅读与戏剧融通教学设计《茶馆》

教学设计个人信息					
姓　　名			单　　位		
高冰倩			北京八中京西校区		
阅读与戏剧融通教学设计《茶馆》教学基本信息					
课题	从"莫谈国事"说起——《茶馆》第一幕				
学科	语文	学段	高二上	年级	高二
教材：北京版必修（四）第二单元第5课《茶馆（节选）》					
1. 指导思想与理论依据					
理论依据 　　《普通高中语文学科课程标准（2017年版）》课程目标指出：学生通过阅读与鉴赏、表达与交流、梳理与探究等语文学习活动，在语言建构与运用、思维发展与提升、审美鉴赏与创造、文化传承与理解几个方面都获得进一步发展，坚定文化自信，自觉弘扬社会主义核心价值观，树立积极向上的人生理想，为全面发展和终身发展奠定基础。 　　具体来说，在语言表达与交流方面要求学生能将具体的语言文字作品置于特定的交际情境和历史文化情境中理解、分析和评价。 　　在增强形象思维能力方面要求学生获得对语言和文学形象的直觉体验；在阅读与鉴赏、表达与交流、梳理与探究活动中运用联想和想象，丰富自己对现实生活和文学形象的感受与理解，丰富自己的经验与表达。 　　在发展逻辑思维方面，要求能够辨识、分析、比较、归纳和概括基本的文学现象，并能有理有据地表达自己的观点和阐述自己的发现。 　　在鉴赏文学作品方面，引导学生感受和体验文学作品的语言、形象和情感之美，能欣赏、鉴别和评价不同时代、不同风格的作品，具有正确的价值观、高尚的审美情趣和审美品位。 　　在美的表达和创造方面，要求学生能运用祖国语言文字表达自己的审美体验，表达自己的情感、态度和观念，表现和创造自己心中的美好形象；探究语言文字表达的效果及美感。					

基于以上课程目标的具体要求,进行了本次读演结合的戏剧教学设计:从"莫谈国事"说起——《茶馆》第一幕

设计理念

1. 坚持立德树人,充分发挥语文课程的育人功能。通过戏剧阅读体会作者老舍满怀正义感和爱国主义热情的赤诚之心。

2. 以核心素养为本。让学生在语言建构与运用、思维发展与提升、审美鉴赏与创造、文化传承与理解等四个方面有进一步的发展。

3. 加强实践性,培养学生的语言文字运用能力。语文课程是一门实践性课程。本次教学设计中的学生活动(戏剧人物分类、戏剧片段表演),充分体现了语文课程的实践性

2. 教学背景分析

教学内容

(一)《茶馆》的文学价值

话剧《茶馆》不是要讲述某个具体故事,而是展现了三个历史时期所代表的中国半殖民地半封建社会的社会现状,用老舍的话来说,就是要"葬送三个时代"。《茶馆》的创作宗旨就在这里。一向不熟悉政治斗争的老舍采用避生就熟的写作办法,用他了如指掌的社会文化变迁来折射社会的政治变迁。《茶馆》对旧时代大众精神危机的刻画主要借助于剧中的三个关键人物——王利发、秦仲义和常四爷来完成的。老舍通过对三个善良、质朴、正直人物命运悲剧的凭吊,痛诉了那个时代的怪异和丑陋。

(二)本节课教学内容

本节课选取《茶馆》的第一幕为阅读文本,从茶馆中随处可见的"莫谈国事"说起,探究两个问题"国家怎么了""为什么莫谈国事"。通过研读人物对话,把握主要戏剧冲突,人要活下去,然而时代要毁灭,进而得出《茶馆》的主旨:葬送旧时代

学生情况

(一)戏剧教学的学情基础

学生在北京版必修(二)教材的学习中,了解了戏曲和元杂剧的知识,品读过经典名篇《感天动地窦娥冤》和《牡丹亭》。对于戏剧中的话剧,绝大多数学生观看过话剧表演,有部分同学参加过话剧表演。但无论是观看还是表演,对于话剧鉴赏,绝大多数学生的水平还停留在浅层次。学生普遍对戏剧单元的学习抱有极大兴趣。

(二)本节课教学的学情基础

在探究《茶馆》第一幕前,学生已经观看了《茶馆》的全剧视频。不少学生在观看后存在这样的疑惑:这样一部人物杂陈、故事琐碎的戏剧到底要告诉读者什么?学生大多只能抓住几个主要人物的悲惨命运,成碎片化、浅表化的解读,不能将其进行整合来把握戏剧的主要冲突,即戏剧反映的不是正与邪的冲突,而是人与旧时代的冲突。所以如何帮助学生解读戏剧的主旨,如何整合戏剧冲突成为此次教学设计解决的主要问题。

本次教学设计从"莫谈国事"说起,整合茶馆内发生的主要人物冲突,以"莫谈国事"的原因探究结束,得出戏剧的主要冲突是人与旧时代的冲突,进而得出戏剧的主旨:人要生存下去,必须要打破旧时代

教学方式

(一)戏剧教学策略

戏剧教学的整体策略:立足人物对话,分析人物形象,梳理戏剧情节,把握戏剧冲突。

（二）本节课的教学方式
  1. 教法：采用问题探究法引导学生由浅入深一步步探究《茶馆》主旨。
  2. 学法：通过文本细读、戏剧表演、小组讨论等多种形式，激发学生学习戏剧的兴趣，引导学生深度参与课堂

教学手段
  多媒体演示

3. 教学目标（含重、难点）

教学目标
  语言建构与运用：反复诵读人物对话，体会戏剧语言的"话中话"。
  思维发展与提升：能够通过把握人物冲突解读时代信息。
  审美鉴赏与创造：能够通过细读文本，揣摩人物心理，激发想象与创造，进行戏剧表演，体会戏剧中的人物丰富的情感与思想，体验戏剧的魅力。
  文化传承与理解：在京味儿语言中体会和感知北京文化

教学重点
  1. 通过表演戏剧片段，品读人物对话，理解人物心理。
  2. 从诸多矛盾冲突中解读时代信息，探究主旨

教学难点
  1. 深入理解和思考"莫谈国事"。
  2. 学习戏剧鉴赏的方法

4. 教学过程

一、今昔对比，品茶馆环境
  说起茶馆，在我们的认知中，它是休闲娱乐、自由舒适的一方天地，如同随处可见的咖啡馆等。身处茶馆，身体是放松的，内心是愉悦的。但老舍笔下的茶馆却不同，让身处其中的人们在无形之中多了一层管制和约束。这是怎样的一个茶馆呢？请一位同学为我们诵读茶馆的环境描写部分。
  诵读后思考：这是怎样的一个茶馆？
  这是一个茶客的集散地，有事无事皆可以来，这里有奇谈，有怪论，有新闻，也有罕物。总之，这里诸事可谈，但国事莫谈。
  我们不禁眉头为之一锁，国家发生了什么？为什么到处都要贴着"莫谈国事"的纸条？带着这样的疑问，我们一起来细读文本。

二、人物分类，明矛盾主体
  课文选自《茶馆》的第一幕，曹禺先生曾称这一幕是"罕见的第一幕"，其中原因之一就在于这一幕人物是罕见的，表现在人物众多（有22个），而且人物杂陈（人物身份殊异），人物性格鲜明。接下来要做的任务是将这一幕出现的主要人物进行分类。
  将事先准备的印有人物名字的纸片贴在黑板上，让学生分小组讨论，请小组代表上台将人物进行分类，并说出分类的理由。

猖狂势力：二德子、庞太监、吴祥子、宋恩子、刘麻子、马五爷

封建遗老：松二爷、唐铁嘴

仁人志士：常四爷、秦仲义

底层人民：康六父女、乡妇母女、老人

这几类不同阶层、正邪相对的人物汇聚在茶馆这个地方，必然会发生这样那样的碰撞，使看似平静的茶馆波澜起伏，摇曳生姿。接下来让我们一起品读主要冲突，解读冲突背后所隐藏的时代信息，看看当时的国家到底怎么了。

三、读演结合，抓主要冲突

冲突一：底层人民VS猖狂恶势力

老人八十多岁流落街头，没人管，而达官贵人却为一只家鸽大动干戈。乡妇为生活所迫，要用二两银子卖掉女儿。卖女儿这类现象是个例吗？康六也在卖女儿。

分角色朗读康六卖女片段

刘麻子：说说吧，十两银子行不行？你说干脆的！我忙，没工夫专伺候你！

康六：刘爷！十五岁的大姑娘，就值十两银子吗？

刘麻子：卖到窑子去，也许多拿一两八钱的，可是你又不肯！

康六：那是我的亲女儿！我能够……

刘麻子：有女儿，你可养活不起，这怪谁呢？

康六：那不是因为乡下种地的都没法子混了吗？一家大小要是一天能吃上一顿粥，我要还想卖女儿，我就不是人！

刘麻子：那是你们乡下的事，我管不着。我受你之托，教你不吃亏，又教你女儿有个吃饱饭的地方，这还不好吗？

康六：到底给谁呢？

刘麻子：我一说，你必定从心眼里乐意！一位在宫里当差的！

康六：宫里当差的谁要个乡下丫头呢？

刘麻子：那不是你女儿的命好吗？

康六：谁呢？

刘麻子：庞总管！你也听说过庞总管吧？侍候着太后，红的不得了，连家里打醋的瓶子都是玛瑙做的！

康六：刘大爷，把女儿给太监做老婆，我怎么对得起人呢？

刘麻子：卖女儿，无论怎么卖，也对不起女儿！你糊涂！你看，姑娘一过门，吃的是珍馐美味，穿的是绫罗绸缎，这不是造化吗？怎样，摇头不算点头算，来个干脆的！

康六：自古以来，哪有……他就给十两银子？

刘麻子：找遍了你们全村儿，找得出十两银子找不出？在乡下，五斤白面就换个孩子，你不是不知道！

康六：我，唉！我得跟姑娘商量一下！

刘麻子：告诉你，过了这个村可没有这个店，耽误了事别怨我！快去快来！

康六：唉！我一会儿就回来！

刘麻子：我在这儿等着你！

读戏剧要学会读出人物语言背后的言外之意。刘麻子和康六这一段冲突的焦点主要有哪些？反映了双方何种心理？

1. 钱的问题：十两银子太少了。
2. 人的问题：卖给太监做老婆。
让学生画出康六的心理曲线，并做出描述。

康六的心理分析：康六迫于生活的无奈不得不去卖女儿，内心本来就是痛苦的，自责的。当听到刘麻子只给十两银子时，内心又是抗拒的，挣扎的。但当他知道女儿要卖给一个宫里当差的人时，心中又燃起了希望，以为女儿可以有个好归宿，谁知要卖给的是一个太监，心情一下子跌入谷底，几近崩溃。然而迫于生活的现状，康六还是一步步妥协，十两银子太少，但又无可奈何，决定和女儿商量商量。一个被逼得走投无路要卖女儿，内心充斥着痛苦以及对女儿愧疚的父亲形象跃然纸上。

刘麻子心理分析：地痞无赖，为钱不择手段，"有狠劲"。刘麻子掌握了康六卖女的主动权，软硬兼施。他转卖穷人家的女儿心狠不道德；把穷人家的女儿转卖给太监更加心狠不道德；把穷人家的女儿卖给太监，而且只给康六10两银子，自己独吞了190两，狠心无耻到了极点。

通过细读文本我们揣摩了康六和刘麻子的心理，现在带着对人物心理的分析，请剧组1出演康六卖女片段（学生组成三个戏剧小组，提前做好表演准备）

思考：这一片段反映的是底层人民和猖狂恶势力的冲突，康六卖女事件揭示了怎样的社会现象？

农民流离失所，为生存卖儿卖女——农村破产，民不聊生

太监公然买黄花闺女做媳妇儿——恶势力横行，社会畸形

冲突二：仁人志士VS猖狂恶势力

仁人志士与猖狂恶势力的碰撞：这里有秦庞斗嘴，侧面反映出保皇派与维新派的激烈斗争，伴随维新运动失败，保皇派横行国内；这里也有常四爷与二德子、马五爷的交锋，从这一冲突中我们又能解读出怎样的时代信息呢？

请剧组2出演常四爷、马五爷片段

常四爷：您喝这个！（然后，往后院看了看）

松二爷：好像又有事儿？

常四爷：反正打不起来！要真打的话，早到城外头去啦；到茶馆来干吗？

〔二德子，一位打手，恰好进来，听见了常四爷的话。〕

二德子：（凑过去）你这是对谁甩闲话呢？

常四爷：（不肯示弱）你问我哪？花钱喝茶，难道还教谁管着吗？

松二爷：（打量了二德子一番）我说这位爷，您是营里当差的吧？来，坐下喝一碗，我们也都是外场人。

二德子：你管我当差不当差呢！

常四爷：要抖威风，跟洋人干去，洋人厉害！英法联军烧了圆明园，尊家吃着官饷，可没见您去冲锋打仗！

二德子：甭说打洋人不打，我先管教管教你！（要动手）

〔别的茶客依旧进行他们自己的事。王利发急忙跑过来。〕

王利发：哥儿们，都是街面上的朋友，有话好说。德爷，您后边坐！

〔二德子不听王利发的话，一下子把一个盖碗搂下桌去，摔碎。翻手要抓常四爷的脖领。〕

常四爷：（闪过）你要怎么着？

二德子：怎么着？我碰不了洋人，还碰不了你吗？

马五爷：（并未立起）二德子，你威风啊！
二德子：（四下扫视，看到马五爷）喝，马五爷，您在这儿哪？我可眼拙，没看见您！（过去请安）
马五爷：有什么事好好地说，干吗动不动地就讲打？
二德子：嗻！您说的对！我到里头坐坐去。李三，这儿的茶钱我候啦！（往后面走去）
常四爷：（凑过来，要对马五爷发牢骚）这位爷，您圣明，您给评评理！
马五爷：（立起来）我还有事，再见！（走出去）
常四爷：（对王利发）邪！这倒是个怪人！

矛盾冲突的制造者二德子，是个什么人？（官府打手）。面对二德子的挑衅滋事，常四爷和松二爷展现了各自怎样的特点？

松二爷胆小怕事，希望尽快化解矛盾。称呼二德子（这位爷，您）

常四爷耿直正义，不畏惧二德子（"您"使用的讽刺）

二德子是一个什么样的人？

欺软怕硬的恶霸

二德子被马五爷制服了，马五爷又是谁？

吃洋教的小恶霸。马五爷不怒自威、傲慢

从以上人物冲突可以看出当时社会存在哪些问题？

松二爷怕二德子——百姓怕官

二德子狗仗人势，寻衅滋事——官府欺凌百姓

二德子怕马五爷——官怕洋人（还不仅仅是洋人，是个洋奴）

常四爷与二德子、马五爷的交锋过后，与宋恩子、吴祥子也起了冲突。

请剧组3出演常四爷、宋恩子、吴祥子片段

松二爷：咱们也该走啦吧！天不早啦！
常四爷：[嗻]！走吧！
[二灰衣人——宋恩子和吴祥子走过来。]
宋恩子：等等！
常四爷：怎么啦？
宋恩子：刚才你说"大清国要完"？
常四爷：我，我爱大清国，怕它完了！
吴祥子：（对松二爷）你听见了？他是这么说的吗？
松二爷：哥儿们，我们天天在这儿喝茶。王掌柜知道：我们都是地道老好人！
吴祥子：问你听见了没有？
松二爷：那，有话好说，二位请坐！
宋恩子：你不说，连你也锁了走！他说"大清国要完"，就是跟谭嗣同一党！
松二爷：我，我听见了，他是说……
宋恩子：（对常四爷）走！
常四爷：上哪儿？事情要交代明白了啊！
宋恩子：你还想拒捕吗？我这儿可带着"王法"呢！（掏出腰中带着的铁链子）
常四爷：告诉你们，我可是旗人！
吴祥子：旗人当汉奸，罪加一等！锁上他！
常四爷：甭锁，我跑不了！

宋恩子：量你也跑不了！（对松二爷）你也走一趟，到堂上实话实说，没你的事！

以上冲突的焦点是什么？常四爷是怎样的下场？反映了怎样的社会现象？

常四爷因为一句话"大清国要完"就被认为是谭嗣同的同伙，就要被捕。此时，宋恩子、吴祥子手中的铁链子就是王法。这反映出当时的社会钳制言论，人们没有言论自由。

小结：通过以上对两对冲突的分析，我们就解决了"国家怎么了"的问题。当时的"国事"是：农村破产，民不聊生，保皇派得势，官欺百姓，官怕洋人，钳制言论。

四、深入探究，析戏剧主旨

分析到这里，我们可以深入思考开篇我们所提出的问题——即为什么这个茶馆处处贴上了"莫谈国事"的纸条，而且贴的字也越来越大？换言之，为什么要莫谈国事？

面对这样的国家，这样的社会现状，莫谈国事显然是一种自保的行为，把自己从腐朽专制的现实中尽可能抽离出来，使自己少受伤害。自保的外衣下是一颗惊惧的心，百姓犹如惊弓之鸟，活在水深火热之中。谈了国事如何呢？常四爷一句由衷的感叹"大清国要完"就被质疑谭嗣同同党，进而被捕。所以国事莫谈，一方面保护自己，另一方面谈了国事也没有任何用处，社会不会因为百姓的谈论而发生半点改变，相反，谈了国事还可能会飞来横祸。

请继续思考，莫谈国事是为了生存下去，但这样一个时代能让人生存下去吗？

王利发悬梁自尽，常四爷落魄一生，松二爷惨遭饿死，秦二爷最终破产，好人遭了殃！刘麻子等人却在这个社会中如鱼得水，坏人猖狂得势！这样的时代是黑暗的，荒诞的，病态的。人想要千方百计地活下去，而那个时代却一步步走向毁灭。因此，《茶馆》整部戏剧的主要冲突是人与旧时代的冲突。人要想生存下去就必须打破这个时代，葬送这个时代。这就是老舍先生创作《茶馆》这部戏剧的初衷。

五、布置作业

结合本课以及对《茶馆》全剧的了解，为它设计一张宣传海报。

六、总结

戏剧的魅力是无穷的，它在有限的时间和空间中实现了内容的无限丰富与深刻。今天我们通过《茶馆》第一幕的戏剧表演以及对戏剧文本的细读，从莫谈国事切入，立足人物对话，把握戏剧冲突，目光由茶馆这个小世界走了出来，看到了茶馆外的大世界，进而解读了戏剧的主旨。这个探究学习的过程启示我们，赏析戏剧这一文体时要重点关注对话、人物、情节、冲突，其中冲突是把握戏剧主旨的关键。希望同学们能够以《茶馆》为起点，继续阅读与赏析优秀的戏剧作品，感知其无限的魅力。

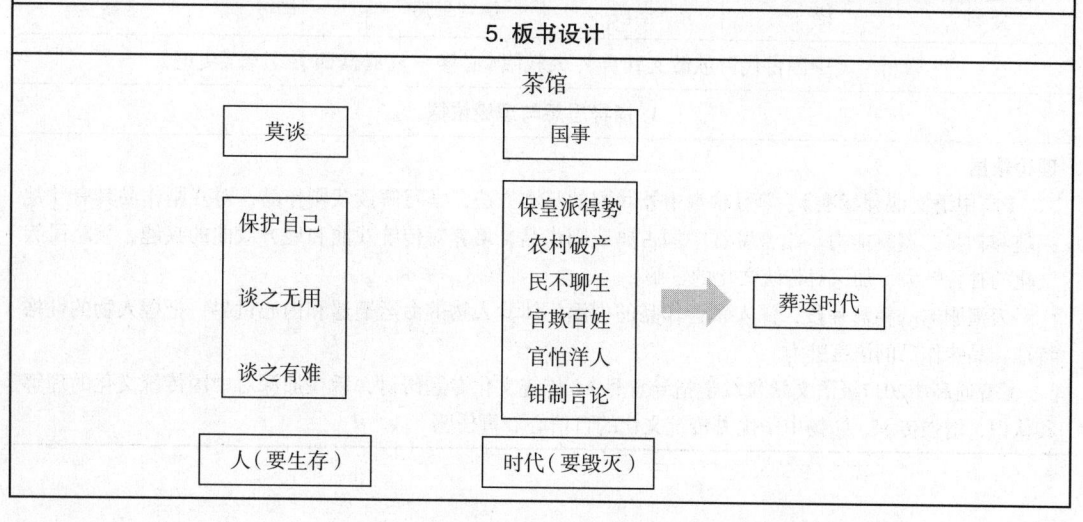

5. 板书设计

茶馆

莫谈	国事	
保护自己 谈之无用 谈之有难	保皇派得势 农村破产 民不聊生 官欺百姓 官怕洋人 钳制言论	→ 葬送时代
人（要生存）	时代（要毁灭）	

6. 本教学设计与以往或其他教学设计相比的特点（300～500字）

本次教学设计有以下三个特点：

1. 教学针对性强。本次教学目标以及教学内容的设定是基于真实的学情，教学针对性强。让学生带着在戏剧阅读和观赏中存在的真实问题进入课堂，并跟随老师的教学节奏逐步解惑，这在一定程度上保证了课堂的高效。

2. 兴趣与深度并行。学生普遍对戏剧学习抱有极大的兴趣，这不仅仅是源于戏剧本身的魅力，如情节跌宕起伏、冲突激烈、人物形象鲜明，还在于学生能够进行戏剧表演，在课堂中动起来。本次教学设计就安排了三次戏剧片段的展示，让学生在课堂上有展示自我的舞台。另一方面，兴趣与深度并行，不仅仅是热热闹闹演了一场戏，更要从中体会到作者的匠心，把握戏剧的主旨，解读热闹背后作者寂静而深刻的社会思考。戏剧教学有了深度，学生才能体悟到语文深层次的魅力所在。

3. 学生深度参与课堂。本次教学设计体现了语文课程的实践性。学生不仅动手参与戏剧人物的分类，还进行了戏剧片段的展演，以及问题的回答。不仅身体动起来，思维也跟着动起来。问题不仅有浅层次的，还有深层次的，让不同程度的学生都参与到语文活动中来。

当然，本次教学设计也存在诸多不足，如内容量较大等。恳请专家同行批评指正

《史记》项羽专题阅读与戏剧通融
——《楚汉传奇》教学设计

教学设计个人信息	
姓　名	单　位
杨秀	首师大附中永定分校

《史记》项羽专题阅读与戏剧通融　教学基本信息						
课题	《史记》项羽专题阅读与戏剧通融 ——《楚汉传奇》教学设计					
学科	语文	学段	第三学段	年级	高二
教材	《中国古代诗歌散文欣赏》、人教版《必修一》《必修四》、名著《史记》					
1. 指导思想与理论依据						

理论依据

《高中语文课程标准》：学习欣赏中外戏剧的基本方法，学习解读戏剧作品，对戏剧作品具有欣赏兴趣和初步的鉴赏能力。结合鉴赏中国古典戏剧作品，培养对传统戏曲和地方戏曲的兴趣，领略民族文化的独特魅力，加深对传统文化的了解。

表演剧本的精彩片段，深入领会作品的内涵，体验人物的命运遭遇和内心世界，把握人物的性格特征，品味作品的语言魅力。

《普通高中2017级语文学科教学指导意见》：传统文化专题研讨，旨在加深对中国传统文化的理解和认识，增强传承，弘扬中华优秀传统文化的自信心、责任感

设计理念

  1. 通过学习人教版《必修四》戏剧单元，学生掌握了戏剧的基本知识，培养了学生对戏剧作品的欣赏兴趣和初步的鉴赏能力。

  2. 人教版《必修一》和《中国古代诗歌散文欣赏》中选入了《史记》中的经典篇目《鸿门宴》和《项羽之死》。我将这两篇文言文进行整合构建了对项羽的专题研究。培养学生阅读中国古代经典名著《史记》的兴趣，形成良好的文化心态；正确理解作品表现出来的价值判断和审美取向，对历史人物项羽做出恰当的评价。

  3. 结合文言文《鸿门宴》《项羽之死》和京剧《霸王别姬》构建课本剧《楚汉传奇》，领略民族文化的独特魅力，加深对中国古代优秀传统文化的了解，提高学生的语文素养。

  4. 组织学生剧社，对项羽进行比较研究或专题研究。通过尝试戏剧表演，加深对名著《史记·项羽本纪》的理解，使文学作品阅读鉴赏活动融入学生的生活

2. 教学背景分析

教学内容

  《楚汉传奇》改自《史记·项羽本纪》"鸿门宴"和"霸王别姬"。共两幕。

  第一幕，重现鸿门宴场景，席上虽不乏美酒佳肴，却暗藏杀机。起初，项羽因刘邦先破关和曹无伤告密大怒，后因刘邦巧言稍稍平缓。亚父范增主张杀掉刘邦，宴上，一再示意项羽发令，项羽却默然不应，范增召项庄舞剑助兴，趁机杀掉刘邦，项伯也拔剑起舞，掩护了刘邦。在危急关头，刘邦部下樊哙带剑拥盾闯入军门，指责项羽要杀有功之人。后刘邦借上厕所的机会，由小路急忙返回霸上，得以脱身。

  第二幕，公元前202年项王军壁垓下，兵少食尽，汉军及诸侯兵围之数重，知大势已去，和爱妾虞姬告别，一曲《霸王别姬》后，虞姬自刎。再现楚汉传奇，展示项羽的铁血柔情和英雄末路

学生情况

  本校主要生源来自周边的山区。山区信息本来就相对闭塞，加之家长受教育的程度不高，学生们从小没有很好的学习氛围，导致该地区学生人文素养的积累普遍薄弱。在课堂上，讲课涉及传统文化方面的知识，很多学生感到陌生，学生阅读文言文也比较困难。以课本剧的形式推进《史记》的阅读和对项羽的专题研究，可以提高学生的阅读兴趣，激发学生的学习热情，提高学生的核心素养

教学方式

  自主探究式阅读与戏剧表演相结合

教学手段

  多媒体、戏剧舞台、服装、道具、灯光

3. 教学目标（含重、难点）

教学目标

  语言建构与运用：通过阅读和戏剧表演相结合，掌握戏剧的基本知识，培养了学生对戏剧作品的欣赏兴趣和初步的鉴赏能力。

  思维发展与品质：多角度、多层次地阅读《史记》中项羽相关章节，对历史人物项羽做出恰当的评价。

  审美鉴赏与创造：感受项羽的艺术魅力，发展审美力，提高鉴赏水平。并将对人物的理解转化为生动的表演，进行美的创造。

  文化理解与传承：体验中华传统文化的博大精深

教学重点
　　培养了学生对戏剧作品的欣赏兴趣和初步的鉴赏能力，感受项羽的艺术魅力，并将对人物的理解转化为生动的表演，进行美的创造

教学难点
　　将对人物的理解转化为生动的表演，进行美的创造。
　　体验中华传统文化的博大精深

4. 教学过程

第一阶段：名著阅读阶段
　　一、学习《鸿门宴》对比项羽和刘邦人物形象。
　　1. 项羽：自矜功伐、为人不忍。
　　轻信项伯，许诺善遇刘邦，一不忍；听信刘邦，不应范增，二不忍；宽容樊哙，产生相惜之心，三不忍；不究逃席，安然受璧，四不忍。以上不忍皆源自项羽自矜功伐，这一切不仅使他丧失了杀刘邦的时机，而且导致最终的"乌江自刎"。
　　2. 刘邦：既胆怯又勇敢（闻项羽怒则怯，赴宴会则勇）；既机智又狡诈（拉项伯、先责己是智，骂鲰生、责告密者则诈）；能屈能伸（先破秦先道歉，居下座绝无怨言，出而未辞觉失礼）；既知人善任又善纳忠言（以张良为谋臣并听从其建议）等。
　　3. 对比：
　　项羽在优势下恃勇骄横，毫无远虑；
　　刘邦则在劣势下能忍辱负重，善于保存自己。
　　项羽刚愎自用，粗疏麻痹，拙于应变；
　　刘邦则善于采纳意见，心眼儿很多，能随机应变。
　　项羽任人唯亲，致使谋臣范增不能施其谋，将士不能效其力；
　　刘邦则知人善任，谋臣能从容定计，将士能见危受命。
　　项羽养奸贻患，又自绝敌营内应；
　　刘邦则有奸必肃，又能争取敌营的人为自己效劳。
　　总结：项羽刚愎自用、自矜功伐、优柔寡断、不善用人、有勇无谋。
　　刘邦能屈能伸、随机应变、知人善任。
　　二、学习《项羽之死》，自主探究分析项羽人物形象。
　　1. "四面楚歌"时悲歌慷慨，可以看出项羽是怎样的人？
　　——多愁善感、侠骨柔情
　　2. 从项羽"溃围、斩将、刈旗"的快战中，你看到的项羽是怎样的人？
　　——勇猛无敌、刚愎自用
　　3. 项羽在乌江边拒渡、赠马、赠头，表现了哪些性格特点？
　　——知耻重义、视死如归
　　4. 项羽面临败亡，多次强调"此天之亡我，非战之罪也"表现了项羽怎样复杂的心理？
　　——至死不觉悟，他对自己的战斗能力充满了自信，可是无法面对即将覆亡的事实，认为一切都是天命的安排
　　三、自主探究《鸿门宴》其他人物。
　　樊哙的智谋果敢和粗犷忠勇；张良的多谋善断；项伯的简单糊涂；范增的机谋善变。

第二阶段：戏剧准备阶段

一、学习《必修四》第一单元，了解戏剧知识。

1. 戏剧概念：戏剧，指以语言、动作、舞蹈、音乐、木偶等形式达到叙事目的的舞台表演艺术的总称。文学上的戏剧概念是指为戏剧表演所创作的脚本，即剧本。

2. 戏剧语言：包括人物语言和舞台说明。

人物语言：也叫台词（戏曲称之为"念白"）。台词，就是剧中人物所说的话，包括对白、独白、旁白等。对白是两个或多个人物交谈的话。独白是剧中人物独自抒发个人情感和愿望时说的话；旁白是剧中某个角色背着台上其他剧中人从旁侧对观众说的话。剧本主要是通过台词推动情节发展，表现人物性格。

舞台说明：又叫舞台提示。它是剧本语言不可缺少的一部分，是剧本里的一些说明性文字。舞台说明包括剧中人物表，剧情发生的时间、地点、服装、道具、布景以及人物的表情、动作、上下场等，这些说明对刻画人物性格和推动戏剧情节发展有一定的作用。

3. 戏剧冲突：是指表现人与人之间矛盾关系和人的内心矛盾的特殊艺术形式。

它来源于拉丁文conflitus，可译为分歧、争斗、冲突等。同时也是戏剧中矛盾产生、发展、解决的过程，由戏剧动作体现出来。从戏剧冲突中可以带出人物的性格与剧本的立意。

二、编撰剧本、感知角色。

1. 指导学生了解如何运用人物语言体现人物特征。

指导学生在编写剧本时，人物语言要求能充分地表现项羽等人的性格、身份和思想感情，要通俗自然、简练明确，要口语化，要适合舞台表演。但是还要保有一些特定的文言凸显人物的时代感。

学生表演时要在理解人物内心世界的基础上设计动作、语言、表情。

例如：第二幕《霸王别姬》

项羽悲语：力拔山兮气盖世，时不利兮雅不逝。雅不逝兮可奈何，虞兮虞兮奈若何！（握住虞姬的手，垂泪）虞姬，虞姬，如今寡人气数已尽，命不久矣，但心里最放不下的是你，寡人的乌骓可日行千里，你乘着它，快些离开吧，走得越远越好，别再回来了。快走吧，走啊！

虞姬(含着泪，看着项羽轻轻摇摇头)：大王，你平时最喜欢看妾身舞剑，就让妾身再为你舞一回吧。（京剧演唱）大王，今生，虞姬再也无法陪着你了，来生让我再来与你相见吧。（遂拔剑自刎）

（项羽大惊，却为时已晚，只能慌忙上前抱起虞姬大恸）：虞姬！虞姬！（撕心裂肺大喊）

天要亡我！天要亡我！【追光】

……

——这部分项羽知大势已去，和爱妾虞姬告别，他的人物语言既要体现他的勇猛无敌，又要表现出对虞姬的依依不舍，他的目光要饱含深情，又无奈痛苦。他的语气要时而慷慨激昂，时而深情流露，时而撕心裂肺，时而悲愤绝望……展示项羽的铁血柔情和英雄末路。学生在表演角色时要在理解项羽内心世界的基础上来塑造人物，将项羽人物形象塑造得有层次感和立体感。

再比如：鸿门宴后，范增愤然喊出心声

范增：（接过礼物，奋力摔在地下）呜呼，项羽你优柔寡断，竖子不足与谋呀！今天你不杀刘邦，将来夺你天下的必是刘邦啊。今天我们错失良机，放虎归山，将来都要成为刘邦的手下败将啦！（甩袖而去）【追光】

——这里范增的动作和语言的设计要体现他的愤怒、痛心疾首。追光的使用要将范增在舞台上凸显出来，也通过范增之口说出鸿门宴的后果，为后文四面楚歌、乌江自刎埋下伏笔。

2. 指导学生了解如何运用舞台说明推动情节发展。

舞台说明要求写得简练、扼要、明确。这部分内容一般出现在每一幕（场）的开端、结尾和对话中间，一般用括号（方括号或圆括号）括起来。

例如：

第一幕

旁白：巍巍大秦，一统中原。然秦以暴政治国，致民怨沸腾，最终义军并起，逐鹿中原。公元前206年，刘邦率十万军队攻入关中，驻军霸上，未与项羽相见。项羽震怒，欲率四十万大军攻打刘邦。帐下项伯为报张良救命之恩，私见张良。刘邦趁机和项伯结为儿女亲家，请项伯替自己说情，他将亲自赴鸿门向项羽谢罪。

隆冬的鸿门四十万大军严阵以待，杀气沉沉……

第二幕

开头旁白：话说沛公回到军中，立即诛杀曹无伤。从此，刘项之间的矛盾公开化，轰轰烈烈的楚汉战争开始了。公元前202年，项王军壁垓下，兵少食尽，被汉军及诸侯兵重重包围。

结尾旁白（沉痛）：垓下被数十万汉军团团包围，项羽突围不成，自知大势已去，败局已定。于公元前202年自刎于乌江，楚汉战争结束。

——通过三处旁白勾连情节。第一幕旁白渲染剑拔弩张的紧张气氛，第二幕旁白则将《鸿门宴》与京剧《霸王别姬》巧妙结合起来，使得情节发展自然，并且将鸿门宴、四面楚歌、霸王别姬、乌江自刎几个重大历史事件勾连在一起，再现楚汉传奇，也使得项羽人物形象更为丰满。

3. 指导学生如何运用戏剧冲突来推动情节、展现人物特征。

（1）明确戏剧冲突的主要特征。

A. 尖锐激烈：在戏剧中，一些平淡的矛盾往往被组成有声有色的冲突，由于矛盾的双方都有足够的冲击力，冲突的最后爆发是格外强烈的。

B. 高度集中：戏剧的冲突是在既定的时间和空间里表现社会矛盾。

C. 进展紧张：戏剧冲突必须是扣人心弦、波澜起伏的。

D. 曲折多变：戏剧冲突往往是曲折复杂、变化多姿的。

（2）指导学生在第一幕《鸿门宴》中设置四个戏剧冲突。

冲突一：重现鸿门宴场景，席上虽不乏美酒佳肴，却暗藏杀机。起初，项羽因刘邦先破关和曹无伤告密大怒，后因刘邦巧言稍稍平缓。

——刘邦项羽的冲突可以渲染鸿门宴的剑拔弩张的紧张气氛，也能凸显项羽在优势下恃勇骄横，毫无远虑；刘邦在劣势下能忍辱负重，善于保存自己。

冲突二：亚父范增主张杀掉刘邦，宴上，一再示意项羽发令，项羽却默然不应。

——范曾和项羽的冲突，凸显项羽任人唯亲，优柔寡断、不善用人，致使谋臣范增不能施其谋，将士不能效其力。

冲突三：范增召项庄舞剑助兴，趁机杀掉刘邦，项伯也拔剑起舞，掩护了刘邦。

——这一冲突凸显了项伯的简单糊涂；范增的机谋善变；项羽的养奸贻患。

冲突四：在危急关头，刘邦部下樊哙带剑拥盾闯入军门，指责项羽要杀有功之人。

——这一冲突将情节推向了高潮，凸显了樊哙的智谋果敢和粗犷忠勇，侧面也体现刘邦的知人善任，他的谋臣能从容定计，将士能见危受命。

三、确定人员分工

导演：杨秀、武金芝

指导教师：杨秀、武金芝

配音：张知硕

演员表：

项羽——任泓尧　　刘邦——魏识帆

范增——王子恒　　张良——刘少宗

樊哙——张知硕　　　虞姬——马玉棠（京剧表演）
　　项庄——王翰令　　　项伯——张晓龙
　　士兵甲——王昭良　　士兵乙——任绍瑜
四、选购服装道具
服装、头饰、剑、矛、盾、酒杯、PPT、背景音乐《十面埋伏》、背景图片
第三阶段：戏剧排练展演阶段
1. 课本剧排练
2. 戏剧展演

5. 板书设计

项　羽

——《楚汉传奇》

刚愎自用、优柔寡断、自矜功伐、不善用人、有勇无谋

多愁善感、侠骨柔情、勇猛自负、知耻重义、视死如归

6. 本教学设计与以往或其他教学设计相比的特点（300～500字）

　　此教学设计与其他教学设计相比，探究的是名著阅读如何与戏剧通融，以课本剧形式来激发学生对《史记》的阅读兴趣。

　　1. 通过设计项羽专项阅读和《楚汉传奇》课本剧活动，既让学生掌握了戏剧的基本知识，培养了学生对戏剧作品的欣赏兴趣和初步的鉴赏能力，又培养学生阅读中国古代经典名著《史记》的兴趣，形成良好的文化心态。

　　2. 正确理解作品表现出来的价值判断和审美取向，对历史人物项羽做出恰当的评价。感受项羽的艺术魅力，发展审美力，提高鉴赏水平。并将对人物的理解转化为生动的表演，进行美的创造。

　　3. 京剧《霸王别姬》的引入，让学生领略了中华民族优秀传统文化的独特魅力，培养对传统戏曲和地方戏曲的兴趣，加深对传统文化的了解。有助于提高学生的语文核心素养

5.4　高效阅读课程设计示例

高效阅读《快速提取文段主要信息》教学设计

教学设计个人信息			
姓　名		单　位	
边海红		京师实验中学	
高效阅读《快速提取文段主要信息》教学基本信息			
课题	《快速提取文段主要信息》		
学科	语文	学段	7～9	年级	7
教材：《高效阅读》			

\multicolumn{2}{c}{**1. 指导思想与理论依据**}
理论依据	
\multicolumn{2}{l}{　　阅读效率对中小学生来说，尤为重要。美国科学家在对学生的阅读效率和学习成绩的关系进行研究后发现：阅读效率低的学生，成绩优异的仅占4%；而阅读效率高的学生，成绩优异的高达53%。课程全程贯穿着视副扩展、眼停眼动、眼脑直映、左右脑相结合的速读理论，注重眼手脑的协调配合训练，注重左右脑的全面开发与协调运用，对学生全脑开发、思维发展具有重大意义}
设计理念	
\multicolumn{2}{l}{　　《初中语文课程标准》中要求：阅读一般现代文，每分钟不少于500字。能运用略读和浏览的方法，捕捉有用信息。因此，本节课的设计，重在提高学生快速提取信息的能力。共分为三个教学环节：一、通过摸底测试，了解学生在提取信息过程中存在的问题。二、通过集中训练，解决学生在提取信息过程中出现的问题，总结学法。三、通过课后检测，了解学生的掌握程度。每个环节的训练文段皆为：两个以叙述为表达方式的文段、两个以说明为主要表达方式的文段、两个以议论为主要表达方式的文段。每个类型的文段中又分为：有中心句的和无中心句的两种。通过专题式的训练，学生可以掌握快速提取信息的方法，提高阅读速度及效率}
\multicolumn{2}{c}{**2. 教学背景分析**}
内容	
\multicolumn{2}{l}{　　共3课时}
学生情况	
\multicolumn{2}{l}{　　当前学生阅读主要面临阅读兴趣不高、阅读能力不足、阅读思维不深、阅读习惯不良等问题，集中体现在阅读效率低下。具体表现为： 　　1. 不喜欢阅读，害怕阅读，阅读速度太慢，经典名著阅读坚持不下去。 　　2. 在阅读过程中，缺乏文本信息的有效整合梳理能力，缺乏文本信息深度思考能力，缺乏文本信息的横向比较分析能力，缺乏文本信息的审辨思维能力，缺乏联系实际、运用文本信息的能力。 　　3. 阅读思维的深度不够，大部分停留在文本信息的简单提取，不能去粗取精、去伪存真；大部分停留在单一文本的阅读，停留在故事情节的感知，不能由此及彼、由表及里}
教学方式	
自主、探究	
教学手段	
学案导学、多媒体网络技术	
\multicolumn{2}{c}{**3. 教学目标（含重、难点）**}
教学目标	
通过训练，提高快速提取文段主要信息的能力	
教学重点	
掌握快速提取文段主要信息的方法	
教学难点	
正确掌握快速提取文段主要信息的方法	

4. 教学过程

一、练前准备

（一）**导入谈话**。

大家好，欢迎来到高效阅读课堂！上一次课，我们学习了阅读的准备及阅读的方法。希望大家能在以后的每一节课前或者身心需要调节的时候运用所学到的知识，来调节自己，以最好的状态进入每一节训练课。今天我们来一起学习如何快速提取信息。首先，让我们来做一下热身游戏。

（二）**热身游戏——成语接龙**。

规则：以班为单位，顺序接龙，10秒钟内答不上者，自动退出，由最后跟贴者胜。然后，由胜者重新出成语，大家继续直至游戏结束。

注意：1. 成语接龙一定要跟成语。

　　　2. 同音不同字可以，但一定要同声（声调）。

分享：选2～3名学生分享游戏心得（每名学生限时1分钟）。

总结：平时注意积累成语。

三、速读技巧讲解

（一）**身心三调：调身　调息　调心**。

第一步：

1. 闭上眼睛，静静地靠在椅子背上。一边用鼻子吸气，一边在心里慢数"1、2、3"。
2. 用嘴巴吐气，从"1"慢慢数到"4"。

第二步：

1. 请举起一只手，把指尖放在后脑勺最突出的位置上，有意识地去感受手指的触摸。
2. 把手放回胸前，想象手心里正握着一个高尔夫球。
3. 慢慢地举起这只手，想象手心正托着那个高尔夫球，并把它稳稳地按到后脑勺的那一点上。保持这个姿势，感受高尔夫球在那一点上的压力。
4. 慢慢把手挪开，想象高尔夫球奇迹般地停留在那个点上了。

（二）**舒尔特表训练**。

材料：舒尔特表。

（三）**速读方法要领**。

提取文段信息时，注意抓关键词句。

二、摸底检测

（一）**学生活动：请快速阅读下列六个文段，并提取其主要信息写在下面横线上。（提示：注意记录时间）**

1. 母亲是个好劳动者。从我能记忆起，总是天不亮就起床。全家20多口人，妇女们轮班煮饭，轮到就煮一年。母亲把饭煮了，还要种田，种菜，喂猪，养蚕，纺棉花。因为她身体高大结实，还能挑水挑粪。

答：_____

2. 动物的动作是一种常见的"语言"。例如，鹿科动物的小尾巴反面是白色的，当它们遇到危险时，就会把尾巴撅起，露出反面的白色，像摇动着白色的"信号"，在绿色丛林地带非常显眼，可以告诉自己的同类：跟我来，快逃跑。工蜂发现蜜源后，会通过圆形舞和"8"字摆尾舞，把蜜源的距离和方向告诉自己的同伴。

答：_____

3. 理想的阶梯，属于珍惜时间的人。富兰克林有句名言："你热爱生命吗？那么别浪费时间，因为时间是组成生命的材料。"鲁迅先生以"时间就是生命"的格言律己，献身无产阶级文学艺术事业三十年，始终视时间如生命，笔耕不辍。巴尔扎克，每天用十六七个小时如痴如狂地拼劲奋笔疾书，即使手臂疼痛，双眼流泪，也不肯浪费一刻时间。他一生留下为人民深深喜爱的巨著《人间喜剧》，共九十四部小说。这些血汗的结晶，不正是时间与生命的光辉记录吗？

答：_____

4. 每逢山溪水涨，他就守候在溪边，把他的学生一个一个背过小溪。惊悸的浊浪，滑溜溜的卵石，使他名声远播，某报撰文颂曰：《人桥》！不久，他被提升为文教办主任。接替他的，是一个娇小的姑娘。姑娘没有勇气涉过小溪，更谈不上背孩子渡水，于是一到雨天黄昏，对岸就排着一支家长的队伍，一律裤腿高挽。姑娘开始了奔波。她给文教办写信，向教育局局长报告，跟乡长争吵，掏出自己的工资带头集资……不久，小溪上架起了一座钢筋水泥结构的桥。孩子们可以顺顺畅畅上学了。姑娘至今还在山村小学，教着四年级的50名学生。

答：_____

5. 人们大概不太清楚，许多调节人体功能的内分泌腺体也坚守在"夜班"岗位上。实践证明，有大约三分之一到一半的激素在夜间达到最大值。例如：腺垂体分泌一种生长激素，它能促进蛋白质合成，加速软骨与骨头生长，使人长高，这种对发育极端重要的激素在人熟睡后一小时达到最大分泌值。至于神经系统这个人体活动的"总司令部"，在夜间当然是"灯火通明"的。例如：值"夜班"的交感神经系统与副交感神经系统在指挥内脏的活动，丘脑在调节着人的体温、水平衡、内分泌，脑干中的睡眠中枢产生的去甲肾上腺素在清晨把人唤醒，否则人就要无休止地睡下去。甚至主管思维的大脑也安排有"夜班"——做梦。感谢这些"夜班工人"，使我们的生命能平稳地延续。

答：_____

6. 这无疑是一个资讯爆炸的时代：今天的一份《纽约时代》比17世纪一个普通英国人一生经历的还多；可用的资讯平均每4年就增加一倍；各种资料、信息、画面正排山倒海般涌现，人们已经被迫经年累月沉浸其中。我们每天被动地接受着各种加码的信息，在自以为更加自由的同时，却更加被塑造。资讯改变着我们的认识，甚至让我们迷失了自我。我们总读不完堆积如山的书刊，我们总对一些新事物一知半解；我们刚刚才明白了"量子力学"，又被深奥的经济学原理搞得一头雾水；别人早已在电子商务领域干得热火朝天，我们还在用传统的商业手法苦苦挣扎……为了在同行业间生存，甚至在社会中立足，我们被迫追赶每分钟都在膨胀的知识，但我们的脚步总追不上周遭的变化。在浩瀚的资讯面前，我们感到极度的恐慌和精神焦虑，我们感到了人的渺小和无力，害怕在如潮的资讯中灭顶，害怕被这个多变的时代所遗弃。

答：_____

总计用时为：（　　）分钟

（二）教师活动：教师出示答案示例，并统计学生正确率及用时。

答案示例：

1. 母亲是个好劳动者。
2. 动物的动作是一种常见的"语言"。
3. 理想的阶梯，属于珍惜时间的人。
4. 桥的故事。
5. 人体许多器官在夜间还在工作。
6. 资讯改变着我们的认识，甚至让我们迷失了自我。

三、专题训练
（一）学生活动：请快速阅读下列六个文段，并提取其主要信息写在下面横线上。（提示：注意记录时间）

1. 她从来不打骂我们。仅仅有一次，她的教鞭好像要落下来，我用石板一迎，教鞭轻轻地敲在石板边上，大伙笑了，她也笑了。我用儿童的狡猾的眼光察觉，她爱我们，并没有真正要打的意思。孩子们是多么善于观察这一点啊！

答：_____

2. 海洋不仅很大，而且很深。海洋的平均深度是三千八百米。而大陆的平均海拔高度只有八百四十米。如果地球表面没有高低，全部被海水包围，水深将有二千四百四十米。海洋最深的地方是太平洋的马里亚纳海沟，最大深度是一万一千零三十四米。我国西南边境的珠穆朗玛峰是世界最高的山峰，它的海拔高度是八千八百四十八米。如果将珠穆朗玛峰移到马里亚纳海沟，峰顶距海面还有二千多米！所以，地大不如海大，山高不如水深。

答：_____

3. 我们首先承认，我们的情感世界难免有纠结杂芜、妍媸混生的状况，并且那情感的森林难免会在外界阴晴风雨、雷霆雨雹的影响下，波动翻腾，变化万千；但是，我们又应懂得，作为这个情感森林的主人，我们不仅应该，而且能够做到，使这座森林保持一种良性的"生态平衡"，就是说，到头来，我们要使美丽有益的情感加以蓬勃润生，发展壮大；而使阴暗猥琐受到抑制；某些最具破坏性的情感，比如说膨胀不已的嫉妒，则如同对待森林害虫一般，将其尽可能排除。

答：_____

4. 老海棠树近房高的地方，有两条粗壮的枝桠，弯曲如一把躺椅，小时候我常爬上去，一天一天地就在那儿玩。奶奶在树下喊："下来，下来吧，你就这么一天到晚呆在上头不下来了？"是的，我在那儿看小人书，用弹弓向四处射击，甚至在那儿写作业，书包挂在房檐上。"饭也在上头吃吗？"对，在上头吃。奶奶把盛好的饭菜举过头顶，我两腿攀紧树桠，一个海底捞月把碗筷接上来。"觉呢，也在上头睡？"没错。四周是花香，是蜂鸣，春风拂面，是沾衣不染海棠的花雨。奶奶站在地上，站在屋前，老海棠树下，望着我；她必是羡慕，猜我在上头是什么感觉，都能看见什么？

答：_____

5. 松鼠是一种漂亮的小动物，乖巧，驯良，很讨人喜欢。它们虽然有时也捕捉鸟雀，却不是肉食动物，常吃的是杏仁榛子、榉实和橡栗。它们面容清秀，眼睛闪闪发光，身体矫健，四肢轻快，非常敏捷，非常机警。玲珑的小面孔，衬上一条美丽尾巴，显得格外漂亮。尾巴老是翘起来，一直翘到头上，自己就躲在尾巴底下歇凉。它们常常直竖着身子坐着，像人们用手一样，用前爪往嘴里送东西吃。可以说，松鼠最不像四足兽了。

答：_____

6. 著名的心血管病专家怀特说，生活本身就是紧张。你最好以紧张为乐，因为，人若善于对待生活中的干扰和紧张，它便不是健康的威胁，而恰恰是健康的促进剂。美国科学家认为，人类并非像想象的那样脆弱，紧张确是生活中不可缺少的部分，多不得也缺不得。适度的紧张可使人体的免疫系统处于戒备状态，使疾病难以发生扩展。苏联科学家对此也做过研究，他们发现，生活在战争期间的人，发病率明显低于生活在和平环境中的人。他们认为，这是由于人们在战争环境中精神紧张、生活积极、进取心强，因而长期充满活力，抗病能力也随之增强。相反，如果长期生活松懈，缺乏进取心，就会削弱人体抗病和适应环境的能力，促使衰老。

答：_____

总计用时为：（　　　）分钟

（二）教师活动：教师出示答案示例，并统计学生正确率及用时。
答案示例：
1. 她从来不打骂我们。
2. 海洋不仅很大，而且很深。
3. 我们应使情感的世界保持生态平衡。
4. 我回忆小时候常爬上海棠树玩的各种情景。
5. 介绍了松鼠的性情、食物、外形及行为习惯。
6. 适度紧张对健康有利。
（三）学生分享方法并整理板书。
快速提取主要信息的方法：
1. 摘句法：提取中心句。（注意：①段首、段尾、段中的中心句。②有特殊作用的标点符号，如：冒号）
2. 归纳法：提取关键词语，按"主题+陈述"的关系加以整合。（注意：各分句的关系决定了合并的方式。如：并列、递进、解释……）
（四）教师小结。
我们在提取文段的主要信息时，一定要关注中心句，因为它能总领全段的主要信息，能全面、准确地反映作者的写作意图，作者根据这个意图展开或是论述，或是议论，或是说明等表达。而当我们遇到没有明显中心句的文段时，就需要提取文段中各分句里的关键词语，然后按"主题+陈述"的关系加以整合。读段如此，读文亦如此。

四、能力检测
（一）学生活动：请快速阅读下列六个文段，并提取其主要信息写在下面横线上。（提示：注意记录时间）
1. 语言的变化，短时间内不容易觉察，日子长了就显出来了。比如宋朝的朱熹，他曾经给《论语》做过注解，可是假如当孔子正在跟颜回、子路他们谈话的时候，朱熹闯了进去，管保他们讲什么，他是一句也听不懂的。不光是古代的话后世听不懂，同一种语言在不同的地方经历着不同的变化，久而久之也会这个地方的人听不懂那个地方的话，形成许许多多方言。
答：＿＿＿＿＿＿＿＿＿＿＿＿＿＿＿＿＿＿
2. 鲜花朵朵，争奇斗艳，芬芳迷人。要是我们留心观察，就会发现，一天之内，不同的花开放的时间是不同的。凌晨四点，牵牛花吹起了紫色的小喇叭；五点左右，艳丽的蔷薇绽开了笑脸；七点，睡莲从梦中醒来；中午十二点左右，午时花开花了；下午三点，万寿菊欣然怒放；傍晚六点，烟草花在暮色中苏醒；月光花在七点左右舒展开自己的花瓣；夜来香在晚上八点开花；昙花却在九点左右含笑一现……
答：＿＿＿＿＿＿＿＿＿＿＿＿＿＿＿＿＿＿
3. 音乐的作用并不止于创造悦耳的乐式，它还能表达感情。你可以津津有味地欣赏一首巴赫的序曲，好像观赏精美的波斯地毯一样，可是乐趣也只限于此。莫扎特不然，听了他《唐璜》前奏曲，你不可能不怀有一种复杂的心情，它充满了魔鬼式的欢乐，但又使你有一定的心理准备去迎接可怖的世界末日。听莫扎特的《天神交响乐》最后一章，你会觉得那是狂欢的音乐，响亮的鼓声如醉如狂，从头到尾交织着一种不寻常的悲伤之美。莫扎特的乐章又是乐式设计的杰作。
答：＿＿＿＿＿＿＿＿＿＿＿＿＿＿＿＿＿＿

4. 最妙的是下点小雪呀。看吧,山上的矮松越发的青黑,树尖上顶着一髻儿白花,好像日本看护妇。山尖全白了,给蓝天镶上一道银边。山坡上,有的地方雪厚点,有的地方草色还露着;这样,一道儿白,一道儿暗黄,给山们穿上一件带水纹的花衣;看着看着,这件花衣好像被风儿吹动,叫你希望看见一点更美的山的肌肤。等到快日落的时候,微黄的阳光斜射在山腰上,那点薄雪好像忽然害羞,微微露出点粉色。就是下小雪吧,济南是受不住大雪的,那些小山太秀气。

答:＿＿＿＿＿＿＿＿＿＿＿＿＿＿＿＿＿＿＿＿＿＿＿＿＿＿＿＿＿＿＿＿＿＿＿＿＿＿

5. 爬山虎在环境保护中发挥着多方面的作用。它的叶片较大,呈广卵型,宽10至20厘米。炎夏,从根部吸收的水分经叶片蒸腾,可带走空气中的热量,降低环境温度。它的茎叶密集,覆盖在房屋墙面上,可以遮挡强烈的阳光,又可以使空气在叶片与墙面之间流动,因而降低室内温度。它的卷须式吸盘能吸收墙上的水分,有助于潮湿房屋的干燥;而干燥季节,有它遮蔽墙面,又可以保持房屋的湿度。它的绿叶能制氧,是空气中氧气的一个重要来源。它的枝叶攀缘在围墙、房屋的墙面上,可以吸收环境中的噪音,还能吸附飞扬的尘土。

答:＿＿＿＿＿＿＿＿＿＿＿＿＿＿＿＿＿＿＿＿＿＿＿＿＿＿＿＿＿＿＿＿＿＿＿＿＿＿

6. 一个好用心机的人容易产生猜忌,于是会把杯中映出的弓影误认为蛇蝎,甚至远远看见石头都会以为是卧虎,结果内心充满杀气;一个心胸豁达的人往往带着平和,即使遇见凶残得像老虎一样的人也能把他感化得像海鸥一般温顺,听到聒噪的蛙声也会把它当作美妙的乐曲,结果到处就会是一片祥和之气。

答:＿＿＿＿＿＿＿＿＿＿＿＿＿＿＿＿＿＿＿＿＿＿＿＿＿＿＿＿＿＿＿＿＿＿＿＿＿＿

总计用时为:(   )分钟

(二)教师活动:教师出示答案示例,并统计学生正确率及用时。

答案示例:

1. 语言的变化,短时间内不容易觉察,日子长了就显出来了。
2. 一天之内,不同的花开放的时间是不同的。
3. 音乐的作用并不止于创造悦耳的乐式,它还能表达感情。
4. 薄雪覆盖下的济南的小山很有妙趣。
5. 爬山虎有降低温度、调节湿度、制造氧气、吸收噪音、吸附尘土等多方面的环境保护作用。
6. 做人要心胸豁达,心平气和。

五、课堂小结与作业

本节课我们主要讲了快速提取文段主要信息的方法,就是摘句法和归纳法。希望大家在课后加以练习。并适当加快辅助工具的移动,引导眼球加速运动,提高阅读速度。

六、结束语

今天的课就给大家讲到这里。谢谢!

5. 板书设计

快速提取文段信息的方法
1.摘句法。2.归纳法

6. 本教学设计与以往或其他教学设计相比的特点(300～500字)

本次教学以快速阅读为基础、提取主要信息为核心,文段阅读为实战的高效阅读体系,包含热身游戏、摸底测试、阅读训练、能力检测在内的高效阅读流程,解决了学生阅读中遇到的实际问题。通过热身游戏、阅读训练、速读技巧指导及训练,提高学生快速阅读能力,减轻学生阅读压力,激发学生阅读兴趣

高效阅读《记叙文辅助阅读》教学设计

教学设计个人信息					
姓　名			单　位		
韩文英			京师实验中学		
高效阅读《记叙文辅助阅读》教学基本信息					
课题			记叙文辅助阅读		
学科	语文	学段	初中	年级	七年级
教材　高效阅读活页教材					
1. 指导思想与理论依据					
理论依据 　　当今是一个日新月异的信息时代。在信息时代，一个人是否具有快速阅读、捕捉准确有用信息的能力决定着一个人成就的大小，甚至是成败。因为人类获取知识与信息80%靠阅读，阅读效率低是制约人们获取知识与信息的最大障碍。阅读效率对中小学生来说，尤为重要。美国科学家在对学生的阅读效率和学习成绩的关系进行研究后发现：阅读效率低的学生，成绩优异的仅占4%；而阅读效率高的学生，成绩优异的高达53%。 　　课程全程贯穿着视副扩展、眼停眼动、眼脑直映、左右脑相结合的速读理论，注重眼手脑的协调配合训练，注重左右脑的全面开发与协调运用，对学生全脑开发、思维发展具有重大意义					
设计理念 　　教育的根本任务在于立德树人，目标在于提升学生的核心素养，促进学生全面发展。通过阅读，学生可以吸收知识的营养，可以感受科技的力量，可以获得文化的熏陶，可以得到心灵的净化，可以实现人格的升华。因此，阅读是落实立德树人根本任务、提升学生核心素养的重要载体。因而，提高学生的阅读能力，推动学生实现高效阅读是提升学生发展核心素养、实现立德树人的基本路径					
2. 教学背景分析					
教学内容 　　共三级课程，16课时/级，1课时/周，三个学期完成，适用年级7～9年级					
学生情况 　　当前学生阅读主要面临阅读兴趣不高、阅读能力不足、阅读思维不深、阅读习惯不良等问题，集中体现在阅读效率低下。具体表现为： 　　（1）不喜欢阅读，害怕阅读，阅读速度太慢，经典名著阅读坚持不下去。 　　（2）在阅读过程中，缺乏文本信息的有效整合梳理能力，缺乏文本信息深度思考能力，缺乏文本信息的横向比较分析能力，缺乏文本信息的审辩思维能力，缺乏联系实际、运用文本信息的能力。 　　（3）阅读思维的深度不够，大部分停留在文本信息的简单提取，不能去粗取精、去伪存真；大部分停留在单一文本的阅读，停留在故事情节的感知，不能由此及彼、由表及里。 　　（4）读书没有计划，不讲究策略，自制力不强，很容易半途而废					
教学方式 　　谈话式、谈论式、归纳式、讲授式、重难点讲授法、实践活动式相结合等方式					

教学手段
口头语言、文字和书籍、电子视听设备和多媒体网络技术等
3. 教学目标（含重、难点）
教学目标 1. 明确辅助阅读的原理。 2. 掌握辅助阅读方法。 3. 掌握记叙文的阅读方法。
教学重点 掌握辅助阅读的原理和方法。
教学难点 正确掌握辅助阅读方法并使用辅助阅读法阅读记叙文。
4. 教学过程
一、开场白 大家好，欢迎来到攀登高效阅读课堂！上一次课，我们学习了阅读的准备。希望大家能在以后的每一节课前或者身心需要调节的时候运用所学到的知识，来调节自己，以最好的状态进入每一节训练课。今天我们来一起学习辅助阅读。在正式学习之前，我们还是先来做一下热身小游戏。 二、热身游戏 　　职业演员 　　目标：1. 通过游戏活跃课堂气氛，激发学生的学习兴趣。 　　　　2. 调整状态，使学生迅速融入课堂。 　　　　3. 提高学生快速集中注意力的能力。 　　　　4. 锻炼学生的反应能力。 　　道具：无 　　规则：1. 学生坐在座位上。 　　　　2. 老师上讲台做示范，做一个动作表示某种职业，让学生举手猜他表演的是什么。 　　　　3. 猜中的学生代替老师的位置上前表演，其余同学猜，每次都由先猜对的同学上前表演。 　　分享：选2～3名学生分享游戏心得（每名学生限时1～2分钟）。 　　总结：用鼓励和肯定的评语对表现好和不好的学生分别做出正向性评价。 　　学习角度：通过游戏活跃课堂气氛，激发学生的学习兴趣；调整状态，使学生快速融入课堂；提高学生快速集中注意力的能力。 　　生活角度：让学生展示自己对各种职业的了解程度，同时锻炼了学生的反应能力。 三、速读技巧讲解 　　（一）身心三调 　　　调身　调息　调心 　　（二）眼动训练（或舒尔特表训练） 　　附眼球训练卡或者自制舒尔特表 　　（三）速读方法要领 　　（首先由辅助阅读的必要性讲起）

1. 辅助阅读的必要性

（1）眼球画圈小测试

① 眼球画圈练习

请两位同学面对面坐下。首先，一位同学用眼球在空中画一个圆圈，另一位仔细观察对方眼球的运动轨迹，看看能否做到想象中的匀速圆周运动。然后，两位同学互换角色，重复刚才的游戏。

（可以请两位同学在讲台上表演，请用眼球画圈的同学面对全体同学，让全体同学观察他眼球运动的轨迹。）

② 用食指引导眼球画圈

请两位同学（也可以换两位）再来一次眼球画圈的游戏。不过，这次跟上次有所不同。在一位同学用眼球画圈的同时，另一位同学用食指在他面前稍微做一下引导，让画圈者的视线跟着引导者的指尖运动。完成以后，请互换角色，看看自己的眼睛听不听指挥。

通过以上两个小实验，我们会发现一些问题：

A. 在第一个试验中，你无论怎么努力控制自己的眼球，都无法画出一个圆滑匀称的圆圈，充其量也只会是一个近似圆形的多边形。这就是人眼与生俱来的工作机制。在没有外界辅助的情况下，裸眼既无法画出一个完美的圆，也无法画出一个工整的方形。

B. 第二个试验的结果就好多了，有了手指的引导，眼球的运动轨迹可以完成任何简单的几何图形，运动曲线也比较圆滑。人眼天生不善于捕捉静止的影像，但是却对运动的刺激相当敏感，人眼会随时主动追随运动的物体，运动的物体可以引导眼球的运动轨迹。这一点很难受到人意识的控制。

发现了这一点，我们就能理解为什么人读书的时候，容易分散注意力了。

同学们看过魔术表演吗？你玩过找不同吗？（此处可以展示静态图、动态图、找不同图例并分析）

由此可见，人眼天生就会捕捉动的东西，却对静的东西不敏感。

（2）眼球的对焦与换行

科学研究表明，眼球对焦一次的时间大概是1/4秒，从一个焦点跳到另一个焦点却只需要千分之一秒，完全可以忽略不计。

换行也是阅读过程中比较困难的一个环节。临床实验证明，眼球寻找下一行的第一个字所花费的时间，占阅读总时间的1/3。也就是说，我们每阅读3个小时，就浪费了整整1个小时来换行。有时候我们的视线会跳到同一行的开头，有时候又会一不小心跳过了下一行。被这种与阅读内容毫不相干的小事不断干扰，试问阅读速度怎能加快？理解程度又怎能提高？如果每一行的第一个字都会自己伸出一只小手，向我们的眼睛示意，那该多好啊！

由以上可见：动态的物体不仅能够吸引我们的注意力，还可以提高眼球移动的速度。

一个小问题：

如果要数出一页书的总行数，你会怎么做？会用食指或是用笔在一旁比着吗？还是单靠眼睛一行一行地往下数？

辅助工具的引导可以优化眼球的运动方式。

2. 辅助阅读法

阅读的效率取决于眼球运动的速度，而辅助工具的引导恰恰能优化眼球的运动方式，从侧面帮助我们提高阅读速度。我们将从阅读辅助开始，逐步引导我们的眼睛，锻炼自己有意识地控制眼球运动的能力。

（1）用笔做引导辅助阅读（以《记叙文阅读技巧》为例，来练习辅助阅读法）

方法

把笔杆轻轻地夹在食指和中指的第一个关节之间,握笔的手轻轻放在阅读的页面上笔尖大致正好引导阅读着的文字行。

为了方便标记或涂改,可以选择铅笔,为了不让笔尖把书本画得乱七八糟,可以把笔杆稍微抬起,只用中指、无名指和小拇指这三根手指来接触书页。

注意

把注意力集中在笔尖的移动轨迹和文章内容上,以消除用笔辅助阅读带来的不适感,然后慢慢忘记手和笔的存在,使笔尖辅助阅读变为潜意识下操作的能力,不再占用大脑内存,这时,你的精力就转回到阅读与理解文章内容上来了。

慢慢地你会发现:注意力集中了,不再走神,换行更快了,阅读更加流畅,理解力上升,阅读速度更快了。

第二个小问题

小朋友读书时,如果没有老师或家长在一旁指导,这个年龄段的孩子大都会不自觉地把一根手指放在书页上,一边移动手指一边跟着指尖的引导进行阅读。这种方法好吗?

确定:使用辅助阅读法阅读好。

(2)用一根手指来引导阅读

食指放在每行文字下面,代替上面的笔来引导阅读,其余四指自然握住。

(3)用整个手掌来引导阅读

如果不需要做笔记,或是手边正好没有铅笔,大家可以把整个手掌平放在书本上,手心微微隆起。如果你现在还只能一次读入一个字,那就把中指指尖作为主要的引导工具。

四、速读训练

选择教材文章《珍珠项链》《老街名嘴》来进行阅读训练,学生可以自由选择一种辅助阅读法进行阅读,并完成文章后面的题目。

第二课时

五、如何阅读记叙文(2)

(一)记叙的线索

一般有以下几种——人线、物线、情线、事线、时线、地线。

一篇记叙文,无论篇幅长短,总有一条贯串文章始终的线索。线索是叙事文章的脉络,起着结构全文的作用。在阅读时把握了线索,就等于把握了文章叙事的条理,进而一步一步去领悟作者写这件事所要表达的中心主题,阅读时还能从中学到作者选择材料、组织材料的方法。

如魏巍的《我的老师》一文中有一条感情的线索——回忆、依恋、思念"我"的蔡老师。《珍珠项链》围绕着珍珠项链这一线索来写,写了赠送项链——佩戴项链——摘下项链——丢失项链——找到项链这样一个故事。

(二)记叙的人称

一般采用第一人称或第三人称(如初中课本中《我的老师》魏巍作,《老街名嘴》),个别时候使用第二人称。

(三)记叙文常用表达方式

常见的是五种——记叙、描写、说明、议论和抒情。比较复杂的记叙文,往往几种表达方式综合运用。

（四）怎样阅读记叙文

阅读记叙文，应从以下几方面着眼。

1. 弄清记叙文的"六大要素"

记叙文"六要素"包括时间、地点、人物以及事件的起因、经过和结果（也有的认为是"四要素"，包括时间、地点、人物、事件）。阅读时，可从时间的先后和地点的转移两方面去掌握文章叙述是先讲什么，再讲什么，最后讲什么。这样才有助于把握全文，理解作者的写作意图。

2. 弄清叙事顺序（记叙方法）

读文章时，弄清作者的叙事顺序很有必要，便于把握事情的脉络。一般叙事顺序有三种：①顺序。按事情发生的经过，按照时间的先后叙述。这是记事的最基本方式。②倒叙。就是把事情的结局或某个最突出片段写出来，然后再写事情的发生、经过等。这种方法使人感受到叙述的波澜或悬念，产生急于寻找答案不睹不快的感觉。如《珍珠项链》。③插叙。在叙述某一事件的过程中，要对所叙述的某一事件进行必要的交代而插入的叙述。当交代结束后，文章原来的叙述继续进行。插叙使人对文章的原有叙述文字更加清楚、明白。

3. 弄清典型事例

阅读记叙文，注意体会文章所选取的典型事例。因为典型事例能深刻地反映事物的本质，具有强大的说服力，从而让作者的写作目的自然顺利地达成。如《老街名嘴》。

4. 弄清环境描写的烘托

环境描写，分自然环境描写和社会环境描写。记叙文中自然环境的描写，可以让同学们对人物的性格、思想和情感、事件背景有更深入的理解；如《大风》中对风、夕阳和暮色的描写，《一颗小桃树》中对风雨的描写。社会环境的描写，能帮助同学们更好地把握事件及其中人物的时代特征。典型环境和典型环境中的典型事例，这是记叙文中最重要的两大要素。要在分析理解的基础上，学习每篇记叙文对这两大要素的具体写法。

5. 弄清记叙文中的议论和抒情

在记叙文中，作者往往要在叙述描写时，发表自己的感想、认识，也就是说，直接表达对人物、事件的评价。这往往是文章的"点睛之笔"，使文章中心鲜明突出。

这一点在《异乡人的花园》一文的结尾体现明显。结尾一段，作者点明中心，抒发了对异乡人的赞美之情。

（五）阅读《异乡人的花园》和《门外那对老人》，并完成后面的练习题目

六、速读能力检测

建议选用一级练习册的文章。

七、课堂小结与作业

本节课我们主要讲了攀登高效名著阅读的第一个训练技巧——辅助阅读法，又跟大家分享了记叙文阅读的方法。

希望大家在课后结合《朝花夕拾》练习辅助阅读法，并完成阅读任务。并适当加快辅助工具的移动，引导眼球加速运动，提高阅读速度。

八、结束语

今天的课就给大家讲到这里，欢迎大家下次光临超级创造力阅读课堂，下一节课我们会继续分享辅助阅读法。谢谢！

5. 板书设计	
辅助阅读法 {	用笔做引导辅助阅读 用一根手指来引导阅读 用整个手掌来引导阅读
怎样阅读记叙文 {	弄清记叙文的"六大要素" 弄清叙事顺序（记叙方法） 弄清典型事例和主要人物 弄清环境描写的烘托 弄清记叙文中的议论和抒情
6. 本教学设计与以往或其他教学设计相比的特点（300～500字）	
本次教学讲解以快速阅读为基础、文学鉴赏为核心、名著阅读为实战的高效阅读体系，包含热身游戏、阅读准备、快速阅读指导及训练、文学鉴赏指导及训练、名著阅读实战在内的高效阅读流程，解决了学生阅读中遇到的实际问题。通过热身游戏、阅读准备、速读技巧指导及训练，提高学生快速阅读能力，减轻学生阅读压力，激发学生阅读兴趣；通过文学鉴赏指导及训练，提升学生综合阅读能力，培养学生深度阅读思维习惯；通过名著阅读实战，提升学生核心素养，落实立德树人根本任务	

第六章

基于攀登阅读的大数据阅读跟踪评价体系构建

6.1 理论依据

6.1.1 国内外知名阅读素养评价项目

国内外主要有几种评价阅读素养的项目：国际学生评价项目（Programmer for International Student Assessment，PISA）、国际阅读素养进展研究（Progressing International Reading Literacy Study，PIRLS）、美国国家教育进展评价（National Assessment of Educational Progress，NAEP）、华南师大莫雷教授九分法。这些阅读素养评估工具，突出"阅读"对学生个体发展的工具价值，强调阅读不仅仅是为了理解文本，而是希望"阅读"成为学生的生活、学习的一部分，能够从"阅读"中体验乐趣，并运用"阅读"所得的信息解决现实问题。

（一）国际学生评价项目（PISA）

PISA是一项学生能力国际评估计划，由经济合作与发展组织（OECD）统筹。主要测试学生们能否掌握参与社会所需要的知识和技能，主要测试对象为15岁左右的学生。

PISA评估由阅读素养、数学素养及科学素养等3个核心素养组成。重点测试学生全面参与社会的知识和技能，对学生阅读、数学和科学能力的考察并不限于书本知识，还包括现实生活中需要的知识和技能。

其中对于阅读素养测评框架如下。

阅读素养	概述
访问与检索	通过文本的特征、时间、背景等基本元素，迅速找到自己所需要的信息
整合与理解	结合自己的知识结构，联系阅读材料中提供的不同信息，对信息进行加工处理，从而得出对文本中信息的正确解释
反思和评价	能与自己原有的知识、想法和经验相联系，评价文本中提出的观点，客观反思文本的适用性、结构、风格等基本特征，识别文本材料的逻辑组织方式等

（二）国际阅读素养进步研究（PIRLS）

PIRLS是由国际教育成就评价协会（IEA）主持的国际上大规模的针对9～10岁学生的阅读素养进行评价的比较研究。该项目计划每五年进行一次全球范围的PIRLS阅读素养评价，以此来监控和报告各国儿童阅读素养的进展情况，帮助其不断提高阅读学习和教学的水平。PIRLS确定了"阅读素养"的三个方面：理解过程、阅读目的、阅读行为和态度。

理解过程	阅读目的	
	文学体验	获得和使用信息
关注并提取明确陈述的信息	9%	13%
进行直接的推论	14%	9%
解释并整合观点和信息	20%	20%
检视并评价内容、语言、文章成分	6%	8%

经过十多年的探索，2011年，PIRLS将影响学生阅读素养的因素归结为：国家和社区环境、家庭环境、学校环境、课堂环境、学生特点及态度。

（三）美国国家教育进展评价（NAEP）

NAEP始于1963年，至今已经有五十多年的历史，是美国国内一项连续、长期的中小学生学业成绩评价体系，它由美国国会授权、教育部负责实施，定期评价四年级、八年级和十二年级学生在阅读、数学、写作、科学、美国历史、地理、公民、艺术以及其他科目的学业成就水平，定期报告基础教育质量的进展情况。阅读素养的评价是NAEP其中的一个重要方面。

NAEP阅读素养评价框架的建构，依据的是阅读课程标准和学业标准，它是由三种阅读情境和四种阅读能力构成的。

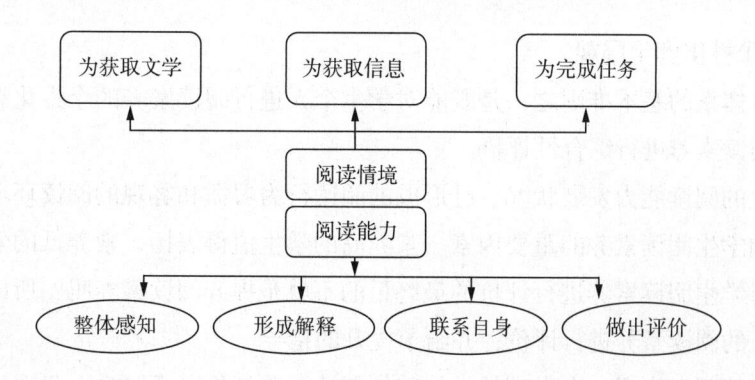

```
    为获取文学    为获取信息    为完成任务
         ↑          ↑           ↑
              阅读情境
              阅读能力
         ↓       ↓       ↓       ↓
      整体感知  形成解释  联系自身  做出评价
```

（四）莫雷的阅读测评九分法

我国华南师大的莫雷教授把阅读活动分为五个过程，九个测试点，见下表。

类　　　别	子活动名称与测试点
文章微观理解阅读	文章词句的理解（词句在文本中的意思）
	文章语境的理解与连贯性推理（指代内容、句间的意义关系）
文章宏观结构性阅读	文章布局谋篇的理解（层次结构）
	文章写作意图与表现手法的理解（作者的写作意图，对人物、事件的观点，文章写法等）
文章宏观信息性阅读	文章重点信息的把握（根据要求提取相关信息）
	文章潜在信息的推论（通过推理得知文章中没有明确表达的信息）
文章评价性阅读	文章评价与鉴赏（审美和价值的判断）
文章发散性阅读	文章独特的领悟与迁移（联想延伸有意义、独特）

这些测评的目标主要是从国家或区域层面对教育质量进行监控，缺乏针对个体的研究和指导，另外在教师的阅读教学层面的指导性也相对较弱。

国内学者对于阅读素养的研究不多，较多地侧重于研究语文素养，或者阅读能力，大多学者都是研究分析国际阅读素养评价项目对于国内阅读教育的启示，很少有基于中国国情的阅读素养的研究。

我国《义务教育阶段语文课程标准（2011年版）》（以下简称《新课标》）中将阅读定义为"阅读是运用语言文字获取信息、认识世界、发展思维、获得审美体验的重要途径"。这个定义更多是从语文课程与教学的层面出发，除了强调阅读过程中文本意义的建构、语言文字的运用之外，也十分强调阅读对思维发展的重要地位。另外，《新课标》还对不同学段提出了具体的阅读要求，在阅读评价方面，《新课标》同样做出了一定的要求："阅读的评价需要综合考察学生的感受、体验和理解，重视对学生多角度、有创意的阅读评价"。但这些要求大多比较概括，很难形成明确的可操作性的评价标准。

6.1.2　评价原则

（一）由个性化到全局观

搭建评价体系的基本准则之一是既能对学生个人进行阅读素养的个性化评价，又能对学校整体的阅读素养进行综合性评价。

每个学生的阅读能力发展状况、已形成的阅读行为习惯和客观的阅读环境都有差异，这些都是影响学生阅读素养的重要因素。素养高的学生值得表扬，素养低的学生更需要激励和帮助。对学生阅读素养进行评价的最终目的不就是提升阅读素养吗？所以，首要的是要对学生个人的阅读素养进行评价，并给予提升的指导。

对于教育管理者来说，全局观的学校整体阅读素养评价必不可少。只有站在全局的高度看阅读教学工作，找到问题所在，找到优势所在，才能制定出科学可行的教学策略。

（二）激励与监督并存

人类行为学家约翰·杜威曾说："人类本质里最深远的驱策力就是希望具有重要性，希望被赞美"。以激励为主，是搭建成功的评价体系的法宝。在评价体系的评语设定、评价机制中，要以表扬、鼓励等方式为主，从正面树立榜样，积极引导。通过正面的评价激发学生和教师在阅读工作中的积极性和主动性。

同时要以监督的姿态对学生和教师提出更高的要求。用责任感和任务驱动来推动学生和教师不断地在阅读中取得新成就。

（三）过程与结局并重

阅读是长期的积累与熏陶。它不是一个可以用功利性的心态去对待的事情。对于阅读来说，过程才是最重要的。而且阅读素养评价的目的是为了激发学生的阅读兴趣，提升学生的阅读能力。因此，在阅读评价体系中，更重要的是要看过程中阅读素养的不断提升，问题的不断改进。我们期待每个学生都有"学富五车"的结局，但是要做好"读万卷书，行万里路"的准备。

6.1.3 基本指标

综合国内外阅读测试理论及相关经验，结合对《新课标》的深入分析，攀登阅读设计了一套较为严谨科学的学生阅读素养评估工具。我们从"阅读习惯""阅读能力"两个方面来综合评价学生的阅读素养指数。

（一）阅读习惯指标

我们会从学生个人的阅读情况、学校开展阅读的情况、家庭开展阅读的情况和社区开展阅读的情况四个方面进行深入调查和诊断，从学生自身及其生活学习的环境出发，发掘影响学生阅读能力发展的关键问题，给出具有针对性的解决方案，具体内容见下表。

阅读能力相关影响因素维度表

一级维度	二级维度
学生个人阅读的情况	学生阅读态度
	学生阅读行为
	学生阅读能力
学校阅读开展的情况	学校硬件环境和图书资源
	组织管理
	阅读课程与教学
	教师阅读情况与专业发展

（续表）

一级维度	二级维度
家庭阅读开展的情况	家庭硬件环境和图书资源
	家长阅读态度
	家长阅读行为
	阅读指导
社区阅读开展的情况	社区阅读设施
	社区阅读活动

此外，为了更真实地反映学生的阅读过程，我们利用攀登阅读在线平台，以追踪评价的方式，记录学生阶段性的阅读过程，给予学生充分的空间和时间来展示个人的阅读成果，评估学生阅读过程中阅读兴趣、阅读习惯、阅读量、思维发展的层次、想象力和创造力等。

一套科学、客观的评价体系，不仅能够对学校的阅读促进工作进行评估，更能为学生个人了解与评估自身阅读发展状况，为教师指导学生进行阅读，为学校制定下一步的阅读教学计划提供可靠的参考依据。

（二）阅读能力指标

我们将阅读能力界定为"读者通过与书面文本互动获取信息，结合自身已有的知识经验和生活经验，对文本所传达的知识、情感和态度进行理解和体验，进而建构出新的意义，并应用于实际问题解决的能力"。在阅读能力评估中尤其重视学生将阅读应用于实际问题解决的能力，并将审辩和创造性思维的评估纳入了阅读能力评估的体系中。

其次，我们结合学生阅读活动的外显行为和内在认知过程，将阅读能力分为：信息提取、解释推断、概括分析、评价鉴赏和创新运用这五个一级维度，并将这五个一级维度进一步分解为14个二级维度对学生的阅读能力进行分析评估，具体内容见下表。

阅读能力维度表

一级维度	一级维度解读
信息提取	基于文本直接呈现的事实，读者能够根据阅读任务迅速找到自己所需要的信息
解释推断	从文本中了解并识别一些关键信息，建立文本信息之间的联系并进行转换，形成对文本的理解或得出合理的推论
概括分析	读者需要关注多个局部内容和整体结构，将信息进行对比、分类，将各部分文本信息进行整合，通过对信息的加工，构建自己的观点
评价鉴赏	能够以自己的价值观为基础，对文本中的人物、事件、观点等有自己的看法；能够对文章的语言、结构、表达方式、写作手法等做出评价
创新运用	能够从多角度来思考问题，在原有文本的基础上联系生活实际或其他阅读经验，产生新的想法或将文本中的信息或观点运用于解决实际问题

6.2 评价工具

6.2.1 互联网大数据手段——攀登阅读平台

攀登阅读平台是集分级分类的阅读资源查询、阅读任务发布、阅读效果检测、阅读兴趣激发、阅读体验交流与分享、大数据分析与个性化方案提供于一体的中小学专业阅读线上平台，主要立足于构建阅读课程所需的资源、学生阅读能力测评和监测体系，以及相应的专家指导培训。

通过在全区开通此线上平台，中小学阅读借助互联网优势科学、有序、高效、深入地开展，为全区中小学阅读决策提供大数据支持与科学依据；可以使学校及教师的阅读教学的开展获得有力的抓手，为学校及教师提供阅读任务发布、阅读过程监控、阅读报告分析、阅读活动开展等全方位、立体式支持；可以使学生的阅读更加自觉、更有计划、更加有效，为学生提供分级分类阅读资源、游戏机制、阅读计划、阅读检测。

整个攀登阅读平台由以下三部分组成。

1. 攀登阅读学生阅读表达平台

翻到书的最后一页，并不意味着阅读就结束了；准确地、创造性地表达出自己的所思、所得、所感，才是阅读的真正落脚点。攀登阅读平台提供了文字、图片、语音等多种表达方式，结合写作、创作、话题讨论等多种形式，我们鼓励孩子们用自己擅长的、喜欢的方式来表达阅读所得。

在平台中，学生读完书进行的阅读认证数据、学生的"写、创、论、说"数据都会被记录下来，汇集到大数据中心，被分析，为阅读评价提供最基础的数据支持。

从掌握的数据来看，中小学生并不是不爱读书，而是不爱读教师和家长们眼中的"好书"。于是我们在平台中设计了阅读海洋、寻找智慧星等游戏化的机制，并辅以任务模式，激励学生们愿意给这些好书一些时间。

平台中精选了近万册适合中小学生当前身心发展需要的各种类型的书籍，希望抛砖引玉，让学生们领略"好书"的魅力，培养"合适"的阅读兴趣。

2. 攀登阅读教师阅读教学指导平台

攀登阅读平台为教师提供了阅读教学及管理服务，帮助教师简洁高效地管理阅读，细致专业地指导阅读。

在平台中，教师可以全方位追踪学生的阅读痕迹，通过平台可以看到学生具体的阅读动态，包括什么时候认证通过了图书，什么时候提交了所写的作品，写了什么内容，在讨论什么话题等。教师可以从整体到个人了解学生阅读的各项数据，有排行，有报告。教师还可以在平台中评价学生阅读作品、推荐书籍、布置阅读任务，对学生进行明确的阅读指导。教师的阅读指导数据也会汇集到大数据中心，展现出教师在阅读教学工作中的态度和能力。

3. 攀登阅读大数据分析云平台

要进行全方位和细致化的阅读评价，就需要大数据分析系统做支持。攀登阅读大数据分析平台汇集学生、教师在平台上的所有数据，线上调研数据，专家调研数据，按照评价体系的指标进行分类整理，汇总分析，形成各项数据报告。

6.2.2 阅读能力专项测评考试

评价阅读能力最有效的手段是集中进行阅读能力测试。将对阅读能力的考察与评价转化成可测试、可量化、可分析的数据指标，并依靠数据分析手段进一步从多种维度分析数据指标，最终形成科学客观的阅读能力指数评价。

思源教育研究院根据《语文课程标准》的规定，汲取三大阅读测评体系（PISA、PIRLS、NAEP）的精华，同时在对《新课标》深入分析的基础上，结合学生阅读活动的外显行为和内在认知过程，将阅读能力分解为5个一级维度（提取信息、分析推断、整合诠释、反思评价、创意产生）14个二级维度，研发了阅读能力专项测评考试系统，对学生的阅读能力进行评估，并提供了充足的测试题库资源。测试题均经过多次实际测评实验。

学生们在攀登阅读平台上完成阅读能力专项测评考试后，攀登大数据中心收集测评数据，根据阅读能力考查指标进行分析并出具学生个人和学校整体的阅读能力指数报告。

6.2.3 专家团队调研评价

在阅读评价体系中，攀登阅读平台采集的大数据是基础层。进阶层的评价仍需要借助阅读专家的力量，对大数据报告进行个性化补充，对线下阅读推进工作进行主观分析，与学校师生研讨阅读教学提升方案等。尤其体现在对阅读环境的评价。阅读环境包括校园阅读环境、家庭阅读环境、周边阅读环境，包括软环境与硬环境。阅读环境建设是提升学生阅读能力的重要条件，提升学生阅读能力需要对阅读环境进行综合测评。对阅读环境的测评要坚持全面、系统、科学的评估。这些评估脱离了各方面的教育专家是无法进行的。

因此在评价体系中，攀登阅读组织了教育专家、心理专家、阅读专家、教研专家，以及一线名师组成一个结构合理、理论水平高、实践经验丰富的专家团队，深入教学一线，通过课堂观察和专家诊断，抽查教案和专家评估，抽样测试等，摸清教师阅读指导能力实底，科学分析存在问题，提出具有真知灼见的解决方案。

攀登阅读专家团队的来源主要是教育部基础教育质量检测中心、北师大教育测量统计中心、北京考试院，还有北京市教育一线的资深教研员与北京市特级教师等。

专家们通过线上问卷、线下走访相结合的方式对全区中小学生校园阅读环境、家庭阅读环境及周边阅读环境、软环境与硬环境进行全方位、多层次立体式的测评，并提出切合实际的建议案，作为学校、家长及教育行政部门决策的依据。

6.3 评价体系架构

基于攀登阅读平台构建的阅读评价体系是一个时空立体的评价体系。从时间维度上，有天、周、月、学期和学年等各种颗粒度的时间维度；从空间维度上，有地区、学校、年级、班级、个人等不同范围的空间对比；从内容维度上，有阅读行为习惯评价和阅读能力测评等两层阅读素养评价内容。

6.3.1 时间维度

阅读平台上的数据对时间进行实时标记，对数据的统计分析既可以精确到最小的时间颗粒，寻找关键节点的阅读数据；也可以沿时间轴追溯成一条不断延伸的曲线，纵观各项数据随时间的发展趋势。

这些数据都表现在各项报告的具体数据中。

6.3.2 空间维度

在整个评价体系中，学生、教师等个人都附属了年级、学校、地区等不同的地标属性。阅读量、阅读频率、阅读能力等数据可以进行年级、学校、地区等不同范围的对比分析。在通观全局数据时，可以找到问题集中到地域进行详细的分析。

阅读评价体系便是以空间维度为基础骨架搭建起来的。整个阅读评价体系分为对学生个人的评价和对整体的评价两种。既对个人有指导意义，并为个性化教学提供数据基础；又有全局观，宏观上评价阅读教学的进展。

6.3.3 内容维度

学生的阅读素养由阅读行为习惯和阅读能力两大方面组成。

阅读行为习惯主要评价学生的阅读态度、阅读兴趣、阅读持续性、阅读后的表达习惯等，核心是"读书之志""人若志趣不远，心不在焉，虽学不成"。阅读评价并不是功利性的考核。阅读评价体系的基础是，学生有良好的阅读行为习惯，在此基础上进行的阅读能力的评价才有意义。

阅读能力主要是评价学生在认读、理解、应用书籍方面的能力。比如，是否能读懂？

懂了是否会用？考查学生对书籍的理解程度、使用各项不同阅读能力的解决问题的能力、阅读之后应用表达的能力等。核心是"读书之力"。

对内容的评价进行细分是整个阅读评价体系的核心分支。

小结：

互联网的数据跨域了时间、空间的局限来到我们面前，它们所给予我们的启示和指导是可以无限想象的。搭建合理、科学、可行的评价框架，填入合适的数据，阅读评价体系便形成了。

6.4 各评价模块的数据获取方式及评价标准

数据分析是一件非常严肃的事情。在整个阅读评价体系中，有大量的数据，各种类型的数据汇集到了攀登阅读平台的大数据中心。数据净化、数据分类、数据计算等各项数据工作必须有明确的获取方式和评价标准。

6.4.1 阅读量

阅读量从阅读本数和阅读字数两个数据去衡量。单纯的本数和字数都无法全面反映学生的阅读量。例如：低年级的学生阅读的书籍字数较少，但是本数较多。高年级的学生阅读的书籍，单本字数较多，但是总体本数较少。对比阅读量时，需要综合两个数据的表现来分析。

阅读本数，统计的是学生在攀登阅读平台中，认证通过的书籍本数。经过了阅读认证测试这个阶段，学生"是否读过了"变成了一个比较客观公正的数字。

阅读字数，统计的是学生在攀登阅读平台中，认证通过的书籍的总字数。绘本等无字书，也经过通用的换算方式，换算成为字数。

取值：通常情况下取总量，但在班级、年级等不同范围的阅读量分析中，都采用"人均每月阅读本数""人均每月阅读字数"等平均值的方式进行对比。

6.4.2 阅读类型

在阅读习惯指数报告中分析阅读类型均衡度和阅读能力报告中分析阅读类型阅读能力偏向时，都会用到"阅读类型"这一数据。其中，日常阅读中的书籍类型来自攀登阅读平台对书籍进行的分类。参考中图法分类方法，结合小学生阅读书籍类型情况，图书分为以下类型：

人文与教育	自然与科普	小说与戏剧	散文与诗歌	寓言与故事	艺术与综合	国学
人文/民俗	天文/地理	现实小说	书信/日记	寓言故事	音乐/舞蹈	古诗词
哲学/宗教	动物/植物/微生物	荒诞小说	随笔/杂文	童话故事	美工/书法/雕塑	国学经典
历史	人体科学/心理学/医学	侦探/悬疑/推理小说	游记/人物传记	民间故事	影视/摄影	文言文
教育	数学/物理/化学	情感小说	散文	神话故事	综合性图书	国学
	军事/农业	魔幻/奇幻/科幻小说	诗歌/童谣	成语故事		
	航空航天	武侠小说		绘本故事		
	工业/建筑	惊悚/恐怖小说				
	计算机技术	动物小说				
	百科	探险/冒险小说				
		历史小说				
		戏剧				

阅读能力专项测评考试中，文本类型分为文学类文本、科普说明类文本、非连续性信息类文本等类型。针对不同的文本类型，有不同的命题标准。文本分类如下：

一级分类	二级分类	三级分类
文学类文本	故事虚构类	小说、戏剧、叙事诗、寓言等
	非虚构类文学	散文、诗歌、传记、回忆录、演讲
科普说明类文本	科普类	数理化科学和化学类、自然科学总论类、历史地理类、天文学/地球科学类、生物科学、医药卫生、农业科学、工业技术、航空航天、环境科学和安全科学等
	说明类	事物说明文、事理说明文
	议论类	阐述主题型、分析利弊型、观点对比型、解决问题型
非连续性信息类	非连续性文本	图表类、图片类、新闻组合类

在进行数据分析时，系统按照以上的分类标签自动将数据归类，计算出各书籍类型下书籍的阅读数据，各文本类型下的答题数据，再根据报告需求交叉计算分析。

6.4.3 阅读难度

阅读评价中对于学生阅读难度的评价需要对书籍标注阅读难度的标签。攀登阅读分析了国内外阅读分级理论，并根据攀登阅读平台搜集的实际数据对分级模型进行逐步修正，形成了攀登阅读三维分级法。根据阅读材料的词汇难度、句子长度、文体类型、文字排版、篇章结构和主题等要素的不同，并根据不同年龄段认证发展水平的不同，对图书进行了分级。选取了适合小学生阅读的图书，分为1～6级，分别对应1～6年级的普遍阅读能力水平。书籍的阅读难度标签，便取书籍的阅读等级数值。

攀登阅读分级引擎参考以下标准：

1.《青少年学能发展量表》的研发

以言语和量化材料为载体，测查分析性和审辩性思维能力。利用了CTT、IRT、标准设定、测验等值等先进技术。研发了适合中国国情的常模分数。

2.《中小学阅读诊断量表》的研发

以言语为载体测查分析性和审辩性思维能力。符合语言学以及心理与教育理论的要求，利用了CTT、IRT、标准设定、测验等值等先进技术。研发了适合中国国情的常模分数。

3.《分级阅读形成性评价量表》的研发

针对每本分级阅读材料开发形成性评价量表，应用CTT和IRT等先进的技术，提供各级各书的内容掌握分数。

6.4.4　阅读习惯

纳入学生阅读习惯分析的数据包括攀登阅读平台跟踪到的学生数据、问卷调研中的数据。其中，以平台跟踪数据为主要数据，给予较大权重。由于问卷调研数据其真实性往往夹杂水分，因此将问卷调研数据作为修正的参考数据。

攀登阅读平台跟踪的阅读习惯数据包括：日均阅读量（本数和字数）、周均阅读量（本数和字数）、月均阅读量（本数和字数）、学期阅读总量（本数和字数）等阅读量数据；连续认证图书最多天数、连续认证图书最多周数、连续不认证图书最多天数、连续不认证图书最多周数等阅读频率数据；每人每本图书的表达作品数量、各图书类型阅读数量等深度阅读习惯数据。

问卷调研数据包括：每周阅读量、阅读频率、阅读时长、各图书类型等。

6.4.5　阅读应用

攀登阅读平台中提供了写作、创意、口语、讨论等不同的阅读应用作品分享平台，可以监测学生阅读应用表达的数据。包括：人均写作数量、人均创意数量、人均口语数量、人均讨论数量、每本书平均写作数量、每本书平均创意数量、每本书平均口语数量、每本书平均讨论数量等。

6.4.6　阅读能力专项测评考试

专项测评中的数据均取自学生个人答题的真实数据，多维度抽取组合成以下数据。

1. 学生个人数据

阅读能力水平：个人得分和整体得分分布对比，以及综合细节数据得出的指数。

五项阅读能力正确率、各阅读难度正确率、各文本类型正确率等。

2. 学校整体数据

整体完成率：有学生完成过阅读素养测评的年级中，完成的学生总数量占学生账号总数量的比重。

整体阅读素养指数：学校整体的、各年级的、区域平均值、区域最高值、全国平均值、全国最高值等的对比。

阅读能力数据对比：五项阅读能力得分率在学校整体的、各年级的、区域平均值、区域最高值、全国平均值、全国最高值等不同范围的对比。

6.5 实施方案

6.5.1 实施原则

（一）全面性原则

评价对象的全面性：在教育系统中，对阅读的评价不仅仅是对学生阅读行为、阅读能力各方面的评价，还包括参与整个阅读教学工作中的教师、管理者等。本阅读评价体系中，评价的对象包含了学生个体、学生整体、教师、管理者。在实施过程中，以互联网的全面覆盖和全范围的线上调研问卷为基础，以专家进校调研为补充，力求所收集数据能覆盖全部的阅读参与者。

评价内容的全面性：阅读行为、阅读能力是构成阅读素养的两个基础。阅读评价体系的构建必须包括阅读行为分析、阅读能力测评两方面的内容。本阅读评价体系中，包含了对学生阅读数量、频率、质量等行为上的分析，还包含了对学生阅读能力的详细测评数据，甚至细化到二级三级能力维度的评价、阅读难度的评价。

评价维度的全面性：从时间上，以月、学期和学年为时间维度进行分析，能全面展现阅读素养的时间发展趋势，这是以往的纯人工评价无法做到的。从空间上，囊括了学生个体、教师个体、班级整体、年级整体、学校整体、学区整体等不同维度的分析。横向、纵向织成一张立体的数据网，立体掌握阅读数据。

评价数据的全面性：考察的数据既包含攀登阅读平台上跟踪收集的学生、教师日常阅读数据，专项能力测评数据，线上调研问卷数据等线上数据，还有专家进校调研的客观数据和主观信息作为补充，力求数据全面翔实。

（二）实操性原则

阅读评价体系的实施充分考虑教育部核心素养教育要求、北京市中高考改革方向、门头沟区校园阅读客观实际，保证项目实施的可操作性，确保项目扎实落地，为门头沟区教委推进全区校园阅读提供政策依据，为各学校开展校园阅读提供丰富资源和专业支持，为学生改进阅读方式提出指导意见，为家长配合学校开展阅读、指导孩子进行阅读提供专家建议。

从实施方式上，尽量借助互联网信息收集和交流的便利，无纸化办公，环保先行。从问卷发放、操作指南、调研报告研讨等各个环节中，尽量以电子文档、线上交流方式进行交流，节省时间、人力、物力成本。

从实施内容上，数据的收集整理借助攀登阅读平台大数据中心。各项报告的出具整理皆由系统生成，阅读平台的操作简单便捷，尽量减少程式化的操作。

从操作经验上说，攀登阅读平台服务着全国各地近千所学校，经验丰富，无需试错。

（三）实效性原则

在阅读评价体系的构建过程中，以问题与目标为导向，注重实效，真正为区教委、学校、学生、家长提供有价值的事实与数据，并提供解决问题的意见建议。

更重要的是，阅读评价体系并不限于阅读评价。阅读评价仅仅是整个体系的第一个里程碑。在评价之后，是专家的跟进与解读，是提升方案的研讨与实施。

整个体系，并不仅仅只为最后得出的数据和一叠报告，而是以评价为指导的提升方案和不断的阅读素养提升推进工作。

6.5.2 实施方式

（一）使用攀登阅读平台进行阅读管理、应用

首先为学校学生、教师开通攀登阅读平台。在平台上，为学生提供分级分类的阅读资源目录、阅读认证测试、阅读专项能力测评考试、阅读表达应用发布交流分享、阅读成就激励体系等服务；为教师提供阅读书目推荐、阅读任务布置管理、学生阅读动态全监控、学生阅读数据分析等；为管理者提供阅读数据监测及分析报告服务。

平台开通后，在全校范围内进行推广。通过线下在课堂、在学校对阅读平台使用者的激励，线上平台阅读激励功能等不断推动学生和教师使用攀登阅读管理阅读活动。

攀登阅读平台汇集各项数据至大数据中心进行测算分析统计。这些数据和分析结果是各项阅读素养分析报告的数据依据。

（二）阅读能力专项测评考试

该项考试为线上测评。由攀登阅读平台在每学期初发布阅读能力专项测评考试，由教师在课堂向学生解说测评考试，安排学生准时参加考试。

测评结束后，攀登阅读大数据中心出具数据报告，由阅读专家对报告进行补充后，进校解说报告，并与教师进行阅读教学提升方案研讨。

（三）线上问卷

攀登阅读平台研发了一系列以阅读行为调研为核心的问卷，调研对象为学生、家长、教师和学校管理层，对于当前小学生阅读行为习惯、小学生家庭阅读环境、小学校阅读教学环境、小学教师阅读教学行为等进行详细的调研分析。

问卷通过问卷星等专业的阅读调研平台发布给调研对象，填写方便，高效收集数据，覆盖面广，节省人力物力，是一种高效环保的调研模式。

（四）专家调研

在不同的评价阶段，不同类型的专家深入到各个学校，与管理者、教师、学生和家长们进行面对面的访谈，详细了解学校阅读教学工作开展情况、学生阅读情况。结合平台出具的阅读行为数据、阅读能力数据，对阅读评价报告进行专业的补充和解释，并给出提升方案。

项目组专家们与教师进行座谈，根据阅读评价结果，一起策划校园阅读素养提升方案，让阅读不止步于评价，而是继续提升。

6.5.3 交付成果

在攀登阅读平台推广使用、专业试卷测评、线上问卷、专家调研之后，所有的数据汇总到攀登阅读平台大数据中心，由系统出具基础报告，由专家对报告进行深入分析和解读，并由专家对报告进行个性化的补充，最后形成学生个人和学校整体两种范围的阅读习惯指数报告和阅读能力指数报告。从行为习惯、能力两个方面，从多种时间维度的发展趋势上为管理者提供全方位立体化细颗粒度的阅读评价报告。既为管理者提供了评价、激励阅读工作的抓手，又为阅读教育推进方案提供了切实可行的制定依据。

（一）学生阅读习惯指数报告

通过攀登阅读平台记录的学生阅读数据、阅读调研数据、专家调研数据等对学生个体和学校整体的阅读习惯数据进行统计分析。内容包括以下几项。

1. 学生个人阅读习惯指数报告

按学期、学年等不同的时间维度，从阅读量、阅读频率、阅读类型均衡度、阅读表达作品量等方面进行学生个人阅读习惯数据统计分析，并根据与同地区、同年龄段学生的数据的对比评定学生个人的阅读习惯指数。其中：

阅读量，考察阅读书籍本数、阅读书籍字数、阅读时间等数据，是学生阅读素养的基础指标。学生的阅读素养是建立在一定量的阅读量基础上的。阅读量达标了，其他阅读指数的分析才有意义。

阅读频率，考查学生阅读的时间分布数据，鉴别学生是否有均匀的持续的阅读习惯。阅读是终身的学习事业。三天打鱼两天晒网，或者一时兴起的突击阅读，对阅读素养提升无益。合理的阅读频率是较高阅读兴趣的体现。

阅读类型均衡度，考查学生阅读数据类型、难度的分布情况。《语文课程标准》中指出："培养学生广泛的阅读兴趣，扩大阅读面，增加阅读量……"在以往的小学生阅读兴趣调研中发现，小学生阅读类型较为集中，主要是各种故事类的文学作品，对科普、人文、历史、艺术等类型的书籍阅读量不够。小学阶段正是培养广泛的阅读兴趣的重要时期。教育管理者需要切实了解小学生的阅读兴趣数据，对小学生当前的阅读均衡度有科学客观的评价，以便在今后的阅读教育工作中进行明确有效的指导。

阅读表达作品量，考查学生阅读之后进行的写、说、画、论等不同类型的阅读表达的数据。阅读，不仅仅是读完一本书的最后一页就结束了。读中所感、所思、所得最终要运用到现实生活中，阅读才是有价值的。对阅读之后的表达行为的评价，是学生阅读素养指数的最重要的组成部分，是学生认真阅读、深度阅读的凭证。

2. 整体阅读习惯指数报告

依托攀登阅读的大数据体系，可以提供班级、年级、学校、地区等不同范围的整体阅读习惯指数报告。为管理者深入了解阅读工作推进情况、评价阅读教学工作成果、制定阅读推进工作方案提供客观依据、具体方向。

以学校整体阅读习惯指数报告为例。

在时间维度上，按照学期、学年等不同的时间范围进行分析，形成不同时间跨度上的报告。供管理者了解阅读习惯指数的发展趋势。

在学生范围上，提供学校、年级、班级、学生等多维度的数据，既能从宏观上概览，又可以根据学生不同的年龄段特点进行细分分析。

在数据类型上，提供参与度分析、阅读总量分析、阅读表达作品量分析、阅读活动参与情况分析、阅读频率分析、阅读均衡度分布等数据。全方位立体分析学校整体的阅读习惯数据。其中：

参与度分析，考察学校整体、各年级、各班级中，学生们参与各项阅读活动的数据，先从参与的表象上了解阅读工作推进的影响力。

阅读总量分析，考察学校整体、各年级、各班级等不同范围的阅读量数据，包括阅读本数和阅读字数。是学校整体阅读工作推进成果的基础数据，从整体上了解学校阅读工作的基础成果。

阅读表达作品量分析，考察学校整体、各年级、各班级等不同范围的阅读表达作品量的数据，了解各个层级阅读应用的情况，进一步分析学校阅读工作的实际价值。

阅读活动参与情况分析，考察整体、各年级、各班级等不同范围的线下阅读活动开展情况。线下阅读活动是阅读教学工作的实际落脚点，最能体现"书香校园"的氛围，是学生参与阅读活动最直接的推动力。

阅读频率分析，考察整体、各年级、各班级等不同范围的阅读活动的时间分布，是考察阅读教学工作推荐的核心数据。阅读教学工作要融入日常教学工作中，它不是为了应付上级的功利性的临时性的突击活动。而是持续不断的日积月累的推动与激励。

阅读均衡度分布，考察整体、各年级、各班级等不同范围的各阅读类型阅读量的数据。广泛的阅读兴趣，反映整体阅读教学工作的细致和深入程度。学校、年级、班级等不同的层级阅读工作，不仅仅是激励学生多读书就万事大吉的简单工作。其中还包含着对学生阅读应用实践、知识面拓展等深度教学任务。

小结：

对学生各项阅读习惯指数的评价，让我们全面、客观、细致地了解了"阅读兴趣激励"工作的成效以及需要改进的地方。这是对"阅读行为"进行的评价，是阅读评价体系的基石。

（二）学生阅读能力指数报告

攀登阅读研究院的专家收集阅读能力专项测评考试的数据报告和攀登阅读平台中日常认证题测试的数据，进行统一分析，形成了阅读能力指数报告，分为学生个人和学校整体两种维度发布。

1. 学生个人阅读能力指数报告

数据来自学生参加阅读能力专项测评考试的详细数据、在攀登阅读平台完成书籍阅读认证题的数据等两方面的数据。既有阶段性集中测评的成绩，又有日常某本书籍的阅读能力测评数据，相互补充，相互印证，数据更全面客观可考。

由大数据系统按照既定算法进行分析总结，并对阅读能力指数进行评定。报告包括：整体阅读理解能力分析，分项阅读能力分析，阅读难度指数分析，书籍类型阅读能力偏向分析。

整体阅读理解能力分析，以学生在各项测试中的正确率数据为依据，代表"能否读懂""读懂程度",是阅读能力的基础数据。考察的数据包括学生在阅读能力专项测评考试中的正确率数据、在攀登阅读平台中图书阅读认证题正确率数据等两部分数据。

分项阅读能力分析,提取学生在专项测评和日常认证题测试中,所答题目对应的5项阅读能力(信息提取、解释推断、概括分析、评价鉴赏、创新运用)的数据。对学生的阅读能力进行细分评定,对于学生提升自己阅读能力和教师的具体教学工作有着方向标式的指导意义。

阅读难度指数分析,依据攀登阅读分级阅读理论,考察了学生在各个阅读难度层级的阅读质量。分析的数据包括学生在专项测评中各题目难度系数的得分数据、在阅读平台中各难度等级书籍的认证测试得分数据。它是评定学生阅读能力水平的重要数据,尤其对学生的阅读能力发展水平与其同年龄学生阅读能力水平进行了对比分析。

书籍类型阅读能力偏向分析,考察了学生阅读不同类型文本的阅读理解程度。分析的数据包括学生在专项测评中不同类型文本的得分数据,和在阅读平台中不同类型书籍的认证测试得分数据。它是评定学生阅读能力水平的重要参考数据,能了解学生的兴趣和专长之所在。

2. 学校整体阅读能力指数报告

对学校学生整体在专项测评和日常阅读认证测试中的数据进行分析,从总体上分析学校整体的阅读能力发展水平。既有学校整体的数据,又有各年级、各班级等细分范围的数据,对阅读教学工作有着客观实际细分的指导意义。

报告组成:学校(各年级、各班级)阅读理解能力分析、学校(各年级、各班级)分项阅读能力分析、学校(各年级、各班级)阅读难度指数分析、学校(各年级、各班级)书籍类型阅读能力偏向分析。

学校(各年级、各班级)阅读理解能力分析:考察了学校、年级、班级的专项测评和日常认证测试的得分数据,并与同级范围的数据进行比较,分析整体的阅读理解能力发展水平。

学校(各年级、各班级)分项阅读能力分析:考察了学校、年级、班级在专项测评和日常认证测试中各项阅读能力维度对应的题目的得分数据,并与同级范围的数据进行比较,分析整体的阅读理解能力发展水平。

学校(各年级、各班级)阅读难度指数分析:考察了学校、年级、班级在专项测评和日常认证测试中不同难度的阅读文本和书籍的得分数据,并与同级范围的数据进行比较,分析整体的阅读理解能力发展水平。

学校(各年级、各班级)书籍类型阅读能力偏向分析:考察了学校、年级、班级在专项测评和日常认证测试中不同阅读文本类型和书籍类型的得分数据,并与同级范围的数据进行比较,分析整体的阅读理解能力发展水平。

小结：

对于学生在专项和日常的阅读测评中各项能力多维度得分数据的分析，帮助管理者明确了解当前学生个人和学生整体阅读能力的发展水平，为今后实际的阅读教学包括语文教学提供了明确的指示。

（三）教师阅读教学工作成效指数评价

汇集攀登阅读平台跟踪记录的教师阅读工作推进数据、教师所管理学生的阅读素养指数数据、问卷调研数据、专家进校调研数据，对教师的阅读教学工作成效进行专项评定。由系统出具基础报告，并由专家进行个性化补充。整个教师阅读工作评价分为教师个人阅读教学能力水平评价、学校整体阅读教学能力水平评价两部分。

1. 教师个人阅读教学能力水平评价

主要是对教师个人在阅读教学工作中班级阅读推动的积极性、阅读指导工作的主动性、阅读指导能力水平三方面进行评价。

班级阅读推动的积极性：考察数据来自于教师在阅读平台中为学生进行图书推荐、奖励分布、阅读任务布置等阅读推动行为的次数、频率等，是系统性数据。

阅读指导工作的主动性：考察数据来自于教师在学校组织线下阅读活动的数据，以及参与各项阅读指导教研活动的数据。

阅读指导能力水平：一方面考察教师在阅读指导教研活动中的表现，阅读教学能力比赛中的数据；另一方面考察教师管理的学生的阅读能力水平发展趋势。

综合三方面的数据，由专家对教师的阅读教学能力水平做出细致评定，并出具提升建议。

2. 学校整体阅读教学能力水平评价

主要是从学校整体阅读活动推进力度、学校教师整体阅读教学能力水平、学校学生阅读素养提升情况等三方面来进行评价。

学校整体阅读活动推进力度，由专家进校进行实地调研收集数据，并与相同类型学校进行对比后进行分析评定。

学校教师整体阅读教学能力水平，由专家对学校教师个人的阅读教学能力水平进行评定之后，对学校的教师整体阅读教学能力水平进行分析评价。

6.6 小结

攀登阅读跟踪评价体系的实施让门头沟区的阅读教学工作有标尺可量，有数据可考，有痕迹可追，有症结可察。管理者从全局上明晰了教师们的阅读教学工作推荐情况，掌握了学生阅读学习的实际进展。依据这个体系，策划了很多切实可行、行之有效的阅读推广活动。可以说，在互联网技术的支持下，阅读教学工作有了质的提升。

在实施的过程中，我们也发现了体系的一些待优化的地方。尤其是在"如何有效地激励学生认真地读完一本书"的永恒课题上，激励体制有其优势，但是细则如何设置、方向如何引导，都有需要不断研究不断优化的地方。

第七章

门头沟区校园阅读促进成效分析

门头沟区阅读素养提升工程项目是一个为期三年的计划，自2016年项目启动至今，在区教委、区教师进修学校的大力支持和项目校全体参与人员的共同努力下，已经取得了阶段性成果。

门头沟区校园阅读促进项目主要开展了如下两个方面的工作。

1. 对全区学校的阅读情况进行全面摸底和调研

2016年5月至9月，以实现对各学校阅读工作现状的整体性评估，摸清各学校特点和现状，为个性化方案实施奠定基础为工作目标，项目组分别从阅读环境、阅读现状、主要问题和意愿、学校课程设置四个方面展开了调研工作，共下校90余次，访谈100多人次，收集学生问卷10000余份，家长问卷11000余份、教师问卷800余份，收集学校素材，摸清了全区各中小学阅读基本情况，对症下药，为接下来的阅读促进工作做好了充分的准备。调研的关键发现如下：

- 学校普遍阅读氛围较好，都在开展丰富的阅读活动
- 学校校园读书角和班级读书角建设比较全面
- 半数以上学校都在摸索阅读课程的开设
- 教师普遍重视并推动阅读
- 家长普遍都重视儿童阅读
- 学校的阅读活动普遍较零散，阅读课程体系化较差
- 图书馆及馆存图书使用率不高
- 教师阅读理论有待提高
- 家庭阅读环境待提高（有36%的家庭课外书数量不足10本，只有9%家长给以阅读指导）

2. 阅读跟踪评价平台的应用推广

兴趣是阅读的第一步，我们以积分式阅读跟踪评价为抓手，调动学生阅读动机。并在全区范围内分阶段为各学校搭建了一个集分级书单推荐、学生阅读情况跟踪评价、阅读互动交流以及阅读积分游戏为一体的信息化系统平台，实现了学生阅读兴趣的激发、阅读情况的跟踪评价可视化等功能，为全区开展阅读推进提供基础阅读量评价数据参考，为全区及各学校阅读促进工作的开展提供了很好的抓手。

7.1 门头沟区参与率分析

7.1.1 整体参与率

门头沟区开通攀登阅读平台账号有24所小学，共12169名学生，从开通平台至今参与平台活动行为的人数为9852人，参与的学校分别是大峪第一小学、大峪第二小学、育园小学、东辛房小学、黑山小学、城子小学、龙泉小学、中国人民大学附属小学京西分校、北京市第八中学京西附属小学、北京第二实验小学永定分校、龙泉雾小学、琉璃渠小学、大台中心小学、三家店小学、三家店铁路中学小学部、付家台中心小学、军庄小学、京师实验小学、军响中心小学、潭柘寺中心小学、斋堂中心小学、王平村中心小学、清水学校、妙峰山民族学校，参与率为80.96%（有阅读行为人数/参与人数），如图1所示。

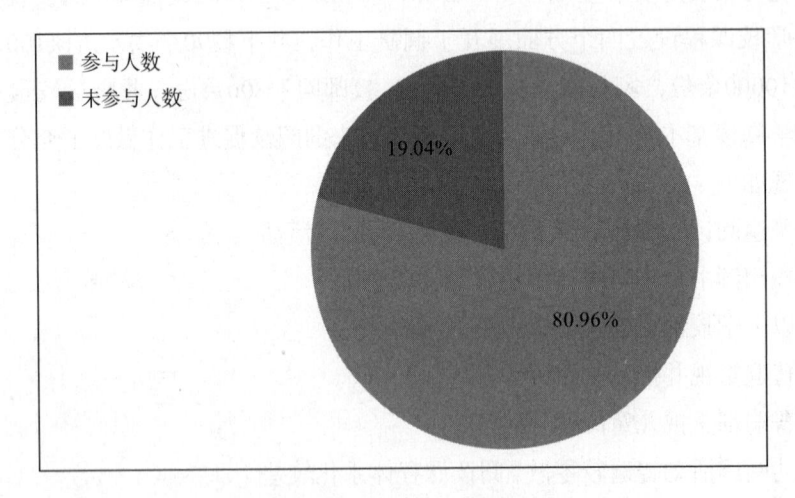

图1 学校阅读平台用户参与度

从图1中可以看出，有80.96%的学生参与平台的使用，有19.04%的学生未参与。对此，建议区教委根据各校使用情况，对各校各班未使用平台学生多布置任务，以追赶阅读量大的学生。

7.1.2 全学区学生阅读行为整体分析

1. 阅读量分析

从开通平台到2017年7月,全学区学生共阅读图书425 915本,阅读字数为2 853 630.5万字,阅读积分为21 295 750分。全学区平均阅读本数为35本,平均阅读字数为234.5万字,平均积分为1 750,如表1所示。

表1 全学区学生阅读量情况

项　目	阅读本数/本	阅读字数/万字	获得积分/分
本学区总量	425 915	853 630.5	21 295 750
本学区平均值	35	234.5	1 750

2. 阅读效果分析

表2 全学区学生阅读效果情况

项　目	验证题一次通过率
本学区平均值	76.8%

从表2中可以看出,在系统平台上进行阅读验证,一次通过率76.8%,说明学生的阅读质量、精细度比较高。建议在培养学生阅读的兴趣同时引导学生形成良好的阅读习惯,打破传统阅读教学模式,强化个性化阅读。

期间学生在时间内共发表多元化表达153 634个,其中创作表达19 711篇,口语表达44 533个,话题41 450个,写作47 940篇,平均数约为每人137篇。读了记不住,是很多读书人的阅读常态。出现这样的状况主要是太高估自己的记忆力了。同学们可以先摘抄,后写笔记或者评论,摘抄是为了更好更深地理解书中的精华部分,而评论则是自己独特思想的养成方式。摘抄是客观的,评论是主观的,两者相辅相成可以加深每个人对书的理解和感悟。可以在需要摘抄的句子、段落后面写上自己的评论,哪怕只是简单的一句没有什么技术含量的"真棒"!随着习惯的养成,评论也会渐渐变得有深度,最后会形成自己独特的阅读体会。

3. 阅读均衡性分析

攀登阅读平台上的图书分类较多,对学生阅读的图书的类别进行分析,主要是为了帮助老师和家长掌握学生的阅读的偏好性和均衡性,为老师和家长主动、动态调整学生知识结构提供有益的指导。数据分析显示,本学区学生的阅读均衡性如图2所示。

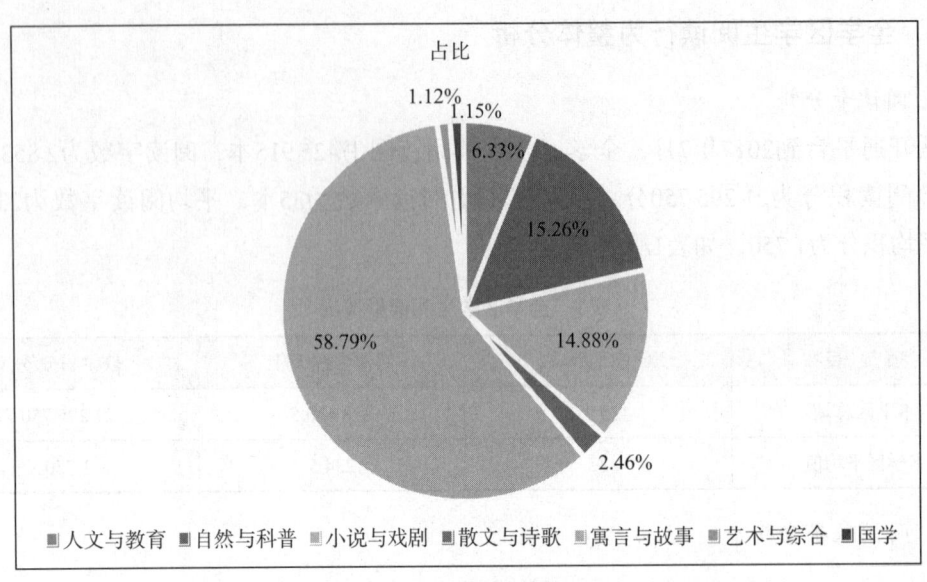

图2　全区阅读均衡性

从上图中可以看出，全区阅读种类中，阅读量最大的图书类型为寓言与故事，占58.78%；涉猎较少的是国学1.15%；艺术与综合、散文与诗歌所占比例也较少，分别为1.12%、2.46%。学生通过阅读在脑海里点滴积累的有意义的东西，就形成了自己的文化。课外阅读是学生积累和吸取优秀文化营养的主要窗口，学生文化的积累和文化的建构更多的还要依靠课外阅读。在阅读中，"各种信息、文化因子在头脑里聚集、碰撞、渗透、积淀"；逐步建构自己的文化。课外阅读不单是学生求知、开智的便捷手段，而且是提高学生素养、培养人格精神的有效途径，在一个人成长过程与精神品格形成过程中的功能是巨大的、潜移默化的。所以，阅读各类书籍，积淀各种文化知识对孩子们极其重要。

7.2　门头沟各学校参与率分析

7.2.1　图表：门头沟各学校参与率列表

参与率排名	学校名称	参与率
1	北京市第八中学京西附属小学	98.71%
2	大峪第一小学	96.77%
3	军庄中心小学	91.67%
4	东辛房小学	91.12%
5	付家台中心小学	90.48%
6	三家店小学	89.41%
7	北京第二实验学校永定分校	89.18%
8	龙泉小学	88.18%

（续表）

参与率排名	学校名称	参与率
9	潭柘寺中心小学	86.02%
10	育园小学	84.89%
11	中国人民大学附属小学京西分校	83.18%
12	琉璃渠小学	82.98%
13	大峪第二小学	80.31%
14	城子小学	79.15%
15	三家店铁路中学小学部	79.13%
16	大台中心小学	76.30%
17	龙泉雾小学	74.68%
18	王平村中心小学	73.53%
19	黑山小学	68.51%
20	军响中心小学	68.33%
21	清水学校	63.89%
22	京师实验小学	45.83%
23	斋堂中心小学	3.85%

注：上表统计了每个学校各自的参与率。

7.2.2 各校参与率分布

各校参与率分布见下图。

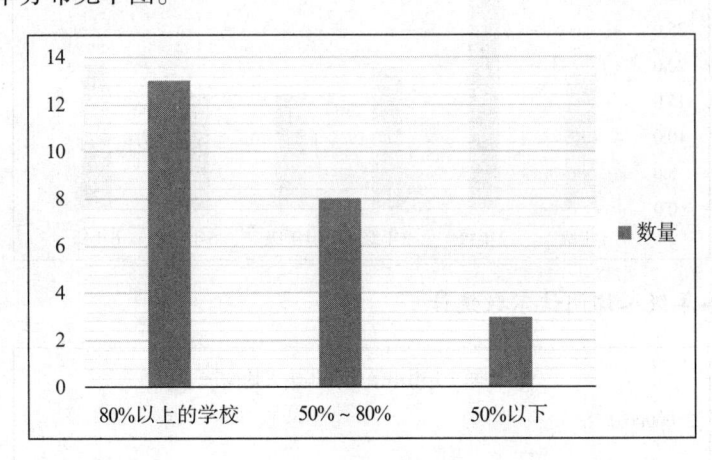

7.2.3 分析

由以上两个图表可以看出，我区13所学校平台参与率在80%以上，说明大部分学校平台应用已经常态化。

参与率最高的是北京八中京西附属小学，参与率达98.71%，表现优秀。妙峰山民族学校（2016年5月6日开通）尚未有学生使用，学生参与率为0；斋堂中心小学（2016年5月26日开通）有极少部分学生使用，学生参与率为3.85%。建议了解这些学校的具体情况，推广先进经验，帮助参与率较低的学校解决问题。

7.3 阅读数量分析

7.3.1 门头沟区阅读数量分析

(一)整体阅读数量分析

2016—2017学年下学期门头沟小学生认证通过图书数量统计

9852人　　总425915本　　人均35本　　285.3亿　　人均234.5万字

注：9852人是指通过平台参与阅读活动总学生数。人均计算规则是用学生认证通过书籍的总本数和总字数，除以全区总学生数（12169人）。

(二)各年级阅读量分析

1. 本学期各年级人均认证本数统计

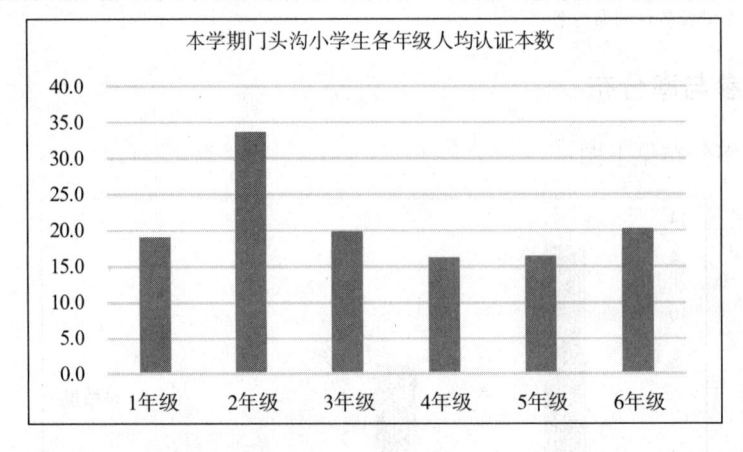

本学期门头沟小学生各年级人均认证本数

2. 本学期各年级人均阅读字数统计

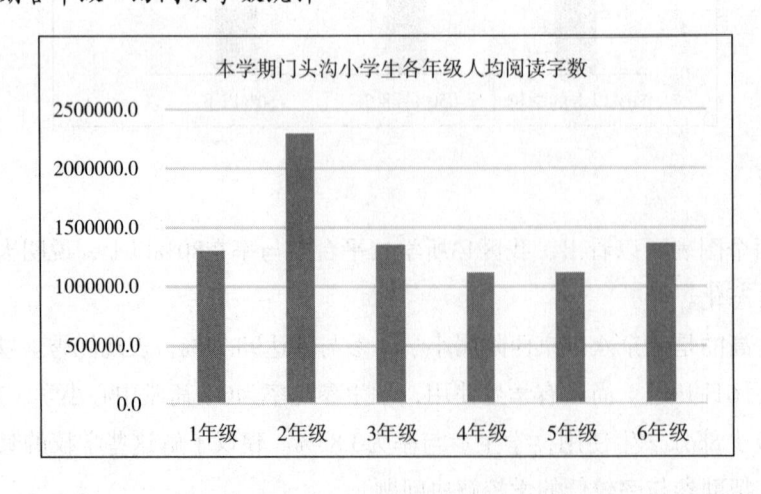

本学期门头沟小学生各年级人均阅读字数

3. 分析

由以上两图可以看出，低年级同学人均认证本数较多，但是本均阅读字数较低，二年级较为特殊。这种现象，基本是由于低年级同学一般阅读的绘本较多，以书籍本数算，数量最高；但是绘本字数较少，但是以字数统计，人均字数较少。

7.3.2 门头沟区各校阅读数量统计

序 号	学校名称	人均认证本数	人均阅读字数/万
1	北京市第八中学京西附属小学	119.26	283.44
2	大峪第一小学	53.77	457.53
3	北京第二实验学校永定分校	47.37	321.30
4	中国人民大学附属小学京西分校	43.69	319.37
5	军庄中心小学	39.19	351.35
6	三家店小学	36.82	210.26
7	育园小学	34.95	245.7
8	三家店铁路中学小学部	33.96	276.92
9	龙泉小学	33.37	276
10	东辛房小学	33.24	239.96
11	琉璃渠小学	30.93	196.63
12	大峪第二小学	25.49	217.87
13	黑山小学	25.06	210.81
14	潭柘寺中心小学	19.18	88.38
15	城子小学	18.42	114.48
16	王平村中心小学	15.93	112.19
17	大台中心小学	15.12	115.37
18	军响中心小学	13.36	141.70
19	龙泉雾小学	13.01	59.82
20	清水学校	12.37	79.73
21	付家台中心小学	8.55	44.31
22	京师实验小学	6.79	42.09
23	斋堂中心小学	0.28	2.16

分析

由上表可见，在参与过认证的学生中，有13所学校的人均认证数量在30本及以上。尤其是八中京西附小认证本数最多，大峪第一小学的人均认证字数最多。

7.4 阅读应用分析

2016—2017学年下学期，门头沟小学生各类阅读应用作品人均发布数量见下图。

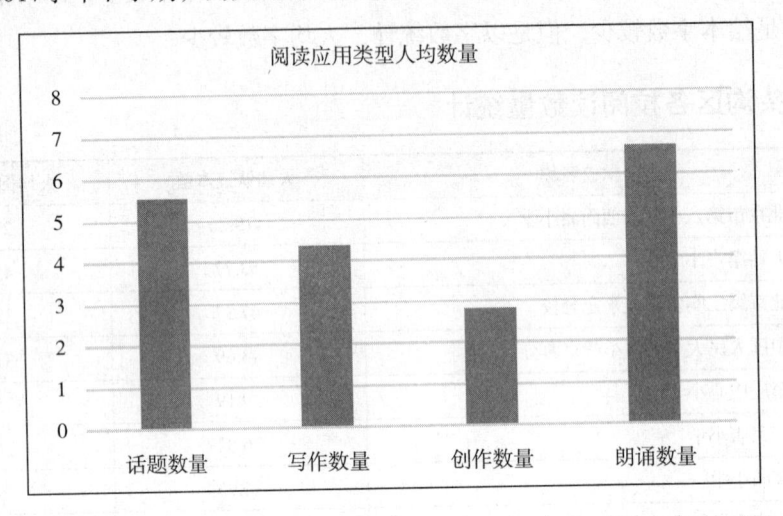

阅读应用类型人均数量

2016—2017年下学期，门头沟各年级小学生各类阅读应用作品人均发布数量见下图。

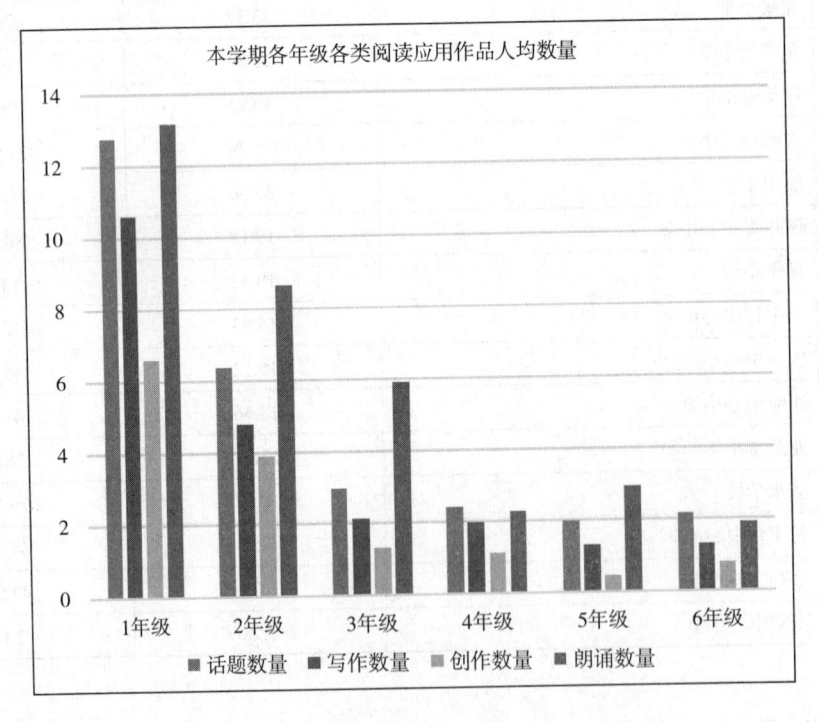

本学期各年级各类阅读应用作品人均数量

分析

平台的数据不是学生全部阅读数据的反馈，但是至少能看出学生阅读状况的全貌。一般而言，阅读之后读后感、读书笔记都是最基本的。但是从数据看，人均写作数量不足5

篇。学生们还没有形成读后思考表达的习惯，仅仅是看完了书还是不够的。

由以上两图可以看出：

人均朗读类作品数量较多。朗诵经典或者将自己的阅读所得大声地说出来，也是阅读能力的一种锻炼方式。尤其对小学生而言，有感情地朗读课文也是阅读能力的一种体现。

低年级同学的人均阅读表达作品数量高于高年级同学，一方面可能是由于阅读本数上，低年级同学高于高年级同学，另一方面也反映出高年级同学缺乏阅读表达的锻炼。

小学阶段，激发学生的阅读兴趣，积累阅读量是基础。但也要逐渐养成深度阅读的好习惯，读中有疑问、有思考、有所得，读后有应用、有表达。建议学校加强对阅读表达应用的指导，让学生将阅读所得写出来、说出来甚至能画出来，这才是阅读的终极目标。

7.5 阅读均衡度分析

7.5.1 整体阅读均衡度

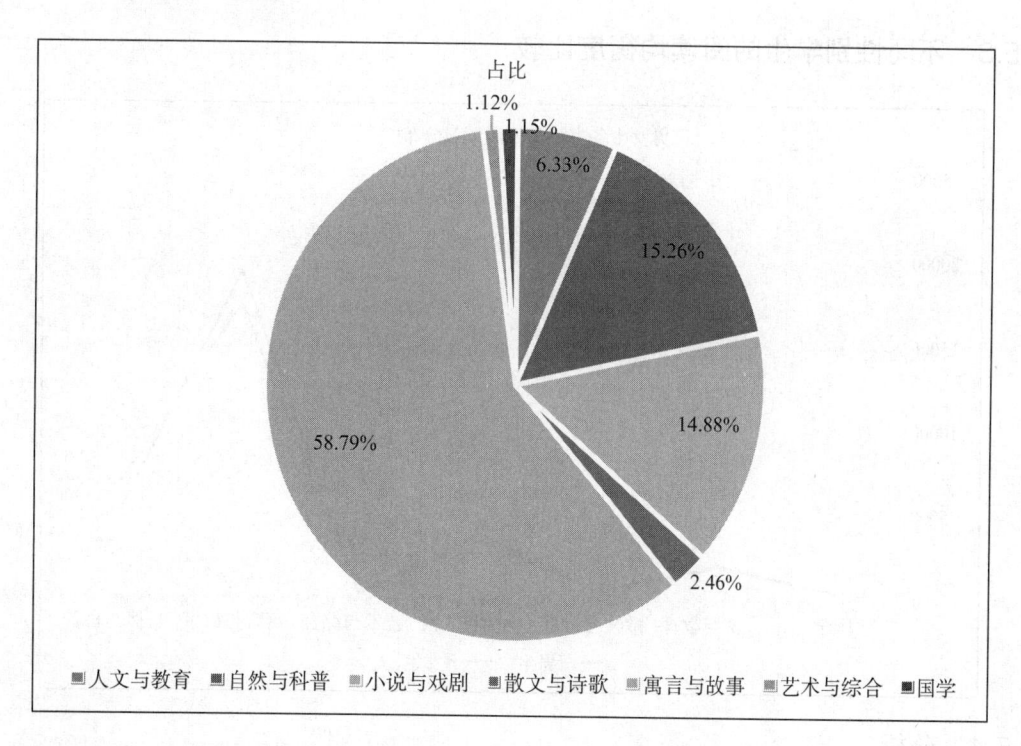

占比
1.12%
1.15%
6.33%
15.26%
14.88%
2.46%
58.79%

■人文与教育　■自然与科普　■小说与戏剧　■散文与诗歌　■寓言与故事　■艺术与综合　■国学

7.5.2 各年级的阅读均衡度

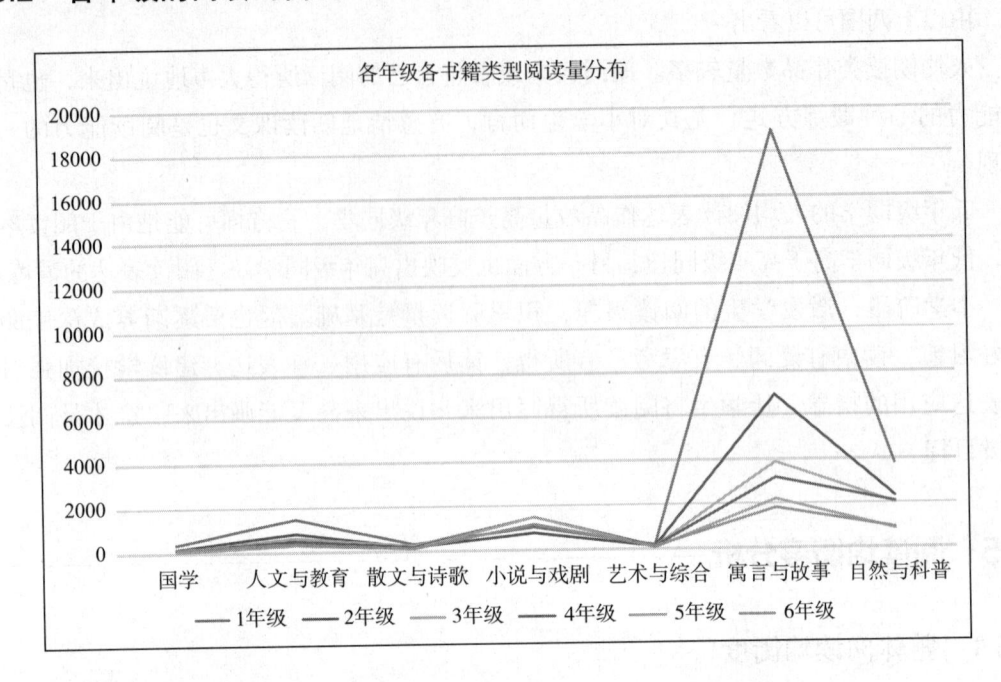

各年级各书籍类型阅读量分布

7.5.3 不同性别学生的阅读均衡度比较

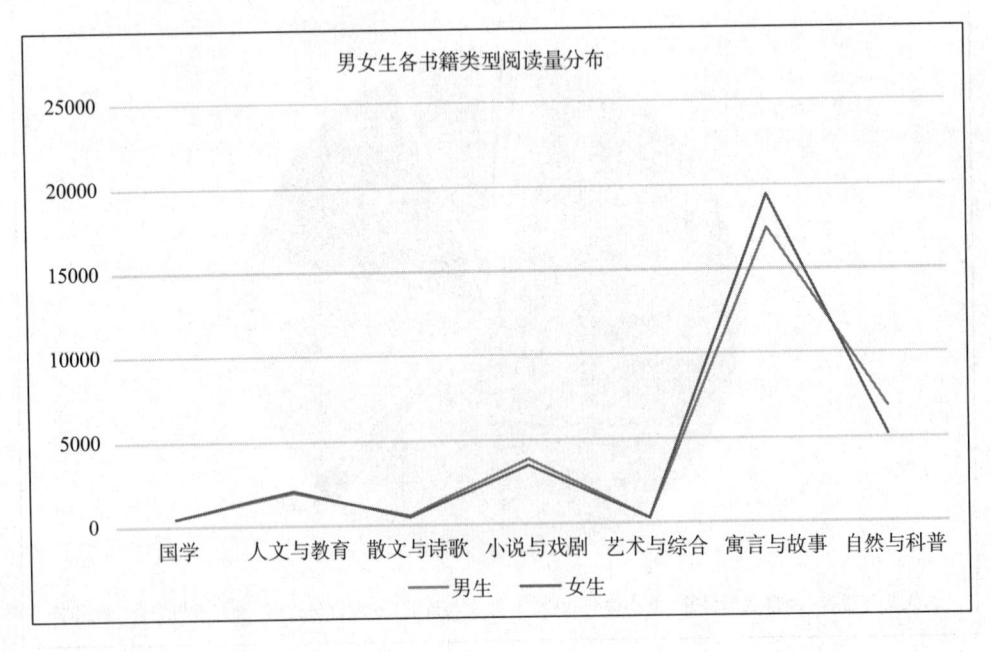

男女生各书籍类型阅读量分布

7.5.4 分析

由上图可以看出，门头沟小学生整体阅读类型分布、各年级的阅读类型分布、不同性别的阅读类型分布曲线基本一致。

门头沟小学生们的阅读集中在寓言与故事中。其中国学类作品和艺术综合类书籍阅读比例最少，尤其在当今大力推广传统文化的前提下，国学类作品4%的阅读比例，偏少。建议学校加大对国学类作品的推荐力度，引导学生们多多关注国学作品。

一、采取的措施

1. 微信直播共读一本书

为了进一步激发孩子的阅读兴趣，指导孩子的阅读活动，培养孩子良好的阅读习惯，项目组与人大附中、史家小学等多家北京名校一线名师联袂打造最强阅读指导团队，为门头沟区小学推出攀登阅读微信直播系列课程，参与量达到6000余人次，微信直播灵活机动、及时交互，是攀登阅读平台的延伸与补充。

2. 阅读课程的研发与示范应用

结合中小学教研工作，项目组与教师进修学校教研工作紧密结合，选取了黑山小学、军庄小学、八中附小以及三家店小学和大台五所课程示范校，进行绘本阅读课程和整本书阅读课程的研发及实施，搭建了依托语文学科，拓展阅读策略、阅读思维的课程体系，并在这五所学校开展了为期一年的课程实验，取得了初步成果。

3. 教师培训及教研活动开展

阅读课程区别于传统语文课程，对于部分教师是个新概念和新命题，阅读教学的新理念、新课型，教师们都迫切想了解和掌握，项目组在科室及进修学校的指导下，组织了阅读教学、阅读测评、名著阅读等多次全区范围内的教师培训，共计800余人次。同时，又与海淀区、朝阳区以及青岛、重庆、成都等多地阅读示范校进行了友好交流和深度学习，组织学校骨干教师90余人次，走出门头沟开展实地研学，开阔了思路，借鉴了鲜活的经验。此外，在全区范围内，开展了教师读书会，通过多样的活动让阅读的理念深深地埋在了门头沟教师的心里。

4. 阅读活动的开展

为在全区范围内形成书香门城的阅读氛围，项目组在区校两个层面开展了丰富多彩的阅读活动，区级层面开展了书香校园评选、阅读活动月，以及刚刚结束的门头沟区成语大赛等活动，校级层面开展了80多场书香班级、阅读之星的奖励活动，并结合课本剧展演、阅读创意秀等活动进行立体展现，同时也邀请了章鱼、马传思等知名作家进校园与学生面对面开展了互动活动，进一步激发了学生的阅读参与热情，创建了良好的书香校园文化氛围。

二、取得的成果

1. 校园分级阅读体系得以建立，校园阅读资源得到显著丰富。自2016年项目开始以来，研制了门头沟1～6年级分级阅读书单，并为6000余册图书配备了测评及训练资源，学校图书配备的针对性和丰富性也得到了显著提高。

2. 阅读课程框架初成体系，课程形式和内容更加丰富、具体。1～2年级的绘本课程、3～6年级的整本书课程已完成了课程的详细设计和运行验证，课程效果初见成效。

3. 学校对阅读的整体认识提高，教师的阅读素养和教学能力显著提升。2017年由门头沟区教委主办、门头沟区教师进修学校协办、攀登阅读承办的首届校园阅读季拉开帷幕。以提升师生的专业素养为重点，以营造浓郁书香校园文化氛围为目的，在全区形成了读书热潮。

4. 学生的阅读热情空前高涨，家校阅读氛围更加浓郁，与项目开展前平均阅读量相比，一年内学生阅读数量增加了40%以上，校园阅读文化氛围也明显有了提升。

三、总结与反思

1. 校园阅读不够深入，阅读体系仍不够健全。主要体现在校园阅读缺乏整体构建，缺少完整的阅读课程体系，只有部分教师基本掌握了阅读教学方法，全校教师阅读教学仍有待提升，阅读活动与教学计划没有形成整体规划。

2. 城区校与山区校阅读开展仍有差距。山区校普遍存在图书与实际需求不匹配，资源缺乏，图书种类较少，学生对阅读缺乏兴趣，家庭缺少阅读环境，教师阅读指导能力不高，学校阅读氛围不够，并且缺少阅读整体规划等问题。

3. 缺少阅读教学中提高学生的核心素养的整体设计，阅读教学及活动中缺乏对于思维品质的培养和锻炼。

后 记

为全面而深入地总结门头沟区"中小学校园阅读素养提升工程"的实施效果，展示我区教育科研的成果和实力，交流和推广校园阅读推广活动的经验，进一步促进和深化区域整体推进校园阅读项目的开展，在区域领导的高度重视下，在相关科研人员的共同努力下，《区域整体推进校园阅读促进的研究及实践——北京市门头沟区校园阅读素养提升项目成果集（上、下册）》正式与大家见面了。这是一份记载着我们科研心路的手札。书中记载的内容，是我区自2016年"校园阅读素养提升项目"实施以来，不断探索、辛勤耕耘、积极开展阅读促进和推广研究的智慧与结晶，是全面深化教育改革的重要成果。

在编纂本书的过程中，门头沟区的基础教育工作者们时时刻刻紧随国家教育改革的发展步伐，在多年的教育教学实践的基础上，积极推动课程和教学的整体性变革，在校园阅读推广领域一直保持着坚定的信念和初心，为推进教育事业改革和创新积累了一些经验。

在编纂过程中，关心门头沟区教育发展的各界领导、专家和教授给予了高度重视和足够的支持，又承蒙各位科研人员的辛勤付出与精诚合作，编纂工作才得以顺利完成。在此谨表谢意！

由于时间仓促，加之编纂人员水平有限，书中难免有疏漏和不足之处，敬请读者批评指正。

编者

2018年3月4日

北京市中小学校园阅读促进项目

区域整体推进校园阅读促进的研究及实践
——北京市门头沟区校园阅读素养提升项目成果集（上、下册）

（下册）

陈江锋　主编
白丰莲　李东梅　胡国友　**副主编**

电子工业出版社
Publishing House of Electronics Industry
北京·BEIJING

内 容 简 介

阅读是人们收集信息、认识世界、发展思维的重要途径。少儿时期的阅读是成长的开始，是通向未来成功之路的基础。校园阅读推广是基础教育改革的核心和突破口，是培养学生思维、能力及人格的重要途径。本图书阐述了国内外有关阅读促进活动的相关研究与政策，针对新时代校园阅读促进所面临的问题提出了一系列对策。门头沟区基于实践，推动了课程和教学的整体性变革，规划和实施了一系列以内涵发展为主的创新性实践项目。校园阅读促进工程是在区级层面统筹规划的重要基础性项目之一，借助互联网大数据分析评价技术，有效地激发了学生的阅读兴趣、提升了学生的阅读能力、丰富了校园阅读的内涵，帮助每个学生个性化、快乐地成长，是在传统阅读促进活动基础上的一种创新。

未经许可，不得以任何方式复制或抄袭本书的部分或全部内容。
版权所有，侵权必究。

图书在版编目（CIP）数据

区域整体推进校园阅读促进的研究及实践：北京市门头沟区校园阅读素养提升项目成果集：全2册 / 陈江锋主编．—北京：电子工业出版社，2018.12

ISBN 978-7-121-33973-8

Ⅰ．①区… Ⅱ．①陈… Ⅲ．①中小学－读书活动－门头沟区 Ⅳ．① G632.46

中国版本图书馆 CIP 数据核字（2018）第 065973 号

策划编辑：管晓伟
责任编辑：管晓伟　　　特约编辑：李兴　等
印　　刷：三河市鑫金马印装有限公司
装　　订：三河市鑫金马印装有限公司
出版发行：电子工业出版社
　　　　　北京市海淀区万寿路 173 信箱　邮编：100036
开　　本：787×1092　1/16　印张：33　字数：1162 千字
版　　次：2018 年 12 月第 1 版
印　　次：2018 年 12 月第 1 次印刷
定　　价：180.00 元（上、下册）

凡所购买电子工业出版社图书有缺损问题，请向购买书店调换。若书店售缺，请与本社发行部联系，联系及邮购电话：(010) 88254888，88258888。
质量投诉请发邮件至 zlts@phei.com.cn，盗版侵权举报请发邮件至 dbqq@phei.com.cn。
本书咨询联系方式：(010) 88254460；guanphei@163.com。

编 委 会

主　编：陈江锋

副主编：白丰莲　李东梅　胡国友

编　委：杨　艳　赵明勇　赵　薇　宋淑英　韩文帅　陈明欣　杜庆艳

前言

  阅读是人们汲取知识、开发智力、发展思维、启迪智慧的重要方式；是将知识信息内化为发展动力、认识世界的载体；是一种润物无声的影响，滋养一个人的品格，使个人获得成功的必备和先决条件。在深层次上，阅读也是人们享受教育教学权利、广泛参与社会政治生活、消弭教育鸿沟、紧密家庭关系、关心弱势群体的重要手段，更是一个国家乃至一个民族精神发育、文明传承的重要桥梁。

  2016年12月，我国发布了《全民阅读"十三五"时期发展规划》。大力倡导全民阅读，提升国民素质和社会文明程度，共同建设书香社会，被列为"十三五"的一项重要工作。一个没有阅读的学校不会存在真正的教育。从2001年开始，我国就十分关注和重视针对青少年的阅读推广工作，积极汇聚各方研究和推广资源，自主研发阅读课程，区域化推进书香校园建设，搭建阅读研究和推广平台，大力推动校园阅读工程的实施。

  2016年，为进一步推进基础教育课程改革，落实立德树人根本任务，提升学校办学品质，由北京市教委发起了"北京市中小学校园阅读促进项目"。门头沟区积极响应，基于多年的教育教学实践，致力于推动课程和教学的整体性变革，合理规划和实施了一系列以内涵发展为主的创新性实践项目，校园阅读促进工程就是在区级层面统筹规划的重要基础性项目之一。该项目及时地面向现实中迫切需要解决的问题，旨在充分利用和发挥互联网大数据分析评价技术的优势和功能，在学生全面发展的基础上，以营造校园阅读文化氛围、深化阅读教育内涵、丰富校园阅读资源、开发阅读课程体系、建设数据化跟踪评价平台为保障，以提高学生阅读兴趣、培养学生阅读习惯、提升教师阅读指导能力及学生阅读综合素养为目标，整合相关资源，在全区中小学开展深层次校园阅读促进提升工作，形成具有门头沟区阅读教育特色的"立体式"发展模式。"门头沟区校园阅读素养提升项目"展现了门头沟区教育科研工作研究的新成果，开创了区域教育发展的新局面。

在实际研究中，一方面借助文献调查的方式，从分类总结的角度出发，参考了大量与阅读相关的文献资料，全面了解国外的阅读推广情况，系统综述和剖析了美国、英国、德国、日本、韩国和加拿大等发达国家的阅读推广活动和阅读推广经验，对于探讨提升门头沟区中小学生阅读水平和能力起到了很好的借鉴意义。

另一方面，通过资料搜集、信息整合等方式，在认真领会相关政策文件精神的基础上，再结合问卷、访谈等多种形式，对门头沟区各中小学阅读基本情况进行了详细的摸底和调研，对阅读环境、阅读现状做了详细的考察，对于存在的问题做了详细的归纳和总结。详细解读了门头沟区校园阅读促进推广的整体规划，明确了该项目三年内的具体规划和实施内容，并以分类的独特角度做了大数据归纳和分析。围绕阅读资源、阅读文化、阅读课程、跟踪评价工具、阅读活动及长效化机制等方面，多角度、系统化地开展，不仅积极推动阅读跟踪评价平台在各中小学的应用和推广，而且结合中小学教研工作，研发适合中小学教学实际需要的阅读课程，详细介绍了"绘本阅读课程""整本书阅读课程""阅读及戏剧通融课程""高效阅读课程"等方面的设计示例，同时还积极开展教师培训及教研活动，进一步加强学校对阅读的整体认识和提升教师的阅读指导能力。

《区域整体推进校园阅读促进的研究及实践——北京市门头沟区校园阅读素养提升项目成果集》是对2016年在门头沟区中小学范围内发起的"中小学校园阅读素养提升工程"实施情况的系统归纳和总结，是对为期三年的校园阅读整体提升计划的梳理，集中反映和体现了门头沟区教育科研的智慧，是门头沟区教委高度重视校园阅读促进工程的心血和结晶，对于门头沟区进一步营造良好的阅读氛围，提升学生的阅读素养和教师的专业水平起到了很好的促进作用，同时也可为其他地区的校园阅读推广活动的顺利开展提供宝贵的经验借鉴。

作为教育改革的践行者，教育工作者要不负使命、践行责任，通过一系列的举措保障中小学生的阅读权利、启蒙他们的阅读意识、激发他们的阅读兴趣、培养他们良好的阅读习惯、奠定他们的阅读能力。开展阅读理论研究、探索校园阅读推广和体验活动新形式、营造良好的校园阅读氛围、推动校园阅读实践是我们的目标。在探索少儿阅读理论、开展校园阅读推广实践中，我们如履薄冰，不敢有丝毫懈怠。今后将进一步加强阅读课程的深化与推广，全面深化和开展区域共读，进一步提升教师的阅读指导能力，深化区域阅读的成效。

回顾过去，门头沟区在促进内涵发展的实践过程中结出了丰硕的素质教育果实。展望未来，门头沟区也将一如既往、守正出新，在人才培养、教育实验、科研攻关、文化传承方面实现新的腾飞和创新发展。

目录 CONTENTS

第八章 门头沟区阅读课程框架及示例 001
启示
让语文课堂点亮学生阅读人生 … 001
课内外阅读巧整合　促语文素养大发展 … 005
深入咀嚼语言，揣摩语言魅力 … 009
阅读有法化知为识　思考有方转识成智 … 013
小学语文四层级阅读教学策略的实施与应用 … 018
低年级有效激趣促进快乐阅读初探 … 024
我谈经典文本阅读的"三个维度" … 028
提高小学生识字能力　促进学生读写结合能力 … 033
以文本为基础　以体验为目的 … 037
享受阅读好时光 … 041
关于课内阅读教学与课外阅读教学有机结合的几点思考 … 045
浅谈如何指导小学生课外阅读 … 051
重读《朝花夕拾》再看鲁迅童年 … 056
初中生整本书阅读现状分析及应对策略 … 062
巧借单元主题教学促进课外阅读 … 068
比较阅读，让古诗教学更具魅力 … 074
绘本阅读，开启小学阅读之旅 … 080
绘本引领，开启低年级的阅读生活 … 083
以绘本叩开低年级学生的阅读之门 … 087

读《声律启蒙》，有声有色	091
和学生牵手　与经典同行　为生命阅读	097
整本书阅读，我们这样做	101
开启高效阅读之旅	104
读送别诗　感离别情　品送别文化	107
享受阅读，丰美人生	114
形式多样的活动促进语文素养的提升	120

课程设计

整本书阅读《时代广场的蟋蟀》教学设计	125
走进《西游记》教学设计	130
整本书阅读《城南旧事》教学设计	135
整本书阅读《柳林风声》教学设计	140
整本书阅读《猎人笔记》教学设计	144
整本书阅读《水浒传》教学设计	152
《水浒传》整本书阅读指导	155
整本书阅读《红楼梦》教学设计	159
战场内外论英雄——名著阅读 教学设计	163
整本书阅读《四世同堂》教学课例	167
绘本阅读《你是我最好的朋友》教学设计	172
绘本阅读《米莉的帽子变变变》教学设计	176
绘本阅读《猜猜我有多爱你》教学设计	180

第九章　门头沟区亲子阅读实践及总结	**184**
陪孩子一起快乐读书	184
播撒阅读种子　养成良好习惯	186
中学生同样需要亲子阅读	189
浅谈如何在亲子阅读中融入国学学习	193
论亲子阅读对儿童成长的影响	198
助亲子阅读　做星级父母	203
亲子阅读感悟	207
让孩子爱上阅读，是一生中最划算的教育投资	209
亲子阅读让书伴随低年级学生成长	212
阅读需要陪伴	217

　　　　开启低年级孩子的阅读之旅　　　　　　　　　　　　　　221

第十章　门头沟区阅读综合实践方案及示例　　　　　　224
　　　　关于推进书香校园建设的问题与对策　　　　　　　　224
　　　　新时代下农村学生阅读促进面临的问题及举措　　　　229
　　　　推动三级阅读工程　提升学生阅读素养　　　　　　　233
　　　　构建阅读生态　提升阅读素养　　　　　　　　　　　237
　　　　致力于书香校园建设　促进师生可持续发展　　　　　242
　　　　最是书香能致远　　　　　　　　　　　　　　　　　246
　　　　让"悦读"文化涵养学生的心灵　　　　　　　　　　　252
　　　　书香润泽校园　阅读丰富心灵　　　　　　　　　　　257
　　　　书香浸满校园　阅读浸润心灵　　　　　　　　　　　259
　　　　敲阅读之门，进阅读之家　　　　　　　　　　　　　262
　　　　书香满校园，阅读伴成长　　　　　　　　　　　　　265
　　　　为心灵与智慧架设彩虹桥　　　　　　　　　　　　　269
　　　　新时代下校园阅读促进面临的问题及对策　　　　　　274
　　　　书香校园建设离不开以家庭为单位的书香门第建设　278
　　　　品味经典　享受阅读　　　　　　　　　　　　　　　283
　　　　感受经典魅力，共享阅读快乐　　　　　　　　　　　289
　　　　从《猴王出世》一课走进《西游记》　　　　　　　　297

第十一章　门头沟区阅读交流体会及总结　　　　　　　302
　　　　从《论语》中看孔子的教育思想　　　　　　　　　　302
　　　　留下生命的痕迹　　　　　　　　　　　　　　　　　306
　　　　感受班主任的快乐　　　　　　　　　　　　　　　　308
　　　　读最美散文，品味心灵之美　　　　　　　　　　　　310
　　　　读《优秀语文教师一定要知道的7件事》有感　　　　312
　　　　读《我只欠母亲》有感　　　　　　　　　　　　　　315
　　　　路在脚下　　　　　　　　　　　　　　　　　　　　317
　　　　读《论语》改变人生　　　　　　　　　　　　　　　319

后记　　　　　　　　　　　　　　　　　　　　　　　　321

第八章

门头沟区阅读课程框架及示例

启 示

让语文课堂点亮学生阅读人生

杨立华　门头沟教师进修学校

阅读意味着对某一种特殊文本进行解码和解释的具体而自愿的行为。学生的成长离不开阅读，也就是说，阅读是学习之母、教育之本。《语文课程标准》指出："阅读是运用语言文字获取信息、认识世界、发展思维、获得审美体验的重要途径。"还提出建议："要重视培养学生广泛的阅读兴趣，扩大阅读面，增加阅读量，提高阅读品味。提倡少做题，多读书，好读书，读好书，读整本书。关注学生通过多种媒介的阅读，鼓励学生自主选择优秀的阅读材料。加强对课外阅读的指导，开展各种课外阅读活动，创造展示与交流的机会，营造人人爱读书的良好氛围。"

当前我国成人阅读的状况令人担忧，我们的小学生的阅读又是怎样的现状呢？经调研走访，我们清楚地看到，有一部分小学生是不阅读的，有多数学生处在无意识的读书中，他们倾向于笑话、漫画、童话等，有个别学生有意识地倾向经典著作，学生阅读面、阅读能力参差不齐，和我们所期望的有价值的阅读存在偏差，如何在课堂上激发孩子的阅读兴趣，拓宽阅读面，使学生能够有意识地进行阅读，我们进行了大量的实践，很多的老师都充分地利用外部因素，来激发孩子的阅读兴趣，然而这样的阅读，孩子坚持得并不持久，只有当孩子从内心里需要阅读，形成一定的内驱力，孩子才能持续阅读，进而形成良好的阅读习惯。

一、依据教材单元阅读主题，促使学生走进相关领域书籍，实现多读书

人教版的教材都是按照主题编写单元的，单元内的精读课文和略读课文之间都存在一定的联系，并且从不同的角度诠释本单元主题。这样的单元作为一个整体存在，具有一定的辐射性，能够有效地引领课外主题阅读。例如：我们通过对人教版五年级下册第二单元"童年"一组课文的研究，发现本组课文虽然都是展现人物的童年，但是各不相同，各具特点。《冬阳童年骆驼队》一文回忆林海音童年的四幅画面都是和骆驼有关的——学驼咀嚼、谈论驼铃、欲剪驼毛、追问驼踪。而这四幅画面看似独立，却暗连其中，英子情感层层深入。而作者萧红在《祖父的菜园》中，却充满了快乐、自由、无拘无束，这也正是现在孩子们所向往的童年生活，因而学生的心灵与作者的思想感情逐渐合拍，对课文内容异常感兴趣。基于以上原因，最终确定《冬阳·童年·骆驼队》和《祖父的园子》作为本单元阅读重点，并拓展到其他作家的童年生活——高尔基的《童年》，所以我们打破常规，在一节课中，把三位作家的童年进行对比，感受作者不同的童年生活。最后，我们将主题阅读延伸至课外，搜集现当代作家、国内外作家有关"童年"主题的作品，进行拓展阅读。这样孩子们大量地搜集和阅读中形成了一定的阅读方向——主题阅读，实现了课内阅读指引课外阅读。像这样主题阅读，第八单元也是非常好的主题阅读训练内容，本单元四篇课文描述了德国、意大利、泰国和非洲的异域风情。为我们打开了了解异国风情的一扇窗。从了解三篇文章的内容角度看，《威尼斯的小艇》成了走向异国风情的交通线。这样我们就以《威尼斯的小艇》为例，通过品析小艇的独特，感受威尼斯的风格；探究小艇的动态，感受威尼斯的风情；想象小艇的作用，感受威尼斯的风韵；来引领拓展"异国风情"主题阅读，孩子们的阅读面一下子宽了，进而深化了主题。像这样基于教材的主题阅读，带动相关主题的课外阅读的课堂，我们的学生非常喜欢，更重要的是引领孩子们认识到了要围绕主题多读书，从书中去认识世界。

二、从名家名篇中寻觅文品，提升境界，激励学生读好书

阅读在潜移默化中强化了人文精神，当代著名教育家魏书生在这方面做了很好的榜样。他要求入学新生每人要有一本伟人传记、一本名著。可见，他非常注重课外阅读提升学生的人生境界。其实，只要我们的课内阅读引领到位，会很容易、很顺其自然地将学生引向读好书的方向。我们的语文教材选文文质兼美，浸润着丰富的思想，充盈着高尚的人生感悟，用于对学生高尚人格和情操的熏染、渗透极为贴切。例如：五年级下册第八单元有一篇课文《自己的花是让别人看的》，本篇文章是季羡林老先生的作品，是本单元唯一一篇静物散文，文章内涵丰富，作者"由物及人"向读者讲述了德国人"爱花之真切"，以及"人人为我，我为人人"的境界，视野新鲜，写法独特，语言朴实。作者为

什么写？又是怎样写出这样一篇富含哲理的美文的呢？我们抓住这个主问题，层层剥茧，从街景之美、心灵之美、行为之美三大成文的原因，去触摸语言文字，感受情、景、理融为一体的表达方法，进而认识季羡林老先生的文品，以此打开了解季老的大门。课余，我们走进季羡林，阅读季老的文章，从《季羡林自传》开始，孩子们走进了季羡林的生活，感受他的人生境界。人教版语文教材五年级上册第八单元为"走近毛泽东"，但通过潜心研读文本，我们发现实际上学生学习本单元要经历"走近——走进——走入"这样一个逐层深入的过程。《七律·长征》如身临其境般了解长征这一历史事件，感悟红军的革命英雄主义和革命乐观主义精神，进而初步走近了作为红军领袖的毛泽东，感受到了毛泽东豪迈的情怀。《开国大典》紧紧抓住"毛泽东的言行以及群众的反应"几进几出，并借助相关历史资料，使学生明白"群众的欢呼、喜悦"的背后是人民对毛主席无限的爱戴，进而"走进"毛泽东，伟人的风采深入人心。《青山处处埋忠骨》，借助文本中的细节描写和影像资料的介入，学生真正"走入"了毛泽东的内心，充分感悟到了作为人父，主席那凡人的情怀。学生们通过这样的阅读课，对领袖毛泽东有了由浅入深的认识，课余孩子以"走进毛泽东"展开阅读，有的学生读毛泽东的诗词领略其豪放大气；有的学生读毛泽东语录，感受其治国思想；有的学生读毛泽东与儿女的故事，感受其浓浓的父爱……这样的阅读无声地浸润着孩子的心灵，让他们感受到读书一定要读名家名篇、名人传记，去读好书，从好书中汲取前人的思想与智慧。

三、挖掘教材中经典名著片段的兴趣点，吸引学生走进原著，去读整本书

从小读整本书，加以思考，对孩子的人格塑造有很大的好处，孩子通过对文学作品认识、感悟世界，加深对真善美、假恶丑的认识和理解，对人生哲理潜移默化地接受，比我们大人肤浅的说教要深刻得多、有效得多。如何利用教材带领学生进入整本书的阅读，需要挖掘教材中的兴趣点、内容点和原文勾连。例如：人教版第十册第五组课文单元主题是走进中国古典名著。学习本组课文，要理解主要内容，感受人物形象，体验阅读名著的乐趣。本组课文的《草船借箭》这篇课文讲述了周瑜妒忌诸葛亮的才干，要诸葛亮十天内造出十万支箭，以此来陷害他。诸葛亮为顾全大局，与周瑜斗智，用妙计向曹操"借"箭，挫败了周瑜暗算，说明诸葛亮有胆有识、谋划周密、才智过人。学生们对诸葛亮和周瑜这两个人物极为感兴趣，在课堂结束时，教师相机引导："孩子们，在《三国演义》中还描写了许多次二人的较量，也有关于诸葛亮更为经典的故事，课下请同学们一起读《三国演义》去寻觅，一个月后我们召开读书交流会。"同学们开交流会时，老师调查，本班级一共38人，只有2人未读。与此同时老师还布置阅读"我喜爱的名著"阅读作业，一个月后再开交流会，这次的交流会孩子们侃侃而谈，有的孩子谈书中人物，有的谈具体细节，百花齐放，此次交流会真可谓一次盛宴。老师的引导并未结束，《三国演义》中文官各个足智多谋，武将又如何？请同学们继续读书，下次交流。"孩子们又投入了整本书的阅读中……自此孩子从内心喜欢经典名著了，也能够静下心来去读整本书了。

"多读书，好读书，读好书，读整本书。"是《语文课程标准》中重点提出的，它的实现需要课堂上的有效指导，需要教师广泛涉猎内容，精心设计课内外阅读相联系的环节。

阅读可以明智，阅读可以修身，阅读是一个人一生必备的好习惯，我们小学阶段正是培养学生良好阅读兴趣和习惯的大好时光，课堂正是这一任务的主阵地，是形成学生阅读内驱力的重要渠道，让我们用语文课堂点燃学生的阅读人生。

课内外阅读巧整合　促语文素养大发展
——推进校本阅读课程过程中的实践与经验总结
研究类型：课内外阅读整合
白雨　大台中心小学

> **【摘要】**《义务教育语文课程标准》（2011年版）指出：要培养学生广泛的阅读兴趣，扩大阅读面，增加阅读量，提倡少做题，多读书，好读书，读好书，读整本书。鼓励学生自主选择阅读材料。这就要求在我们的语文课堂教学中，做到课内与课外阅读相结合。课内阅读是点，是课外阅读的基础；课外阅读是面，是课内阅读的拓展和延伸。在语文教学实践中充分证明，教师在教学中，要将重点放置在课内阅读和课外拓展双管齐下的工作中，不仅要提高课内阅读的质量，还应积极对学生进行课外拓展阅读的引导，努力架起联通课内外阅读的桥梁，只有这样，才能进一步拓宽学生视野，丰富文本内容，使学生产生丰富的情感体验。进而全面提升学生的语文综合素养。
>
> **【关键词】**课内外阅读整合　语文阅读教学

古有孔子的"韦编三绝"，有妇孺皆知的"读书破万卷，下笔如有神"。吕叔湘先生也曾指出："同志们可以回忆自己的学习过程，得之于老师课堂上讲的占多少，得之于课外阅读的占多少。我想大概是三七开吧，也就是说，百分之七十得之于课外阅读"。可见，多读书能提高语文能力是古往今来人们的共同认识。

《义务教育语文课程标准》（2011年版）指出：要培养学生广泛的阅读兴趣，扩大阅读面，增加阅读量，提倡少做题，多读书，好读书，读好书，读整本书。鼓励学生自主选择阅读材料。这就要求在我们的语文课堂教学中，做到课内与课外阅读相结合。课内阅读是点，是课外阅读的基础；课外阅读是面，是课内阅读的拓展和延伸。只有将课内外阅读紧密结合起来，才能进一步拓宽学生视野，丰富文本内容，使学生产生丰富的情感体验。下面，就在我校校本阅读课程推进过程中，我在教学中的实例谈一谈自己的一些做法。

一、找准桥梁支撑点，理解文本深层次

叶圣陶先生曾说："教材无非是个例子。"语文教材实际上是通向更多课外阅读的桥梁。那么找好架起这座桥梁的支撑点，就显得尤为重要了。也就是说，只有找好课内外阅读的结

合点，以课内文本阅读为依托，才能通过课内阅读这座桥梁让学生走向课外阅读的广阔天地。

(一) 看准"文眼"深挖掘

题目是课文的"眼睛"，如果抓住课题教学，教师适时引导，充分发挥"文眼"的传神作用，就能激起学生寻秘探幽的兴趣。如在学习《蟋蟀的住宅》这篇课文时，我告诉学生这篇课文选自《昆虫记》。这本书不仅是一部文学巨著，也是一部科学百科。法布尔写这本书倾注了整整60年的时间，当他照顾喂养这些小昆虫时，他是小昆虫的朋友、家人；当他仔细观察它们时，他又成了小昆虫中的一分子。这样与它们朝夕相处、仔细观察，才使他对昆虫有了更透彻的了解，才有了这本传世之作，才有了大家对它的赞不绝口。这本书被译成多种文字出版，成为世界各国小朋友最喜爱的科普读物，也是中国中小学生必读的课外书。在教师由课文题目向课外阅读的引导拓展过程中，学生的阅读兴趣一下被激发了出来，课后纷纷到图书馆借阅。将被动的任务性阅读化为学生的自主性阅读，起到了事半功倍的效果。

(二) 巧借文体广拓展

教师可以根据文体，指导学生阅读同类型的文章，可以指导学生运用课堂上学到的阅读方法进行课外阅读，以达到课内得法、课外受益的效果。如四年级上册"作家笔下的动物"这组文章，都是描写动物的小散文，作家笔下高傲的白鹅、性格古怪的猫、慈爱尽职的母鸡，无不性格鲜明、可亲可爱。因此在学习《白鹅》《猫》等文章时，我将体会每一种动物的特点、感受动物的可爱、体会作家的语言风格和文章表达方式的特点作为教学重点，课后向学生推荐阅读老舍的《小麻雀》、郑振铎的《燕子》等同类文章。希望让学生体会到，同样是写动物，观察角度不同，心理体验不同，运用的表达方法就不同，语言也就各具特色，从而进一步感受动物的可爱和作者对生命的关爱、对生活的热爱。

(三) 紧抓质疑指方向

学生在课内阅读中经常会提出一些疑问，有的问题教师可以引导学生通过课外阅读解决。这样，往往更有利于培养学生的学习兴趣和自学能力。如在《冬阳·童年·骆驼队》一课的教学中，学生在作者描述的一件件趣事和相关的电影片段中，对英子的生活相当感兴趣。当学生提出"我想知道作者小时候还发生了哪些故事"时，我顺势而导："本文是小说《城南旧事》的序言，我读过这本书，里面有惠安会馆的女疯子秀贞，有饱受养父虐待的小伙伴——妞儿，还有从小在凄风苦雨中成长的兰姨娘，如果你想了解他们更多的故事，课后阅读《城南旧事》这本书吧，相信你一定会有很大的收获。"这样让学生带着课内阅读的问题进行课外阅读，不仅目的明确，而且兴趣浓效果好。

(四) 突破难点促阅读

在课内阅读中遇到难理解的地方，我们也可以将其作为课外拓展阅读的结合点，引导学生通过阅读课外补充资料来理解难点。如教学《跨越百年的美丽》一课时，学生对居里夫人提炼镭的工作环境和社会背景不太了解，我便在学生分析体会的过程中出示了《居里夫人的伟大发现》一文中的多处课外阅读资料，引导学生阅读，使学生对文本的理解更透彻，也对居里夫人的高贵品质有了更进一步的认识。除此之外，我还将《居里夫人传》这本书推荐给学生们，他们学习完课文后借阅的兴致特别高涨。

（五）熟悉作者助解读

一般来说，在学生学习了某位作者的文章后，让学生课外再去阅读该作者的其他文章或相关资料，能够加深学生对这位作者、作品内容的理解和对他写作风格的把握。其实，有一些文章可以在学习之前就对作者进行详尽介绍，会让学生更好地理解文章。比如《去年的树》一课，这是一篇极其优秀的童话作品，其作者是日本童话作家新美南吉。这篇童话只有五百多字，如此短小的篇幅，却承载了极其丰富而深厚的内涵。新美南吉可谓惜字如金，他似乎有意少说或者不说，给读者留下了极大的意义空白和无限丰富的想象空间。他呼唤着世间最美好的情愫，他让我们相信，世间有些东西将超越空间、走向永恒，比如友谊、爱情、信赖、至死不渝的忠贞……但对于四年级的小学生来说，他们短暂的生活阅历，根本没有办法体会作者独特的写作风格和想要表达的深刻内涵。于是，我在课上先出示了作者新美南吉的资料，学生们通过阅读更全面地了解了作者的写作风格和写作背景，也进一步加深了对文本的理解。而在随后阅读作者另一篇佳作《小狐狸买手套》时，学生的理解也更为深入了。

（六）关注节选引原著

教材中的许多课文都是节选的内容，不是进行了改编，就是进行了缩减，学生们一篇课文学下来，往往只看到了冰山一角，不能深入地理解文本背后隐藏的内涵，这样的课文已不能够全面地阐释作者的本意，从而给学生全面而深刻地理解课文内容造成了困难。如国外经典《丑小鸭》原文有6000多字，而小学语文课本中仅400多字。显然，单单教学课文内容，学生无法领会到经典的真实内涵，失去了教学的意义。因此在教学中，我将教材与原译文对照，引导学生走进经典名著的源头，挖掘经典的内涵。同样，在学习《草船借箭》时，可以推荐学生阅读《三国演义》；学习《卖火柴的小女孩》时，可以推荐学生阅读《安徒生童话》；学习《猴王出世》，可以推荐学生阅读《西游记》……一来可以加深学生对文本的理解，更重要的是引导学生去阅读原著，阅读整本书。

二、熟悉文本大背景，搜集资料广阅读

教材中有不少文章是关于人物或历史事件的，这些人物或事件都不是孤立存在的，他们都有一定的时代背景。只有将这些事件的来龙去脉了解清楚，才能够更深入地理解文本

内容。如人教版语文五年级上册第八组的四篇文章，从不同角度反映了毛泽东的伟人风采和凡人情怀。对于五年级学生而言，理解起来有一定困难。为此，在学习本组内容之前我组织学生课后阅读毛泽东的生平、事迹，再利用课上时间组织学生在班内交流，让学生对毛泽东有一个全面的了解。《青山处处埋忠骨》是这组文章中的一篇略读课文。课前，我要求学生查阅抗美援朝的有关资料，了解抗美援朝的背景、经过、结果和伟大意义，了解毛岸英赴朝的缘由、牺牲时的情景。同时让学生读读《黄继光》《邱少云》《谁是最可爱的人》等有关记叙抗美援朝英雄人物的文章。有了这些丰富的课外阅读积累，课堂上我就放手让学生自读课文，然后交流：哪些地方自己深受感动，为什么感动，从中感受到什么？最后，指导学生有感情地朗读课文。这样一来，文本的情感更丰富，内容更形象。除相同的历史背景之外，还可以从相关内容、相关人物、相同的中心、相似的写作手法等方面拓展课内外阅读，多角度、多层面地丰富文本内容，提高学生阅读的趣味性和有效性。

三、围绕单元一主题，激发学生多情感

人教版小学语文教材中，每个单元都有相应的主题，单元中的每一篇课文都是围绕这个主题来写的。教学中我以单元主题为主线，借助优秀刊物，搜集相关主题的文章，将课内阅读与课外阅读有机结合起来，使文本中的人物更鲜活，学生的阅读情感更丰满，对主题的理解更深入。如在学习五年级上册第六组"父母之爱"主题时，我引领学生拓展阅读《父子之间》《旧时光的补丁》《那个总是输给我的人》等相关作品，让学生进一步感受父爱、母爱的深沉与宽广，崇高与无私。为了让学生从不同角度感受大自然无穷的魅力，在学习完《山雨》这篇文章时，我和学生一起课后阅读了季羡林的《雾》，周晓枫的《呼伦贝尔的雪》，和学生们一起在阅读中领略大自然的美妙。除此之外，还可以带领学生在生动形象的童话拓展阅读中，知晓世间善恶；在短小凝练的寓言拓展阅读中，感悟人生哲理；在不朽的名篇名著拓展阅读中，培养人文精神。

总而言之，在语文教学实践中充分地证明，课外阅读的基础是课内阅读，而课外阅读则是课内阅读的延伸。因此需要教师在教学中，将重点放置在课内阅读和课外拓展双管齐下的工作中，不仅要提高课内阅读的质量，还应积极对学生进行课外拓展阅读的引导，努力架构联通课内外阅读的桥梁，进而全面提升学生的语文综合素养。

参考文献

[1] 缪振东. 激发课外阅读兴趣 开拓课外阅读空间[J]. 新语文学习（小学教师版），2006（1）.

[2] 赵翠萍. 小学语文的课外阅读初探[J]. 魅力中国，2010（3）.

[3] 江宏权，严仍江. 课内外结合，课堂阅读教学模式初探[J]. 七彩语文（教师论坛），2013（9）.

深入咀嚼语言，揣摩语言魅力

荣涛　门头沟区城子小学

【摘要】 语文课标中要求学生理解词语在语言环境中的恰当意义，联系上下文和自己的积累，推想课文中有关词句的内涵。这就要求老师和学生在研读文本的时候要注重准确把握语言的内涵，真正体会到作者表达的目的。教给学生一些观察语言细节的方法和途径，引导学生把握一些思考的目标和方向，才能真正提高学生的阅读能力，达到培养语文素养的目的。

【关键词】 深入理解　揣摩感悟

女作家舒婷在谈汉语言的魅力时说："阅读和思索只能让我更加热爱，更加执着，无以复加地迷恋文学。时常因为一个字一个词的雷击，而颤抖而狂喜而渴望奔走相告于同好。"由此可见，汉语中的每一字、每一词都蕴含着丰富的精神财富，涵养着精深的文化底蕴。要培养学生热爱阅读的兴趣，必先要从理解字词开始。

学生阅读一篇文章，特别是阅读经典和范本，引导他们深入理解平实语言中的深刻含义，才能感悟出语言文字的无限魅力，揣摩到人物丰富的内心世界。其实很多大作家的文章中真的没有那么多华丽的辞藻，有的就是恰当贴切的描摹。哪怕是一个标点，一个停顿都饱含着作者满满的感情。语文课标中要求学生理解词语在语言环境中的恰当意义，联系上下文和自己的积累，推想课文中有关词句的内涵。这就说明，理解字词意思是学生阅读中必过的关卡。提高阅读素养离不开理解的方法。这样才能准确感悟词句意思，把握语言的内涵，揣摩语言中丰富的情感，真正体会到作者表达的目的。

人教版语文第十一册《唯一的听众》一课讲述的是"我"曾经是一个音乐"白痴"，小提琴拉得像锯床腿一般，所以不敢在家里练琴，后来我悄悄来到树林练琴时，遇到了音乐学院最有声望的教授，在她的鼓励下，"我"终于学会了拉小提琴的事。文中对老教授的描写很简单：神态上的描写，"平静地望着我"出现了三次；语言上的描写更是简简单单的几句而已。既没有华丽的辞藻也没有唠唠叨叨的重复，可是却被作者视为诗一般的语言。那么这"平静地望着我"和"诗一般的语言"，是何其神秘？为了使学生深切感受到语言的魅力，体会出老人那至真至善的情感，我引导着大家这样开展学习。

一、找到重点的句子，浅谈理解

文中对老教授的眼神描写，共有三次，分别是：

一位极瘦极瘦的老妇人静静地坐在一张木椅上，平静地望着我。

她一直很平静地望着我。

她慈祥的眼神平静地望着我，像深深的潭水……

找到句子后，学生一读就能够理解字面上的意思，知道这是对老人的神态描写。知道她很瘦、很慈祥、很安静、不会对我产生干扰。那么这些文字的前面、后面、里面还隐藏着什么不直接说出来的含义呢？为什么同样的短语要出现三次呢？我们中国人讲话就爱"话到舌尖留半句"，这里面是不是还有言外之意呢？于是，我与学生进行了深入的探究。

二、全面观察抓住细节，深刻理解语句意思

（一）联系上文抓住重点词语，分析理解意思

联系上下文理解句子的方法是老师和学生常用的而且实用的方法之一。

在理解对老教授的眼神描写的三句话时，我给学生提示：在怎样的情况下，老人平静地望着"我"？在这种情况下，老人的平静会让"我"怎么想，怎么做？顺着老师的引导，学生自然会联系前面的课文，去找神态描写之前的描写。第一句平静地望着"我"，是在老人听到"我"锯床腿似的琴声后，平静地望着"我"。"我"会想，老人可能听不见"我"的练习。因为连家人都接受不了"我"的琴声，外人肯定不会接受，她能如此平静，一定是聋人。那"我"就可以当她不存在，以后就还可以到这里来练琴（打消了"我"的思想包袱，使"我"能坚持练琴）。第二句：在"我"练琴的过程中，老人的神态没有发生变化，总是平静地望着"我"，说明"我"的想法是对的，她的确是个聋人。"我"没有必要因为她而紧张，就当她是个摆设，只管练"我"的琴就行了（"我"可以坚持练"我"的琴）。第三句："我"每天练习，琴技已经有了很大进步，又有勇气在家里练琴了，她平静地望着"我"。"我"会想："我"练得不好的时候都不怕老人坐在这里听，现在"我"就更不怕她听了（"我"变得自信、勇敢）。

（二）把语言描写神态描写结合在一起综合感悟意思

配合着三次神态描写，都有简短的几句语言描写。这语言描写对神态描写又起着印证、补充、加强的作用。第一次的语言描写："是我打扰了你吗，小伙子？不过，我每天早晨都在这坐一会儿。""我想你一定拉得非常好，可惜我的耳朵聋了。如果不介意我在场，请继续吧。""我会用心去感受这音乐。我能做你的听众吗？每天早晨？"这三句话都给老人平静地望着"我"，提供了理由。第一句，"我每天都在这坐一会"——这是"我"的习惯，对于习惯了的事当然是平静地对待；"可惜我的耳朵聋了"——"我"什么也听

不见，对于外界的任何刺激"我"都是平静地处之；"我会用心去感受这音乐"——补充说明，"我"听不见，只能靠感觉了。这三句话，打消了"我"怕人听"我"练琴的顾虑，打消了"我"离开这儿的念头，一切思想包袱都被打消了，于是"我"留在这儿练琴就一点问题都没有了。

同时，这三句中又有鼓励的成分"我想你一定拉得非常好"。对于夸奖，谁都爱听，都有继续听的愿望，谁的心里都会感到温暖，感到有干劲腾涌，即使是谎言，也会让人沉迷，信以为真，所以更坚定了"我"在这里练琴的信心。

第二次语言描写："真不错。我的心已经感受到了。谢谢你，小伙子。"老人说她的心感悟到了"我"的音乐，印证她不是耳朵听到的，也证明了她的感悟是靠平静地望着"我"才获得的感悟。使"我"坚信，老人是真诚的，她是用心在听"我"练琴，"我"要好好练，不辜负"我"的听众。同时，老人语言中直接的表扬，给了"我"无穷的斗志和信心。"真不错"，无疑就是"挺好的""真棒"，这样直截了当的夸奖，无须多思，谁都喜悦，谁都满足，谁都骄傲，谁都会想："我"还要继续这样做。坚持下去的信心随之建立。

第三次语言描写：这是一次转述。"她说，我的琴声能给她带来快乐和幸福。"一个琴师或是一个艺人最大的成功无非就是用他的技艺博得听众的认可，给听众以快乐和享受，然而这些"我"都做到了。是她平静地望着"我"练琴后平静地说出的，这样激荡人心的话，让"我"相信，她的话是真的，让"我"相信，自己的能力和价值是大的，让"我"相信，"我"还会更进步，能取得更大的成功。

（三）联系生活实际，体会语气感悟意思

在老人的三次语言描写中，前两次的语气很值得注意。第一次："是我打扰了你吗，小伙子？""我想你一定拉得非常好，可惜我的耳朵聋了。如果不介意我在场，请继续吧。""我会用心去感受这音乐。我能做你的听众吗，每天早晨？"第一句，语气诚恳，似乎还有些歉意，从问号还可以读出有商量的成分。在表现出老人有礼貌、有涵养的同时，还能让人明显地感觉到，老人这是在退让，明明是"我"后来的，打扰了老人，却在老人话中落得个无辜。在此，老师引入"让步不是认怂，而是用自己充满善意的妥协，去积极地维护彼此间的关系，谁先让步谁就掌握了整个格局。"读了这段话，学生们恍然大悟，老人不仅仅是在此表现她的礼貌和涵养，还有更深的用意，那就是以退为进——留住我。这是多么睿智的老人啊，后文揭晓她是音乐学院的教授也不足为奇了。

第二句中，"如果不介意"明明是商量的语气，但是由于老人已经介绍过自己是聋人，"我"也就不忍心拒绝了。这是老人讲话的技巧和智慧。

第三句中有两个问号。又是不能让人拒绝的商量的语气，中间还夹杂着恳切的要求。如此，"我"怎能拒绝呢？而这又恰恰中了"我"的下怀，让"我"能在这样一个安静的、没人打扰的环境中练琴。

　　第二次语言描写,"真不错。我的心已经感受到了。谢谢你,小伙子。"这话里有赞赏、有感谢、有共鸣,这赞赏和感谢的语气会使人信心百倍,自信满满。而这共鸣则会让人格外振奋,不惜一切去努力。因为"我"有了知音,意义非同一般。如果说夸奖能让"我"自信、那么共鸣则是"我"砥砺前行的基石。

　　这些语言被"我"赞美成"诗一般的语言"。其实,这是生活中普通得不能再普通的语言,然而这才是生活中充满大智慧的语言,文字中有智慧,语气中也有智慧。它让"我"心里格外舒服、放下了自卑、鼓起了勇气,当然是诗一般。

(四) 分析句子结构,补充未尽之言挖掘意思

　　老人第一次语言描写中有一句,在挽留"我"留在树林里练琴时她说:"我想你一定拉得非常好,可惜我的耳朵聋了。如果不介意我在场,请继续吧。"这句话里实际上还有没说出的意思,值得体味。我想你一定拉得非常好,可惜我聋了。这句话是一句值得人分析、琢磨、补充的话。如果把句子的下一句补充出来,老人还可能继续说,"即使你拉得不好,我的耳朵也听不见,你完全可以继续拉你的。"这样一补充,把老人的全部意思都揭示了出来:如果你拉得好,就不会在意我在场,你就可以继续拉你的;如果你拉得不好,也没关系,也可以继续拉你的,因为我听不见。哈哈,老人这是什么语言?天衣无缝啊!"我"想退缩,想溜都不能溜了。

　　通过几次对老人神态、语言的思辨,通过几次刨根问底的追问,学生对老人的用心良苦熟记于心,对我自信的源泉、坚持的理由、成功的秘密也大彻大悟了。由此,本课中,"我"在学习拉琴的过程中,心理和行动发生了哪些变化,为什么会有这些变化便迎刃而解了。

　　总之,理解字义、词义、句义是小学语文教学中的一项重要任务,也是最为艰巨的任务之一。教师要耐心引导学生咀嚼语言文字,深入与文本进行对话,读出语言背后的东西来,才能让学生感受到阅读的乐趣,激发出学生阅读的热情。发展学生的阅读理解能力是需要教给学生一些观察语言细节的方法和途径的,引导学生把握一些思考的目标和方向,才能真正提高学生的阅读能力,达到培养学生语文素养的目的。

阅读有法化知为识　思考有方转识成智

赵玉芝　城子小学

> **【摘要】** 书籍是人类智慧的源泉。教师立足课题研究将阅读与研究伴行，可以有效助推工作不断创新，促进内涵式发展。学生读书有法又不拘泥于法，在积累知识、积淀素养、积蓄力量的成长过程中，涵养综合素养。通过学以致用、联系贯通、学会思考，在学习、思考、研究、实践有机融合的修炼过程中，将知识内化为智慧，提升创新能力。
>
> 　　阅读有法可以有效帮助人们实现"化知为识"量的积累，在带给人们思考启悟的过程中，实现"转识成智"质的飞跃。
>
> **【关键词】** 阅读　思考　方法　化知为识　转识成智

书籍可谓人类的精神食粮，智慧的源泉。自古至今，历史文化的传承，离不开阅读与思考并行，正可谓"学而不思则罔，思而不学则殆"。在文化的继承与发展中，阅读有法可以有效帮助人们实现"化知为识"量的积累，在带给人们思考启悟的过程中，实现"转识成智"质的飞跃。

一、阅读有法化知为识

我们对书籍的选择一般会根据需求定向选读，根据兴趣爱好阅读，跟着时代脉搏读书，休憩时进行随机碎片化阅读以慰藉心灵等。

(一)立足课题研究之教师阅读

根据工作需要选读，常以问题解决、课题研究为导向，选择定向阅读方式，精读、研读，使阅读与研究伴行，为研究提供理论支撑和经验支持，站在前人的肩膀上砥砺前行。

1. 阅读专家专著研究学科本质

在推进"基于学生问题 立足学科本质 简约化教与学方式的研究"市规划办课题的研究过程中，通过研读专著、研读课标、研读教材，研究学科本质，研究学生了解学情，在此基础上，研究简约化教与学方式。

研读《小学数学基本概念解读》(吴正宪、刘劲苓、刘克晨主编)，理解、领悟数学概念的内涵及数学实质，为研究数学本质提供有力支持。研读教学建议及大量具有示范意义的教学实践案例帮助教师收获有效的教与学策略与方法。

研读《小学数学教学中的核心问题——基本概念与运算法则》(史宁中主编)、《小学数学课堂的有效教学》(赵亚夫 刘加霞主编)、《简约数学教学》(许卫兵主编)、《和吴正宪老师一起读数学新课标》(吴正宪 张秋爽 李惠玲主编)等大量专业书籍,为学情调研,分析问题产生原因,深度研究概念本质,研究知识系统,研究教学策略的有效实施,改进教学提供了有力帮助。

2. 阅读经典名著研究传统文化

阅读经典名著,可以随时离开书本、慢读、品读,边读边对书中的一字一句都细加思索,捕捉作者的真正用意,从而理解其中的深奥的哲理。

语文学科教师从培养学生阅读兴趣和习惯入手,引导学生阅读鉴赏古今优秀作品,倾听作者心声,体验阅读的愉悦,与之产生共鸣,学以致用,培养人文情怀。

将经典融化在血液中,用时可信手拈来。在引导学生学习人教版五年级下册《猴王出世》的基础上,带领学生走进《西游记》这部经典神话小说中,在"中国经典名著之旅"中引导学生在读经典故事中体会人物形象刻画的语言美,在画经典故事中感悟故事情节描写的神奇美,在讲经典故事中培养学生的综合素养,在品经典故事中提升学生的语文素养。

在《与诗同行》的教学中,教师将传统文化与语文教学有效融合,在了解学生原有认知基础上,借助文本辅以资料,在赏、品儿童诗中,感悟语言童趣、感悟写作特点,激发学生对诗歌的兴趣,丰富学生的认知,激活创作欲望。

3. 阅读拓展书籍研究绘本教学

在研究国家教材的基础上,引导学生开展英语绘本拓展阅读,通过浏览、提问、精读、默记等方法,丰富学生的知识积累。

学校为师生购买了大猫系列、攀登英语阅读系列、泡泡系列、培生英语系列、典范英语系列、丽声拼读故事会等系列图书近万册。达到每生两本以上,班级间图书书目不同,平行班之间定期进行图书交换,采用收集定量阅读券换取英语绘本书的方式激励学生自主阅读。

在课程实施中,根据学生年龄特点,分层开展绘本教学研究:一、二年级以拼读为主,拓宽单词量;三、四年级则以国家课程中的某一个话题为基础,进行句型的补充;五六年级以话题为基础,补充段落或篇章的阅读材料。通过一年多的研究,学生听、说、读、写能力得到显著提升。

将阅读与思考并行,将阅读与研究伴行,沉醉于学习与研究,丰富着师生的内心世界,助推着工作的不断创新,促进着学校的内涵式发展。

（二）立足方法习得之学生阅读

阅读是伴随着学生积累知识、积淀素养、积蓄力量的成长过程，厚积而薄发。一旦阅读成了习惯，离开阅读会觉得缺少点什么。

阅读讲究方法，可以根据个人所需，通过泛读博采众家之长，拓展思路；通过精读，"愈挖愈出、愈研愈精"，吸取精华；通过通读，了解全貌，"鸟瞰全景"；通过跳读，了解书的筋骨脉络，掌握主要观点；通过速读，了解大意，扩大阅读量；通过略读，略观大意，明晰主要观点；通过反复读，"温故而知新"，反复研磨内化于心。阅读方法诸多，不再一一列举，指导学生掌握一些基本阅读方法，可以有效助力学生自主学习能力的提高。

1. 查阅与质疑

利用工具书查明阅读中碰到的字、词的音、形、义，并结合上下文正确理解；阅读中边读边划出有关内容，便于掌握重点、解除疑点。发现疑难或有不同看法处，摘录下来，提出质疑，通过查询等方式解决问题、进行批注，发表个人评论意见，培养学生敢于质疑、明辨是非曲直的能力。

2. 摘录与批注

学生在阅读过程中，一是要学会摘录自己所需要的有关内容。或字、词、句、篇，或语法修辞，或知识哲理，加强语言积累，提高对文本的领悟能力及驾驭文字的能力。二是能在阅读中，把自己的思考和见解进行批注，培养独立思考和解决问题的能力。

3. 疑读与议读

"学贵有疑"。在阅读中引导学生学思结合，发现问题、提出问题、探究问题、解决问题。通过同伴讨论、师生讨论，提出自己的见解，解决疑难，发展学生的思维能力。

4. 粗读与精读

在语文学习中，通过阅读理清文章脉络，理解文本主要内容，领悟中心思想。通过初读、粗读，整体感知文本结构、层次、划分逻辑段落；通过细读、精读，提取信息、做出评价、形成解释、解决问题。循着文本的"三线三点"，即结构线、内容线、情感线，找准文本的重点、难点、发散点，如庖丁解牛，全面理解文本，研读语言理解内容、领会表达、体验情感。

5. 联读与比读

联读重在纵向贯通知识系统，联系旧知识，学习新知识，使知识系统化。引导学生学会整理知识的方法，培养联想和综合能力。

横向阅读，使学生在阅读中把不同的篇章内容、结构、知识的异同通过比较进行辨析、加深理解、掌握写法、把握内在本质规律。

6. 顺读与逆读

在拓展阅读中，顺读与逆读相结合，有的学生喜欢先知结果，就从书的最后章节向前读，在读的过程中必然会遇到各种疑问，存疑于胸，在逆读过程中不断主动探索、追根寻源、由果及因，存疑之处迎刃而解。

7. 读画与读演

在阅读的基础上，通过学科实践，读画结合、读演结合，演绎出对晦涩难懂的寓言，有哲理的童话故事的理解，通过想象、绘画、表演等形式，与作者对话，内化对文本的理解。

总之，读书有法而又不拘泥于法。通过阅读可以帮助学生丰富知识、吸纳信息、陶冶情操、完善人格、潜移默化地积累语言，提升学生的综合素养。

二、思考有方转识成智

知识内化才能称其为有智慧。"如何将知识内化为智慧"是困扰人类千年的哲学命题。知识是学出来的，经验是干出来的，智慧是修炼出来的。什么是修炼？把知识和经验转化成智慧的过程就是修炼。

（一）在学以致用中积累经验，涵养智慧

在阅读中，汲取知识和经验，在学以致用中，借作者之智慧，把读的书、学的知识去实践、去验证，才能转化为自己的智慧。正如杜甫所言："读书破万卷，下笔如有神。"智慧因人的悟性不同而异。董其昌《画旨》中有"画家六法，一曰'气韵生动'。气韵不可学，此生而知之，自然天授。然亦有学得处，读万卷书，行万里路，胸中脱去尘浊，自然丘壑内营。成立鄂郭，随手写去，皆为山水传神。"

（二）在读书中建立联系，学会贯通

一般通过阅读所获得的知识缺乏系统性，这就需要我们通过联想建立知识间的联系。联系是指一切事物、现象之间以及事物内部诸要素之间的相互依赖、相互制约、相互影响、相互作用。

对知识的理解愈深愈准确，记忆就愈清楚，而应用起来就愈能得心应手。所以读书要贯通，理论上的不同重点的相互关系要明白；要透彻，概念或原则的演变要清楚。

已故北京市第二十二中学数学教师兼班主任，被誉为"中国智力素质培养法之父"的孙维刚老师，致力研究数学教学与学生能力培养，用德育促进智育，他将自己扎实的学科知识能力，深厚的文化素养功底和精湛的教学艺术，充分地加以运用和发挥，并用自己的灵魂去铸造学生的灵魂。将施教者与受教者的个性因素巧妙地融入课程中，"让不聪明的学生变聪明，让聪明的学生更聪明。"孙维刚老师去世后，课题组通过对孙维刚老师教学经验背后的科学规律和运用的操作方法进行研究，发现了其中的奥秘。世界上万事万物是普遍联系的，而这些联系之间是有规律可循的。孙老师训练学生"一题多解、多解归一、

多题归一"，就是在训练学生大脑的思维能力，让学生能够站在系统的高度看问题，进而升华到从哲学的角度认知世界，从而形成强大的学习能力。

原来各学科的思维结构和思维原点是相通的，是有规律可循的。从这些思维原点中提炼出来一个基本模型，即发现研究对象的能力、围绕研究对象确定研究角度的能力、寻找知识之间联系规律的能力、建构知识网络制作联系导图的能力。这些能力训练使学生能够在短时期内站在系统的高度进行学习，令学生经常处于浮想联翩、思潮如涌的思维状态。

（三）在读书中感悟方法，学会思考

1. 把握灵感与顿悟，是创新思维的火花

读书思考时，头脑偶有灵机一动，生发灵感与顿悟，再加上想象力去多方推敲反复以逻辑证实，是最有效的思考方法。

只要得到的理论或见解是合乎逻辑及方法论的规则，是怎样想出来的无关紧要。苹果掉到牛顿的头上，牛顿根据自己积累的知识、经验产生猜想，地球与太阳之间的吸引力与地球对周围物体的引力可能是同一种力，遵循相同的规律，通过寻找依据——行星与太阳之间的引力使行星不能飞离太阳，物体与地球之间的引力使物体不能离开地球；在离地面很高的距离里，都不会发现重力有明显的减弱，那么这个力必然延伸到很远的地方。通过验证，检验猜想正确，月球在轨道上运动的向心加速度与地面重力加速度的比值，等于地球半径平方与月球轨道半径平方之比，即1/3600。检验的结果，地面物体所受地球的引力，与月球所受地球的引力是同一种力，"万有引力"的理论产生了。

因此，在读书过程中思维火花的闪现，要及时捕捉，通过阅读资料、实验等加以研究和验证，也许就会有新的发现。

2. 转换角度可事半功倍

读书与思考，不能墨守成规，要打开自己的思维，同样的问题，可从不同的角度来思考、分析；有时绞尽脑汁也解决不了的问题，换个角度来思考，可能茅塞顿开。想不到的答案，多数不是因为过于深湛，而是因为所用的角度是难以看到的浅显的另一面。

思考问题还需要辩证地去看，从不同角度可以衡量答案的正确与否。从一个角度看是对的答案，换一个角度却可能是错了。任何推理所得到的一个暂定的答案，都一定可以找到几个不同的角度来衡量。最终正确的答案还是要经过逻辑及事实验证才可确定。

思考问题还要正确把握大局与细节的关系，互相取长补短。当遇到百思不得其解的问题时，可以暂时搁置、积淀、积累，等待时机，最终获得的答案往往没有想象中的那么难。

总之，将阅读、思考、研究、实践有机融合，寻到因人而异、因问题而异的适宜方法，则阅读有法可以有效助力化知为识，思考有方可以启悟我们转识成智。

小学语文四层级阅读教学策略的实施与应用

尚红燕　门头沟区教师进修学校

【摘要】 本文提出的阅读教学策略的四个层级是指：汲取、解读、评判、表达。四个层级的教学策略主要通过不同形式的"阅读与思考"为学生搭建阅读的梯子和脚手架，引导学生由浅入深走进文本、走进作者、走进人物……旨在帮助学生从不同层面把握文章内容和形式。按照逐层展开、层层深入的方式，解读文章，培养学生提取信息、整体感知、形成解释、做出评价的能力。

【关键词】 四层级策略　阅读教学　实施与应用

一、引言

　　阅读是人类获取知识的重要途径，是人适应当今社会必不可少的能力。阅读包括感觉、知觉、注意、记忆、思维、想象等心理因素。阅读为作文提供字、词、句、段、篇的知识，提供运用这些知识的技巧范例，教给学生认识和分析事物的方法、启发思维。高质量的大量阅读可以教会人们观察生活和遣词造句、谋篇布局的习作本领，在一定条件下阅读可以直接转化成写作之"源"。阅读不仅仅是语文学习的重要内容，也是所有学科重要的学习方式和途径。可以说，阅读是教育发展的基础，国家要发达，教育要先行，教育要发展，阅读要先行。一个社会人读什么书决定了这个人的精神和气度。为让每个孩子获得充实幸福的人生，必须重视阅读及阅读教学[1]。

　　可见，重视阅读教学，运用有效的阅读教学策略培养学生阅读能力势在必行。反思当下的语文阅读课堂教学还存在着许多弊端：如，教师喋喋不休地讲解、分析，采用"口耳相传"的教学形式，学生、教师均有书，学生不读书，听老师讲书。在这种教与学的模式中，学生学习的主要方式是听讲，而不是通过掌握一定的阅读方法读懂书。再如，阅读教学中的问题设计琐碎，一问一答的教学环节过多，挤占了读书和思维活动的时间。还有，阅读教学目标繁多，一篇课文所承载的阅读教学任务过多，面面俱到，导致大多数学生独立阅读能力和水平不强等。其四，我国早已进行了课程改革，但学生的阅读学习水平和能力还没有显著性的提高，其原因是学生阅读主要存在阅读进入时间太慢、太晚；阅读量太

---

[1] 崔峦."儿童阅读与阅读教学改革"，2010年11月12日在湖北小语会的讲座，现代文阅读工作室推荐文章．

小；阅读能力不强等问题[2]。以上问题和弊端会导致学生在每学一个新知识时都要靠教师（或别人）来教他，而不能通过阅读学习掌握，这不能不说是教育的一种悲哀。

其一，从传播学角度研究阅读。从单纯地向学生传授语文知识到通过阅读教育使学生学会"阅读学习"，通过阅读教育培养学生的语言信息素养。以此构成学生的基本阅读能力及阅读阶梯[3]。

其二，从教学方法角度研究阅读。从"讲听式"向"读书式"或者"自主阅读式"逐步过渡；引导学生通过阅读获取新知识，发展自己；师生在各自阅读基础上能够进行对话和讨论。

其三，从整体感知的角度研究阅读。让学生明确"阅读文章按照'感知——理解——巩固——运用'的过程进行。这一过程，具体到某一篇文章的阅读，表现为'写什么——怎样写——为什么写——写得怎么样——怎样学写'的基本方法。"[4]

"四层级阅读教学策略"的阅读学习过程分为四个层级。第一个层级是汲取，即读者知道写的主要内容和基本观点；第二层级是解读，即读者明白讲了什么道理、揭示了什么主题，以及作者的语言表达形式等；第三个层级是评判，即读者有什么看法、对内容的评判、对形式的评判等；第四个层级是表达，即读者的独特感受、读者的续写和补白等从读学说、学写。

四层级阅读教学策略应用于教师解读文本及课堂教学中有较强的实践意义与创新点：

其一，引导教师解读文本，通过设计问题提取文章的基本信息。从初步把握主要内容，了解文章的表达顺序，理清文章结构入手，引导学生能根据需要从文本中找出明显的单个信息及多个信息，并尝试建立信息之间的联系，以达到看清整个文章的内容和结构的目的。

其二，在提取文章基本信息的基础上，引导学生能够对文本中的关键词语、重点句子和段落做出符合文义的解释，归纳文章中心思想。

其三，通过评价引导学生跳出文本，与文章内容对话、与作者对话、与文中的人物对话……

其四，通过自我表达，一是可以对作品的内容、形式进行改造、拓展、重新创编或借用作品的文式创作新作品；二是学习作者表达，迁移运用表达自我。

二、四层级阅读教学策略的实施

"阅读教学提倡整体感知、整体把握，将文章看成一个有机的整体，把握文章整体

---

[2] 崔峦."儿童阅读与阅读教学改革"，2010年11月12日在湖北小语会的讲座，现代文阅读工作室推荐文章.
[3] 王俊英.中小学生阅读学习第3～5册[M].北京：地质出版社，2003.
[4] 刘仁增.课文细读：指向文本秘妙[M].福州：福建教育出版社，2011.

与部分、部分与部分之间的联系,而不能脱离文章整体单纯就句子学句子,就段落学段落。"[5]四层级阅读教学策略强调的就是"如何看待文章整体知识,从文章构成要素的内容和形式的不同层面把握文章整体,按照由浅入深、层层递进的关系解读文章。"汲取—解读—评判—创作"四个层级构成了整个阅读教学的全过程,下面以《可爱的小松鼠》这篇文章为例来阐释记叙动物、植物、大自然有趣现象的这类文章的阅读学习过程。《可爱的小松鼠》原文略,针对这样一篇文章我们的实施策略与实践框架分四步。

(一)提取文章基本信息——汲取

提取文章的基本信息,即是了解文章的主要内容和理清文章结构。如何了解文章主要内容和理清结构?我们的做法是:依据"确认表现作品内容或结构的关键词;摘取总括全文的重要信息;摘取表现作品主旨的主题句"的思路,设计不同类型的问题,检索文章基本信息。信息可以是文章的"关键词、主题句、内容提要、故事梗概、内容提纲等"。《可爱的小松鼠》第一个层级——汲取,设计的"思考与练习"是:

1.认真读课文,填空。

(1)课文主要描写的是(小松鼠)。小松鼠住在(山坡上的小树林里),主要描写了小松鼠的(外形和神态)。

(2)它们有(一对短短的耳朵),长着(一身褐黄色的毛),有(一条比自己身体还要长的大尾巴)。它们(面目清秀),有(一对闪亮的大眼睛)。

(3)小松鼠的神态(逗人喜爱)。

2.课文从外形、动作两个方面描写小松鼠的可爱,在下面的( )内填上适当词。

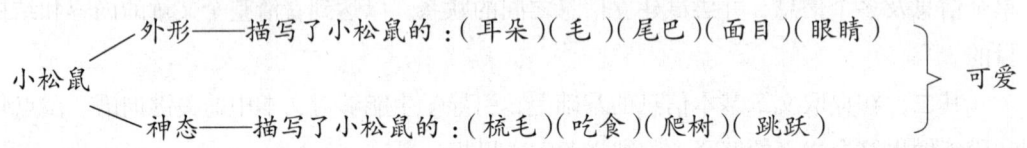

```
                外形——描写了小松鼠的:(耳朵)(毛)(尾巴)(面目)(眼睛)
小松鼠                                                                    可爱
                神态——描写了小松鼠的:(梳毛)(吃食)(爬树)(跳跃)
```

通过以上"思考与练习"可以了解:《可爱的小松鼠》描写对象是小松鼠,主要描写了小松鼠的外形、神态,并说明了小松鼠的外形、神态很可爱;进而明确作者是采用"总起+分描"的方法描写"小松鼠面目清秀,有一对闪亮黠慧的大眼睛,能敏捷地爬树、跳跃等。"最后凸显"作者描写具体内容和把描写的内容组织在一起的方法"。

(二)探寻文章信息内涵——解读

在提取文章基本信息的基础上,探寻文章信息内涵、归纳主题(主旨)。如揭示事物之间的因果联系、绘制概念图、欣赏文学作品、获得程序技能等。这些可以通过"问答、按原文填空、选择连线、排序、判断、完成表格等"思考与练习的不同形式呈现。《可爱

---

[5] 朱盛.整体感知对语文阅读教学的意义及其实施[J].教育导刊,2009(7).

的小松鼠》第二个层级——解读，设计的"思考与练习"是：

3. 课文开头说："它们可爱的神态，常叫我们看得入迷"。课文的结尾说："我们听后都恨不得自己也能摸摸小松鼠呢！"你知道这是为什么？

回答要点：小松鼠那漂亮的外形、有趣的神态，使人产生了爱慕之心。动物和人类是朋友，我们要善待动物、保护动物。

作者细致地描写动物、植物、自然环境等不是为描写而描写，是为了唤醒人们对它们的关注、热爱，以及倡导人与自然的和谐相处。《可爱的小松鼠》一文在第一段写道："它们可爱的神态，常叫我们看得入迷"。在第四自然段写道："我们听后都恨不得自己也能摸摸小松鼠呢！"通过首尾呼应的表达形式，一是来唤起"孩子们对小松鼠这样的小动物的喜爱之情，并告诉他们，动物是人类的朋友，我们应该善待动物，保护动物。"；二是引导学生关注和学习"首尾呼应"的表达形式。

（三）评价评判文章信息——评判

《可爱的小松鼠》第三层级——评判，设计的"思考与练习"是：

4. 你认为作者在描写小松鼠时，抓住了小松鼠的特征吗？描写得生动吗？从哪里看出来的？如果你认为作者抓得还不够或者跟你观察的角度有不同，请根据你的生活经验说一说。

通过完成上述"思考与练习"，可以发现这类文章常用"品评作者的表现手法，抓住事物的典型特征进行描写，运用生动、形象的语言进行白描"等表现手法。这些手法运用得怎样？同学们可以品味和评价，说出自己的见解和看法。

（四）创建创编新的信息——表达

《可爱的小松鼠》第四层级——表达，设计的"思考与练习"是：

5. 介绍一种小动物给大家。注意要细致、传神地写出这种小动物的外形、神态，以及小朋友们对它的喜爱。（答案略）

这一"思考与练习"是在学习原文写作方法的基础上，把写作方法迁移到学生自己创作的作品中。学生们可以仿照课文，对静物、动物、房间陈设、大自然等进行观察和素描，进行这类文章的片段写作练习等，也就是迁移表达，从读到写。

总之，四层级阅读教学策略，针对不同学龄段学生阅读水平与能力，针对不同的文章类型设计四个层级的"思考与练习"。在课堂教学中，按着这样的思路和梯度，将其转化成课堂问题和课件灵活运用。

三、四层级阅读教学策略的效果

（一）将阅读教学的眼光投注到了对文章的整体把握上来

"阅读文章需要记住最重要的信息，忽略琐碎的细节。熟练的读者能记住文章的宏观结构，而学生则需要通过教，才能概括内容、理清结构、解读主旨，概括能促进文章的理解和记忆。"[6]学生概括能力的培养需要适合的阅读教学策略，需要通过方法和策略引导学生审视文章整体内容。文章整体内容的重要组成部分字、词、句、段、篇并不是孤立存在的，它需要以文章整体为依托，依靠文章赋予的生命在团体中发挥作用。因此对于字词句段篇的理解必须建立在理解文章的基础上，也就是从整体到部分，从宏观到微观。这种有别于常规教学从微观到宏观的做法，便是此教学策略的重要理论意义和实践价值。

汲取、解读、评判、创作四个层级，汲取是对文章内容、形式结构的整体把握；解读是对文章所要表达的主旨和价值意义的分析理解；评判是读者跳出文章之外对其整体或局部的认识和评价；表达则是读者在学习理解文章的基础上的延伸性的思考。这四个层级的阅读学习不仅能够考察读者的阅读能力，还具有欣赏和评价作品的自由和空间，更重要的是将阅读教学的眼光投注到对文章的整体把握上来。

（二）为阅读教学新方法的构建与迁移开辟了天地

著名教育家叶圣陶先生曾说过，凡为教，目的在达到不需要教。四层级阅读教学策略，教师通过"教、扶、放"的阅读教学思路，即在课堂上按照四个层级进行是"教"方法的过程；教师设计阅读学习"思考与练习"引导学生完成自主阅读是"扶"的过程；让学生通过阅读自主设计"思考与练习"是"放"的过程。学生通过"学方法、用方法"来构建认知和解读文本的逻辑，由读懂一篇文章，到读懂一类文章……由此自身的阅读习惯、阅读能力和阅读思维，也就得到了提高和发展。

（三）为学生实现独立阅读及发表己见搭建了阶梯和平台

《语文课程标准》指出："阅读是学生的个性化行为，不应以教师分析来代替学生的阅读实践。应让学生在主动积极的思维和情感活动中，加深理解和思考，受到情感熏陶，获得启迪，享受审美乐趣。"[7]也就是说，在阅读教学过程中，通过激发"学生主动积极的思维和情感活动"来加深理解文本，获得情感的熏陶，获得启迪，获得审美乐趣。可见，课标如此要求是"提倡教师从鼓励学生自主阅读和学习，激发学生学习的内驱力入手，把课堂还给学生；提倡在学生读书思考的基础上，通过教师指点，围绕重点展开讨论和交流，

---

[6] 张孔义.西方中小学阅读策略教学研究述评[J].外国教育研究，1999（4）.

[7] 中华人民共和国教育部.义务教育语文课程标准[M].北京：北京师范大学出版社，2012.

鼓励学生发表独立见解。"[8]四层级阅读教学策略围绕四个层级设计的"思考与练习"即是根据学生对文本理解的难易程度，由浅入深、由易到难设计的。这符合学生的认知规律，为学生实现独立阅读搭建了阶梯；第三层级——评判，引导学生从文本中跳出来，与文本对话、与作者对话、与文本中人物对话……以此发表个人的情感、体会和见解。这样做充分尊重了学生阅读的"个性化行为"，把阅读权还给阅读主人——学生，为实现独立阅读，发表己见搭建阶梯和平台。

（四）为师生综合能力的提高奠定了基础

四层级阅读教学策略有利于引导学生有效进行自主阅读，在阅读学习过程中掌握阅读方法、形成阅读习惯、提高阅读能力；有利于培养学生掌握正确的阅读方法，在潜移默化的过程中使他们变被动式的学习为主动式的学习；有利于调动学生的阅读自觉和阅读兴趣，进而提高口头表达和书面表达能力。总之，学生有了阅读策略和方法，自然就感到阅读不再难，在阅读的一次次成功中体验阅读之快乐。这对于学生发展有着深远的现实意义，对于教师自身也是如此，教师利用四层级阅读策略解读文本、设计教学思路，对课堂教学及文本的驾驭能力、深度解析文本的能力、自身的阅读能力和教学水平等能力的提高都将会大有裨益。

参考文献

[1] 吴忠豪."美国小学阅读教学中的'小型课'"，工作室推荐文章．

[2] 崔峦."儿童阅读与阅读教学改革"，2010年11月12日在湖北小语会的讲座，现代文阅读工作室推荐文章．

[3] 王俊英．中小学生阅读学习第3～4册[M]．北京：地质出版社，2003．

[4] 刘仁增．课文细读[M]．福州：福建教育出版社，2011．

[5] 朱盛．整体感知对语文阅读教学的意义及其实施[J]．教育导刊，2009（7）:52-53．

[6] 王俊英．中小学生阅读学习的理论创新与实践意义[J]．成果交流资料：2006（12）．

[7] 张孔义．西方中小学阅读策略教学研究述评[J]．外国教育研究：1999（4）．

[8] 柏峰．文本学与语文阅读教学[M]．西安：三秦出版社，2010年．

[9] 中华人民共和国教育部．义务教育语文课程标准[M]．北京：北京师范大学出版社，2012．

注：本文属"北京市教育科学规划'十三五'2017年度一般课题'基于单元整体的小学语用教学策略研究'，编号：CDDB17245"阶段研究成果。

---

[8] 柏峰．文本学与语文阅读教学[M]．西安：三秦出版社，2010．

低年级有效激趣促进快乐阅读初探

刘玉莎　琉璃渠小学

【摘要】 随着人们对自身文化素养的要求提高，人们越来越发现阅读的重要性，阅读不仅能够提升阅读水平，提升理解力，也能够丰富人们的知识，补充自我在受教育过程中可能造成的知识空白，阅读更能够为人的发展提高不断地提供养分，大量阅读、快乐阅读，做一个爱读书、会读书的中国人，成为每一个中国人的追求。阅读习惯要从小培养，趁早培养，针对小学生尤其是低年级小学生的阅读水平及理解水平，在低年级阶段引导学生了解阅读、经历阅读、喜欢阅读、习惯阅读显得更为重要。为学生的阅读习惯奠定基础，培养阅读兴趣，体味阅读的乐趣，为高年级乃至一生的阅读开好头，笔者进行了长期的探索，不断调整教学过程，并取得一定成效。

【关键词】 有效　阅读兴趣　快乐阅读

　　本文以日常教学中的成功案例为基础进行阐述，说明低年级阅读教学中"激趣促读"的重点及有效策略。联通学校与家庭、课内与课外，为学生的快乐阅读创造良好的阅读氛围，引导学生沉浸在阅读的气氛中，借助积极评价促进阅读深度与效果，促使低年级学生阅读习惯的成功起航。

　　低年级学生刚刚入学，一切从零开始。虽然他们学前不同程度接触过阅读，但多是趣味性的，缺乏阅读方法、阅读内容的引导。母语教学的起步阶段阅读发挥着奠基的作用，直接关系到识字写字、写作、口语交际等各个方面。新课标针对低年级阅读教学明确指出："积累自己喜欢的成语和格言警句。背诵优秀诗文50篇（段）。课外阅读总量不少于5万字，培养向往美好的情境，关心自然和生命，对感兴趣的人物和事件有自己的感受和想法，并乐于与人交流。"这告诉我们：阅读不仅是高年级的事，阅读更要从小开始，此阶段正是学生记忆力超强的阶段，要抓住这一特点，启发阅读，激发阅读兴趣，大量积累，培养阅读的良好习惯。

一、阅读低位出发，阶梯性阅读激发阅读兴趣

　　低年级学生的识字量不多，贪玩好动，大篇幅的文章让他们读起来很是费劲，逐字的拼读不能理解其中的意思，阅读兴趣骤然消失。"兴趣是最好的老师"，失去了兴趣再想将学生带回阅读的世界难上加难。因此，以图片为主的书籍更适合低年级的孩子，这样的图

书学生可以通过简单的文字、多彩的画面相结合的形式进行阅读，对于不认识、不理解的字或词还可以进行个性化的猜测，在过程中学生的想象能力、口语交际能力得到不同程度的发展。

这样的书以绘本居多，它的编排多是些简单有趣的故事情节，且往往与生活相关联，学生在阅读中需要加入很多自己的理解与想象，将画面补充完整，使故事变得饱满、有趣。有人说：有多少个读者就有多少个"哈姆雷特"，那么，有多少个孩子，就有多少个有趣的绘本故事。

随着孩子的年龄增长与阅读量的扩大，可以为孩子介绍一些较为短小的童话、寓言故事。这样的故事人物形象鲜明，故事情节简单，学生读下来基本能够理解其内容，并对人物或其中的道理进行简单陈述，使学生在快乐阅读的同时，整体把握的能力和评价能力得到训练，对学生的人生观、价值观形成起到正向的导向作用。

二、阅读过程监控，实践性阅读激发阅读兴趣

低年级学生自控能力较差，任何任务的完成都需要家长、老师进行监控，了解任务完成情况，使阅读确实有效地在学生中开展，避免走过场、浑水摸鱼的现象，否则会影响学生阅读习惯的养成。

（一）点滴记录激趣阅读

任何形式的阅读不能读过就算，虽然我们低年级还没有过多地教给孩子阅读方法、文章写法、结构等，但这并不说明我们的阅读就是随意性的，就是没有目的的，为了了解学生的阅读状况、阅读水平，为进一步语文阅读教学把握方向，在学生阅读中可以为学生提供多记录的要求。开始可能只是将学生阅读的篇目、页数记录下来，学生会在每天上学时与同学比较谁读了几页，读了什么内容，在同学中自发形成一种对比，天真的孩子事事想争第一，无形中刺激学生多阅读，阅读动力与兴趣油然而生。

随之，可以引导学生记录读书后的感受，一、两句即可，不为学生阅读增加过重的负担。开始学生们的记录往往是故事或文章的一两句话，很难捕捉到主题，教师可以在此时多问问学生关于故事的内容要点。比如：学生记录"有一天，小花猫和小花狗一起玩，可开心了"，我们可以问问"它们玩什么了这么开心？"又或者学生记录"开心羊真笨"，我们可以问"为什么说它笨？"等，以此将学生的注意力引导至文章的主要内容乃至文章的中心上，从而提高学生阅读的目的性，阅读能力无形提升。而这样有问有答的形式为学生所喜欢，老师的关注，问题的解决，为学生的下一次有效乃至高效地阅读打好基础。

（二）勾勒画面激趣阅读

再有趣的阅读形式也抵不过单一，长期地重复一件事，有趣变乏味，学生的阅读形式

还要经得起时间的考验。这要求我们要以不同的形式去吸引学生，不断地刷新阅读为他们带来的新鲜感。如前所说，低年级学生能够接受的阅读形式不多，为故事配画可以激发学生的阅读兴趣，在了解故事后，用记忆最深刻的画面或词语为故事配上一副插图，学生倍感有趣。

图画内容本身就是包含了学生对文本的理解与情感的体验。如：读完《龟兔赛跑》，学生多会画出兔子呼呼大睡，乌龟超过它到达终点的情景，或是兔子骄傲地对乌龟嘲讽的样子，抑或是乌龟到达终点后兔子懊悔的表情，这些不正是故事的重点、情感的传递吗？学生的画或许并不完美，甚至难登大雅之堂，但是，在语文学习的角度，这正是学生对文本最真实的体会。适时地鼓励激励着学生下一次、每一次的"文本再创造"。

三、阅读成果展示，评价性阅读激发阅读兴趣

（一）读书升级式激趣阅读

有目标才有动力。对于每一个人来说看不到目标的行动是没有动力的，因为我们不知道终点、出路在哪里，学生更是如此，看到自己的目标才能形成读书的动力。并且这个目标实在不宜太远，给学生一种达不到或完成起来太难的感觉，失去了读书的信心，没有了读书的动力，丧失了读书的兴趣。

为此，在学生制定读书计划时，就要帮助学生清楚了解读书的形式，并让学生明确每一个读书的阶段目标，给学生一种努努力就完成一个目标，再加把劲就能拿下下一个目标的感觉，如此循环，读书信心得到提升，兴趣得到扩大，习惯得以养成。如：为学生制定读书的几个阶段，以秀才、举人、进士、探花、榜眼、状元作为晋级级别，学生每读完一本书进行晋级式，将一个学期的时间大致分成6段，大约3周一段，这样学生每晋级一次读书兴趣得到一次激发，个人荣誉感得到一次满足，每当学生的兴趣要到谷底时，又一次晋级式进行再一次激发。周而复始，学生的读书兴趣总在被激发中，渐渐形成读书习惯。

（二）读书成果汇报激趣阅读

与人分享，得到同学的认可，在同学中做"知识渊博"的人，能够满足学生们小小的"虚荣心"。如同成人一样，当你所谈别人无人能懂时，个人的虚荣心得到满足。学生亦如此，将自己在读书中学到的知识，了解到的科学、历史、天文等知识与同学分享，即便学习成绩一般的孩子，此时也会是神采飞扬。

每天抽出5分钟左右的时间，学生进行简单的介绍，"你们知道吗？""你们知道为什么吗？"当一双双眼睛渴望地望着他时，满足的心情溢于言表。大家崇拜的眼神，羡慕的心情会转化成一种读书的动力，希望在自己主持的汇报会上，提出大家难以回答的问题，也去体验一把被崇拜的感觉。这一类的读书往往偏向于科学类，教师要在书籍的选择上给学

生一定的引导，以健康、向上为准则，多以自然科学、生活科学为主，丰富学生的知识面，提升学生的表达能力，激发学生读书的兴趣。

四、阅读氛围创设，亲子性阅读激发阅读兴趣

试问：家庭教育、学校教育、社会教育，孰轻孰重？三者缺一不可。但有人说：家长是学生的第一任老师，并不为过。可见，家庭教育在学生成长中的重要性。针对低年级学生阅读，为激发学生阅读，著名作家巴金也曾经说过："母亲温柔的读书声是自己童年的音乐。"这就说明了孩子的成长离不开家长的陪伴、支持和配合。其实低年级学生在家独立读书倍感"孤单"，经常觉得只有自己在做这件事，常被周围的事物吸引注意力，很难做到专注其中。此时，家长的陪伴是最好不过的教育，被读书的氛围包围着的孩子怎会不热爱阅读？家长和孩子一起在阅读的路上并肩前行，共同进步，才能更好地培养学生的读书习惯，掌握正确的阅读方法，并激发起学生对阅读的浓厚兴趣。还可以开展"我的亲子读书日"活动，请家长进行亲子读书的交流，分享读书的快乐。在家校共同的努力下，学生的阅读之路才能够走得顺利，事半功倍。陪伴是最好的关爱，榜样是力量的源泉，良好的读书氛围，亲子阅读方式是快乐阅读的催化剂。

阅读能力是一切学习的基础，每一门学问都从阅读书籍开始。俗话说："幼小读书要琢磨，休怪老师批评多，生铁百炼才成钢，宝剑再快也要磨"。可见从小阅读兴趣的培养非常重要，低年级学生年纪虽小，却是读书习惯培养的开始，是重中之重。低年级要有效开展阅读活动，着力激发兴趣，学习阅读进而从阅读中学习，在快乐阅读中为学生的终生学习奠定基础。

参考文献

[1] 范淑兰.阅读教学的重要性——浅谈小学低年级阅读教学[J].甘肃联合大学学报（自然科学版），2012（S1）.

[2] 缪梅华.高效学习 实效提升——谈小学语文阅读教学策略[J].新课程·上旬，2014（21）.

[3] 郑杭妃.小学语文低年级阅读教学变革分析[J].新课程（小学），2013（1）.

我谈经典文本阅读的"三个维度"

高瑞萍　新桥路中学

> 【摘要】 经典文本的阅读，不是平面的，而是立体的，丰富学生的人生阅历，为狭窄的人生拓展广度；涵育学生的人生情怀，为肤浅的人生增加深度；提高学生的人生境界，为卑微的人生升华高度。让学生的思维空间无限拓展延伸，三维、四维、五维……这就要求我们教育者，不断地探索、研究语文阅读教学的方法，用阅读滋养学生，使他们知识的土地更加肥沃，情感的禾苗更加青翠，心灵的泉水更加清澈……
>
> 【关键词】 文本阅读　三个维度

每每观赏三维立体画册，在视线模糊的一瞬间，我们会惊奇地发现凸显于画面之外或深藏于画面之中的"物"，晶莹剔透，给人以强烈的视觉冲击和心灵震撼。这不由得让我想到语文阅读教学，如果将语文阅读教学比作三维立体画，那么那凸显于画面之外或深藏于画面之中的"物"就展现于广阔无限的背景下，这是广度；穿越平面画观赏到纵深处的物体，这是深度；领悟作者创作这幅作品的匠心，这是高度。经典文本阅读，又何尝不是如此呢？在经典文本的阅读教学中，要力求拓展学生的广度，增加学生的深度，提升学生的高度，以实现"立体"解读文本的目的。

一、丰富学生的人生阅历，为狭窄的人生拓展广度

学生大部分时间是在学校度过的，其人生阅历也仅限于短短十几年的学校生活，视野可谓是狭窄的，那么他们从懵懂孩童一跃成长为有志青年，我想其人生阅历的丰富很大程度上是通过语文经典文本阅读来实现的。因为在中学的所有课程中，语文学科所担负的传播人类和民族文化的功能首屈一指，而文化正是语文教学的"内核"。语文教学主要是通过人类与民族文化的传承，而这样的传承又主要通过经典名著的阅读来实现。

（一）广泛涉猎文本的多个领域

语文阅读教学是一个极为广阔的领域，课本中精选了古今中外众多名家名篇，上下几千年，纵横几万里，蕴含着非常丰富的内容。既有《春》贮满诗情画意的春景，又有《空山鸟语》中鹧鸪"忽断忽续、忽近忽远"那缥缈的鸣声；既有《陋室铭》中"苔痕上阶绿，草色入帘青"的清幽高雅，又有《中华世纪坛》中华文化的悠远绵长；既有《老北京

的小胡同》萦绕灵魂的风物人情，又有《藤野先生》为国为民的弃医从文；既有《丑石》不屈于误解寂寞生存的伟大，又有《音乐巨人贝多芬》扼住生命喉咙的顽强……学生每读一篇文章可以认识不同事物，既可以欣赏绝美的自然风景，也可以观赏著名的经典建筑；既可以学习古代先贤的优秀品质，也可以了解中外重大的历史事件；既可以体悟丰富的人生哲理，也可以品读家国天下的悠远情怀……这些文学作品，带领着学生通过阅读的桥梁沟通大千世界，饱含着作家真、善、美的情思，闪烁着人类智慧，充溢着生机、灵气、爱憎、智慧的生命律动。使学生含英咀华，用文字闪光的精华塑造学生的美好心灵，激发学生的求知热情，并以此形成学生的道德感、理智感、审美力和意志力。可以说，阅读教学在学生面前展示了大千世界中形形色色的事物、千姿百态的生活、缤纷复杂的情感……

（二）无限拓展课外的阅读空间

学习语文，不光要重视课内，还要重视向课外的拓展。阅读教学绝不能仅仅拘囿于课内，应该将阅读的触角延伸到课外，拓展学生阅读的时间和空间，扩大学生的阅读面，确保学生的课外阅读量。教师应该根据学生的实际情况，注重课前的常规训练。例如可以带着学生读《成语故事》《笠翁对韵》《水浒传》《三国演义》《朝花夕拾》等蕴含中华传统文化的书籍；更为重要的是，在课时中固定设计课外阅读课，定时向学生推荐不同类别的课外书籍，如散文《我与地坛》《目送》《文化苦旅》，小说《简·爱》《飘》《四世同堂》，人物传记《苏东坡传》《名人传》等课外读物，从时间上向古典名著拓展，从空间向外国文学延伸，从题材上则向散文、小说、人物传记偏移……为了让学生的知识容量无限丰富，每学期定期召开读书交流会，提倡整体阅读和经典阅读，不断扩展学生知识的内涵和外延。在人生的起点上通过阅读打开一个足够辽阔的文化空间，进而实现精神空间的无限延展，来引导学生构建自己的精神家园。不仅学生可以从中获取丰富的精神养料，获得情感启迪，享受审美乐趣，提高语文素养；更可以陶冶性情、砥砺意志、滋养心灵、成长生命，为人生的蓝图涂好绝美的精神底色，为人生的大厦夯实最稳固的根基。

因此，阅读活动的根本价值在于为成长中的学生提供精神食粮，并不断地补充其营养。它能不断地把古今中外的优秀文化产品提供给每个学生，懂得人情世故，懂得人间冷暖，懂得人世沧桑，在潜移默化中丰富他们的阅历，丰满他们的血肉，丰盈他们的灵魂。使之在短短十几年里走完我们祖先走了几千年的历程，让贫瘠的人生日渐丰盈起来，让狭窄的人生逐渐宽广起来……

二、涵育学生的人生情怀，为肤浅的人生增加深度

从古至今，一篇篇名篇佳作之所以传诵不衰，百代流传，这大概就源于那流淌于文本中的人生情怀吧！读这些文学作品，要读出凝聚着作家灵感、思想的情感，因为这些代表

人类精神财富的情感，涵养了学生的人生情怀，潜移默化地影响着一个人的精神、品质、人生观、世界观和价值观，对一个人的成长产生着极其深远的影响。对于文本的研读，可以引导学生向文辞的纵向及横向深入挖掘文章的有效信息，加深对文章的理解。

（一）挖掘文本纵向的深意

所谓纵向深入，一方面指一词一句都含有作者的情感，要挖掘文辞所携带的思想感情因素，以揭开语言的表面，对语言的理解转化为对情感内涵的理解。例如《空山鸟语》中"透明的情意，像滑滴在青石上的一线灵泉从歌声里迸落。"一个比喻句，将抽象的情意诉诸听觉，形象生动地写出两只鸟的叫声缠绵、清脆、纯净、悦耳，表达出作者由衷的喜爱之情。例如《老北京的小胡同》中说道"穷人家用秫秸秆扎成的屁股帘大摇大摆地飞上天空，小心坎可乐了"。其中"大摇大摆"形象生动地写出了孩子看见屁股帘飞上天空后的兴奋激动之情，读来让人忍俊不禁。

所谓纵向深入，另一方面指阅读文章决不能仅限于阅读这一篇文章，而应该逐本溯源，了解文章写作的背景，明确文章的出处；如果是节选，还要了解事情的来龙去脉、整部作品的内容，从而实现更深地理解文本内涵的目的。例如，在学习史铁生的《秋天的怀念》，需要链接史铁生的《我与地坛》《合欢树》，可以加深对于"小心翼翼"的母爱的理解，让学生体会感恩，学会了坚强，正视磨难。又如学习《在烈日和暴雨下》，就要阅读整部《骆驼祥子》，并发出"祥子为什么在烈日和暴雨下还要挣命拉车"的拷问，通过层层剥蚀，从而更深入地理解祥子苦难命运的社会根源，也让我们进行了一次又一次对心灵的搜索和对生命的诘问，对生命的意义又加深了理解。

（二）延伸文本横向的内涵

所谓横向深入，一方面指在内容形式的层面扩大语面内涵，推测、揣摩内容之间有可能存在的意思。例如学习鲁迅的《藤野先生》，文章写了很多内容：清国留学生在东京白天赏樱花，晚上学跳舞；途径水户、日暮里，以及与藤野先生的交往；匿名信事件和看电影事件；回国后对藤野先生的怀念。看似杂乱无章，其实细细品味我们就会发现：之所以离开东京，是对清国留学生不学无术的失望；之所以对日暮里和水户念念不忘，是由于两个地方有民族情结；之所以与藤野先生交往，是由于他没有狭隘的民族偏见；之所以弃医从文，是由于匿名信事件和看电影事件，让作者看到弱国民族的辛酸和国民的麻木不堪……通过这些内容，我们不难发现，贯穿全篇的就是作者那颗忧国忧民的情怀，依此，我们推测、揣摩的就是文章的主旨，文本的灵魂。教师通过推测、揣摩内容之间有可能存在的意思，让学生充分运用自己的理解能力去深入体会文章，让学生根据文章流淌的情感去塑造作品，把作品的不确定性和内容按照自己的理解组织起来，从而得出作品中蕴含的深意，为学生开辟出更为深广的思维空间。

所谓横向深入，另一方面指文本中隐藏着很多作者在创作中有意无意留下的"笔所未到，意有所忽"的"空白"处，作为教师应该善于发现这些"空白"，并且引导学生结合文章的内容，借助想象的翅膀，挖掘出其中隐含的意趣。如学习《孔乙己》时，在了解鲁镇的格局后不妨设计这样一个问题：孔乙己是在这样贫富悬殊、阶级对立的环境中登场的，那他又是怎样下场的呢？引导学生思考作者以"孔乙己还欠十九个钱呢"作为结尾的原因，这就有如话剧的"舞台剧"，大幕拉开，孔乙己已经站在台上了，通过什么方式让他下台更具有震撼力和表现力？其实越想越觉得怎么下都不合适，唯有让掌柜的取下这块还欠"十九个钱"的粉板最内敛、最理性、最深刻。这种挖掘文中潜在的"空白"的方式也实现了智慧的碰撞，情感的共鸣，深入解读文学作品的目的。由此看来，在阅读教学中，只要我们重视课文中的背景迷茫处、情感空白处、理解困惑处、课外延伸处……并在这些地方进行合理阐释，适时穿插，适度灌输，有效地咀嚼文本背后的"空白"滋味，就可以加深对文本的认识。

深入挖掘出隐藏在文字表面下的内涵，使作品中深邃的哲理闪耀在学生心灵的天空中，更深地影响学生的灵魂，有助于活跃思维，发展智力，提高认识能力，更有助于塑造学生的良好的道德品质、健康的人格力量，从而形成正确的世界观、人生观、价值观。让单调的人生逐渐绚丽起来，让浅薄的人生逐渐厚重起来……

三、提高学生的人生境界，为卑微的人生升华高度

人的生命是卑微的，在于，我们都是这个尘世间最渺小的一粒尘埃，不知道下一秒会有怎样的结局；在于，我们的存在与否，对于这个世界没有任何影响，太阳还是一样会东升西落；在于，我们不能和死亡抗争……但我们可以通过语文阅读教学让生命崇高起来，丰盈起来，绚烂起来……那就需要不断提高人生的境界。

（一）体悟作品积极的情感

对于文本，我们需要聆听那来自作者灵魂深处的声音，因为内容是情感抒发的媒介，因此，阅读中我们要依据文本内容，体悟蕴藏在文本深处那感于心而荡于外的情思意趣，咀嚼作品蕴含的情感，那《背影》漫溢的浓浓父子情，那《我的老师》中流淌的涓涓师生谊；那"不以物喜，不以己悲"的博大胸襟，那"人生自古谁无死，留取丹心照汗青"的凛然正气；那"鞠躬尽瘁，死而后已"的无私奉献，那"生当作人杰，死亦为鬼雄"的千古豪迈……这些积极的情感，思想的精髓，就是学生成长的营养，我们欣喜地看到学生有了一种一直向前、不畏艰险的勇气；有了一种明辨是非、拒绝诱惑的力量；有了一种陶冶性情、滋养心灵的妙方……学生正坚实地走在属于他们自己的人生之路上，我们可以听到学生的青春生命正在拔节的声音，嗅到青春之花悄悄吐蕾的芳香……

（二）追求人生崇高的境界

　　语文阅读教学是让学生获得精神成长的重要途径，因此，阅读教学在语文教学中占有特别重要的地位。通过阅读周国平的《家》感受家的温暖和至爱真情，阅读《竹山门》明白"我以我血荐轩辕"的誓死报国，阅读《三十年前惊世一跪，三十年后一座丰碑》理解勇于承担历史责任的态度……让我们清晰地认识到人性的高度：无论你走出多远，你都走不出亲人的目光，体味亲情，是个人情感的高度；当民族需要你，你义无反顾，挺身而出，热爱祖国，是国民精神的高度；直面历史的问题，正确面对，维护世界和平，更是世人灵魂的高度……这些精神营养潜移默化地影响着学生，并内化为学生的日常行为：用尊重的态度赢得理解，用人格的春风滋润心田，用高尚的情操感悟人生，用坦诚的态度面对人生的过往，并展望未来……一个人也只有在境界提升的过程中，才能领略到人生的无限风光，所以，有意义的人生，就是不断追求高境界的人生。

　　语文作为一个弹性极大的学科，通过文学作品的秘密通道，打破时空的限制，穿梭古今，漫游于人类所创造的精神空间，极大地提高了精神生活的质量。在与创造人类与民族精神财富的大师、巨人的对话中经历他们所描绘的生活，达到一种前所未有的精神境界，让黯淡的人生逐渐光明起来，让卑微的人生逐渐崇高起来……

　　语文阅读教学可以实现拓展学生的人生广度，增加学生的人生深度，升华学生的人生高度的目的，实现立体阅读的目的，让学生的思维空间无限拓展延伸，三维、四维乃至五维……这就要求我们教育者，要不断地探索、研究语文阅读教学的方法，用书籍滋养学生，使他们精神的土地更加肥沃，情感的禾苗更加青翠，心灵的泉水更加清澈……

提高小学生识字能力　促进学生读写结合能力

魏博　育园小学

【摘要】识字教学是低年级教学的重要环节，也是学生阅读和写作的基础。《语文课程标准》指出："识字教学要将儿童熟识的语言因素作为主要材料，同时充分利用儿童的生活经验，注重教给识字方法，力求识用结合。运用多种形象直观的手段，创设丰富多彩的教学情境。"因此，低年级的识字教学，应该充分考虑学生的身心特点，遵循汉字教学规律，采用多种形式激发学生主动识字的兴趣，培养学生自主识字的能力，养成自主识字的习惯。

【关键词】阅读教学　读音　识字方法

众所周知，在语文实践中，识字写字是基础。历来的语文教学大纲都很重视识字教学，也都把它列为低年级的教学重点。但由于前些年大纲文字表述的变化以及"识字教学不是目的，学会读写才是目的"的导向影响，使得为数不少的低年级教师误以为识字教学不重要了，"直奔读写"才是目的，而把大量的时间花费在阅读理解上，识字也只是在读中识字，一掠而过，致使许多学生到中高年级出现了识字写字囫囵吞枣，阅读写作扔不掉"拼音"这一拐棍，甚至读书作文错字连篇的现象。为及时纠正这一偏颇，1999年，借鉴"注音识字，提前读写"实验成果和龙口市的"环境识字"经验，我们在低年级开展了以"自能识字，主动发展"为课题的实验研究，目的是促使低年级教师尽快转变教学观念，准确把握低年级教学的侧重点，在教学实践中探索一条适合本地区实际的识字教学途径，使学生掌握有效的识字方法，提高独立识字的能力，尽快达到自能识字，自能读写，主动发展。

一、指导方法，学会识字

要想学会字，先要读好音。以往低年级阅读教学的起始环节——初读环节。而且对于生字，学生往往先入为主，有些容易出现问题的生字，如果一开始得不到及时订正，一旦给学生留下错误的印象，以后纠正起来就很困难。为纠正这种形式主义的做法，扎扎实实地把好识字的第一关——读音关，在阅读教学中，我们通常可安排这样几个循序渐进的过程：①自由读课文，遇生字借助拼音多读几遍，读准字音（对于较难的课文，第一步一般可安排范读引路，而把自读作为第二步）。②把生字连词用卡片、投影、电脑等手段单独凸显出来，检查订正。这一环节又可分两步：带拼音读，去拼音读。检查读的形式也要多种多样：如自读、"乘火车"读、指名读、领读、同位间互读、齐读等等。③ 指名读课文或同位、四人小组合作读课文，在语言环境中检查字音，及时发现问题，纠错改错。这样一环紧扣一环，对容易出现问题的读音如轻声音节、多音字及其他易读错的音节，及时强调，发现问题及时纠正，目的就是：面向全体，踏踏实实走好识记生字的第一步——读准字音。

古人云：授人以渔，可享一生。可见，掌握方法比学习知识更为重要。

1. 教会识字工具，为独立识字奠定基础

一是教好汉语拼音，汉字有几万个，而普通话基本音节只有400多个，因此汉字中就有大量的同音字、多音字。要提高识字效果，就要学好汉语拼音，让学生借助拼音准确掌握字音。二是教好汉字的笔画、笔顺、偏旁、部首、间架结构，使学生掌握自学字形的工具，培养学生运用汉字构字规律分析字形的能力。指导诵读，在语言环境中理解字义。

如前所述，以往的阅读教学，这一环节往往占用学生过多的时间，把主要精力放在引导学生深入理解课文内容上。于是乎有不少教师操作时唯恐分析不细，或把文章分析得支离破碎，或提出过高要求，分析来分析去，以致学生兴味索然，白白浪费了宝贵的课堂时间，学生尽快步入读写的初衷也未能很好实现。新大纲对低年级阅读教学提出了下列要求：学习结合上下文和生活实际了解词句的意思；学习正确、流利、有感情地朗读课文；默读课文不出声，不指读，一边读一边想；阅读浅显的儿童读物，能大致了解内容；以及重视语言文字的积累。这要求可以说十分宽泛，目的就是要我们将教学重点放在识字写字以及语言的积累上，使学生从小打下坚实的读写基础。

的确，低年级的课文，大多通俗易懂。生字读音掌握了，学生读文的障碍扫清了，只需在指导诵读的过程中，把生字、生词置于相应的语言环境中，引导学生将巩固字音、了解字义词义、指导诵读有机结合，使学生初步学会运用，教学要求也就达成了。诸如《人有两件宝》一类的课文，可谓通俗易懂。在读音障碍扫清后，就完全可由学生自己对生字生词以及句子、课文内容质疑问难，以达成"了解"要求。对于学生提出的疑点，简单的可放手让学生自己解决，有难度的教师可结合具体语境或结合生活实际引导学生解决。对于学生理解上稍有难度的课文，教师可设大问题导读。这样就能有效地压缩阅读理解的时间，而将充裕的时间放在指导学生诵读和识字写字上。

2. 教会识字方法，为独立识字提供保证

（1）根据汉字的构字规律识字。汉字文化，博大精深。教学时，只要抓住汉字的特点进行识字，就能起到举一反三、事半功倍的作用。如：在象形字的教学中，我充分运用象形字保留事物形态、表示意思的特点，把抽象的文字符号还原成图画，引导学生在对图画的感知中激发兴趣，识记生字。如《口耳目》一课中的生字都是象形字，教学时我引导学生观察字和图片，在对比中让学生发现字和图相似的特点，在观察中充分发挥儿童形象记忆的优势，让一个个文字符号在学生面前活起来，以图画的形式记忆在脑海中，从中学到识记象形字的方法，以后遇到这类字可以用象形的规律来自主学习。学习会意字，我就引导学生抓住它的构字特点来分析，运用"拆字形"来识字。如：明、尘、鲜，可记为：日月明，小土尘，鱼羊鲜，使学生一目了然，既形象记忆了字形，也理解了字义。对于形声字的教学，我采用了换偏旁、去偏旁、加偏旁的方法比较，归类识字。如教学"清"时，引出"请、情、晴"这些字，引导学生比一比发现了什么，通过观察比较，学生发现这些字右边一样，只是偏旁不同，从而使学生自己感悟到"声旁表音，形旁表意"的特点，学生不但能很快记住这些字，而且会慢慢地根据形旁去推测字义，并从中总结出"加一加、减一减、换一换"的识字方法，并把这一识字方法延伸到课外，既培养了学生自主识字能力，也扩展了识字量。

（2）依据字理识记生字。如在识记"聪"字时，我启发学生明白"耳朵注意听，眼睛仔细看，嘴巴表达清楚，用心去思考，才能使自己聪明"，这样，调动了学生的学习兴趣，使他们在学习中眼、耳、口、脑并用，也牢固掌握了字形。

（3）利用游戏，趣味识字。游戏是喜闻乐见的学习方式之一，在这样的学习环境中可激发学生的学习兴趣。如在学习"座"字时，我出了一个谜面："一点一横长，一撇撇左方，两人坐在土堆上。"让学生猜猜看是什么字，动脑动笔写写看，写出来的同学喜笑颜开，在享受成功的喜悦中把字形扎根脑海，没猜出的同学也在别人道破机关之时豁然开朗，加深了印象。除猜谜外，我还经常运用表演法、绘画法、故事法、编顺口溜法、比较法、联想法等多种识字方法，体现识字教学的多元化。

二、开展活动，巩固识字

小学生以形象记忆为主，他们记忆的特点是记得快，忘得也快，为了避免今天学，明天忘的状况出现，我常让学生回头复习，温故而知新。

（1）制作生字卡片，每天熟悉一遍。每学完一课，我都要求学生在老师或家长的帮助下，把生字用自己喜欢的方式记录在卡片上，每天都拿出来向学习伙伴读一遍，接受学习伙伴的评价、指导，同时互相学习。

（2）开展竞赛活动，取长补短，共同提高。在教学过程中，我定期开展"识字小能手"评选，不定时组织以小组为单位参加的"夺红旗""摘果子""走迷宫"活动，并将表现出色的同学以喜报的形式告知家长，以求通过这一系列活动激发学生的争先意识，督促他们主动识字、互帮互学、共同进步。

（3）结合听说读写，强化识字效果。学生识了字以后，我先指导他们反复朗读课文，读准字音，记忆字形，在句子中理解字义，在此基础上再提供带拼音的儿童读物让学生尝试阅读，巩固识字效果。

三、拓宽视野，扩展识字

新课标提倡大语文教育观，社会有多大，语文教育就有多广，所以社会、家庭、学校、现代化媒体都是小学生识字的好教材，我们要充分利用广阔的空间充分挖掘孩子的潜能，创设情境帮助孩子多识字。

1. 创设和利用学校人文的识字氛围。

学校是孩子健康成长、增长知识的摇篮，我们学校处处都是人文教育的沃土。刚到门口就会看到"立身以立学为本，立学以读书为先"几个醒目的大字，草坪中"芳草萋萋，踏之可惜"，餐厅外"谁知盘中餐，粒粒皆辛苦"，水池旁"水是生命之源，请节约用水"，厕所旁"讲究卫生，从我做起"等等。校园的黑板报内容丰富，而且日新月异，这都是孩子们采集文字的好素材。再看看我们的教学楼，催人奋进的名言警句比比皆是，楼梯角、墙壁每一个角落都是格言、名人传记等丰富多彩的文苑乐园。教室就更不用说了，那是孩子学习的场所，我就因地制宜采取多种形式设计更有利的识字环境，如每日格言、每日要闻、每周一诗、每周回顾等，既培养了孩子的识字能力，又丰富了社会文化素质。

2. 营造和谐的家庭识字氛围。

家是孩子温馨的港湾，我通过平时沟通，建议家长给孩子营造识字环境。如：鼓励孩子给家庭物品上挂上该物品的名称卡片，影集上注上人物简介，帮家长读信、读报，给家长讲见闻等，家长要及时给予肯定和鼓励，让孩子从中体验学以致用的乐趣。

3. 充分利用广阔的社会环境来识字。

现代社会环境处处有学生识字的空间和机遇。街上新颖别致的广告牌，商店琳琅满目的包装袋，电视中层出不穷的节目词，以及现代化媒体等等，随时令学生感受到知识的氛围和多识字的需求，只要我们教师把科学识字法教给学生，家长把识字的机会让给学生，学生的识字能力就会不断提高，识字兴趣更会不断增强。

在学习实践和日常生活中，学生不但能用上在课堂上所学的识字方法，而且能够充分发挥自己的主观能动性和创造性才能，积极探索适合自己的识字方法。

只有学生真正掌握了生字，从而才会喜欢阅读，爱上阅读。

以文本为基础　以体验为目的
——新课标下的语文教学实践活动
杜淼　大峪第一小学

> 【摘要】 阅读教学就是最有利于我们促成孩子个性化思维养成的舞台，也是最有利于孩子形成自己的思维方式和解决问题办法的机会。作为一名语文老师，我们非常乐于看到每个孩子都有自己的思维，有自己的思考，这样呈现出的课堂异彩纷呈，在课上的收获也会是各有所得。课堂中引领学生抓住文本中值得品味的词语句子，让学生反复揣摩、感受，进而加深对文本内容的理解，培养学生的语感，发展学生的语言，丰富学生的阅读感受。如何在我们的课堂上培养孩子个性化思维的养成，是值得每一个语文老师思考和不断探索的主题。
>
> 【关键词】 揣摩　感悟　个性化理解　不同的认知体验

2011年版课标学段目标与内容中，关于第一学段（1～2年级），阅读部分第四条，明确指出："阅读浅近的童话、寓言、故事，向往美好的情境，关心自然和生命，对感兴趣的人物和事件有自己的感受和想法，并乐于与人交流。"可见，低年级阅读教学就是最有利于我们引导孩子有自己对时间独特感受的机会，也是最有利于孩子形成自己的思维方式和解决问题办法的机会。所以作为一名语文老师，在我的课堂教学中，我尽可能地培养孩子根据自己的自身认知对文本内容有不同的想法。以人教版二年级下册《揠苗助长》一课为例，我就谈谈在课堂上如何培养孩子自己的个性化思维。

一、引导孩子从不同角度理解课文中的人物特点

莎士比亚曾说过："一千个读者，就有一千个哈姆雷特。"可见作者在反观自己的作品时，也希望读者能够对自己笔下的人物有不同的理解。社会中不同的人，受的教育和知识文化层次不同，对外界事物的感知能力也不同，对事物的看法肯定也是大相径庭的，所以一千个读者看哈姆雷特都会有不同的看法和观点感受。作为一名语文老师，我们非常乐于看到每个孩子对于文本和人物都有自己的独到见解，有自己的思考和感悟，这样呈现出的课堂将会异彩纷呈，在课上的收获也会是各有所得。延伸到我们学习中对于课文的理解，也会出现类似的情况，孩子的认知不同，接受事物的宽泛程度不同，更来自不同的家庭教

育，所以对于文本的理解，也就自然会出现不同。人教版语文教材中的文章大多文质兼美，富含哲理，有很多寓言和童话故事。在此类文章的阅读教学中，教师要引领学生抓住文本中值得品味的词语句子，让学生反复揣摩、感受，进而加深对文本内容的理解，培养学生的语感，发展学生的语言，丰富学生的阅读感受。以人教版二年级下册《揠苗助长》一课为例（古时候有个人，他巴望自己田里的禾苗长得快些，天天到田边去看。可是一天，两天，三天，禾苗好像一点儿也没有长高。他在田边焦急地转来转去，自言自语地说："我得想个办法帮它们长。"一天，他终于想出了办法，就急忙跑到田里，把禾苗一棵一棵往高里拔，从中午一直忙到太阳落山，弄得筋疲力尽。他回到家里，一边喘气一边说："今天可把我累坏了！力气总算没白费，禾苗都长高了一大截。"他的儿子不明白是怎么回事，第二天跑到田里一看，禾苗都枯死了），我谈谈我在课堂教学中是如何培养孩子从不同角度理解文本内容和人物特点，并相机帮助孩子理解寓言故事的特点。

大多数老师在讲解《揠苗助长》的过程中，都会把农夫总结成一个不动脑筋的、愚蠢的、不遵循事物发展规律的人。从而得出结论：要遵循事物的发展规律。在我的课堂教学中我带领孩子仔细地品读文章字里行间蕴含着的深厚情感。如"巴望""焦急地转来转去"这些文字是体现人物形象内涵的地方。通过这些语句，其实对于农夫这个人物形象，也应该有正面的理解，首先他作为一个农民，他当然希望自己的禾苗长得快一些，喜获大丰收，这是没有任何问题的，我们首先应该理解农夫这种急切的心情。其次，可以潜移默化地为将来写作、描写人物心情时打下基础。我继续引导孩子们认真想一想："既然农夫的动机是好的，但为什么却做了错事呢？哪里有问题？"有的孩子说："农夫盼望自己的禾苗长得高是对的，可是方法用错了。"我说："那应该用什么方法就对了？"孩子根据自己的常识，有的说浇水、有的说施肥、还有的说除虫。枯燥的课堂上，孩子们思绪飞扬，就好像自己在农田里耕作一样，我说："大家看来都比农夫聪明，大家的办法都比较可行。"孩子们这个时候从课文中走了出来，就像自己的农田将要丰收了一样。这正对应了课标中所写的：关心自然和生命。学习的目的就是能运用到实际生活中去，所以适当地让孩子们联系生活实际，才能让他们觉得学习和生活是联系在一起的，学习为了更好地生活，同时，生活中，处处存在着应该学习的知识，培养孩子从生活中汲取知识的习惯。

我再次引导孩子们回归课文"一天，两天，三天，禾苗好像一点儿也没长高。"我说："禾苗真的没有长高吗？"孩子们根据生活积累，都知道禾苗长高了，所以都说："长高了。""那为什么农夫没有看出来？""因为禾苗长得慢，不容易被发现。""那我们的小眼睛真会观察，咱们都能看出来，农夫却看不出来，你觉得他是个什么样的人？"有了前面的引导，此时孩子一起大声说道："不注意观察的人。"小结："孩子们，你看，农夫盼望禾苗长高是没有错的，错就错在认为禾苗没长高，是不注意观察，才导致他犯错误的，可见生活中，我们都应该做一个善于观察细节的人。不要当一个劳而不获的人。"适时教育孩子们，要做生活中的有心人，要做一个善于观察的人。文章讲到这里，孩子们改变对这个人的认识，从单纯地认为农夫是一个不动脑筋的人、可笑的人，也会有人会认为他是好心办错事的人，对于人物的理解，又丰富了一些。

在本课中，我想继续带领孩子对文本进行深层次的探讨，于是，我让孩子在通读文本之后，问了孩子一个问题："孩子们，这篇文章写得有没有问题？"孩子们都坐在那里，认真地思考，突然有一个孩子站起来说："老师，有问题，既然这是一个农夫，就说明他种了很多年的地，他应该明白禾苗是一点点长高的，所以每年都一样，他怎么突然就犯错误了呢？""对呀！你不仅是个爱读书的孩子，还是一个能够认真思考的孩子呢！将来你一定能当一个大作家！"在我的课堂上，我尽可能地为学生提供个性化阅读、表现自我的机会。此时此刻，班里纷纷响起了掌声和赞叹声，孩子们都为他鼓掌，对于他的问题表示认同，他自己也享受到了思考的乐趣，我也加入孩子们鼓掌的队伍里，继而说道："是呀，农夫种了一辈子地，早就明白了禾苗成长的规律，但还是希望禾苗长得快一些，可见这个农夫不太会种地。那这是一篇寓言故事，就是作者借助一件事，来说明一个道理，所以寓言故事，不一定是真的发生过的事，我们借助故事明白其中的道理就行了。"再次渗透寓言故事的特点。

这是一篇古老的寓言故事，孩子们在上幼儿园的时候就耳熟能详了，如果像平时那样讲，孩子肯定会觉得枯燥乏味，所以老师在教学中，引领孩子体会不一样的阅读感受，联系自己的生活实际，学会表达自己的生活，才是一名老师区别于家长的高明之处。在本课教学中，孩子们对于农夫这个人物形象的认识出现了不同，解决禾苗长得慢用了不同的方法，发现文本出现问题并深刻理解了寓言故事的特点，这些都是促进孩子们养成阅读思维的好方法。比单纯地理解故事告诉我们的道理：要遵循事物的发展规律，孩子们的所得要多得多。

二、读写结合为孩子思维的个性化创造条件

叶圣陶先生也曾说过："阅读是吸收，写作是倾吐。"这就明确地告诉我们：阅读是作文的基础，阅读好像蜜蜂采花，作文好像蜜蜂酿蜜。读和写是相辅相成的，教师只有智慧地把握两者结合的策略，才能循序渐进地提高学生的语文能力。

为了更好地促进孩子的个性化思维成长，我给孩子布置了续编、续写《揠苗助长》的实践活动。有的孩子写："第二年，农夫好好地种地，每天除虫、施肥、浇水，禾苗长得又快又壮，到了秋天，农夫获得了大丰收。"这个孩子懂得了知错就改；有的孩子写："因为农夫把禾苗都拔了，所以家里的粮食颗粒无收，一家人都没得吃了，邻居们看见他这样可怜，都把粮食和种子借给他，并对他说以后不能再揠苗助长了。"这个孩子心中有一颗关爱他人的种子；有的孩子写："第二年，农夫不再种禾苗了，他种了一种每天都能长很多的植物,他每天到田里去,都会看到自己的成果,心里非常高兴。"这个孩子学会了"因材施教"……

学生在课堂上充分阅读文本,并有了自己独到的思考后,会有一肚子的话想说,也会有不同的见解和评价,得到的收获也不尽相同。所以,在课堂上,我充分调动学生的多种感官参与学习活动,培养孩子们乐于与人交流的习惯,创设让学生充分享受心灵自由的天地,最大限度地调动学生学习的主动性、创造性,让他们用心感悟、自由表达,不断积累和运用,全面提高自己的阅读体验。

认知和生活经历都不尽相同的学生,在同一个老师的教导之下,能够各自有所收获和体验,对孩子们的成长是大有好处的,促进学生以文本为基础,有不同的心理体验,这样的教学不仅可以激活课堂,启迪学生的智慧,深化学生的个性体验、感受,更能发展自己的思维模式和方法。

三、教学设计为孩子们的个性发展创造机会

我在课堂上提出:"孩子们,这篇文章写得有没有问题?"这个问题的设计,得益于曾看到过的一个案例,有个老师讲《灰姑娘》时提出:"这篇文章有没有问题?"孩子们说:"零点的时候,所有东西都恢复原样了,水晶鞋却没有变。"其实,只要我们拿出时间,多设计点引发学生思考的问题,让学生质疑文本,质疑人物,甚至质疑著名作家和作者,对于学生的思维发展,和质疑精神的培养,让学生能受益终生!

正如课标所写:对感兴趣的人物和事件有自己的感受和想法。如果把学生的思维固定在某一处,或者固定在某一种模式,学生将来在思考的时候,在阅读的时候,甚至是在写作的时候,都会遵循这一固定的规则,那将会是一个非常可悲的未来。阅读教学是语文教学的重要组成部分,只有老师认真设计阅读课教案,激发学生的阅读兴趣,深化学生的个性体验,才能使语文课堂更加精彩。

人们常说:心有多大舞台有多大,思路决定出路,因为思维方式不同,看问题的角度不同,采取的方案不同,收获也就不同。身为一名语文老师,我们肩上的责任,不仅是教会学生学习的内容,更要教会学生学习的方法,让学生能够在我们的课堂上学会多角度思考问题,将自己的思维拓宽和延展,将思维运用到日常生活中,用来解决问题。如何在我们的课堂上培养学生个性化思维的养成,全面提高学生的语文素养,是值得每一个语文老师思考和不断探索的主题。

享受阅读好时光

王璇　京师实验中学

>【摘要】 德国教育家第斯多惠在《教师规则》中说过："我们认为教学的艺术，不在于传授本领，而是在于激励、唤醒、鼓舞。没有兴奋的情绪怎么激励人，没有主动性怎么能唤醒沉睡的人。"和学生一起享受阅读的时光，坚信学生一定会成功，设计丰富的阅读活动，在阅读方法上指导学生，真心地与学生进行交流和碰撞，学生便会从教师的爱中获得一种信心和力量，情不自禁地投入到阅读的过程中，从而迸发出智慧的火花。
>
>【关键词】 朗读　活动　任务

教学是一门艺术，也是一门科学。阅读教学更是如此。我们既要善于发现和利用教育规律；还要以人为本，善于春风化雨、润物无声地启迪学生的心灵，激发他们的阅读兴趣，帮助他们逐渐养成良好的阅读习惯。这就需要课内、课外双管齐下，两手都要抓，两手都要硬。只有这样才能逐渐使学生享受到阅读时光所带来的快乐。

一、用朗读助力课内阅读

今年，作为一名语文老师我面临了前所未有的挑战——更换新教材。熟悉了的北京版教材退出了历史舞台。我带着忐忑的心情，迎来了教材培训，终于可以一睹新教材的庐山真面目了。

看到第一单元第一篇文章是朱自清的《春》，我的心里顿时踏实了很多，作为名篇的《春》，我已教授过两次了，比喻、拟人、叠词、多感官写景，有很多东西可以讲。但一看单元提示，我刚平静的心又打起了鼓。要讲朗读，朗读可不是我擅长的啊！发愁、畏惧都无法解决问题，我把心一横，何不就此契机，改变一下我的教学方式和侧重点，来一次朗读指导课呢。这一次就让学生们在读中去感受春之美吧，让学生做一名快乐的朗读者吧。

通过暑假拓展训练的接触，更加坚定了上朗读课的决心，因为我的学生就像一群叽叽喳喳的小鸟，总在不停地说，何不发挥他们的特长呢，让他们在课堂上通过朗读来宣泄，来感受。

一上课，在轻柔的钢琴曲的伴奏下，在鸟鸣声的环绕下，我让学生自由朗读课文。然后我请一名同学给大家朗读了赞春部分，我也示范朗读了这一部分，让大家谈区别。同学们争先恐后地发言：老师读的更有感情。老师读出了春天新、美、力的特点。老师怎样读出这种感觉的呢？老师将刚、都、新、生长这些词加重读了。老师还在春天、我们后面停了一下……同学们又七嘴八舌地说了起来。我鼓励了他们的细心，并顺理成章地引出了重音和停连，强调我们必须根据情感的表达需要来设计重音和停连。接着让学生以盼春为例进行朗读设计。同学们兴奋地读了起来，说了起来。发言时同学们十分踊跃。一名同学说我认为应该将重音要放在盼望一词上，盼望两字连读，读后稍停顿一下，突出人们的期盼之情；还要在东风及脚步后停顿，将重音放在来了、近了两个词上，表示春天离我们越来越近。接着该生绘声绘色地朗读起来。大家也很认可他的朗读。我见缝插针及时进行点播和指导：这一段写了人们盼望春天的到来，此时人们的心情是什么样的呢？学生们准确分析出盼春时人们急切的心情，因此语速要稍快一些。盼望一词要连读并加重读音，两个盼望着要一个比一个快，突出人们急切地盼望春天到来的心情。东风来了一句，可不可以把重音可放在东风一词上呢？我继续追问。学生迷茫，有的说不可以，有的说可以。我让持肯定答案的学生发表意见，她说：重音放在东风上，突出是东风来了，它是春的使者。我给予她肯定，并总结到：这句话重音可以放在东风上，也可以放在来了上，只是突出强调的内容不一样罢了。重音放在东风上，强调是东风这一主体；重音放在来了上，强调的是来了这一动作。所以标画重音可以根据表达的需要，强调的侧重点不同，放在相应的词语上，不同的标画也就体现出同学们对课文不同的理解，但一致的是都凸显了作者对春的盼望和喜爱之情。我让学生选择他喜欢的一种重音方法再次进行朗读。

接着我让同学们从二至七段挑选自己最喜欢的一段，进行朗读设计，组内先读一读，然后全班进行比赛环节，看看谁读得好，设计得好。同学们的热情一下高涨了起来。认真地朗读，圈画起来。接下来的修辞、情感的讲解就变得水到渠成了。

世间一切，都是遇见，就像冷遇见暖，就有了雨；春遇到冬，有了岁月；天遇见地，有了永恒；人遇见了人，有了生命。我们的语文课堂遇见了朗读就有了不一样的生机与活力。

自此，朗读像一把钥匙为学生打开了学习课文的大门。我们一起在朗读中领略济南冬天的温情，我们一起读过雨的四季，我们一起观沧海，游北固山，感受李白和王昌龄的友谊，感受马致远的思乡之情……

二、以活动督促名著阅读

教材中的课文阅读，我们课上的时间充分朗读，但中考必读书目要让学生踏踏实实读一读，对于我们这种平时只抱着手机根本不拿起书的学生来说实在是难于上青天，更何况这其中有很多的大部头、半白半文言更是让人抓耳挠腮，头痛不已。七年级上我们的第一个艰巨任务就是阅读《西游记》。

为了方便后面的阅读交流等活动，我的第一要务是确定版本，从众多版本中，我挑选了最为普遍且方便购买的《李卓吾批评本西游记》。学生很快将图书购买到位，怎样激发学生的阅读兴趣呢？联想到自己小时候最崇拜的英雄那就非孙悟空莫属了，他上天入地无所不能。现在的学生眼界、见识不再像我小时候那样狭窄，但心中的英雄梦确是永不会褪色的。

　　第一节阅读课，我先询问学生心目中的超级英雄是谁？一石激起千层浪，同学们一下子眉飞色舞起来，从超人到神奇女侠、闪电侠、绿灯侠、绿巨人、蜘蛛侠、钢铁侠、大白……一水的外国英雄。我认真聆听了他们的介绍后兴奋地向他们介绍了我心目中的超级英雄——孙悟空。紧接着我为他们播放了86版西游记的片头，然后询问学生对这部书的了解，一些学生对这部书一无所知，一部分看过动画片，还有一小部分能够说出其中的一些经典故事。

　　你们想不想进一步了解这个超级英雄的辉煌战绩呢？同学们兴奋地回答："想！"那就请大家利用这个暑假好好读一读西游记。老师给大家布置3个小任务：1.阅读前七回给孙悟空写个小传，详细介绍他取经前的经历。2.阅读八至十二回，梳理主要故事情节。3.阅读十三到一百回绘制孙悟空降妖路线图，把孙悟空一路降妖除魔的地点、妖精记录在路线图上。

　　开学之后，我们利用三周的班会时间将六个小组分成三个大组，每组选择承担一项任务，组员充分交流，合作完成一个本组的报告成果，在第四周时派代表进行全班交流展示。

　　在语文实践活动课上，我们继续深入研究《西游记》，我给学生设计了绘制西游人物对战卡的活动，我精心挑选了31个人物，课上提出要求：1.每人绘制至少一个西游记人物的卡片，具体人物，抽签决定。2.卡片正面要有人物画像、人物姓名、别称、武力值、智力值、兵器、本领；卡片背面要有人物性格和代表事件和理由阐述。其中武力值和智力值最高为100，具体数值由绘画者自己设定，但要在背面说明理由，为什么设置这个数字。3.人物画像可画具体，脸谱、卡通、漫画各种形式均可，只要生动形象，突出人物特点。

　　两节课后上交人物卡，下次实践课交流展示，实际对战。

　　活动的设计大大提高了学生阅读名著的兴趣，我也对指导学生阅读名著提高了信心。紧接着的《朝花夕拾》阅读我设计了填写任务简历表的活动。《论语》阅读我设计了"走进孔圣人，了解论语的现实意义"的活动，通过看电影、绘制手抄报、演讲等多种分支活动充分了解孔子，理解论语。

　　七年级下我们要阅读《骆驼祥子》一书，我又提前进行了阅读，为学生设计了一个辩论题：虎妞和小福子谁对祥子的影响大？正方：虎妞对祥子的影响大；反方：小福子对祥子的影响大。开学后同学根据读书后的感受，自由组合成正反两方进行准备和辩论。另外我还设计了两个研究话题：1. 祥子和他的雇主们。用表格形式梳理祥子的雇主及其特点。2. 一个北漂青年的奋斗史。概括祥子三起三落的过程。

三、用任务促进课外阅读

光阅读中考要求的书目，还不叫真正的阅读。让学生自觉、自主地去读书才能称之为真正的阅读。

在学生逐步养成可以认真阅读老师要求的书目之后，我利用班主任的身份，开展了班级"我爱读书"的活动。第一周是班主任推荐时间，我向他们介绍了我最近在读的一本书——《解忧杂货铺》。我从作者到写作背景到故事情节再到人物特点都进行了详细的介绍。接着向学生布置了以后的任务，每天中午自习的时间，就是我们读书的时间，同学们可以挑选一本自己喜欢的书，利用一周读完，下周班会由老师抽签，抽到谁，谁把自己读的书介绍给大家。每月进行读书达人的评选互动，看谁在一个月中读书的数量最多，质量最高。

慢慢中午的时间成了我们一天中最悠闲的时间，我们师生每人捧着一本书，静静地读着，静静地享受着阅读的悠闲时光。

学生在中午读不完的书会主动利用周六周日读完，因为他们怕周一抽到自己没法向同学做详细的介绍，怕自己读书少无法评选读书达人。学生也会时不时主动问我最近在读什么书。看到学生能主动读书、积极读书我由衷地替他们高兴，因为阅读习惯的养成将使他们受益终身。

德国教育家第斯多惠在《教师规则》中说过："我们认为教学的艺术，不在于传授本领，而是在于激励、唤醒、鼓舞。没有兴奋的情绪怎么激励人，没有主动性怎么能唤醒沉睡的人。"和学生一起享受阅读的时光，坚信学生一定会成功，设计丰富的阅读活动，在阅读方法上指导学生，真心地与学生进行交流和碰撞，学生便会从教师的爱中获得一种信心和力量，情不自禁地投入到阅读的过程中，从而迸发出智慧的火花。

关于课内阅读教学与课外阅读教学有机结合的几点思考

李 杨 新桥路中学

【摘要】 新课程标准下，中学生的阅读教学面临新的挑战。教材内容不断改版，变化很大。课外阅读篇目不断增加，整本书阅读的要求也不断提升。如何解决课内外阅读内容的衔接，如何激发学生的阅读兴趣，提升阅读能力，笔者认为应从阅读教学和写作背景相结合、阅读内容和多种方法相结合、阅读途径和多种感官相结合等方面进行探索，进而将课内外阅读进行有机结合。

【关键词】 课内阅读　课外阅读　有机结合

　　阅读教学是教师指导学生阅读实践的教学。阅读教学的紧要任务是引导学生学习语言，发展语感，因此，阅读教学要以指导学生的读书活动为"经"，以对学生的字词句训练为"纬"，培养学生的语感为核心的整体框架结构。在"新课程标准"的形势下，中学生阅读的内容无论是广度还是深度都有所加强。课内阅读内容已经不能满足新的要求，那么如何将课内阅读和课外阅读无缝连接，如何把握拓展内容的范围和深度，如何激发学生的阅读兴趣呢？我认为应从以下三个方面进行探索。

一、阅读教学和写作背景相结合，不断拓展学生的知识储备

　　课内阅读教学包括现代文阅读和文言文阅读，虽然占有教材内容的较大比重，但是阅读量依然不能满足初中阶段学生的阅读需求，随着教改的深入，中学语文教材都配备了相应的读本教材，以求能进一步扩大学生的阅读量，丰富学生的阅读体验。然而这些读本的设计多数是根据不同的文体甄选出来的优秀文章，却并不能结合教材内容进行一对一的相辅相成的提升。有的甚至毫无关联性，课内外阅读内容没有有效衔接，因此在教学中，效果甚微。

　　在实际教学过程中，笔者发现阅读的理解和深入的探究是基于对作者和作品背景有一定的了解，特别是初中教材中选择的文章（以北京出版社语文教材13册为例），多是饱含亲情、友情、师生情等主题内容，就更需要对作者及人物关系有一定的理解才能进行更深层次的挖掘。

　　例如，选文朱自清先生的《背影》，作者写父亲，既没有具体刻画父亲的五官，也没

有描摹他的肖像，而是作者将父亲的形象聚焦于他的背影，并先后四次刻画，将父爱的朴实、细腻、真挚表现得淋漓尽致。但是学生在阅读过程中发现朱自清和父亲的关系其实并不很好，《背影》中有这样的语句："他待我渐渐不同往日。但最近两年的不见，他终于忘却我的不好，只是……"具体是因为什么造成父子之间的嫌隙，只有深刻挖掘文章的写作背景，才能深刻地体会作者泪光中的父亲的背影那么打动人心。根据朱自清弟弟朱国华回忆，"误会"源自朱自清1923年写的《笑的历史》[1]。这篇小说是以朱自清原配夫人武钟谦为主人公而作的，一方面反映了当时青年女性在旧家庭中被封建伦理道德压抑扭曲的悲惨地位，另一方面也真实反映了朱家中由于生活的困难引起误会并最终造成矛盾的过程。实际上我们结合《笑的历史》《毁灭》《给亡妇》《我的南方》等作品可以推知在1921年甚至之前，家中就存在诸多的矛盾与不和，但朱自清尚未卷入。父子之间的不和是在他1921年回扬州工作期间才产生的，之后的《笑的历史》只是加深了这种隔膜。然而父子之间的亲情能冲淡一切，作者在父亲的家信中依然感念父亲。这也是亲情的凝聚力量，我们在解读《背影》时，只有通过课外阅读获得丰富的积累，才能更好地揣摩作者的意图，体会文字间的细腻情感。

又如，在初二年级讲研究课《千古词人苏东坡》时，课本教材选文是《水调歌头·明月几时有》，为拓展学生的诗词储备，提高学生赏析诗词的能力，本课主要讲解《念奴娇·赤壁怀古》《江城子·密州出猎》《江城子·乙卯正月二十日夜记梦》，这几篇词是苏轼在不同人生阶段的名篇佳作，这和他曲折坎坷的仕途、跌宕起伏的人生境遇息息相关。因此，了解作者的创作背景尤为重要。为了能够更好地了解作者的相关信息，笔者推荐孩子们读了林语堂先生的《苏东坡传》。西方近现代文学批评家艾略特曾经写过一篇很有名的文章，题目是《传统与个人才能》，说的就是一个人所生长的环境背景以及此环境背景所结合的传统对个人才能的重要影响。所以学生通过阅读诗人的传记，不断丰富对苏东坡的了解，帮助学生理解诗文背后作者所凝聚的情感，这样的学习过程有利于学生积累、沉淀，不断拓展学生的知识储备。

二、阅读内容和多种方法相结合，不断训练学生的表达能力

阅读过程是阅读者与作者、与文字、与自己的心灵沟通交流的过程。每个读者由于年龄阅历的不同收获也不尽相同。在中学阶段，学生通过课内文章的学习和课外阅读的拓展，不断丰富自己的阅读体验。引导学生根据文章内容的不同，采取不同的阅读方法，这不仅有利于学生加深内容的理解、情感的体悟，更有助于学生自主阅读能力的提升和表达能力的突破。

---

[1] 朱自清.朱自清全集（第一卷）[M]. 南京：江苏教育出版社，1990.

（一）诗歌古文唱读法

诗歌古文因其特殊的文法、精炼的词句、优美的韵律、丰厚的意蕴，是我国传统文化的艺术瑰宝。然而在学习和拓展诗词古文的时候，中学生对于古汉语的积淀还不够丰厚，所以在背诵记忆上存在困难，很多学生望而生畏，特别是篇幅较长的诗文，很难记诵，逐渐失去了对古典诗词的热爱。有鉴于此，在诵读诗歌古文时，采用吟诵和吟唱的方式进行引领。培养学生对于古诗词的兴趣，由教师引导到学生自主记诵。内容也从课内范围逐渐延伸至课外内容，学生的积累越来越丰富，越有成就感，也就越来越有动力。

吟诵，是我国古代诗文的传统诵读方式，也是中国人学习文化时高效的教育和学习方法，有着两千年以上的历史，代代相传，人人皆能，在历史上起到过极其重要的社会作用，有着重大的文化价值。汉语的诗词文赋，大部分是使用吟诵的方式创作的，所以也只有通过吟诵的方式，才能深刻体会其精神内涵和审美韵味。因而吟诵也是汉语诗文的活态。在初中语文诵读诗歌古文时，引导学生使用吟诵的方法唱读，让学生在韵律中体会诗文的美感。比如《橘颂》：

后皇嘉树，橘徕服兮。受命不迁，生南国兮。深固难徙，更壹志兮。绿叶素荣，纷其可喜兮。曾枝剡棘，圆果抟兮。青黄杂糅，文章烂兮。精色内白，类任道兮。纷缊宜修，姱而不丑兮。嗟尔幼志，有以异兮。独立不迁，岂不可喜兮？

通过实践发现，学生在诵读过程中，加入吟诵的语调，缓缓而歌，不仅和声优美，而且吟诵几遍学生就能背诵下来。这不仅提升了学生的背诵效率，也能提升学生的艺术素养。

吟唱，古代诗歌谱曲演唱，并且广泛流传，是学生记诵古诗词的有效途径。例如苏轼的《水调歌头明月几时有》，由于王菲的演唱婉转悠扬、动人心扉，深受大众欢迎。笔者曾经做过探索，让学生搜集诗词歌曲，学生很感兴趣，而且找到了很多歌曲。如：《蒹葭》《独上西楼》《清平调》《一剪梅》《离骚》《月满西楼》等等。这些歌曲以诗词为歌词，配上现代乐曲朗朗上口、韵味无穷。学生在吟唱的时候方便记忆，而且趣味浓厚。

（二）抒情散文朗诵法

初中课文中入选了很多适合学生朗诵的文章，在语文读本中也为学生提供了很多拓展文章。这些散文入情入理、富有情思、韵味十足，配乐朗诵，既让学生体会文字带来的语言魅力，又能通过音乐感染学生，加深对情感的把握。而且通过配乐朗诵练习，学生的语言表达能力将有质的飞跃。

例如，在朱自清先生的散文《背影》这一课后，我们补充了课文读本的另外一篇散文《匆匆》：

燕子去了，有再来的时候；杨柳枯了，有再青的时候；桃花谢了，有再开的时候。但是，聪明的，你告诉我，我们的日子为什么一去不复返呢？——是有人偷了他们罢：那是谁？又藏在何处呢？是他们自己逃走了罢：现在又到了哪里呢？
......

学生在初读时，语言流畅，语速很快，而且读得铿锵有力，掷地有声。虽然响亮流利却没能表达朱自清散文的内涵，所以需要学生揣摩文意、酝酿感情，再默读文本，体会文意。再次朗诵时，教师辅助播放一些舒缓深沉的背景音乐，学生很容易进入情境，在体察作者的情绪之后，在音乐节奏的辅助之下，语速自然就能降下来。在朗诵技巧上，注意语气语调、重音停顿，教师有感情地泛读，在情感上引领学生。通过诵读指导，学生朗诵《匆匆》时，感情饱满深沉，既表达了光阴流逝不可追的无奈之苦，又引发珍惜现在充分利用时间的深刻思考。

抒情朗诵法能够帮助学生在阅读中深挖情感，既有助于学生口语表达能力的提高，又能培养学生艺术欣赏的能力。配乐朗诵是在音乐的配合下展现语言的魅力，学生根据文章题材的不同而选择韵律节奏不同的背景音乐，这也能提升学生对于音乐的鉴赏能力，进一步加深学科渗透，培养学生的综合能力。

（三）理性思维辩论法

我国古代思想家墨子曾说："夫辩者，将以明是非之分，审治乱之纪，明同异之处，察明实之理。处利害，决嫌疑。"换言之，辩论的作用就在于划清是非的界限，探察世道治乱的标准，判断区别事物同异的根据，权衡利害得失，解决存在的疑惑。中学生处在青春期这个年龄阶段，正是理性思维形成的重要时期，辩论使得事物的原理得到显现，真理得到阐明，获得新的认识，如同火刀和火石相撞而产生火花一样。这是智慧的碰撞，语言的交锋，越是积累了丰富的知识，越能在辩论中脱颖而出，这是学生提升表达能力的重要途径。

由于社会的不断进步，人类科学活动向广度和深度进展，人们对事物的认识也愈益丰富多样。彼时彼地认为是真理的，此时此地则认为是谬误，即使是同时同地，由于个人的思想、知识水平、认识角度、所处地位的不同，对于同一事物也会产生不同的见解和主张。中学生处在探索世界、追求新知的特殊时期，辨明是非、捍卫真理尤其重要。而且辩论对于锻炼思维具有重要意义：

1. 锻炼思维的完整性。一个人独自思考，或者发表个人演讲，往往只从问题的一两个侧面展开思考，而数人辩论，则能够相互补充，丰富思想，使得对问题的认识比较全面，思考也比较完整。

2. 锻炼思维的准确性。法国作家福楼拜曾精辟地指出："思想准确是表达准确的先决条件。"辩论就是要求双方同时就对所辩论的问题有比较深入的思考，这种思考越是能接近于问题的本质，就越是能准确地把握它的本质属性，辩论时才能以你的"棋高一着"而克敌制胜。

3. 锻炼思维的清晰性。想得不清楚的东西也就说得不清楚，言词的不准确和混乱只能证明思想的混乱。在辩论过程中要求双方以明白无误、有条不紊的语言来表达自己的思想观点，而这是以思路清晰地、有层次地展开为前提的。

4. 锻炼思维的敏捷性。凡擅长辩论者，都与平时善于观察、勤于思考、思维敏捷有关，惟有如此才能在辩论时面对咄咄逼人的进攻和一连串的提问，成竹在胸，反应敏捷，迅速调动日常的知识积累，一一予以回答和辩驳。

三、阅读途径和多种感官相结合，不断调动学生的阅读兴趣

人们通常所说的阅读指的是读书，是相对纸质图书而言的。但随着现代科技的不断发展和进步，当今的阅读方式已发生了革命性的变化。现代人的阅读途径不再只是阅读纸质书报，也可以通过电脑手机阅读电子书，或者是利用网络和手机App"听书"。调动多种感官来学习，不仅提高了学习效率，而且能调动学生的学习兴趣。

传统的阅读方式受到时间、地点等种种限制，而且纸质阅读是用眼睛看书，需要在一个安静的环境下，通过视觉与文字直接的接触产生联想和思考。然而随着生活节奏的加快和电子技术的高速发展产生了听书这一新型的阅读方式。从用眼睛看书到用耳朵听书是人类阅读方式的重大变革。学生在上下学的路上，走路、坐车都可以戴上耳机听书，面对大部头的文学名著，不再是一学期阅读几十万字的压力，而是两个月每天上下学放松愉悦的享受。既缓解了一天的疲惫，又能拓展自己的知识储备，一举两得。学生在听书的过程中产生了疑惑还可以再回纸质书籍中探索，这样的复读，也有利于学生加深文本的理解和语言文字的积累。

例如：初三学生要求阅读《三国演义》，而很多同学对于文白夹杂的大部头名著具有畏惧心理，根本不能完成每天的阅读任务，为了调动学生的阅读积极性，笔者首先推荐学生观看电视剧《三国演义》，宏大的历史背景，曲折动人的故事情节，机智勇敢的英雄形象吊足了学生的胃口。然后再让他们去寻找电视剧和小说中的差异，由于篇幅很长，很难一蹴而就。很多学生就选择了听书的方式，背景介绍粗略听过，重要情节和人物塑造在纸质书中复读，这样多种方式综合运用，提高了阅读效率。学生通过写阅读笔记、画思维导图、讲三国故事等形式，展示自己的阅读收获，听、说、读、写的综合训练目标达成，效果非常好。

著名教育家朱永新说："一个人的精神发育史就是他的阅读史，一个民族的精神境界取决于这个民族的阅读水平。"对于中学生来说，课内阅读只是基础，不能满足学生发展的需求，只有延伸课外阅读，激发学生的阅读兴趣，培养阅读习惯，才能拓宽人生视野，丰富人生积淀。因此，将课内阅读与课外阅读有机结合，不断陶冶学生性情，滋养心灵，

成长生命，才能为学生的绚丽人生涂好底色。

参考文献

[1] 朱自清.朱自清全集(第一卷)[M].南京：江苏教育出版社，1990.

[2] 谈苹.浅谈阅读跨越——"听书"读者阅读的新选择[J].图书馆界，2011（2）.

浅谈如何指导小学生课外阅读

赵冬梅　大峪第一小学

【摘要】 要培养和提高学生的语文能力，要扩大学生的信息量，就要把课内与课外、校内和校外紧密结合起来，充分利用一切可以利用的渠道，充分利用一切可以利用的机会，重视引导学生开展课外阅读。而要保证课外阅读的质量，教师必须加强课外阅读的指导。

【关键词】 激发阅读兴趣　教给阅读方法　搭建阅读平台　鼓励坚持阅读

古人有"书中自有黄金屋，书中自有颜如玉"之说。朱熹也曾经指出："读书百遍，其义自见"。杜甫所提倡的"读书破万卷，下笔如有神"等，无不强调了多读书广集益的好处。因此，当新世纪拉开帷幕的时候，作为教育工作者，我们不能不深思：应该如何及早引导学生去正确面对纷纭繁杂而又丰富多彩的阅读世界，博览群书，开阔视野，丰富学生的知识储备，不断提升学生的整体综合素质。

整个小学阶段，一个学生所学的课文不过三百来篇、几十万字，即便学得再好，也很有限。要培养和提高学生的语文能力，要扩大学生的信息量，就要把课内与课外、校内和校外紧密结合起来，充分利用一切可以利用的渠道，充分利用一切可以利用的机会，重视引导学生开展课外阅读。而要保证课外阅读的质量，教师必须加强课外阅读的指导。

一、激发阅读兴趣

心理学家认为"兴趣是人对客观事物的一种积极的认识倾向，是一种复杂的个性心理品质，它推动人去探求新的知识，发展新的能力。"《小学语文课程标准》中也明确指出："小学语文阅读教学，应以培养学生良好的阅读兴趣为主。"兴趣是学生学习的强大动力，是各种能力发展的基础。因此要在课外阅读实践中运用多种手段努力培养和激发学生的课外阅读兴趣，让他们愉悦地进行课外阅读。

1. 树立榜样，激发兴趣

"榜样的力量是无穷的"，我们都知道这句名言。教师可经常性地向学生介绍历史人物、科学家以及身边榜样的成才之道，以榜样的力量来激发学生的课外阅读兴趣。例如，平时教师可以有意识地向学生介绍毛泽东、周恩来、鲁迅等名人热爱读书的一些故事，也可以在班级中树立阅读标兵来激励学生。在每次习作讲评课中，教师及时表扬因喜欢阅读而习作进步较大的学生，让他们在班级中讲一讲把课外阅读运用到习作中的收获，以此来激发其他同学的阅读兴趣。通过树立榜样让学生主动地去效仿，主动地去进行课外阅读。

2. 巧用故事，诱发兴趣

故事人人都爱听，尤其是从小就伴着奶奶的童谣、妈妈的童话长大的孩子，一听到老师说要讲故事，个个精神抖擞，双耳竖立，喜悦之情溢于言表，迫不及待地想一听为快。随着教师声情并茂，娓娓渲讲，被激化、被渲染了的故事情节早已把孩子们带入了一个或有趣，或惊险，或奇特，或令人感动、悬念百出的情感世界里。正当孩子们津津垂听、情感交跌、期待大结局之际，教师戛然收声，告之孩子：故事情节交错复杂，后面的可更精彩呢，欲知后事，请自读原文。学生被扣人心弦的故事情节激起了浓厚的兴趣，纷纷借阅《一千零一夜》《安徒生童话》《伊索寓言》等等。这样让听者在享受故事情节所带来的奇妙境界后，诱发课外阅读的兴趣，主动去进行阅读，这效果恐怕比任何说教都有效。

3. 开展活动，增强兴趣

苏霍姆林斯基说过："请记住，成功的欢乐是一种巨大的情绪力量，它可以促进儿童好好学习的愿望。请你注意无论如何不要使这种内在的力量消失，缺少这种力量，教育上的任何巧妙措施都是无济于事的。"针对小学生这一特点，教师要积极开展一系列活动，增强课外阅读兴趣。

（1）开展课前两分钟"说书"、午间朗读比赛、赛诗会、故事会等活动。可先以小组为单位，再推选代表在全班展示，这能让更多的学生得到锻炼，让学生体验阅读的成功，从而增强学生阅读的积极性。

（2）表演书本剧。学生阅读了优秀的文学作品后，老师引导学生把情节动人的部分改编成小剧本让学生演一演。这样不仅使学生得到了知识和愉快的体验，又增加了学生对课外阅读课的兴趣。

（3）开展"手抄报展评""出墙报"等活动增强学生的课外阅读兴趣。开展"手抄报展评"活动时，可规定一个主题，让学生通过各种途径去收集资料，这无形之中既激发了学生课外阅读的兴趣，又完成了任务，收获了知识，同时也培养了学生收集处理信息和动手动脑的能力，真可谓一举多得。

（4）共读一本书，定期进行全班交流。学生在共读一本书时，理解不同、收获不同，而在交流中思维的火花就会碰撞出更加绚丽的色彩。

二、教给阅读方法

兴趣虽然是课外阅读的动力，但是光有课外阅读的兴趣，只凭兴趣毫无目的、不讲方法地去茫茫课外读海中"潇洒走一回"，其意义和收效也不得而知。有的学生把有生动情节的内容走马观花地读读；有的则读了好文，也不懂得积累语句，吸取技巧，更不用说用到写作上了。显然这样的读书是收效甚微的。因此，教师要进一步引导他们不仅爱读，更要会读，要读得有收效。教师应教给学生一些行之有效的读书方法。

1. 选读法。这种方法的运用一般是根据学生在课内学习或写作上的某种需要，有选择地阅读有关书报的有关篇章或有关部分，以便学以致用。如学习了《恐龙的灭绝》一课，学生为了更全面、更深刻了解恐龙的知识，有目的地阅读《恐龙百科》一书（或上网查阅）。又比如，我们学习了《要是你在野外迷了路》之类的课文后，指导学生去图书馆借阅相关的资料，再选择自己所需要的部分，记录下来以便进行仿写。这样的引导，培养了学生摘录资料和运用资料的能力。同时也丰富了语言积累，提高了阅读兴趣和阅读能力。

2. 精读法。所谓精读法，就是对书刊上的某些重点文章，集中精力，逐字逐句由表及里精思熟读的阅读方法。元程端礼说："每句先逐字训之，然后通解一句之意，又通解一章之意，相接连作去，明理演文，一举两得。"这是传统的三步精读法。它是培养学生阅读能力最主要最基本的手段。有的文章语言隽永，引经据典，情节生动。教师可以利用这些作品为依据，指导学生精读，要求学生全身心投入，调动多种感官，做到口到、眼到、心到、手到，边读、边想、边批注，逐渐养成认真读书的好习惯。

3. 速读法。速读法就是对所读的书报，不发音、不辨读、不转移视线，而是快速地观其概貌。这就要求学生在快速的浏览中，要集中注意力，进行快速的信息处理和消化。我国古代有"好古敏求""读书十行俱下"之说，可见早就提倡速读能力。利用速读法，可以做到用最少的时间获取尽量多的信息。当今科学突飞猛进，生活日新月异，人们的生活节奏也随之加快，这必然要求我们的工作讲质量讲时效。如果我们的学生只会字斟句酌地读书，很难适应社会飞速发展的需求。因此教会学生根据自己的阅读需要，采用速读法不乏是一种明智的选择。

4. 摘录批注法。此阅读法就是在阅读过程中根据自己的需要将有关的词、句、段乃至全篇原文摘抄下来，或对阅读的重点、难点部分画记号，作注释，写评语。俗话说："不动笔墨不读书。"文章中富有教育意义的警句格言，精彩生动的词句、段落，可以摘录下来，积存进自己设立的"词库"中，为以后的作文准备了丰富的语言积累。同时还可以对自己订阅的报纸杂志，将其中的好文章剪裁下来，粘贴到自己的读书笔记中。读与思共，思与读随。在阅读的过程中，要学着用自己的阅历和知识去审视、对比、评判书中的内容，并及时记下自己读书的感受和疑点，读书时手中有支笔，可随时做批语式、符号式、摘录式、提纲式、心得式等笔记。总之读书要做到"手脑并用"，阅读才会变得更精彩、更有实效。

阅读的书籍不同，而采用的阅读方法也不一样；阅读的目的不同，阅读的方法也不同。我们应该注重教会学生根据个人不同的阅读习惯、阅读目的、性质，选择合适的阅读方法，灵活使用。

三、搭建阅读平台

教师要努力为学生创造课外阅读的条件，利用各种机会，加强对学生课外阅读的指导，要采用学生喜闻乐见的形式，组织学生进行课外阅读的交流。

1. 推荐书目，避免盲目性。小学生由于年龄小，分辨能力差，他们不知道在浩瀚的书山文海里该读什么样的书。教师应根据学生的阅读能力、思想状况、年龄特点、兴趣爱好和教育需要，认真地帮助他们选择有益的读物，课外读物的选择应以思想内容好、语言文字好、适合青少年阅读为标准。如：低年级推荐读《安徒生童话》《十万个为什么》《伊索寓言》等，中高年级推荐读四大名著、《中华成语故事》《中国古代文学家的故事》等。教师可以把推荐的书目打印，贴在教室里显眼的地方，让孩子们有选择地看，不管借也好，还是自己买来相互传阅地看，都不失为一种好方法。

2. 建立图书角。为了弥补学生书源的不足，动员学生把个人的图书暂时存放在班里，组织学生自己管理借阅。图书角设在教室后面的书架上，课间课余随时借还，十分方便。也可采用"流动图书箱"的办法，由各班干部轮流负责图书的保管、借阅工作。为了介绍图书，也可以组织学生举办图书展览，把被介绍的图书陈列出来，同时展出学生整理编写的宣传图书的资料。资料可包括图书内容提要、作者简介、时代背景等，这样就为学生创造了良好的阅读条件。

3. 保证阅读时间。教师根据教学的需要，及时推荐合适的读物或文章，实现课内外的沟通。同时减少书面练习，增加阅读作业，为学生课外阅读提供空间和时间。除了允许学生在"早读"或"自习"时，既可朗读所教的课文，也可翻阅课外的书报，还可每周划出一两节课时，保证有计划地开展课外阅读及指导。

4. 开展活动进行阅读。学校、班级经常开展有关活动，比如组织朗诵会、图书节、故事会等，创造条件让学生广泛地"读"，大量地"读"。

四、鼓励坚持阅读

课外阅读的习惯不是一朝一夕就能养成的，如果不及时检查督促，容易自流。为了激发学生持久的兴趣，提高阅读质量，把该项活动引向深入，每学期应进行若干次定期和不定期的阅读检查、评比。其形式或是举行读书会、交流会，或是展览优秀的读书笔记，或是评比表彰课外阅读积极分子等。对课外阅读取得一定成绩的学生，教师要及时地鼓励，让他们体验成功的喜悦。当学生在获得成功后，会更坚持进行大量的、广泛的阅读，良好的读书习惯也就随之形成。同时个人的进步往往又是同学们效仿的范例，这样班里就会形成浓厚的课外阅读氛围，其意义也就更加深远了。

课外阅读不仅能使学生认识世界、发展思维、获得审美体验，而且有助于学生提高阅读水平和写作能力。课外阅读还是小学生丰富生活经验、积淀人生智慧、提高自身素养的过程。教师要放弃急功近利的思想，端正对课外阅读的认识，正确指导小学生进行课外阅读。开卷有益，只要学生读，就一定会有收获。我们的语文教育要追赶时代，就得超越课堂，带领学生"跃马平川"，去开辟课外阅读的广阔天地！

重读《朝花夕拾》 再看鲁迅童年

李玉兰　门头沟区教师进修学校

【摘要】《朝花夕拾》原名《旧事重提》，是现代文学家鲁迅1926年创作的回忆性散文集，共10篇，多侧面地反映了作者鲁迅青少年时期的生活。初中统编版语文教材中，《朝花夕拾》是必读名著的篇目之一。在重读的过程中，从鲁迅童年时的"动物乐园"、对事物的好奇心、读书经历和他爱看的迎神赛会等方面进行了梳理。鲁迅喜欢看《山海经》，长辈给的却是《二十四孝图》；儿童喜欢动，老师却断喝"读书"，鲁迅盼望已久且兴高采烈地准备去看"五猖会"，父亲却让他背《鉴略》。这些扭曲与禁令，就是对儿童天性的禁锢，是教育的悲哀。鲁迅先生用流畅简洁的语言，记录了他的童年，也反映了那个时候的社会。

【关键词】《朝花夕拾》　鲁迅童年　鲁迅的儿童教育观念

一、关于《朝花夕拾》

《朝花夕拾》原名《旧事重提》，是现代文学家鲁迅1926年创作的回忆性散文集，共10篇，形象地反映了他的性格和志趣的形成经过。前七篇反映他童年时代在绍兴的家庭和私塾中的生活情景，后三篇叙述他从家乡到南京，又到日本留学，然后回国教书的经历，揭露了半封建半殖民地社会种种丑恶的不合理现象，同时反映了有抱负的青年知识分子在旧中国茫茫黑夜中，不畏艰险，寻找光明的困难历程，以及抒发了作者对往日亲友、师长的怀念之情。

二、重读《朝花夕拾》

在初中统编版语文教材中，《朝花夕拾》是必读名著之一。教材提到的"消除与经典的隔膜"，这使我想起刚接触这本散文集时，是挑着自己感兴趣的事件来读，读得很快，但是，总感觉似懂非懂。今天，再次重读这部文集的时候，我对教材总主编温儒敏先生的这句话有了深刻的感受。他说：《朝花夕拾》总的要造成一种简单味，但又耐读，不会一览无余。读这样的作品，就像欣赏线条清晰简练而富于表现力的素描，着墨不多，余韵无穷，我们不能不佩服这种洗练的功力[1]。

---

[1] 温儒敏. 雍容·幽默·简单味——《朝花夕拾》风格论[J]. 鲁迅研究月刊，1989（12）：12-16.

三、再看鲁迅童年

再读《朝花夕拾》，我对这本文集的内容有了清晰的了解。在这本书中，鲁迅先生写了他生活中出现的一些人，那些人鲜活且充满神韵；也罗列了一些事情，在叙述事情时，鲁迅先生以议论的方式，揭示了事情的本质。使读者清晰地感受到了鲁迅先生的爱憎情感和他深刻的思考。

此外，作者采用以小见大的手法和对比的方式，在对往事深情回忆之时，对现实发表了自己的感悟，显露了鲁迅先生真实而丰富的内心世界。其中的前六篇，即从《狗·猫·鼠》到《从百草园到三味书屋》，描绘的是童心世界。在这个世界里，从对隐鼠的真爱和对善作媚态但本性凶残的猫的极度憎恨的对比中，把儿童自然向善的天性及同情弱者的心地，一览无余地活脱脱地呈现在读者面前；从对阿长迷信守旧、唠叨啰唆的性格与她的善良、朴实本性的反衬中，"我"对她充满了宽容、感激的深沉情感；《二十四孝图》中，虚伪诈作与儿童天性的对比，流露了鲁迅对封建秩序的反感和对封建礼教的怀疑；百草园与三味书屋的对比，则显示儿童世界的缤纷多彩与枯燥呆板的封建教育之间的不和谐。

于是，我把描写鲁迅童年的前六篇内容，从"动物乐园"、好奇心、读书经历和迎神赛事四个方面做了梳理，来谈谈我重读此书的感受。

（一）"我"的动物乐园

在鲁迅的童年中，我们看到了许多他写到的小动物：如狗、猫、鼠；《从百草园到三味书屋》中还提到了鸣蝉、黄蜂、叫天子（云雀）、油蛉、蟋蟀、蜈蚣、斑蝥、鸟、蛇、苍蝇、蚂蚁。如果说在《狗·猫·鼠》中提到的动物，让人感到艰深晦涩、虚伪逢迎的话，那么，《从百草园到三味书屋》中的那些动物，则给人有一种轻松、愉悦、欢快和神秘的感觉。

例：鸣蝉在树叶里长吟，肥胖的黄蜂伏在菜花上，轻捷的叫天子（云雀）忽然从草间直窜向云霄里去了……油蛉在这里低唱，蟋蟀们在这里弹琴。翻开断砖来，有时会遇见蜈蚣；还有斑蝥，倘若用手指按住它的脊梁，便会啪的一声，从后窍喷出一阵烟雾。

这一段中，动物们在作者的笔下是那么的欢快、活泼，有声有色。看，鸣蝉的长吟、油蛉的低唱、蟋蟀们的琴声，好不热闹，简直就是交响乐。还有叫天子敏捷的身手、会从后窍喷烟雾的斑蝥、肥胖富态的黄蜂、多脚的蜈蚣……眼前呈现的是一个动静声色兼备的动物乐园。童心在这里得以彰显到无限大。

"雪地捕鸟"这件事，今天再读时，仍然不失情趣。作者用简短的文字，交代得清楚，描写得详细。首先是环境设置："人迹罕至""积雪一两天"才好捕鸟。接下来是生动的细节描写："扫、支、撒、系、牵、看、啄食、走、拉、罩住"等一系列动词的运用，从捕鸟前的准备，到等待鸟来啄食，到拉绳落筛捕鸟，仿佛身临其境一般。不要说是作者，就是读者也会有一种兴奋、期待、紧张与雀跃的连锁的情绪，且随着捕到鸟雀的高兴而久久地回味在心头，永远地沉淀在记忆中。"白颊的'张飞鸟'，性子很躁，养不过夜的"一句，又可以看出作者对于鸟的爱惜，因"张飞鸟"养不过夜而遗憾。童年之所以美好，之所以令人流连，是因为有了那时那地的情趣，有了那时那地的经历，还因为有了那时那地的愉悦与牵挂。

此外，鲁迅先生的笔下还有一种动物，就是蛇。《狗·猫·鼠》中，鼠被蛇咬吃，侥幸被"我"看见捡起，活下来（但是，后来还没有逃脱劫难）；《从百草园到三味书屋》中长妈妈讲的美女蛇的故事，令人既好奇又胆怯。长大后依然会觉得蛇是一种阴险而可怕的动物。

(二)"我"的好奇心

除了"雪地捕鸟"之外，"我"还喜欢园中的那些植物。在"我"的童年居然有那么多的听来的稀奇的事情，这引发了"我"的无尽的想象和好奇心。何首乌根是有像人形的，但是，吃了可以成仙却是杜撰。但是，"我"那时对于这一点却是好奇而渴望，从"常常拔""牵连不断地拔""拔时弄坏泥墙"等处的描写，可以看出"我"的执着和想找到像人形的何首乌根，吃掉成仙的迫切而可笑的想法。孩子的天真、任性、执拗和可爱的形象，活脱脱地呈现在读者面前。另外，在孩子的世界永远离不开"吃"，孩子们似乎永远有着吃不完、吃不够的好东西，"我"也不例外。为了吃到酸甜味的覆盆子的小球，"我"勇敢地不怕刺扎，"比桑葚要好得远"一句中，交代了"我"不仅吃了覆盆子，还吃过桑葚。这，都成为孩子生活中美好而甜蜜的回忆。

与百草园相比，三味书屋的生活是枯燥的。但就是在这样乏味的生活中，依然难以泯灭作为孩子的活泼好动的天性。在小园中，"我"不仅爬上花坛去折蜡梅花，还在地上或桂花树上寻蝉蜕。"我"对生活中的琐事有着无限的兴趣。甚至，悄无声息地"捉了苍蝇喂蚂蚁"，对"我"而言，是最好的工作。此外，在《从百草园到三味书屋》中"我"问："先生，'怪哉'这虫是怎么回事？"；《无常》中瞻仰"阴司间"。从中可以看出，孩子对自然界的一切充满兴趣与好奇，孩子与动物的无隔阂，他们的观察、细心、创造力与破坏力都无限大。这一点在《琐记》中也有体现，孩子们冬天吃水缸里结的薄冰，他们有的是精力，他们把自己作为万物中的一员，充分参与，在参与中无比活跃。

然而，事与愿违。百草园的生活快乐，但是不长久。三味书屋中偷得快乐，但是受到限制。先生在书房里便大叫起来："人都到哪里去了！"……大声道："读书！"由此，读者不难看出，父亲和先生并不希望"我"在园子里无拘无束地玩耍。他们希望孩子服从大人的意愿，读书、读书再读书。读书，并不是坏事，可是，父亲和寿镜吾先生让"我"读的不是"我"爱读的书,而是一些艰涩难懂又拗口的书。这一点在《五猖会》中也有提及。父亲和先生之所以这样做,我想:可能是因为他们只有读书,才是正经应该做的事情。不知道他们是否想过,这些书儿童是否感兴趣,是否愿意读。

(三)"我"的读书经历

在"我"的童年,"我"渴望读书,渴望读带图画的书。书中那"画着人面的兽,九头的蛇,三脚的鸟,生着翅膀的人,没有头而以两乳当作眼睛的怪物"的绘图,让"我"着迷。致使"我"除了玩儿之外,一坐下就记得那绘图。后来阿长给"我"买来那四本小小的书,即使刻印粗拙,纸张很黄,图像也很坏,甚至于几乎全用直线凑合,连动物的眼睛也都是长方形的,但是,依然成为"我"最为心爱的宝书。读到此处,我觉得在鲁迅的童年,有惦记,有追求,有意外得到之后的惊喜,有对自己心爱之物的精心呵护。因为有了这些,在他的童年中就多了一份充实,一份发自内心的挥之不去的喜悦,甚至多了一种温暖的色彩。他的愿望得到了满足,但是,他没有就此停步,"我就更其搜集绘图的书,于是有了石印的《尔雅音图》和《毛诗品物图考》,又有了《点石斋丛画》和《诗画舫》。"最初的兴趣,发展成了爱好。这一点在《从百草园到三味书屋》中也有提及:"先生读书入神的时候……我用一种叫作'荆川纸'的,蒙在小说的绣像上一个个描下来,像习字时候的影写一样……最成片段的是《荡寇志》和《西游记》的绣像"。在这些看似简单的孩子最初的举动中,流露了孩子追求新奇、色彩,喜欢图画,愿意动手的天性;另外,在"我"对书的喜爱中,还有一种执着、一种珍惜的品性。正是有了这样的基础,后来"我"又读了很多书,"我"知道《自然史底国民童话》中的狗与猫的故事,"我"知道《二十四孝图》《四书》等。在读书的过程中,"我"读了自己想读的《山海经》,虽然是费尽周折,虽然阿长给"我"买来的是一个旧版本,"我"还是如获珍宝一般,可见,那时适合儿童读的书是不多的。此外,"我"也读了自己不太喜欢的书,比如《二十四孝图》《鉴略》等。"我"的读书生活,就是这样,在自己的兴趣和别人的限制中扭曲地发展着,在遏制中顽强地生存着。包括后面《琐记》中提到的,为了躲开那些无趣的人们,"我"出去学习,也是为了能够多读一些想读的书,多接触一些新鲜的内容。

(四)"我"爱看的赛会

爱玩,爱热闹,对于每个儿童而言,那是必不可少的,"我"也不例外,而且更是盼望这样的赛事。这一点在《五猖会》和《无常》这两篇中有所体现。在《五猖会》中,"我"因家住在很偏僻的地方看不到赛会的盛况,而存有深深的遗憾,因此,"我"就常存有希望:希望这一次比前一次看得更繁盛些。说起赛会的豪奢,"我"的劲头高涨且兴奋无比:村童扮海鬼,扮故事,"实在奇拔得可观"。接下来,连用12个"寻",4个"之",写出了记扮《水浒传》中人物的场面、气派、动静之大;水平之高超;效果之吸引人……

最后，还不够，还要加上"这样的白描的活古人，谁能不动一看的雅兴呢？"再次强调"我"的兴奋、盼望的心情。这些听来的赛事的豪奢，令"我"对赛事朝思暮想。想起"我"亲眼看到过的较盛的赛事，就竟然滋生出想去"扮犯人"的念头。适逢东关的五猖会，是"我"儿时罕逢的盛事。大清早大家就起来，往昨夜就预定好的大船上搬点心、茶饮等，"我"更是笑着、跳着，催他们快搬。这些极为细腻的描写，把儿童对赛事盼望已久的兴奋、急切的心情，淋漓尽致地呈现出来。

如果说《五猖会》中，鲁迅写的是"我"想看赛会这件事，那么，《无常》中，则是聚焦无常这一人物。无论是活无常、死无常、送无常……，在鲁迅的笔下，无常是那么的幽默、诙谐、活泼、耐看，活灵活现，有血有肉且充满人情味。

看迎神赛会，对于"我"是牵肠挂肚、日思夜想的事情，但是，"我"只顾兴奋，却忽略了这些活动，"妇孺们是不许看的，读书人即所谓士子，也大抵不肯赶去看。只有游手好闲的闲人，这才跑到庙前或衙门前去看热闹。"所以，在"我"那么兴奋地想急于出门的时候，父亲出现了，"去拿你的书来"他慢慢地说。无论是父亲有意为之，还是无意间想起，这，对于"我"都有如冷水一盆。

"给我读熟。背不出，就不准去看会。"文字不多，父亲的威严，"我"的无奈，均跃然纸上。

"背的东西我一字也不懂，在百静中，我似乎头里要伸出许多铁钳，将什么'生于太荒'之流夹住；也听到自己急急诵读的声音发着抖，仿佛深秋的蟋蟀，在夜中鸣叫似的。拿书走进父亲的书房，一气背将下去，梦似的就背完了。"可见，封建家长的专制做法，对儿童身心的摧残严重至极。所以，鲁迅说"水路中的风景，盒子里的点心，以及到了东关的五猖会的热闹，对于我似乎都没有什么大意思。""我"到现在终于没有和赛会发生关系过。读到此，读者的心冰凉了，仿佛一盆冷水从头浇灌下来，文中的"我"又怎能不心寒，怎能不受到伤害和摧残呢？这些事，在鲁迅的笔下，铺陈自然、细腻，描写生动形象，语言简洁明快且极具感染力。"我"的盼望看赛事的热切心情与父亲强制"我"背书的结果形成强烈的反差，令读者深深地体会到，在那个封建社会，在作者所处的那个家长专制的时代，儿童的天性要想得以彰显，是一件多么困难的事情呀！限制天性等于扼杀了儿童的鲜活的生命力！

四、鲁迅的儿童教育观念

鲁迅先生自己说，"我有一时，曾经屡次忆起儿时在故乡所吃的蔬果……凡这些，都是极其鲜美可口的；都曾是使我思乡的蛊惑。"可见，鲁迅的童年经历的快乐的事情，那是最值得他留恋和回忆的。今天想来，那些事情可能没有什么新奇，但是，那时，对于童年时的鲁迅而言，却是快乐无比。因此，他真正留恋的是那个时候的快乐时光，那个年龄的不可遏制的寻找快乐、追求快乐的行为和心境。在儿童的身上，有着无限的活力，有着无比巨大的对新奇事物的向往和憧憬，有着巨大的创造力和潜能。如果那时的家长和先生，能够恰到好处、顺理成章地得以挖掘、引导、发展儿童的这些天性，我想应该就是最大限度地关注儿童、呵护儿童和培养儿童了。

王瑶说："《朝花夕拾》在平静朴素的叙述中渗透了作者真挚的感情，在简洁洗练的文笔中有深长的韵味；虽为个人回忆，但有丰富深刻的社会内容。在为数众多的现代散文创作中，它的艺术成就是创造性的，并且具有一定的典范意义。"在重读《朝花夕拾》的过程中，我对这一点有了深刻的体会。

鲁迅把百草园作为自己的乐园，把《山海经》作为神往迷恋的好书，表明儿童对自然美和艺术美的倾心；对无常的倾慕和由衷的热爱，表明他对民间艺术的巨大热情。童年经历使鲁迅格外关心儿童读物和儿童教育；仙台经验使他一生都在为中国和中国人诊病和查找病根。鲁迅读过《四书》《五经》，学过"西学"，他的求学经历，就是一幅中国近代史的缩影。尤其是鲁迅童年所受的教育，全部包括在《朝花夕拾》的前六篇文章中。儿童喜欢看《山海经》，长辈给的却是《二十四孝图》；儿童喜欢动，老师却断喝"读书"，而且读的全部是艰涩拗口且难懂的书；"我"盼望已久且兴高采烈地准备去看"五猖会"，父亲却让"我"背《鉴略》。这些扭曲与禁令，就是对儿童天性的禁锢，是教育的悲哀。

总之，在鲁迅的童年，有他喜欢的动物、植物，还有那些好玩的游戏，这是他发自内心的真情实感的流露。也有不喜欢也得去做的无奈的事情。大人行为的背后折射的是他们头脑中的观念，观念又与他们生活的那个时代和社会环境密切相关联。透过鲁迅的童年，我们看到的是孩子成长过程中接受的人、事、物，看到的是那个社会在孩子眼中的影像，看到的是环境对孩子产生的影响。所以说，鲁迅先生用流畅简洁的语言，记录了他的童年，也反映了那个时候的社会。

初中生整本书阅读现状分析及应对策略

陈建春　军庄中学

【摘要】 新中考改革背景下，提倡和鼓励学生进行整本书的阅读，面对初中生现有的阅读状况，想要有效地开展整本书的阅读，应开展有效的引导阅读和对学生进行必要的阅读方法和策略方面的指导，以保障整本书阅读内容的有效性和持久性。

【关键词】 整本书阅读　初中生阅读现状　阅读现状分析　应对策略

"读书破万卷，下笔如有神"，这是古人关于读书的成功经验，也是阅读的重要意义所在。新中考对语文课堂教学提出了更高和更多的要求，整本书阅读被越来越多地重视起来。开展整本书阅读可以引起学生浓厚的学习兴趣和探求知识的强烈欲望，丰富知识，开阔视野，也有利于学习和巩固老师在课堂上所教的基础知识，使学生学得有趣，进一步激发学生学习语文课程的兴趣。

一、整本书阅读的重要意义

语文的学习是长期积累的过程，不可能急功近利，只有"厚积"才能"薄发"。我认为在对整本书阅读进行评价时，应突出对阅读质量的评价，要求学生养成良好的读书习惯，引导学生博览群书，拓展自己的视野；其次，还应引导学生适当精读古今中外的经典名著，在阅读过程中明确向学生说明积累各种语言材料、强调个人阅读的独特体验。语文课程标准所要求的："在阅读中积累词语""积累自己喜欢的格言警句""积累课文中优美的词语、精彩句段，以及在课外阅读和生活中获得的语言材料"。积累语言材料，也可以看作是形象材料，或者思维材料、情感材料，这些材料储存于大脑，将成为学生终身的营养，也就是语文素养的重要构成。它们一旦被激活，就会产生综合效应，极有利于学生接纳知识和表达能力的提高。

下面，具体地来分析一下整体阅读的意义。

1. 整本书阅读有助于学生形成良好的道德品格和健全的人格。

学生在阅读中汲取到丰富的精神食粮，潜移默化地形成良好的道德品格和健全的人格。屈原"伏清白以死直"的忠诚，李白"安能摧眉折腰事权贵"的傲骨，范仲淹"先天下之忧而忧，后天下之乐而乐"的胸怀，文天祥"留取丹心照汗青"的豪情，鲁迅"我以我血荐轩辕"的赤子之心，吉鸿昌"国破尚如此，我何惜此头"的高风亮节，郁达夫"读书不忘救国，救国不忘读书"的真知灼见，钱三强"光明的中国，让我的生命为你燃烧吧"的深情呐喊……几千年的民族精神，在这些文字中呼之欲出。学生在自己阅读课外书时，读懂其生动有趣的情节，心中再现栩栩如生的形象，体味关于爱、友谊、忠诚、勇敢、正直乃至爱国主义等永恒的人类精神，从而开启自己的内心世界，激荡起品味人生、升华人格的内在欲望，达到"此时无声胜有声"的效果，促进学生独立、自然地成长，其效果远胜于教师口干舌燥的说教。

2. 有助于理解和运用祖国语言文字。

不少家长甚至部分老师都存在着一个认识上的误区，总觉得学生看课外书是看"闲书"。他们恨不得孩子每分每秒都在听写、背诵、写作文……似乎只有这样，才能提高学生的语文学习水平。试想，学生每天用半小时时间抄3遍字词，以确保听写不错一个字和让他们每天用10分钟有的放矢地练习难字，用20分钟读课外书，哪个更好呢？

课外阅读对于语文水平的提高有着极其重要的意义。叶圣陶先生认为阅读语言文学材料可以实现六个"获得"：

1）获得写作素材和丰富的阅读体验。
2）获得大师的思想方法和观察世界的独特角度。
3）获得共享作家感受思考人或物的情感。
4）获得认识事物的方法，以便自己会观察、会思考。
5）获得明确先进的写作方法和技艺。
6）获得语汇，有了语言积累。

有了六个"获得"，语文能力何愁不会提高？说到底，课外阅读是语文实践活动的重要形式。应该"积极创造条件，指导学生多读书，并采取多种形式交流读书心得""引导他们在实践中自主地获取知识，形成能力""开发他们学习的潜能，发展个性"。

3. 有助于培育学生热爱祖国语言文字和中华优秀文化的兴趣。

语文教学的根本目的是什么？大语文观旗帜鲜明地认为是面向每个学生，提高"人"的全面素质。大量的课外阅读，有助于把祖国母语素质与爱国主义素质教育有机地结合起来。学生通过大量阅读祖国的语言文字，不仅可以领略中华语言的优美、生动、形象、丰富多彩，而且感受到其中蕴含的情感、思想、哲理、逻辑等深刻内涵，从中汲取民族精神的底蕴。古人曰："乡音一曲泪千行。"可见母语的情感力量。给学生以时间，发学生以激情，使之大量阅读课外书籍，大量接触、理解、感悟、运用母语，是铸造民族意识的重要途径。大量中国优秀的文化作品，更是如滔滔江河，是学生取之不尽、用之不竭的精神与文化的源泉。中国语言中，那"大珠小珠落玉盘"的优美，那"柳暗花明又一村"的精辟，那"却道天凉好个秋"的含蓄，那"不尽长江滚滚来"的创意，怎能不叫人"口角噙香对月吟"呢？多读，是增强对母语情感的唯一途径。

4. 有助于培养自主学习的良好习惯。

从传统语文教学观到大语文教学观是一个从知识本位向人本位的转化过程。它不再以"传道、授业、解惑"为教学的根本目的，而是以学会学习、促进人格与个性全面发展为重点。从这一理念出发，学生的主体地位必须得到保证，自主学习习惯必须得到培养。现在，中国社科院的专家也在呼吁不要把读课外书变成"地下党活动"，"给学生真正自由阅读的空间"。让学生自由选择自己爱读的书籍，本身就是尊重学生个性的表现。而学生由封闭式读书转为开放式阅读，本身又极大激发其自主学习的积极性。通过大力推动课外阅读，让学生自己去获取，去探求，去寻觅，去掌握，从而感受读书的乐趣，激发更强烈的读书欲望，最终形成习惯。柏拉图说："强迫学习的东西是不会保存在心里的。"华罗庚说："历史上每一个发明创造家都离不开自学，光是老师问什么学生就答什么，是创造不出新的东西来的。"课外阅读把追求学问变成学生自觉自愿的行动，有助于实现增强学生的主体意识，发展学生的主体能力，塑造学生的主体人格。

5. 有助于提高学生的信息素养。

传统语文教学，一是强调语文的工具性，二是强调"文以载道"，但这里的"道"主要指思想教育。而大语文观则强调语言文字是各种知识的载体，所有学科都要通过理解、运用语言文字来领悟观点、概念、内涵、外延、逻辑、哲理……从这个意义上讲，语文不仅仅是一科学问，还是所有人类文化的基石，是解开所有知识宝库的金钥匙。因此，学生对多种信息的收集、处理与掌握仍是语文能力的延伸，语文教师亦应以此为己任之一。他山之石，可以攻玉。

苏联教育家克鲁普斯卡娅曾经说过："儿童阅读在孩子生活中起着重大的作用。童年读的书可以让孩子记一辈子，影响孩子进一步的发展。"因此，无论从世界观、人生观的培养，还是从知识的迁移、拓展来看，广泛地开展整体阅读活动，功在当代，利在千秋。

二、整体阅读现状及分析

整本书阅读对学生提升语文素养、开阔眼界、丰富认识经验及知识能力提升等多方面都起着至关重要的作用。整本书阅读教学也是语文教学中密不可分的一部分，应该强调和关注课外整体阅读的补充。由于中学教学深受应试教育的影响，学生学业压力变大，教师和学生对于阅读的重视度和关注度远远低于课标中所规定的阅读量的要求，最直观的体现是学生的课外阅读现状，大多数学生的目的只有考试，只要考试的大纲不要求的内容，学生都不会看，这就导致了学生的自身素质缺失、文化素养浅薄的现象。本文以初中生为核心，以整体阅读为线索，论述现如今初中生整体阅读现状。

1.学生的课余时间都在做什么

学生的课余时间都在做什么呢?一项权威的调查不禁让人大跌眼镜。45%的初中学生沉迷手机和电脑游戏,不能自拔,大量的课余时间用在了游戏上。近年来吸睛的游戏层出不穷,从《反恐精英》到《魔兽争霸》,从《穿越火线》到《英雄联盟》,再从《王者荣耀》到《绝地求生》,缺少自控能力的初中生就这样一代接一代地沦陷在游戏中。

调查统计第2位的是社交网络。从网络最初的公共聊天室到QQ聊天再到语音视频聊天直至现在火爆的直播互动聊天,无不对当代的初中生产生着无可抗拒的诱惑。20%的中学生大量的课余时间贡献给了网络社交。

确实有在学习的学生,25%的学生课余时间要么在完成科目繁多的家庭作业,埋头学习复习,要么疲于奔命在各种各样的辅导班之间。

真正能利用课余时间拿起书本进行有效阅读的学生少之又少,更不用说什么整本书阅读了。

2.初中生学习任务繁重

受到新中考改革影响,学生的课内学习任务和课外作业越来越繁重,原来中考不考的科目一下子也都变成了主科。以前并不被重视的副科为了适应中考改革的要求,也开始大量出现了家庭作业的现象。学生基本没有什么空闲时间,如果有了空闲时间,平时压抑的心理和身体都想得到释放,就会选择娱乐项目来缓解学习压力。这样也就没有时间去进行课外阅读,而能养成阅读习惯的学生更是少之又少。所以说,初中生的学习任务繁重成为阻碍学生阅读的主要因素。

3.教师和家长不够重视

大多数的教师和家长还存在充分的侥幸心理,因为整本书阅读耗费大量的时间和精力,严重耽误了其他课程的学习,考试中又没太多的分数可拿。家长有着"望子成龙,望女成凤"的殷切希望,所以他们的重点就会更多地放在中考大纲下的知识点和学习内容上。广大语文老师存在阅读指导不够的现象,提倡和鼓励学生读书的同时,没有良好的方法和引导策略,让整本书阅读成为空谈。

4.学生没有阅读兴趣

阅读的特点是耗费时间过长,需要有足够的耐心,需要有坚强的毅力作为支撑。对于整本书阅读而言,这些条件缺一不可。特别是对那些大部头的整部书来说,实在难以激发学生阅读的兴趣,导致大部分学生少读书,甚至是不读书的现象的产生。

三、加强整本书阅读质量的对策

腹有诗书气自华,整本书的阅读不仅能引起学生对待世界的看法和思考,也能使学生的困惑在书本的海洋里得到解决。人的心理发展,是一个不断与外界发生物质、精神、信息、能量等相互交换的过程，要想获得丰富的眼界和开阔的视野，是需要长期的培养和发展的，更加需要教师的多方面引导。在所有的学生层次中，初中生的年龄阶段最为特殊，学习态度比较认真，因此对其的阅读指导，是进行阅读质量提高的有效途径。

（一）学校和家庭为学生的阅读提供良好的环境

学校为学生提供固定有效的阅读时间，让学生在校学习或课余时间以外拥有固定的阅读时间。在家完成作业后也提倡每天有15至20分钟的整本书阅读时间。时间得到保障是开展整本书阅读的先决条件之一。

（二）吸引学生阅读兴趣

子曰：知之者不如乐之者，乐之者不如好之者。无论做什么事，兴趣是最好的老师，激发学生的阅读兴趣是整本书阅读的关键所在。首先，用整本书的最精彩的内容和故事讲给学生听，并设置一定的悬念。让他们对故事本身感到有趣，想知道进一步的情节，引导他们进行整本书的阅读。例如，《三国演义》阅读前，教师先讲一个关于关羽的故事（温酒斩华雄），通过故事情节吸引学生的阅读兴趣。青少年求知和好奇的欲望是与生俱来的。

（三）教师做好阅读方法和策略指导

鼓励学生坚持每天阅读15～30分钟，坚持整本书的阅读。首先，在策略上先帮助学生制订一个明确而详细的阅读计划。固定每天的阅读时间和阅读量。每周或每月进行检查反馈，查漏补缺、反思总结。可以以班级为单位进行阅读进度的比较和评比。其次，在班内组织开展讲故事比赛，就所读内容让学生动手编写相关的故事。如《三国演义》第一章读完，要求学生根据所读的内容编写一个"桃园三结义"的故事，比一比谁的故事更吸引人。

（四）为学生扫清阅读中的障碍

教师引导为先，扫除书中的阅读障碍。比如文字、书中的人名地名、写作背景、文学常识等相关知识的储备情况都要在阅读过程中不断地积累和清除。小组相互配合，合理分工，分享有无。

结语

提倡和鼓励学生进行整本书的阅读，是培养和提升学生语文素质的一个重要途径。在新中考改革的大背影下，要求学生对阅读内容有更多自己的理解和体验，能够在生活中灵活运用所学的内容解决实际问题。整本书阅读不但对学生提出更多的要求，同时也对教师提出了更高层次的要求。

参考文献

[1] 柯汉琳.语文教育硕士学位论文选集[M].广州：广东高等教育出版社，2006.
[2] 吴明发.简析新课程背景下高中语文课外阅读的教学实践[J].读书文摘，2016，（4）.

巧借单元主题教学促进课外阅读

高爱英　育园小学

【摘要】 苏霍姆林斯基说："让学生变得聪明的办法，不是补课，不是增加作业量，而是阅读、阅读、再阅读。"由此可见，阅读和听、说、写一同构成语文教学的四大重要组成部分。学生知识的获取、能力的提高、思想的启迪、情感的熏陶、品质的铸就很大程度上来源于阅读。对课内阅读，每个语文老师再熟悉不过，其重要性及意义不言而喻。但从某种意义上讲，课外阅读比课内阅读更为重要。

人教版教材显著的特点之一就是单元主题的编排。每册教材各个单元都有相应的主题，便于教者整体思考，利用文本之间的联系，达到"1+1>2"的教学效果。而单元主题教材编排的本身就使教材具有了较强的开放性，便于教者有针对性地进行拓展，以丰富语文资源，拓宽学生视野，增加知识积累。进行单元主题教学时，教者如果能有意识地加以引导，便能借助文本的学习，激发学生的课外阅读兴趣，培养学生课外阅读能力，使学生能真正"得法于课内，得益于课外"。老师的"引路人"的作用至关重要，那么，面对五彩缤纷的阅读世界，教师如何巧借单元主题教学指导学生的课外阅读，使课外阅读更具实效性：一、借助主题，激发兴趣，优化阅读；二、借助主题，以师作则，引领阅读；三、借助主题，正确引导，拓展阅读；四、借助主题，教给方法，学会阅读；五、借助主题，允许差异，鲜活阅读。

阅读是一种很个性化的行为，学生的课外阅读是娱乐，是体验艺术，是深深的愉快和激动。作为教师，我们要站在现代教育科学的高度，重新审视课外阅读的意义、内容和方法，在平时的教学中，我们应该利用单元主题的特点，引导学生在系列阅读，大量积累的基础上，进行有效的言语实践，不断完善，吸收其科学性的精髓，提高实效性，巧借单元主题教学，使课外阅读成为引领学生进入精神生活的金钥匙。

【主题词】 单元主题　激发引领　拓展空间　鲜活阅读

苏霍姆林斯基说："让学生变得聪明的办法，不是补课，不是增加作业量，而是阅读、阅读、再阅读。"由此可见，阅读和听、说、写一同构成语文教学的四大重要组成部分。学生知识的获取、能力的提高、思想的启迪、情感的熏陶、品质的铸就，在很大程度上来源于阅读。对课内阅读，每个语文老师再熟悉不过，其重要性及意义不言而喻。但从某种意义上讲，课外阅读比课内阅读更为重要。

人教版教材显著的特点之一就是单元主题的编排。每册教材各个单元都有相应的主题，便于教者整体思考，利用文本之间的联系，达到"1+1>2"的教学效果。而单元主题教材编排的本身就使教材具有了较强的开放性，便于教者有针对性地进行拓展，以丰富语文资源，拓宽学生视野，增加知识积累。进行单元主题教学时，教者如果能有意识地加以引导，便能借助文本的学习，激发学生的课外阅读兴趣，培养学生课外阅读能力，使学生能真正"得法于课内，得益于课外"——老师的"引路人"的作用至关重要。这就要求教师要通过课外与课内互相补充，为孩子打开阅读的知识和能力之门，推开情感的升华和审美之窗。那么，面对五彩缤纷的阅读世界，教师如何巧借单元主题教学指导学生的课外阅读，使课外阅读更具实效性呢？

一、借助主题，激发兴趣，优化阅读

每个主题单元都有一个统一的"灵魂"，它统领着整个单元的文章。我们要营造良好的读书氛围，使学生受到情感的陶冶。一个喜欢阅读的教师更容易带出一批喜欢阅读的学生。披文而入情，读书重在激情。教师首先要在教学中利用一切适当的机会营造良好氛围，激发学生对课外阅读的兴趣。如在三年级下册语文第八组课文中出现了《女娲补天》《夸父追日》两篇神话故事，整个单元紧紧围绕神话故事展开，学完该单元课文，专门用一节课时间回顾课文，反复思考，感受主题，了解中国神话故事的内涵，感受其中蕴含的美好境界，并引导学生收集如《开天辟地》《嫦娥奔月》《精卫填海》《后羿射日》《哪吒闹海》《牛郎织女》等中国古代神话故事进行阅读。这样有目的地进行课外阅读，既能增强学生对课外阅读的兴趣，又能提高他们课外阅读的质量。

在平时的班队活动中，教师还可以给学生讲神话故事、民间传说等，讲故事对于教师来说是个与孩子拉近关系的好办法。孩子一听到老师说要讲故事，个个精神抖擞，双耳竖立，喜悦之情溢于言表，这时孩子的言行会跟随教师的言语，坐得端端正正，侧耳恭听。随着教师声情并茂的演讲，一个个被激化、被渲染了的故事情节早已把孩子们带入或有趣、或惊险、或奇特、或令人感动、或悬念百出的情感世界里。正当孩子们津津垂听、情感交叠、期待结局之际，教师戛然收声告之孩子：故事情节交错复杂，后面的可更精彩呢，欲知后事，请自读原文。此外教师不失时机地向学生推荐相关的读物，并经常有目的地向学生介绍一些书中人物、内容梗概或精彩片段，大大激发了学生的欲望。用这样的方式去拨动学生当时的那根情弦，点燃学生的情感火苗，才能使他们的学习迸发出生命的活力。在我们小学课本里单元主题还有童话故事、寓言故事、名著节选等内容，是小学生最为感兴趣的读物，教师可以在教完这些单元主题以后介绍《童话选》，结合《卖火柴的小女孩》《皇帝的新装》《三国演义》《水浒传》介绍书中部分精彩内容的梗概。这样孩子们就会被兴趣推动，纷纷要求借书，在阅读中去感受名著的魅力和灿烂的文化精髓。

二、借助主题，以师作则，引领阅读

小学生最会接受教师的言语物质奖励和模仿教师言行。所以在阅读过程中，教师要带头引领，讲授自己在单元主题学习后，进行课外阅读读物后的收获和体会，把教师自己的阅读笔记和感受与孩子一起分享，交流记载下来的人物描写、动作描写、神态描写等等。教师随机利用小学生事事好强和喜爱奖励的特点鼓励学生记载阅读笔记，当鼓励引导有效果时，教师可以采用师生赛或男女对抗赛等形式交流他们在阅读中的感想，比比谁的读书笔记最生动、最精彩，组织学生评比，对于优秀笔记进行激励和奖励，激起孩子做读书笔记的兴趣。教师带头有目的地收集一些读书名言，如"书籍是人类进步的阶梯""书山有路勤为径，学海无涯苦作舟"，写在黑板一角，结合语文课堂教学进行评说，延伸讲述一句句名言背后名人读书成才的故事，对孩子进行比较与教育，渗入孩子内心精神的角落。久而久之，教师还可以慢慢地组织学生有计划地进行这个活动，激起学生对读书人的崇拜，对书的渴望，激发孩子们与书本交朋友的强烈愿望。通过各种渠道，学生会慢慢地进入阅读的轨道，会在课余时间主动地进行广泛的阅读尝试，学生也会潜移默化地感悟到"一千个读者就有一千个哈姆雷特"的含义。

三、借助主题，正确引导，拓展阅读

小学生鉴别能力、"免疫"能力较差，而课外读物又是良莠并存，因此教师要帮助学生选择内容健康、题材多样、语言生动活泼、深浅适度的读物。首先，可以结合教学内容进行。如六年级下册第四组课文单元主题是学习中外名著，学完《卖火柴的小女孩》可向学生介绍《安徒生童话选》，学完了《鲁滨孙漂流记》梗概和《汤姆·索亚历险记》梗概，向学生推荐《鲁滨孙漂流记》《汤姆·索亚历险记》原著。其次，巧借单元主题推荐与学生年龄特点相适宜的书籍。如小学低年级的学生可向他们推荐带字的连环画、注音的成语故事、童话故事等；三四年级的学生拥有了一定的识字量，具有了一定的评价能力，可以借助单元主题向他们推荐《格林童话》《一千零一夜》《十万个为什么》等书籍；高年级的学生有了一定的鉴赏能力和观察事物的独特视角，可向他们介绍一些中外名著的简缩本、优秀的古典诗词及一些时事新闻报道等。

得法者如鱼得水，无法者如盲人点灯。在课外阅读指导中，教师还要引导学生在阅读过程中发现问题、思考问题，并寻找解疑的方法、途径，培养学生在阅读中成为一个发现者、研究者、探索者。如课外书中有个《鲁班造橹》的故事，鲁班是通过鸭蹼能在水中省力游泳的启示发明了橹，而书上的橹字命名的任务交给了学生，为什么发明物叫橹呢？不少低段学生迫不及待地回答：因为橹是用木头制作的，而为了纪念鲁班这个创造者而带了鲁班的名字。虽然这不是多么微妙的回答，但它却使学生能在阅读中敢于质疑、创新，从阅读中体验快乐、张扬个性，享有自己独特的阅读感受。

我们平时引导孩子所学文本不仅要是适合学生内心的一课，或是其作品链中的一节，更要让学生读到每一篇经典文章背后自己的创作背景。问渠那得清如许？为有源头活水来。学生在文学名著的海洋中遨游，吸收着名著中蕴含的精华。故而，引导学生从课内走向课外，让学生自己与原著亲密地接触，有一个亲身体验的过程，不仅会拓展学生的阅读空间，还会帮助学生更好地理解课文，把握实质，提升精神趋向。教师在课堂上加强拓展性阅读，给学生多积累的机会，正所谓：得法于课内，得益于课外。如五年级下册第五组课文单元主题为名著类，学习了《将相和》，向学生推荐司马迁的《史记廉颇蔺相如列传》；学习了《草船借箭》后，向学生推荐罗贯中的古典名著《三国演义》；学习了《景阳冈》后，向学生推荐施耐庵的《水浒传》；学习了《猴王出世》，向学生推荐吴承恩的《西游记》等。再如学习了五年级上册第二组单元主题古诗词一组送别诗词后，可以让学生联系唐诗宋词中的送别诗，感受中国古典文化的博大精深。学了第八组走近伟人，向学生推荐有关毛泽东、周总理生平事迹的书籍，以一篇带多篇。另外，还可结合重大节日或重大活动介绍有关书籍，如清明节推荐有关清明节的书籍、故事；端午节了解伟大的爱国诗人屈原及他的作品；国庆节推荐有关爱国英雄的书籍。这样，既开阔了学生的视野，让学生学到了课本上没有的知识，又达到了巩固课本知识的效果。

对于同材异构的文本，教师可以布置学生找不同的作者写的相似的文章，读后让学生互相交流。通过交流，教师及时评价鼓励，既激发了学生的读书兴趣，又加深了对文章的理解。如同样写秋天，有的写寂静萧瑟、一片荒凉的景象，有的则写硕果累累、充满希望；再如同写一件助人为乐的事，有的通过正面描述表现人物品质，有的则通过侧面描写来突出主人公的精神。学生在两种比较中获得了写作的方法，正验证了"有比较，才会有鉴别"。同时在比较的过程中，老师应该多多地创造机会，为学生搭建交流阅读心得的平台，引导学生学会交流。学生在读书之后，总会有一些感受欲与别人分享或交流，这也是一种本能的倾诉的渴望。阅读之后的讨论，也有助于学生口语表达能力的培养，同时阅读和讨论又是学生提升思想、净化心灵的过程。在读书交流活动中，只有引导学生畅所欲言，各抒己见，才能创造出思维和思维碰撞的智慧火花。

四、借助主题，教给方法，学会阅读

张之洞曾经说过："读书不得要领，劳而无功。"小学生课外阅读个体性强，随意性大，受控因素小。因此教师要指导学生学会阅读方法，培养良好的阅读习惯。

（一）加强课内外沟通，拓宽阅读渠道

首先，我们要充分利用教材，指导阅读方法，拓宽阅读渠道。在教学实践中，我经常以课本为出发点，有计划地拓展学生的阅读视野，拓宽学生的知识面。如，五年级上册第三组课文是以探索自然、科学奥秘为主题的一组说明文，教学《新型玻璃》前，布置学生翻阅与课文相关、相近的文章、资料等。学生遨游在知识的海洋里，学习兴趣大增，课堂上竞相发言。如有的同学说："我想做一套这样的房子，它可以飞、可以潜水，还能冲出宇宙，寻找更新的世界。"有的同学说："我想让每户人家都装上一扇智能门锁。把家庭每个成员的相貌、声音、指纹等信息输入电脑，它就能轻而易举地识别出来，只要主人触摸门锁，它便自动打开，对其他人则不理不睬。"各种有创意的构想如汩汩泉水涌出。学生在课堂学习的基础上，再读读原汁原味的作品或类似的书，使知识纵横沟通。

（二）根据不同文体，进行分类指导

各种课外读物的阅读方法是不同的，应根据不同的文体，在单元主题阅读的基础上采用不同的阅读方法。我根据小学生的年龄特点，从怎样阅读连环画、童话、寓言、故事、小说、科普读物、优秀作文和少儿报刊进行分类指导。如指导学生读少儿报刊，运用浏览和细读两种方法。指导学生拿到报纸先总览全貌，大致了解有哪些消息和文章，然后选择重要的、新鲜的和自己感兴趣的细读。还教给学生根据专题收集资料剪贴、写摘要、做卡片的方法。

五、借助主题，允许差异，鲜活阅读

学生个体之间客观上是存在差异的。阅读是一种很个性化的行为，更是一种纯粹的学生与文本之间的对话和互动。这种对话受到学生的个性、阅历、知识、经验等因素的影响。面对课外阅读中存在体验的差异，作为二十一世纪的语文教师，更应该有正确的认识，即认为这种差异是正常的，也是合理的，是孩子全身心投入阅读的成果，其中包含孩子真的思考、真的体验、真的感悟。教师要用发展的眼光看待人才培养，认识人潜在的发展能力，使每个学生获得最优发展。要把学生的个体差异看作一种重要的学习资源。在单元主题阅读教学过程中，我们更应该有明确的态度，允许这种差异的存在，支持和鼓励孩子们在课外阅读中体验差异。尽可能地让每一个学生具有的那些不相同的智慧、情感、性格特点都表现出来，凸现主体性、人文性，实行差异性评价，变过去的"一元解读"为"多元解读"，让学生在对文本的多元解读中获得情感体验；尊重学生在阅读教学中的独特体验，让学生在多元解读中张扬个性，完善人格。只有这样，课外阅读才是鲜活的，有个性的；只有这样，课外阅读才可能成为孩子生命的一部分，成为孩子所需要的成长动力。正所谓：横看成岭侧成峰，远近高低各不同。

总之，巧借单元主题阅读引导学生课外阅读，老师"引路人"的作用至关重要。苏霍姆林斯基在《给教师的一百条建议》中说："学生的学习越困难，他的脑力活动中遇到的困难越多，他就越需要多阅读，就像感光力弱的胶卷需要更长的感光时间一样，成绩差的学生，智力也需要更明亮和更长时间的科学知识之光来照耀。不是补习，不是识字一样的督促，而是阅读、阅读、再阅读。"可以明确地说，学生的课外阅读是娱乐，是体验艺术，是深深的愉快和激动。因此，阅读中我们要站在现在教育科学的高度，重新审视课外阅读的意义、内容和方法。在平时的教学中，我们应该利用主题单元的特点，引导学生在系列阅读、大量积累的基础上，进行有效的言语实践，不断完善它，吸收其科学性的精髓，提高实效性，巧借单元主题，使课外阅读成为引领学生进入精神生活的金钥匙。

参考文献

[1]（苏）苏霍姆林斯基.给教师的建议[M].北京：科学出版社，1984.
[2] 阎蔚,汪潮.关于小学生课外阅读现状的调查与思考[J].小学语文教师：2001（8）.

比较阅读，让古诗教学更具魅力

李淑萍　门头沟区教师进修学校小学研修中心

> 【摘要】比较是人最珍贵的智力因素，是人们辨别、确定事物异同的思维过程和方法，它是和观察、分析、综合等活动交织在一起的一种复杂的智力活动。比较阅读是有效的阅读方法之一，是思维深化的重要手段。本文以比较送别题材的古诗教学为主要论述要点，重点说明在实际教学中的思考以及操作方法，从题目、内容、写法、情感等方面进行对比，同中求异，体会古代诗人不同的诗风。
>
> 【主题词】比较阅读　送别古诗　收获展望

一、问题的提出

俄国心理学家谢切诺夫曾说，比较是人最珍贵的智力因素，是人们辨别、确定事物异同的思维过程和方法，它是和观察、分析、综合等活动交织在一起的一种复杂的智力活动。有比较，才有鉴别、才有认识、才有创造。著名教育家乌申斯基也曾这样说：比较是一切理解和思维的基础，我们正是通过比较了解世界上的一切的。可见，比较既是一个过程、一种方法，更是一种意识、一种思想。通过比较，可以凸显事物的共性或个性，深化理解，获得新的思维视角，拓展、提高自己的认识。运用"比较"这种思想与方法进行的阅读活动，我们称之为"比较阅读"。

比较阅读，是指在阅读的过程中，围绕一定的学习目标，针对某个文本材料（或是字词、句段，或是内容、形式，或是作家、风格等），联系与之相关的内容，从不同角度、不同层次进行比较，经过观察、分析、综合、概括，重新加以排列组合，使之在头脑中形成新优化信息群的思维过程。比较阅读是有效的阅读方法之一，是思维深化的重要手段，它应该在小学语文教学中发挥其应有的作用。

人教版教材中，小学语文古诗教学一般以《古诗两首》或《古诗词三首》的形式出现。这些课文选取的古诗词，表现主题基本都是有相似之处的，描写壮美山河、自然景致、田园风光、思乡怀亲、边塞豪情、送别愁绪等，大多是按同一类型编排的。但是在我听到的古诗教学课里，大多教师都以两首古诗逐一教学形成了固定的教学模式。我不禁疑惑：《古诗两首》真的只能逐一教学吗？为什么我们不可以打破常规将两首古诗通过对比的方式"并行"教学，既然教材这样精心挑选，有心编排，如果我们的课堂还这样漫不经心按照固定模式教学，岂不可惜？我们何不让学生在两首古诗学习的对比中对诗情诗境有更深更透的理解与感悟呢？

二、实践探索与研究

我是一名区县教研员，做研究有着一定的优势和便利条件。于是我将所负责的中年级语文教师中的市区级骨干教师组成核心组，带领他们进行古诗词比较的教学研究。两年多的探讨与摸索，还是有一些收获和体会的。

就拿四年级上册教材来说，20课《古诗两首》编排了《黄鹤楼送孟浩然之广陵》和《送元二使安西》两首送别诗。于是，我们想到了"比较阅读"，把两首诗放在一起对比学习，通过两个文本的碰撞交流，将其有关内容不断进行比较、对照和鉴别，这样既可以开阔眼界，活跃思想，又可使认识更加充分、深刻。

（一）诗题比较，初步明确写作背景

古诗的题目是很讲究的，是作者或编者根据作品表现的内容和情绪精心拟定的，抓住题目就等于抓住了文眼，抓住了核心。

在我们核心组做的《送元二使安西》和《黄鹤楼送孟浩然之广陵》两首古诗的教学中，老师引导学生观察题目，发现异同，教师在此基础上恰当引进一些相关资料，让学生在比较中对古诗背景有了一定的了解。

1.题目的相同处

（1）都有一个"送"字。显然这是两首送别题材的古诗。

（2）都有地名。黄鹤楼是送别的地点，广陵、安西是要去往的地点。

学生对这三个地点肯定是不了解的，老师在此时用课件演示三个地点在地图上的相对位置。

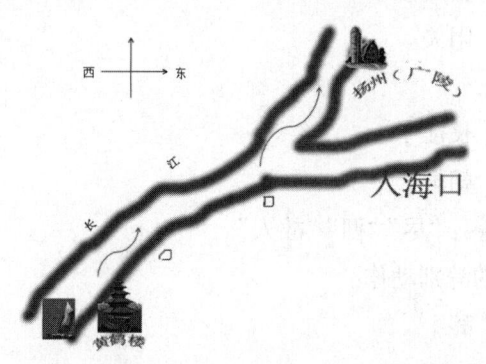

并简单介绍：广陵就是现在的扬州，离我们这里不远，在唐朝时扬州就已经是天下名城了，是一个风景优美的繁华的都市，很多人都愿意去那里看看玩玩；安西就远了，在现在的新疆的最西边，如果从当时的首都长安出发，穿越上千公里的戈壁沙漠，翻越座座大

山，才能到达那里，那里是唐朝的西域边关。

（3）都有人名。孟浩然、元二，是送别的对象，那么谁送他们呢，他们之间又是什么关系呢？老师在这里让学生看注解，简要了解孟浩然和李白、元二和王维之间的关系（孟浩然比李白大十二岁，但两人一见如故，成为知己。元二是王维的朋友，姓元，排行老二，所以称元二）。

2. 题目中的不同处

学生能够说出"之"和"使"都是"去"的意思，进而追问：这两个词可以互换吗？尽管这两个字都含有"去"的意思，但是细品起来还是有区别的，"之"是"去"的意思，但那是自己要去。孟浩然喜爱田园山水，经常在各处观山看水，这次去广陵，是他自己想去的，他想去看扬州美景，去散心旅游，所以是"黄鹤楼送孟浩然之广陵"。"使"也有"去"的意思，但那是朝廷让他去的，是派去的，就是出使。当时的唐朝正是盛世，国力强盛，疆域辽阔，边关绵延数万里，需要大批的士兵和官员去戍守边关，保卫国家。元二正是担负着保家卫国的光荣使命，出使安西的，他是去守卫国家，是去建功立业的。所以是"送元二使安西"。从而，引出写作背景：一个闲游，一个出使，使学生知道用词的准确性。

（二）诗句比较，进一步理解诗歌意境

1. 找相同处

A. 两首诗都交代了时间。

"烟花三月下扬州"：烟花三月（春天）；

"客舍青青柳色新"：青青柳色新（春天）。

B. 都交代了地点。

"故人西辞黄鹤楼"：黄鹤楼；

"西出阳关无故人"：阳关。

C. 都写到了景物。

"惟见长江天际流"：长江；

"渭城朝雨浥轻尘"：朝雨。

D. 都用到了相同的字："尽""西""故人"。

E. 都写了送别对象的辞别动作。

"故人西辞黄鹤楼"：辞；

"西出阳关无故人"：出。

通过找相同点，悟出送别诗的一些共同特点。其实诗歌与散文一样，记叙要素是不能少的。例如，时间、地点、事件、环境等。

2. 找不同处

发现相同是次要的，在相同中发现不同才是关键。老师进一步引导学生思考：诗中同样有"西"，同样用"尽"，都有美丽的景色，有没有区别？

A."西"字相同，方向相反。

"故人西辞黄鹤楼"中"西辞"，指向西告别，是向东而去。

"西出阳关无故人"中"西出"指向西而去，是向东告别。

一个向西，一个向东，方向截然相反，多么有意思的语言想象。

"西辞"和"西出"学生理解起来有一定难度，为了突破难点，老师出示地图，用图解的方式理解两个"西"字表达的不同方向。

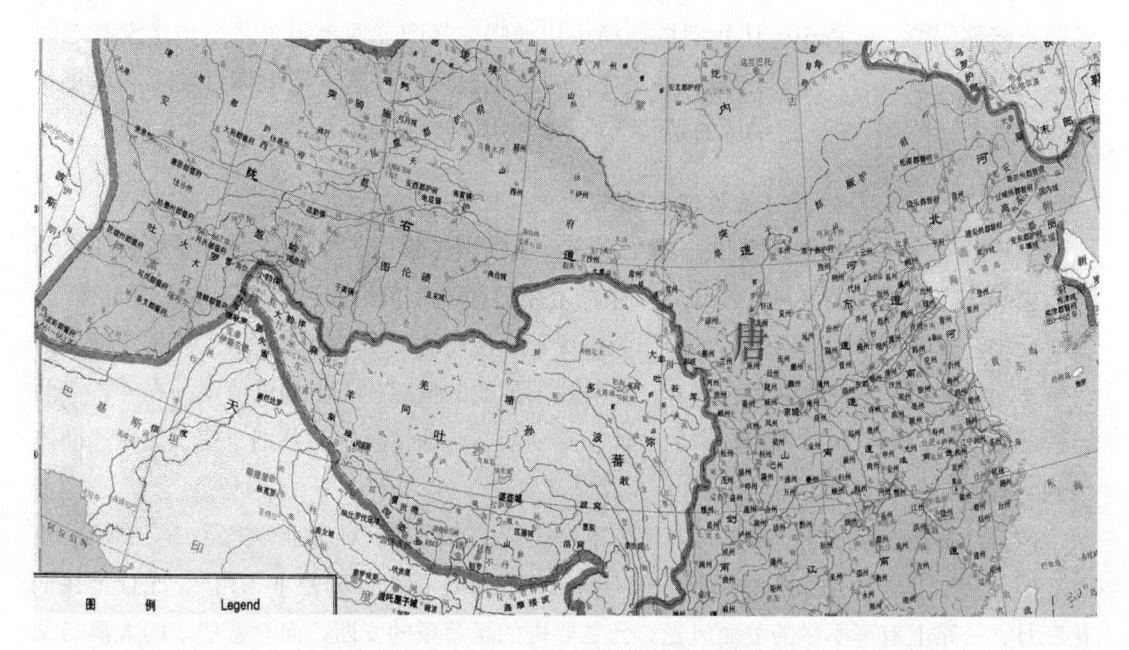

同样是"西"字，但加上"辞"和"出"意思就截然不同了。

B. 同是美丽春景，表达不同心境。

《黄鹤楼送孟浩然之广陵》中提到"花"。好朋友在春光明媚的三月，乘船去繁花似锦的扬州。孟浩然此次下扬州是因为仕途不顺而去散心的，身为好朋友的李白又会怎样做呢？他要用一种轻松、愉快的心情来鼓励自己的好友不要灰心，要积极乐观面对一切，这是一种祝福之情。

《送元二使安西》中提到"柳"。古人有折柳送别的习俗，"柳"与"留"谐音，看到柳，即生挽留、不舍之意。王维多想再留留自己的好友啊，可毕竟皇命难违，重任在身，况且此一别，可能即是永别，相见无日。这是一种何等的悲凉之情啊。

同样的美景，却体现了诗人不同的心情。

C. 两个"尽"字，尽在言与不言中。

①"孤帆远影碧空尽"。

江南三月，长江上可是千帆竞渡，李白眼里看到的为什么是"孤帆"呢？

友人的船都消失了（"尽"），李白是不是也该走了？但他还久久地站在那儿干什么呢？他要让这滚滚的长江水捎去他的留恋和祝福。是啊，这消失的（"尽"）是友人的帆影，"不尽"的是那滚滚的长江水和对友人那份难舍难分的情。孤帆只尽一次，尽而似未尽；杯酒已尽多次，尽而未有尽时。

②"劝君更尽一杯酒"。

千言万语，所有想说的话，都浸在了这一杯又一杯的酒中。西出阳关，就再也没有老朋友陪你喝酒、吟诗……让我们再痛痛快快地喝一杯吧。西出阳关又岂止是没有老朋友？西出阳关就没有了父母之爱、手足之情、天伦之乐……这一路上你可要多多珍重。这酒是喝了一杯又一杯，这喝尽的是酒，不尽的是那难舍难分的情啊！

（三）情感比较，加深对诗情的感悟

古诗教学实际上是读悟教学，重在悟情。在教学过程中，引导学生用心灵去拥抱语言，引导学生入境入情，进一步诗化学生的心境，使学生自由而灵动地与诗文"对话"。在对话中，教师把学生对诗情的体验作为培育学生情商的一个支点，让学生读透诗境。悟诗情不但提高了学生的语文综合素养，更关注了他们的情感、态度和价值观。在《古诗两首》的教学中，通过两首古诗诗情的对比，感受两首诗歌情感中的差别，使学生更透彻体悟到两首诗的不同意境。

两首诗都是送别好友，自然都有依依不舍之情，自然都有难舍难分之意。

但孟浩然要去的是繁华的扬州，曾有诗云"腰缠十万贯，骑鹤下扬州"。况且是在烟花三月，一路上有享不尽的美丽风光。元二要去的是萧条的安西，面对着茫茫的大漠与戈壁。长途跋涉，此地一别，真是生死难料啊！一样分别两样情。当读完这两首诗时，我们为李白明朗乐观的送别而欢欣鼓舞，为王维清冷伤感的送别而辗转伤怀。

（四）结构比较，感受古诗写法的多样

两首诗都是写景叙事的，但写法上却不同。《黄鹤楼送孟浩然之广陵》：先叙事后写景；《送元二使安西》：先写景后叙事。这是根据内容的需要而定的。一个写别后，一个写正别。为何选取的场景不同？假如互换一下，效果会有何不同？

三、收获与展望

运用比较的方法学习古诗，只是万千古诗教法中的一种，这种方法如果运用得恰到好处，可以打破常规的古诗教法，让古诗的教学大放光彩。

在两年的探索与实践中，我们深深感受到了古诗教学的独特魅力。我们在比较诗题、比较内容、比较写法、比较情感的过程中引导学生知诗人、解诗意、感诗境、悟诗情，我们初步尝到了甜头。同时，在不断的教学探索中，我们也发现古诗的对比教学内容还可以更加丰富，如：古诗作者诗风的对比、古诗写作技巧的对比等等。这也将成为我今后继续学习与研究的方向。

绘本阅读，开启小学阅读之旅
——研究类型：绘本阅读
马兰　大台中心小学

【摘要】课外阅读是小学语文教学的关键环节，其中绘本阅读是低、中年级学生阅读不可缺少的组成部分。绘本以它新颖、独特的视角吸引着孩子，阅读绘本是引导孩子进入早期阅读的途径和方法，通过内容的选择、方法的指导，以及激励性的评价，会培养学生的阅读兴趣，感受阅读的快乐。阅读绘本可以潜移默化地激发低、中年级学生的阅读兴趣，也为培养学生自主阅读能力，尤其是对习作能力的提高打下坚实的基础，对学生语文素养的提升具有不可估量的作用。

【关键词】绘本阅读　观察　想象　表达　习作

随着经济的快速发展与科技的进步，当今社会已步入"读图时代"，绘本阅读在现行的小学语文教学中已蔚然成风。绘本被称作"画出来的书"，主要以图画为主，配有少量或没有文字说明的一种书籍，经研究，绘本是国际上公认的最适合儿童阅读的一种图书。刚从幼儿园踏入小学的学生，怎样引导他们爱上阅读，喜欢上读书，绘本构图巧妙、色彩优美，符合低年级学生阅读的年龄特点，所以深受大多数儿童的欢迎和喜爱，于是，我就从绘本开始，和孩子们开启了一条快乐的阅读之旅。

一、观察，夯实习作之本

《语文课程标准》在写话与习作方面有明确的目标规定：第一学段学生应对写话有兴趣，留心周围事物，写自己想说的话，写想象中的事物；第二学段学生应该观察周围世界，能不拘形式地写下自己的见闻、感受和想象，注意把自己觉得新奇有趣或印象最深、最受感动的内容写清楚；第三学段学生养成留心观察周围事物的习惯，有意识地丰富自己的见闻，珍视个人的独特感受，积累习作素材。由此可见，观察占据着举足轻重的位置，无论是低年级学生的写话，还是中、高年级学生的习作，都离不开观察，它犹如木之本、水之源。习作是观察的产物，观察是习作的源泉，也是学生迈向习作成功的必经之路。

以图言物是绘本有别于一般课外书的最突出的特征，绘本中一幅幅精彩纷呈、生动有趣的图画不仅蕴含了人物场面、情节情感的变化，具有很强的动态感，当然也极具故事性，其自身就是一种无声的语言，向学生传递有价值的无声信息。如绘本《想吃苹果的鼠小弟》中的画面虽然简洁，但蕴含丰富的内容，动物们夸张的动作神态勾勒出情节曲折、耐人寻味的故事。教师只有引领学生用心观察，才能正确认识故事中小鸟、猴子、大象等一系列动物的角色，了解他们独有的特性与本领；只有通过观察，才能设身处地地揣摩主人公鼠小弟当时的心理活动；当然，只有观察，才能发现隐藏在图画中不容易被发现的一些细节以及难以用语言来表达的更深层次的内容，如鼠小弟的动作、神态等细微之处。所以说，观察是打开绘本阅读的钥匙，绘本阅读必须用心观察。正是这样，通过绘本阅读，培养了学生这种有目的又比较持久的观察能力。学生的观察力在长期的培养与训练过程中就会逐渐形成为比较稳定的个性品质。

二、想象，丰盈习作之躯

习作的过程就是学生对原有生活材料以及生活经验进行再加工、再创造的过程，这个过程需要想象。

教学经验告诉我们，培养小学生想象能力最好的方法就是采用以图画为主的教学方式。我国著名教育家叶圣陶先生曾经说过："图画不单是文字的说明，且可拓展孩子的想象。"绘本中的图画一般都采用留白的表达手法，留给学生非常广阔的想象空间与无限的想象余地，绘本阅读的过程也是提高学生想象力的过程，正好满足了培养小学生想象力的需求。比如绘本《团圆》的前三页图画中只有一段文字：爸爸在外面盖大房子。他每年只回家一次，那就是过年，今天妈妈和我起得都特别早，因为——爸爸回家了。但图画上妈妈在爸爸回来之前坐在梳妆镜子前精心打扮的一幕以及爸爸回来时家中热闹的场面，远远超越了文字的局限，给学生留下了无限的遐想空间。只要我们教师用心指导，学生展开丰富的想象，极大地激发探索的欲望与浓厚的习作兴趣，学生就能把一幅画读成一段话，甚至是一篇文章。

绘本中诸如此类的具有丰富情感性、情节性的画面充满想象力和思维能力，要教会学生关注并寻找绘本中的留白与空白，以此为切入点，正确引导学生发挥丰富合理的想象力，可以有效地提高学生的习作水平。经过长期的训练，学生在平时的习作中也一定会无形地发挥这种能力，通过自己天马行空、不拘形式但合情合理的想象，使自己的习作内容更加传神、精彩。

三、表达，洋溢习作之彩

《语文课程标准》强调在平时的语文教学中要注意培养学生的"听、说、读、写"的能力。对于低、中年级的学生来说，他们的习作能力正在慢慢地培养与锻炼过程中。在绘本阅读的过程中，"听、说、读、写"这四种能力却能得到很好的统一训练。

大多数绘本是以其富有内涵的精美图画内容给学生带来视觉上的冲击，吸引学生的眼球。也有很多绘本在表达上有自身的特色，非常有特点，语言简洁灵动，宛若一首首清新绮丽的小诗，如绘本《爱是一捧浓浓的蜂蜜》中"爱是那种温馨的感觉，就像依偎在妈妈怀中；爱像有人挠你的肚子，痒得你大声笑着……"这样的语言有灵性、有温度，值得积累，也是学生学习表达最好的典范；教学绘本《想吃苹果的鼠小弟》时，笔者让学生利用绘本中"要是我也……，那该多好啊"这句多次重复的句式来回答相关问题，并拓展延伸，让学生充分体会语言特色，展现其独有的语言魅力，使学生在表达的过程中形成良好的语感；绘本《我爸爸》《我妈妈》中的语言朴实简单，没有运用一些生动华丽的辞藻，只是精心地设计了排比的句式来罗列爸爸与妈妈的特点，字里行间流露出真切的感情。教学中，笔者利用其特点，引导学生在阅读绘本的基础上，感受绘本的语言特色以及表达方式，并以此为训练表达的契机，让学生联系自己的生活实际，写写自己心目中的爸爸妈妈形象。学生能充分把握其要求，仿照绘本语言进行习作。学生独立完成的习作无论从段落结构上，还是从语句的表达上都合乎规范，学生的语言组织能力和词汇运用能力明显增强。

通过绘本阅读，给学生创造表达的舞台，鼓励学生想表达，教会学生会表达。表达是习作的基础，学生只有能进行有条理、清楚、连贯且完整的表达，习作时才能收到事半功倍的效果，习作的语言才能洋溢绚烂的光彩。

四、情感，升华习作之魂

绘本阅读能帮助学生形成积极向上的情感，也能帮助学生树立正确的是非观和价值观。每一套绘本都是学生的心灵鸡汤，学生从中不仅学到了知识，也感受到了真善美，懂得了关爱和付出。每一篇文章都需要真切饱满的感情来打动读者，绘本正是以其生动活泼的图画内容、简单易懂的故事情节、栩栩如生的人物形象向我们传递人间最美好的情感，让学生在假、丑、恶的辨析中获得情感共生，习得情感智慧。如安东尼·布朗的绘本《我爸爸》，达妮拉·库洛特的绘本《鳄鱼爱上长颈鹿》，英国插画家本·科特的《小猪变形记》，这些绘本从情感审美方面可以帮助学生树立正确的人生观，帮助学生在阅读绘本的过程中形成积极的情感，从而在平时的习作中也能自然而然地流露心中的真情实感。

因此，在绘本阅读教学中，对学生情感取向的正确引导，教师要格外重视。要引领学生经历丰富的情感体验，用绘本故事中包含的育人道理影响学生的情感、思想和观念，用绘本故事中所蕴含的情感来唤起学生的情感共鸣，使他们的文章做到以情感人，以情动人。

综上所述，绘本阅读是小学语文教学中不可忽视的组成部分，我们广大的语文教师要充分发挥绘本阅读教学的优势，精心上好绘本阅读课，运用绘本中极具故事性、趣味性、形象性和画文兼备的文本素材最大限度地激发学生的阅读兴趣和习作欲望，让学生在充实语文素养的同时，悟得优秀习作的写作方法，继而随心所欲地抒发内心真实的想法和感受，汇成一篇篇文质兼美的"走心"佳作。

绘本引领，开启低年级的阅读生活

杨明　大峪第二小学

> **【摘要】** 绘本具有文字量少、内容丰富、易于激发兴趣的特点，适合识字量小的低年级学生阅读。在低年级教学中开展绘本阅读活动，通过亲子阅读、讲故事比赛、绘本漂流等形式，给孩子提供阅读的机会。挖掘绘本的内容，通过补白、创编插图、模仿练习等形式，让孩子在阅读绘本的同时实现阅读能力的提高。
>
> **【关键词】** 阅读　绘本　低年级

"绘本"一词起源于日本，意思是"画出来的书"，指一类以绘画为主，并附有少量文字的书籍。绘本不仅可以讲故事，学知识，而且可以全面帮助孩子建构精神，培养多元智能。

绘本文字量小、画面美观、内容丰富，特别适合低年级学生阅读。能够使孩子在识字量不大的时候就开始自主阅读，给予了孩子阅读的成就感，并逐步激发孩子的阅读兴趣，培养阅读习惯。在低年级教学中，我有选择地开展绘本阅读活动，用绘本开启学生的阅读生活。孩子们在绘本教学中增加识字量，学会阅读、观察、想象、推理，在猜想、推测中充分享受阅读的乐趣，在有趣的阅读中学会探索。

一、阅读绘本故事　培养阅读习惯

万事开头难，要为学生开启阅读生活，首先要让孩子走进绘本，拿起书。因此，我开展了一些班级阅读活动，制定了一些阅读制度。

1. 亲子阅读 让阅读成为一种习惯

阅读，是一种能给孩子带来无限乐趣的娱乐活动，同时，也是他们获取知识、开阔视野的一种学习方法，并且越早越好。从开学之初，阅读绘本就走进学生的生活。第一次家长会，我就得到了家长的支持。在家委会的组织下，家长们选择了适合一年级入学初的绘本，给学生准备好。我与家长一起合作，建立起激励监督学生阅读的机制。每天坚持亲子阅读20分钟，这不长不短的时间正好可以读一本绘本。在亲情的氛围中，家长和孩子一起陶醉在书的世界里，一起享受读书带来的快乐与幸福。我们还使用了阅读存折来记录亲子阅读的足迹，每读够3本绘本就会在老师这里得到一张奖励卡片。这样的活动让我们班涌现出许多的读书小明星。学生阅读的兴趣更加浓厚。

2. 绘本漂流 让阅读成为一种期待

"书，非借不能读也。"我在班里成立了图书角，每个孩子带来自己在家闲置的绘本。不仅能在家阅读，还把阅读带到学校。这样，可供学生选择的图书范围呈几何倍数的增加。图书角成立后，每周末都会随机发给孩子一本书，作为周末回家的阅读，周一再把图书还回来。这种约定实施了一段时间后，学生每周末阅读新绘本成为他们最期待的事。这样的活动得到了家长的支持，也为班里拿来了更多的绘本，他们反馈说，孩子喜欢看他们借来的图书，阅读绘本的周末更加有意义。

3. 讲故事 搭建展示舞台

学生有了一定的阅读量，也就有了展示的欲望。复述是更高层次的学习，通过复述，学生的认知结构变得更加清晰，调动起了深层次的学习机制。我们约定每周五的下午是讲故事时间，提前准备好的学生可以登上讲台讲故事。不仅锻炼了讲故事的学生，他也把这个绘本介绍给了其他的学生。通过这样的方式，学生阅读绘本的愿望更加高涨。学生积极性很高，我也会把他们讲故事的视频、照片记录下来，作为他们成长的足迹，保存成珍贵的回忆。还会定期反馈给家长，以示鼓励。

总之，使用绘本在班级开展的常规阅读活动，是对孩子阅读的督促和鼓励。这些阅读制度的建立让孩子有了拿起书、读下去的意识，为他们开启了自己的阅读生活，并通过多种鼓励方式逐渐培养孩子的阅读习惯。有了阅读的意识和习惯后，还需要教师的引导，绘本虽然字数不多，但依然可以培养孩子的阅读能力，发展孩子的情感，训练学生的表达。我尝试借助绘本的多样性，将绘本阅读不仅局限在阅读中，慢慢地引申到其他的知识中，成为学生学习的一个途径。同样地，通过绘本阅读，让学生得到一个可以表达自己、发展自己的机会，能够在小学阶段，建立起自己的兴趣爱好，为学生未来的发展提供更多的可能性。

二、挖掘文本内容　提高语文素养

1. 故事补白

绘本的使用不仅仅局限于它薄薄的几页，也不仅仅局限于它简单的故事，更多的是留给学生足够的补白，给学生插上想象的翅膀。

绘本故事仅是节选了整个故事的关键内容，其中的细节部分由于绘本本身的限制被舍弃。对于学生而言，那些被隐藏在图画中的或者隐藏在字里行间的细节，正是他们可以想象的途径。故事补白成了绘本阅读中，教师对于学生不可缺少的引导。在众多绘本中，我每周选择一本绘本，进行故事补白的训练。考虑到学生的年龄特点，这部分内容限制在十至十五分钟之内，这样学生既可以保持兴趣，又可以得到锻炼。

其中有一周我选择了《蜗牛的新房子》这本绘本，蜗牛背着自己的房子去参加聚会，但是不小心弄碎了自己的房子，于是有很多小动物帮助小蜗牛建新房子。绘本中介绍了蜜蜂、蚂蚁、蜘蛛这三种小动物建的房子，除此以外，学生们可以想象，还有哪些动物，它们建起来的房子是什么样子的。这里的想象，不是学生天马行空的想象，要基于孩子平时对于科学、生物等自然知识的积累，才能更好地做好故事的补白。通过这次绘本阅读，学生不仅更喜欢绘本阅读，也对自然科学知识萌发了兴趣，阅读的乐趣就在其中。

2. 模仿练习，在阅读中学习表达

表达，是低年级语文学习的难点之一，也是一个循序渐进的过程。学生入学之初，还没有接触过句式，此时的表达要求就是要说完整话，能够完整、正确地叙述想要表达的内容即可。随着学习的不断深入，学生也开始接触各式各样的句式，从简单到复杂。我把低年级的句式进行了总结，并与绘本相联系。在语文教学中，学习新句式，除了课堂练习以外，在绘本教学中，也鼓励学生用所学句式进行表达。这样两种不同课堂相互呼应，学生反复接触所学句式，互相促进，相得益彰。

《球球的红围巾》这个绘本讲述了长颈鹿球球不小心把围巾上的毛线挂在了树上，其他的小动物不知道毛线是哪里来的，就剪断另做它用。每一只小动物的歌词都用了相同的表达方式，例如"长长的毛线，长长的毛线，做我的晾衣绳，衣服晾干了。"学生在放飞自己想象的同时，也学习用绘本的表达方式，写一写新的歌词，让自己的语言也生动起来。

3. 创编插图，让兴趣与兴趣碰撞

故事补白，除了用文字的形式，还可以多种多样。低年级孩子对绘画特别喜欢，相比文字而言，图画有时能更多彩地描绘出他们想要表达的内容。基于这一方面的考虑，在进行绘本阅读时，我选择和绘画结合。在学生进行阅读时，想要对绘本进行补白，可以使用图画的形式。首先让学生简单描述自己想要补白的部分，然后再进行图画创作。创作时，考虑所选择绘本的颜色，争取做到颜色统一。因为学生本身喜欢绘画，所以这样的工作每个月进行一次。但是鼓励学生在家里完成，然后带到学校进行展示，并把所配图的绘本给其他学生进行介绍。在教室后面，专门设置了给学生展示的专栏，这样更能激发他们对于绘本补白部分的想象。

三、表达感受 尊重差异

绘本中的文字虽然少，但是内容和内涵并不简单。不同年龄、不同性格、不同生活环境的孩子对绘本的理解也不同，在阅读绘本的活动中，老师尊重学生的理解和感受，让他们自由表达自己的想法，把阅读绘本当成自己的乐趣。

《十只小鸟过大河》是一本创意思维的启蒙书。十只小鸟过河的故事可以帮助孩子们养成创造之心，十只小鸟奇思妙想，每只小鸟都会有自己过河的奇特方法，甚至就连大人们也会想：面对一条大河，我会怎样过。不同的孩子对这本书有着不同的想法，我曾尝试在一年级阅读这本书，很多孩子认为最后一只最没有创意的小鸟是最棒的，理由是它是走桥过河的，它最省事而且像人一样。我欣然接受他们的想法。然而当这些孩子上二年级时，我再给他们阅读这本书时，同一个孩子却有不同于去年的想法：最后一只小鸟太没创意了，所以它的名字叫"要努力"。同样的一本书，在不同年龄里反复阅读，孩子有不同的感受，这是孩子成长的结果。给孩子成长的空间，阅读绘本，静待花开。

绘本是一个生动的图书世界，开展绘本阅读活动，开启低年级学生的阅读生活，让孩子尽早享受阅读之乐。阅读绘本有助于培养孩子的阅读兴趣、阅读习惯，同时能让孩子在表达、情感等方面有所收获。

以绘本叩开低年级学生的阅读之门

刘晓欣　门头沟区教师进修学校

> **【摘要】** 绘本是很好的课外阅读资源，是低年级学生通向流畅、独立的文字阅读过程中一个不可或缺的阶段。绘本阅读可以极大调动低年级学生的阅读积极性，提高学生的阅读能力，培养学生的综合素养。绘本阅读时要"手、眼、耳、心、脑"并用，用"眼"发现绘本图画的精美；用"耳"感受绘本文字的魅力；用"心"体会绘本情感的真挚；用"猜"拓宽绘本阅读的空间；用"手"实践绘本创作的乐趣。使学生在好奇心和新鲜感的驱动下走进阅读的世界，使语言和思维等能力与素养得到提升。
>
> **【关键词】** 低年级　绘本　阅读

《语文课程标准》指出"要重视培养学生广泛的阅读兴趣，扩大阅读面，增加阅读量，提倡少做题，多读书，好读书，读整本的书"。在"课程总目标"中，规定："九年课外阅读总量应在400万字以上，其中低年级的课外阅读总量不少于五万字。"由此可见，阅读在孩子成长中的重要性。

低年级学生由于识字量有限，课外阅读纯文本的东西，很容易失去阅读兴趣。而绘本以画为主，字少，画面丰富，以画传达故事情节，比一般纯文本更能激发孩子的兴趣，也符合儿童早期阅读的特点和习惯。故绘本是低年级很好的课外阅读资源。这也是低年级学生通向流畅、独立的文字阅读过程中一个不可逾越的阶段。绘本阅读可以调动低年级学生的阅读积极性，提高学生的阅读能力，培养学生的综合素养。那么，如何用好绘本资源，引领低年级学生真正地去"阅读"呢？

一、仔细观察，用"眼"发现绘本图画的精美

绘本主要是用图来说话，一本绘本由几十页画面组成，从封面、扉页到正文及封底，构成了一个完整的整体，仿佛是一部精彩的电影短片。即使是一个不识字的孩子，单靠"读"图画，也可以读出个大概来，因此，开展绘本阅读要注重引导孩子仔细观察绘本上的图画。

绘本中的图画部分，大部分是大师或知名插画家，用各种手法，或水彩、或剪贴、或水墨，用流畅的线条、紧凑的构图，让每幅图都充满内涵。孩子的眼睛看到了美，也提高

了孩子的审美情趣。

如绘本《小黑鱼》是绘本大师李欧·李奥尼的作品，每一幅图都是一幅精美的画作，梦幻般的色彩，美轮美奂的海底世界，让人徜徉其中。教学中，让孩子观察图片，弄明白图上画着什么，猜想这些事物之间的联系；再让孩子发现图与图之间的变化，猜想故事情节。学生在老师的指导下，发现水母的色彩像彩虹，怪鱼的颜色是多样的，水草看起来像森林，礁石颜色多样……虽然孩子不懂画法，但却有双发现美的眼睛。

二、倾听朗读，用"耳"感受绘本文字的魅力

绘本阅读推广者建议：教师要先为儿童读故事。因为绘本是通过优美的语言和图画表现出来的，当教师把绘本所表现的最好的语言用自己的声音、用自己的感受讲出来时，这种快乐、喜悦和美感会被淋漓尽致地发挥出来，真切地留在孩子的记忆当中。对孩子而言，听别人朗读故事是一件轻松没有压力的事。在这个倾听与欣赏的过程中，感受到语言之美，丰富词汇，增强了孩子语言学习的能力。

这对于引发孩子的阅读兴趣有很大的帮助。孩子倾听故事的机会越多，其生活经验与知识领域自然随之扩展，影响所及，形成个人的思考与判断。因此，我们每次都要努力用声情并茂的朗读，打动学生。在朗读中，读读听听，给予孩子充分时间，使故事内容在孩子脑中形成一幅画，并与绘本上的图画相逢、互补。

如《小黑鱼》中绘本大师运用了很多比喻句："水母像彩虹果冻……海葵像粉红色的棕榈树，在风中起舞……"学生看图说出自己的观察，大声朗读作者笔下的文字；再把这些整齐的句式放在一起，师生一起读；最后引导孩子模仿着也来说说这样的句子。虽然孩子看不懂太多的文字，但教师的语言却可以唤醒孩子的耳朵，让孩子去倾听，去积累，去模仿。

三、角色转换，用"心"体会绘本情感的真挚

绘本故事横跨国界，穿越各种文化背景，但有一样是不变的，那就是情感。《我爸爸》《爱心树》《猜猜我有多爱你》《妈妈的红沙发》等，爱永远是不变的主题；《小绿狼》《小猪变形记》等，肯定自己，爱自己才是最幸福的；《锡制的森林》《高空走索人》《犟龟》等，对梦想的追逐，永不言弃……低年级孩子生活体验少，只有通过多种方式的角色转换，让孩子们融入到故事中，成为故事中的一员，故事所要传达的情蕴才会真正走进儿童的内心，融进孩子的生命中，促进孩子的生命成长。

如读绘本《猜猜我有多爱你》时，让孩子们猜猜大兔子听到小兔子说自己对妈妈的爱有自己张开的手那么大，有自己跳得那么高时，兔妈妈会怎么回答？在读完故事后，问问孩子："换成是你，你想对谁说猜猜我有多爱你？你会用什么方式来表达自己对他的爱

呢？"通过角色替换，孩子们应该很自然地以主人公的身份进入了这个充满爱的故事，想到了自己的妈妈，想到了妈妈对自己的爱。之后，可以带领孩子们感受大兔子充满爱意的一系列动作：轻轻放在叶子铺成的床上，亲吻小兔子，睡在小兔子的旁边，充满爱意地说："我爱你一直到月亮上，再从月亮上回到这里来。"教师可以提问："究竟是大兔子更爱小兔子一些，还是小兔子多爱大兔子一些？"引发孩子思考，体会妈妈对孩子浓浓的爱，通过讨论，学生可以知道大兔子每个充满爱的动作，每句充满爱的话语，每次充满爱意的神情就是伟大母爱的表现，再联系生活，妈妈给予的爱实在太多太多，孩子感恩的情感通过体验也能得到升华。同时，建造起了学生自己的精神空间与心灵家园。儿童在与绘本进行心灵对话中，丰富内心，升华境界，健全人格。

四、展开想象，用"猜"拓宽绘本阅读的空间

著名教育家叶圣陶先生说："图画不单是文字的说明，且可拓展儿童的想象。"想象是绘本的特质，想象也是绘本阅读的重要方法。绘本故事情节不断发展变化，有的地方能猜得到，有的地方却出人意料。因此，在绘本阅读教学中，教师不仅要重视学生语言表达能力的培养，还要引领学生在"倾听""欣赏"中放飞想象。

比如看到标题，猜想正文，然后把正文与所猜测的内容进行比较；读了开头，猜测文章的结尾；读了上段，猜测下段。教学中，选择最富想象的部分，让学生插上想象的翅膀，遐想文字以外、图画以外的世界，不仅培养了学生的思维能力、想象能力，还培养了学生的表达能力。在绘本里，图画不是文字的附庸，而是图书的生命。不同的绘本，我们可寻找不同的猜测点，让学生在自由猜测中，赠送给他们一对想象的翅膀。为绘本阅读注入新鲜的活力，使学生获得最大程度的发展。

如绘本《小猪变形记》，孩子的想象不仅可以基于绘本原有的画面内容，更可以向外延伸小猪还遇到了谁？他怎样让自己变成别人的样子？结果会如何？教师在绘本教学中，做深层次的挖掘和准确的引导，那么，绘本带给孩子的想象的空间是无限的，孩子的发展也会是无限的。

五、拿起画笔，用"手"实践绘本创作的乐趣

绘本都有留白的地方，给孩子预留了很多想象的空间，让孩子根据绘本的整体意境，可以设计书中人物的语言、动作；可以对故事情节展开丰富的联想；可以对故事的后续发展进行再创作。

如教学《小黑鱼》，让孩子去构想：如果你是小黑鱼，你最想在哪儿停一停、看一看？和谁玩一玩？玩什么？在故事的结尾处，小黑鱼和小红鱼们变成了海上最大的鱼，还可以变成什么呢？让我们的孩子动手去画一画，写上想写的文字。在教学《小绿狼》时，

在故事的结尾处，可以通过质疑引导学生进行知识和能力的延伸，让学生画画：这只小绿狼再次见到这群灰狼后，又会发生什么样的故事？在教学《爷爷一定有办法》的最后引导孩子发现小老鼠一家，只有图画，并无文字，可让孩子小组合作试着给这些图画配上文字。孩子动手实践，感受着创作的快乐，更激发了孩子对绘本的热爱。

绘本是一座阅读"宝库"，蕴藏着丰富的教育元素。绘本阅读可以很好地激发学生阅读兴趣，使学生在好奇心和新鲜感的驱动下走进阅读的世界，从而使语言和思维等多方面能力与素养得到提升，为孩子一生的阅读打下坚实的基础。

参考文献

[1] 中华人民共和国教育部.义务教育语文课程标准（2011年版）[S].北京：北京师范大学出版社，2012.

[2] 马玲.孩子的早期阅读课[M].北京：文化艺术出版社，2010.

读《声律启蒙》，有声有色
——低年级《声律启蒙》的诵读、理解与拓展
王海波　北京市门头沟区大峪第一小学

【摘要】 国学经典是基础教育中的重要内容。在传统经典中，《声律启蒙》是非常重要的蒙学读物，这本书声韵和谐、内容丰富、用语简练，对学生形成良好的语感、识字晓理、知人明事等都有积极作用。弘扬传统文化，传承国学经典，重在诵读，不止在诵读。诵于口，思于心，本文就谈一谈在诵读《声律启蒙》过程中的思考和实践。

【关键词】《声律启蒙》　音韵　对子　诵读　典故　意境　整合

国学经典是我国传统文化的精髓，国学教育已经成为基础教育中必不可少的部分。《弟子规》《千字文》《声律启蒙》《论语》等国学经典已经走进了校园。学习国学，可以提升学生的语文素养，滋养出学生健康、积极的人文修养。

在国学经典中，《声律启蒙》是一本非常重要的蒙学读物，适合低年级学生。《声律启蒙》由清代车万育编写，是专门训练儿童对对子、掌握声韵格律的启蒙书，里面的内容读起来朗朗上口。这本书经过人民出版社的重新编辑，成为《经典诵读与书写》的系列教材之一，有了更切合现代儿童的形式。《经典诵读与书写（声律启蒙）》一书，遵循课标，弘扬传统文化；面向低年级学生，附注拼音；释义简明，图文并茂；结构分明，分为原文加注释、说文解字、名画落款等几个部分。这种编排体例，灵活生动、有趣味，更利于学习。本文就选取这本《声律启蒙》，谈谈低年级学生怎样通过诵读这本读物，走进经典，走进我们传统文化的深处，感受传统文化的魅力。

一、读《声律启蒙》，识对文之韵

语文教学要培养学生各方面的语感，《声律启蒙》是培养学生良好语感的经典读物。作为蒙学读物，《声律启蒙》从韵律上讲节奏明快、声韵和谐，从用语上讲简明易懂。每一章节都是按韵编写的，韵律优美，读起来朗朗上口，对学生形成良好的语感有重大作用。在教学《声律启蒙》时，应以读为主线。反复诵读，熟读成诵，读通文字，积累词句，读懂内容，读出语感。

人类获取知识的方式，根据年龄特点和心理特征可以分为机械式和理解式两种。儿童记忆力强，以机械性的方式为主；成年人记忆力降低，以理解性的方式为主。低年级小学生机械记忆力强，因此《声律启蒙》一定要重视诵读训练。这种诵读为先的方式，从心理学角度讲，是非常科学的。掌握偏记忆性的知识，熟读熟背非常重要。

（一）读有专时，诵读讲时间

读书贵在持之以恒，每天晨读《声律启蒙》，专时专用，坚持做到在校诵读10分钟。除了坚持天天晨读，鼓励晚读（亲子共读）。此外，诵读要利用教材中的提示：每天将前几日读过的内容读1遍，再读3遍新内容。这种渐进式的方式适合学生的心理特征，便于记忆。孩子的学习潜能和记忆力是超乎成人的想象的，坚持一段时间后孩子就能给我们带来惊喜。

（二）读前识文，诵读要指导

在读的过程中，要让学生了解《声律启蒙》对对子的行文特点和音律特征，从单字对到双字对，从三字对、五字对、七字对到十一字对，按韵分章，声韵和谐，进而得到语音、词汇、修辞上的熏陶。诵读中，要引导学生带上节奏，找到韵味，增强语感。比如在读《声律启蒙·一东》时，要有意识地引导学生发现《一东》全篇押ong韵，读起来朗朗上口，别有韵味。在此基础上，举一反三，学生在读的时候就能发现《二冬》《三江》《四支》《五微》等在韵脚上的特点，在发现的基础上读出韵味，读出音之美。

（三）读要多样，诵读求实效

为了提高学生诵读的积极性，避免单调枯燥的朗读和背诵，要采取多种诵读方式穿插其间。诵读时可以运用师生接读、男女生对读、配乐读、看图猜读、比赛读、打快板读等多种形式。此外，还要开展诵读展示活动，这样既可以巩固、弘扬国学经典，又能够提高学生诵读的兴趣，发挥学生的积极主动性，让学生在活动中感受到经典的魅力。

（四）读需激情，诵读创氛围

除了每天定时诵读，让学生感其声，悟其情，还要营造浓厚的诵读氛围。比如古文今唱，或者引导学生"读经典，做小报"，把诗词、绘画、书法等融为一体，充分利用班级文化墙，粘贴学生的诗文、诗画作品，重在展示学生诵读经典的活动成果。通过这些方式，有意识地营造浓厚的诵读氛围，能够让经典的学习更加愉悦、主动、有效。

二、解《声律启蒙》，知文句之意

（一）诵读为先，粗解大意，不字字落实

诵读《声律启蒙》，即使学生不能用语言表达，但是他们能够感受到文句的节奏韵律。所谓"书读百遍，其义自见"，通过反复诵读，在整体感知的基础上，再对照注释，学生对字、词、句的含义会有初步的理解和认识。教师只需对古今异义等难点进行点拨即可。在理解方面，要求学生大致了解文句的意思就行。在理解文句意思、感悟意境的过程中，要避免字字讲、字字落实，否则会导致字字学、字字难落实，甚至让学生产生畏难情绪。

（二）诵文求意，了解典故，知其所以然

有人说《声律启蒙》包罗万象，读它就像读万卷书。《声律启蒙》中有很多的典故，这些典故涉及了天文、地理、历史等很多方面的知识。读的时候，学生难免会有不太明白的地方，此时适时讲解典故，或者让学生通过书下注释了解，能够激发学生的兴趣和想象，进而产生联想，形成画面，读出意境。比如《一东》中的"三尺剑，六钧弓"，六个字，两个三字对，其实暗含着两个古人故事，富有趣味的故事隐身在短句中，并不是简单的数词、量词和名词相对。"三尺剑"来自汉朝开国皇帝刘邦以普通百姓的身份提着三尺长的宝剑夺取了天下的故事，而"六钧弓"讲的是春秋战国时期鲁国勇士颜高的故事，他使用的弓为六钧，要用一百八十斤的力气才能拉开。学生在知道了这两个典故之后，脑子里有了人物，有了画面感，有了新的认识和体会，再次读到"三尺剑，六钧弓"，韵味自然不同，变得厚重。了解典故，在提升认知的同时，也能促进学生的朗读。

在《经典诵读与书写（声律启蒙）》一书中，书下的注释，简单精当，告诉了学生文字背后的典故。这些典故带学生走进了一个精彩纷呈的世界，除了可以帮助学生积累语言、培养语感、丰富认知、拓宽视野外，对陶冶情操等也有极大的作用。学生在了解历史故事的同时，能够看到丰富多彩的人物形象，比如安贫乐道的颜回、信马由缰的阮籍、自称好龙的叶公、有作为的汉中宗和汉世祖、持节牧羊的苏武等，这些人物的故事与德行，无形之中能够启迪学生的心灵。

（三）图文对照，以图解文，入文字之境

宋代大词人苏轼曾经称赞唐代诗人王维的诗画，说道："味摩诘之诗，诗中有画；观摩诘之画，画中有诗。"其实，在《声律启蒙》中，也不乏描写景物的文句，这些文句能使读者如同置身在图画之中，意境非常优美。因此，在教学中，要带着学生走进文字背后的意境。对于低年级学生来讲，我们可以充分利用《经典诵读与书写（声律启蒙）》一书中精美的插图，或者搜集相应的古典画作，把文字与图画结合起来。这些绘画作品能够打开学生的视野，让学生充分感受到意境之优、文字之美。

三、读《声律启蒙》，知文字之妙

（一）析汉字，知字形之理

《经典诵读与书写（声律启蒙）》一书中穿插了一些汉字的字源以及字体演变的内容，这样的安排便于学生在读《声律启蒙》的过程中，了解汉字的演变过程，了解一些汉字的造字原理，对汉字的形成和演变产生兴趣，进而爱上汉字文化。比如在学习《一东》时，编者随文在书中安排了"东""日"两字的演变过程及字源字理，内容清晰，浅显易懂，在诵读经典的过程中渗透汉字文化知识，丰富了学生的认知，激发了学生对传统文化的兴趣。再如读到书中"玉门山嶂几千重，山北山南总是烽"时，学生不理解"烽"的意思，我主动联系前面出现的"衔泥双紫燕，课蜜几黄蜂。""巫山雨洗，嵯峨十二危峰。"将"烽、蜂、峰"放在一起，又延伸出"锋、逢"，通过形声字知识，帮助学生了解字音，区分这几个字的意义。像这样的学习，把经典诵读与语文识字教学有效整合，解决学生的实际问题，不拔高，不脱离教学实际。

（二）析对文，知文对之妙

部编本语文教材非常重视学生对传统文化的认识和了解，比如在一年级语文教材中，《对韵歌》《古对今》等都涉及了对韵、对子的相关知识。在行文上，《声律启蒙》一书就是对对子的形式，这也是此书的一大特点。这种对对子的形式能让学生对古代诗文中的对文有更充分的了解。比如在学习《一东》时，学生很快就能发现《声律启蒙》的这一特点：相对。在"来鸿对去燕"中，不仅字数相对，内容也是相关的，来对去，意思相反，鸿对燕，鸿和燕都是鸟，意思相对。常读常诵《声律启蒙》后，简单一点儿的词句，学生也能出口成对，很自然地就学会了对文。

（三）析韵脚，知字音之妙

《声律启蒙》一书，是按韵编排的，读起来和谐押韵，唱起来旋律优美。在诵读过程中，引导学生发现《声律启蒙》的特点：每一句话的最后一个韵母是一样的。这是古人写作时的一大特点，古代文人特别注意押韵。比如在刚接触《声律启蒙》，学习《一东》时，教师范读，学生倾听，进而让学生找韵脚，发现押的是ong韵，在读时指导学生把韵脚读得重些，读出韵律。在了解了《声律启蒙》对对子的形式和押韵的特点后，学生更容易读出节奏，读出味道。

四、学《声律启蒙》，习学生之能

从语文教学的角度讲，诵读《声律启蒙》，可以培养学生良好的语感，帮助学生积累妙词佳句，学习对文这种表达方法，打开视野，丰富认知，提高语文素养。实际上，学生在丰富多彩的诵读活动中，天天在进步，综合素养在不断地丰富、提升。

（一）读得有韵味

诵读《声律启蒙》，能够提升学生的古诗文朗读水平。《声律启蒙》音韵、行文特点，让学生比较容易读出节奏、读出韵律。在学生朗读能力提高的同时，能够渐渐形成良好的语感，对语言的感知和理解能力同时提高。同时，感知和理解能力的提升，又能促进学生朗读水平的提高，在不断诵读经典的过程中，学生的古文会读得越来越有韵味。

（二）说得有想法

在了解了《声律启蒙》对对子的行文特点后，调动学生的积累和创作热情，引导学生学习对对子，培养学生的语言文字运用能力。比如在读过《一东》后，就和学生交流山河日月、花草树木、风霜雨雪等这些身边的事物，我们都可以把它们编成对子。对对子很简单，一个字对一个字，两个字对两个字……然后进行对对子的游戏。先从最简单的一个字对起：

山——　　天——　　日——　　花——　　鸟——

再对两个字的：

山高——　　天南——　　日落——　　花红——　　鸟语——

在学习《声律启蒙》的过程中，除了能够简单地对对子，学生还开阔了视野，知识面不断扩大，语言积累不断丰富，语文素养不断提高，在以后的学习和生活中必然能引经据典、说事讲理。

（三）画得有意境

为保持学生诵读《声律启蒙》的兴趣，与美术整合，开展"读经典·画经典"的活动，为诵读经典带来活力。《声律启蒙》一书，虽只是简单的对对子，但仍能让我们从中感受到传统文化的博大精深，不少对子不仅表情达意，而且传达的意境优美，画面感极强。因此，在诵读《声律启蒙》时，鼓励学生画出所读，感悟文字背后的意境。在画的过程中，学生的修养也在愉悦的过程中得到提升、展现，对《声律启蒙》的理解也更加深刻，得到升华。

（四）唱得有味道

《声律启蒙》适合孩子诵读，本身读起来就如同唱歌一般。为避免单调，丰富诵读的形式，营造浓厚、愉悦的诵读氛围，自然可以将诵读和音乐整合，把读变成唱，甚至可以加入舞蹈动作，让学生在唱中，在舞中，感悟经典。放松的心情，活跃的肢体，优美的旋律，悠扬的歌声，这一切未必有多完美，但是在舒缓的节奏中，古文古韵，唱者愉悦，听者适意。

《声律启蒙》是我国传统文化中的一个瑰宝，适合低年级小学生诵读，能够让学生感受到国学经典的魅力。要了解《声律启蒙》，更好地学习、欣赏、传承我国灿烂的文化艺术，还要进行更有价值的思考和探索，进而指导今后更有意义的实践。

参考文献

李中华，王振.经典诵读与书写（二年级上册）[M].北京：人民出版社，2017.

和学生牵手　与经典同行　为生命阅读

艾艳红　北京第二实验小学永定分校

【摘要】 我们常说,"读万卷书,行万里路"。对于我们这样的农村地区的学生来说,现在就去"行万里路",饱览世界风光实属不易,但是我们可以立即行动"读万卷书",在阅读中品味世界。引领学生走向阅读,是教师不可推卸的责任。在引领学生阅读经典的过程中,教师的引导和指导是必不可少的。翻开经典篇目,我们要找到其中的门道,吸引学生,能够让他们爱上阅读,在阅读中得到经典的滋养。一、阅读经典,亲近人类精神;二、阅读经典,品味文学之美;三、阅读经典,品味经典的力量;四、阅读经典,和孩子一起品味世界。亲近大师,走进经典,才能感受到人类文化的温度,才能润泽精神的世界,升华灵魂的天空,亲近经典,学生自然就会远离"地摊读物",养成人人爱读书、多读书的良好习惯。在阅读中,我们一起提升阅读能力,一起提升公民素养,一起享受阅读的快乐时光。在阅读中让每位学生都能得到实实在在的收获,丰富他们的人生,提升他们的能力。书声琅琅、书香浓郁,朝气蓬勃、健康和谐、家校共育、快乐阅读。让孩子通过阅读,可以在有限的生命中欣赏无限的美景,体验精彩的人生。和学生牵手,与经典同行,为生命阅读;和学生牵手,阅读经典,品味世界。

【关键词】 经典阅读　激发兴趣　提升能力

《现代教育报》2016年8月22日"国际版"有一篇文章,指出"美国小学生的阅读量是中国小学生的6倍"。当我看到这个数据时,作为一名小学语文教师,心里很不是滋味。我们常说,"读万卷书,行万里路"。对于我们这样的农村地区的学生来说,现在就去"行万里路",饱览世界风光实属不易,但是我们可以立即行动"读万卷书",在阅读中品味世界。

古今中外,经典名著浩如烟海,正如钱理群所说:"读名著,是因为每一个民族、每一个时代精神的精华都凝聚于其中,人类最美好的创造都汇集于其中,人类精神文明的成果就是通过各类学科的名作、经典的阅读,而代代相传的。"——在这个意义上,受教育(这里讲是识字教育以上的中高等教育)的基本途径就是"读名著(经典)。"

引领学生走向阅读,是教师不可推卸的责任。在引领学生阅读经典的过程中,教师的引导和指导是必不可少的。翻开经典篇目,我们要找到其中的门道,吸引学生,能够让他们爱上阅读,在阅读中得到经典的滋养。

一、阅读经典,亲近人类精神

在文化传承的过程中,现在大多数人家里都会有几部经典书籍。有的人是装点门面,有的人是手不释卷。无论怎样,经典书籍就像是知识之神,是人类文明的成果。引领学生阅读经典,从自己喜欢的、适合的书目开始,慢慢喜欢上经典,亲近经典。

《论语》可以说是中国两千多年来主流文化的木之本、水之源、心之魂。这部华夏"圣经",虽然只是些只言片语和对话、语录,但是它内容丰富,形式灵活,除了文史哲、人生、教育等这些大的方面外,还涉及社会生活的诸多方面。读《论语》,去品味"半部《论语》治天下"的精髓。

《平凡的世界》是一部全景式表现中国当代社会生活的长篇小说,全书共三部。作者路遥在广阔的时代背景上,深刻地展示了普通人在时代历史进程中所走过的艰难曲折的道路。书中主人公面对生活的艰难困苦永不放弃的奋斗精神和温馨动人的爱情,给人以鼓舞,也给人以温暖。读《平凡的世界》,去品味"正视苦难,震撼心灵;平凡的世界,伟大的人生!"的境界。

在科学著作中,最好读最新的书;在文学著作中,最好读老的书。古典文学作品永远不会衰老。正如姚跃林校长所说:"真正的教育是一棵树摇动一棵树,一朵云推动一朵云,一个灵魂唤醒另一个灵魂。"

二、阅读经典,品味文学之美

每一部经典,都可以说是文字的最好表达,体现着文学之美。在中国古典小说乃至于延伸至现当代小说,有一座珠穆朗玛峰,就是《红楼梦》。毛泽东称它是"中国封建社会的百科全书",还称赞它是"中国的第五大发明"。《红楼梦》是清代作家曹雪芹花费了十年心血铸就的一部文学巨著,以贾宝玉、林黛玉、薛宝钗之间的恋爱婚姻悲剧为主线,描写了以贾家为代表的四大家族的兴衰。全书规模宏大,精心刻画了400多名栩栩如生的人物形象,广泛地涉及我国古代的文化常识,如官制、礼仪、建筑学、医学、音乐、绘画,是我国古代长篇小说中现实主义的高峰。《红楼梦》中的诗词歌赋,传达着作者的情感,彰显着文字表达之美;《四世同堂》《骆驼祥子》两部著作语言生动、情节曲折,它们以独特的京味表达,描绘了京城市井生活在时代大潮中的变化,让读者有身临其境之感,能够体会到文学的力量之美……

大文豪巴尔扎克说,小说被认为是一个民族的秘史。阅读四大名著,就是在中国历史长河中的一次游历。一个人的精神发育史,就是一个人的阅读史。个体的精神发育历程是整个人类精神发育历程的缩影。每一个个体在精神成长的过程中,都要重复祖先经历的过程。这一重复，是要通过阅读来实现的。

三、阅读经典，品味经典的力量

在阅读经典的过程中，重在真正走进经典。"书读百遍，其义自见。"对于小学生来说，可以从富有故事情节的经典开始阅读，慢慢亲近经典；还可以采用教师导读的方式，引导学生重点阅读，在阅读中寻找答案，达到深入阅读的效果；阅读交流，在交流中提高学生对经典作品的综合认识。

阅读鲁迅的作品，能品味出文字中战斗的力量。其实，每一位作家都会让我们品味到经典的力量。

鲁迅是现代文学的灵魂，他创造了中国现代文学多种崭新的样式，收录在《呐喊》《彷徨》中的25篇短篇小说，可谓20世纪的无与伦比的典范之作。杂文是鲁迅对中外文章形式的创造性综合。他创作的《野草》《朝花夕拾》等散文，文字优美，感情醇厚，可谓散文中的精品。读鲁迅的文章，可以体会"力透纸背"的力量，他为中国现代文学奠定了现实战斗精神和现代反抗意识的优秀传统。这是他一生最重要的贡献。阅读鲁迅的经典著作，牵手文学大师，品味人文精神。

老舍的创作中具有独特的"北京味"，体现出了他对北京文化的深厚感情和深切反思。他始终不渝地以市民生活为表现对象，他的小说具有雅俗共赏、崇高与朴素融合、独特的幽默等审美特质。沈从文1902年生于湘西凤凰县，成名后常自称"乡下人"，他用自己的创作实现了"作为一个地方风景的记录人"的愿望。"不管将来发展成什么局面，湘西旧社会面貌与声音，工具和希望，总算在沈从文的乡土文学中保存下来。"当20世纪中国文学不可避免地走向世界文学的一体化进程的时候，沈从文正是以乡下人的固执的目光，为我们保留了本土文化的最后的背景。

作家巴金说，人为什么需要文学？需要它扫除我们心灵上的尘垢，需要它给我们带来希望，带来勇气，带来力量。阅读经典，品味人文精神，提升生活品质。莫言获得诺贝尔文学奖是"民族的就是世界的"这一名言的最好诠释。沈从文的《边城》让我们领略了湘西的风情；老舍的《骆驼祥子》让我们回味京味生活；路遥的《平凡的世界》让我们在西北风情中感悟人生的意义……

四、阅读经典，和孩子一起品味世界

读书是每个人生命的需要。古人说得好："布衣暖，菜根香，读书滋味长。"这话是说，人活着，物质的需求可以简简单单，粗布衣裳很温暖，粗茶淡饭很香甜，但是精神的追求必不可少，读书最是韵味悠长。阅读一本好书，能够丰富我们的知识，陶冶我们的情操，启迪我们的智慧，点燃我们实现理想的希望之火，手捧书籍，就是手捧希望；开卷读书，就是打开窗户。

师生一起开展走进经典的读书活动，在读书活动中，我们与大师对话，为精神打底，与经典为友，为人生奠基。毫不夸张地说，读书可以改变人的命运，可以成就人的未来。可以说，爱读书的孩子，都是好孩子。现在，我和我的学生已经养成了良好的阅读习惯，学生在阅读的滋养下变得更加自律、更加善良、更加阳光。

抓紧时间阅读，亲近经典享受阅读。师生利用早读、课间、午休等空闲时间，一起阅读，一起交流，已经把读书当成了习惯。读书不仅是一种需求，还应该是一种乐趣，一种健康有益的生活方式，甚至是一种责任。手拉手亲子阅读，亲近经典享受亲情——家长和孩子共同读一本书，家长和孩子交流读书收获，在阅读中，亲子互动，享受亲情，一家人在阅读中其乐融融。阅读与动笔结合，亲近经典表达自己——我们在阅读经典活动中，还引导学生不动笔墨不读书，开展读书征文活动，引导学生学以致用，学会表达。

亲近大师，走进经典，才能感受到人类文化的温度，才能润泽精神的世界，升华灵魂的天空，亲近经典，学生自然就会远离"地摊读物"，养成人人爱读书、多读书的良好习惯。

在阅读中，我们一起提升阅读能力，一起提升公民素养，一起享受阅读的快乐时光。在阅读中让每位学生都能得到实实在在的收获，丰富他们的人生，提升他们的能力。书声琅琅、书香浓郁、朝气蓬勃、健康和谐，家校共育，快乐阅读。

阅读不一定能改变我们的长相，但是一定可以改变我们的气质；阅读不一定可以延长我们生命的长度，但是一定可以改变我们生命的宽度，增加我们生命的厚度。通过阅读，我们可以在有限的生命中欣赏无限的美景，体验精彩的人生。

和学生牵手，与经典同行，为生命阅读；和学生牵手，阅读经典，品味世界。

参考文献

姚跃林.安静做真实的教育[M].上海：华东师范大学出版社，2017.

整本书阅读，我们这样做
——整本书教学经验总结
付彩云　大台中心小学

《义务教育语文课程标准》明确指出，要注重培养学生的阅读兴趣，指导学生形成"多读书，好读书，读好书，读整本的书"的好习惯。整本书教学是小学语文教学的重要组成部分。教师加强对小学整本书阅读教学的指导，不仅有利于辅助学生很好地理解和掌握教材的知识，还有利于学生从小养成阅读的习惯，增加学生的课外知识量，锻炼学生的思维，丰富学生的情感。可见，指导小学生进行整本书阅读有着重要的意义。

我校地处矿区，88%的学生为矿工子女，父母文化水平不高，家庭阅读资源相对匮乏。学校在"蓄阳和、炼真金、行关爱、育真人"核心价值观引领下，基于学生需求，以区级阅读提升项目为依托，以丰富学生阅读生活、提升阅读品质、夯实语文素养为目标，学校开发"悦读"校本课程体系，积极探索整本书教学策略。

一、书目的规划与匹配是整本书教学的基础

选择适合的书目是有效开展整本书教学研究的关键。首先我们对图书室、班级图书角进行大量的调研统计，发现学校的阅读资源很多，但真正适合学生的却寥寥可数。调查结果让我们深刻地认识到选择合适的书目是开展有效教学研究的关键。在区级阅读项目专家的指导下，依据学生年龄特点与认知特点，以语文教材为核心，坚持选经典、分层选、关联选的原则。我们明确了年段阅读方向，低年级建构绘本阅读系列；中年级阅读童话、寓言、神话故事，古今中外智慧故事等；高年级阅读小说、名人传记等。在此基础上，每学期的书目选择还要兼顾与教材的匹配，与教学进度的同步，与教学内容的关联，与教学目标达成的相辅相成。

例如：六年级上册学完《少年闰土》《我的伯父鲁迅先生》后，老师会关联《朝花夕拾》整本书教学；四年级学完《巨人的花园》《去年的树》，老师会关联《格林童话》整本书教学。总之在书目的匹配上，我们努力做到篇本关联，本本关联。

二、合理安排课时是整本书教学的保障

我校在开齐开足国家课程的基础上，整合三级课程，保证1～6年级各班每周至少一节整本书阅读课，合理安排机房，确保各年级每周一次使用攀登阅读平台；线下读与线上测共同作用，提高阅读兴趣，提升阅读效率；统筹语文10%实践活动课时，丰实语文实践内容，实现阅读的高品质。

三、丰富的课型是整本书教学的核心

我校秉承整本书教学要力争激发学生的阅读兴趣、导出学生的阅读期待、畅谈学生阅读感受、拓展学生阅读视野、强化学生阅读实践的理念,在市区专家高位引领与我校教师积极探索中,我们将整本书教学分为四个阶段:阅读前期的"导读阶段"即经典导读课;阅读中期的"推进阶段"即精品赏析课;阅读后期的"主题读书阶段"或称为"讨论交流阶段"即交流分享课;阅读结束的延伸阶段,即综合实践活动课。

(一)导读阶段

"导读阶段"其目的是使孩子们对即将开始的阅读旅程充满期待,提升阅读兴趣。这一阶段可以利用童书的封面、故事里出现的音乐等来导入,可以利用精美的插图,也可以讲讲作者和相关书评导入,还可以简介作品要点、作者及创作背景,让学生对整本书有初步的了解。教给学生阅读整本书的方法:在阅读中要关注封面、封底、目录、序言等,若是外国文学,还要引导学生注意版本的选择。引导制定读书计划也可以渗透其中,学会合理安排阅读时间。例如,《夏洛的网》一书的插图水平相当高,我校向老师把书中的插图做成PPT,配合老师对重点情节的讲述,使学生深陷其中,一张张图片,把孩子们一下子就带入故事的情境中,进而引发阅读期待:这个女孩是谁,这个男人又是谁,女孩为什么要争夺男人的斧子?带着一连串的问题孩子们纷纷猜测,大脑开始高速运转,猜测的结果并不重要,关键在于通过猜测来培养他们继续读下去的兴趣,这种猜测会一直伴随着孩子。在这一阶段,教给学生掌握阅读方法也是非常重要的。如三年级开展了《童话庄子》整本书的阅读实践,课堂伊始教师采用猜读的方法,将学生引入到童话阅读的情境中,通过读目录,找到同学们最感兴趣的部分——《百足虫与独角兽》。接着,在教师引领下,同学们发现在故事中有许多人物对话,通过对话,发现特点,并运用这种方法深入细读,最终学习讲故事,并懂得故事中反映出的哲学思想。将阅读方法进一步迁移,引导学生有步骤、有策略地读完整本书。将课内学习的阅读方法灵活运用于整本书的阅读,在不断的、反复的阅读实践中较为熟练地掌握阅读方法,形成习惯,扩大阅读量。

(二)推进阶段

在这一阶段所有话题都是为了推进学生的阅读,引导他们往深处思考。在实践过程中,推进阶段可以分为两步走。第一步引导学生进行基础性阅读,基于学生关注故事情节的阅读心理,先让学生快读,不带任何问题,全身心地沉浸,以最快的速度将书读完。第二步在基础性阅读的基础上进行赏析阅读,教师提出书中的一些重要话题,带着思考进行阅读。在这个阶段可以设计阅读学习单下发。推进阶段可能是一次、两次交流,也可能是多次,有时候是几分钟,关于某一个话题的交流,有时候甚至可以拿出更多时间来进行,完全根据孩子阅读的实际情况而随时调整。在这期间，故事主题要被以多种形式反复提及，但推进的讨论与最后的讨论是不同的，这时候并不要求对话题做详细的回答，他们可以只在书上写写画画，做点记号，甚至只记下页码，为后面的讨论做准备。在这一阶段可以引导学生制作书签、读书小报，设计读书卡，也可以鼓励家长参与做亲子共读日记。

（三）主题读书阶段

主题读书不是对故事的简单重复，在主题探讨上绝对不要去重复讲述故事，而是对整个故事，整本书的回顾总结与提升，就是说，要领着孩子往高处走一走。通过实践我校在此阶段一般分为四步：① 确立主题，整体建构话题；② 引发冲突，激起思维火花；③ 抓住细节，品悟语言表达；④ 寻找自我，链接现实生活。例如：四年级开展"童话阅读实践展示课"研究，学生在阅读童话的基础上，通过各种艺术形式反映对作品的理解。课上教师让学生以小组为单位展示阅读成果，在汇报展示阶段，有的小组以动画的方式展现了《勇敢的锡兵》中锡兵的坚定与无畏；有的小组为同一个故事情节配上不同的音乐，表现不同的感悟；有的小组为故事配上了连环画；还有的小组进行了表演，在表演中诠释了对作品内涵的理解。这样的阅读课大大激发了学生的阅读欲望，发挥了孩子们的艺术潜能，调动各种感官参与阅读实践，使语文、绘画、信息技术、音乐、表演等多种学科融为一体，使阅读体验更为深入。

（四）延伸阶段

阅读要与学生当下的生命相结合，与学生生活相结合，课内与课外相结合。在整本书阅读结束后，教师可以引导学生展开多维度的延伸活动，如语文综合性学习、研究性学习等，拓展作品的教育意义，可以开展阅读主题演讲、班级读书会、经典阅读论坛、戏剧、话剧、课本剧表演、文学创作、诵读、吟诵、书评、讲故事等，推荐阅读同作家作品或同类作品，让孩子们回到阅读循环的起点，重新选择、重新开始。如六年级开展了《狼王梦》整本书的阅读，在同学们做了阅读小报之后，教师引导学生展示小报内容，让学生说出他们的所思、所想，大家互动交流，由此教师继续以此为契机，帮助学生梳理阅读成果，继续将阅读引向深处。

一年来，我们一边研究整本书的教学策略，一边依托区级课题，开展教材与相关联的课外资料整合的研究，力争将校本课程与国家课程进行衔接，在实践中我们欣喜地看到学生阅读兴趣与阅读量的提高，阅读生活得到丰实，进而提升阅读品质，夯实语文素养，感受到整本书的教学研究积极促进课题的有效落地，课题研究与课程开发相互促进。

开启高效阅读之旅
——高效阅读课程总结
韩文英　京师实验中学

　　本学期，在教育主管部门的关心和支持下，在校领导的帮助下，我们班有幸成为高效阅读示范校的试点，在本班进行高效阅读的课程实施。

一、课程背景

　　当今是一个日新月异的信息时代。在信息时代，一个人是否具有快速阅读、捕捉准确有用信息的能力决定着一个人成就的大小，甚至是成败。因为人类获取知识与信息80%靠阅读，阅读效率低是制约人们获取知识与信息的最大障碍。阅读效率对中小学生来说，尤为重要。美国科学家在对学生的阅读效率和学习成绩的关系进行研究后发现：阅读效率低的学生，成绩优异的仅占4%；而阅读效率高的学生，成绩优异的高达53%。

　　我国政府高度重视全民阅读。李克强总理连续四年在政府工作报告中倡导全民阅读，2017年还特别提出，大力推动全民阅读。这表明，全民阅读已上升为国家战略之一。这对学生来说无疑是重大利好。但是这一利好，能否真正在学生身上产生积极效果，还取决于学生自身的阅读效率高低。

　　中高考改革对学生阅读能力考查的指向越来越明确。北京高考试卷自2015年开始，一个突出的特点是文字量大增，考生阅读能力成为试卷考查的新看点。北京高考语文卷开始设置长阅读考查，整张试卷文字量达到8500字左右，比上一年增加了1300多字。此外，结合阅读来考察学生的综合能力不仅仅体现在语文卷中，而且在理综、文综、文科数学等多个学科都不同程度地加大了文字量。这使得每一位学生的阅读能力都面临重大挑战，高效阅读是助力学生迎接这一挑战的有效方式。

　　当前学生阅读主要面临阅读兴趣不高、阅读能力不足、阅读思维不深、阅读习惯不良等问题，集中体现在阅读效率低下，不喜欢阅读，害怕阅读，阅读速度太慢，经典名著阅读坚持不下去；在阅读过程中，缺乏文本信息的有效整合梳理能力，缺乏文本信息深度思考能力，缺乏文本信息的横向比较分析能力，缺乏文本信息的审辨思维能力，缺乏联系实际、运用文本信息的能力。阅读思维的深度不够，大部分停留在文本信息的简单提取，不能去粗取精、去伪存真；大部分停留在单一文本的阅读，停留在故事情节的感知，不能由此及彼、由表及里。读书没有计划，不讲究策略，自制力不强，很容易半途而废。

二、课程介绍

高效阅读课程是以快速阅读为基础、文学鉴赏为核心、名著阅读为实战的高效阅读课程体系，包含热身游戏、阅读准备、快速阅读指导及训练、文学鉴赏指导及训练、名著阅读实战在内的完整的高效阅读训练流程，一揽子解决了学生阅读中遇到的上述实际问题。

通过热身游戏、阅读准备、速读技巧指导及训练，提高学生快速阅读能力，减轻学生阅读压力，激发学生阅读兴趣；通过文学鉴赏指导及训练，提升学生综合阅读理解能力，培养学生深度阅读思维习惯；通过名著阅读实战，提升学生核心素养，落实立德树人根本任务。

高效阅读课程全程贯穿着视副扩展、眼停眼动、眼脑直映、左右脑相结合的速读理论，注重眼手脑的协调配合训练，注重左右脑的全面开发与协调运用，对学生全脑开发、思维发展具有重大意义。

三、课程实施过程

1. 课前准备。上课初期，我积极参加高效阅读的培训，深入了解了高效阅读的方式方法，以便自己能更好地领会高效阅读的方法，改善自己在教学中的不足。

2. 在课程实施时，多次跟随专家走进高效阅读的课程，在课堂中观察专家老师的授课方法，与专家进行交流沟通，打磨课堂，尽量精简到每句话。

3. 课后参加高效课堂的研究小组，积极参与研讨，弥补自己的不足。走下课堂了解孩子们的学习兴趣，感受学生进步之后的喜悦。了解孩子们在高效阅读中的突破点，以便更好地利用突破点，达到更好的效果。

4. 课余时间要求学生用高效阅读的方法来阅读整本书，在阅读的过程中穿插试题，以达到阅读速度和效率同时提高。

四、所取得的成绩

经过对高效阅读方法的学习和一段时间的练习，学生阅读速度和理解率有了明显的提高，阅读速度不断上升，理解率也在不断提高，很多同学的阅读效率都在原来的基础提高了2倍以上。

五、反思

1. 高效阅读法呈现了用计时阅读训练激发学生的紧迫感和效率感的科学性。

中学生的阅读速度慢，不一定都是由于阅读能力低所造成的，在很大程度上是由于缺乏紧迫感，时间观念不强。因此，充分利用青年学生积极向上的竞争心理，用计时训练法，增强他们的紧迫感，是提高阅读效率的有效手段。在快速高效阅读训练过程中，由于有老师为训练准确计时，然后按统一答案和评分标准给每人判分，这样即可根据阅读的量（字数或段数）计算出阅读速度、理解率和阅读效率这三个数据。根据这三个数据，把阅读训练搞成了竞赛的形式，从而大大激发了阅读的积极性。

2. 高效阅读法必须用量化训练保证其实效性。

为实现快速高效阅读的量化，高效阅读法对阅读能力做了分解，将快速精读能力分解为若干种具体能力点，这样就能对每项能力训练进行量化处理，采取先分项后综合的训练方法，实现快速精读的量化训练。实践证明，诸如速读训练、快速归纳段意训练、快速提炼中心思想训练、快速辨析架构与思路训练、快速鉴赏艺术特色等能力训练，都是可以实现量化的。实验的数据表明，快速精读单项量化训练的效果是显著的。

3. 高效阅读训练，为迅速提高学生阅读速度与效率，找到了一条可行的途径。

这种训练，有利于激发学生学习的兴趣和积极性。快速高效阅读训练由于反馈信息快，每次训练后可以表扬有进步的同学，而当他们一旦受到表扬，就会增加自信心，学习成绩就会越来越好。还有快速高效阅读的价值就在于在同等时间里最大限度地获得知识，而快速高效阅读法正是获取知识的捷径，从大语文观角度说有利于全民文化素质的提高。

阅读是一项全人类都必须长期坚持的事情，而在有限的时间内获得更多有用的知识也是我们亟待实现的目标，高效阅读很好地将两者结合起来，高效率读书是我们不断追求的目标。

读送别诗　感离别情　品送别文化
——古诗主题阅读初探
张欣　门头沟区教师进修学校

> 【摘要】《北京中小学语文学科教学改进意见》指出：充分发挥语文学科在立德树人方面的重要作用……有效解决当前语文教学中优秀传统文化内容彰显不足、经典文学作品阅读量不够等方面的深层次问题。笔者力图在一类古诗阅读的过程中，将学生的阅读体验转化为阅读能力，使一节课的语文学习"瞻前顾后"，成为一次主题化、系列性的学习。
>
> 首先，充分考虑学生现时的学习背景，空间广阔，渠道多元，把握教与学的真正起点，才能"以学定教"。其次，引导学生在不断深化的比较中感悟古诗的人文内涵，品味深刻的情感，领悟诗人背景与古诗情境的内在关联，诗句描写的精妙，从古诗内容深入到古诗的情感。再次，通过教师适时地深化点拨，使诗句成为画面，挖掘诗句背后的故事，把诗人的情感融于内心，以"送别"这一题材为切入点，师生同在"离情别绪"中感受送别诗的魅力，并对"送别诗"有同中求异的认识，为学生今后进一步领略古诗魅力，自主进行古诗诵读、欣赏铺垫下基石。
>
> 【关键词】送别　文化　主题阅读

在现代化日益发展的今天，我们也越来越认识到传统的重要性，尤其是民族优秀的传统文化，传承和发扬它们是时代的需求，是我们发展的需求，也是我们实现"中国梦"的根基。作为小学语文教师，在孩子心中植下中华优秀传统文化的种子，是我们的使命。秉承"用课文教语文"的理念，发挥教材中传统文化作品的作用，了解学生的学习愿望，使一篇课文的学习丰厚起来，为传统文化的浸润逐步奠基。

一、启航之路——思先于行

《北京中小学语文学科教学改进意见》指出：充分发挥语文学科在立德树人方面的重要作用，有效解决当前语文教学中优秀传统文化内容彰显不足、经典文学作品阅读量不够等方面的深层次问题。笔者力图在一类古诗阅读的过程中，将学生的阅读体验转化为阅读能力，使一节课的语文学习"瞻前顾后"，成为一次主题化、系列性的学习。

首先，充分考虑学生现时的学习背景，空间广阔，渠道多元，语文书不是他们获得语文知识的唯一途径。设计教学，这是我们必须面对的情况。认识到学生前期对本课古诗的了解程度，把握教与学的真正起点，才能"以学定教"。

其次，语文教学不仅要传授知识，更要培养能力，这蕴含在语文教学的方方面面。我们选取的主题阅读起篇安排在四年级第一学期，此时孩子的思维正由具体运算向形式运算阶段过渡，刺激他们大脑思维的不再仅仅是具体可感的直观形象，品味语言文字这样的抽象符号的能力在初步形成着。透过古诗句优美的书面符号，学生徜徉其中，学会体味其中的生命、情感讯息，学会一些入情、移情、品情的方法。更重要的是，引导学生在不断深化的比较中感悟古诗的人文内涵，品味深刻的情感，领悟诗人背景与古诗情境的内在关联，诗句描写的精妙，从古诗内容深入到古诗的情感。

再次，古诗主题阅读的教学力图在主要阅读两首古诗的过程中，通过教师适时地深化点拨，使诗句成为画面，挖掘诗句背后的故事，把诗人的情感融于内心。古诗是我国传统文化的瑰宝，本课以"送别"这一题材为切入点，师生同在"离情别绪"中感受送别诗的魅力，并对"送别诗"有同中求异的认识，为学生今后进一步领略古诗魅力，自主进行古诗诵读、欣赏铺垫下基石。

二、古诗主题阅读剖析——内容定位

内容选取的横向纵向剖析——《古诗两首》是人教版小学语文第七册第六组的第一篇课文，这组课文重在表达人间真情，单元之初的古诗从我国经典的送别诗题材入手，让学生领悟友情自古以来的魅力，更引领学生通过这一组课文去打开体验人间真情的视野；纵向来看，在小学阶段的语文学习中，古诗是极为重要的内容，它使学生感受中华文化的经典韵味，也为学生今后学习古文奠定一定基础，送别是古诗中的重要题材，通过这两首送别诗的学习，学生初步对这一类古诗有所认识，并在同题材古诗的拓展中，提升对古诗的感受、理解、欣赏、评价层次。本课选取了《黄鹤楼送孟浩然之广陵》《送元二使安西》这两首送别题材的唐诗，同样是流传千古的名篇，同样表达了老朋友依依惜别之情，从题目中的"送"字，到诗中景物的选取，都展现了诗人对故人的深厚友情。如果只把这两首古诗的意思、表达情感作为学习重点，学生收获的仅仅是这样的两首送别诗，对他们阅读能力的长远发展影响不大。

内容选取的历史背景剖析——古往今来，许多文人墨客对于离别总是歌吟不绝。在这浓浓的感伤之外，往往还有其他寄寓：或用以激励劝勉，或用以抒发友情，或用于寄托诗人自己的理想抱负。古时候由于交通不便，通信极不发达，亲人朋友之间往往一别数载难以相见，所以古人特别看重离别。离别之际，人们往往设酒饯别，折柳相送，有时还要吟诗话别，因此离情别绪就成为古代文人吟咏的一个永恒的主题。

内容选取的延伸剖析——古诗背后蕴含的内容极为丰厚，这为学生铺展了学习天地，古诗的内容可以深化，送别的情感得以升华，诗人的精妙表达更可以贯通古今为学生所欣赏领会。教材为学生设计了这样的内容，我们紧紧抓住它，牵一发而动全身，前后勾连，把送别诗这一类型的古诗串联起来，使学生潜移默化地迁移送别诗的阅读方法，明晰思维、加深对送别这类题材古诗的理解。

三、学情分析——以学定教

现在的信息渠道多元，学生学习前不是白纸一张，他们一年级开始就学习过古诗，现在可以通过多种方式学习本课两首送别诗。实实在在的学情分析就要了解四年级第一学期学生对古诗的一些基本认识和看法，以及在自己前期学习本课、自我积淀基础上的认知。

为了全面有针对性地了解学生学情，此次学情调研分为两个层面。第一层面：主观学情分析——学生学习古诗的态度；第二层面：客观学情分析——学生课前自主学习本课古诗的情况。

了解学生认识起点，为有针对性地设计本课教学，为学生打开古诗学习的视野，为学生今后的古诗文学习奠基寻求路径。从调研数据可以看出：92%的学生对古诗学习有兴趣；65.2%的学生认为学习古诗可以了解更多传统文化；94.9%的学生希望课内外多拓展一些古诗词；古诗理解（46.3%）和古诗运用（42.8%）是学生学习的难点；针对要学习的送别诗，52.1%的学生有不同程度的了解，会背诵两首古诗的占46.5%。个别孩子还有认知上的困难，需要及时地跟进指导。而诗中一些难于理解的字，也是学生把握古诗意思的关键，学生还不能清楚地解释；而虽同为送别诗，但对诗中同中有异的送别情，学生受年龄、认知、视角等限制，还不能结合诗人所处的背景，进一步去体会。而送别诗背后的文化渊源、人文背景，也是学生自己难以关注的；有些学生提出了渴望通过古诗了解传统文化，这其中的传承关系也需要教师来设计引导。

四、主题阅读——以两首送别诗为起点的传统文化之旅

（一）汉字字理，引入送别诗的再读

同学们，中华文字博大精深，可有意思了。你能猜出这是什么字吗？

出示：送　　　送

　　　篆文　　楷书

【设计意图：古文字传承着汉字的文化魅力，由古文字引到古诗文，让学生更多、更细致地了解传统文化。】

（二）破诗题，读出韵律

板书诗题，对比：你有什么发现？

引导学生关注不同：之、使

结合注释理解"之"的意思，在此基础上拓展：

《送杜少府之任蜀州》 唐 王勃

"吾欲之南海"（欲：想要）——《为学》清 彭端淑

【设计意图：从破题入手，学生在观察对比中发现送别诗题目的共同点和不同之处，渗透同类对比的意识；"之"的意义与现在用法差别较大，拓展古诗文中加以巩固，为今后的古文学习做点滴积累。】

（三）悟诗情，读出韵味

1. 品读《黄鹤楼送孟浩然之广陵》。

赏画面，品故事，悟"人之相送"：你了解这两个老朋友之间的故事吗？引入二位诗人相识的故事。想象一下，这十多天中两位诗人会在一起_____，……他们的友情越来越深厚。所以李白才会在分别之际写下诗句（齐读）："孤帆远影碧空尽，唯见长江天际流"。

后来，李白写下了《赠孟浩然》：

吾爱孟夫子，风流天下闻。红颜弃轩冕，白首卧松云。

醉月频中圣，迷花不事君。高山安可仰，徒此揖清芬。

从诗中我们可以感受到——李白对孟浩然的景仰之情。

【设计意图：诗句是情感的外化，帮助学生补白历史资料，从故事中理解人物关系，进而为理解人物情感奠定基础；"以诗会友""以诗解诗"，拓展的古诗升华两位老朋友的情感。】

拓资料，展想象，悟"情之相送"：引入送别当天的情景。

李白久久地站在江边，思绪万千，不禁想起了他与孟浩然交往的情景：他们曾经一起_____，……这是多么快乐的时光！

可如今，白帆远去，江水东流，他们再也不能一起_____，……

诗句激发了我们的想象，诗句的背后隐藏着画面，这真是"景中含情，借景抒情"啊！

望着帆船远去，李白心中百感交集，于是一首流传千古的送别诗诞生了，让我们一起吟诵吧！（播放音乐《高山流水》）

时隔一年，李白仍久久不能忘怀，又为这次送别写下了一首五言诗。

出示《江下行》：

去年下扬州，江送黄鹤楼。

眼望帆去远，心逐江水流。

一首诗流传千古,一段友情常驻心间,李白不但"以目相送",更是在"以心相送"啊!

【设计意图:古诗背后藏着故事,古诗里面蕴含着画面,短短二十八个字中,包蕴的人文内涵、历史内涵,在诗句与画面的想象转换中,在思维与语言的内外转换中,一一生发出来;拓展诗作的时空,打开学生视野。】

2.学习《送元二使安西》

按自学提示进行自主学习与交流,在互动反馈中点拨提升:

古诗字词凝练,选取的景物一定是极有意义的,就像《黄鹤楼送孟浩然之广陵》中写的"孤帆"。这首中写渭城客舍送别,周围那么多景物,怎么单单写"柳"呢?

拓展:昔我往矣,杨柳依依。——《诗经》

　　　载酒送君行,折柳系离情。——刘致《送别》

原来,"柳""留"同音,古音借此表达自己不愿分别的心情。

【设计意图:"柳"是送别中极为重要的意象,四年级的学生虽不必理解意象,但关注"柳"这样景物对他们今后阅读这类古诗文有所裨益。】

品味古诗的音乐美:《黄鹤楼送孟浩然之广陵》让我们感受到诗画相通,这首《送元二使安西》写出了送别人的内心情感,激起了很多人的共鸣,作为当时的送别歌曲广为传唱,曲名叫《阳关三叠》。(欣赏歌曲)

【设计意图:古曲虽然离现在年代久远,但让学生感受一下诗与音乐的关系,这也是传统文化的组成部分。】

(四)拓诗境,感悟"送别"之情

1.打开回忆闸门,共赏送别诗。

如:李白《赠汪伦》、王维《山中送别》、王昌龄《芙蓉楼送辛渐》等。

【设计意图:课文是学习语文的例子,两首送别诗勾连出学生记忆中的诗句,既是对送别诗体的深化理解,也是对送别文化的感受。】

2.古诗语言凝练,意境优美,可以说一首诗就是一幅画,看看这幅画,给它配上合适的古诗。

【设计意图:思维的变序:由诗句想象画面,现在由画面反思诗句,搭建不同的理解通路。】

3.诗句大猜想,延伸诗兴——"我也来当小诗人"。

____丝折尽花飞尽,　　　　　垂____万条丝,
借问行人归不归。　　　　　　春来织别离。
　——无名氏《送别》　　　　　——戴叔伦《堤上柳》

【设计意图：潜移默化渗透送别诗中的"意象"，提升对送别诗这一古诗题材的认识，以我国传统的"送别"文化浸润孩子。】

(五)延伸拓展，吟诗会友

向同学们推荐一本课外阅读书目：《古代送别诗词三百首》。你知道《别董大》有两首吗，你还想了解李白、王维写的其他送别诗吗？这本书都可以帮助大家。同学们可以结成学习小组，选取你们感兴趣的诗人写的送别诗读一读，还可以配上画练习吟诵。下次语文实践活动课，我们就来举办一次"古诗交流会"，展示一下大家课外阅读、积累的成果。

【设计意图：把推荐课外阅读落到实处，而不只是做个样子，让学生带着兴趣和任务去自由组合、自我发挥，在体验中对送别诗、对其他古诗了解得更多、更深，也更有兴趣。在实践活动中，延续对古诗、对传统文化的兴趣与了解。】

五、行后之思——传统永不过时

从课前的调研，到课堂的教学互动，再到课后实践活动的精彩展示，我感到学生对我国优秀传统文化的欣赏和赞叹，以往有时只是我们主观地认为孩子离传统文化太远，而没有有意识地利用文本、挖掘文本、丰厚文本，去满足孩子渴求了解古人、了解古诗文背后时代的学习需求。这一课的教学实践研究让我大受启发。

(一)"旁征博引"，拓展送别诗学习的情境

了解古诗意思不难，但要真正了解古诗的时代背景、诗人情怀，就是古诗教学的难点了，教师难讲，学生也难有所体会，缺乏实效性。本课在初步了解古诗意思的基础上，引导学生自己去发现，从破题入手，发现两首送别诗的相同点，更找到它们的不同点，以此为线索，深化理解，融合进古诗的背景、诗人的情感，更真切地领悟到两首送别诗的情感自然流露，情景交融，展现了依依惜别的友情。古诗背后的人物、地方、故事，乃至古诗所配的音乐，这都为学生打开了学习的时空，再以诗配画、古诗竞猜等形式外化自己的领悟，使学生对送别类古诗有更清晰深刻的认识。

(二)系统设计教学思路，课文为本，开启语文综合学习之路

本次教学设计不只针对一课时40分钟，而把语文学习的时间、空间延伸到课前、课后，延伸到学生的课余、自主学习范围。通过"课前利用学习单查阅资料，自主学习——教师分析学情，设计教学思路——课堂教与学共同体验感悟送别诗，并回顾课内外古诗——课后进行古诗阅读，分组合作参加古诗吟诵交流会"这样的系列学习过程，让一课时的学习成为综合性学习、语文实践活动的开端。

(三)传统文化为根,透过"这两首"展放目光

用课文学语文,这已是我们的共识。学习这两首送别诗,不仅仅在于会背诵、理解情感,构建阅读这类古诗的学法是一方面,本课中还透过古文字、古人、古乐曲、书法作品、古诗意象,力求为学生营造传统文化的韵味,不必教师着意强调,而让学生潜移默化感受我国文化的魅力,展放自己的目光,了解祖国文化的精彩。为他们在这个异彩纷呈的时代,还能关注我们的经典,传承我们民族文化做点滴助力。

享受阅读，丰美人生

崔丽　大峪第二小学

> **【摘要】** 古人说："开卷有益"。因为"那里有你需要的一切：太阳、星星和月亮，因为，在你内心里藏着你所寻求的光。你在书本里寻找了很久的智慧，现在从每一页里放光——因为现在它们才属于你。"因此读书会把生活中寂寞无聊的时刻，变成享受的时光。
>
> **【关键词】** 阅读　享受　生活　工作

莎士比亚曾说："书籍是全世界的营养品。生活里没有书籍，就像没有阳光；智慧里没有书籍，就像鸟儿没有翅膀。"我们要做一名出色的教师，就要顺应时代的发展，通过各种渠道来充实自己，而读书是最好的方法之一。我结合自己的生活和工作的需要，制定了自己的读书计划，最近一年，我认真阅读了教育专著如苏霍姆林斯基的《给教师的建议》、汪中求的《细节决定成败》、亚米契斯的《爱的教育》《陶行知教育名篇》和《美丽的教育》等，阅读了教育书刊《中小学数学小学版》《小学数学教师》《青年文摘》等等。

《小学数学教师》刊登了最前沿的教育理念和教育方法，从中我学会了如何有效地组织课堂，采取有效的教学措施，并吸取百家之长，丰富自己的教学经验，并把这些理论知识转化为教学实践，运用于自己的数学课堂，使学生快乐地学习数学。

读孙蒲远的《美丽的教育》让我知道"教育的核心问题是人格的塑造，而教育的艺术则在于习惯的养成，并在细微之处求效果"。

在《给教师的建议》中，既有生动的实际事例，又有精辟的理论分析，读着这本书，就好像有一位智者站在面前，他循循善诱，给我排忧解难，给我指点迷津……

苏霍姆林斯基《给教师的建议》告诉我们每个老师："那些特别的孩子正是通过犯各种各样的错误来学习正确的。我们永远都不要绝望，是因为只要我们充满期待，他们或许很有希望。"从这句话中我深深地感受到用爱心去开启学生心灵的窗户，走进学生的心灵世界，成为他们的良师益友的重要性。那么怎样才能做到呢，从书里我总结了以下几点。

一、培养学生的自信心，使其迸发希望之火

自信对一个人一生的发展是非常重要的。无论是在智力、体力还是在做事的能力上，

自信心都起着举足轻重的作用。

例如，我班×××同学，她的学习成绩比较差，脑袋反应较慢，常常为此感到自卑而缺乏信心，但内心还是想把学习搞好。于是，我在课堂教学时特别地尊重、注视、宽容她，常常用鼓励的语言评价她的发言，哪怕是一次小小的发言，让她体会到成功的快乐，从而树立起主动参与学习的自信心。

心理学家认为：人的行为都是强化的结果，成功的奖赏会使学困生产生喜悦的情绪，这种成功的喜悦又会转化为进一步学习的强大动力，激发他们强烈的求知欲望。通过近一年来老师、同学的帮助，她不懈的努力，她的学习成绩有了很大的提高，课堂上也能大胆发言。因此，教师在课堂教学中，要有意识地为学困生创设能充分展示学习成功的机会，让他们在自主学习中享受到成功之乐，从而帮助他们树立起学习的自信心，积极参与到自主学习的活动中来。

二、赏识学生的优点，尊重他们，激励他们全面发展

作为教师要尊重每一个学生，尊重他们的人格，尊重他们的自尊心，尤其是后进生更是如此，他们希望用脆弱的自尊来保护自己。我们要发自内心地尊重他们，不要伤害后进生。苏联著名教育家苏霍姆林斯基说过："自尊心是一种非常脆弱的东西，对待它要极为小心，要小心得像对待玫瑰花上颤动欲坠的露珠。"教育成功的秘密在于尊重学生，只有尊重学生的人格，顾及学生的自尊心，学生才能信任老师。

如我班的李××很帅气，也很聪明，并且热心肠，但却调皮无比，喜欢动手动脚，以至于几乎每天都有同学在我面前告他的状。几次说服教育，第一周还好，没有学生告他的状。可第二周开始，断断续续又有告状者了。我知道他又约束不了自己了。

可我并没有直接面对面批评他，而是在他的作业后加了这样的批语：嘿！最近手脚功夫又练了没有？可要管住自己哟！别说，还真管用，告状声立刻就销声匿迹了。就这样，我隔三岔五就在他的作业本中加一些对话式的略带幽默的小批语，把有声的管理，变成无声的激励，还真的挺有效，现在这小家伙在班里威信高着呢！

有鉴于此，我把这些灵活机动的小批语，巧妙地运用到其他学生身上，没想到对学生的教育激励，比我平日里面对面、苦口婆心的教育，收到的成效强多了。有的学生甚至还会在这些鼓励性小批语的后面，给我来上几句，如：老师，谢谢你！老师，你真神，怎么什么都瞒不过你？老师，我也希望你给我写的话像我的同桌那么多，那么好。简洁的对话式的小批语，拉近了师生心灵间的距离，使一些管起来很棘手的事和问题，能够迎刃而解。

三、教师要付出爱心，感化学生天使般的心灵

我一直担任低年级的教学工作，因此每年的寒暑假为了让学生保质保量地完成作业，

也让家长参与监督，我都会打印一份作业单交给孩子……。但是每次开学回来检查作业，有的没有写完，有的格式写错了，有的要求不对……总是不尽人意。在阅读了孙蒲远老师的《美丽的教育》后我深受启发，今年我列出了这样一份假期作业单。

尊敬的家长：

您好！

盼望着，盼望着，孩子期待已久的寒假来到了。

春节是寒假——也是一年中最美丽的生活的花朵。寒冷的空气中，"年"的味道越来越浓，因为孩子的原因，寒假里，你们一定会合家逛书店——因为好书是给孩子的最好的新年礼物。

一个有爱心的爸爸妈妈，一定会关注孩子读书的需要的。

为此，我向您推荐《爱的教育》。希望并相信：您——孩子的爸爸妈妈能和孩子一起读。

《爱的教育》是一个意大利小学生的日记。由3部分构成：主人公安利柯的日记；父母在他日记本上写的文章；老师在课堂上宣读的十则小故事。《爱的教育》是写给孩子的，更是写给天下父母的。

只要你愿意，随亲子共读进入家庭的，是温馨的书香之气——更是一股爱的暖流。

开学时，请将您和孩子的阅读心得交给老师。（稿纸）

结合孩子及家庭情况，可以就全书，也可以就某个故事谈感想。如果这份作业满分为100分，那么，只要您和孩子一起读了，就得到了90分。至于笔记写得怎样——由于个人情况不同，文章可长可短，只要有感受，您就和孩子尽情地写。一人写，夫妻写，一家人写，我们都欢迎。最重要的，您是和孩子一起读；最重要的，是您对孩子有那份心。我们知道您工作很忙，我们更知道，只要您有心，作业可以圆满完成。

"有心"意味着您明白：为人父母，最值得忙的是什么。

时间和精力，从来都不是问题！

开学后，我要把所有人的感想都发布在"班级风采"专栏上。

我们鼓励孩子反复读这本书，至少读3遍，开学后，班级要开故事会，希望您的孩子有突出的表现。

这是"爱的作业"，完成它吧，为了孩子，为了自己。

爱的作业单：

1.《爱的教育》，写读书笔记，孩子至少读2遍。（稿纸）

2. 自由阅读你喜欢的书，把读过的书的名字记在稿纸上。

3. 每天一条口算（15～20道）。

4. 帮助爸爸妈妈做家务，看谁是家长的好帮手。

5. 学会整理自己的物品，开学后有比赛。

6. 积极参加体育锻炼。

孩子的读书笔记的写法建议：

今天我读了（　　）这个故事，我积累了这些好词好句：（　　）。故事中主要讲了（　　）。我喜欢故事中的（　　），因为（　　）。

家长写的读书笔记不要拘于以上的格式，要多写自己的感想。

"下笔即练字"，希望每个小朋友都记住老师所说的话，认真完成好每一项作业，开学时能交给老师干净、整齐、美观的作业。

多读书，多积累，多练笔，多实践，祝孩子们度过一个快乐而且充实的寒假和新年！

曾经读过这样一个故事，一只乌鸦打算飞往南方，途中遇到一只鸽子，一起停在树上休息。鸽子问乌鸦："你这么辛苦，要飞到什么地方去呢？为什么要离开这里呢？"乌鸦叹了口气，愤愤不平地说："其实我不想离开，可是这里的居民都不喜欢我的叫声，他们看到我就撵我，有些人还用石子打我，所以我想飞到别的地方去。"鸽子好心地说："别白费力气了。如果你不改变你的声音，飞到哪儿都会不受欢迎的。"

由此看来，不被人讨厌是结交朋友的最好办法。班主任工作就和交朋友的道理一样。学生是我们一生中最值得结交的朋友。中国有句古话："爱人者，兼其屋上之鸟。"老师对学生的爱，会被学生内化为对教师的爱，进而把这种爱迁移到教师所教的学科上，正所谓"亲其师，信其道"，因此爱的教育是我们教学上的巨大推动力。

（后附读后感）

家长读后感节选

让世界充满爱

假期陪着孩子一起把《爱的教育》认真地阅读完，爱如影随形，每天都在我们身边，融入生命，最简单而又最重要，我的脑海里不禁响起"如果人人都献出一点爱，世界将是多么美好的世界"，多么美好的理想，让我们共同努力吧！

陈××家长

《爱的教育》读后感

其实说到"爱的作业"，我觉得名字起得特别好，作为老师，是对孩子们负责的爱，对家长负责的要求；作为家长，是对孩子的美好人生开始的一份爱，因为有了这份"爱的作业"，老师可以了解孩子寒假的情况，也可以督促家长多关心孩子，教育孩子。

何××家长

读《爱的教育》有感
——与孩子一起读书

女儿极其聪慧，悟性很强，开始变得懂事了。正月家里请客吃饭，她不再像过去那样抢着座上餐桌等饭菜上来，而是忙来忙去帮爸爸摆碗筷，帮妈妈端菜、盛饭，催她几次让她先吃着，但她非得等我忙完后和我一快上桌就餐。兴许这是女儿对我们的爱，是女儿对我们爱的回报。我们为有这样的孩子而骄傲。

任××家长

学生读后感节选

2017年2月7日　阴

每年一度的春节假期，是我们小孩子们最最期盼的日子，因为在这个假期里，我们可以在新年除夕夜放鞭炮，还可以看烟花，别提有多高兴了。但是，假期里还有一件最重要的事是和爸爸妈妈一起阅读《爱的教育》这本老师推荐的世界名著。

一年级：邓××

2017年2月10日　阴

与爸爸妈妈一起读书真是一件快乐的事情，感到无比的兴奋，也能受到父母的帮助和启发。特别是读到第68章努力求学时，我心里不禁"咕咚"了一下。故事中的小安利柯不畏艰难的求学历程，再看看身边其他与我的同学，不管有多大的困难，付出多大的代价，他们都能坚持学习，我……唉！今后我一定不能辜负父母对我的期望，不辜负老师对我的教导，懂得感恩，心存高远，好好学习！

一年级：任××

2017年2月3日　晴

放假了，我每天睡前都会缠着家长和我一起阅读，我们阅读了《一千零一夜》《格林童话》《十万个为什么》《恐龙》等很多的故事书。

在《森林之王》这个故事中，我认识到：团结就是力量，人和人之间一定要互相帮助，才能战胜困难。

一年级：田×

"课堂"是什么？是教师一统天下的"讲堂"？是教师施展聪明才智的舞台？是知识搬运的中转站？苏联著名教育家赞科夫的《和教师的谈话》让我从书中找到了答案——课堂应该是连接课内与课外、校内与校外的桥梁，是学生享受学习乐趣、接受情感熏陶的场所；也是师生生命相遇、心灵相约的聚集地；更是师生共同生活的舞台。这样的舞台需要师生共同完美地演绎。两者互相影响，相辅相成。

读书让我学会了怎样正确地去引导教育孩子，读书使我再提起笔来写些什么，不再会觉得那是一件难事。我要做个真正的职业读书人，从书中汲取更多的营养，再把这些营养输送给我的学生们。让我们一起读书吧，使我们的生活充满阳光，让我们插上展翅翱翔的翅膀。

我们很需要读点名著来坚定自己，把自己变得超然一些，从容一些，当我们以平和的心态、谦虚的胸怀来读书时，自己的思维与书中的思想进行交流与碰撞，无形中，思想会走向纵深，精神版图会更为广袤。到那时，你就好比一棵树，日日汲取阳光和雨露，逐渐枝繁叶茂，高耸云天。

让书香溢满校园，让经典深入心灵。时时处处，角角落落，体现文化的气息，经典的味道。如果你时时以书为友，天天以书为伴，你会不由自主地觉得有了几分从容，几分淡定，几分优雅，几分自信。让我们都来读书吧。

参考文献

（苏）B.A.苏霍姆林斯基.给教师的建议[M].北京：教育科学出版社，1984.

形式多样的活动促进语文素养的提升

王进秀　京师实验中学

> **【摘要】** 在语文教学活动中，我们采用多种途径将经典阅读、传统文化和语文活动整合在一起，既有效地激发学生阅读经典的兴趣，了解中华民族优秀的文化传统，又提升了学生的语文能力、培养学生的语文素养。灵活多样的语文活动传递给了学生关于革命历史文化、节日文化、古诗文文化等中华民族的各种传统文化的知识；形式新颖的各种实践活动促进学生语文能力和语文素养的培养和提高。
>
> **【关键词】** 活动　素养　实践

一、课程研究的背景

《语文课程标准》要求初中学生广泛地阅读各种类型的读物，课外阅读量"不少于260万字"，并要求学生"每学年阅读两三部名著"。《中考说明》与《语文课程标准》关于课外阅读的目的趋于一致：通过考查学生课外阅读文学作品的情况，促进教师坚持开展有益的课外阅读，全面提高学生的语文素养；通过考查文化经典，引导学生重视优秀文化遗产的传承，提高文化素养。然而，令人遗憾的是，在实际语文教学中，课外阅读往往被学校、教师、学生不自觉地弱化、忽视。原因是：很难将成本大套经典著作纳入课堂上来。首先，我区（门头沟区）采用的北京版语文教材中涉及的相关经典著作寥寥无几，无法做到由课内引领激趣带动课外大量阅读的程度。其次，课外阅读开展起来，明显的"成本大、周期长、效益不高"，教师也不易监控和把握效果，家长和学生有时也会认为大量的课外阅读会浪费学习时间，实际操作上存在困难。另外，语文课没有足够的课时开展经典阅读的指导和检查工作，于是就会出现读了书没有留痕迹或买了书根本就没有读的虎头蛇尾、弄虚作假的情况。

《语文课程标准》还建议语文教师应"创造性地开展各类活动，增强学生在各种场合学语文、用语文的意识，通过各种途径提高学生的语文素养"。实际上，学校开展的各种活动侧重于提高语文能力和素养的较少。要么，侧重锻炼学生的体质，例如运动会、足球比赛等；要么，侧重于思想安全教育，例如参观博物馆、预防地震灾害演习等。虽然《中考说明》语文学科的考试要"加强对中华民族优秀传统文化的考查"，但语文教师开展的提高语文能力和素养为目的的活动，如书写比赛、朗读比赛、作文比赛等，又局限于本班级或本年级组的活动，既没有长久的计划性，又没有稳定的系列性，完全是教师的率性而为之的做法。在这种情况下，语文活动的实效性就不能得到保障。

其实，在我们的语文教学活动中，可以采用多种途径将经典阅读、传统文化和语文活动整合在一起，既有效地激发学生阅读经典的兴趣，了解中华民族优秀的文化传统，又提升了学生的语文能力、培养学生的语文素养。基于以上的情况，我们才有了对此课题的研发设想。

二、课程研究的实践过程

在中考语文改革不断推进的前提下，语文教师的教学策略、课程研究的方向也在发生着变化，以适应新形势的需求。《语文课程标准》建议："要重视培养学生广泛的阅读兴趣，扩大阅读面，增加阅读量，提高阅读品味。提倡少做题、多读书、好读书，读好书，读整本的书。""加强对课外阅读的指导，开展各种课外阅读活动，创造展示与交流的机会，营造人人爱读书的良好氛围。"因此，我校语文组在学校的大力支持下，采取"经典晨读半小时""名著阅读40分"、校报《飞翔》月刊、"我们一起过节吧"及课本剧等语文课程建设的系列活动。将提升学生的语文素养和语文能力纳入语文课程建设的轨道上来。

"经典阅读半小时"采用的教材是2015年语文组全体教师精心选材编辑的校内读本。《读本》共分三册，供初一、初二、初三三个年级分别使用。收录的文章增补经典名著的内容，如《西游记》中的相关回目，《朝花夕拾》中的《从百草园到三味书屋》；针对教材中传统文化不够浓郁的缺憾，收录关于传统节日文化的名家文章若干篇，并且根据一年中节日的先后顺序按一定的序列性安排内容；配合北京版语文教材还增加部分古诗文，以丰富学生的阅读体验。"经典阅读半小时"实施的时间固定在早晨7：30的晨读时间。每周两次，由语文教师跟踪指导。根据《语文课程标准》关于古诗文和课外现代文的不同要求，教师组织学生或背、或默读、或诵读等不同形式的学习活动。

"名著阅读40分"，是在中考语文名著加大考试力度之后做出的一项举措，即初一至初三每班每周增设1节名著阅读课，由专门的语文教师担任授课任务。每学期大约为20节课，每节时间为40分钟，共计800分钟。这样，名著阅读课为教师指导学生阅读课外经典著作提供了时间保障；为教师课内引领和交流展示搭建了平台，为激发学生兴趣拓展延伸到课外阅读提供了可能。在保证课时的同时，阅读书目的选择一方面根据《考试说明》列举的书目进行必读书目的安排；另一方面根据学生的年龄特点进行选读书目的安排。比如，初一年级第一学期名著推荐书目如下：

月　份	必读书目	选读书目
9月	《西游记》	《哈利·波特与魔法石》
10月	《鲁滨孙漂流记》	《格列佛游记》
11月	《海底两万里》	《哈利·波特与凤凰社》
12月	《狼图腾》	《重返狼群》
1、2月	《红岩》	《钢铁是怎样炼成的》

初一第二学期的名著推荐书目如下：

月　份	必读书目	选读书目
3月	《论语》	《窗边的小豆豆》
4月	《朝花夕拾》	《昆虫记》
5月	《水浒传》	《假如给我三天光明》
6月	《城南旧事》	《童年》
7、8月	《天方夜谭》	《山海经》

课堂上的40分钟是有限的。于是，课堂上尽量以兴趣、问题引导为主，激发学生课外进行阅读的欲望。同时，班级课堂交流、年级手抄报评比、学校校报展示，这些不同层次、不同范围的语文活动的开展激励学生主动阅读的积极性。灵活多样的形式让学生喜闻乐见，比如，班级课堂交流的形式就可以采取撰写读书笔记、小型辩论会、故事会、情景再现表演等；手抄报可以分"人物篇""主题篇""语言篇""比较阅读篇"等不同活动主题。学校校报既可展示学生的读书体会，又可展示推荐的精彩片段。学生阅读能力的提高是需要一个较长的训练过程的，在这一过程中，教师应制定科学合理的教学计划，并按计划进行教学，才能使学生的阅读水平得到提高，文化素养得以培养。初中各年级的名著阅读教学应具有连贯性、系统性，同时应符合学生年龄特点，循序渐进，激发兴趣，逐步养成"好读书、读好书"的习惯。初中各年级的经典名著阅读是一个整体，存在着内在的联系，教师要善于把握这种联系，有计划地进行教学，又可常读常新，反复阅读、深度阅读。

校报《飞翔》月刊，指的是每月将师生的文学作品、校内外的大事小情由专门的语文教师进行收集整理并在学校内印发给各班传看的一种语文活动形式。参与者不仅可以是语文教师和全体学生，也可以是校内的任何一位教育工作者甚至是家长；撰写的文章不仅可以是学科论文、学习方法指导，还可以是读书感悟、人生感言、心灵鸡汤。校报《飞翔》是一个师生交流展示的平台，在师生们感情的激荡、思维的碰撞中，语文学科实践活动拥有了灵动鲜活、书卷气息浓郁的特征。

同时，2015—2016学年度的第一学期，"我们一起过节吧"的语文系列活动将经典阅读的展示推向了一个小高潮，实现了经典阅读和语文活动的你中有我、我中有你，实现经典阅读和语文活动的比翼双飞。比如，初三年级组织的"我们一起过节吧——中秋节"的活动中，既有经典古诗文朗诵、背诵，又有学生互动。初二年级组织的"我们一起过节吧——重阳节"的活动中，既传递了重阳登高敬老的情感，又对学生进行了重视汉字书写、重视经典诵读的教育。初一年级组织的"我们一起过节吧——喜迎春节"活动，涉及传统歌谣、传统相声表演，传统习俗讲解，对对联、写对联等多种与春节传统文化相关的活动。

另外，《西游记》《桃花源记》课本剧在班级、学校、区里参加了各个级别的竞赛，既增加了学生的学习兴趣，又促进了学生语文能力的提高。

我校语文学科课程在课程内容设置方面体现了实践性，在学习评价方面体现了多元性和过程性，在方法指导方面更关注学生后续学习的需要。使老师和学生在语文活动的过程中感到经典阅读的必要性和传统文化的重要性，更重要的是学生听说读写的各方面的语文能力和素养都得到了潜移默化的提升。

三、课程研究的实践效果

经过研究实践，我们感觉到经典诵读和语文活动的开展促进了师生的共同发展，师生的人文素养日渐丰厚。

1. 语文活动的开展促进学生语文素养的提升和成绩的提高。

自从我校开展一系列的关于经典阅读的语文活动以来，学生从中吸收经典的文化知识，促进了对书本知识的融会贯通。《2015年中小衔接认知基础学情调研分析报告》中，我校新生名著得分率为0.986，全区平均得分率为0.975；我校阅读得分率为0.544，区平均得分率为0.543；《2015—2016学年度第一学期期末集中调研分析报告》中，我校初一名著得分率为0.988，区平均得分率为0.853；我校阅读得分率为0.529，区平均得分率为0.518，面对试题难度的增大，我校成绩在原有基础上不仅有提高，而且名著阅读的平均分远远高出区平均分。

2. 学生语文素养的提升令学生参加各项竞赛捷报频传。

2016年，吴尧、郭少勇等五位同学代表我校参加门头沟区第二届成语英雄大会获得二等奖；2016年，王晓冉、王雨佳、张萍等五位同学在门头沟区"书写汉字，展现风采"汉字听写大赛中获得优秀奖。2017年，课本剧《桃花源记》获区级一等奖。

3. 语文实践活动的开展陶冶学生情操，培养学生责任心和意志力。

经典阅读能帮助学生亲近书籍，远离"声光电"，集中注意力。现在的很多学生，痴迷于手机与电脑。这样的情况不仅浪费了学生大量的时间，也使得他们的性格变得急躁不安，较难长时间地专注在一件事情上。我们努力把学生的兴趣引向经典阅读，在阅读中感受传统文化的精髓和异域文化的精彩，在白纸黑字间感受文字的魅力。

4. 在语文实践活动中，提升教师个人文化素养和专业水平。

在研究过程中，教师们不断学习，充实自己，提高自己。语文实践活动的开展，不是追求一种活动形式，而是在语文活动中实施一种策略、根植一种"好多书、读好书"的理念；既为学生终身发展投资，又是一种教师专业水平提高的途径。

通过课程实践，我们认为我校开发的语文课程建设达到了服务学生发展、培养学生兴趣的目的。课程内容体现了学生学习生活的需求，我们依据中考改革的方向，开展了丰富多彩的语文实践活动。将"经典晨读半小时"和"名著阅读40分"纳入语文常规教学的板块中，形成一条不断的"线"，贯穿于每个学生语文学习的全过程。将校报《飞翔》月刊和"我们一起过节吧"点缀在每个月和每个学期的语文学习过程中，在通过校报的文字展示和"我们一起过节吧"的个性展示中增强了学生学语文、爱语文的意识，增强了教师驾驭祖国语言文字的能力。

四、课程研究的成果特色与创新

在知识经济的时代，素质教育的要求具有更高更广层面的意义。中学语文教学不能仅局限于"传道、授业、解惑"的传统观念，应该加进"传承文化"与"培育能力"的新要求。"传承文化"即是继承和弘扬中华民族优秀文化传统和革命传统，增强民族文化的认同感，增强民族凝聚力和改造力。在这方面，"培育能力"即是采用多种训练方式培养学生的创新能力和语文素养。这两点要求需要通过丰富多彩的语文活动来为学生搭建实践创新的平台。

1. "经典阅读半小时"和"名著阅读40分"会将传统文化中的仁义礼智信、孝悌忠信、礼义廉耻等道德层面的东西给学生以精神的滋养，从而养成孝顺父母、懂礼貌、知礼仪、有教养的良好习惯。孩子的生活品位和人生内涵会从更高的起点上迈步。同时，阅读经典的训练，会逐渐形成较高的专注力、内心宁静安详的良好读书习惯，从而实现《大学》中说"知止而后有定，定而后能静，静而后能安，安而后能虑，虑而后能得"。

2. "我们一起过节吧"和校报"飞翔"月刊一系列语文实践活动不仅让学生在中考指挥棒下了解了课本上没有涉及的节日文化，开阔了视野，提高了成绩，更为学生提供了尽情施展自己的才华、张扬自己的个性、抒发内心的真情实感的平台。语文实践活动通过将学生所学知识与社会生活相联系，为学生创设广阔的实践园地，使学生学以致用，获得亲身经历、体验、感受和领悟，实现对知识融会贯通地掌握，这便弥补了课堂教学的不足，加速了语文能力的形成。

3. 课本剧将经典课文进行全新的诠释，为语文课带来了活力。

语文学科采用灵活多样的实践活动传递给了学生关于革命历史文化、节日文化、古诗文文化等中华民族的各种传统文化的知识；形式新颖的各种实践活动促进学生语文能力和语文素养的提高和培养。

课程设计

整本书阅读《时代广场的蟋蟀》教学设计

教学设计个人信息					
姓　　名					单　　位
张晴					京师实验小学
整本书阅读《时代广场的蟋蟀》教学基本信息					
课题		《时代广场的蟋蟀》整本书阅读导读课教学设计			
学科	语文	学段	中年级	年级	四年级

教材

书名：《时代广场的蟋蟀》

出版社：二十一世纪出版社集团

出版日期：2017年

1. 指导思想与理论依据

理论依据

苏联教育家霍姆林斯基曾说过："让学生变聪明的方法，不是补课，不是增加作业量，而是阅读，阅读，再阅读。"可见阅读在教学中有着相当重要的地位，是学习语言、积累语言最重要、最有效的手段。学会阅读无论是对学生目前的应试还是对未来的生存发展，都有重要意义。在信息时代的今天，阅读能力是学生获取信息的最基本能力之一。

《义务教育语文课程标准（2011年版）》在每一个学段中都强调了阅读教学的重要性。总目标中提出明确要求"具有独立阅读的能力，注重情感体验，有较丰富的积累，形成良好的语感。学会运用多种阅读方法。能初步理解、鉴赏文学作品，受到高尚情操与趣味的熏陶，发展个性，丰富自己的精神世界。能借助工具书阅读浅易文言文。九年课外阅读总量应在400万字以上。"并在第二学段中第8条和第9条明确要求"8. 积累课文中的优美词语、精彩句段，以及在课外阅读和生活中获得的语言材料。背诵优秀诗文50篇（段）。 9. 养成读书看报的习惯，收藏并与同学交流图书资料。课外阅读总量不少于40万字"。

然而，目前学生普遍的阅读能力较差，不爱读书，更不懂得读书的方法，所以阅读教学刻不容缓。课题的核心目标就是激发和培养学生课外阅读的兴趣，为他们的终身学习和发展打下良好的基础。同时课外阅读也是课堂教学的延伸，扩大学生的阅读量和知识量

设计理念

本课按照新课改的要求，以学生为主体，进行具有开放性和创造性的教学。在教学中以问题为中心，采取问题探究的方法。

首先，通过听音乐《重归苏莲脱》这一牵动书中内容的主要音乐，引入《时代广场的蟋蟀》，学生从中产生疑惑和好奇。看到题目以后，鼓励学生提出问题，锻炼思考能力，紧接着就可以带着问题走入这本书。

第二，通过看封面猜测人物关系。封面是一本书的眼睛，通过封面可以让学生了解书中的主要人物，在猜测的过程中也在不断发挥学生的想象力和创造力，激发阅读该书的兴趣。

第三，确定人物关系后，猜测内容，自读精彩片段，学习阅读的方法。在这部分，我先讲述铺垫，告诉学生柴斯特在一次睡梦中吃掉了主人家的两块钱钞票，然后学生开始发挥想象，为柴斯特想办法。在此过程中体现看书的时候，应该一边看，一边猜测接下来的情节的方法，猜完以后，学生自己走入书中去看"塔克一生的积蓄"这一片段，同时做批注，感受他们之间的友谊。在反馈的过程中总结猜以后要回到原文看，一边看还要在自己感受深的地方做批注的阅读方法。接下来，再进行铺垫，走入第二个精彩片段"不祥之物"，此时，可以让学生运用上面的方法，进行自主的阅读感悟。读完以后，进行一次头脑风暴，2分钟记住里面的一个好句子，并告诉学生读书在于积累这一阅读方法。在这个片段后，揭晓刚上课时的音乐的来源，解开上课时心中的谜团。

最后，通过看书评，了解这本书获得的荣誉，总结阅读的方法，再一次铺垫情节，激发学生在书中找到答案，并留下给这本书写一个书评的作业等几个环节，激发读书兴趣。

总而言之，这节课在教学中以问题为中心，采取问题探究的方法。首先由老师创设情境激发学生的学习兴趣，然后引导学生提出猜想，学生之间相互讨论之后，通过读书上的相应内容揭开谜底。最终达到激发学生读《时代广场的蟋蟀》的兴趣，从而达成教学目标

2. 教学背景分析

教学内容

《时代广场的蟋蟀》讲的是一只从小生活在康州乡下的蟋蟀柴斯特，因为贪吃跳进了一个野餐篮，被带到纽约最繁华的地方——时代广场地铁站。在纽约，善良的柴斯特遇到了聪明又略带市侩的老鼠塔克和忠诚、憨厚的亨利猫。更幸运的是，它遇到了爱他的主人——小男孩玛利欧。在此期间他们之间发生了许多离奇、惊险的故事。最后柴斯特用它绝妙的音乐天赋回报了朋友们的真挚友谊，帮助玛利欧一家摆脱了困境，自己也成了震惊整个纽约的演奏家。然而功成名就的柴斯特却满心失落，怀念起家乡自由自在的生活。在朋友的理解和帮助下，它最终回到了自己深爱的故乡的故事

学生情况

通过平时上课时学生的反应，明显感受到学生步入四年级，已经有了一定的阅读能力，也有了一定的阅读量。大部分学生对于阅读课外书都比较感兴趣，但是他们不知道该看什么书。而且在日常的观察和读书会的交流中，我发现他们阅读的广度和深度都有待于提高，阅读比较随性，良好的阅读习惯也有待培养。出于这些考虑，我选择了《时代广场的蟋蟀》这本书，因为这本书很多内容围绕着友情，贴近学生的生活，所以这节阅读推荐课也就应运而生了

教学方式

本节课主要的是采用读书指导法，通过教师指导学生阅读课外读物，培养学生自主阅读，从中获得新知识的能力。通过这种方式可以扩大学生的知识领域，培养学生自学能力

教学手段

本节课运用了纸质的资料、黑板、粉笔，还运用了电脑设备、幻灯片软件、音乐进行辅助教学

3. 教学目标（含重、难点）

教学目标

1. 能用一定的速度进行默读，并通过阅读积累语言材料。
2. 通过精彩片段的阅读指导学生阅读，学习阅读的方法，初步体会主要人物之间的友谊。
3. 激发学生阅读《时代广场的蟋蟀》的兴趣，激发阅读名著的兴趣

教学重点

初步掌握阅读课外书的方法

教学难点
激发学生阅读《时代广场的蟋蟀》的兴趣，享受阅读的快乐 |▪
4. 教学过程

一、随音乐走入《时代广场的蟋蟀》

（课间）播放音乐《重归苏莲脱》

1. 孩子们，每次我听到《重归苏莲脱》这个音乐的时候，我就会情不自禁地想起《时代广场的蟋蟀》这本书。今天我们一起来看看一个有关他的故事。（板书：时代广场的蟋蟀）

二、看封面，猜关系

1. 看到这个题目，特别想问什么？

（预设：他怎么跑到这里来了呢？这个蟋蟀在这里发生了什么故事？时代广场什么样子？这是一只怎样的蟋蟀？）

2. 是呀，原本小蟋蟀生活在美丽的康涅狄格州（出示康涅狄格州图片），他究竟是怎么来到繁华的时代广场（出示时代广场的图片）的呢？你们大胆地猜一猜。

3. 到底跟你们猜的是否一样呢？接下来我们一起来看看书上的介绍。

出示段落：

很偶然的事情会改变人的一生。对于一只蟋蟀来说也是这样。

如果没有腊肠香味的诱惑，这只叫柴斯特的蟋蟀就不会因一念之差跳进那只野餐篮子，来到纽约时代广场的地铁站。

4. 小蟋蟀就这样稀里糊涂地来到了纽约。一本书的封皮就仿佛是这本书的眼睛，我们来看看书的封皮。你都看到了什么？（蟋蟀、老鼠、猫……）

5. 蟋蟀的名字是柴斯特，老鼠叫塔克，这只猫叫亨利。你认为他们之间是什么关系？你怎么判断出来的？

6. 他们之间到底是敌是友呢？我们来揭晓谜底。

出示：

柴斯特把头埋在面巾纸里。他可不想看到他新交的朋友——塔克老鼠，就这样遭到杀身之祸。他回想到在康涅狄格州的时候，也见过猫和老鼠在草地上打架。除非当时老鼠距离他们住的洞口很近，否则这种打架大都是一面倒，结局差不多都一样。但是如今这只猫来得太快了，塔克根本不可能逃得掉。

四下里一点儿声音也没有。柴斯特抬起头来，小心翼翼地望了望身后。那只有着灰绿色眼睛，全身黑色条纹的大猫，正端坐在自己的后腿上，尾巴在前爪附近甩动着。而就在这两只可怕的利爪中间，老鼠塔克却浑然不觉地坐在敌人的下巴底下，它正好奇地望着柴斯特呢！这只蟋蟀开始疯狂地打着手势，暗示老鼠赶紧抬起头来看看，在它的上方是何等可怕的威胁啊！

塔克若无其事地抬起了头。猫也低头直视着它。"噢，它啊！"塔克一面说，一面伸出右前掌逗弄着猫的下巴，"它是我最要好的朋友，快出来吧！"

三、猜内容，读片段，学方法

（一）塔克一生的积蓄

1. 老鼠和猫成了柴斯特来到时代广场的好朋友，当然他还拥有了一个十分爱它的小主人——玛利欧，小蟋蟀就住在主人家开的报刊亭里。一天晚上柴斯特做梦回到了家乡，吃着柳树枝上叶子。当他醒了的时候发现，他吃的并不是树叶，而是一张两块钱的钞票，这惹恼了小主人的妈妈，小蟋蟀被它的主人玛利欧的妈妈关进了笼子里，直到小主人玛利欧替它还够钱为止。玛利欧要想还上这两块钱得利用看报摊之外的时间兼职送杂物，需要几周的时间才能攒够，这样去游泳和看电影的事就别想了，我们的小柴斯特到底该怎么办呢？谁来替它想想办法？

2. 刚才你们猜故事情节，就是一种读书的方法，我们在读书的时候要一边猜想，一边读书。（板书：猜 读）那么我们猜完了，接下来就要看书上是怎么说的了。让我们来欣赏精彩片段《塔克一生的积蓄》请同学们拿起手中的资料，用心读，画出令你心有感触的句子，在空白处写一写自己的感受。

3. 你们刚才看得真认真，老师看出了你们对这个故事的喜爱，谁能说这个事情究竟是怎么解决的？

4. 也就是说，塔克想帮柴斯特的话，就要拿出它自己一生的积蓄，那可是用生命换来的钱啊，一只小老鼠都能这样有情有义，难怪有人这样评价这本书。（出示：一只蟋蟀、一只老鼠、一只猫咪，它们的真挚友情足以温暖这个冰冷的世界。正是如此深厚的友情让他们成了患难与共的好朋友。多么感人呀！）

5. 能说说这里面有哪些语句打动了你吗？

6. 是啊，在我们读书的时候，要把自己有想法的地方画下来，做批注写下自己的想法，这正是与小说交流，与作者对话。（板书：做批注）

（二）不祥之物

过渡：不知不觉，柴斯特已经来到纽约整整两个月了，它和好朋友准备晚上在报亭里举办一场派对，好好庆祝一番，柴斯特演奏着动听的音乐，他们玩儿得可开心了，可是老鼠一不小心划开了火柴，一场火灾发生了，于是宴会变成了火灾，小主人家里损失惨重，小主人的妈妈愤怒极了。

1. 你猜猜接下来会发生什么呢？

2. 猜完了，我们就要——（读）。请你们看一看精彩片段《不祥之物》，注意用做批注的方式。

（1）你们读懂了什么？

（2）说说让你感触最深的地方？

（3）明白为什么一听《重归苏莲脱》就想到这本书了吗？

（4）接下来，我们来一个头脑风暴，两分钟积累一个你喜欢的句子。

（学生反馈）

在读书的时候我们除了要做批注，还要注意积累里面的好词好句，这样可以在阅读中提高我们的写作能力。（板书：品读积累）

四、巧设悬念，激发读书兴趣

1. 孩子们，我们读了很多，也看了书上的一些内容，你们觉得这是一本怎样的书？

2. 这本书在1961年获得了纽伯瑞儿童文学奖。这是一个美国的童话大奖，在儿童文学的地位仅次于安徒生奖。看过这本书的人这样评价这本书。

出示：

这本书有一种纯粹、高尚的趣味，适合9~90岁的任何人阅读，配上盖斯·威廉姆斯迷人的插画，更让人欲罢不能。

——《纽约先驱论坛报》

任何读过这本书的人，无论是孩子还是成人，都会永远记得那只叫做柴斯特的蟋蟀，记住那嘹亮而韵律无穷的鸣叫。

——《旧金山纪事报》

这是一本值得我们读一辈子的书。

——梅子涵

3. 孩子们，我们通过猜想故事情节，做批注，品读积累的方法，走进了这个故事。然而柴斯特在时代广场的故事还没有结束，他在塔克、亨利等朋友的帮助下，成了名震纽约的演奏家，就在这时，他做了一个决定。这个决定到底是什么？他又为什么决定这么做呢？就请你们走进这本书，去寻找答案吧！另外，读完以后，也请你们给这本书写一个简短的书评！

5. 板书设计
时代广场的蟋蟀
猜　读
做批注
品读积累

6. 本教学设计与以往或其他教学设计相比的特点（300～500字）

　　这节课是整本书阅读的导读课，在上课方式和设计目标上与以往的常规课大有不同。这节课主要让学生主动参与阅读过程，参与讨论、探究、合作学习，并在学习中掌握科学灵活的学习方法，逐渐形成语文能力，思维上得到启发，思想上受到感染与熏陶，情感上引起共鸣。

　　本节课的教学设计与以往教学设计相比有如下几个特点：首先，本节课选用了课外读本《时代广场的蟋蟀》一书，在处理该书内容的时候进行了大胆的取舍，摘出来了其中的两个章节，来串联整本书的内容，通过选取书中的精彩片段，有效地激发孩子阅读的兴趣。第二，这节课在课堂上学生思考和参与的机会很多，由学生的思考推动着课堂的进展，强调教育过程中学生的体验和感悟。第三，本节课让学生在学中练、练中学。在课堂中教师引领学生掌握阅读方法后，给予学生时间自主学习另一个片段，让学与练充分融合，有助于学生更好地掌握阅读方法。

　　希望能够在今后多学习新的方式，更好地上好整本书阅读课，帮助学生爱上阅读

走进《西游记》教学设计

教学设计个人信息				
姓　　名				单　　位
宋红英				门头沟大峪一小
整本书阅读《西游记》教学基本信息				
课题				知难而进　化"难读"为"悦读" 走进《西游记》
学科	语文	学段	高段	年级	六年级

教材

　　《西游记》产生于十六世纪的中国明朝嘉靖（公元1522—1566）时期，距今已四百多年了。作者吴承恩，《西游记》是吴承恩中年时期写成初稿，后来经过润饰而成的。他在前代多年积累下来并在民间流传的有关唐僧取经的文学作品和故事的基础上进行艺术再创造，并且把原来的以唐僧取经为主的故事，改为孙悟空为主的战天斗地史。

　　孙悟空是全书中最光辉的形象。"大闹天宫"突出他热爱自由、勇于反抗的精神，"西天取经"表现他见恶必除、除恶必尽的精神。孙悟空大闹天宫失败后，经过五行山下五百年的镇压，被唐僧放出，同往西天。他已不再是一个叛逆者的形象，而是一个头戴紧箍、身穿虎皮裙、专为人间解除魔难的英雄。在重重困难之前顽强不屈、随机应变，就是镇魔者孙悟空的主要特征

1. 指导思想与理论依据

理论依据

　　《语文新课程标准》中指出：学生要学好语文就要广泛读书，只读几本薄薄的语文教科书是远远不够的，要通过大量的课外阅读开阔他们的视野，活跃他们的思维，陶冶他们的情操

设计理念

　　小学课外阅读指导课的重点应是学生良好阅读心境的培养，应努力通过阅读情境的创设，激起孩子阅读的兴趣，使孩子入境、入文、入情，在丰富多彩的阅读情境中，潜移默化地养成爱读书、会读书的习惯

2. 教学背景分析

教学内容

　　六年级的孩子正处于身心发展的青少年时期，他们热情活泼、求知欲强，带有很强的好奇心。在学习过程中，他们已不满足于课堂内的书本阅读，而是渴望从更广泛的渠道去开阔视野、扩大知识面，以加深对课堂所学知识的理解。课外阅读就是最好的途径，是课内阅读的进一步延伸和补充，对课内阅读起到强化和促进作用。因此义务教育课程标准以及攀登阅读栏目都为孩子们安排了课外阅读任务，今天我要讲的内容是课外名著导读《西游记》

学生情况
《西游记》是我国家喻户晓的一部神话小说，很多小孩就是听着《西游记》的故事，看着《西游记》的动画、影片长大的。因此，六年级的学生对《西游记》应该是非常熟悉。可是他们大多只是对人物本领的了解，故事情节的熟悉，而对《西游记》的思想内涵等认识不够深刻、全面，因此必须引导他们学会阅读和欣赏，提高文学修养
教学方式
本教学设计从学生阅读名著困惑调查入手，解疑孩子们存在的三大困惑，让优秀学生分享读书体验来影响周围的孩子，同时，孩子们讨论交流阅读方法并给予分享，教师进行归纳整理。通读原文，浏览、跳读、了解故事大意；其次利用精彩片段引导孩子细读，归纳出精读片段，解疑、想象、理解品味。采用读听说相结合，编顺口溜、画图等方法。激发起学生的兴趣。从而达到熏陶情感、鼓舞精神的作用
教学手段
1. 课前对学生阅读困惑进行调查筛选问题。 　　2. 运用阅读方法阅读精彩片段，让学生把阅读与听、说、读、写、画等结合起来。 　　3. 运用多媒体出示重点
3. 教学目标（含重、难点）
教学目标
1. 通过阅读《西游记》，激发学生读书的兴趣，渗透阅读整本书的方法。加强阅读名著的信心，让学生学会读书的方法，使学生的语文综合素养、收集处理信息的能力得到提高。 　　2. 通过读原文练习说话，体会原著的精妙，学生学会精读古典文言名著经典片段的方法，激发阅读的兴趣
教学重点
1. 通过阅读《西游记》，激发学生读书的兴趣，渗透阅读整本书的方法。加强阅读名著的信心，让学生学会读书的方法，使学生的语文综合素养、收集处理信息的能力得到提高。 　　2. 通过读原文练习说话，体会原著的精妙，学生学会精读古典文言名著经典片段的方法，激发阅读的兴趣，体验读书乐趣
教学难点
激发阅读兴趣，体验读书乐趣
4. 教学过程
一、选择版本 　　1. 同学们，两周前，老师向你们推荐了一本非常经典的书——《西游记》。这部小说有许多版本，展示一下你们读的版本。（学生举起手中的小说介绍） 　　2. 你们觉得哪种版本更适合我们呢？（青少版） 　　大屏幕显示：名著的版本很多，要选择适合我们年龄的版本。 　　（学生读名著的版本大同小异，从学生实际出发，给学生有效的帮助） 　　二、检查进度 　　《西游记》这部小说，我们已经读了两周了，你们读到哪儿了？ 　　三、排忧解难，指导名著整书阅读的方法 　　同学们，课外阅读是我们一辈子要做的事。以前，我们读过一些课外书，这两周来，我们又在读《西游记》，以后，还有更多的课外书需要我们读。你们在课外阅读时，遇到的困难、麻烦在课前发的调查问卷上都体现出来了，老师的汇总结果如下：

读的书太多，不知道哪一种好。（2人）
读课外书不看主要内容，遇到难懂的词、句，通常会置之不理，跳跃阅读。（33人）
父母要求看作文书，不要看文学作品。（6人）
小说故事发生的地点多、故事情节多、人物多。（31人）
习题做不完，没时间阅读。（23人）
名著太长，常常看到后面忘了前面。（40人）
更爱看儿童文学而不是名著。（11人）
看的课外书都是家长选的，很少能自主选择。（8人）
读较厚的书，常常坚持不到最后。（7人）
一看书就忘乎所以，耽误了做其他事。（6人）

（调查问卷是了解学生实情的有效途径，所以调查问卷的内容非常重要。用汇总后的调查结果来定教学目标，保证教学真正做到为学生服务。）

（一）有三个困难是大众困难，今天，我们就一起来探讨探讨，我们先看"读课外书不看主要内容，遇到难懂的词、句，通常会置之不理，跳跃阅读"这一问题。

1. 要把这么厚的小说看完，实属不易，更何况是文言版的呢？读的时候遇到了哪些困难？这你是怎样解决困难的？还有什么好的读书方法推荐给大家？（根据学生的回答适当调控，分层提问）
2. 师生共同讨论、交流。
3. 根据学生回答，老师归纳，并适时板书。
（通读整本原著：浏览、跳读，把握大意）
① 观看前言后序，了解写作背景、故事梗概、主要人物。
② 观看目录，了解故事情节。
③ 采用浏览法、跳读法阅读全文，把握文章大意。
④ 遇到不懂的打个问号，可以自己揣摩或参考译文，也可以请教别人。

（二）我们再来看第二大难题——小说故事发生地点多，故事情节多。
1. 认为这不是难题的同学请举手！来，请你向大家介绍你的独门法宝（画故事发生的地点、人物图）
2. 画故事发生地点图有难度，你能给大家示范一下怎样画吗？
出示：

（三）我们再来看第三大难题——名著太长，常常看到后面忘了前面。
名著篇幅长，不能在很短的时间内看完，常常看到后面忘了前面的内容情景，为了更好地牢记内容，你们都有什么好的方法呢？是怎样记住这众多人物事件关系的？（背每回的题目、编顺口溜、列表格理脉络）出示：
（及时归纳学生的读书良方，形成优质资源共享）
师：当然，在以后的读书过程中，你们或许会想到更高明的办法，别忘了和同学们分享。

四、引导读经典内容

（一）反复叙事法　贯穿全书

1. 指导精读《孙悟空三打白骨精》精彩片段，抓题眼产生疑问读懂其中的人物和精彩的情节。

（1）交流描写白骨精"三变"的句子，穿插介绍原著的精彩描写，体会原著的精彩，激发学生读原著的兴趣。

（2）交流描写孙悟空"三打"的句子。指导朗读，体会人物特点，体会情节描写精彩的特点。

2. 体会全书反复叙事的写法。用精读的方法读《西游记》中其他精彩故事。如：《三借芭蕉扇》《狮驼洞战三魔》《车迟国勇斗三魔》《流沙河收服沙僧》《火云洞大战红孩儿》。

师小结：故事情节、结构不同的章节，采取的阅读方法也不同，同学们要灵活运用方法读懂文章，提高阅读能力。

（二）发挥想象　理解品味

师：大家刚才根据故事情节运用了反复叙事法阅读，出示《西游记》中"孙悟空与如来佛祖打赌，被压下五行山"的片段，看看这个片段大家用一些什么方法读懂这片段，如果还不懂可请教同学、老师，然后再发挥想象用自己的话把这一段的内容具体说一说。

出示原文：

　　那大圣收了如意棒，抖擞神威，将身一纵，站在佛祖手心里，却道声："我出去也！"你看他一路云光，无影无形去了。佛祖慧眼观看，见那猴王风车子一般相似不住，只管前进。大圣行时，忽见有五根肉红柱子，撑着一股青气。他道："此间乃尽头路了。这番回去，如来作证，灵霄宫尽是我坐也。"又思量说："且住！等我留下些记号，方好与如来说话。"拔下一根毫毛，吹口仙气，叫"变！"变作一管浓墨双毫笔，在那中间柱子上写一行大字云："齐天大圣到此一游。"写毕收了毫毛，又不庄尊，却在第一根柱子根下撒了一泡猴尿。

　　　　　　　　选自《西游记》第七回"八卦炉中逃大圣五行山下定心猿"

1. 前后桌四人讨论。发挥集体的力量，把这段故事说得生动有趣。可以选一个代表说，推荐一人主说，其他同学可以补充内容，也可从表情、动作等方面提供一些意见。

2. 小组汇报，其他同学认真听、评议。

3. 老师：你绘声绘色的表演，仿佛悟空来到了教室。你是怎样读懂这故事的？教师根据学生回答板书：解疑，想象，理解品味。

师：刚才大家在读懂的基础上发挥想象，使故事内容更加丰富，人物形象更丰满了，这正是读经典片段的一种方法。大家都看过电视连续剧《西游记》吧？那就是导演和演员认真读懂原著，结合实际发挥想象，拍摄而成的。

师：《西游记》的作者吴承恩在此片段中用字精炼。下面请再回到原文中，好好品味，用自己喜欢的方式读一读，把自己的理解和体会读出来。

师小结：《西游记》中传神的描写，精炼的语言，给读者带来无尽的想象，一位学者对《西游记》做了这样的评价：（齐读）

出示：《西游记》其想象新奇，上天下地，出神入化，可说达到了登峰造极的地步。主要人物的性格也极为鲜明。而且读者面最宽，老少咸宜。此书的副作用极小，是一部鼓舞人斗争，永不灰心，为达到目标而百折不挠的书。

五、回归原著，深读悟其理。

师：同学们，每个人，在不同的时期读《西游记》都会有不同的感受，现在，你在读青少版《西游记》，你学会了用方法品读《西游记》；接下来，你可以读一读原著《西游记》。真正的精华在这一本《西游记》中，名著不厌百回读，继续深入地读名著，不知不觉，你就学会了对世界、对人生的思考，这就到了读书更高的境界，深读悟其理，让我们一起继续走在读《西游记》的路上吧。发挥想象，把这部经典读完，写上读书卡，老师再来欣赏……通过阅读整本书，选择自己感兴趣的章回，完成读书卡。希望同学们一生都与经典相伴，做快乐的读书人。

篇　　名	
主要内容	
语言奥秘	
感受形象	

5. 板书设计

知难而进　化"难读"为"悦读"

　　　　　　走进《西游记》
　　　　　　浏览、跳读，把握大意
　　　　　　解疑、想象，理解品味

6. 本教学设计与以往或其他教学设计相比的特点（300～500字）

《西游记》是一部古典文言名著，小学生阅读名著有一定的困难。名著导读课很重要，导好了，给学生打开一扇通往名著宝藏的大门。这就要求老师在"导"上做文章，充分激发学生的求知欲，促进学生快乐地阅读，获得知识情感体验，获得知识和能力。这样才能使学生真正喜欢上阅读名著，终身受益。基于此我预设的目标：一是如何激发学生阅读原著的热情与信心；二是教给学生阅读的方法，并用"不动笔墨不读书"的理念来引领他们阅读的习惯和方法。为了实现目标，我在教学伊始，汇总调查学生阅读困惑，让优秀的学生用亲身经验传授方法，同学讨论交流学习方法，激发孩子阅读名著的兴趣；通过通读原著、精读片段引导两个环节，让学生经历了一个自读、选读、带着情感读的提高过程。创设了一定的语言意境，让学生自学阅读名著，讨论交流小说故事后，结合故事情节引导学生小组之间展开讨论，让学生质疑明确读古典名著的方法。

在这堂课中我主要以读为手段来让学生进行自学与交流学习，并在交流中，我点拨引导学生把握作品整体内容、主要人物及故事情节。精彩部分和难点则像读课文那样指导学生精读。在精读中，学生品味《西游记》半白话文的语言魅力和神话色彩。本节课，通过指导学生阅读，使他们逐渐地掌握了读《西游记》的方法，提高了自主学习、欣赏品味名著的能力，为读整本书做了铺垫

整本书阅读《城南旧事》教学设计

教学设计个人信息					
姓　　名			单　　位		
燕宝芝			黑山小学		
整本书阅读《城南旧事》教学基本信息					
课题		《城南旧事》读书分享课			
学科	语文	学段	高段	年级	五年级
教材　人教版五年级下册《冬阳·童年·骆驼队》					
1. 指导思想与理论依据					
理论依据 　　《语文课程标准》规定学生在小学阶段应完成100万字的阅读量。整本书阅读进入语文课程，能够丰富语文课程的资源，扩展语文课程内容，开拓阅读教学组织方式。朱永新在《新教育之梦》中提出："应该重视让学生与书为友，与大师对话，在人类优秀文化遗产中净化自己的灵魂，升华自己的人格"。读整本书可以扩大阅读空间，应用阅读方法，养成阅读习惯，接触到大量的作品，丰富语言材料，承载语言本身的美。让孩子保持对书籍的持久兴趣，最终这种兴趣才能转化为一种习惯					
设计理念 　　结合课文《冬阳·童年·骆驼队》，推荐学生阅读《城南旧事》，帮助他们进一步理解课文内容，拓宽视野。 　　"独学而无友，则孤陋而寡闻也。"学生阅读时往往采取浏览的方式，关注情节，阅读处于浅表层次，从而忽略了语言文字的精妙，忽略了文字间渗透的核心内容。这样的粗读，没有深度的思考，没有潜心的研讨，只能事倍功半。指导学生共读《城南旧事》，旨在教给学生阅读整本书籍的方法，旨在形成师生对话，生生对话，学生与文本的对话，在思维碰撞中，指导学生深度阅读					
2. 教学背景分析					
教学内容 　　课文《冬阳·童年·骆驼队》作者林海音。为了拓宽学生的阅读范围，亲近经典文学作品，推荐学生自行购买林海音的长篇小说《城南旧事》阅读。《城南旧事》是台湾女作家林海音的自传体小说。这本书以20世纪20年代的北京城南为背景，透过小女孩英子的童稚眼光，看成人世界的悲欢离合。经过了一段时间的阅读之后，组织学生进行交流，促进学生深度阅读					
学生情况 　　全书以怀旧为基调，语言清新优美，叙述舒缓，恰似一首淡雅而含蓄的诗。这本书语言简洁、清新、易懂，但故事并不曲折。五年级的孩子初读时可能不会太感兴趣，因此我们首先要指导学生学会"读书入境"。当孩子们真切感受到书中人物的命运与生活时，通过丰富多彩的读书活动，让学生学会读书的方法，体会到读书的快乐；让孩子感受到对书籍的热爱					

教学方式	新课标积极倡导自主、合作、探究的学习方式。学生是学习和发展的主体。语文课程必须根据学生身心发展和语文学习的特点，关注学习的个体差异和不同的学习需求，爱护学生的好奇心、求知欲，充分激发学生的主动意识和进取精神，倡导自主、合作、探究的学习方式。我既让学生自主阅读和感悟作品，也通过小组合作对作品内容和词句品读进行交流，分享阅读的快乐
教学手段	本节课是读书分享课，意在发挥阅读前的引领作用，因此，主要采用启发式、讨论式，尤其是猜读的策略，意在激发学生的阅读兴趣

3. 教学目标（含重、难点）

教学目标	1. 指导阅读整本书的常用方法。 2. 初步感受名著《城南旧事》中的生动的人物形象和难忘的故事情节。 3. 引导学生感受语言文字的魅力，激发他们的阅读兴趣。 4. 通过各种方式的朗读来体验精彩片段的艺术魅力
教学重点	掌握阅读整本书的方法；初步感受名著中的人物形象和精彩片段的艺术魅力
教学难点	激发学生自主阅读《城南旧事》的兴趣

4. 教学过程

一、导入谈话，揭示主题

1. 师：假期中我们大家一起共读了一本书，这本书的书名是《城南旧事》。
2. 回忆这本书一共讲了几个故事？出示：《冬阳·童年·骆驼队》《惠安馆》《我们看海去》《兰姨娘》《驴打滚》《爸爸的花儿落了 我也不再是小孩子》

二、了解《城南旧事》和作家林海音

先考考大家对这本书的了解：

快问快答——作者作品我知晓

1.《城南旧事》是一部（　　）小说。

　A. 日记体　　　　　　B. 自传体

2.《城南旧事》的作者是（　　）。

　A. 林海音　　　　　　B. 林海英

3. 林海音出生于（　　）。

　A. 台湾　　　　　　　B. 日本

4. 林海音在她（　　）时随父母迁居北京。

　A. 五岁　　　　　　　B. 四岁

5. 1948年，林海音回到（　　）之后成为著名编辑、作家。

　A. 台湾　　　　　　　B. 广州

出示资料卡。林海音：出生于1918年，原名林含英，小名英子，台湾人。当时，台湾已被日本帝国主义侵占，父亲林焕父不甘在日寇铁蹄下生活，举家迁居北京，那时小英子只有5岁。她先后就读于北京城南厂甸小学、北京新闻专科学校，毕业后任《世界日报》记者。1948年8月，林海音回到台湾。

师：一段文字输入你的大脑，老师希望你能抓住非常重要的信息。

6.《城南旧事》的主人公是（　　）。
A. 林海音　　　　　　　B. 林英子

7.《城南旧事》描绘了哪个时期的北京城？（　　）
A. 20世纪50年代　　　　B. 20世纪20年代

8."城南"指的是（　　）城。
A. 南京　　　　　　　　B. 北京

9. 林海音创作这本小说是为纪念（　　）生活。
A. 青年　　　　　　　　B. 童年

10.《冬阳·童年·骆驼队》是这部小说的（　　）。
A. 出版后序　　　　　　B. 一个奇迹

出示资料卡：《城南旧事》是著名作家林海音以其七岁到十三岁的生活为背景的一部自传体短篇小说集。她从1957年开始陆陆续续写下了一个个故事，1960年结集出版，取名《城南旧事》。

小结：每次拿到一本书，从哪儿很快熟悉内容？

（封面、目录、导读）希望同学们从获取基本知识和信息开始阅读文章。

过渡：故事中哪些人物或哪个情节给你留下深刻的印象？

三、了解人物与情节

> 品故事人物——人物形象记心间

1. 出示人物描写，猜猜他们是谁？

出示：她的脸白得发青，鼻子尖有点红，大概是冷风吹冻的，尖尖的下巴，两片薄嘴唇紧紧地闭着。忽然她的嘴唇动了，眼睛也眨了两下，带着笑，好像要说话，弄着辫梢的手也向我伸出来，招我过去呢。——外貌描写（秀贞——《惠安馆》）

出示：她一笑，眼底下鼻子两边的肉就会有两个小旋涡，很好看。——神态描写（妞儿——《惠安馆》）

追问：在你们心中，妞儿是一个什么孩子？（待人友善、温和等）

出示：她的麻花髻梳得比妈妈的元宝髻俏皮多了，看她把头发拧成两股，一来二去就盘成一个髻，一排茉莉花总是清幽幽、半弯身地卧在那髻旁。——外貌描写（兰姨娘——《兰姨娘》）

师：透过这段描写，你们想象一下兰姨娘是一个什么样的人？

（心灵手巧、漂亮）——（图片）看看与你们想象的一样吗？文字的魅力就让我们展开丰富想象。

出示：她唱着她的歌："鸡蛋鸡蛋壳壳儿，里面坐个哥哥儿，哥哥出来卖菜，里头坐个奶奶；奶奶出来烧香，里头坐个姑娘，姑娘出来点灯，少了鼻子眼睛！"——语言描写（宋妈——《驴打滚》）

出示：

"怎么还不起来，快起！快起！"

"晚了！"我硬着头皮说。

"晚了也得去，怎么可以逃学！起！"

一个字的命令最可怕，但是我怎么啦！居然有勇气不挪窝。

他气极了，一把把我从床上拖起来，我的眼泪就流出来了。他左看右看，结果从桌上抄起鸡毛掸子倒转来拿，藤鞭子在空中一抽，就发出咻咻的声音，我挨打了！

他把我从床头打到床角，从床上打到床下，外面的雨声混合着我的哭声。我哭号，躲避，最后还是冒着大雨上学去了。我是一只狼狈的小狗，被宋妈抱上了洋车第一次花五大枚坐车去上学。

——语言动作描写（爸爸——《爸爸的花落了》）

出示：我把鼻尖盯着金鱼缸向里看，金鱼一边游一边嘴巴一张一张地在喝水，我的嘴也不由得一张一张地在学鱼喝水。有时候金鱼游到我的面前来，隔着一层玻璃，我和鱼鼻子顶扭儿啦！——动作描写（英子——《惠安馆》）

小结：看来，大家对人物印象还是比较深刻的，那么文章情节又给你们留下了怎样难以忘怀的印象呢？

品故事情节——故事情节记心间

1. 交流读完本书后最难忘的画面、难忘的情节。

过渡：当我们静心地读完这部作品，一幅幅难忘的画面、一个个动人的情节深深地扎根在你的脑海里。谁来说说这部作品中让你记忆犹新的画面，让你深深感动的情节，并读一读相关的语段。

2. 小组交流。

组员有感情地朗读令自己感动的地方，并说一说令自己感动的情节。

3. 学生自由发言（文章情节）。

看来，每个人都有自己独有心理感受，通过交流，可以看出大家都很认真在读这本书，刚才我们对这本书的人物和情节有了一定认识。

四、探讨交流中心话题

课前，通过大家做阅读记录单，提出自己的困惑，其中部分同学提出（出示学生问题）。老师梳理总结出三个问题。

聚焦问题

1. 为什么草地里的人被逮住了，"我"却很想哭？
2. 宋妈为什么撇下自己的孩子不管，去给别人当奶妈？
3. 为什么说"爸爸的花儿落了 我也不再是小孩子？"

小组讨论

要求：可以针对一个问题，也可以三个问题一起探讨（6分钟）

每组派一名代表到另一组进行交流你们组的想法

全班汇报

1. 秀贞疯不疯？
2. 藏在茅草堆里的青年是不是坏人？
3. 宋妈爱不爱小栓子和小丫头子？
4. 英子眼中童年好玩的事情。

……

小结：多好玩啊。这是作者写在《城南旧事》里的那些快乐的童年往事。

5. 为什么说"爸爸的花儿落了，我也不再是小孩子？"

出示："不要怕，英子，你要学做许多事，将来好帮着你妈妈。你最大。"

"大小姐，到了医院，好好儿劝劝你妈，这里就数你大了！就数你大了！"

这些散发着爱心香的文字，是林海音记忆中的珍宝；这些事情，也许不会再发生了。爸爸的花儿落了，爸爸永远地走了。当骊歌响起，我们的心头是否也笼罩着一层淡淡的愁绪呢？（配乐：《送别》）

看来英子淡淡的忧伤贯穿整部作品。（板书：忧伤）

五、总结全文

其实文中好多人物、情节都被深深印在我们的脑海里，（课件图组合）这些情节人物挥之不去，想忘也忘不了，读了这本书，我们究竟忘不了什么呢？

可能，我们忘不了_____忘不了_____忘不了_____

1. 写读书感悟——收获

（1）写感悟卡片。（修改，可以是片段感悟也可以是整本书的感悟）

（2）汇报读感悟。把你的感受与大家分享：指名同学在全班分享。

（3）著名教育家叶圣陶先生曾经这样评价《城南旧事》：

这是作者林海音的传记式小说，写了5个故事。文字朴实温馨，故事生动起伏。读她，仿佛自己也置身于上世纪20年代的北京。仿佛自己就是一个孩子，看北京、看大人、看周遭的幸与不幸。而她带给我更多的却是感悟。这恐怕是一本好书的最高境界——不仅让读者丰富了视野，还令读者有所感悟。我怀念起我的童年，怀念我生活的那个年代、那个小镇、那时的喜怒哀乐。那些在我童年时留在我记忆的往事，如今不也是我的城南旧事？感谢《城南旧事》，给我一次回味当年的机会。

2. 看来，不同年龄的人读这本书感受也是不一样的。老师读这本书，有一段话久久萦绕在我耳际，这段话是这样写的：

夏天过去，秋天过去，冬天又来了，骆驼队又来了，但是童年却一去不还。冬阳底下学骆驼咀嚼的傻事，我是再也不会做了。

可是，我是多么的想念童年住在北京城南的那些景色和人物啊！我对自己说，把它们写下来吧，让实际的童年过去，心灵的童年永存下来。

① 这段话在哪儿？打开书齐读。

② 相信大家随着年龄增长，对这句话有更多理解和感悟。

今天，我们又一次一起回味了《城南旧事》，领略了经典名著的魅力——那就是精彩的故事，典型的人物，生动的语言。一本好书是值得反复阅读的，反复品味的，相信同学们一定会有更多、更深的感受。

5. 板书设计

走进《城南旧事》（林海音）

人物

自传体　儿童视角　情节

串珠式　忧伤情怀　环境

成长离别

6. 本教学设计与以往或其他教学设计相比的特点（300～500字）

在课堂上，激发学生的阅读兴趣，并能对作品的人物、事情等有自己独特的感悟，引导学生品味阅读的快乐。

在教学中通过人物竞猜，开拓学生对人物形象进行深层次的探索，并引导学生通过对书中人物语言、动作、外貌、神态等寻找和了解的基础上，成功引导学生在自读、交流中提升了自己的感悟，较好实现了培养良好阅读习惯、激发阅读兴趣的教学目标。课堂上小组和全班交流方式的结合，使学生不仅有机会与同学们分享自己的见地，使学生自己自读自悟自主学习。引导学生从情感上与作者产生共鸣，有效利用学生回答的自生成的感悟，对全部学生的教学进行了成功引导，从而使学生的感悟得以逐步升华。而课后拓展延伸作业的布置，使学生的阅读不再停留在课堂。

班级整本书阅读是新生事物，它的教学方法有不同的类型，体现了个性化阅读和合作交流的相融合，利用了课堂自生资源形成了有效教学资源，使学生在读书、论书、品书中提升了阅读能力，提高了语文素养

整本书阅读《柳林风声》教学设计

教学设计个人信息				
姓　　名				单　　位
董国剑				门头沟黑山小学
整本书阅读《柳林风声》教学基本信息				
课题				《柳林风声》导读课
学科	语文	学段	中年级	年级	四年级

教材

　　《柳林风声》是"中国小学生基础阅读书目"中段学生阅读推荐书目之一，是一本趣味性很浓的儿童故事书。故事主要描写了一只癞蛤蟆靠祖传家产过活，挥霍浪费，追求新鲜事物，结果上当受骗，锒铛入狱，家业被坏人抢走了。但在鼹鼠、河鼠和獾的帮助下，智斗黄鼠狼，把家业夺了回来。从此，蛤蟆在朋友们的感化下，改掉了胡乱挥霍的坏毛病，成了一只好蛤蟆，感受到了真正的友情

1. 指导思想与理论依据

理论依据

　　《语文课程标准》规定："小学生课外阅读量不少于145万字。"而课本及零星的碎片化阅读根本无法达到这一目标要求。在教学建议部分提出："培养学生广泛的阅读兴趣，扩大阅读面，增加阅读量，提倡少做题，多读书，读好书，读整本的书。"可见，阅读整本的书，能够确保学生阅读量的需要，很好地培养学生的阅读习惯和阅读能力，扩大知识面，锻炼学生的思维能力，是达到课标要求的最佳途径

设计理念

　　根据《新课标》对小学中年级阅读要求，小学中年级的学生要做到"初步把握文章的主要内容，体会文章表达的思想感情。初步感受作品中生动的形象和优美的语言，能就不懂的内容提出疑问。"因此，我把此要求作为基本方针，因势利导，从激发学生阅读兴趣入手，引导学生展开联想，猜测质疑，进而感受童话故事中的人物形象，欣赏优美动人的语言，从而激发学生去阅读整本书的兴趣，去体会故事所表达的思想感情

2. 教学背景分析

教学内容

　　《柳林风声》是"中国小学生基础阅读书目"中段学生阅读推荐书目之一，是一本趣味性很浓的儿童故事书。故事主要描写了一只癞蛤蟆靠祖传家产过活，挥霍浪费，追求新鲜事物，结果上当受骗，锒铛入狱，家业被坏人抢走了。但在鼹鼠、河鼠和獾的帮助下，智斗黄鼠狼，把家业夺了回来。从此，蛤蟆在朋友们的感化下，改掉了胡乱挥霍的坏毛病，成了一只好蛤蟆，也体会到了友情的珍贵

学生情况

　　四年级的学生已经具备了一定的阅读能力，学习了一个单元的童话阅读，对童话也比较感兴趣。但对于整本书的阅读接触还不是很多，一大部分学生对于整本书的阅读缺少阅读方法，对大篇幅的文字阅读还存在畏难情绪，缺乏阅读兴趣。因此教师应在激发学生阅读兴趣的基础上引导学生学会自主阅读，从而引导孩子们进行更广阔更深入的阅读，养成良好的阅读习惯

教学方式	
	谈话交流　自主合作
教学手段	
	1. 设疑激趣　2. 联想猜测　3. 泛读引领　4. 小组讨论

3. 教学目标（含重、难点）

教学目标
　　1. 学看封面、序、目录等，了解作者及故事来历，初步感受故事内容。
　　2. 通过设置悬念、联想猜测等方法，引发学生的阅读期待，产生阅读整本书的兴趣。
　　3. 通过品析、讨论，感知故事主要人物形象，走进书中营造的温情世界，感悟浓浓的朋友之谊。
　　4. 借助泛读引领，欣赏柳林四季优美风光，体验阅读的乐趣，提高朗读水平

教学重点
　　1. 学会从封面、序、目录等，获取整本书的信息。
　　2. 通过品析、讨论，感知故事主要人物形象，走进书中营造的温情世界，感悟浓浓的朋友之谊。借助泛读引领，欣赏柳林四季优美风光，体验阅读的乐趣，提高朗读水平

教学难点
　　创设愉悦的交流氛围，让学生更深入地走近书中的人物，走近书中营造的温情世界，感悟浓浓的朋友之谊

4. 教学过程

一、谈话交流，激趣导入
　　1. 同学们，你们喜欢听故事吗？最爱听谁讲故事？为什么？
　　2. 你们知道吗？英国有个小男孩特别爱听爸爸给他讲故事，以至于我们最喜欢的外出游玩，这个小男孩为了听爸爸讲故事他都不愿意去了，这个爸爸是谁？他又讲了什么有趣的故事呢？让我们一起去看一看。

二、了解作者，初知大意
　　1. 认识作者，初知内容
　　肯尼斯·格雷厄姆（1859—1932）生于英国苏格兰的爱丁堡，他的童年很不幸，5岁丧母，随后丧父，几兄弟都由亲戚收养。中学毕业后，他没有钱继续读大学，20岁进英格兰银行工作，直到1908年，因在银行里被一疯汉用枪击伤而退休。他喜欢自然和文学，业余研究动物和写作，很早就是一位很有名气的作家。在他的独生儿子6岁时，他为儿子编讲故事，儿子听得入了迷，暑假也不肯到外地去，他只好答应用写信的方式把故事继续写给他看。1907年他写给儿子的一扎信，就是这部《柳林风声》。
　　（出示书的封面图片）
　　（1）请学生阅读，说说读了这段介绍，你对作者有了哪些了解？从哪句话中了解到的？（英国作家，童年不幸，爱好文学，会讲故事等）
　　（2）阅读封面，你还了解到了什么？
　　（3）看了封面你有什么猜想吗？它们之间会发生怎样的故事呢？
　　（4）让我们透过目录来印证一下。

三、阅读文本，初闻书香
　　1. 根据目录，你能猜出书中的主要人物吗？（蛤蟆）说说为什么？
　　2. 师讲故事，激发兴趣。

故事中的蟾蜍是个非常有钱的主儿，不过，这钱不是他自己挣来的，而是他老爸去世后留下的，他是个典型的"富二代"。他爱冒险，向往的事特别多，而且件件想去尝试。有一阵子他喜欢上了船，先是只爱坐帆船，后来帆船坐厌了就改成平底船，接着是大游艇、赛艇……但是他不管做什么事，他只有三分钟热度，玩腻了，又会玩起新花样。有一天，他的好朋友河鼠和鼹鼠来找他玩，看到朋友来了，他激动万分。他说，他现在对划船已经不感兴趣了，他又喜欢上了一个新玩意，什么呢？

　　（出示吉卜赛大篷车图片）

　　这是一辆超豪华的吉卜赛大篷车，车里吃的、喝的、玩的，应有尽有。他们坐上车准备去农村、乡镇、城市，哪儿都可以，总之要过一种今天到这里，明天到那里的新鲜生活。瞧！他们抄小路穿过田野来到了公路上，老马拉着篷车慢慢吞吞地在路上走着，忽然，一阵狂风和一阵喧闹声来了……那辆金黄的大篷车散了架，无可挽回地毁了。而那辆汽车呢？一转眼扬起了一大团灰尘，接着又在远处缩成了一个黑点，逃之夭夭。

　　提问：

　　（1）如果你们遇到了这种情况，心情怎样？会怎么说？

　　（2）河鼠和鼹鼠和你们一样非常生气，而篷车的主人呢？他是什么样？

　　（3）出示图片。（蟾蜍狂喜图）心爱的豪华大篷车被撞得稀巴烂，他怎么还会这么高兴？猜一猜他到底在想些什么呢？

　　3.品读语言，感受魅力。

　　《柳林风声》不仅有精彩纷呈的故事，而且语言也特别的优美。这部童话带有散文笔风，尤其对柳林河岸四季风光的描写更是优雅动人，被誉为英国散文体作品的典范。

　　（1）出示"四季风光"优美语句及图片，师生配乐朗诵。

　　（2）生生之间欣赏，把优美语句读给同桌听。

　　描写万物复苏的春天：

　　"太阳暖烘烘地照着他，风儿轻抚着他被晒得暖洋洋的额头……就连鸟儿欢快的歌唱，都把他震了一下。春天如此美好……"

　　描写宁静夏夜：

　　"夏日晚上，尽管十点已过，白昼的余晖仍然流连不去。柳莺儿躲在河岸边幽暗的树林里，低唱小曲。午后酷热郁闷的暑气，在仲夏短夜清凉手指的触摸下，渐渐消退。"

　　描写收获的秋天：

　　"广阔的原野已经由油绿变成金黄，花楸树披上了红装，野林也被染成黄褐色，然而光照、气温和色彩仍不见衰减，全然没有一年将尽，相随而来的萧瑟和寒光。"

　　描写纯洁的冬天：

　　"地面被一层晶莹闪光的仙毯覆盖住，那么纤巧精致，看上去分外精美，叫人着实不好意思用粗糙的脚丫踩。肆意飘舞的雪花抚过面颊，留下隐隐的刺痛；黝黑的树干在雪光的映衬下，越发显得刺目。"

　　4.品读片段，体会感情

　　《柳林风声》不仅有精彩纷呈的故事，有诗一般优美动人的语言，而且柳林中动物与动物之间浓浓的友情也深深地吸引着我们。课件出示三个片段，生默读。

　　片段一：和善的獾把他俩推到一张高背长凳上坐下，给他们拿来睡衣和拖鞋，还亲自用温水给鼹鼠洗小腿，用胶布贴住伤口，直到小腿变得完好如初。

　　片段二：哎呀，水好冷呀，浑身都湿透啦！他往下沉……沉……水在耳朵里轰轰直响。这时，一只强有力的爪子抓住了他的后脖颈儿，是河鼠。河鼠在后面推着那个可怜巴巴的动物，游到岸边，拽出水来，安顿在岸上。

片段三：力大无穷的獾，胡须根根倒竖，手中的大棒在空中虎虎生风；脸色阴沉的鼹鼠抢着木棒，高呼战斗；河鼠腰间鼓鼓囊囊塞满了各式武器，坚决果敢，奋不顾身地投入战斗。

小组讨论完成表格，体会友情。

（1）以上片段中，可以看出它们都是些怎样的小动物？

（2）从这些片段中，你感受到了什么？得到了什么启发？

（3）生活中我们谁也离不开朋友的帮助，可像蛤蟆这样自高自大、挥霍浪费、惹是生非的朋友值不值得去帮助他呢？

（4）小结：虽然蛤蟆曾经偷窃、飙车、出车祸、入狱又越狱，一连串的冒险使它连自己的老宅都被黄鼠狼和白鼬占领了。但它的几个朋友对它不离不弃，在它们同心协力之下，赶走了侵略者，蛤蟆也因此深受感动，从此洗心革面，最后变成了森林中最受尊敬的动物之一。

（5）你认为真正的友情是什么？

动物名称	特点（怎样的小动物）	启发 感受	友情的理解
獾			
鼹鼠			
河鼠			

四、总结提升，刺激阅读

同学们，这本书不仅孩子喜欢，就连美国总统罗斯福看到这本书，也一口气连读了三遍，这本书到底有怎么样神奇的魔力呢？期待着你的阅读为我们揭开谜底。

5. 板书设计

《柳林风声》导读课

联想猜测

品味语言

感知人物

体会感情

6. 本教学设计与以往或其他教学设计相比的特点（300～500字）

本教学设计立足于激发学生阅读整本书的兴趣，引领学生学习阅读整本书的基本阅读方法。整个教学过程以聊天方式进行，让学生在交流中放松下来，克服大篇幅文字阅读的畏难情绪，轻松参与阅读活动。教学从激发学生阅读兴趣入手，引导学生展开联想，猜测质疑，进而感受童话故事中的人物形象，欣赏优美动人的语言，从而激发学生去阅读整本书的兴趣，去体会故事所表达的深深的友谊。

一、生活导入，激发阅读热情

以聊天方式，从听故事、外出游玩的对比中，激发学生的好奇心"什么故事连外出游玩都不愿意去呢？"，进而刺激他们的阅读期待。借此引导学生认识作者——观察封面——学看目录——粗知大意。

二、借助方法 初闻书香

老师讲故事，借助插图引导学生猜想，发展学生联想思维，刺激学生语言组织和表达欲望；配乐朗读，图片欣赏，吸引学生自觉自愿朗读语言文字，品味的同时学习有感情地表达；品析精彩片段，小组合作，完成表格，体会友情的意义。

总之，在愉快放松的聊天过程中，学生津津有味地读着故事，潜移默化地学习着阅读整本书的基本方法：联想猜测——品味语言——感知人物——体会感情

整本书阅读《猎人笔记》教学设计

教学设计个人信息	
姓　　名	单　　位
彭淑芬	大峪中学分校

整本书阅读《猎人笔记》教学基本信息				
课题	\multicolumn{4}{c}{《猎人笔记》专题探究}
学科	语文	学段	初中	年级	七上
\multicolumn{5}{c}{教材　人民教育出版社出版《猎人笔记》}

1. 指导思想与理论依据

理论依据

　　早在2011年中国教育部制定的《义务教育语文课程标准》中，明确提出初中学段课外阅读总量达到260万字以上，并提供了中外名著阅读推荐书目。2017年9月始，统编版语文教材的问世，更提升了课外阅读的总量，更增加了必读和阅读的书目，学生不仅要"多读书、读好书、读整本书"，更是将整本书阅读课程化，对整本书，进行行之有效的课堂教学设计。目的在于提高学生阅读的速度、学会阅读的方法、提升阅读的质量，形成语文素养，从中获得有益的人生启示，达到立德树人的目的

设计理念

　　落实《名著阅读课程化》教师指导用书的要求。
　　落实整本书阅读课程化的要求，培养真正的阅读者。
　　学会阅读整本书的方法，激发阅读兴趣，形成阅读习惯

2. 教学背景分析

教学内容

　　整体感知《猎人笔记》整本书的主要内容。
　　专题汇报，探究整本书表现的反农奴制主题。
　　名人评价，提升对整本书的思想性和艺术性的认识

学生情况

　　学生已按照阅读计划和任务，阅读完《猎人笔记》整本书，并在每天课上进行交流。虽基本了解了整本书的内容，但对于这本书表现的主题不甚理解，对《猎人笔记》的思想价值和艺术价值认识尚浅，阅读呈碎片化，对整本书缺乏整体认知

教学方式

　　设计课堂学案，为学生课堂学习效果提供保障。
　　设置探究专题，为课上交流分享提供素材和方法。
　　引入名人评价，为理解主题阅读整本书提供助力

教学手段
课上检测，感知整本书内容。
学生专题，交流小组阅读成果。
课堂探究，提升对主题的理解和认识
3. 教学目标（含重、难点）
教学目标
1. 梳理线索，了解整本书的主要内容。
2. 专题探究，体会作者情感，理解反农奴制的主题。
3. 交流感悟，理解评价，完成好书推荐
教学重点
学会运用专题探究、借助名人评价的方法，提升对整本书的阅读的主题理解
教学难点
文中对一些"不错的地主"和"懦弱的农民"的描写，是否有碍主题的表达
4. 教学过程
导入："郁郁苍苍的树林边，星垂平野，静静的池塘倒映着白色的教堂。夜气中弥漫着荞麦的暗香，一个猎人背着猎枪，慢慢走向远处闪着灯光的村庄……"

一、梳理内容　会感知

填写内容：《猎人笔记》以一个猎人的行踪为线索，以俄国美丽的自然景色为背景，刻画了<u>贵族地主</u>、<u>贫苦农民</u>、<u>农家孩子</u>、<u>农妇</u>、<u>知识分子</u>等众多人物形象。真实地反映了19世纪中叶<u>农奴制</u>下城乡各阶层人民的生活风貌。

二、专题探究　析主题

（一）农民组

1.《霍尔和卡里内奇》**霍尔和卡里内奇**

2.《莓泉》**斯焦布什卡**和《里果夫村》**小树枝**

3.《美丽的梅恰河畔的卡西扬》**卡西扬**和《孤狼》**守林人（福玛）**

农民：<u>贫穷悲苦、善良才干</u>　表达作者的情感：<u>同情和赞许</u>

问题1：<u>你怎样看待农民身上的弱点和局限性？</u>

（二）地主组

1.《两地主》中的**（退职少将）瓦伦斯基**和**（土地主）斯捷古诺夫**

2.《总管》中的**阿尔卡季·巴甫雷奇**和《莓泉》中的**彼得·伊里奇伯爵**

3.《独院地主奥夫谢尼科夫》中**奥夫谢尼科夫**和《我的乡邻拉季洛夫》中**拉季洛夫**

地主：<u>残暴贪婪、伪善无耻</u>　表达作者的情感：<u>憎恶和批判</u>

问题2：<u>书中写了一些不错的地主，用意何在？</u>

（三）女性组

1.《叶尔莫莱和磨坊主妇》中**阿丽娜**（曾是地主太太的女仆）和《彼得·彼得罗维奇·卡拉塔耶夫》中**马特廖娜**（女仆）

2.《县城的医生》中**亚历山得拉·安德烈耶夫娜**（地主的女儿）和《幽会》中**阿库丽娜**（农家姑娘）

3.《契尔托普哈诺夫的末路》中**玛莎**（茨冈人）和《活骷髅》中**露凯丽娅**（女仆）

女性：<u>善良美丽、真诚勇敢</u>　表达作者的情感：<u>怜悯和尊重</u>

问题3：你认为这六位女性谁最美？谁更幸运？
主题归纳：
地主：残暴贪婪、伪善无耻 表达作者的情感：憎恶和批判 ⎫
农民：贫穷悲苦、善良才干 表达作者的情感：同情和赞许 ⎬ 揭露农奴制的罪恶
女性：善良美丽、真诚动人 表达作者的情感：怜悯和尊重 ⎭
问题4：农奴制是怎样的一种制度（农奴制：农奴没有政治权利、经济地位、人身自由）
补充："如果我能有这样的骄傲，但愿在我的坟墓上写着，我的这部书促进了农奴的解放。"

——屠格涅夫

三、理解评价 写推荐

1.《猎人笔记》从一个前人所不曾有过的角度接近了人民。

——别林斯基（俄国文学评论家）

2.屠格涅夫的风景描写，是他的拿手本领，以致在他之后，没有人敢再下手碰大自然这样的对象了，他两三笔一勾，大自然就发出芬芳的气息。

——列夫·托尔斯泰（俄国作家）

3.收获感悟：_____

_____

结语——抛砖引玉：

我拥有了你
——读《猎人笔记》有感
彭淑芬

多少次拿起你，又置案几。看着厚厚的你，愁苦无比。
十九世纪俄国，过于遥远。农奴制的生活，我看不懂你。

订下了任务，强迫自己。跟随着猎人，每天梳理。
看晨雾迷蒙，阳光渐去。闻荞麦甜香，鸟儿欢聚。

这里有乐观能干的农奴。这里有残暴贪婪的地主。
这里有聪明勇敢的孩子。这里有美丽善良的少女。

农民悲惨凄凉，地主奢侈无礼。
愤怒压抑在心里，公平正义去了哪里！

美丽的大自然属于你，祖祖辈辈生存在这里。
勇敢地与农奴制斗争到底，幸福的生活要靠我们自己。

慢慢地我离不开你，摩挲在手上融入在心里。
高唱一支春天的序曲，明丽春光中拥有快乐的你。

写于2017年12月26日晚

5. 板书设计

《猎人笔记》整本书阅读
一、梳理内容，整体感知
二、专题探究，分析主题
三、理解评价，撰写简介

6. 本教学设计与以往或其他教学设计相比的特点（300～500字）
本教学设计与以往的教学设计相比，更具有针对性、整体性和实用性的特点。 　　1. 针对性：此设计必须是以学生依据教师制定的《猎人笔记》阅读计划及任务，阅读完整本书并了解主要内容为基础；以小组选定专题汇报的题目并加以探究为前提。教师从学生的汇报中发现问题，予以指导。用时长，针对性也强。 　　2. 整体性：学生每天进行阅读，每天都有问题和收获，但时间一长，在头脑中留下的只是几个人物、几句描写。此教学设计在对内容进行了梳理的基础上，用文中精彩的景物描写做导入，将师生快速带入书中所描写的情境中：梳理内容，会感知——专题探究，析主题——理解评价，做推荐。将学生对文中内容碎片化的理解，提升为对本部作品从主题到思想性和艺术性的探究，对整本书加深了理解提升了认识，并以推荐的形式完成收获与感悟的再提升。 　　3. 实用性：此设计虽是对《猎人笔记》这本书进行的整体阅读设计，但是通过这本书的阅读，学生学会了阅读整本书的步骤和方法，对今后整本书的阅读有指导意义。 　　《猎人笔记》诞生于俄国19世纪中叶，34万字的厚本，对学生阅读有相当的距离感和阅读障碍，师生用四周时间完成整本书阅读，对增强阅读自信，形成阅读习惯也不无裨益

附：教学相关资料

一、《猎人笔记》阅读计划及任务（11月20日—12月17日）

时间	阅读内容	阅读任务	关注重点
第1周	1～8	1. 了解作者、作品的写作背景、主要内容及主题、评价。 2. 阅读第1篇《霍尔和卡里内奇》，比较两位农民个性、思想的不同之处，并思考造成他们差异的原因。 3. 比较第7篇《里果夫村》的"小树枝儿"和第3篇《莓泉》中的"斯焦布什卡"生活遭遇的异同，分析造成他们悲惨命运的原因	1. 把握人物形象，关注作者塑造人物的方法技巧（如肖像描写、语言描写、心理描写等）。 2. 读懂故事内容，思考故事所反映的社会问题。 3. 欣赏风景描写部分，学习作者写景的手法和技巧
第2周	9～17	4. 第9篇中《美丽的梅恰河畔的卡西扬》是一个令人印象深刻的农民形象，你喜欢这个农民吗？请结合文章内容说说你的理由。 5. 比较第10篇《总管》中的"索夫伦"和第11篇《办事处》中的"尼古拉·叶列梅奇"的异同，作者对他们的态度如何？ 6. 第13篇《两地主》是一篇讽刺性很强的作品，请结合文章内容，谈谈这篇文章的讽刺性体现在哪里。 7. 有人说，作者对第15篇中的女地主充满了尊敬之情，是这样吗？文章中有哪些体现？作者为何要写这样一位地主	
第3周	18～25	8. 联系第2篇《叶尔莫莱和磨坊主妇》中"阿丽娜"的人生遭遇，思考第18篇《彼得·彼得罗维奇·卡拉塔耶夫》中"马特廖娜"的命运如何，并思考他们悲剧命运的社会原因。 9. 阅读第17篇《歌手》篇中的音乐描写带来了怎样的感受？你更欣赏哪一位歌手？说说你的感受和见解。 10. 有人认为第23篇《活骷髅》中的露凯丽娅是全书最美的女性，你同意这种的说法吗？为什么？你认为书中哪一位女性最美丽？美在何处？ 11. 在读完第25篇《树林与草原》后，我们发现书中有很多处景物描写如诗如画，请找出一两处，试着把它画成风景画	
第4周	专题汇报	你可从地主形象、农民形象、女性形象中选择其中一类，结合文本内容，从他们的外貌特征、性格特点、生活遭遇等方面进行比较，并从农奴制的时代原因和他们的性格特点等个人原因分析其命运的差异；还可从自然环境、主题写法等方面写出自己的感悟	题目任选标题自拟

专题分类归纳

地　主	1. 瓦伦斯基和斯捷古诺夫 2. 巴甫雷奇和彼得·伊里奇伯爵 3. 奥夫谢尼科夫和拉季洛夫 ……
农　民	1. 霍尔和卡里内奇 2. 斯焦布什卡和小树枝 3. 卡西扬和守林人（福玛） ……
女　性	1. 阿丽娜和马特廖娜 2. 安德烈耶夫娜和阿库丽娜 3. 玛莎和露凯丽娅 ……
环　境	1.《……磨坊主妇》 2.《别任草地》 3.《幽会》 4.《树林与草原》等

阅读《猎人笔记》专题汇报

题目：_____

_____
_____
_____
_____
_____
_____
_____
_____
_____
_____
_____
_____
_____

二、梳理《猎人笔记》主要内容

序号	篇名	主要内容（句子）	主要人物	感受
1	《霍尔和卡里内奇》	跟随猎人访问日兹德拉县，遇到了小地主"波鲁德金"，结识了他的佃户"霍尔"和仆人"卡里内奇"	霍尔和卡里内奇	
2	《叶尔莫莱和磨坊主妇》	狩猎、借宿敞棚，听到了磨坊主妇不幸的遭遇	叶尔莫莱（猎人） 磨坊主妇：阿丽娜	
3	《莓泉》	在莓泉边上，认识了三个人，听到了农民一贫如洗的生活，看到了贵族挥霍无度、倾家荡产、病死客店的结局	斯焦布什卡雾、符拉斯	
4	《县城的医生》	因病结识了县城医生，听到了医生与即将死去的地主女儿的爱情悲剧	亚历山得拉·安德烈耶夫娜 得利丰	
5	《我的乡邻拉季洛夫》	我的邻居，一位正在变穷的小地主，忠于爱情，与妻妹两情相悦，离家出走	拉季洛夫	
6	《独院地主奥夫谢尼科夫》	看到了各类地主的生活状况和对农民的不同态度，以及地主之间，以大欺小、以强凌弱，还有管家欺主现象	奥夫谢尼科夫	
7	《里果夫村》	来到了里果夫村，认识了被卖来卖去、贫困不堪、蓬头垢面60岁上下的"小树枝"	小树枝	
8	《别任草地》	打猎回家迷路、夜宿农家的五个孩子在草地燃起的篝火旁，听到了农家孩子们在夜空下有趣的夜谈	农家孩子 巴夫路沙	
9	《美丽的梅恰河畔的卡西扬》	打猎归来，车轴断了。到村里修车，认识了虽一贫如洗，却善良、爱护小动物、懂鸟语、能看病的卡西扬	卡西扬 （跳蚤）	
10	《总管》	因为打猎拜访一位不太喜欢的(熟人)伪善地主巴甫雷奇，认识了心狠手辣的恶棍总管索夫伦	阿尔卡季·巴甫雷奇 总管（索芙伦）	
11	《办事处》	秋天打猎避雨来到了西托夫村办事处，带我们认识了一个忙碌精明、卑鄙险恶的办事处负责人尼古拉·叶列梅奇	办事处负责人（尼古拉·叶列梅奇）	
12	《孤狼》	傍晚在树林里结识了一位绰号叫孤狼的守林人。他外冷内热，虽遭遇不幸，却能同情他人	守林人（福玛）	
13	《两地主》	记叙了两个表面可敬善良，实则残忍冷酷的地主。（讽刺）	赫瓦伦斯基（退职少将） 斯捷古诺夫（土财主）	
14	《列别江市》	跟随猎人来到了列别江马市，看到了买卖马匹的情形和猎人买马受骗的经历	公爵、中尉 卖马者	

(续表)

序号	篇名	主要内容（句子）	主要人物	感受
15	《塔吉雅娜·鲍里索芙娜和她的侄儿》	写了一个令人尊敬的女地主，以及收养、培养侄儿失败的经历	女地主	
16	《死》	记述了各类人的死，原因不同，但态度相似：从容冷静，好像参加一种仪式庄严体面	包工头、庄稼人、磨坊主、家庭教师、地主婆	
17	《歌手》	写了下层劳动人民在安乐居饮酒赛歌的快乐时光，以及他们惊人的才艺	**包工头和雅什卡**	
18	《彼得·彼得罗维奇·卡拉塔耶夫》	有善心、不忍压榨庄稼人的小地主爱上了女地主家的仆人（马特廖娜），从相爱、逃跑、到被拆散的悲剧结局	**马特廖娜（女仆）、**卡拉塔耶夫	
19	《幽会》	美丽真诚的农家姑娘阿库丽娜与冷漠势力的受宠侍仆幽会（别离）的情景	**阿库丽娜（农家姑娘）**	
20	《希格雷县的哈姆莱特》	一个有个性、有自尊、有追求、怀才不遇的年轻的知识分子，被虚伪欺诈、无聊空谈的社会环境所淹没	哈姆莱特（知识分子）	
21	《契尔托普哈诺夫和聂道漂斯金》	两个性格迥异的没落地主的悲剧性命运。爱人离去、好友逝去、爱马（顿河马）被盗，物质匮乏、精神绝望，走向死亡	契尔托普哈诺夫和聂道漂斯金	
22	《契尔托普哈诺夫的末路》		**玛莎（茨冈人）**	
23	《活骷髅》	叙述了一位自家女仆，瘫痪多年、骨瘦如柴，却文静善良，内心有美好的憧憬和渴望	**露凯丽娅（地主女仆）**	
24	《大车来了》	猎人雇了马匹和车夫到图拉买霰弹，赶车夜行遇到劫匪，化险为夷的经历。反映城市萧条、农村凋敝、盗匪横生、社会不安的现实	盗匪 赶车人	
25	《树林与草原》	描写了树林、草原春夏秋冬美丽的自然风景，表达对幸福生活和新时代的期望		

三、《猎人笔记》专题探究 学案

班级　　　　姓名　　　　成绩

1. 梳理内容

《猎人笔记》以一个猎人的_____为线索，以俄国美丽的_____为背景，刻画了_____、_____、_____、_____、_____等众多人物形象。真实地反映了_____中叶_____制下城乡_____的生活风貌。

2. 专题探究

《猎人笔记》专题探究反馈表

专题类别	组　别	汇报主题	人物形象	作者情感
农民组	第1组	霍尔和卡里内奇		
	第2组	斯焦布什卡和小树枝		
	第3组	卡西扬和守林人福玛		
地主组	第4组	瓦伦斯基和斯捷古诺夫		
	第5组	巴甫雷奇和彼得·伊里奇伯爵		
	第6组	奥夫谢尼科夫		
女性组	第7组	阿丽娜和马特廖娜		
	第8组	安德烈耶夫娜和阿库丽娜		
	第9组	玛莎（茨冈人）和露凯丽娅		
主题				
问题				

3. 作品简介（要求：给下一届的初中新生写一篇400～500字的简介，要激发他们的阅读兴趣）

整本书阅读《水浒传》教学设计

教学设计个人信息					
姓　名		单　位			
杜海鹰		大峪中学分校			
整本书阅读《水浒传》教学基本信息					
课题		读水浒　讲水浒——品水浒之义气			
学科	语文	学段	初中	年级	8年级
教材	《水浒传》				
1. 指导思想与理论依据					
理论依据 　　依据《义务教育语文课程标准》中语文课程致力于提升学生的综合素养，为学生形成正确的世界观、人生观、价值观，形成良好个性和健全人格打下基础					
设计理念 　　引导阅读经典名著，有利于学生陶冶性情，提高审美情趣；有利于学生拓宽视野，丰富生活知识；有利于学生净化心灵，完善自身人格。通过对《水浒传》的专题阅读，可以从这些经典名著中学到许多优秀的品质、健康的思想情感、积极向上的生活态度，有助于学生加强自身修养，完善自身人格					
2. 教学背景分析					
教学内容 　　通过对名著中重要人物的某一情节进行分析，从而得出义气的真伪，真正的义气是要讲忠诚、讲理智，而不是鲁莽失德、不顾其他					
学生情况 　　最近班中出现一些打着义气的名义却做着不讲义气的事情； 　　学生表达能力和写作能力相对薄弱，不喜欢阅读； 　　成长小组长很负责任，能够督促同组内同学进行阅读					
教学方式 　　展示　思辨写作　表达交流					
教学手段 　　课前阅读　小组讨论　结果展示　评价反思　纠正观点　音乐　PPT					
3. 教学目标（含重、难点）					
教学目标 　　了解水浒人物、情节及其特点 　　通过勾连故事情节进行思辨，分辨讲朋友义气的原则					

教学重点
通过勾连故事情节客观分辨朋友义气

教学难点
通过读水浒辨义气，进行思辨训练

4. 教学过程

一、导入

1. 听歌曲《四海盟约》，知道这是哪首曲子吗？

2. "侠义如酒浓于酒，男儿放饮情烈烈。兄弟非亲心更亲，前生来世总相携……"精美的歌词告诉我们朋友之间的义气有多么美好。而"义气"这两个字也涵盖了《水浒》中的大部分内容，书中人人讲义气，敢为朋友两肋插刀，同时也是我们尤其是男生所向往的，很多的同学不惜为此效仿，最近咱们班发生了很多这样"讲义气"的事情。但是你们知道吗，义气也有真伪之别，今天我们就再次走进水浒一起来品水浒之义气，希望同学们有所获。

二、学习

（一）梳理问题

同学们针对书中重要人物和事件提出了很多质疑，我进行了梳理，整理出以下八个问题让各小组去研讨：

血光之灾哪里来？——吴用
毒死李逵为哪般？——宋江
杀人出气何后果？——李逵
孤行救友又如何？——鲁达
手下留情缘何起？——武松
头把交椅何推辞？——林冲
冷箭救主意为何？——燕青
全身而退何迟延？——李俊

（二）小组展示

1. 明确流程：了解人物——概述情节——辨析义气——得出结论。

2. 各组展示：我们组研讨的是_____问题，在此之前先了解一下这个主要人物_____，主要情节是_____，辨析原因或后果，得出结论_____。

三、总结

1. 针对这节课内容，说说你是怎样理解朋友义气的？

2. 教师小结：

（1）老师特意查了一下词典和百度，对义气的解释均有甘愿承担风险牺牲个人利益，可是我觉得还不够准确，正如你们所说，真正的义气要讲忠诚、讲理智，而不是鲁莽失德，所以老师认为你们已经会读名著了，那就是反复阅读揣摩，不仅要传承其精髓，也要分辨伪劣加以摒弃。

（2）老师也用一首顺口溜作为今天的结束语，希望你们秉承《水浒》中的真义气，让自己的友谊之花盛开。

朋友义气最可贵
水浒之辨心有数
忠诚理智皆宜承
鲁莽失德莫要取

把握分寸不失礼
友情才能成佳话
四、作业
1. 你能结合本节课所学内容和生活实际，说说你如何对待朋友？
2. 你认为《水浒》中谁最孝，请你找出这个人物和故事，说说他们孝的体现。

5. 板书设计
品《水浒》之义气 （取）忠诚之义　理智之义 （弃）鲁莽之义　失德之义

6. 本教学设计与以往或其他教学设计相比的特点（300～500字）
本教学设计是名著《水浒传》阅读中的一部分，但是打破了以一个人物或一个情节为主的教学任务，而是从中选取一些主要人物的一些经典事件，让学生以成长小组为单位，横向阅读，勾连前后情节，进行整体阅读。 　　同时本教学注重与实际相结合，阅读名著不仅是拓宽学生视野，丰富生活知识，还应有助于学生加强自身修养，完善自身人格。结合班中最近发生的关于"义气"的事件，让学生进行横向阅读，然后得出结论：义气也有真伪，真正的义气是要讲忠诚、讲理智，而不是鲁莽失德、不顾其他。 　　老师让出讲台，让学生进行展示，也是一大特色。这个班的学生表达能力和写作能力相对薄弱，不喜欢阅读，但是成长小组长很负责任，能够督促同组内同学进行阅读。采取这种方式，就是督促学生阅读，同时也是促进小组合作，培养学生的表现力和表达力，进而提升学生的语文素养

《水浒传》整本书阅读指导

教学设计个人信息				
姓名				单位
艾云霞				新桥路中学
整本书阅读《水浒传》教学基本信息				
课题				《水浒传》整本书阅读指导
学科	语文	学段	第四学段	年级	八年级
教材	《水浒传》上、下册，100回，人民文学出版社				

1. 指导思想与理论依据

理论依据

　　《语文新课标》指出："要重视培养学生广泛的阅读兴趣，扩大阅读面，增加阅读量，提高阅读品位，加强对课外阅读的指导。""开展各种课外阅读活动，创造展示与交流的机会，营造人人爱读书的良好氛围。""课外阅读的评价，着重考查学生感受形象、体验情感、品味语言的水平，对学生独特的感受和体验应加以鼓励。"2014年3月教育部颁布的《完善中华优秀传统文化教育指导纲要》也指出："初中阶段，以增强学生对中华优秀传统文化的理解力为重点，提高对中华优秀传统文化的认同度，引导学生认识我国统一多民族国家的文化传统。珍视各民族共同创造的中华优秀文明成果，培养作为中华民族一员的归属感和自豪感。"

　　《水浒传》整本书阅读，是对《语文新课标》和《完善中华优秀传统文化教育指导纲要》精神的落实；同时通过整本书阅读，能够挖掘其中蕴含的传统文化，培养学生的创新思维能力，提升学生语文素养，激发和培育学生热爱祖国文化的思想感情

设计理念

　　《水浒传》整本书阅读指导的设计，符合《语文新课标》要求，旨在研究学生的课外阅读，研究进行整本书阅读的方法和策略，对学生的课外阅读给予方法上的指导，是学生终生发展的需要。另外，本设计契合《完善中华优秀传统文化教育指导纲要》的要求，以增强学生对中华优秀传统文化的理解力为重点，提高对中华优秀传统文化的认同度，在具体鲜活的内容中梳理出民族文化的精华

2. 教学背景分析

教学内容

　　《水浒传》是《语文新课标》推荐的名著阅读篇目，也是《北京市中考说明》规定的"名著阅读"篇目。因为它以文言为主，生僻字多、语句拗口，又因为文字量大、事件多、人物多、线索多，给学生的课外阅读带来困难，需要老师的阅读指导

学生情况

　　八年级学生，对古代白话小说知识缺乏积累，还不能做到独立阅读理解，像《范进中举》《老残游记》这样浅显的古代白话小说还必须有老师指导才能理解文意。所以，《水浒传》这样以文言为主、生僻字多、语句拗口、文字量大的大部头作品，学生读第一回目就遇到障碍，读不懂，甚至读不下去。

　　为了激发学生阅读兴趣，首先让学生看《水浒传》的电视连续剧，增加感性认识。接着老师要带着学生读文本，指导学生整本书阅读的方法：跳读和精读相结合，掌握重点字词的意思，关注本文中"插入诗词"的作用，认识文学语言的形象性和写实语言的准确性，进而把学生引入阅读之门

教学方式	一、指导法：教师结合文本内容，进行具体阅读方法的指导。 二、任务法：学生自由阅读文本，完成教师布置的阅读任务。 三、活动法：教师设计阅读活动，培养学生的创新思维
教学手段	一、观看视频：课外观看《水浒传》电视连续剧，了解小说主体内容。 二、讨论交流：课上同学之间交流阅读体会。 三、设计活动：教师设计阅读活动，拓展学生阅读思维

3. 教学目标（含重、难点）

教学目标	一、了解作品主体内容，了解主要人物性格特征和精神品质，了解作品的思想意义和价值取向。 二、对作品的主题、人物、语言等有自己独特的感受和体验，并从作品中获得对社会、人生的有益启示。 三、培养创新思维，引导学生树立正确的价值观，提高学生的语文素养
教学重点	一、了解作品主体内容，了解主要人物性格特征和精神品质，了解作品的思想意义和价值取向。 二、对作品的主题、人物、语言等有自己独特的感受和体验，并从作品中获得对社会、人生的有益启示
教学难点	一、培养学生的整本书阅读习惯，把阅读当成人生的快乐。 二、培养创新思维，引导学生树立正确的价值观，提高学生的语文素养

4. 教学过程

环节一：走进文本——读懂内容

一、观看影片

要求：利用初一暑假观看《水浒传》的电视连续剧，用一句话概括每一集的内容。

目的：了解《水浒传》的主要内容。

二、指导阅读

要求：暑假开学后第一节语文课，老师指导学生阅读《水浒传》第二十二回：横海郡柴进留宾，景阳冈武松打虎。

目的：指导学生整本书阅读方法：跳读和精读相结合，掌握重点字词的意思，关注本文中"插入诗词"的作用，认识文学语言的形象性和写实语言的准确性。

三、自由阅读

要求：每天利用课外时间阅读《水浒传》一个回目，做读书笔记，具体内容如下。

1. 概括每一回目的故事情节（五个以上）。
2. 摘抄最喜欢的语句赏析评价。
3. 提出一个值得思考的问题。

目的：培养提取、概括信息能力和欣赏评价能力。

四、交流阅读

要求：每天利用语文课的前二十分钟交流阅读感受。每个同学轮流做主讲人，准备PPT，和全班同学交流阅读体会，其他同学作补充，老师做指导、点拨。

目的：深入理解文本，培养表达能力、创新思维。

五、比较阅读

要求：《水浒传》整本书阅读完成后，找出自己最感兴趣的一个情节和对应的《水浒传》电视连续剧故事情节做比较，说说小说和电视剧的不同。

目的：感受文学作品语言的形象性。

六、归类阅读

要求：以宋江、武松、鲁智深、林冲等重要人物为线索，梳理和他们有关的故事情节，结合具体事例，评价人物性格。

目的：提取、归类、整理信息，文本重构。

环节二：走出文本——读出感悟

一、写导读

要求：为《水浒传》写一段200字左右的导读。

目的：掌握小说的主要内容。

二、换题目

要求：根据对《水浒传》内容的掌握程度，给小说换一个题目，并说明理由。

目的：进一步掌握小说的主要内容。

三、评人物

（一）我最喜欢的水浒人物

要求：请从36天罡星中选择一个最喜欢的人物，概括他的主要故事，并为他写一副对联。

目的：感受形象、体验情感、品味语言。

（二）作者施耐庵最喜欢的水浒人物

要求：《水浒传》的108个人物中，你认为作者施耐庵最喜欢的人物是谁？说出你的理由。

目的：通过精读，掌握小说描写人物外貌、语言、动作的重点语段，读出作者的感悟。

（三）批评家金圣叹最喜欢的水浒人物

要求：教师提供金圣叹批评《水浒传》人物的语段，让学生通过阅读比较，找出金圣叹最喜欢的水浒人物。

目的：拓展学生的阅读面，激发学生创新思维，多角度、全方位认识小说人物。

四、说"忠义"

要求：《水浒传》中提到的"忠""义"思想，与我们所说的"忠于党"的"忠"、孟子所说的"舍生取义"的"义"一样吗？结合小说内容和现实生活谈谈自己的理解。

目的：认识小说中"忠""义"思想的局限性，引导学生树立正确的世界观、价值观。

5. 板书设计

《水浒传》整本书阅读指导

环节一：走进文本——读懂内容

环节二：走出文本——读出感悟

6. 本教学设计与以往或其他教学设计相比的特点（300～500字）

特点一：注重阅读的过程性

整本书阅读的基础是"阅读"，如何让学生走进文本？为了激发阅读兴趣，首先从观看《水浒传》电视连续剧入手，让学生对整本书内容有个初步了解。接着根据学生的认知规律和思维特点，由浅入深地设计了阅读指导和学生自由阅读、交流阅读、比较阅读、归类阅读等任务，达到整本书阅读的初级目标——了解小说内容，理解人物性格，认识小说主题。整本书阅读的终极目标是提高学生的语文素养，因此在完成环节一的基础上，又设计了环节二：写导读、换题目、评人物（讨论我、施耐庵、金圣叹最喜欢的水浒人物）、说"忠义"。通过环节二活动的设计，完成小说重构，培养语言鉴赏力、创造性思维，引导学生树立正确的价值观，进而实现整本书阅读的终极目标——提高学生的语文素养。

特点二：注重阅读方法指导

《水浒传》这部小说以文言为主，生僻词句多，文字量大，学生阅读起来很困难，因此要注重阅读方法指导。通过阅读指导课，让学生掌握阅读此类小说的方法：跳读和精读相结合，掌握重点字词意思，关注本文中"插入诗词"的作用，认识文学语言的形象性和写实语言的准确性。为学生今后的自主阅读搭铺台阶，并增强他们的阅读信心。另外，把学生熟悉的"景阳冈武松打虎""大闹野猪林""拳打镇关西"等小说情节，和《水浒传》的其他艺术形式——电视剧、连环画、评书、戏曲等做比较阅读，可以让学生更加深刻地感受小说文字的魅力。

特点三：注重培养语文素养

整本书阅读的过程，是听、说、读、写能力综合训练的过程。为了完成老师布置的阅读任务和各种阅读活动，学生需要打乱小说前后顺序，重新构建文本，提取、整合信息，品味小说中富有表现力的语言，对作品的思想意义和价值取向做出评价，提出相关问题并进行探究，发表独特见解。这一综合训练过程中，学生需要听、说、读、写，潜移默化地培养了语感、锻炼了思维，提升了语文素养

整本书阅读《红楼梦》教学设计

教学设计个人信息					
姓　　名		赵圆圆	单　　位		育园中学
整本书阅读《红楼梦》教学基本信息					
课题		如何阅读《红楼梦》			
学科	语文	学段	高中	年级	高一
教材　人民文学出版社《红楼梦》					
1. 指导思想与理论依据					
理论依据 　　教育部颁发的《普通高中语文学科课程标准（实验）》对高中生课外阅读提出明确要求："具有广泛的阅读兴趣，努力扩大阅读视野。学会正确、自主地选择阅读材料，读好书，读整本书，丰富自己的精神世界，提高文化品位。课外自读文学名著（五部以上）及其他读物，总量不少于150万字。"为了进一步推动名著阅读，并真正落实"新课标"的相关精神，北京市已将《平凡的世界》《红楼梦》《呐喊》《边城》《红岩》《老人与海》等十二部名著正式纳入2018年高考必考范围。同时《中国学生发展核心素养》也提出"文化基础"，在语文课程中主要表现为"人文底蕴"，指对人文积淀、人文情怀的关注。基础、底蕴和情怀都需要积淀，积淀需要长时间的稳定状态，而散点式、碎片化、拼接型的阅读却在不断切割、打断、搅动学生的阅读。整本书阅读更有利于培养学生的人文底蕴					
设计理念 　　《红楼梦》对中学生来说有着举足轻重的地位。当然，即使不为考试，它也应该是每个人首选的人生必读书。其百科全书般的广博内容、卓绝超拔的艺术成就、丰富厚重的人文内涵，对提升一个人的整体素养，有着不可替代的作用。正如清人所说："开谈不说《红楼梦》，读尽诗书也枉然。"但对大多数十五六岁的中学生来说，阅读这部小说确实有难度。为缓解这种畏难情绪，我将《红楼梦》整本书的阅读分成四个步骤。步骤一：观看影片，了解内容。步骤二：课内导读，增加兴趣。步骤三：课外自读，把握人物。步骤四：汇报展示，共话红楼					
2. 教学背景分析					
教学内容 　　《红楼梦》整本书					
学生情况 　　学生对阅读《红楼梦》有畏难情绪，首先《红楼梦》涉及的人物众多，学生梳理不清人物关系。其次，《红楼梦》中有许多隐晦的事物，学生读不懂便无法了解红楼梦的主旨。再次，《红楼梦》依然属于文言文，学生们望文言生畏					
教学方式 　　阅读　梳理探究　拓展					

教学手段

学案　多媒体　1987版《红楼梦》影视资料　2008版《红楼梦》影视资料
《脂砚斋重评石头记》《蒋勋说红楼梦》

3. 教学目标（含重、难点）

教学目标

1. 了解曹雪芹的家世与《红楼梦》的创作，明确《红楼梦》是一部自传性质的小说。
2. 了解《红楼梦》的巨大影响及其基本思想，认识《红楼梦》在文学史上的地位。
3. 课内导读《红楼梦》前五回（两节连读），了解其内容梗概和在书中的作用，理清《红楼梦》中主要人物关系
4. 课外阅读，把握主要人物形象（林黛玉与薛宝钗、晴雯和袭人、刘姥姥和贾母、王熙凤和贾探春等），分析人物性格，体会书中人物的命运
5. 通过贾宝玉、林黛玉、薛宝钗的爱情悲剧，认清当时的社会及其腐朽性

教学重点

课内导读《红楼梦》前五回，了解其内容梗概和在书中的作用，理清《红楼梦》中主要人物关系

教学难点

1. 课外阅读，把握主要人物形象（林黛玉与薛宝钗、晴雯和袭人、刘姥姥和贾母、王熙凤和贾探春等），分析人物性格，体会书中人物的命运。时代背景，把握小说的主旨。
2. 通过贾宝玉、林黛玉、薛宝钗的爱情悲剧，认识当时的社会的现实及其腐朽性

4. 教学过程

活动步骤一：观看影片，了解内容。

利用假期时间自行观看电视剧《红楼梦》（可选87版或08版）

活动步骤二：课内导读，激发兴趣。（两节课连读）

第一课时：学生结合收集资料，介绍《红楼梦》的成就和地位，介绍曹雪芹及《红楼梦》的创作背景、内容、艺术特色。了解《红楼梦》流传的主要版本和脂砚斋。阅读《红楼梦》第一回——甄士隐梦幻识通灵　贾雨村风尘怀闺秀。了解并明确小说以"女娲补天"和"木石前盟"两个神话故事做楔子，为塑造贾宝玉的形象，描绘宝黛的爱情故事，蒙上浪漫主义的色彩。明确"好了歌及其注"在小说中的作用。

第二课时：阅读《红楼梦》第二回——贾夫人仙逝扬州城　冷子兴演说荣国府。梳理贾府的主要人物，完成贾府人物关系图。了解作者巧妙借用"谐音"揭示人物命运。

阅读《红楼梦》第三回——托内兄如海荐西宾　接外孙贾母惜孤女。初步了解荣国府、宁国府的环境，贾府的重要人物（贾母、王夫人、贾家三姐妹）等人，王熙凤在贾府的地位，分析宝黛相见时两人的人物形象。

第三课时：阅读《红楼梦》第四回——薄命女偏逢薄命郎　葫芦僧判断葫芦案。了解"四大家族"的一荣俱荣，一损俱损关系，分析宝钗初次进贾府时的人物形象。阅读《红楼梦》第五回——游幻境指迷十二钗　饮仙醪曲演红楼梦。明确本回是全书的纲，借助宝玉梦游太虚幻境，翻看金陵十二钗的判词和画页，明确本书主要女性人物的命运和结局。

活动步骤三：课外自读，把握人物。

明确要求：

1. 每天读《红楼梦》一个回目，做好读书笔记。

首先，概括每个回目的主要情节。其次，摘抄一段本回目中的精彩描写片段或诗词，并且进行简要分析。最后，记录疑难问题。

2. 每天利用早读时间，开设《红楼讲坛》学生自由交流读书感受，学生轮流做主讲人。结合自己的读书收获制作PPT，同学也可提出不同的感受，当场讨论交流，教师指导、点拨。

3. 每周展示，每周以组为单位绘制阅读《红楼梦》思维导图，张贴展示在班级文化园地内，用来督促学生自觉读书。同时，将疑难问题列出，同学和老师可以共同解答。

注：本步骤分为必读和选读两个部分，前八十回为必读回目，高鹗续写为选读回目。

活动步骤四：汇报展示，共话红楼。

包括7项展示内容。

活动一：高瞻远瞩

1. 为《红楼梦》写推荐阅读理由。
2. 为《红楼梦》设计小说腰封。

活动二：评说人物

1. 撰写人物评传，《红楼梦》一书共提到人物983人，其中有名有姓有背景的人物有448人，为后世熟知的有数十人。其中贾宝玉、林黛玉、薛宝钗、王熙凤等人更是家喻户晓，每位学生给自己喜欢的人物写一篇简短的评传。

2. 召开辩论会，每个红楼人物都有着极其丰富的性格，通过辩论使学生们认识到人物的多面性，从而能够全面客观地看待人物、评价人物。

活动三：赏析诗词

1. 红楼诗词达人比赛，全书的回目像诗一样精彩，而且全书有诗词曲赋数百首，进行背诵比赛，使经典深刻印在学生的头脑中。

2. 学唱红楼经典歌曲，87版的电视剧《红楼梦》中，著名作曲家王立平对《红楼梦》中的部分曲词进行了改编，使其成为经典。让学生学唱经典，感受诗词之余，再次认识红楼梦中人。

活动四：主题探讨

曹雪芹创作的《红楼梦》全面而深刻地反映了这个时代的特征，它的主题也有着多样化的解读，结合你的阅读体验，你更同意哪一种？写一篇不少于200字的小论文。

活动五：红楼百科

《红楼梦》除了文学造诣登峰造极，在历史研究方面也极有价值。它被称为中国封建社会的百科全书，书中细致地记载了我国封建社会晚期的风俗习惯、人文地理、社会政治、百姓生活等方方面面。哪个方面引起了你的兴趣，请谈谈你在书中的发现。

活动六：探究梳理

《红楼梦》魅力何在？

可从前面的系列活动中梳理思路，例如：人物形象鲜明生动，小说文学性强、文采出众，研究封建社会的百科全书等方面。每组形成一份论文，字数3000左右。

活动七：拓展思考

民国时期著名作家张爱玲曾说过，她的一生有三件遗憾之事："一恨鲥鱼多刺，二恨海棠无香，三恨红楼未完。"高鹗续写的《红楼梦》后40回，历来存在争议，假如你来给前八十回加一个结尾，你希望给作品加上怎样的结局？并说说你的理由。

5. 板书设计
《红楼梦》阅读 步骤一：观看影片，了解内容。 步骤二：课内导读，激发兴趣。 步骤三：课外自读，把握人物。 步骤四：汇报展示，共话红楼。
6. 本教学设计与以往或其他教学设计相比的特点（300～500字）
这个针对《红楼梦》整本书教学设计，将阅读过程分成两大部分，教师引领学生阅读前五回，前五回是比较难理解的部分也是全书的纲领。通过教师的引导使得学生了解本书的主要人物和人物的结局、梳理人物关系、品味小说写作手法的浪漫。考虑到学生的阅读兴趣和能力，将学生自读环节分为必读和选读两部分。必读是根据学生喜爱的人物可以进行跳读，这样保证每个学生可以把握主要人物形象；选读是对"读"有余力的同学设置，就是通读全书，这样可以更全面地了解小说的精髓。当然只读一遍《红楼梦》是不能品味其中精妙的，教师还可以根据实际教学情况安排重读。最后是不拘形式的汇报展示。这样的阅读设计既能够考量、提升学生的思维品质，也能够帮助学生形成依据文化背景解读人物的意识，还能够帮助学生开展复杂的言语实践活动。在梳理、体验、实践中，学生的思维、审美水平得以提升，文化意识得以增强，言语实践能力得到历练。又因为学生和老师阅历有限，老师推荐阅读《脂砚斋重评石头记》《蒋勋说红楼梦》，帮助学生全面分析书中的人物，把握小说的主旨

战场内外论英雄——名著阅读 教学设计

教学设计个人信息	
姓　名	单　位
陈刚	育园中学
战场内外论英雄 ——名著阅读 教学基本信息	

课题		战场内外论英雄			
学科	语文	学段	高中	年级	高二
教材　人民文学出版社《三国演义》						

1. 指导思想与理论依据
理论依据 　　《课程标准》中要求："根据自己的学习目标，选读经典名著和其他优秀读物，与文本展开对话。""根据语境揣摩语句含义，运用所学的语文知识，帮助理解结构复杂、含义丰富的语句，体会精彩语句的表现力。"本节课的教学设计、教学重点就是要深入文本，与文本展开对话，体会精彩语句的表现力。在此基础上实现《课程标准》关于"能感受形象，品味语言，领悟作品的丰富内涵，体会其艺术表现力，有自己的情感体验和思考。努力探索作品中蕴涵的民族心理和时代精神，了解人类丰富的社会生活和情感世界"的要求
设计理念 　　《三国演义》中大小战争四十余次，都各具特色，互不雷同。而作者能十分准确地把握人物与战争的密切关系，始终把人物刻画当作战争描写的关键。可以说，作者是"以战写人"。真英雄还是真草包，战场内外尽可展现。明乎于此，在《三国演义》整本书阅读教学过程中，我把教学的内容设定为学生探究作者是如何用艺术化的战争描写来展现人物思想性格及人物之间的尖锐冲突的。而作品第五回中的"温酒斩华雄"，是一个并不算大的战争场面，但却写得惊天动地、气象万千，各色人物性格的展现丰富而充分。所以将其设定为整本书阅读教学的起始课内容，从而起到名著导读的作用
2. 教学背景分析
本设计的起始课以《三国演义》第五回中的"温酒斩华雄"桥段为载体，引导学生探究作者是如何用艺术化的战争场景描写来展现人物思想性格及人物之间的尖锐冲突的。本设计还要求学生对整本书中涉及的重大战争情节有深入的阅读了解。之所以选取以上内容作为教材，是因为作者能十分准确地把握人物与战争的密切关系，始终把人物刻画当作战争描写的关键。研读重大战争中人物的表现对于学生把握人物形象至关重要
学生情况 　　学生用近两个月的时间，基本通读了整部名著，对作品中的基本情节和主要人物有了基本的了解。但学生对作者用艺术化的战争描写来刻画人物思想性格的意图没有深入地体会。本教学设计就是要让学生通过专题学习深入理解作者把人物性格、思想放置在艺术化了的战争描写中去塑造的艺术手法
教学方式 　　本课教学方法的选择主要是依据本课题相应的课程理念、学习目标和学生的具体情况，采用讨论点拨相结合的方法，实现教学目标

教学手段

针对本课的内容，为了实现教学目标，本课教学将采用以《三国演义》第五回中的"温酒斩华雄"桥段为载体，通过阅读分析讨论，体会人物形象，感受作品的艺术魅力，以此实现名著导读的作用

3. 教学目标（含重、难点）

教学目标

1. 通过对"温酒斩华雄"战场情节的阅读鉴赏，深入体会人物形象，理解作者塑造人物形象的方法。
2. 领会作者把人物刻画当作战争描写的关键的写作意图和手法。
3. 结合作品中具体而重大的战争描写，分析人物形象，明确人物的思想性格与战争胜负之间的内在联系

教学重点

鉴赏"温酒斩华雄"桥段，深入体会作者是如何利用战争描写来塑造英雄形象以及其他各色人物形象的

教学难点

结合作品中具体而重大的战争描写，分析人物形象，明确人物的思想性格与战争胜负之间的内在联系

4. 教学过程

教学环节	教师为主的活动	学生为主的活动	设计意图	时间安排
一、导入	以电视剧《三国演义》片尾曲中的歌词导入。（歌词：暗淡了刀光剑影，远去了鼓角争鸣，眼前飞扬着一个个鲜活的面容，淹没了黄尘古道，荒芜了烽火边城，岁月你带不走那一串串熟悉的姓名。）此时让学生谈谈从歌词中悟出了什么？之后教师会顺势总结到：《三国演义》中所展现的那波澜壮阔的历史早已经随着时空的转变而远去，虽然刀光剑影的战争已经远去，但作品中塑造的一个个鲜活的人物还在历史的天空闪耀。那么作者是如何在刀光剑影的战场内外塑造鲜活的人物形象呢	聆听，感受	创设情境，明确学习目标	1分钟
二、鉴赏"温酒斩华雄"桥段	1. 组织学生回顾《三国演义》第五回，重点在"温酒斩华雄"桥段。 2. 教师出示精读片段，范读。【（曹）操教酾热酒一杯，与关公饮了上马。关公曰："酒且斟下，某去便来。"出帐提刀，飞身上马。众诸侯听得关外鼓声大振，喊声大举，如天摧地塌，岳撼山崩，众皆失惊。正欲探听，鸾铃响处，马到中军，云长提华雄之头，掷于地上。其酒尚温。】 3. ①出示教师阅读后的感受——"未见关公舞青龙，已惊云长盖世功"。 ②提出问题：作者用什么手法塑造关羽人物形象。 4. 小结	1. 快速浏览相关内容。 2. 以小组为单位，结合小说具体内容和老师的感受，品味分析作者是如何表现关羽的神威的。 3. 展示成果。 预设成果： 1. 小说通过杀声、鼓声、喊声和诸侯的反应来表现关羽的神威，是侧面描写的手法。 2. 借助"其酒尚温"，这一巧妙的细节设置，体现关羽英雄神威。英雄须有用武之地，才能展现英雄本色	走进文本，领会作者通过侧面描写展现人物形象的手法；明确关羽英雄形象的塑造是通过对战场内外的细节描写实现的	15分钟

教学环节	教师为主的活动	学生为主的活动	设计意图	时间安排
三、"会场"鉴英雄	1. 提出问题：作者把战场放到了诸侯商量对策的会场背后来写。那么，在作者精心布置的"会场"上，我们又感受到了怎样的众生相呢？哪些人堪称英雄？哪些人是假英雄？他们对战局又起到了怎样的作用？ 2. 教师总结。 依据教学成果总结：战场、战局和战况是人物彰显个性的舞台。作者是在"以战写人"。战场内外，英雄立现	1. 依据文本具体内容，分析"会场"上的人物形象，探讨他们对战局起到了怎样的影响。 2. 展示成果。 预设："温酒斩华雄"是关羽战斗历史的开端，作者借助对这场战役的侧面描写，为我们塑造了一个超群绝伦的英雄形象。同时，在关羽出战的前后，会场上的人，时大惊、时失色、时大喜、时大怒、时大叫，这些激荡不安的情态和个性化的语言，无一不与战场上的动静紧密相关。也正是在这样跌宕起伏的战局局势下，各色人等才原形毕露，个性才得以凸显。 比如：曹操，他周旋席间，显然是会场秩序的维持者，且也是此时此地的正义的维护者，他既反对重职位、轻人才的贵族偏见，又顾全大局，力劝袁术不能"因一言而误大事"，促成了关羽大显神威。这样的眼光、胸怀，实在是真英雄。 再如：作者还借助战场外的会场，勾画了袁氏兄弟，他们出身四世三公，满脑子的贵族偏见，有眼不识英雄。尤其是袁术，从他骄横无理的行为中，已足见腐朽贵族的丑恶嘴脸。身份高贵的草包，更令人鄙视。正是借助这样激荡的战场局势，袁氏兄弟"高贵的草包"形象才呈现在读者面前，同时战局的波折与走向也就不言而喻了	初步感知作者艺术化的战场描写是以刻画人物为关键	15分钟
四、梳理大战场	组织学生，回顾几个重大战争事件，让学生简要说说对哪场战争中的哪个人物印象深刻，他的表现是否符合你心中英雄的标准	梳理作品中的几个重大战争事件，谈谈印象深刻的英雄人物	为深入领会作者以战争刻画人物的创作手法做准备	7分钟

教学环节	教师为主的活动	学生为主的活动	设计意图	时间安排
五、布置专题作业	出示作业：复述《三国演义》里某一场重大战争（战役）的经过，分析作者利用战争描写刻画了怎样的人物形象。 或在下列任务中任选其一： 1. 结合官渡之战中曹操的具体表现，以"一场经典战役的缔造者"为题，给曹操写一段颁奖词。 2. 结合原著分析袁绍官渡之战失败的原因，以"谏袁绍"为题，写一篇文章。 3. 结合原著，分析曹操赤壁之战失利的原因，以曹操的口吻写一篇昭告三军的"检讨书"。	阅读作业内容并记下，为进入专题阅读与写作做准备	巩固所学。带着任务深入阅读，完成专题写作，进而实现整本书的深入阅读	2分钟

5. 板书设计

战场内外论英雄

会场　　以　　战场

诸侯众生相　战　关羽显神威

写

人

侧面描写

6. 本教学设计与以往或其他教学设计相比的特点（300～500字）

　　1. 本课的《三国演义》整本书阅读教学是从一个经典的篇章入手，以"点"引出并确定一个专题主线，形成名著阅读专题式教学。这是基于对作品本身的题材特点而设计的。《三国演义》中大量的战争描写不仅推动着故事情节的发展，更是生动展现了各色人物形象。作品中的英雄、草包、复杂的奸雄、枭雄等各色人等都是通过战场内外得以展现的，抓住这一点，就能将赏析人物放在满篇皆是的战争环境（备战、战中、战果）中实现。

　　2. 教学设计所提炼的专题是师生通过对"典型案例"的品读、分析和鉴赏，在课堂上生成的。虽然这是教师课前就"预谋已久"的，但这样的专题内容是经过学生研讨分析得出的。它追求确定专题的研究过程，而不是取巧做专题教学成果的展示，因此这种带有研究性的课更有意义，是最好的整本书阅读的导读。

　　3. 在课上把研究的专题确定以后，教学设计注重专题研究的延伸，布置了研究性作业，用高质量的专题作业进一步落实教学目标，从而推动整本书阅读教学的实现。比如作业1："结合官渡之战中曹操的具体表现，以'一场经典战役的缔造者'为题，给曹操写一段颁奖词。"这样的作业，就是让学生在对整个官渡之战的情节阅读中，在品味细节、赏析情节的过程中实现对曹操这个英雄形象的认定

整本书阅读《四世同堂》教学课例

教学设计个人信息	
姓　　名	单　　位
武金芝	首师大附中永定分校

整本书阅读《四世同堂》教学基本信息					
课题	惶惑、偷生、反抗的矛盾体 ——简析《四世同堂》中的祁瑞宣				
学科	语文	学段	高中	年级	高二
教材	《四世同堂》，北京十月文艺出版社，1995				
1. 指导思想与理论依据					
理论依据 　　首先，《高中语文新课程标准》中明确指出：要让学生"阅读优秀作品，品味语言，感受其思想、艺术魅力。"发展学生独立阅读能力，从整体上把握文本内容，理清思路，概括要点，理解文本所表达的思想、观点和感情。根据语境揣摩语句含义，体会语言表达效果。同时也要求学生根据不同的阅读目的、针对不同的阅读材料，灵活运用精读、略读、浏览、速读等阅读方法，提高阅读效率和效果；这就要求本课的教学在知识与技能方面指导学生学会选择恰当的方法阅读名著，特别是赏析瑞宣人物形象、矛盾心理及其文化意义的方法，透过人物体悟作者真实创作意图。 　　其次，《课标》指出："注重个性化的阅读，充分调动自己的生活经验和知识积累，在主动积极的思维和情感活动中，获得独特的感受、体验和理解。学习探究性阅读和创造性阅读。""注重合作学习，养成互相切磋的习惯。乐于与他人交流自己的阅读鉴赏心得，展示自己的读书成果。"这就要求本课在过程与方法方面，采取合作探究的方式，进行小组合作探究式阅读，筛选文段，赏析人物性格及其丰富内涵。 　　最后，《课标》指出：要指导学生"与文本展开对话，领悟其丰富内涵，探讨人生价值和时代精神，增强民族使命感和社会责任感"。同时要："有自己的情感体验和思考，受到感染和启迪。努力探索作品中蕴含的民族心理、时代精神，藉以了解人类丰富的社会生活和情感世界。"这就要求本课在情感态度与价值观方面让学生体悟到瑞宣经过惶惑、偷生到心灵的炼狱的过程，体悟瑞宣的矛盾心理，体悟当时社会心态，进而寻找建构足以复兴民族、富强国家的理想人格的类型，以强化民族的生命力 **设计理念** 　　瑞宣是《四世同堂》的线索人物，他的矛盾心理是当时一类人的心路历程，本设计以他为切入点，通过对其形象分析，挖掘背后的丰厚内涵及传统文化因素，可以了解作者创作意图，从而把握文章主旨，从而起到名著导读的作用					

2. 教学背景分析

教学内容

《四世同堂》借取20世纪40年代北平西城普普通通的小羊圈胡同作为亡城的缩影，以祁家祖孙四代为中心线索，细致地刻画了北平人在日本侵略者的统治下，如何挣扎在生与死的缝隙里以及他们缓慢而艰难的觉醒过程，分析了在国破家亡的严重时刻，国民们的精神素质和种种心态，是我们认识历史的一面镜子。瑞宣，作为小说的主人公，着力表现了他既清醒又软弱的矛盾性格，其根本目的在于借助瑞宣表现在战争冲击下，许多人开始摆脱传统文化的束缚，在惶惑、偷生之后，逐渐清除懦弱、动摇的积习，投身于反抗、斗争的民族解放的洪流中。可以说，瑞宣作为贯穿全书的人物，他的矛盾心理代表了当时一类人的心路历程，通过对其形象分析，挖掘背后的丰厚内涵及传统文化因素，可以了解作者创作意图，从而把握文章主旨。所以本专题以瑞宣人物形象为切入点进行分析，从而起到名著导读的作用

学生情况

我所执教的班级高二（三）班，共32名学生，是学校的文科实验班，总体来说学生具有一定的阅读鉴赏能力，但由于学生接触的整本书阅读较少，头脑中的知识多是碎片化的，阅读与表达水平有待提高，对于人物仅能分析出人物的表层性格，借助材料深层分析的能力还有待加强，所以专题在设计上注重对学生进行赏析方法的引导，梳理主要情节，帮助他们通过典型情节、人物心理、语言等赏析人物性格及其丰富内涵。

对于《四世同堂》这本书，班级的学生大多是00后，成书年代与学生生活年代相隔较远，部分情节和人物理解存在隔阂，所以在本专题的教学中交代当时的社会背景，从而引起学生的情感共鸣，进而达到所设定的情感态度价值观目标

教学方式

讲授法、批注式阅读、探究式阅读、自主合作探究

教学手段

《四世同堂》、学案（对书中与瑞宣有关的情节的汇总和整理）、PPT、《四世同堂》电视剧、PPT辅助教学

3. 教学目标（含重、难点）

教学目标

1. 知识与能力：学会鉴赏小说中人物的基本知识和方法，能够通过典型情节、细节描写从不同的角度和层面解读人物。

2. 过程与方法：通过自主梳理情节，对所描写人物进行大致了解；通过教师提问点拨、同伴合作探究，选择适当材料，探究瑞宣对待婚姻、家族、国家的矛盾心理及其所代表的社会形象；通过教师引导，讨论交流，分析瑞宣这一形象的深层内涵及作者的写作意图。

3. 情感态度价值观：体悟瑞宣经过惶惑、偷生到心灵的炼狱的过程，体悟瑞宣的矛盾心理，体悟当时社会心态，进而寻找建构足以复兴民族、富强国家的理想人格的类型，以强化民族的生命力

教学重点

1. 能够通过典型情节、细节描写从不同的角度和层面解读人物。
2. 探究瑞宣对待婚姻、家族、国家的矛盾心理及其所代表的社会形象

教学难点

分析瑞宣这一形象的深层内涵及作者的写作意图

4. 教学过程

教学环节	教师为主的活动	学生为主的活动	设计意图	时间安排
视频导入	播放黄磊版《四世同堂》视频 导入语：老舍的《四世同堂》是写人的杰作，以小羊圈内几个家庭众多小人物屈辱、悲惨的经历来反映北平市民在抗战中惶惑、偷生、苟安的社会心态，再现他们在国破家亡之际缓慢、痛苦而又艰难的觉醒历程。瑞宣作为家庭中的长子也长期处于这样的矛盾心理中，这节课我们就共同走进瑞宣，探究他复杂而矛盾的心路历程，分析造成这样心理的根源及作者的写作意图	观看视频，听讲	激发阅读兴趣，了解本课学习目标，使学习更具有针对性	3分钟
合作探究	教师提出聚焦点和问题，并相机追问，引导学生。 问题：1. 纵观全书，根据相关情节分析瑞宣的性格特点？ 2. 瑞宣对于战争的态度经历了怎样的变化？请对每一阶段选择一个词进行概括，并列举相关情节进行分析。 3. 瑞宣的这种心理是单一的吗？在惶惑和偷生中是否有反抗的心理？ 找每组代表发言	学生思考问题，根据问题选择材料，小组合作探究 预设答案： 1. 瑞宣知书识礼，温文尔雅，有一颗善良的爱国心。在抗日烽火中他也渴望救国救民，但作为长子长孙又要对四世同堂的大家庭尽孝，只得守在家中，满怀义愤，却不能付诸行动。他妥协、忍让，思想上一直在"尽忠"和"尽孝"二者之间充满矛盾和痛苦。但他终于还是从矛盾苦闷中解脱觉醒来，走上反侵略之路。情节：与钱先生、瑞全谈论中日战争局势；当时瑞宣不知何处学来的总是那样温雅自然；全力帮助钱默吟；支持并安排瑞全出走；为家人忍辱负重工作；劝说长顺出走…… 2. 态度经历了从惶惑到偷生再到反抗的过程。 惶惑：瑞宣身上具有明显的"长子情结"，他孝顺、体谅、善于忍耐和敷衍。在实现自我理想和履行伦理义务之间，他选择了自我牺牲，因为"父亲、子女、兄弟、姊妹等称谓，并不是简单的荣誉称号，而是一种具有完全确定的异常郑重的朴素义务的称呼。"在这一阶段，瑞宣的思想中占主导地位的是传统的宗法伦理，他的"一个手指"还无法拨转动几千年的文化。同时也有抗争，如：因神父对于中国人的轻蔑而辞职、对于汉奸冠晓荷的态度等	学会鉴赏小说中人物的基本知识和方法，能够通过典型情节、细节描写从不同的角度和层面解读人物。 通过自主梳理情节，合作探究，了解瑞宣的人物特点及心路历程	20分钟

教学环节	教师为主的活动	学生为主的活动	设计意图	时间安排
		偷生：这一阶段的瑞宣同样面临双重人格之间的斗争，即"长房长孙"的人生道路和个体觉醒的人生选择之间的斗争。对于瑞宣，养亲和报国都是合理的伦理选择，但无论选择哪一方他都会感到犯罪感，在自己的意志和行动的撕裂下，他已经成了一个找不到自己存在位置的矛盾集合体。他也有抗争——劝长顺出走、被捕时内心的平静。 反抗：父亲祁天佑的死震动了瑞宣，他终于明白，"每个人的私事都和国家有关。"这也直接导致了他暂时搁浅"孝"，选择以反抗的行动来支撑自己的信仰与意志，为国尽忠。 3.不是单一的，瑞宣一直处于矛盾和煎熬之中，处于想要出走却不能出走的状态，他在惶惑和偷生中也有抗争，但都被心中的家族观点给暂时压倒，最后在瑞全的影响下，一扫过去的悲观失望，在抗战中重新找到自己的岗位		
追根溯源	提问：瑞宣的这种矛盾心理具体体现在哪些方面？矛盾心理背后的文化因素？	思考谈论，回答问题 预设答案： 1.家庭责任与国家意识。 2.孝与忠。 3.传统与现代。 背后的文化因素： 1.家族"长子"情节。 2.典型的儒家知识分子心理。 3.传统的家族宗法制影响。 4.受新文化的影响不彻底，不足以对抗传统文化带来的影响	由教师引导，讨论交流，分析瑞宣这一形象的深层内涵，找到背后的文化因素	7分钟
主旨探究	提问：1.书中和瑞宣有同样矛盾挣扎的人还有谁？这些人具有什么样的特征？ 2.作者想要借助瑞宣这一人物表达什么？	思考谈论，回答问题 预设答案： 1.陈野求、校长。 2.借助瑞宣表现在战争冲击下，许多人开始摆脱传统文化的束缚，在惶惑、偷生之后，逐渐清除懦弱、动摇的积习，投身于反抗、斗争的民族解放的洪流中。他寄希望于人民，希望抗战是中华民族的"大扫除"，一方面赶走敌人，一方面扫除自己身上的垃圾，使中国文化观念现代化	了解作者创作意图，从而把握文章主旨，体悟当时社会心态，进而寻找建构足以复兴民族、富强国家的理想人格的类型，以强化民族的生命力	8分钟

教学环节	教师为主的活动	学生为主的活动	设计意图	时间安排
总结升华	名著阅读鉴赏人物的方法： 1. 总结相关情节。 2. 批注情节，赏析人物性格。 3. 联系背景，探究人物性格所具有的丰富内涵和文化因素。 4. 借助人物来探究作者的写作意图	总结、思考	总结所学，形成知识系统	2分钟

5. 板书设计

祁瑞宣

心路历程：惶惑——偷生——反抗

矛盾：家与国、孝与忠、传统与现代

作者意图：批判与唤醒，实现文化观念的现代化

6. 本教学设计与以往或其他教学设计相比的特点（300～500字）

1. 选取角度的创新。本教学设计突破章节的界限，从单个人物的角度出发，作为鉴赏整部书的切入点。选取书中最具代表性的人物祁瑞宣，通过情节梳理，让学生认识到瑞宣的矛盾心理，进而从个人推演到一类人，纵观全书，找到这一类人共通之处，探究其背后存在的文化因素，透过人物性格、心态变化来看整本书的环境，赏析情节，做到小说中人物、情节、环境三要素的有效结合，水到渠成地探究主旨。

2. 教学方法的创新。采用专题教学，教师点拨和学生探究体验相结合，借助专题来学习名著，各个环节环环紧扣，过渡自然。整个过程充分发挥学生的主动性，成为探究的主体，突出教师的引导性地位，给学生方法上的指导，学会由一个人到一本书再到整类书的鉴赏，为阅读导读教学做一种有益尝试。

3. 与传统文化紧密结合。《四世同堂》作为现当代名著，在设计过程中，既让学生体会其中的革命传统，继承民族精神，又通过探究背后存在的文化因素，追本溯源，推究背后蕴含的"家族宗法制""儒家知识分子心理"等传统文化因素，对学生进行价值观和世界观的引导。

附录：

整体学程设计

教学阶段	主要内容	教学资源	设计意图	时间安排
阅读起始课	观看《四世同堂》话剧	话剧《四世同堂》视频	激发阅读兴趣、直观再现人物形象及性格	一课时
阅读准备课	了解作者、社会背景，借助话剧梳理人物关系	网络关于老舍的相关信息及《四世同堂》相关内容	为授课和阅读理解做好准备	一课时
情节梳理	梳理书中和瑞宣有关的情节	《四世同堂》原著	通过梳理情节，为性格分析做铺垫	二课时
重点突破	借助情节分析瑞宣的性格、矛盾心理历程及其背后原因，分析作者创作意图	学案、PPT	深入探究，理解和评价人物，把握文章主旨	一课时
总结分享	开展以"我心中的瑞宣"为题的演讲活动		进一步把握瑞宣形象，达到分享和交流的目的	一课时

绘本阅读《你是我最好的朋友》教学设计

教学设计个人信息			
姓　　名			单　　位
刘西婷			京师实验小学
绘本阅读《你是我最好的朋友》教学基本信息			
课题			你是我最好的朋友
学科	语文	学段	低段	年级	二年级
教材　绘本《你是我最好的朋友》			

1. 指导思想与理论依据

理论依据

　　在国外绘本早就成为低幼文学的代名词，而我国才刚刚起步，国内外绘本阅读的发展差距，使得把绘本引入小学语文课堂是必要和迫切的。国际公认绘本是最适合幼儿与低年级孩子阅读的图书，绘本阅读是低年级孩子阅读经历中不可缺少的重要一环。而在国内，绘本阅读起步比较晚，我们对绘本的了解与绘本阅读的实践才刚刚起步。近两年，我国大陆有一些儿童文学作家与小学语文教学研究专家认识到绘本阅读对低年级孩子成长的重要性，开始致力于绘本读物的推荐和推广，为老师、家长和孩子们共同开启了经典绘本阅读之门。

设计理念

　　图文并茂的绘本吸引着孩子。绘本的价值和魅力在于：它没有一句教条，却能满足孩子的成长需要；没有一丝说理，却能启发孩子的深入思考；没有一点儿喧闹，却能激起孩子的会心大笑。在绘本阅读中"让孩子像个孩子"。正如美国诗人惠特曼一首诗中所说："有一个孩子每天向前走去/他看见最初的东西/他就变成那东西/那东西就变成了他的一部分……"通过阅读绘本，儿童不断进行着情感的体验，凭借着阅读，情感得到了提高和升华。在孩子的世界里，在轻松愉快的阅读中，埋下影响终身的良好的情感。

　　本书画面无限温馨、感人，娜娜充分运用想象，调动起末末的触觉、嗅觉和味觉，让末末体会到了他看不见的五彩缤纷。娜娜描述的每一种颜色都独具风味，充满感情，她的语言令人陶醉，她的想象让心灵充盈。而想象也真是神奇，它天马行空，任意驰骋，更主要的是它把娜娜和末末的个人经验都融进了色彩，红、黄、蓝、绿、黑和白，不管平时看起来多么单调的颜色，此刻都变得如此丰富动人。在这样融洽的一问一答中，两人的友谊也慢慢深厚。所以末末最后说他最喜欢白色，那是因为白色是他好朋友的颜色，最美的颜色是朋友之间的友谊。

2. 教学背景分析

教学内容

　　以"友谊"为主题，帮助孩子体会什么是真正的友谊，如何去获得真正的友谊。我国著名儿童诗人金波以诗的语言为图书撰写了引言，经他反复润色过的故事，文字更加优美生动，内容更加耐人寻味。小故事大道理：每个人都有自己的弱点，都需要别人的帮助和友谊，如果大家能够用心来互相帮助，那不仅友谊会变得丰富多彩，人生也会变得五彩斑斓。

学生情况	本书的灵魂——友谊，正是因为末末的"看不见"和娜娜对颜色的想象，才变得独特起来，并充满了浓浓的人文关怀。二年级的孩子能初步理解娜娜和末末之间的友谊，但要深入地品读这一点，则需要老师慢慢地带孩子去感悟、去领会。我们的孩子都是健全的孩子，大都是用视觉去观察颜色，很少用多种感官去品味色彩。我们要引导孩子从娜娜的描述中，有感情地朗读，充分运用想象，并真正地体会色彩的美丽
教学方式	观察法、想象发、朗读法、读写结合法
教学手段	直接观察、合理猜想、合作创新

3. 教学目标（含重、难点）

教学目标
1. 通过绘本阅读，激发学生课外阅读的兴趣，让学生产生阅读期待。
2. 能够用心体会，运用多种感官来感受大自然中丰富的色彩，并尝试用语言来描述自己独特的色彩观察和感悟。
3. 初步感受到娜娜和末末之间深厚的友谊，明白友谊的可贵

教学重点
激发学生的阅读兴趣，品读娜娜对色彩描述的语句

教学难点
能充分展开想象，尝试用优美的语言把自己感受到的色彩描述出来

4. 教学过程

课前谈话
你们喜欢绘本吗？石老师给你们讲的《我爸爸》，让我们了解到爸爸的勇敢、强壮、温柔，我爱爸爸，爸爸也永远爱我。今天，刘老师给大家带来一个很有意思的绘本故事，你们愿意听吗？

一、走入"绘本"
看老师写课题《你是我最好的朋友》，你能提出什么问题？（为什么是我最好的朋友？谁是我最好的朋友？等）下面我们带着这些问题走进绘本。

1. 你们看，谁来了？出示大象和老鼠的画面，用上形容词来说一说：
（　　）的老鼠　　（　　）的大象

2. 猜一猜：他们俩谁更厉害呢？说说理由。

3. 读儿歌：大象大，老鼠小，大象最怕老鼠咬。老鼠钻进象鼻里，痒得大象受不了。

小结：从儿歌中我们知道大象都怕小老鼠，今天老师带大家认识一个与众不同的小鼠娜娜。

4. 你们看，她来啦。出示小白鼠娜娜的图片，（扉页）简介：娜娜是一只很特别的小白鼠。仔细观察：这是小白鼠娜娜的房间，你发现了什么？（墙上到处是大象的图片，玩具箱里放满了大象的毛绒玩具，地上还摆着一个踏着滑板车的大象玩具）

你们观察得真仔细，猜一猜：娜娜会有什么梦想？（想找大象做朋友，心情非常迫切）

5. 读书指导：我们先来看看这个故事的简介，它可以帮助我们了解故事的主要内容。

6. 读绘本简介。我们了解到了故事的主人公是：小老鼠娜娜、大象末末（板书）

请你想想看。

（1）盲象是什么意思？

（2）故事简介向我们提了哪两个问题？指名学生读一读。

二、品读绘本

（一）猜想色彩

1. 猜猜娜娜会为末末介绍什么颜色呢？（随学生猜想板书）

2. 出示画面，初步感受色彩的丰富。

（二）品味"红色"

1. 出示绘本的文字

2. 交流：读了他俩的对话，你明白了什么？

3. 品读文字：红色还是一种非常温暖的颜色，就像樱桃和西红柿在太阳的照耀下慢慢熟透了的样子。

理解：末末是一只盲象，它是怎么感受到红色呢？

小结：人生气发火，俗称怒火；红色还是让感觉很温暖的色彩，樱桃、西红柿在阳光照射下慢慢熟透从青变红。娜娜的方法真好。

4. 我们请两个同学来读一读他们的对话。

（三）品味"黄色"和"蓝色"

1. 出示画面，现在你们来猜一猜：娜娜怎么给末末介绍黄色和蓝色的？

2. 下面我们读一读了解她是用什么方法介绍的。

（1）末末通过娜娜的介绍，让他感觉到了黄色的温暖，也尝到了黄色的甜蜜；感觉到了蓝色的清爽、温柔。

（2）男女生合作读一读。

（四）品味"绿色"

你们想不想知道书中娜娜是怎么介绍绿色的？那赶快打开书14页自己读一读。

（五）品味"白色和黑色"

1. 看图：娜娜接下来为末末介绍了哪两种颜色？

2. 末末是一只盲象，它感受最多的是什么颜色？

请你闭上眼睛，你觉得黑色是什么感觉，就像——？联系生活实际学生说感受。你们喜欢黑色吗？

3. 我们一起来看看白色：白色像雪花，很冷；白色像棉花糖，很甜；白色像云朵，很轻；白色还像飘落的雪花，很安静。更重要的是——白色还是她自己的颜色。

（六）提升情感

1. 过渡导入：聪明而可爱的娜娜为末末讲述了那么多色彩，娜娜问了末末一个问题。

2. 猜想：末末会怎么回答？说说你的理由。

3. 读对话：

"我最喜欢白色！"末末毫不犹豫地说。

"为什么？"娜娜感到很好奇。

4. 再次猜想原因：

"因为我有一个好朋友，她让我的生命变得丰富多彩，而她是一只小白鼠，所以我最喜欢白色。"

5. 引申：这白色仅仅是白色吗？它还象征着什么？（友谊）

6. 读句子：友谊是最美丽的色彩。

三、小结
你们喜欢这个故事吗,这个故事的开头和结尾还有许多精彩的内容,请大家自己去阅读吧。

四、升华
学完这个故事,你有什么感受吗?

其实,每个人都有自己的弱点,都需要别人的帮助和友谊,如果大家都能像娜娜和末末一样,用想象、用心来互相帮助,那不仅友谊会变得丰富多彩,人生也会变得五彩斑斓。

四、推荐阅读
《你是我最好的朋友》是"聪明豆绘本系列"中的一本,同学们在课外可以阅读这些书,愿这8颗"聪明豆"在你们的心田里播种下友爱的种子,让你们在友谊和爱的滋润下健康成长。

五:作业
如果你是娜娜,你又会怎样为朋友介绍呢?(结合画面:草莓、柿子、苹果、森林介绍红色或绿色,也可以介绍其他颜色)

5. 板书设计

绘本——

		红色		
		黄色		
	你是我最好的朋友	白色	友谊	最美丽的色彩
娜娜　末末		蓝色		
		黑色		

6. 本教学设计与以往或其他教学设计相比的特点(300～500字)

　　阅读有很多种,能吸引孩子的就是最好的,在我给孩子们讲故事的时候,声情并茂地表达故事的内容与情节。每每此刻,也是孩子们最高兴的时候。绘本,画面很细腻,而且很丰富,各画面间有过渡、有衔接,所以,把画看懂看全,是不可忽视的,否则太可惜了。学习这本绘本时,我让学生们学着对课题进行质疑,带着问题进入绘本。品读故事,让学生慢慢体会娜娜引导末末多种感官感受到缤纷的色彩。通过读一读、猜一猜等方式激发学生的学习兴趣。同学们能用自己的语言描述喜欢的颜色,然后情感升华体会到友谊是最美丽的色彩。接着,在音乐声中安静地品读整体绘本故事,感受他们之间的真挚友情。最后,通过文字和画笔展示自己喜欢的颜色及原因,同学们很喜欢,也很享受这个过程,呈现出色彩纷呈的画面。

绘本阅读《米莉的帽子变变变》教学设计

教学设计个人信息

姓 名	单 位
刘晓欣	门头沟区教师进修学校

绘本阅读《米莉的帽子变变变》教学基本信息

课题	米莉的帽子变变变				
学科	语文	学段	第一学段	年级	二年级
教材	未来出版社《米莉的帽子变变变》,图文：[日]喜多村惠,译者：方素珍					

1. 指导思想与理论依据

理论依据

　　《语文课程标准》指出："要重视培养学生广泛的阅读兴趣，扩大阅读面，增加阅读量，提倡少做题，多读书，好读书，读整本的书。"对于读书，《课标》也有明确的数量要求，即"九年课外阅读总量应在400万字以上。"其中，低年级的课外阅读总量要求不少于五万字。但低年级学生识字量有限，课外阅读纯文本的东西，很容易失去阅读兴趣。而绘本以画为主，字少，画面丰富，以画传达故事情节，比一般纯文本更能激发孩子的兴趣，也符合儿童早期阅读的特点和习惯。故绘本是低年级很好的课外阅读资源。这也是低年级学生走向流畅、独立的文字阅读过程中的一座桥梁

设计理念

　　六七岁是人的想象力发展最关键期，人的聪明、才华、联想能力、创造性，都和这一阶段的想象力发展有关。好的绘本不仅仅在讲述一个故事，同时也是在帮助孩子提升观察力，丰富他们的想象力，升华他们的精神境界。观察和想象力是开发智力的最佳途径，简明的文字与细腻浪漫的图画能让学生的想象力与创造力得以自由驰骋。教学《米莉的帽子变变变》这一绘本，让学生随着老师声情并茂的讲述，走进故事，感受帽子的神奇，激发孩子阅读兴趣的同时，唤醒学生的想象力，想象更多更神奇的帽子，让孩子们的想象力像米莉一样飞舞起来

2. 教学背景分析

教学内容

　　这是一本高品质的精装硬皮绘本，由日本著名童书作家喜多村惠创作，曾入围"凯特·格林纳威奖"。

　　作者用可爱的图画和简单又富有趣味的语言给孩子们描绘了一个叫米莉的小女孩，拥有一顶可以神奇变幻的帽子。漂亮的孔雀、美丽的鲜花、汽车、轮船、房子……只要你想帽子变成什么样就可以变成什么样。每一页米莉的帽子都有不同的变幻等待孩子们去发现，让孩子们摆脱束缚，激发无穷的想象力。

　　本教学以《米莉的帽子变变变》这个绘本故事为蓝本，让学生观察书中图画和人物，激发学生的多彩想象力，展开想象，练习有条理地表达

学生情况

绘本《米莉的帽子变变变》从内容到篇幅的长度都比较适合二年级学生阅读，但独立阅读整本书还是有一定困难的。教师应在阅读中以"讲书人"的角色，引领学生走进故事，了解故事内容，感受帽子的神奇。

二年级学生对图文并茂的图画书非常感兴趣，但对整本书的阅读更多地还停留在"看到什么"这一认识层面，需要教师有针对性的指导，学生才会有更多的实际获得。

针对学生年龄特点和认知现状，我认为在教学中，应抓住画面和文字引导学生感受米莉帽子的神奇，在这样的感受之中激发学生的想象力和创造力。在学生语言表达得到锻炼的同时，发展思维

教学方式

1. 图文以"多媒体"的形式呈现，创设故事情境；
2. 教师以"讲书人"的角色出现，引导走进故事；
3. 学生以"角色者"的身份参与，展开想象创编

教学手段

"看、听、想、说、画、写"相结合，引导学生走进故事，感受帽子的神奇，激发学生的阅读兴趣、想象力和创造力

3. 教学目标（含重、难点）

教学目标

1. 听故事，使学生了解故事的内容。
2. 感受帽子的神奇，找出神奇变化的原因。
3. 仔细观察书中人物，展开想象，进行绘编

教学重点

1. 感受帽子的神奇，找出神奇变化的原因。
2. 仔细观察书中人物，展开想象，进行绘编

教学难点

仔细观察书中人物，展开想象，进行绘编

4. 教学过程

一、谈话导入，激发阅读兴趣

1. 平时，你们喜欢看什么课外书？看过绘本吗？看过什么绘本故事？
2. 今天，老师给你们带来了一个很有意思的绘本故事，想听吗？

（板书：米莉的帽子）

二、观察封面，渗透阅读方法

1. 看封面，知作者
2. 看封面，知人物

说说米莉的样子：

米莉穿着（   ），背着（   ），梳着（   ），脸上露着（   ），头上戴着（   ）。

3. 看封面，知内容

米莉身上最吸引你的是什么？米莉的帽子到底怎么变？让我们走进这个绘本故事。

三、边听边问，感知故事内容

1. （PPT）教师边讲边问

（1）边听边想，整体感知

店员拿来的，是一顶什么样的帽子？为什么说这是一顶非常神奇的帽子？

（2）边听边猜，体会神奇

有很多羽毛的，是一顶什么帽子？会是什么样？

看到蛋糕店的蛋糕，米莉会有一顶什么帽子？是什么样的呢？

经过花店，米莉会有一顶什么帽子？是什么样的呢？

走进公园，米莉会戴上一顶什么帽子？是什么样的呢？

（3）梳理发现，清楚原因

你们发现了吗？米莉的帽子为什么那么神奇了吗？

随着米莉的帽子，让我们的想象飞起来：

（出示：句子训练）

走在大街上，米莉戴上了一顶_____帽子，它_____。

回到家里，米莉戴上了一顶_____帽子，它_____。

躺在床上，米莉戴上了一顶_____帽子，它_____。

（4）观察图画，展开想象

玩轮滑的小男孩戴着一顶什么帽子？猜想他为什么戴着这样一顶帽子？

玩滑板车的小朋友戴着一顶怎样的帽子？为什么会戴着一顶这样的帽子？

观察画面，说说你还看到谁戴着什么样的帽子？

老婆婆的黑色池塘帽子为什么会变成一顶快乐的池塘帽子？

米莉为什么这样开心？

会唱歌的帽子上都有什么？

2. 小结

就连睡觉，她的头上都有一顶可爱的帽子。让我们的想象跟随米莉的帽子一起飞翔，想象出更多五彩斑斓、变幻莫测的帽子。

【设计意图：绘本教学中，教师应是一个讲书人，声情并茂呈现故事内容，将学生带入有趣的故事中去。为调动学生阅读兴趣和培养学生的想象力，在每次帽子发生变化前，都让学生展开想象去猜测帽子的样子，用自己的语言去描述，发展语言的同时，发展思维，使绘本书在阅读教学中发挥最大价值。】

四、想象编绘，提升综合素养

1. 米莉的帽子不仅给自己带来了快乐，也给周围的人带来了快乐。看着这么多各种各样的帽子，老师的头上也戴着一顶帽子，这是一顶鼓掌帽，我在为同学们精彩的发言鼓掌呢。

2. 闭上眼睛，想一想，你戴着一顶什么帽子？或者你看见你的同学戴着一顶什么帽子？想好了吗？和同学们说说。

3. 拿起画笔，把你想象的帽子画下来，并在旁边写上一两句话。

4. 展示交流。

5. 小结：同学们的想象真是丰富，就像米莉说的——每个人都有自己的神奇帽子。

我们唯一要做的是运用我们的想象力。只要勇于想象，什么事情都可变成现实。

【设计意图:《语文课程标准》中明确指出:"在发展语言能力的同时,发展思维能力,激发想象力和创造潜能。"可见,激发学生想象力,培养学生创造力被提到了十分重要的位置。《米莉的帽子变变变》一书为学生创设了想象的空间,可以给学生以极大的启发,拓宽学生想象思维。为此拿起笔去画去写,让学生的想象力和创造力得到发展。】

五、推荐绘本,拓展课外阅读

(图片:方素珍)她不仅翻译了很多绘本,还写了许多和《米莉的帽子变变变》一样有意义、有趣的绘本。推荐同学课下可以读读:《花婆婆》《故障鸟》《好担心》《爱书的孩子》,她写的《胖石头》《明天要远足》《天天星期三》《我有友情要出租》。走进绘本世界,一定会给你带来更多惊喜,更多快乐!

【设计意图:低年级的课外阅读总量要求不少于五万字。可课上的阅读时间是有限的,所以,学生的阅读必须做到课内与课外相结合。向学生推荐系列书目,可以激发学生阅读的兴趣,保证课外阅读的实效。】

5. 板书设计
米莉的帽子变变变 神奇 尺寸 颜色 形状 想象力
6. 本教学设计与以往或其他教学设计相比的特点(300～500字)

第一次尝试绘本教学,绘本对于低年级的孩子来讲,不是教材而是游戏,是感受快乐的途径。而对我自己而言,更是一次挑战。《米莉的帽子变变变》中帽子的画面夺人眼球,帽子的变化充满神奇。既能让孩子们享受充满想象力的故事情节,也能放飞孩子们的想象力。因此,这本绘本是非常好的教材。虽然这是第一次尝试,但绝不是最后一次。

(一)巧用绘本资源,发展学生综合素养

语文教学的主要任务是提高孩子听说读写能力。在本节的绘本阅读教学中,我让孩子们插上了想象的翅膀,与米莉一起遨游神奇的帽子王国。在学生的阅读兴趣高涨的同时,开始创作——用笔画出自己想象中的帽子,用笔写出自己戴着什么帽子。由读到说再到画和写,层层推进。

(二)课内课外结合,享受阅读创造之乐

阅读的世界是广阔的,仅仅语文课上的阅读是不够的。课的最后,我还推荐了一些有趣的绘本故事,引领孩子去尝试阅读更多的绘本。课间,我看到学生都舍不得放下手中的笔,还沉浸在创作中,享受阅读和创作带给他们的快乐。

比较遗憾的是,孩子创作的时间比较紧张,课堂上展示不够充分,只好课后将学生的作品汇集展示

绘本阅读《猜猜我有多爱你》教学设计

教学设计个人信息	
姓　名	单　位
任香草	潭柘寺中心小学
绘本阅读《猜猜我有多爱你》教学基本信息	

课题	猜猜我有多爱你			
学科	语文	学段	低段	年级	二年级

注：上表"学科/学段/年级"行含6列

教材　《猜猜我有多爱你》
1. 指导思想与理论依据
理论依据 　　著名教育学家苏霍姆林斯基在《给教师的建议》中讲道：凡是没有学会流利地、有理解地阅读的人，是不可能顺利掌握知识的。而他所提供的练习方法，最重要的一点就类似于我们的绘本阅读。而绘本通过简单的故事，简单的对话，留给孩子们广阔的思考和想象空间，为孩子们提供了一个很好的学习素材。阅读绘本也可以帮助孩子学习语言，陶冶孩子的艺术情操，让孩子从此爱上阅读，帮助孩子健全人格。 　　语文课标中对低年级学生的阅读教学提出：喜欢阅读，感受阅读的乐趣。培养阅读兴趣从故事、图画中开始。每个孩子都爱听故事，喜欢画画，特别是小学低年级学生，对事物的认识、感知首先从直观形象开始。例如，观察精美的图片，学习有趣的故事，这样才能激发兴趣。小学低年级的阅读也应该遵循孩子的这一特点，让学生在教材中涉猎自己喜欢的故事，在看图学文中欣赏捕捉自己感兴趣的图画，以此激发学生要读、想读的欲望。
设计理念 　　本次教学设计力求让学生做到参与、表达，发挥想象，培养学生的口语表达能力。教师在活动中做好指导与整合。让学生在学习绘本的过程中，激发阅读的兴趣，学会用口头或者图文的方式表达感受
2. 教学背景分析
教学内容 　　《猜猜我有多爱你》是爱尔兰作家山姆·麦克布雷尼创作的。这本图画书里有一只小兔子和一只大兔子，一个是孩子，而另一个是母亲。小兔子像所有的孩子一样爱比较。它俩在比赛谁的爱更多一些。大兔子用智慧赢得了比赛，而小兔子虽然爱稍微少一点，可小兔子用它的天真和想象赢得了大兔子多出一倍的爱。两只兔子都获胜了。整个作品充溢着爱的气氛和快乐的童趣，小兔子亲切可爱的形象，两只兔子互相较劲的故事构架以及形象、新奇的细节设置都对孩子有着极大的吸引力
学生情况 　　二年级的学生认识了不少的字，基本上能够读下来或者借助图画读《猜猜我有多爱你》这本书。学生对阅读的兴趣不浓，学生在阅读时大概能借助图画和文字了解故事大意。但是对故事中的深意并不理解。学生没有阅读的习惯，没有好的阅读方法

教学方式	观察，思考，想象，角色扮演，拓展，表达
教学手段	多媒体课件，故事配音

3. 教学目标（含重、难点）

教学目标	1. 借助图画和故事情节培养观察力，激发想象力，激发阅读的兴趣。 2. 通过讲、编、角色扮演等多种形式感知故事，学会模仿续编故事，提升语言表达能力。 3. 在阅读中逐渐体会到父母的爱，学会向父母表达爱，能够用自己的行动来向父母表达爱
教学重点	通过讲、编、角色扮演等多种形式感知故事，学会模仿续编故事，提升语言表达能力
教学难点	在阅读中逐渐体会到父母的爱，学会向父母表达爱，能够用自己的行动来向父母表达爱

4. 教学过程

一、激趣导入 猜测封面

1.今天老师带来一本好看的图画书。 [出示封面《猜猜我有多爱你》]

你们看，这就是书的封面。观察书的封面，你发现什么？

书名，全班齐读。这是一个问句。你猜猜是谁让谁猜？

（观察封面）兔子、旁边的小兔子。

他们在干什么？你猜一猜他俩是什么关系？

观摩封面，还发现什么？

文/山姆·麦克布雷尼　图/安妮塔·捷朗　翻译/梅子涵　明天出版社

介绍了出版社的信息。

2.再往后翻，咱们看到的就是这本书的环衬，是绿色的，也叫作蝴蝶页。

3.接下来，是这本书的扉页。看，里面有小兔子和大兔子一起跳跃着，好开心，快和他们打打招呼。

4.你们看，这就是这本书的封底。

师：你们想知道这本书到底讲了什么故事吗？让我们一起一页一页地打开书。仔细地看看。

二、猜想故事 细读内容

1.你们看，图上有谁，他们在干什么？（出示图片）

师：小栗色兔子该上床睡觉了，可是他紧紧地抓住大栗色兔子的长耳朵不放。同学们，你们来猜猜，小栗色兔子想干什么呢？

学生猜一猜。

（出示图片）他要大兔子好好听他说"猜猜我有多爱你。"他说。大兔子说："喔，这我可猜不出来。"

师：和你们原来猜想的一样吗？

现在你就是小兔子，能说一说你说的话吗？

生重读句子——猜猜我有多爱你。

2. 小兔子说："这么多。"

师：同学们，请你们仔细看，小兔子在干什么呢？

出示句子。他把手臂张开，开得不能再开。

大兔子的手臂要长得多。"我爱你有这么多。"他说。嗯，这真是很多，小兔子想。

师生分角色表演。

请学生表演。

想一想，他们谁更爱对方多一点。小兔子想用伸手臂的方式向大兔子表达爱。他特别想表达对大兔子的爱。

3. 快看，这次小兔子在干什么？（出示图片）他会说什么呢？

出示句子：我的手举得有多高，我就有多爱你。

你们猜一猜大兔子可能会怎么做的？

恩，跟你们想的一样。（出示图片）你们猜他会说什么？

（出示图片）大兔子说："我的手举得有多高，我就有多爱你。"

仔细观察小兔子，从他的样子可以推测他在想什么？

从小兔子的想法可以看出什么？

师：小兔子觉得一定要让大兔子知道自己多爱他。

4. 小兔子不甘心，他又想出一个好主意。看，小栗色兔子在干什么？

师：小兔子又想出了个好主意，他倒立起来，把脚撑在树干上。我爱你一直到我的脚指头。他说。

师：小栗色兔子可真是够有创意的。你们知道大栗色兔子是怎么做的？他会说些什么？

（出示图片）大兔子把小兔子抱起来，甩过自己的头顶："我爱你一直到你的脚指头。"

师：都是到小栗色兔子的脚指头。那谁的爱更多一点呢？

5. 师：大家发挥想象，小兔子特别想表达对大兔子的爱，还可能怎么表达呢？

6.（出示图片）师：你们看小栗色兔子在干什么？（跳来跳去）

他说：我跳得有多高就有多爱你！

师：跳是兔子的本能。你们看小栗色兔子跳得真高。

仔细观察大栗色兔子是怎么做呢？高不高？小栗色兔子什么表情？它会想些什么？它为什么想跳那么高呢？

我跳得多远就有多爱你。

我跑得有多快就有多爱你。

7. 师：可爱的小兔一直在跟大兔子比赛，可大兔子的爱总是比小兔子多。他太羡慕大兔子了，他手臂长，跳得高。小兔子想啊想啊，我深爱着的大兔子，我该怎么表达对你的爱呢？我们接下来继续听故事。

8. 师：同学们，故事听完了。想一想，小兔子还用了怎样的方式来向大兔子表达自己的爱。

9. 同学们，故事讲完了。你再猜猜他们是什么关系？但是作者是怎样称呼他们的呢？（大兔子、小兔子）大兔子其实代表的是父母。

三、回顾书的内容

1. 自由看故事。

2. 师小结：大兔子的爱永远比小兔子的爱多。当我们很爱、很爱一个人的时候，也许会想把这种感觉描述出来。可是，就像小兔子和大兔子发现的那样：爱，实在是一件不容易衡量的东西。同学们，在生活中父母一定是非常爱你的。请你们举个例子说说父母是怎么爱你的？

3. 大兔子真的很爱小兔子，在生活中有没有像这样爱你的人呢？他们是怎么爱你的？你准备怎么向你的父母表达你的爱意？

学生回答。

在生活中，父母无时无刻不表达出对你们的爱。你准备怎么向你们的父母表达你们的爱呢？

师小结：其实爱很简单，爱就是妈妈回家时的一句妈妈辛苦了，妈妈您喝茶。爸爸在沙发上睡着时的一条毛巾被，是爸爸工作一天以后你的捶背。是你每天认真学习，不让父母操心……我们生活在爱的世界中，我们处处都被爱包围着，我们要发现爱、表达爱、珍惜爱，大声地对家人说出你的爱。别忘了也把这个故事讲给他们听。

古今中外，爱都是无处不在的。《游子吟》是唐代诗人孟郊创作的，这是一首母爱的颂歌。通过回忆一个看似平常的临行前缝衣的场景，凸显并歌颂了母爱的伟大与无私，表达了诗人对母爱的感激以及对母亲深深的爱与尊敬。

四、总结

1. 感谢作者。

2. 好书推荐。

师：同学们你们喜欢这本书吗？这本书的作者还写过这些书。希望同学们课下也可以找来看看。

3. 布置作业。

（1）回家把这个故事讲给你的父母听。

（2）读好书推荐。

5. 板书设计
猜猜我有多爱你 图：大兔子　小兔子 伸手臂 手举高 倒立 跳多高 到小河 到月亮
6. 本教学设计与以往或其他教学设计相比的特点（300～500字）
在教学中，通过对绘本的阅读，从简洁的图片中，浅显的故事情节中，学生们从中体会到父母浓浓的爱，感受到父母的爱永远多于孩子。古诗的引入，与传统文化相结合，更让学生体会到无论国外还是中国父母都是爱孩子的。我们也应该用我们自己的实际行动去表达对父母的爱。最后让学生说一说准备怎样来表达对父母的爱，整个课堂教学达到高潮。 　　在本课的设计中，有大量的口语表达的机会。如每幅图的出现都会让学生想象一下，表达一下自己的看法。就像我们的看图说话，既培养了学生的观察能力与想象能力，同时也培养了学生的口语表达能力。在学习中也有让学生根据句式练习说话，培养学生的表达能力。使学生享受绘本学习的乐趣，敢于不断提出问题，不断表达自己的想法，从中促进学生语言沟通与表达能力的发展。我感觉本节课的训练点很多，学生受益良多，学生的听、说、读能力逐渐得到提高

第九章

门头沟区亲子阅读实践及总结

陪孩子一起快乐读书

马茹新　育园小学三（4）班　刘勃妍家长

作为家长，陪伴孩子是一件非常重要而有意义的事情。我们既要享受陪伴孩子的快乐，也要肩负起教育孩子的责任。伴读，会使我们真实地走入孩子的心灵，见证孩子的成长。

贪玩是孩子的天性，读书是孩子成长的必经之路。怎么才能让孩子既享受玩耍的快乐，也能培养孩子的读书兴趣呢？

首先，了解孩子。我的孩子已经上三年级了，有自己的想法和主见。我们为孩子选择的图书不论多么优秀，如果孩子不喜欢，读不进去，也是没用的。更何况，所谓父母为孩子挑选图书未必就真的适合孩子，所以，我想说把选书的权力交给孩子，家长给出合理化建议。相信孩子的选择，从孩子的兴趣出发，由浅入深，从而引导她的读书兴趣。

其次，带着孩子一起规划。第一，利用业余时间进行文化课程的辅导；第二，根据学校的建议和孩子的爱好，选择部分课外类阅读。第三，作为家长也要多带着孩子参加一些户外运动。通过以上方法，规划这一周想看的图书，怎样去完成，让孩子心里有个最初的想法、计划，一步步引导孩子每天抽出时间去读书。家庭教育和学校教育同样重要，要想培养一个优秀的孩子，家庭的成长环境是非常重要的。所以我们决定每周二、周四作为我们的家庭读书日（所谓的家庭读书日，就是全员都要参与进来，一起读书）。这样在培养孩子读书的过程中，和孩子间建立一条知识的纽带，既丰富了孩子的成长经历，也丰富了我们自己的人生观、价值观。这样不仅使孩子在读书方面受益，更多的是在学习方面，对孩子起到了积极向上的作用。

最后，落实规划办法。我们要在繁忙的工作之余抽出一定时间去陪孩子，保证家庭读书日的顺利开展。在关掉手机、关闭电视的那一刹那，让孩子不再感受到自己是孤立的，陪他们一起阅读，一天天见证孩子的点滴成长，成为孩子最为亲密的朋友。最终让孩子在劳逸结合的过程中，享受读书的乐趣，成长的快乐。这也是作为新时代父母所想看到的。

最终，读书也就会变成个人主动性、创造性、趣味性的行为，使孩子真正地从读书中找到乐趣。陪孩子一起快乐读书，快乐成长，其实就是走进了孩子的心灵深处，看到他们心中的渴望。

播撒阅读种子　养成良好习惯
——亲子阅读分享
马云茜　育园小学三（3）班　朱语墨家长

从2009年的初秋语默呱呱坠地以来，一晃近九个年头过去了。语默现在已是一名三年级的小学生。他乐观积极、活泼可爱。老师和同学们更是因为他爱读书、课外知识丰富而给他起了雅号"小博士"。

身边有很多朋友都问我怎样激发孩子的阅读兴趣、培养孩子良好的阅读习惯。有时我也会思考这个问题。

一、种下阅读的种子

语默没有出生前我就阅读了大量育儿书籍，其中《郑玉巧育儿经》给我留下了深刻的印象。这本书中谈到婴儿从刚生下来就具备73种潜能，许多与生俱来的本能，只是因为没有得到适当开发，而在出生三四个月后就消失。新生儿刚出生就具有活跃的视觉能力，并能记住所看到的东西。胎儿在母体内就具备听的能力，新生儿不仅能听，而且能把听到的声音和看到的联系起来。因此，新生儿出生后就具备学习的能力，与人交往的能力，通过看、听、说、嗅等方式接受和反馈外界刺激。

受到这本书的启发，我想我也可以让孩子非常早就开始阅读。因此，从语默满月开始，我每天都会坚持给他读书。读的都是最简单的带优美图片的儿歌书。我希望这些漂亮的图片及雅致的方块字刺激语默的大脑皮层，在他的心灵中种下阅读的种子。刚开始是字卡或最简单的诗歌，慢慢过渡到简单的故事。每天十到二十分钟不等，我一直坚持到语默四岁左右。

长期坚持后，语默一岁以后就体现出对文字极浓厚的兴趣。看到字他会很兴奋，后来他开始主动要求我教他认读汉字。如果带他到外面玩，只要遇到字，他就会停下来读，不认识的一定要让我讲清楚。识字量多少决定了孩子读书兴趣的多寡，语默对汉字的兴趣很快转化成对阅读的兴趣。

犹太民族是一个坚强而又伟大的民族。尽管受到诸多磨难，他们仍然没有忘记传承本民族的文化精髓，没有忘记吸收其他民族的文化精华。犹太人父母从孩子很小的时候就开始启发他们追求知识，崇尚智慧；培养他们独立自主的品格，开拓创新的精神。而且这个民族非常注重儿童教育，尤其是培养孩子的阅读习惯。

在犹太人家里，孩子稍微懂事，妈妈就会翻开《圣经》，滴一点蜂蜜在上面，然后叫孩子去吻圣经上的蜂蜜。这个仪式的用意是告诉孩子书本是甜的，让他在最初接触书时，就留下非常美好的印象，从而一生都喜欢书。

我虽然没有他们如此有智慧的做法，但我用自己无意识的坚持在语默幼小的心灵中种下热爱阅读的种子。父母遗传提供的是基础，养育环境造就的是精神。

二、营造阅读的环境

要让孩子爱上阅读，营造一个好的环境非常重要。从语默出生到现在，我给他买了很多书，种类繁多。只要他想读书，随时可以自由选取。我还会以各种理由送他书，比如节假日或他的生日，在他的心目中书是我送给他的最好的礼物。

寒暑假或周六、周日，我带他去的最多的地方是图书馆或新华书店。西单图书大厦、王府井书店等是我们假期必去之地，但我们最常去的还是本区的新华书店。每次去最少待半天时间，语默选他自己喜欢的书，我也在他身边陪读。

多带孩子去图书馆，给孩子买很多书，都指的是营造客观环境，更重要的是家长要起到言传身教的重要作用。我本身也很热爱读书，平时工作或闲暇时间，我的手头都少不了厚厚的书，这本身就使孩子受到了潜移默化的影响。

三、找到适合的方法

孩子来到这个世界，其实是以生命个体的形式存在。既然是个体，就存在差异性，没有千篇一律的培养阅读习惯的好方法，因此要找到适合孩子个性特点的方法。

语默活泼好动、调皮机灵，他的个性不是很喜欢单一的说教或强制的要求。因此，他看的课外书都是自己主动选择的结果。我也曾试着向他推荐一些书，但他绝不会按我的意愿去读，而是直接拒绝。了解了他的性格，我就不会采用任务驱动法来培养他的阅读习惯，这样做只能适得其反。

家长如果想让孩子多涉猎不同方面的书，难道只一味地听之任之，放任自流吗？当然不是，这需要家长有更多的耐心去观察自己的孩子，遇到合适的机会引导孩子。最近中央电视台有一个大型文化栏目叫《国家宝藏》，语默看得津津有味。有一期讲的是越王勾践的前世今生，看完后我很自然地和他聊到了春秋五霸、战国七雄。看完后我不失时机地向他推荐了《上下五千年》这本书，他马上拿过来翻看起来。其实这本书是我一年前就给他买的，他一直没有看。

所以说，父母应该正确引导孩子阅读，让孩子对书籍产生兴趣，尊重孩子的阅读意愿，可以有固定的时间阅读，却不是强制性阅读，不然阅读也就失去了本来的意义。

梳理了八年来我的一些比较成功的做法，心中还是有些感慨，但同时我也看到了自己还有很多方面做得不到位。比如为孩子选择书籍时，更多时候以自己的好恶为标准，以后还是要多关注孩子，让他自己更多地自主选择；没有让孩子更多地接触外国作品；放任孩子过多，与他交流较少。

赫尔岑说："书籍是最有耐心、最能忍耐和最令人愉快的伙伴。在任何艰难困苦的时刻，它都不会抛弃你。"我已在语默心中播下了热爱阅读的种子，希望这颗种子不断生根发芽，最终结出累累的硕果。人生如行走，书籍就是指路明灯，愿这淡淡书香永远陪伴语默，指引他寻找到自己的路。

中学生同样需要亲子阅读

邓建云　新桥路中学

【摘要】 曾经我认为亲子阅读是小学生家长的事情，直到孩子上初中，读书状况、语文能力都明显不足，我才真正认识到初中生同样需要亲子阅读。不要认为孩子大了就不再需要陪伴，家长们早早介入孩子的阅读，早些形成亲子阅读模式对孩子的成长是有百利而无一害的。首先，共读一本书，选书随心性。其次，共读一本书，亲情更拉近。再次，共读一本书，沟通不受限。最后，共读一本书，能力快提升。亲子阅读益处多多，那么我们又该如何去做，怎样陪孩子阅读呢？营造环境，形式多样，贵在坚持。

【关键词】 亲子　共读

提起亲子阅读，大家一定会想那是小学生甚至是幼儿园孩子和家长的事情。认为自己家的孩子长大了，已经上初中了，不需要什么亲子阅读了。曾经我也是这样看待的，直到孩子上初中，读书状况、语文能力都明显不足，我才真正认识到初中生同样需要亲子阅读。

当今时代无论是社会导向，还是孩子们的语文试卷都更注重阅读，都在提倡多读书，真读书。可现状又如何呢？曾经在微信中看到这样一个标题：不会阅读的孩子将沦为潜在的差生。这让我很有同感。我所教的学生是年级普通班的孩子，每次布置读书作业后，反馈回来总是不尽如人意。大多数孩子在敷衍老师，为了完成作业，上网抄一篇了事。等到考题真的涉及作品内容时，后悔也来不及了。更有部分学生甚至看见字多就不耐烦，一篇简单的阅读文章其实只要细致、认真便能理解到位，准确答题。可这些孩子偏偏胡答、乱答甚至不答，试想长此以往，孩子的阅读能力还能有多少？这样的现状怎能不让人忧虑呢！

古人云：腹有诗书气自华。高尔基说：书是人类进步的阶梯。书籍是全世界的营养品。读书有助于孩子形成良好品格、健全人格，读书可以给孩子提供拼搏的勇气和战胜困难的力量，读书可以让孩子懂得爱自己、爱他人、爱生命、爱世界。这些我们做家长的都清楚，也都知道读书对孩子的意义重大。那么我们的孩子从小缺少阅读习惯的养成，现在我们意识到了就应该早些把这一课给孩子们补上。不要认为孩子大了就不再需要陪伴，家长们早早介入孩子的阅读，早些形成亲子阅读模式对孩子的成长是有百利而无一害的。

首先，共读一本书，选书随心性。

作为家长更了解孩子的喜好与个性，选书时依据孩子的喜好确定选什么书，什么时间读什么书，这样选书更灵活，很有针对性，孩子喜欢也就更容易入境，从而做到读有所获。我的女儿就是不爱读书的，手机要比书本亲，为了破解这一顽疾，除了限制手机使用时间之外，我给她选择了故事性强并且文中主人公与她的年龄段接近的三部作品：秦文君的《男生贾里》《女生贾梅》，还有曹文轩的《草房子》。开始我跟她一起读，一起说故事。因为所选的书孩子喜欢，所以她能坚持去读完。由此看来，选什么书来读很关键。

其次，共读一本书，亲情更拉近。

在与孩子共读一本书的前提下，家长便与孩子有了共同的话题。在讨论情节、品评人物或者探讨某个问题的过程中，不知不觉地便拉近了父子亲情、母女亲情。尤其对于处在青春叛逆期的孩子，他们需要老师的引导，更需要家长的理解与关心。亲情的拉近对于家长和孩子来说都是一件幸事，何乐而不为呢？由于初中学习任务明显比小学时候重，看到孩子学习成绩不理想的时候，免不了会训斥她一番，加之初中生又开始有了一些小叛逆，于是生活中的火药味便开始弥漫。这时候，共读内容就成了我们家的调和剂。"你知道贾里他班的三剑客是怎么回事吗？"一听这，那点小脾气全然消失了，"这您都不知道，听我给您讲……"话匣子打开了，最后在哈哈的笑声中母女感情又亲密了。

再次，共读一本书，沟通不受限。

亲子阅读，可以在家随时进行，可以零敲碎打地进行。只要与孩子在一起，只要两人都读过同样的书，便可以一对一地不受时间、空间的限制进行交流，哪怕是坐在公交车上都可以聊上一聊。这种亲密的一对一的随时随地的交流辅导可不是老师能够做到的。只有亲子阅读，才可以有这样的便利。放学回家的路上，孩子说今天要写读后感，问我写哪一篇好，我想起了之前我们一起读过的《巴黎圣母院》。我问孩子：你觉得爱丝美拉达美吗？回答当然是肯定的，"她美在哪里？""她长得美，她舞姿美，她心灵美""她除了长得美，心灵美又有什么具体表现呢？你喜欢她，还有谁喜欢她，他们的喜欢是一样的吗？"带着这一系列的问题，我们的讨论进行了一路：见到她的人，都会不由自主地爱上她，而这些爱的含义却不尽相同。我和孩子你一言我一语地讨论着——教主的喜欢是想自私地占有，孚比斯是无耻地玩弄，而只有卡西莫多是无私地付出，是最真、最美的情感。生活在社会底层的爱斯美拉达并没有因生活所迫而自甘堕落，相反她凭借自己的聪明智慧自食其力，这是美；看清上尉队长孚比斯的风流虚伪而果断离开，这也是美；看到诗人要被乞丐们绞死，她不计个人得失救人，这还是美；在卡西莫多遭受鞭打时，她不计前嫌喂他喝水，这更是美。像这样随时交流，利用零散的时间深入阅读，讨论阅读、只有家长做起来才是最方便的。

最后，共读一本书，能力快提升。

亲子阅读可以增强语言能力，发展想象力，提高写作能力与交往能力。喜爱阅读的孩子的语言能力特别强，在听、说、读、写方面较不爱阅读的孩子高，孩子从书中领悟复杂的意念，欣赏语言的美妙。书中的世界无限广阔，充满想象、好奇和机遇，给孩子带来无限的创意，会使孩子终身受益。孩子多读课外书，不但能开拓视野，增长知识，还能积累语言，提升写作能力。许多同学在写作时总有"书到用时方恨少"的感觉。如果让孩子多读课外书，多积累，天长日久，写作时就会呼之欲出，信手拈来。所谓"熟读唐诗三百首，不会作诗也会吟"说的就是这个道理。后来孩子的语文老师要求孩子们读《三国演义》，那么厚的一部书放在以前我家孩子肯定是不会认真去读的，现在，每天晚上都会拿出近一个小时的时间来读这部经典巨著。赶上班级读书交流活动我会与孩子一起制作幻灯片，孩子很高兴地感觉到自己不是孤军奋战，是有人帮助的，所以这时候给孩子的建议她很容易接受。在不知不觉中，阅读、制作幻灯片的能力也在慢慢提升，相信不久的将来孩子的语言能力、写作能力等综合能力会有更大的提升。

阅读，不仅是孩子成长过程中必须掌握的一项技能，也是在现代社会生活中所必需的一项技能。成为一个好的读者，对现代人的学习、工作和生活都具有重要意义。亲子阅读益处多多，那么我们又该如何去做，怎样陪孩子阅读呢？

1. 营造环境

阅读可以在任何地方进行，但家里随意、宽松、舒适的环境才是最重要的阅读场所。在家里建立阅读图书架，有一张合适的书桌，同时光线充足，再配上一小盆绿植，和谐温馨、安静素雅的读书环境便具备了。

2. 形式多样

阅读那肯定是读书，是的，是读书，遇到精彩语段我们可以大声读出来，读一读，再说一说，说说自己为什么选这一段来读。逐渐地孩子会形成欣赏的能力。再有，互相讲故事也是一种不错的手段。另外，当今时代的书已经不是只有纸质的了，在时间真的很紧张的时候，现代化手段可以帮助我们补足阅读，比如利用手机上的听书软件，车载上提前装好要听的内容，家里路上随时可以听书，这也是一种阅读形式。需要娱乐放松的时候，看看经典影视作品，这是一种形象的阅读，既能放松心情又阅读了，一举两得。总之，科技发达的今天，只要您想读就随时可以阅读。

3. 贵在坚持

请大家认真看一组数据：初中阶段要求有400万字的阅读量，即每年30本书。看到这儿我们可能觉得每天工作那么忙还有这么高的要求，这太难做到了。您接着看，把这些分配到每一天，拿出10～15分钟即可完成上面的两个数字。看到这是不是就轻松多了。所以说只要每天坚持一定量的阅读就会有质的飞跃。家长与孩子一起受益良多。让我们一起将阅读进行到底！

  初中生同样需要亲子阅读，与孩子共读一本书，认识书中的是是非非，感受人物的喜怒哀乐，画面在头脑中真切起来，思想在潜移默化中形成，人格在深入思考中健全，美好的情感在心底流淌开来。亲子阅读是陪伴，也是一种别样的享受，让我们陪伴孩子更好地成长吧！

浅谈如何在亲子阅读中融入国学学习

肖江　城子小学三（1）班　刘晓锐家长

【摘要】　越来越多的家长已经认识到亲子阅读是孩子接受启蒙教育从而快乐成长的很好的方式，培养家庭阅读的习惯，家长和孩子可以共同学习，共同成长。我在使用"攀登阅读平台"过程中发现国学阅读活动比重正在增加，因而开始思考为何要引入国学经典的学习，又如何引入国学经典的学习，本文进行了简要的分析。通过亲子阅读国学经典，树立正确三观，让家庭共读作为学校教育的延伸，帮助孩子成为德行高尚、知识广博、行为优雅的中国人。

【关键词】　国学　亲子阅读　学习

一、亲子阅读融入国学学习的理论基础

1. 亲子阅读和国学学习简述

国学，命题很大，至今学术界尚未做出统一的界定。《现代汉语词典》（第七版）告诉我们：国学，指我国传统的学术文化，包括哲学、历史学、考古学、文学、语言文字学等。中华文明五千年灿烂历史，国学是历史长河中大浪淘沙形成的文化、学术体系。正如季羡林先生曾说：国学绝不是"发思古之幽情"。表面上它是研究过去的文化的，因此过去有一些学者使用"国故"这样一个词儿。但是，实际上，它既与过去有密切联系，又与现在甚至将来有密切联系……其中有不少的东西可以说是中华文化、中华智慧的结晶，直至今日，不但对中国人产生影响，它的光辉也照到了国外[1]。

再谈亲子阅读，顾名思义，是指家长和孩子共同阅读，并在此过程中分享知识、享受乐趣、共同成长。教育家苏霍姆林斯基曾指出："所有那些有教养、好求知、品行端正、值得信赖的年轻人，他们大多出自对书籍有着热忱的爱心的家庭。"家庭共读可以说是亲子阅读的基本形式。

2. 亲子阅读和国学学习相互需要，相辅相成

许多国内外的横断和追踪研究均表明，小学阶段是孩子阅读能力迅速发展的关键时期[2]。越来越多的家长已经认识到亲子阅读是孩子接受启蒙教育从而快乐成长的很好的方式，培养家庭阅读的习惯，家长和孩子可以共同学习，共同成长：比如孩子的语言、词汇更丰富，理解能力更强，具备基本文化素养。同时，家长感受到亲情的满足，从阅读中能

更深刻地感受书籍的内涵，对自身素养也是一次提升。

亲子阅读需要国学，因为国学涵盖了家长想赋予孩子们的普遍哲理。孔子知其不可而为之，让人学习勇气和希望；《老子》云"祸兮福之所倚，福兮祸之所伏"，让人感受到辩证法的思想内涵。《大学》说"君子必慎其独也"，是说君子在独处的时候，一定要谨慎自己的行为，这是教做人的行为准则呢！《中庸》说"博学之、审问之、慎思之、明辨之、笃行之"，则是说学习之道。

国学学习的方法是多样化的，用亲子阅读这一形式，能更加轻松、活泼地用我们自己民族的经典文化来启迪教育、陶冶情操、提高素养。如果孩子觉得背诵古文枯燥，不妨从《论语》出发，讲讲孔子的真挚、勤思或者孤独和小牢骚。阅读篇幅不短的《春江花月夜》，不如从共绘一幅生动的中国水墨画展开。

二、亲子阅读融入国学学习的价值体现

1. 对个人来讲，丰富家长和孩子的精神文化学习，增加民族自豪感，培养对我们民族文化的自觉认同

每个家庭的孩子是我们国家未来的建设者，是中华民族的希望。从每个孩子出发，加强对传统经典文化的认知和学习，孩子才能成长为德行合一、知识深厚、气质优雅的现代中国人。家中书香弥漫，家长与孩子的亲子阅读更是一次心灵上的交流，家长也会受益匪浅。正如巴丹在《阅读改变人生》一书中形容的那样："阅读不能改变人生的长度，但可以改变人生的宽度。"

2. 对社会来讲，激发民族爱国热情，从小家到大家，传承优秀中国文化，修身齐家治国平天下

亲子阅读学习国学经典不仅是每一个家庭和谐的开始，更是共圆中华民族伟大复兴的中国梦。习主席曾说："优秀传统文化书籍作为古今中外文化精华的传世之作，思考和表达了人类生存与发展的根本问题，其智慧光芒穿透历史，思想价值跨越时空，历久弥新，成为人类共有的精神财富。特别是我们中华民族有着五千年的文明史，传统文化中的许多优秀文化典籍蕴涵着做人做事和治国理政的大道理。所谓'半部论语治天下'，讲的就是这个意思。"

十九大报告强调"没有高度的文化自信，没有文化的繁荣兴盛，就没有中华民族伟大复兴"。而自信从何而来，当然可以从微小的家庭共读开始。

三、如何在亲子阅读中融入国学学习

1. 量的积累

1）如何选择国学亲子阅读内容

亲子阅读读什么？亲子阅读是一个共同成长的过程，这不是谁说了算的问题，而是如何合作的问题。如果一定要说谁拥有最终的决定权，我认为当然是孩子自己。未来的路是孩子自己的，他有权做出选择。不过作为父母，我认为有义务帮助孩子指引方向，尽可能地为孩子提供充分的信息、教会孩子做选择，同时教会孩子对自己的选择负起责任[3]。从孩子实际阅读水平出发，首先应选择轻松易读的国学经典选本，先易后难，循序渐进地学习。

就目前市面的国学青少年读物来说，内容质量良莠不齐。从源头讲，国学博大精深，一般需要拥有专业人才的出版社才能胜任；传统文化课程教学标准未明确，出版内容单一重复，容易让人无从选择。而因受众为青少年，出版社大都采取简化国学经典的方式来出版国学图书，但却流于形式，简化注释、简化情节、简化设计与插图，这样的读物只会让孩子们的国学学习停留在表面，甚至生出无趣之感。

因此，选择国学亲子阅读内容，首先，重要的不是从哪本书开始，而是选择一本专业、经典的，可以有注音，却可以无释义的国学读物来朗诵。其次，根据书中的画、作者的名气、出版社的专业度来把握挑选。再次，考虑孩子的兴趣，选择的书要适合孩子的阅读水平。在这几点上，北京各学校在用的"攀登阅读"就可以直接拿来使用，近期推出"传统文化组合阅读推荐书单"中，孔孟、老庄、诗词等不正是国学亲子阅读基础的题材吗？再具体讲读什么？第一，童谣和童话；第二，经史子集；第三，古代书法、楹联、乐曲、发明等其他民族文化类的书籍。

2）如何进行国学亲子阅读

国学热正在流行，有不少教育机构重形式大于内容，讲究穿着汉服，讲究文房四宝，读起来要摇头晃脑，额头的启蒙红痣不能少……讲究这么多，不如由家长带领孩子春风化雨、潜移默化地感受国学。

首先，一定要进行诵读，诵读是确有效果的方法。国学学习大都是古文学习，而有一种美叫韵律之美，诵读古文，体会韵律，是对中文语感的培养，所以谚语有云："熟读唐诗三百首，不会作诗也会吟！"退一步讲应试，即使考试碰到陌生的古文填空，长期诵读古文的语感功底一定会帮助选出最顺的答案的！如何进行诵读呢？家长读，孩子读，一起诵读，一人一句诵读，反复读，循序渐进，甚至最后能背诵古文。

其次，阅读前家长的准备工作要充分，阅读中遇见问题不要回避，可以亲子共同寻求答案。更加深刻地理解写作意图，把握人物形象。比如小学课本选择的诗，往往是选取其中最经典的名句来学习。《古朗月行》的最后是"阴精此沦惑，去去不足观。忧来其如何？凄怆摧心肝。"暂时未出现在课本当中，家长可就此进行拓展，为什么李白看着月亮最后如此忧伤呢？此时就可以讲讲安史之乱的故事了。

最后，用多种方式引起孩子的兴趣，让国学学习更加有趣。最了解孩子的一定是父母，因此是用画画的方式，还是做手工作品的方式，又或者演出情景剧的方式来增加国学阅读的趣味，真的可以脑洞大开，不断开发尝试。最简单的，试着用轻松诙谐的语言解说，您一定也会看到孩子闪闪发光的被您吸引的眼神。比如前文曾说孔子也有孤独和小牢骚："子曰：'莫我知也夫！'子贡曰：'何为其莫知子也？'子曰：'不怨天，不尤人。下学而上达，知我者其天乎！'"（孔子说："没有人了解我啊！"子贡说："怎么能说没有人了解您呢？"孔子接着说："我不埋怨天，不责备人，刻苦学习领悟了高深的道理，了解我的，大概只有天吧！"）原来孔子也会感叹啊！原来孔子是如此鲜活生动的一个人，不只是文庙里高高在上的神像。

在"互联网+"时代，各种新型的线上阅读方式更是成为家长的好帮手，继续拿"攀登阅读"来说，作为一个特别有效的读书平台，它利用广阔的互联网资源，孩子们选书、读书、认证，线上线下相结合，在体验阅读快乐的同时，在不同的线上板块也有各种有趣的方式检验阅读的质量。当一本书读完后，家长可以和孩子一起用"攀登阅读"测试一下，写个读后感，或者朗诵一段，创作一幅画……点亮智慧星，用最直观的、深受孩子喜爱的形式引领深度阅读，攀登书海高峰。孩子的思想是纯真而富有想象力的，我曾听到这样的声音：一本书就是一块石头，我读过一本书就拥有了一块石头，我用一本本书做成一个楼梯，我就顺着书越爬越高。这样的思想不就是我们和孩子读书的初衷吗？

3）如何将零碎的阅读内容体系化

《幽梦影》云："先读经，后读史，则论事不谬于圣贤；既读史，复读经，则观书不徒为章句。"（先读儒家的经典书籍，然后读史书，那么谈论古人之事时自己的想法就不会偏离圣贤的想法；已经读过史书，再读儒家的经典书籍，那么看书时就不只是为了书中的篇章和句子。）文史不分家，就是指一个人的文采、才华、情怀，与历史知识、治学态度、立场，都要具备，让学识串起来，而不是孤立的、破碎的。

因此，在阅读的过程中，时常会利用当时的政治、经济、文化等知识点进行深度剖析，以加深理解。家长就必须扮演这个辅助和引导的角色，帮助孩子将散乱的知识点串联起来，由点及面，由表及里，达到学习的目的。在此过程中，难免碰到一时不能理解的知识点，不要紧，亲子阅读不是考试，放一放，也许隔一年再读时，便会茅塞顿开。

2. 质的转变

1）用国学阅读所得构建人生观、世界观、价值观

学习的过程就是树立三观的过程，让国学文化贯穿于孩子的成长历程，用优秀的传统文化塑造孩子的思想和行为，孩子一生都会受益。亲子阅读，是为言传身教，在家中培养心性、礼仪和志向，是符合事物发展基本规律的。《传习录》说："种树者必培其根。种德者必养其心。"种树木必须将树木的根系培养好，修养品德的人必须先培养好自己的心性。在学习过程中注重领悟能够树立正确的三观，所以，在家长的引导下，共读国学，能

够在学习成长过程中"取其精华、去其糟粕",方能成长为一个德行兼备的人。

总的来说,只有当国学经典所蕴含的思想和智慧贯穿在孩子们的日常行为当中时,才能润物细无声。

2)从国学阅读中提升想象力、审辨力、创造力等

国学为孩子汲取知识、了解民族传统文化提供了一个渠道。可是只有把知识转化为自身的力量,才能发挥学习的功效。不可否认,孩子和家长在进行国学阅读时,明显可以感受到孩子的理解与大人是有区别的,孩子的确更擅长记忆而非理解。但就诵读来说,只要坚持不懈,所读过的古文经史,就一定会融入血液。虽然有些情感还不能理解,但至少"借景抒情、托物言哀"是能明白的,当看到"落霞与孤鹜齐飞,秋水共长天一色"的美景时,不单单只是感叹:"啊!全是水!"将来长大了,某天收获一个心情,幼时的记忆也会被立刻唤醒,豁然开朗。

通过家庭共读国学经典,我们能够知道中华民族已经走过漫长的历程,拥有那么多的故事。还记得《两小儿辩日》的故事吗?讲述了两小儿争辩太阳在早晨和中午距离人们远近的问题,孔子不能判断谁是谁非的事。这正体现了两小儿善于观察、独立思考、追求真理的可贵精神,而孔子秉承实事求是的态度。往深了说,如何学习范仲淹"先天下之忧而忧,后天下之乐而乐"的无私胸襟,孟子"富贵不能淫,贫贱不能移,威武不能屈"的浩然正气;如何达到《周易》的"天行健,君子以自强不息。"让我们从点滴做起,正确引导吧。

有文章写得好:"我们总是感叹古人的鬼斧神工,出神入化。无论是中华文化中的诗书礼仪、治国之道,还是诗词歌赋、笔墨纸砚,至今还是能够带给我们更多创造的灵感和技巧。科学发明很重要,但它不是一蹴而就的,而是在慢慢摸索中发明出来的。"当我们和孩子一起感受国学的精华,用这种世界独有的、先进的学问武装自己,形成世界独有的民族特色时,试问,如何不能影响世界文化,造福世界人民?

参考文献

[1] 季羡林. 季羡林谈国学[M]. 上海:华东师范大学出版社,2015.

[2] 李文玲,舒华. 儿童阅读的世界Ⅲ:让孩子学会阅读的教育理论研究[M]. 北京:北京师范大学出版社,2016.

[3] 邱冠华. 亲子阅读[M]. 北京:国家图书馆出版社,2010.

论亲子阅读对儿童成长的影响

刘文燕　大峪第一小学一（1）班　张子墨家长

> **【摘要】** 随着家庭中的亲子阅读活动的不断展开与家长教育困惑的不断凸显，众多家长渴望得到婴幼儿家庭亲子阅读方面的有效指导策略。本文通过调查，了解亲子阅读的现状和存在的问题。从阅读材料的选择，父母如何培养子女的阅读兴趣，家长如何指导孩子进行亲子阅读，家校互动、培养学生学会阅读这四个方面提出有效途径，为家长进行科学阅读提供建议。
>
> **【关键词】** 亲子阅读　现状　有效途径　策略

苏霍姆林斯基指出："所有那些有教养、品行端正、值得信赖的年轻人，他们大多出自对书籍有着热忱的爱心的家庭。"亲子阅读对培养儿童的阅读兴趣、激发婴幼儿的阅读动机是非常有益的。幼儿阅读时可以欣赏美丽的图画，了解新鲜的事物，阅读有趣的故事，并从中丰富心灵，延伸幻想，满足好奇心，刺激求知欲，阅读将带给幼儿精神上的满足，也发展幼儿欣赏、观察、判断、表达、记忆等各种能力。但在今天这个由电视、网络所构筑的世界中，孩子与书籍的距离好像越来越远了。因此，倡导亲子阅读刻不容缓。

亲子阅读可以视为早期阅读的重要组成部分，《教育大辞典》增订合编本是这样注释早期阅读的：儿童1岁半以后即开始的阅读。主要由成人将儿童读物中的内容读给儿童听，儿童识字后进入自己阅读阶段。时代在发展，对早期阅读的认识也在不断更新与深化。阅读和书写的能力不仅包括认读和书写的技能，也包括一系列与读写有关的态度、期望、情感、行为技能等。因此，我们将亲子阅读界定为在轻松愉快的亲密气氛中，父母和儿童共同阅读图书的类似游戏的活动。进一步细分：亲子阅读的主要成员——孩子与父母，亲子阅读的主要材料——图书，亲子阅读的主要途径——游戏，亲子阅读的主要目的——学会阅读。简而言之，亲子阅读就是要让孩子在互动中享受快乐，在快乐中学习阅读，在阅读中悄悄成长。

本人作为一名一年级孩子的家长，结合我的了解，谈一下我的看法。

一、家长普遍重视子女教育，但对亲子阅读的价值理解存在偏差

绝大多数的家长重视子女的教育问题，但对阅读与子女教育的关系的把握和理解不正确。部分家长简单地认为"阅读对开发孩子的智力有好处"，认为阅读只是获取知识和信

息的手段，将早期阅读简单地等同于识字，功利性地追求识字率，而忽视对孩子阅读兴趣、阅读能力和阅读习惯的培养。少年儿童喜欢通过智能手机、平板电脑等现代化的产品进行阅读，但阅读这种幼儿认识世界的传统的方式，还是受到幼儿的欢迎。家长对婴幼儿的早期教育普遍重视，但很多父母对幼儿早期教育，充满功利性的期望，如尽快识字，能背诵唐诗、宋词等。

二、家庭成员中不同家庭成员在亲子阅读中发挥的作用不一

在家庭中幼儿喜欢有家长陪着他阅读，且母亲是幼儿选择的主要阅读陪伴者。家长对亲子阅读的态度可以反映出家长的儿童观和教育观。大多数家长喜欢和孩子一起阅读，在家中和孩子一起阅读的以母亲居多，占70%，父亲占20%，祖辈和其他人占10%。说明在家庭教育、亲子阅读中，母亲还是起到主导作用，父亲及其他人员在亲子阅读中的角色相对较淡漠。

三、阅读材料的选择存在盲目性

在给孩子选择阅读材料的问题上，不少家长带有很大的盲目性。70%以上的家长只是凭自己的喜好和判断选择，或者是看别的家长选择买什么书自己就买什么书，较少考虑到孩子的需求和意愿。有近20%的家长仅仅只是为了满足孩子的购买欲望，幼儿喜欢什么就买什么。只有10%左右的家长在为孩子买书时，能考虑到孩子的年龄特点、兴趣需要及阅读材料的内容和特点等。

针对以上情况，结合本人的亲身体验及实际需求，从以下四个方面探讨有效提升亲子阅读的路径。

（一）阅读材料的选择

阅读材料是开展亲子阅读的物质基础和前提条件。婴幼儿读物应该是最浅显、最通俗易懂的，用大号字印刷，有许多插图。家庭中的儿童读物以图文并茂或者是图画为主的图书居多。同时要根据儿童的年龄层次、认知水平选择购书，书应该体现其年龄差异与特色。而许多家长在购买儿童读物时，考虑最多的还是孩子的道德品质的培养和科学知识的掌握，违背了尊重儿童自身发展规律的特点，自然会影响亲子阅读的效果。孩子在不同的成长阶段应该阅读不同的书籍。

0～3岁：绘本。绘本是图文并茂的文学形式。儿童绘本中的字符语言具有简练性、提示性、补充说明性、诗歌韵律性、儿童口语化表达等特点，而它的图幅语言也具有色彩儿童化、角色拟人化及有真善美的画面内容的特点，因此非常适合0～3岁的幼儿阅读。

3～5岁：动物童话。这个时期婴幼儿的童话书内容最好是以和孩子差不多大的幼儿

或是以动物为主角的生活童话较恰当。

5～7岁：神话故事。神话故事中有着对与错、善与恶等的分辨和选择，孩子们在阅读这些故事后价值观便会自然而然地形成。

图画书作为孩子人生的第一本书，是上天送给孩子最好的礼物。就像新西兰图书管理员多罗西·怀特所说："图画书是孩子在人生道路上最初见到的书，是人在漫长的读书生涯中所读到的书中最最重要的书。一个孩子从图画书中体会到多少快乐，将决定他一生是否喜欢读书。儿童时代的感受也将影响他长大成人以后的想象力。"

（二）父母如何培养子女的阅读兴趣

1. 亲子共读为孩子树立良好的阅读榜样

专家们认为在家里父母应尽可能多地和孩子在一起看书，做孩子的阅读榜样。同时还可经常与孩子在一起交流读书的方法和心得，鼓励孩子把书中的故事情节或具体内容复述出来，把自己的看法和观点讲出来，然后大家一起分析、讨论。如果经常这样做，孩子的阅读兴趣就可能变得更加浓厚，同时孩子的阅读水平也将逐步提高。

2. 把阅读选择的权力交给孩子，尽可能为孩子提供轻松自由的阅读环境

美国图书馆学教师苏珊·罗森韦格有一句名言："如果您想要孩子完全按照你的计划阅读，那注定不会长久。"因此，在孩子的阅读过程中，家长除了需要对真正有害于孩子的书刊进行控制外，不应对孩子所读书刊的内容、类型和范围进行人为的约束和控制。通常孩子所读书刊的内容范围越广越好。因此，家长应注意观察、了解和引导，不宜过多地干涉。

3. 不宜对孩子的阅读过程管得太死

好奇、好动、缺乏耐心和持久力是孩子普遍的心理特点。他们喜欢的阅读方式是一会儿翻翻这本，一会儿翻翻那本。对此，家长不必过多地去管他。通常在这一阶段只要是孩子愿意把一本书拿在手上津津有味地翻看，家长就应该感到心满意足了。因为这类表现完全符合孩子的早期阅读心理特点，是孩子在阅读求知的道路上迈出重要一步的标志。

4. 顺应孩子的心理特点，选好孩子"爱看"的第一批书，使孩子对书产生好感

孩子爱不爱看书与父母的培养技巧很有关系。在孩子学习阅读的初期，父母一定要对提供给孩子的书刊进行精心的挑选，尽量给孩子提供一些印刷美观漂亮、内容丰富有趣、情节发展符合儿童想象和思维特点的图画书，如动物画册、彩图科幻故事等。

（三）家长如何指导孩子进行亲子阅读

在亲子阅读过程中家长应该如何指导孩子进行阅读呢？就阅读过程中的具体指导策略而言主要有两项：朗读、提问与讲解。

1. 朗读

听父母读故事最早微妙地将儿童带到书的世界和阅读中来。从听到的语言通向看到的语言，父母读故事给孩子听不仅使孩子懂得了印刷文字，使语言得到永恒，同时也使孩子懂得了故事书中的语言和我们日常对话的语言是不一样的，书面语言有它自己的节奏和韵律。在听父母读故事时，儿童开始密切注意语言本身，父母给孩子朗读故事可以让儿童接触到新的词语和熟悉词语的新用法。同时父母给儿童朗读故事，还使儿童理解叙事结构及故事内容，以上种种都显示父母的朗读能帮助儿童形成与阅读有关的概念。

2. 提问与讲解

儿童的早期阅读不同于已初具文字阅读能力的小学生的阅读，父母常常要介入阅读之中，以提问引导儿童参与讨论，以讲解帮助孩子将相关的知识经验与当前故事阅读联系起来。在亲子阅读过程中，父母常采用开放式提问的方法引发孩子的思考，这有助于提高儿童的语言理解能力，因为开放式的问题能激起亲子间更多的对话，有利于儿童观察和思考，也有利于发现有趣的问题，也便于儿童在此过程中接受家长的意见。国内关于家庭中早期阅读现状的调查表明，有54.5%的家长会在阅读中主动向孩子提问，说明这部分家长已经自觉或不自觉地培养孩子对阅读的反思、预期、质疑和假设的能力。针对孩子的年龄特点和阅读图书能力发展的状况，一般而言，父母在指导孩子看书时，可侧重地采用图读法、点读法、诵读法和跟读法。

家长在亲子阅读过程中应集三种角色于一身：观察者、参与者和指导者，观察孩子、倾听孩子、与孩子共阅读、与孩子共游戏，以多种方式引导孩子喜欢阅读并学会阅读。

（四）家校互动培养、学生学会阅读

孩子在学校能否养成良好的阅读习惯对促进亲子阅读也起着至关重要的作用。站在学校这个层面来说，可以从以下几个方面着手。

1. 培养学生认真阅读的习惯

从表面上看阅读就是用眼睛看，实际上阅读是一个处理信息的极其复杂的心理过程，有效的阅读要求小学生不仅用眼睛看，而且用心"看"、用嘴"看"、用手"看"。特别是对课文以及一些有启迪的好作品，不能走马观花，需用心体会，圈点批注，认真思索。

2. 培养学生运用多种阅读方法的习惯

阅读方法一般包括初读、品读。初读时只要求学生读准字音、理解生词、了解文章大意就可以了。品读就要求学生在读中思考、体味、理解、升华，即抓住重点词句细细揣摩，较深入地理解文章的语言文字和思想内容。要让学生掌握一种阅读方法后再学另外一种，切忌揠苗助长。

3. 培养学生善于质疑的阅读习惯

"学贵有疑"，疑是探求新知的开始，也是探求新知的动力。不断发现问题、提出问题是一个人思维活跃的表现，质疑蕴含着创新的因素。每教学一篇课文，先让学生提出不懂的问题，让学生带着问题去读，这样学生就学得比较主动了。久而久之学生学会了，质疑有了疑，学生就会产生求知欲，进入一种积极探索的状态，真正成为学习的主人。这样学生也就逐步养成了良好的阅读习惯，形成了阅读能力。

综上所述，可以看出亲子阅读是一个需要全社会做出不懈努力的系统工程，在这个过程中，会发生伴随性质的学习，即接受思想接受知识方面的教育。如果父母希望孩子能成为一个喜欢读书、喜欢想象、喜欢思考的人，那就要从小培养孩子对书的兴趣，帮助他建立良好的阅读习惯，通过亲子间情感与言行的互动，让孩子亲身体验、亲自发现阅读的乐趣。愿我们和孩子在阅读过程中一起快乐地成长。

参考文献

[1] 徐雪珍，施为萍，马福生.让孩子在阅读的海洋中遨游——亲子阅读指导的研究[J].上海教育科研，2005（3）：91-92.

[2] 张萍.亲子阅读指导有效性策略研究[J].上海教育科研，2006（10）：91-92.

[3] 杨丽娟.当前亲子阅读的误区及解读[J].当代学前教育，2010（5）：36-39.

[4] 高燕.亲子阅读现状及指导策略[J].江苏教育科研，2010（7）：35-37.

[5] 周兢，朱从梅.母亲在亲子阅读中的语言运用特点分析[J].幼儿教育，2006（9）：48-50.

[6] 郭学萍.亲子阅读的现状、对策及反思[J].福建论坛，2010（3）：92-94.

[7] （美）盖瑞·查普曼，罗斯·甘伯.亲子沟通的密码[M].吴瑞诚译.北京：新华出版社，2002.

[8] 陈鹤琴.家庭教育怎样做好父母[M].北京：中国致公出版社，2001.

助亲子阅读　做星级父母
浅谈亲子阅读

王晓凤　大峪一小一（4）班　祁诗轩家长

> 【内容摘要】 亲子阅读这个话题在当今社会已经引起了广泛的关注，好的亲子阅读不仅能够增进亲情，更能潜移默化地让孩子产生阅读兴趣。亲子阅读是由幸福和爱所酝酿的一种生活方式，这种甜蜜而又积极的方式对孩子的一生会起到不可估量的作用。本文就如何把握亲子阅读，怎样进行亲子阅读以及亲子阅读带来的好处进行一些简单的探究。
>
> 【关键词】 亲子阅读　关键期　方法措施　意义

亲子阅读就是以书为媒介，以阅读为纽带，让孩子和家长共同分享阅读的一个过程。美国一位资深的教育专家曾经这样形容亲子阅读，你或许拥有无限的财富，数不清的金银，但你永远没有我富有，因为我有一位给我读书的妈妈。当然，这里所说的妈妈并不是指实际意义上的妈妈，泛指一切亲子阅读的家长。亲子阅读是一种投入最低、回报最高的教育方式，阅读对于一个人来说是生活中不可缺少的一部分，也是一个人提高生活质量和自身修养的基础。亲子阅读过程中，每一名参与者都在提高，每个人的人生观价值观都在改变。习主席在一次讲话中强调指出，他最大的爱好就是阅读，阅读是他生活中的一部分。纵观世界，多少伟人都把阅读当成自己人生的必修课。由此可见，阅读是多么重要，亲子阅读更是阅读的起步，如何走好这一步对于孩子今后的人生有着不同寻常的意义。

一、正确把握好亲子阅读的关键期

抓好亲子阅读的关键时期非常重要，通过阅读父母与孩子共同学习，共享阅读带来的快乐，父母与孩子一起成长，为今后父母与孩子沟通打下良好的基础。就个人而言，大致将亲子阅读分成三个阶段：1岁时，主要是建立孩子的感知阅读，让孩子从感性上对阅读有所认识，逐步培养孩子对阅读的兴趣。2岁后要将阅读慢慢分层和具体化，阅读的材料要以图画内容为主，通过图文并茂、声形并举的方式来增强孩子对阅读的兴趣。3岁后孩子的语言输出已经达到一个高度，要将阅读向自主阅读发展，坚持做到每周有固定时间阅读，阅读要从语言精练通俗、语言有一定规律、词组重复出现频率高的材料中选择，这样能帮助孩子形成书面语言的文字天赋。另外，阅读材料要做到多样化，内容上多从人生观、价值观出发，形式上从诸如布书、立体书、有声书、电子书等多样的材料中遴选，这样好动、好奇、好玩的孩子世界里会因阅读而更加丰富多彩。总之，抓住亲子阅读的关键期，让每一种阅读发挥最大的作用，孩子的良好阅读习惯在潜移默化中形成，孩子的观察力专注力也逐步得到培养，家长和孩子在阅读中建立的亲密关系得以固化。

二、进行亲子阅读的方法及措施

现在是一个资源非常丰富的社会，亲子阅读的内容可以说是包罗万象，取材途径也非常广泛，但是仅仅有了阅读的条件还远远不够。亲子阅读贵在坚持，让孩子通过引导爱上阅读，享受阅读，理解快乐与爱，这样才是亲子阅读的最高境界，具体来说主要通过以下几个方面来实施。

（一）努力营造亲子阅读氛围环境

在家庭中，家长一定要为孩子创造一个和谐、宽松的阅读环境。家长要为孩子树立良好的阅读榜样，家长要尽可能多地和孩子一起阅读，做孩子的模范。言教不如身教，要让孩子有良好的阅读兴趣和习惯，家长必须以身作则，同时还要和孩子就阅读中遇到的问题进行亲密交流，在交流中鼓励孩子表达自己的心得、看法和观点，让孩子在轻松的氛围中感受到阅读的快乐。长期这样下去，孩子的阅读兴趣就会更加浓厚，阅读水平会有很大提升。另外，家长还要给孩子足够的阅读时间和空间，不要局限于家里和学校固定地方进行阅读，带着孩子逛书店去图书馆也是亲子阅读环境不错的选择，这样孩子就会从小感受到阅读是生活中不可缺少的一部分，为将来孩子的阅读打下良好的基础。

（二）正确引导孩子选择阅读材料

选择亲子阅读材料要从孩子接受方式和接受特点出发，家长要充分认识孩子的阅读能力，有针对性地选择。切不可盲目跟风、越俎代庖，一味地把自己的喜好强加于孩子身上。儿童绘本是一种非常不错的选择，无论是从孩子启蒙阅读，还是后期自主阅读，都是不可或缺的。儿童绘本的文学性和艺术性很高，绘本中的文字十分精炼，用简短的文字构筑了一则则跌宕起伏的故事。风趣活泼的语言习惯更符合孩子，而且绘本的文字朗朗上口，这样更让孩子容易接受，容易喜欢。更值得一提的是，绘本中的图画，都是经过精心绘制的，把原本高雅的艺术童真化，让孩子通过读与看领会到蕴藏在图画背后的故事。进而在孩子的认知能力、观察能力、沟通能力、想象力、创造力还有感情发育等方面会产生难以估量的影响。当然，亲子阅读也不是完全拘泥于纸质书，也可以阅读电子书，甚至听书，通过各种合适的方式最终达到让孩子在阅读中健康成长、快乐生活的目的。

(三)顺应孩子特点,循序渐进阅读

在进行亲子阅读时,家长要根据自己孩子的实际情况因势利导,循序渐进。

1. 时间上随时同行

开始进行亲子阅读时,家长一定不能急于求成,从孩子咿呀学语起逐渐进行培养,诸如在做游戏时,通过书寻找游戏规则,看到某一个新事物时,通过书查找了解这一事物,等等。这样利用一切可以利用的点滴时间对孩子实施训练,孩子就在不知不觉中形成了一种阅读习惯。随着孩子习惯的养成,我们在孩子能接受的范围内适度增加时间,逐渐培养孩子阅读的耐心、专注力,时间长了,孩子就慢慢地对书有一种渴望,有一种崇拜,甚至今后在内心深处会把书视为神奇之物,无所不能。

2. 内容上要因时而动

引导孩子进行亲子阅读的开始阶段主要是以图画鲜艳、字体较大、内容简单的书为主,这个阶段主要是以家长阅读为主,培养孩子的观察力。随着阅读层次的提高,家长可以对内容进行变化,可以让孩子将不认识的字先指出来,家长再读给孩子听,并通过通俗的语言给予解释,最后慢慢地让孩子来读,逐渐建立孩子对读书的自信心。

3. 形式上要与时俱进

除了传统的你读我听,或者是我读你听外,我们还可以通过营造阅读环境,如带孩子去图书馆阅读等形式开展亲子阅读。家长在阅读中也可通过反问的形式对孩子阅读的材料提出疑问,这样孩子会对自己阅读的材料进行思考,无意中培养了孩子的思维能力。此外,也可以让孩子对阅读的材料进行表演,这是很多孩子都愿意接受的一种形式,通过身体力行的表演,孩子的语言组织能力会得到很好的锻炼。

三、亲子阅读的意义

亲子阅读指引梦想,亲子阅读点亮人生。亲子阅读的魅力之大无法想象,不但可以增进感情,提高孩子的语言表达能力,学习协调沟通能力,还可以增长孩子的见识,培养孩子独立思考的能力,促进孩子智力全面发展,实现父母与孩子的"无缝连接",最终培育一个爱阅读的快乐宝贝。

(一)亲子阅读可以带来快乐

现代媒介的多样化让亲子阅读在方式上多种多样,通过语言互动、肢体交流、游戏参与的方法,孩子会感到非常温暖,会在潜意识中把亲子阅读当成由爱和幸福组成的生活方式。这种甜蜜而积极的情趣体验对孩子一生的身心健康发展都会带来非常大的影响。

(二)亲子阅读可以丰富阅历

"开卷有益,读书好处多"这是人类达成的共识。书是人类劳动与智慧的结晶,它是

我们获取知识的源泉。通过亲子阅读不仅可以使孩子和家长开阔视野，增长知识，培养孩子良好的自学能力和阅读能力，还可以进一步巩固课内学到的各种知识，对于各科学习，都有极大的帮助。亲子阅读对道德素质和思想意识也有重大影响。"一本好书，可以影响人的一生"这句话是有道理的。通过亲子阅读各类书籍，孩子会潜意识地将自己的思想和行为与书中所描述的人物形象进行比较，无形中就提高了自身的思想意识和道德素质。

（三）亲子阅读可以优化教育

与孩子进行亲子阅读让传统教育方式有了更新颖的选择，孩子在阅读中受到关爱和教育双重功能的熏陶，不但能帮助孩子培养理想品格、提升学习能力、建立阅读习惯，更能让孩子在家长专注而亲密的陪伴下，感受到教育是来自充分的爱和关怀。家长也能在付出的同时，对教育有更深刻的理解，避免拔苗助长，把最有效的教育方式融入其中，最终得到最直接、最真诚的回馈。

总之，亲子阅读形成得越早，对孩子的综合发展效果越好。身为父母，要把心里的爱化之为行动、化之为语言，孩子将终身受用不尽。让我们共同努力，使孩子们尽早地体验到阅读的乐趣，让书成为他们终生的良师益友。像大文学家鲁迅先生说的那样，"时间就像海绵里的水，只要你愿意挤，总是有的。"家长们要把喝咖啡、闲谈天、玩手机的时间，用在亲子阅读上，积少成多，积沙成塔，最终你会收获满满。

参考文献

[1] 郭静静. 浅谈亲子阅读对幼儿心理发展的益处[J]. 长春教育学院学报，2012（9）：58-59.

[2] 朱从梅，周兢. 亲子阅读类型及其对幼儿阅读能力发展的影响[J]. 幼儿教育：教育科学版，2006.

[3] 李兴娜. 早期亲子阅读教育指导的实践研究[J]. 齐齐哈尔师范高等专科学校学报，2009（3）.

亲子阅读感悟

李莉　育园小学三（1）班　汪佳锐家长

　　阅读是一件快乐的事，我一直秉承"开卷有益"的思想来对待阅读。我很享受读书带来的快乐，读历史，读人物传记，读诗歌、散文，品随笔，看小说，常常被书中的精美语句打动，回味很久，也会被书中人物感动，潸然泪下，久久不能平静。当然，亲子阅读更是一件美好的事情，其间享受到的快乐更是不能用言语穷尽，享受与孩子成长的过程，更是自己重新温习一遍童年时光。我们非常珍爱亲子阅读，也成为习惯，随着孩子逐渐长大，更是一个与孩子彼此间分享读书乐趣的过程，当我们读到好的语句时读给孩子听，孩子呢，读到有意思的段落时会迫不及待让我们一起感受。下面就这几年与孩子共同阅读分享几点自己的感悟。

一、阅读要趁早

　　当孩子咿呀学语前就可以与孩子一起来读书了，且读书时可以由大人点着每一个字往前走，这点很重要，这也是我后来才发现的，孩子没有去读学前班，但发现孩子的识字量没有问题，应该是这一点起到的作用。我家孩子小时候读书一般选择在了睡前的时光，睡前与孩子一起读个绘本，读本小故事书，除特殊情况，不会间断，这样会逐步形成一个良好的读书习惯。直到现在，孩子自己也会有睡前读会书的习惯，大概与小时候的共读是有些关系的。但现在读书时间上更宽裕一些了，有时间想看就去看了，因自己已经能去读了。

二、阅读要循序渐进

　　对于书的内容可以逐步来深入，当然我家也是允许各类书籍共存的，有段时间孩子喜欢上了《植物大战僵尸》系列漫画，恨不能一次性全买回，当然，我们也得采取些措施，让他给我们说里面的内容，不能只是一看而过；有次他爸爸得咽炎去医院测出白细胞高，孩子就会非常顺畅地说出白细胞为什么高，说得很生动，问他从哪里学到的，他说是从医学卷漫画中学习到的。有些知识就是这样一点点学习积累到的。作为家长，一定不要着急，每个孩子都是从一颗种子开始的，慢慢成长，发芽，开花，结果，我们只需给够足够的养分，静待花开。

三、家长一定要做好榜样

　　现在电子产品种类繁多，也已占据生活中的重要部分，在单位我们依赖电脑，在家里同样电脑手机不断，有时想想，孩子喜欢玩平板电脑，难道真的是孩子喜欢吗？仔细想想，应该还是我们没有用心来陪伴，没有一起来找寻孩子真正喜爱的，没有共同来享受到别的活动带来的更大乐趣；让孩子玩平板电脑，或者说孩子玩平板电脑是最省事、省心的方式！自从开始上小学，一开始有读书征章活动，后来有攀登阅读，都是有引导性地带领孩子们阅读，让孩子不仅更愿意读书，而且还会形成一种争相赶超的读书劲头。我们作为家长，第一，要以身作则，在家尽可能地少用手机，多陪一陪孩子，我们也要拿出书来读读，在家里形成一个良好的读书氛围；第二，读书不要带太多的功利心，读书就是读书，慢慢享受过程，到最终能完成真正的量变到质变的过程。多读书，读好书，让我们在读书中与孩子共同成长，毕竟父母是一个需要不断学习成长的终身职业。

读史使人明智，读诗使人聪慧，演算使人精密，哲理使人深刻，伦理学使人有修养，逻辑修辞使人善辩。总之，知识能塑造人的性格，而性格又能决定人生。多读书，读好书，不仅能增长我们的知识，更能决定孩子们的人生。从我做起，从我们做起，让孩子们在书香中茁壮成长，成长为国家的栋梁之材！

让孩子爱上阅读，是一生中最划算的教育投资

张书华　育园小学 一(1)班　张恩语家长

【摘要】 家庭是培养孩子阅读习惯最重要的地方。国内知名作家毕淑敏曾经说过："让孩子爱上阅读，必将成为你这一生最划算的教育投资。"因此，我建议父母不要总在孩子面前玩电子产品，还应该真正拿起书本去阅读，给孩子树立一个良好的榜样，与孩子一起阅读，并教会孩子阅读方法。通过实践，表演式朗读是孩子喜欢的阅读方式。所以，要根据孩子的特点，选择他们喜欢的阅读方式，参与到阅读中来。让亲子阅读时光成为孩子一生中最温馨美好的回忆。

【关键词】 改变阅读方式　亲子阅读　表演式阅读　自主阅读

2018年是国家倡导和开展"全民阅读"活动十二周年。自2014年起，"全民阅读"已连续4年写入政府工作报告。在2015年"两会"记者会上，李克强总理说："我希望全民阅读能够形成一种氛围，无处不在。"与此同时，国家领导人更是将倡导全民阅读、共建书香社会，提高到了改善国家形象，提升国际传播力，助力实现中国梦的层面。

在这样大的背景下，学校开展了亲子阅读活动，我作为家长有幸与孩子参与其中，收获颇多。

由于我本人工作的原因，平时需要阅读大量资料，久而久之，我的孩子也养成了广泛阅读的习惯。不过，身边的一些朋友反映，自己的"阅读状态"却是另一种模样：在家总是拿着手机看电子版小说、刷朋友圈、看视频、玩游戏；陪孩子出去玩时，也总拿着手机点来点去；孩子写完作业时，就把手机或平板电脑交给孩子当玩具……孩子是父母的一面镜子，他一直在模仿、复制你的行为和习惯，你怎样去做事，他就会怎样。如果家长自己从来不读书，只会看手机，孩子长大后怎么可能会喜欢阅读呢？

无可厚非，一方面现代人正处在一个知识获取渠道日趋多元的时代，多数人已经摒弃了数千年来纸质阅读的习惯，改用手机获取知识；另一方面这种手机阅读也引发了"快餐式阅读""浅阅读""娱乐化阅读""零碎的网络刷屏""标题党"等"读书质量"问题。

国内知名作家毕淑敏曾经说过："让孩子爱上阅读，必将成为你这一生最划算的教育投资。"因此，我建议父母不要总在孩子面前玩电子产品，还应该真正拿起书本去阅读，给孩子树立一个良好的榜样。与孩子一起阅读，并教会孩子阅读方法，让亲子时光成为孩子一生中最温馨美好的回忆。

家庭是培养孩子阅读习惯最重要的地方。美国教育经典书籍《朗读手册》引用了一首诗称："你或许拥有无限的财富，一箱箱的珠宝与一柜柜的黄金。但是你永远不会比我富有，因为我有读书给我听的妈妈。"

在孩子尚小的时候，我便为她安排了睡前故事时间。不管有多忙，我都会回家为她讲故事。听爸爸妈妈讲故事，互道晚安再入睡，已经成了我们家的生活习惯。四年过去了，我们和孩子一起阅读了《蒲蒲兰系列绘本》《最美的法布尔昆虫记》《圣经故事读本》《影响孩子一生的世界十大名著》《不一样的卡梅拉系列》等等一系列重点书籍。目前，孩子已经养成了自主阅读的好习惯。其实，并不是每一个亲子阅读的家庭都有全职妈妈，大部分爸爸都上班，所以每天争取睡前的那段时间为孩子阅读，哪怕只有半个小时，天长日久，孩子也会养成良好的阅读习惯的。我认为在亲子阅读中，坚持不懈是最重要的法宝。任何习惯都是经过无数次练习才形成的，只要父母不放弃、坚持做，就一定能实现培养孩子阅读习惯的愿望。因此我建议，为了孩子，不找借口，唯有持之以恒地陪孩子读书，才能养成孩子独立自主阅读的好习惯。

培养孩子阅读，除了坚持，为孩子选择书籍内容也很重要。有一次，我问孩子，你从读书中发现了什么？孩子眨眨眼睛说："我知道了什么是善良。"是的，选择书籍很重要，因为这些经典书籍已经把人类最美好的东西，悄悄地藏在一个个人物、动物的命运里，借此构建起孩子正确的价值观。通过亲子阅读，朴素的道理会慢慢融入孩子的精神世界，远比一万句说教更管用。

有一天，孩子指着《假如给我三天光明》里的一段话读给我听："海伦·凯勒说自己明白了'爱'到底是什么，你摸不着云彩，但你能感受到雨水；'爱'也是摸不着的，但你却能感到她给你带来的温暖和甜蜜……"听着孩子稚嫩的声音，我知道了两件事情：一是通过阅读，孩子知道了"爱"这个抽象感念；二是孩子居然认识这么多字。在此之前，我从没有想到孩子会认识这么多的字。我问她："这些字你每个都认识吗？"她说："虽然单个字出现有时不一定认识，但只要爸爸讲过这段故事，我就会凭着'感觉'读下来。"这种"感觉"就是语感，当我用亲子阅读一点点来"浇灌"孩子成长的时候，她果然给了我一个又一个惊喜。

一位儿童发展心理学家认为，坚持和孩子一起阅读，让孩子接触到更多、更丰富的语言，有利于孩子语言能力的发展。家长和孩子围绕一本又一本的书，谈论书里的人物，交流书里的情节，很多有趣的词语会源源不断地从孩子的嘴里冒出来，这不正是我们期待的吗？和孩子一起读书就是过一种共同的生活——以故事为媒介，亲子之间更容易建立共同的精神联系，拥有共同的语言密码，拥有共同的密码，才会存在于同一世界。

现在，每当孩子写完作业，她就会自己去书架找书看。女儿上一年级了，我为她准备了合适的书架，记得新书架进家那天，我们与孩子一起，把小时候的书、现在能看的书、未来才看得懂的书分门别类地摆放整齐。要求孩子每次阅读只可以从书架上取三本，看完了归还原位，再换别的书看。我认为这样做能帮助孩子知道珍藏图书，了解图书管理、图书分类的基本常识。每一次阅读，我都让孩子自主挑选绘本，这样做亦可以锻炼孩子的自主性和独立性。

自从孩子上小学以来，我明显感觉到她的阅读能力在上升，而且她还能够把书的内容应用到自己的生活中了。因为孩子在这个时候开始学拼音了，现在阅读的文章也越来越长，书也越来越厚了，自主阅读的时间可以相应增加。我会由一个故事的精彩片段慢慢过渡到整个故事。同时，在亲子共读的时候，我会让孩子读几页，或者和孩子一起来演故事，这样做可以增强孩子自主阅读的兴趣和信心。渐渐地，随着孩子认字量增多，我们从"听爸爸妈妈讲故事"转变为"与爸爸妈妈一起读故事"，不难想象以后一定会发展到"给爸爸妈妈讲故事"的阶段。上小学以后，我们在每次读完一册绘本或者故事后，都会将故事的"时间""地点""人物关系""人物感受""你从故事里获得了什么"这些要素，以谈心的方式，让孩子表述出来。这样不仅仅是重温了故事的精彩片段，也潜移默化地教会了孩子写作的要领。我认为，小学的写作能力与儿童高质量阅读是密不可分的。

绝大多数家长并没有接受过表演或专业朗读的训练，再加上平时工作繁忙，往往会选择简单的亲子阅读方式读书——为孩子"读"书。这样做不是不好，只是还不够"疯"，不足以感染孩子而让孩子迷上阅读活动。孩子天性喜动，好夸张，模仿能力强。我发现表演性地读书，可以激发孩子的阅读天性。比如：模仿故事中人物的语气，再加上符合情节的夸张动作。大人绝不用担心自己的表演能力，孩子是世界上最宽容的听众，他不但会原谅你表演的"拙劣"，而且还会对你的努力报以最真诚的喝彩。为自己的孩子表演是一种莫大的享受。最简单的表演是富有感情色彩、节奏调整适当的朗读。为了做得更好，我一般事先预习一下阅读文本。主人公形象特别可爱、性格鲜明、语言特征明显的故事，特别适合表演读。女儿特别喜欢这种阅读方式。最有趣的表演是吸引孩子参与分角色表演，我常常会根据女儿的阅读能力选择适合的故事。有时，一个简短的小故事，女儿的台词也许只有几句，并且还是重复的内容，但她依然表演得妙趣横生。每次表演，她都投入其中，乐此不疲。

优秀的童话温暖着孩子，也会融化成人多年的积冰，让成人的目光变得柔和、温情起来，甚至连说话的腔调、面上的笑容乃至神情动作都和孩子一样可亲可爱。表面上看，亲子阅读中，是我们在陪伴孩子，其实是孩子在陪伴我们。我们因为孩子的接纳，得以进入到他们的世界，从而做了一次小孩子，享受了一段纯净无邪的时光。在故事面前，每一个讲述者或倾听者，都可以重新变回孩子，跟着故事情节中的人物一起快乐，一起伤悲，一起感动。与其说是我们把故事带给孩子，不如说是孩子让我们与故事重逢，与童年相遇。

所谓"阅读"，就是"悦读"，就是让孩子在开开心心的状态下感受阅读的魅力。所以，和孩子一起坚持阅读，总有一天会绽放出最美的花朵！

亲子阅读让书伴随低年级学生成长

杜佳　城子小学

亲子阅读，又称"亲子共读"，就是以书为媒，以阅读为纽带，让孩子和家长共同分享多种形式的阅读过程，在学生课外阅读当中起到重要的作用。通过共读，父母与孩子共同学习，一同成长；通过共读，为父母创造与孩子沟通的机会，分享读书的感动和乐趣；通过共读，可以带给孩子欢喜、智慧、希望、勇气、热情和信心。

一、小学低年级亲子阅读的意义

亲子教育早在20世纪60年代，就已在新西兰得到了很好的发展，并在新西兰初等教育中被广泛应用，后被引进到美国等多个西方国家，都收到了良好的效果。在很多国家，早期亲子阅读活动是不折不扣的"国家工程"。苏联教育家苏霍姆林斯基曾说过："所有那些有教养、品行端正、值得信赖的年轻人，他们大多出自对书籍有着热忱的爱心的家庭。"吉姆·崔利斯在《朗读手册》上有这样一段话："你或许拥有无限的财富，一箱箱珠宝与一柜柜的黄金。但你永远不会比我富有，我有一位读书给我听的妈妈。"亲子阅读不仅有利于培养孩子阅读习惯，而且让家长享受和孩子读书的过程，增进亲子关系。

《语文课程标准》对课外阅读提出了具体要求："培养学生广泛的阅读兴趣，扩大阅读面，增加阅读量。提倡少做题，多读书，好读书，读好书，读整本书。"《语文课程标准》还明确强调了小学阶段应完成145万字的阅读量，其中低年级（一、二年级）小学生课外阅读总量要求达到5万字。《课标》把课外阅读放到了非常重要的地位，但在大多数地方，课外阅读并没有落到实处，《课标》提出的阅读量还仅仅是一个"理论数字"。尤其是小学低年级的学生，孩子进入小学后，学校教育似乎迅速取代了家庭教育，家长立即从教育者的位置退居到旁观者甚至责难者的位置，同时，低年级学生因识字量较少，难以独立阅读。怎样倡导阅读的风气，怎样扎扎实实地把《课标》提出的阅读任务落到实处，怎样让低年级的孩子热爱读书，除了要重视教师的主导作用，为班级营造书香氛围，更要发挥家长的潜移默化的身教作用，倡导书香家庭，提倡亲子阅读。在理论层面，亲子阅读有着它存在和深入研究的价值。

（一）早期阅读发展理论

早期阅读发展理论也被称为"读写萌发"或"生成读写"理论，1966年，新西兰的玛利亚·克莱博士首先提出"萌发的阅读理论"。早期阅读发展理论认为早期阅读的重点并不在于让儿童通过阅读获得知识，而是侧重于成人根据幼儿身心发展的特点，通过各种方法引导幼儿对阅读过程产生兴趣，继而培养幼儿良好的自主阅读能力和习惯。

（二）分享阅读理论

分享阅读是由新西兰的教育家霍尔德（Don Holdaway）1979年提出的强调共同分享读者乐趣的早期阅读教育方法。分享阅读理论认为，教育学家和心理学家应该根据儿童的认知规律编写阅读材料，配合一定的教育方法，在家庭或幼儿园实施类似游戏的阅读活动。该理论旨在轻松有效地培养儿童的阅读兴趣、阅读能力和习惯，丰富幼儿的学前阅读和学前书写经验，从而引导幼儿尽快地从依赖阅读过渡到独立阅读。

（三）支架理论

支架理论认为，学习就像盖房子前必须先支架一样，教育者应该提供学习者学习的支架。所谓支架，可以理解为教学策略，如引导、示范、教学者和学习者的对话等。支架理论融合了皮亚杰的个体对知识的建构认知理论和苏联心理学家维果斯基的"最近发展区"理论。基于支架理论，美国著名的阅读研究专家吉姆·崔利斯在1989年指出，阅读是一个社会性的经验，有他人陪伴互动，才能更好地理解和产生乐趣。

二、目前小学低年级亲子阅读中存在的问题

在多元文化的教育背景下，家长们对孩子的早期教育越来越重视，大家都自觉或不自觉地加入亲子阅读的行列中，为孩子的早期阅读奠定基础。但是绝大多数的家长对小学低年级的孩子在亲子阅读的理解上还存在误区，缺乏科学性的指导和阅读技巧。当前低年级亲子阅读问题比较突出的表现有以下几点。

（一）对亲子阅读的认识和理解不到位

很多家长认为，亲子阅读只适用于孩子幼年时期，等到孩子进入小学教育后，受应试教育的影响，比较偏重于学习基本知识和技能；认为阅读教辅之外的是浪费时间，就没有必要进行亲子阅读了。

亲子共读的目的是引导孩子热爱阅读。目前许多家长认为亲子共读的目的是帮助孩子早点学会识字、阅读，因此在共读的过程中，着重于帮助孩子认字，学会阅读的方法。大人在亲子共读过程中带有强烈功利心的"快快的""早早的"愿望，往往是削弱孩子阅读热情的利器，其结果往往是，在孩子早早地学会了识字阅读的同时就丧失了自主阅读的热情。

（二）亲子阅读材料选择存在盲目性

家长在选择阅读书本时，一般都依照书本的畅销度和智力开发角度为标准，或者是根据学校要求来订阅书籍，完全忽视了孩子的性格特点和喜好，导致孩子对阅读没有兴趣。

（三）没有营造良好的阅读环境

家长们在物质富裕的条件下，花了大量的资金来装饰房间，但是不难发现很多家庭却忽略了孩子书房的布置，有些家庭甚至没有专门的书房，孩子只能在客厅或床上进行阅读。家长根据自己的兴致来对孩子进行亲子阅读，没有安排固定时间阅读。

（四）缺乏科学阅读的指导策略

有些家长在其成长过程中自身没有经过有效的阅读培训，自身也未养成良好的阅读习惯，有的家长在亲子阅读过程中，只是对着书本一字一句地念给孩子听，没有结合书本中的图画和故事，来对孩子进行提问、交流，没有考虑孩子的身心发展特点和接受能力，不能针对性地对孩子进行思维的启发，磨灭了孩子的阅读兴趣。

（五）把亲子共读只当作是女人的事情

多项调查显示，目前国内接近九成的家庭由妈妈负责为孩子选书，而在进行亲子阅读活动的家庭中，也是近九成主要由妈妈担负为孩子读书的任务。绝大部分幼儿园老师和小学的大部分语文老师也都是女性。也就是说，在孩子出世后至少八九年里，几乎全是女性统领着他们的阅读世界。所以在他们看来，"阅读是女人的事情"一点儿也不奇怪。这对于孩子，特别是男孩是不良的心理暗示。因此，在亲子共读活动中，男性，特别是爸爸们，应当尽可能多地参与，为孩子们做出表率。

三、教师对小学低年级亲子阅读的指导

为了避免以上低年级亲子阅读中存在的问题，充分发挥亲子阅读的作用，教师要有效指导家长进行亲子阅读。

（一）明确阅读目标，正确认识亲子阅读活动的性质和内涵

每一个父母都应该对亲子阅读有正确的认识，亲子阅读目的不在于专业知识和学科知识的教导，也不追求分数和考试达标，它重视的是在舒适愉悦的家庭环境下，以书为媒介，以阅读为纽带，父母通过多种方式引导孩子进行阅读，培养孩子的阅读兴趣和情感体验，让孩子在一次次的亲子阅读中，真正地热爱阅读，热爱书籍，激发孩子的求知欲和好奇心。

（二）共同选择合适的书目

共同选择合适的书目，是亲子阅读有效进行的重要条件。家长在进行阅读材料的选择时，不要完全根据自己的喜好和图书的销售量来选择。要做到以孩子为本，把孩子的阅读兴趣放在第一位，根据孩子性格特点和发展阶段，以及孩子对图书的喜爱种类来进行阅读材料的选择。在购买阅读材料时，可以带上自己的孩子一起到书店选购。低年级的孩子虽

然认知水平还不是很高，但是在选择上会有自己的主见和兴趣爱好，家长在不违背孩子的年龄层次和认知发展水平的情况下，可以让低年级孩子自主地选择自己喜爱的书籍进行阅读。另外，教师具有专业的学科知识和专业技能，可以根据低年级学生的这种认知水平，向家长科学地推荐亲子阅读材料。

（三）采用形式多样的阅读指导方法

家长是孩子的第一位老师，也是最重要的老师。许多家长很烦恼，不知道该如何进行亲子阅读。其实，只要家长和孩子能共享阅读乐趣，不管是照字朗读，还是看图说故事，都是很棒的共读经验。在阅读过程中，可以采取以下一些方法。

1. 读一读。共读是一个互动的过程，可以是家长读给孩子们听，也可以是孩子读给家长听，更可以是双方配合的分角色读、接力读（其中以家长读为主，即使孩子基本或完全能够阅读，"听书"依然是十分必要的。因为对于小学低年级的孩子来说，"听"更享受、更兴奋、收获更大）。家长要以一个孩子的心态参与阅读，与孩子一同玩味、一同感受。除了读文之外，还可以读图。好的书籍，插图通常也出自名家，能让我们大饱眼福，很快融入故事情境。

2. 讲一讲。在读的过程中，还应配合讲。比如，一本书开读前，为营造阅读期待，很有必要给孩子讲一讲该书的作者及写作背景。如在为孩子读《格林童话》一书时，先介绍该书是由德国著名语言学家雅可布·格林和威廉·格林兄弟收集、整理、加工完成的德国民间文学，经历了长达6年的收集工作。它是世界童话的经典之作，自问世以来，在世界各地影响十分广泛。格林兄弟以其丰富的想象、优美的语言给孩子们讲述了一个个神奇而又浪漫的童话故事，其中以《灰姑娘》《白雪公主》《小红帽》《睡美人》《青蛙王子》等最为著名。该书获选为世界文化遗产，被联合国教科文组织称赞为"欧洲和东方童话传统划时代的汇编作品"。其中的童话故事还激发了大量电影、舞台剧、芭蕾舞剧以及电影动画的创作。听了这些介绍，孩子"听书"的愿望强烈了，《格林童话》便可以隆重开讲了。久而久之，孩子对名家作品也能如数家珍，无形中丰富了知识，更亲近图书了。

3. 品一品。遇到精彩的章节或段落，孩子往往激动不已，会提出"再读一遍"的请求，有时甚至要求读上很多遍。其实，家长应该抓住这样难得而自然的机会，让孩子们"品人物""品细节"。《丑小鸭》是安徒生著名的童话之一，家长和孩子可以一起扮丑小鸭，反复品读丑小鸭历经千辛万苦、重重磨难之后变成了白天鹅的过程。这其实就是一种品赏，一种回味。在"品"的过程中进行交流，产生共鸣，生发想象，再现故事，同时还能积累语言，使书越读越"精"。

4. 聊一聊。随时随地，家长都可以和孩子聊书——聊作者、聊情节、聊感受、聊联想等等。有"聊的"，说明孩子读进去了，读出味了，读上瘾了。当然，聊的时候不要把家长的观点强加给孩子，因为这种交流完全是平等的。即使是需要"拨正"的时候也要注意方法，让孩子有畅所欲言的空间，激励他更进一步的思考和体会。

5. 忆一忆。阅读的时候应鼓励孩子联系生活实际和个人感受，以此加深对故事的理解，产生共鸣。比如，《木偶奇遇记》读了木偶匹诺曹从一个任性、淘气、懒惰、爱说谎、不关心他人、不爱学习、整天只想着玩的小木偶，变成一个懂礼貌、爱学习、勤奋干活、孝敬长辈、关爱他人的好孩子的过程。孩子会想起自己的相似经历，会和家长谈论由该书得到的启发。这种"回忆"和"联想"，让孩子对故事产生了更强烈的共鸣，获得了更加丰富的阅读体验。

（四）建立家庭小小图书馆

著名作家博尔赫斯曾说过："我总是想象天堂将如同图书馆一般。"我们应为孩子建构一个小窝，一个阅读的天堂。为孩子创设舒适惬意而又童趣化的阅读环境，以吸引孩子进来阅读。在家中选一个光线充足的房间或角落，放置一张书桌，准备一个小书架，地面可以铺设一块卡通图案的地毯，孩子可以随意选取自己喜爱的书籍，坐在松软的地毯上或是书桌前放松自在地去阅读。墙壁上可用孩子与父母共同制作的装饰物进行美化，书本可以或开或合地放置其中，使整个小窝充满休闲和趣味的感觉。相信您的家中如果有这样一个书吧似的空间，孩子一定会有阅读的欲望。

（五）培养小学低年级孩子良好的阅读习惯

每天固定一个时间和孩子一起看书。看完后，相互交流一下读书心得。每周填写一次"亲子阅读记录表"，父母和孩子共同填写，可以是文字，可以是图画，可以是照片……形式不拘，追求个性化的表现。鼓励孩子把书借给小伙伴看，也鼓励孩子向朋友借阅优秀的读物。家里要适当准备一些工具书，以便孩子有疑问时可以查阅，使孩子认识到工具书的作用。

综上所述，对小学低年级学生进行亲子阅读，是让孩子爱上阅读的有效方法。作为一名小学语文教师，在为班级营造书香氛围的同时，也要以科学的方法辅导、帮助家长树立亲子阅读的理念，并把这种理念落实到行动中。让家长和孩子一起读书，使之成为一种生活方式，将使儿童受益终生，使家庭生活更加温馨与文明。让我们共同努力，让我们陪伴孩子在书的海洋中成长，让阅读伴随孩子在智慧的天空翱翔。

阅读需要陪伴

王卫贞　大峪第二小学

> **【摘要】** 博览群书，可以开阔思路，活跃思想，而作为一名小学教师我更深知培养学生广泛的阅读兴趣，扩大阅读面，增加阅读量，对于一个孩子语文学习乃至今后生活的重要性。本文就陪学生读教材，让学生喜欢读书；陪学生看小人书，让学生快乐读书；陪学生读群书，让学生习惯读书三方面，写出了自己在培养学生读书习惯上的一些做法，以提高学生读书能力。
>
> **【关键词】** 喜欢读书　快乐读书　习惯读书

我们都知道博览群书，可以开阔思路，活跃思想，而作为一名小学教师我更深知培养学生广泛的阅读兴趣，扩大阅读面，增加阅读量，对于一个孩子语文学习乃至今后生活的重要。上学期我们班被选为阅读实验班，在近一学期的实验中，我陪伴孩子走过了喜欢上读书、快乐地读书、习惯读书的过程。在这一过程中，我看到了学生的成长与变化，看到了他们以书为友，收获快乐。

一、陪读教材，让学生喜欢读书

语文书中的文章都是些经典篇目，而与之配套的语文读本中的文章也是一些精华篇章，我们的阅读就从这些开始，激发学生读书的欲望。

1. 读课文，让学生比学赶帮

以往学语文我们都是按部就班，讲完一课讲二课，而且每一课都是掰开了揉碎了，讲个没完没了，教师讲得没有什么新意，学生学得也很无趣。实验后，我采取按单元整体阅读的方式，让学生在很短的时间内学完一单元的课文即快读课文。每次都先把一个单元的阅读作业留给大家，让学生利用一节课把这一单元的课文读准音并了解大意，然后利用两天的时间做准备，把这单元的课文用自己喜欢的方式展示给大家：可以配乐朗读，可以几人合作演课本剧，可以把自己喜欢的段落背下来……不同的汇报形式，一下子让学生成了课堂的主人，真正成了书的主人，读书兴趣一下子提高了。学生汇报时我还会组织评分小组进行评价，学生生怕自己落后，于是无论是课间，还是在家中，一张张学生认真阅读的画面展现在我们面前。此时的课文我们的学生个个会读，课课会讲。

2. 赏读本，让学生轻松阅读

所谓轻松的阅读，就是让学生在没有过高要求、没有过重压力的环境下阅读。平时总有一些老师，但凡布置课外阅读任务，就会伴有诸如阅读训练题、阅读小练笔等一系列阅读作业，让学生望而生畏。我认为这是不可取的，我们要让学生轻松地从事阅读活动，让他们尽情享受阅读的美，而不是为了阅读而阅读。我们都知道阅读兴趣要从小培养，三年级的孩子认识的字还不是特别多，对阅读本来就有畏难情绪，如果教师提出太多的阅读要求，便会打击他们的阅读积极性。特别是当孩子刚刚喜欢上读课文时，如果生硬地告诉他们再去读什么什么，那必然适得其反。于是我找来语文读本，这是与我们的教材配套的一本书，书中篇篇是美文，有诗歌，有散文，有童话，还有相声。嗯，孩子们一定感兴趣。于是我拿着这本书来到了教室，当我引导孩子们去看与第一单元相对应的读本中的文章时，学生被大自然的神奇深深吸引住了，不由得抢着把第一课《春天》背了下来。于是我趁热打铁，让他们把整个单元的文章都读下来，此时他们似乎忘记了这是课堂，完全沉浸在读书的快乐中。当然也有一些学生懒散惯了，不太想读。但我们都知道"近朱者赤，近墨者黑"，阅读也是如此。在一个具有浓厚书香味的环境中，学生的读书欲望更容易被激起。你读，我读，自然他也会不由自主地加入这读的行列。小孩子的时间观念不强，往往不能合理安排好课余时间。于是我与家长沟通，在家设立"亲子共读"时间，既能保证阅读时间，又能增进一家人的感情。在校我也每天抽一节课时间和学生一起阅读，这样学生把读读本当成了课余生活的一部分。为了鼓励大家我们还举行了一次大型的故事会，会议有校领导、老师及所有家长参加，在会上孩子们用多种形式展示了读本中的精彩内容，受到了大家的好评。

二、陪读小人书，让学生快乐读书

小人书这是20世纪六七十年代流行的书籍，对于现在的学生来说有些陌生。当我搬着一箱274本来到教室时，学生感到新奇无比。于是充分利用小人书，让学生快乐阅读便成为我的首要任务。

1. 讲方法，激兴趣

当今社会让孩子们感兴趣的事太多了，看电视、玩电脑、看手机，他们没有闲暇的时间去读书，对那厚厚的图书更是不感兴趣，当一本小人书摆在他们面前时，他们觉得很新鲜，因为从小到大他们看得最多的是彩绘本的图书，像这样略显陈旧又小巧玲珑的书还是第一次见到，不由得都想翻一翻看一看，很多孩子也想像看一些漫画书一样只翻翻画就知道意思了，当他们真正静下心来去看时才发现并不是那么回事，于是他们的兴趣一下子一落千丈。这时教师的有效引导至关重要。其实《三国演义》很多孩子都听说过，如果上来就让所有的孩子去看，会使很多孩子惧怕看小人书，他会觉得这种书怎么这么难理解呀！

因此我经过深思熟虑后先从和他们年龄相仿的少年英雄的故事开始,一步步教他们如何去阅读小人书,在阅读中看懂图,明白意思,随后分别分类让孩子们去阅读,逐渐让他们对小人书产生兴趣。

2. 读小书,知大事

每本小人书都讲了一个或有趣、或有意义的故事,由于它是图文并茂,所以孩子们能很快读懂。但我们的目的不只是读完就行了,每读完一本书我都会让孩子们去想想书中的好词有几个,书中的好句有多少,读完这本书你还想读哪些和它相关的书籍。比如在读完《小兵张嘎》《王二小》《鸡毛信》后,孩子们还想读关于抗战小英雄的故事,于是我给他们推荐了《小英雄雨来》一书,当看到孩子们对抗日故事产生兴趣后,我又让他们读《铁道游击队》等系列故事,一下子孩子们的阅读量提高了,知识面也扩大了,趁热打铁又让孩子们查阅关于抗日战争的前后历史,他们的视野随之开阔了许多。可见一本小人书,利用好了能让孩子们知道许多大事呢!

3. 常检查,成习惯

"让读书成为习惯"是我们每个老师最想教给学生的。但对于一个三年级的孩子来说,起初还需要老师的督促与检查。当我把阅读小人书的方法教给学生后,孩子们是不是都能有效地阅读呢?字都认识吗?句子能读通吗?这本书讲了什么他知道吗?一系列的问题摆在面前,唯一的办法就是检查。于是每天找一名同学讲他看的小人书中的故事,一组同学读他看的小人书,随时提问某个同学看的小人书所讲的主要内容成为检查的主要手段,同时不定期地开展故事会,让更多的同学把看的小人书中的内容讲给大家听,更是激发了孩子们的兴趣,起到了督促作用。久而久之,孩子们养成了认真读好每一本小人书的习惯。

三、陪读群书,让学生习惯阅读

《语文课程标准(实验稿)》要求小学生课外阅读不少于150万字的阅读量,这无疑是要我们注意阅读的广度,在尊重学生个性的基础上,只有广泛地阅读,才能补充课堂教学的不足。因此,当学生喜欢上语文书、语文读本,274本小人书争着抢着看后,我便开始指导学生选择更多涉及面更广的课外读物,儿童生活、历史故事、科学常识、小说、童话、寓言,不拘一格,只有这样学生才能博览群书。

为了让阅读成为一种习惯,我特意从图书馆借来各类书籍,放在一米多宽的讲台上,并告诉学生课余时间可以随意坐在讲台上拿书看,当学生们看到自己喜欢的图书摆在那儿时,下课不由自主地跑去看,有时讲台上没地儿了,他们便坐在地上津津有味地品着、看着,互相探讨着。我还充分利用攀登阅读平台,向学生推荐适合他们读的好书并鼓励他们完成平台上的作业,从而提高阅读的效果。

古人云："世间洞明皆学问，人情练达即文章。"生活中处处有语文。为了让阅读成为一种习惯，我还结合一些特殊的节日、特殊的事件、特殊的纪念日等，有计划地开展活动，搜集相关资料，让学生阅读，以开阔视野。

总而言之，兴趣是最好的老师，是学生学习的动力，教师只要从点滴开始注重陪伴学生树立强烈的阅读意识，在日常的教育教学工作中要有意识地培养学生的良好的阅读习惯，适时鼓励，激发其阅读兴趣，总会有所收获的。

开启低年级孩子的阅读之旅

研究类型　阅读综合实践活动

杨珍　东辛房小学

【摘要】"和大人一起阅读"是部编本教材"语文园地"新设的栏目，是衔接课内外最好的阅读范本。这一栏目中所选的文章大多文质兼美，耳熟能详，有的充满情趣，有的和日常生活紧密相连。本栏目倡导学生在大人的陪伴下的无压力阅读，意在激发学生的阅读兴趣，推行亲子共读。因为当大人和孩子经常在一起阅读时，孩子的阅读兴趣就是在相互陪伴下自然养成的。"和大人一起读"就是追求阅读兴趣的自然养成。

【关键词】陪伴阅读　自然养成　收获幸福

"和大人一起阅读"是部编本教材"语文园地"新设的栏目，是衔接课内外最好的阅读范本。这一栏目中所选的文章大多文质兼美，耳熟能详，有的充满情趣，有的和日常生活紧密相连。本栏目倡导学生在大人的陪伴下的无压力阅读，意在激发学生的阅读兴趣，推行亲子共读。跟孩子一起阅读的"大人"，可以是老师、爸爸、妈妈、爷爷、奶奶、姐姐，还可以是自己的邻居等许多人。可以你来读，我来听，我大声读，你跟着读，也可以是我读你听，让孩子们沉浸在故事的情境中。让他们用"口耳目"阅读，允许他们手舞足蹈、摇头晃脑地读，调动他们全身感官。那么，我将如何利用好本栏目，开启低年级孩子的阅读之旅，为学生的终身阅读奠定基础呢？下面，谈一下我的几点思考。

一、师生共读、丰富课堂阅读形式

在"和大人一起读"的课堂教学中，教师作为大人，不仅是阅读者，更是学生的协助者。作为教师我们一定要深入其中，让自己成为阅读中的一员。还要不断挖掘阅读形式，为学生的阅读提供更多的选择，成为学生阅读的小帮手。

1. 教师可为孩子营造"由读变唱"的氛围

一年级的学生特别喜欢唱，配上音乐，加上动作，把儿歌和童谣唱出来，那种押韵明快的节奏将"跃然纸上"。部编本第一册第一篇"和大人一起读"是《小兔子乖乖》，这首小儿歌是孩子们从小就熟悉的歌曲。我利用电脑播放视频和孩子们一起合唱。阅读这篇文章，就变成了唱一首歌曲，是完全放松、自然的阅读状态。孩子们学着唱，一起唱，表演唱。这也正体现了课标所倡导的"自主、合作、探究"的学习方式的构建。

2. 教师为孩子铺设"由读变讲"的路径

孩子们都喜欢听故事，但有点害怕讲故事，因为他们不知道怎么讲。大人不仅要把故事讲给孩子听，更要当好陪衬，让孩子学讲故事。部编本一册第五单元和"大人一起读"的故事是《拔萝卜》，这个故事很有趣，语言也很有特点。教师和孩子可以一起来读读这个故事。

故事讲到"小狗喊小猫来帮忙……"戛然而止，而后面的插图告诉我们，小猫还请来了小老鼠帮忙，据此，结合文中学习伙伴的提示："后来怎么样了？"大人和孩子可以一起大胆想象故事后面的内容，还可以仿照故事语言表达的方式，把小猫和小老鼠来帮忙的内容补充完整。教师特别要引导孩子仔细观察每幅图中的萝卜有什么变化，让孩子猜猜故事的最后结果是什么。根据加德纳的多元智能理论，人的智能发展是多维度的，只要大人不断地为孩子铺设不同的路径，孩子就会有不同的智能发展。阅读活动同样具备这样的功能。

二、亲子共读，营造家庭阅读氛围

和大人一起阅读，就是要创设一种静静的阅读环境。社会的"喧嚣闹"到家庭的"阅读静"，需要一种阅读环境的形成。人世间最温暖的画面莫过于"抱着孩子一起静静地阅读"。大人和孩子在阅读中合作学习，相互沟通交流。一种家庭式阅读、亲子阅读、书房阅读就会形成。阅读环境的形成为提高孩子的阅读质量起到了保驾护航的作用。

在"和大人一起读"中。家长同样是非常重要的"大人"。如何帮助家里的"大人"积极参与"一起读"呢？我觉得作为教师一定要做好指导，其次就是要做好评价。针对《小松鼠找花生》这份阅读材料，我设计了一张"提醒卡"，并补充了另一篇文章《小熊住山洞》。

请您配合：

①邀请您的孩子当小老师，教您读一读《小松鼠找花生》。

②由孩子选择喜欢的合作方式，一起读《小熊住山洞》。

③请从今晚读的材料中，选择一篇语音发至班级微信群。

这份提醒卡，不仅有提醒的作用，更重要的是在于指导方法，让家长能够清晰地知道，自己可以怎样和孩子一起读。此外，这份提醒卡还提供了相关的拓展阅读材料，鼓励学生在家里"大人"的陪伴下继续阅读。也满足了部分家长希望得到阅读推荐的要求。

当大人和孩子经常在一起阅读时，孩子的阅读兴趣是在无压力、相互陪伴下自然形成的。

三、搭建平台，提供展示的机会

设立"和大人一起阅读"的班级微信群，让家长们采用照片、文字、语音、视频等方式，定期在微信群里进行"和大人一起读"的反馈。家长和孩子们每反馈一次，我都会认真倾听，认真观看，对于优秀的作品我会及时表扬，对于有待改进的，我也会提出自己的方案，在这期间有一部分孩子从不敢面对镜头到能在镜头前勇敢地读出来，期间离不开家长和孩子们的努力。一开始的时候，一小段话，有的孩子看一遍就敢面对镜头和大人一起读，用时不到半分钟。而有的孩子却需要三四分钟。但是家长们却没有放弃，不拍揭丑，陪伴孩子们一路走来，每个孩子都在这个过程中慢慢地成长着。更可贵的是，一部分家长们也参与到点评中来，有的家长说"淼淼，你今天又是第一名""萌萌你和妈妈在镜头前真漂亮。""悠悠，你的声音真好听"……孩子们在这个过程中，也互相学习，取长补短。家长会上，我们重点召开了和大人一起读的茶话会，让每位大人说说，在实施过程中遇到的困难，谈一谈自己的好做法，对接下来的阅读做一个提前的预演，对长期的阅读做一个规划。元旦前，我们请家长们录制和孩子一起读书的最精彩的微视频，要求家长们在群里观看每家发的视频，互相学习，并做出评价，根据家长们的评价打分，我们评出了一、二、三等奖。元旦的联欢会上我们进行了展播，颁奖。此次活动更加激发了亲子阅读的兴趣。

大人的陪伴才是阅读的最大魅力，他可以让阅读变成朗诵，变成表演……这样的阅读充满情趣，充满智慧。大手牵小手，孩子在阅读中感到快乐，收获了幸福，"和大人一起读"栏目开启了孩子的阅读之旅。

第十章

门头沟区阅读综合实践方案及示例

关于推进书香校园建设的问题与对策

李玉梅　育园小学

【摘要】 读书有益于育德、励志、明史、启智，是人的素质全面发展的重要途径，"读书可以让人保持思想活力，让人得到智慧启发，让人滋养浩然之气（习近平语）。"一个人的精神发育史实质上就是一个人的阅读史；一个民族的精神境界，在很大程度上取决于全民族的阅读水平。"让读书成为习惯"是建设学习型社会的时代要求。书香校园建设是素质教育的基础工程，也是校园文化建设的重要组成部分。为切实推进学校文化建设，有效实施国家课程标准，培养学生爱读书、多读书、读好书、会读书的良好习惯，为进一步落实立德树人根本任务，提高师生阅读素养，系统推动书香校园建设，2016年，北京市教委发起"北京市校园阅读促进与推广项目"。门头沟区中小学校园阅读素养提升工程启动以来，已经在我区推广实施了近两年，在两年中各校积极创设阅读环境，开展阅读活动，进行阅读课程的研究和实践，已经积累了比较丰富的经验和成果。本文主要分析了"书香校园"建设的意义，当前"书香校园"建设的现状，提出了目前学生阅读环境的几点问题和改善阅读环境的几点建议。

一、调查目标

分析"书香校园"建设的意义；当前"书香校园"建设的现状；提出目前学生阅读环

境的几点问题和改善阅读环境的几点建议。

二、如何调查

（一）调查对象

本班41名小学生和部分家长，以及部分任课教师。

（二）调查时间

2017年12月12日至2017年12月28日。

（三）调查内容和方式

最近，我对本班的41名学生进行了采访调查，从"平均每天读课外书的时间是多少？主要是读哪些类型的书？""读名著吗？""每个月购买几本新书？主要是什么书？阅读的情况怎样？""有写读书笔记的习惯吗？""对学生课外读物有什么建议？"等内容进行了调查，并通过家访或话访，以及聊天等方式采访了一部分家长和任课老师，并委托一名同学的家长，以家长的身份采访家长，了解孩子的读书情况。

三、调查情况

（一）建设书香校园的深远意义

自从"书香校园"工程建设以来，社会各界对于校园文化建设的关注度持续走高。到底什么才是"书香校园"呢，朱永新教授是较早提出"书香校园"的代表人物之一，他提倡的"新教育实验"理念中认为"书香校园"就是创设浓郁的阅读环境与氛围，通过阅读优秀书籍陶冶情操，不同的阅读方式会带给人们不同的阅读感受，使阅读表达方式多样化。开展此类活动也可以养成良好的阅读习惯，终身受益，也为建设书香社会贡献了一份力量。创建书香型校园是校园人文情怀的体现，是校园文化的重要组成部分，是校园文化的内涵与延伸。学校是教书育人的地方，打造书香校园，让文明之火薪火相传，对于每个人的成长来说意义非凡。

（二）书香校园建设现状

1. 目前我国教育界正着力于母语教育新理念和实践策略的建设工作，很多学校和教师也在加大学生的阅读量，丰富学生的阅读实践等方面，进行了很多有益的探索，如朱永新教授主持的"新教育实验"六大行动中，"营造书香校园"行动被称为"整个实验的灵魂"。

2. 为进一步落实立德树人根本任务，提高师生阅读素养，系统推动书香校园建设，2016年，北京市教委发起"北京市校园阅读促进与推广项目"。一年多时间里，很多项目校增加了校本书单，举行了不同种类的校园阅读活动，促进了家校共育发展，总结了校园阅读促进的相关成果，在项目实施上取得显著成效。

3. 自2016年门头沟区实施中小学阅读素养提升工程以来，全区各中小学纷纷行动起来，开拓创新，与时俱进，开展了丰富多彩的书香校园创建活动，营造了处处有景点、处处有经典、处处有特色、处处有品位、处处有内涵、处处有文化、处处有精神的人文环境，使师生们浸润在这样的文化氛围之中，让学生、老师在书香环境中丰富和体验情绪、情感、体验读书学习的乐趣，追求成功，体验成功，乐于成功。

4. 为了更好地开展全民阅读活动，门头沟区在影剧院、体育馆、社区、街道、商场周边开设了流动图书馆，使群众能够就近借到自己喜欢的书籍进行阅读，在全区营造了浓厚的阅读氛围。

5. 育园小学在全校范围内，先后采取了读书小状元和读书小博士评比活动、开设攀登阅读网站、在班内设置读书角、每天早上朗读《经典诵读与书写》等多项措施，不断丰富读书活动内容，提高师生们的阅读兴趣，提升阅读能力，在校园内营造了浓厚的阅读环境。

（三）存在的问题

1. 阅读效果不明显。学校利用一切资源，为学生提供了良好的读书环境，同时利用多项有意义的阅读活动，不断激发学生的阅读兴趣，虽然取得了一些成效，但是缺乏阅读的专题课程，培养孩子"会阅读"的能力，使孩子们对读物的理解不够，没能真正达到阅读的目的。

2. 目前的教育体制严重制约孩子的阅读时间。目前我国大部分家长受潜在的应试教育影响，仍盯在分数上，各类补习班占去了孩子大量的时间与精力，从而阅读时间减少，甚至没有精力再去读书。再者，学校为了提升优秀率，课程往往安排得比较紧，相应压缩了学生们的阅读时间。

3. 传统文化教育还有待进一步加强。通过对我自家孩子及周边孩子的了解与调查，现在孩子喜欢读的书倾向于科技类、动物类、运动类、连环画等方面的内容，喜欢中国名著、世界名著的不多，对传统文化的兴趣不高。

4. 出书环境不理想。随着社会的不断进步，科技不断发达，各个领域的书籍增多，供孩子选择的图书日新月异，使孩子在阅读的时候，找不到正确的方向，影响了阅读效果。同时，很多盗版书的出版与横行，使孩子们读到的书不干净，不健康，给读者带来错误的信息，对我们的孩子是百害而无一利。

5. 阅读设施建设还需进一步加强。目前，学校里为学生们设置了图书角和图书室，但是孩子走出校门后，能读书的地方就只有在家了，公共的阅读场所寥寥无几，就门头沟来说，能读书的去处就只有门头沟区新华书店，其他的图书室不是不开放，就是书籍少，而且孩子为了能够找到一个良好的读书环境，需要在路程上耗费很长时间，给孩子的阅读造成了一定的困难。

6. 电子产品影响孩子读书的兴趣。随着科技不断进步，电视、手机、电脑等电子产品不断更新换代，大部分学生沉迷于电子游戏，对读书的兴趣逐渐淡薄。

四、几点建议

1. 学校增加关于阅读的专业课程。培养学生的阅读兴趣，首先要使他们会阅读。学校要增加关于阅读技巧、阅读书目选择、阅读兴趣培养等专业课程，不断提升学生们的阅读能力，这样才能使他们的阅读兴趣更加浓厚。

2. 加强教育体制改革。对我国当前的教育体制进行改革，逐渐减少孩子校外辅导班，为孩子们留出更多的阅读时间，同时学校要给孩子创造更加浓厚的阅读氛围，规定读书时段，将读书活动作为校本课程，纳入教学计划进行规范管理，每天安排20到30分钟时间，采取教师导读与师生互动相结合的方式，督促学生们进行阅读。

3. 秉承"读圣贤书，立君子品，做有德人"的理念，寻求中华经典诗文特殊德育功效，将《诗经》《弟子规》《大学》《孟子》《论语》等德文俱佳的名篇列入诵读内容，激发学生对中华传统文化的热爱，使学生在诵读中陶冶情操、积累文化、感悟道理，促进学生良好道德行为习惯的养成。

4. 优化出书环境。对书籍出版市场进行监管，坚决杜绝盗版书籍上市，不断优化出书环境，使学生们读到真正的好书，减少盗版书籍带来的负面影响。

5. 不断完善校外读书设施，使孩子们走出校门能够找到更多适合阅读的环境，同时家长们要带领孩子们走出家门，到图书馆等地进行阅读，家校联合，给孩子更多读书的机会。

6. 减少学生们接触手机、电视等电子产品的机会，家长要带动孩子把精力集中到阅读上来，学校要规定学生不带、不玩、不沉迷电子产品，家校共同努力，使学生们全身心地进入到阅读的环境中。

7. 家庭要为孩子创造良好的阅读环境。家长要为孩子做出榜样，在孩子阅读的时间不玩手机，不看电脑，陪同孩子一起进入阅读的氛围中，为孩子创造一个安静舒适的阅读环境，并确定每天的阅读时间，使孩子主动进行阅读。

8. 组织学生晨读。"一日之计在于晨"，经过一晚的养精蓄锐，早晨学生的身体各项机能都在巅峰状态。故学校将上课之前20分钟定为晨读时间。晨读以语文课本为主，课本中要求必须背诵的课文是晨读的主要内容，通过该段时间的学习，在语文课上，学生对课文的诵读质量明显提高。

9. 班级内部组织图书漂流活动。每个班的语文教师负责组织，学生每个星期都拿出一本自己喜欢并看过的图书，与其他同学互换，在每周五的语文课上，对读书情况做一个简要的交流，学生会讲出各自的认识，教师加以指导。

10. 学校每学期开展"读书月"，在读书月里，教师会相应地减少学生的课业负担，鼓励学生多读书，可自由阅读各类书籍，但以文学作品为主。在此过程中，学生需做读书笔记，交由教师检查，以此督促学生养成爱读书、乐读书的阅读习惯。

五、家校的共同期盼

苏联教育学家苏霍姆林斯基认为："读书对一个人终身的发展、终身的成长具有非常重要的作用。"书籍是全世界的营养品，生活里没有书籍，就好像没有阳光；智慧里没有书籍，就好像鸟儿没有翅膀。睿智的思想，高尚的情操，灵动的才智，无不栖于根深叶茂的文学宝库，它生生不息地传承着人类文明，荡涤污浊，提炼精粹，陶冶身心。

让我们家校携手共同努力，不断改善学生们的读书环境，共同助力学校"书香校园"建设活动，使我们的孩子会阅读、爱阅读，把全员读书活动作为心灵的耕耘与播种，在读书中寻找快乐，不断丰富自我！

新时代下农村学生阅读促进面临的问题及举措

梁振茹　清水学校

> **【摘要】** 当今素质教育使学生有了更大的学习空间。广泛的课外阅读自然也就成了学生的必修课。课外阅读不仅可以使学生开阔视野,增长知识,培养良好的自学能力和阅读能力,还可以进一步巩固学生在课内学到的各种知识。此外,对于提高学生的认读水平和作文能力,乃至于语文以外的其他学科的学习都起着极大的推动作用。然而农村小学生课外阅读现状十分令人担忧,为了较大地改变农村小学生课外阅读现状,本文将从笔者在家庭阅读环境、学校阅读环境、社会阅读环境这三方面所实施的对策进行阐述。
>
> **【关键词】** 农村小学生　课外阅读　阅读环境

古人云"知之者不如好之者,好之者不如乐之者"。也就是说人一旦对一件事物产生了兴趣就会乐此不疲地去尝试,并在不断尝试中养成了一种习惯,最后形成了一个爱好。确实,兴趣是有魔力的。它不仅能调动学生内在的潜力,还能促使他们积极思考。对于课外阅读这件事来说,只要习惯养成,爱好形成,那么阅读兴趣不就在潜移默化中得到促进了吗?但这一切对于生长于农村的学生来说,要想做到真的并非易事。

一、家庭阅读现状及相应举措

(一)家庭环境给予阅读的影响

1. 家庭阅读环境氛围缺乏

在农村,良好的课外阅读氛围之所以难以形成,是因为在家中家长都不能为学生树立一个课外阅读的榜样。由于农村学生家长普遍文化素质不高,基本都是在家务农或干杂活儿,条件好点儿的也是开个农家乐或者小店,干点小个体。因此闲暇之余不是打麻将就是串东家走西家。几乎没有家长去选择阅读书籍,更不要谈什么督促儿女博览群书了。在他们的认知里——我儿子(闺女)只要能完成作业就是个好孩子。由于家长并没有营造一个良好的阅读氛围,缺少书香的家庭在孩子身上同样会缺少一种书香的气息,家庭的教育方式会潜移默化地流露在孩子的学习生活中,最终导致学生阅读水平的降低。

2. 课外阅读范围较小

在农村家长的认知里,我们家孩子要想作文写得好的话,一本"作文大全"就全搞定了。因此一个班内几乎能达到100%的家长给学生买回了各种各样的作文集。最终的结果就是书买了不少，孩子不仅作文水平没提高，一年下来书还是崭新的。通过观察与了解发现，大部分小学生拥有的课外书在1～5本，可见农村小学生的阅读内容贫乏是开展课外阅读的一大障碍。

3. 课外阅读习惯难以养成

不少学生因为年龄小，玩心重，自我约束的能力差，缺乏良好的读书习惯，导致了即使在老师或家长的监督下坐下来手捧书籍，也是"身在曹营心在汉"。久而久之，这样是很难谈得上有阅读效果的。

以上原因导致了很多学生看书积极性不高。即便老师强调要多看课外书，但由于他们缺乏良好的阅读习惯和方法。就算有学生会去阅读课外书，也仅仅是囫囵吞枣，要么就是追求故事情节，不做读书笔记；又或者抄点好词好句，而缺少了对文章内容的感悟。

(二) 针对上述影响所实施的相对举措

1. 确定课外阅读范围

要想让家长对课外阅读重视起来，就要让家长明白课外阅读不仅对学生的学习有着重要作用，对学生的道德素质和思想意识也有重大影响。有时候，这些东西的传达真的是"作文大全"所不能给予的。俗话说"一本好书可以影响人的一生"。几乎每位学生都有自己心中的英雄或学习的榜样，如军人、科学家、英雄人物……这些令他们崇拜或学习的楷模有很多是学生通过阅读各类书籍认识的。当学生进行阅读时便会在潜意识中将自己的思想和行为与书中所描述的人物形象进行比较，无形中就提高了自身的思想意识和道德素质。所以学生就更应该"多读书、读好书"。

2. 家长学生同读一本书

小学生，尤其是低年级的孩子喜欢从众。所谓"近朱者赤，近墨者黑"，因此利用这一点，对学生和家长们实施"双阅读"模式（父母和孩子同读一本书）。例如：一年级孩子在读完《中国古代寓言故事》后，家长可以和孩子谈谈自己通过阅读知道了哪个故事里的哪个人是不值得我们学习的，为什么不值得学。哪个人又是值得我们学习的，值得学习的原因是什么。六年级小孩读完《小王子》后，家长完全可以和孩子分别给小王子写一封信，把自己最想对他说的话告诉他，然后在一起互改互评。如果说一个家庭一个枝干，那么阅读则是一个家庭品位非常重要的一片树叶。如果说社会是一棵大树，那这棵大树当然会因此愈发繁茂而吐出的氧气去净化心灵。

二、学校阅读现状及相应举措

学校的学习生活占据了学生学习成长的大部分时间，因此学校教育在小学生身心发展中具有重要的作用。尤其对农村小学生来说，学校的课外阅读环境对他们阅读能力的发展尤为重要。那么学校课外阅读主要是包括学校有关阅读课程的设置、课外阅读相关的主题活动和教师对小学生课外阅读的指导等。

1. 设置与课外阅读相关课程

课外阅读要进入课程主流，课程必然涉及几个最基本的要素——课时安排和内容选择。对于小学生来说，尤其是农村的小学生，在校内进行课程设置时，每周安排两节到三节即可。课程形式方面可以设置为一节现代文和一节古诗词（或文言文）；还也可设置为周期性的阶段性阅读——诗歌、童话、散文、剧本、小说等（可参考小学生课外阅读必读书目）……

2. 举办与课外阅读相关主题活动

有时候阅读还是一种具有仪式感的行为。如果一味地在课堂上或者课下枯燥地去读。时间一久难免会让课外阅读变成了一件形式单一、自己消化的行为。根据以上情况应针对课外阅读多举办相关活动。如：设置班级图书银行、举办书香茶会、召开演讲诵读大赛或手抄报展示等主题活动……

最能致远是书香，书香校园是一种氛围，是一种整体风貌，是校园文化的集中显现。通过课外阅读相关主题活动的增加，学生的课外阅读兴趣及阅读量势必会在原有期望上上一个新的台阶。

3. 教师对小学生课外阅读的指导

语文课程标准指出：要加强对学生阅读方法的指导，让学生逐步学会精读、略读和浏览。对于名篇和其他文质兼美的优秀作品，需要精心细读，体会作者立意、构思，揣摩布局谋篇、欣赏妙词佳句，把书中的知识变为自己的营养。略读是课外阅读的基本方法。所以在进行课外阅读时，教师必须教给学生一定的阅读方法，培养学生良好的阅读习惯——边读边查、边读边想、边读边画、边读边写的好习惯；如果遇到不懂的问题要及时借助工具书或参考资料，并对文本中的疑、重、难点展开思考。除此之外，还要引导学生多注意生活环境中出现的字、词、句，通过联想加深对生活的感悟。

凡是好的态度和好的方法都要使之转化为习惯，只有熟练得成了习惯，好的态度才能随时随地地表现，好的方法才能随时随地地运用，好像出于本能，一辈子受用不尽。

三、社会阅读现状及举措

记得2015年4月《人民日报》微博客户端刊登过歌手李健的一篇有关阅读的文章，文章中他提到讲究焚香沐浴、品茗闲吟，追求萧然自远、悠然自足的境界。但对着电子屏幕一堆二进制的数字编码，让人闻到的不是"书香"，而是工业气息。除此之外，对全社会而言，目前存在着一个巨大的反差。我们的出版业数字庞大，新书源源不断，但从全世界来看，我们是人均读书量很少的国家，远非一个文明古国所应该呈现的。

当今社会流行的阅读方式多种多样，在这个电子书逐渐取代纸质书的网络时代，碎片式阅读的普及率也于无声之中普及到人们的生活当中。针对纸质书阅读，电子（碎片式）阅读的优点相比较而言还是较弱的。由于在农村生活的家长基本上都是属于手机不离手，所以这种阅读方式也就充斥了他们的生活，甚至还影响到了孩子。

要想改变这种现状，还是要从人们的意识形态入手。使其意识到纸质书比电子书更具质感，一页一页地阅读下去，更能享受书香气息，更具有收藏价值；从阅读方面来说，读者更好做笔记，对理解文章大意更具有好处；从舒适程度来说，纸质材料在灯光漫反射作用下更有利于缓解视觉疲劳；从当今社会氛围来说，纸质书有利于让人静下来，止浮躁的心，培养人们的书生气质。

一个读书的民族才是优秀的民族，一个读书的学校才是真正的学校，一个读书的孩子才是有前途的孩子。作为农村学校的教师，应该使农村的学生也能亲近书本，乐于阅读，让阅读也能伴着学生学习、生活，让他们的岁月也会因书的陪伴而书香萦绕，雅致温馨！

推动三级阅读工程　提升学生阅读素养

隗艳霞　东辛房小学

> **【摘要】** 阅读素养是小学生重要的能力素养。校级、班级、家庭要充分营造阅读氛围，积极培养学生的阅读能力，创设各种平台让学生展现自己，逐步培养良好的阅读习惯。培养学生良好的阅读素养，对学生全面发展，提升民族素质有着重要意义。
>
> **【关键词】** 阅读素养　三级阅读工程

2016年9月《中国学生发展核心素养》的发布，标志着我国教育开始转向重视培育学生的核心素养。核心素养，即学生应具备的、能够适应终身发展和社会发展需要的必备品格和关键能力，阅读不仅是其中重要的一项素养，更是撬动和提升其他素养的捷径。4月23日，是世界读书日，习近平总书记在世界读书日到来时要求全民读书，并指出："读书可以让人保持思想活力，让人得到智慧启发，让人滋养浩然正气"。李克强总理提出："把阅读作为一种生活方式，把它与工作方式相结合，不仅可以发展创新力量，而且会增加社会的道德力量。"随着社会的发展，人们越来越感到读书的重要性，新教育发起人朱永新教授连续几年在政协提案中要求设立国家读书节。国家领导人对读书的重视，可以看出读书对于一个人、一个家庭、一个民族的重要作用。

作为学校，我们从小就要培养学生良好的阅读习惯，树立阅读素养是学生核心素养之一的理念。阅读对于个人来说，是生命丰满的灵药。阅读对于一个民族与国家来说，是发展和前进的保障。一个民族是否有阅读的精神、能力和爱好，中小学教育至关重要。作为一名基础教育工作者，如何把培育学生的阅读素养落实到学习生活中去呢？结合小学生的性格和特点，以及实际教育工作经验，笔者认为通过校级、班级、家庭三级阅读工程的推进，对学生阅读素养的培育起着重要的作用。

一、校级顶层设计，引领阅读素养

学校科学的顶层设计对阅读工程的成功与否起着至关重要的作用，因此几上几下的研讨和专家论证过程保证了阅读工程的顺利推进和良好效果。

全员阅读、博览群书的理念为营造书香校园提供了保障。对学生来说，他的可塑性来自教师，教师的可塑性又来自于校长。所以，我们始终认为，要想使阅读对教育产生正向的推动作用，校长教师的责任是第一位的，因此校长和教师必须是个真正的读书人，我们经常组织各种活动来督促教师读书，如读书交流、教师沙龙等活动中老师们互通有无，将自己阅读的优秀书籍推荐给他人，在推荐的过程中便是对知识内化的过程。

此外在校级层面的活动设计上我们也是反复推敲，下足了功夫，征求教师、学生代表意见，依据孩子们的想法和兴趣，以"春诵、夏弦、秋学礼、冬读书"四季阅读工程为依托开展了许多有意思又有意义的活动。

每年4月至6月的校园读书节就是一场校园阅读的饕餮盛宴，在此期间学校会举办丰富多彩的活动，如师生图书推介会、小小朗读者、成语大赛、话剧秀、美德故事大王比赛、校园辩论赛、图书漂流、红领巾图书跳蚤市场等，让孩子们徜徉在书海中，浸润在书香里。在读书节闭幕式上每年我们都会对表现优异的小书虫进行奖励，奖品依据年级不同内容也有所不同，绘本、名著、儿童文学小说等都是给学生们最好的精神奖励。

二、班级文化熏陶，提升阅读素养

一个好的文化氛围，一个充满书香的班级环境，虽不可能让每个学生都脱胎换骨、满腹经纶，但必定会对孩子们有良好的影响，让他们在成长的道路上及时领悟到一些道理。班级作为学校组织的基本单位，承载着教育学生的最重要最基础性的任务，因此学生阅读素养提升关键在于班级阅读文化建设的效果。

（一）倡导课外阅读，加强班级人文精神

《弟子规》开篇讲述"圣人训，首孝悌，次谨信"，倡导了孝文化为代表的中国传统文化。可以说优秀的书籍是充实思想，探究人文精神的最佳途径，又如《道德经》所倡导的"道可道，非常道"又会开启学生关于哲学天理人文的思考。一切伟大的思想几乎都离不开广泛的阅读。在班级中倡导课外阅读，加大课外阅读，通过班主任推荐，学生之间交换书目的做法，达到学生之间热爱阅读交流思想的目的，长时间的坚持，关于善恶美丑真假学生都会有自己的认识，从而使学生辨别是非，思维独立，一个班级的文化始于班级每一个成员，长期的阅读积累，班级以文会友，思维超前的优秀学子将不断涌现，而重要的是，班级以人为本、关爱生命、尊重个人的人文精神将得以塑造，强化了班级文化。

（二）总结课外阅读，打造班级书香文化

对于课外阅读的组织形式，老师可以给予一定的指导，以达到最佳效果，可以开展推荐书目的读书会或者读后感交流，学生之间也可以组织以读书为主题的活动，比如开展诗歌会、诗会友。创造良好的读书氛围，最终通过师生互评、小奖品鼓励以及板报等形式反

馈给全校师生，让才华得以张扬，同时营造出良好的书香班级文化。课外阅读同时在班级硬文化建设方面也有贡献，可以营造以读书以及名人名言为主要载体的班级环境，外造班级文化形象，内塑班级文化素质，双管协力，打造以读书为文化氛围的特色班级。正所谓读史使人明志，课外阅读的作用有助于班级文化建设，但对于学生个体意义更为重要，通过明辨历史，激辩功德，正确认识历史，认识他人，以及认识自己，认真看待自己的过去、现在以及未来，有助于学生在学习阶段树立起正确的世界观、人生观和价值观。学生的进步就是班级的进步，所以，营造课外阅读的氛围，有百利而无一害。

（三）热爱课外阅读，凝聚团结班级精神

凝聚产生力量，团结造就辉煌。一个班级学生的共同价值观、共同的目标，影响班级团结，团结与否是班级文化建设成败的评价因素之一，因此，在班级文化建设中，让班级成员通过参与班级建设，融入班级活动中就尤为重要。课外阅读是一种个人行为，同时也可以是一种集体行为，组织以读书节、读书月、读书周为主体的班级活动相对容易，参与度较高，而更为重要的是，课外阅读不同于其他活动，既有短期效果，还会产生长期效果。通过大量优秀书籍的阅读，学生更懂得个人与集团荣辱与共的道理，也更明白君子有所为有所不为的道理。所以说课外阅读不仅仅是班级文化建设的重要途径，也是学生自我素养提升的有力手段。当然学生通过大量阅读圣贤之士的生活轨迹与历史典故，在自己理想的塑造方面也有着更加清晰的想法，做什么样的人，做什么样的事，将要成为什么样的人，这些想法也都会在学生大量的阅读中慢慢解答。

三、家庭阅读建设，助力阅读素养

朱永新曾说过："阅读和家庭是整个教育最重要的基石。"在大力推进全民阅读的当下，家庭是一个重要的起点，家庭阅读又是教育中最基础最重要的一环。"腹有诗书气自华"，崇尚阅读是中华文化传统，历史上，许多有条件的家庭都以勤勉读书为家训，从家庭藏书、读书内容、读书方法等方面对子弟进行熏陶和训练。

调查问卷显示，我校家长文化素质普遍不高，80%左右的家长学历处于小学和初中水平，没有读书习惯，而且认为读书学习是学生自己的事，此外由于家长整日为生计奔波，很少有和孩子在一起交流的机会。针对以上情况，学校创办了家长学校，为家长传授育人方法，传播亲子阅读的重要性，同时还介绍了许多简单省时的亲子阅读妙招。我校充分利用家长教师协会成员的影响力及个别亲子阅读做得很好的家长做示范，现身说法，为其他家长介绍经验。每学期都会评选出书香家庭，还会举办亲子阅读展示活动。通过丰富多彩的活动影响和督促家庭阅读的改善，让更多的家长加入阅读当中来，为孩子做出良好的示范和榜样作用。

阅读素养的提升绝不是一蹴而就的事情，它是一项庞大且长期的工程。为了民族的进步与振兴，我们每一位教育人都肩负着提升民族素质的使命，通过长期的探索与实践，校、班、家三级阅读工程的推进为提升学生阅读素养、提升地区整体素质起到了不可替代的作用，今后还应在三级阅读工程的深度和广度上进行更深入的探索，为提升学生整体阅读素养继续努力。

构建阅读生态　提升阅读素养

韩金英　城子小学

> **【摘要】** 在一定意义上说，一个人的精神发育史就是一个人的阅读史，而一个民族的精神发育水平，在很大程度上是取决于这个民族的阅读状况的。一个崇尚读书的校园，一定是一个健康而充满生机的校园。一个充满幸福和谐的校园，离不开浓郁的书香气。以书香打造特色，以书香追求卓越，是我校师生一个美好的理想追求。我们以"营造书香校园"为指导，以阅读优秀书籍、撰写读书笔记随笔为途径，借助攀登阅读、班级读书乐的开展，让学生亲近书籍，走进名著，诵读经典，在阅读中实现与大师的对话，为学生精神的成长提供一个全新的平台，使阅读成为学生最为自然的生活状态。
>
> **【关键词】** 激发兴趣　指点技巧　营造条件

要创造爱书和尊重书的气氛，要对书怀有崇敬的感情——学校和教育工作的实质就在于此。一所学校可能具有一切设施，但是，如果没有书，没有人的全面发展及其丰富的精神生活所必不可少的书，或者，如果大家都不爱书，对书无动于衷，那么它就还不能成为学校。

——苏霍姆林斯基

一个充满幸福和谐的校园，离不开浓郁的书香气。著名学者朱永新这样谈读书："在一定意义上说，一个人的精神发育史就是一个人的阅读史，而一个民族的精神发育水平，在很大程度上是取决于这个民族的阅读状况的。"一个崇尚读书的民族一定是一个理性的优秀的民族，一个崇尚读书的社会一定是一个充满希望的社会，而一个崇尚读书的校园，一定是一个健康而充满生机的校园。

以书香打造特色，以书香追求卓越，是我校师生一个美好的理想追求。我们以"营造书香校园"为指导，以阅读优秀书籍、撰写读书笔记随笔为途径，借助攀登阅读平台、班级读书乐的开展，让学生亲近书籍，走进名著，诵读经典，在阅读中实现与大师的对话，为学生精神的成长提供一个全新的平台，使阅读成为学生最为自然的生活状态，用阅读让学生的精神亮丽起来。

一、激发阅读兴趣，让学生想读

"新课程标准"十分强调学生的课外阅读，重视语言积累，并且对学生的阅读量也做了明确具体的规定。攀登阅读平台活动的开展，旨在有效促进孩子读书。因此，我在平时的教学中努力提倡学生多读课外书，不时给学生布置一些读书任务，然而时常遭遇尴尬：有的同学家里有书，推说看不懂的；有的同学不知道买什么书好；有的同学要上课外班，没那么多时间读书……能坚持课外阅读的学生寥寥无几。

许多研究结果表明：兴趣是人们从事任何活动的动力，阅读当然也不例外。学生有了兴趣，才能从心灵深处对课外阅读产生情感需要。因此，教师要努力激发学生课外阅读的欲望，让他们快乐地看书。在实践与探索中，我们深深体会到，要营造真正的书香校园，关键在教师，基础在班级。广开书源、保证时间、激发兴趣、适当指导、品评引领，保证读书活动的深入开展。

(一)现身说法，激起共鸣

学校为每个班级配备了相当数量的图书，一开始孩子们借阅积极性不是很高，我便多次有意地从书架上取书阅读，然后不露痕迹地赞赏作品的精彩，吸引孩子去看。学生终于经不住"诱惑"，阅读的兴趣提高了。同时我还和大家一起有计划有目的地搜集了一些关于读书的名言，讲述名人读书成才的故事，激起学生对读书人的崇拜，对书的渴望，使学生们在课余时间主动地进行阅读尝试。

(二)巧用故事，诱发兴趣

故事是儿童最喜爱的一种文学形式，是儿童认识世界的门户。教师可以用声情并茂的讲述，把孩子们带入一个或神奇、或惊险的情感世界里。有一次，我给学生们讲《草船借箭》的故事，当讲到诸葛亮令军士高喊"谢谢曹丞相赠箭"之时闭口不语，学生迫切想知道结果。我却让他们先猜猜结局。在一一否定了他们的答案后，我便出示《三国演义》一书。此时，学生浓厚的兴趣被激起了，特别想看这本书，于是我趁热打铁，推荐孩子们课下阅读。让学生在享受故事情节所带来的奇妙境界中感受到课外读物的诱惑，主动去进行阅读，这效果恐怕比任何说教更有效。

二、指点读书技巧，让学生会读

虽然兴趣是激发学生阅读欲望的重要因素，但学生若凭兴趣漫无目标、不讲方法地去茫茫书海中闯荡，其意义和收效可想而知。作为老师，我们应该向学生传授一些行之有效的读书方法。

(一)做好读书笔记

孩子们阅读文章，最容易犯的毛病就是只注意作品的故事情节，对作品的思想和语言仅满足于一知半解。因此做读书笔记是克服这一毛病的最好办法。因此在指导孩子阅读的同时，要求孩子做好读书笔记。告诉他们读书笔记的形式，主要在书上做眉批、摘录名言警句、了解主要内容、写提要和读后感等。这些方法可按课外阅读的目的与需要灵活应用。

不动笔墨不读书，培养学生养成记读书笔记、积累的习惯。每个孩子准备一个稍厚一点的笔记本，起名为《艺海拾贝》，里边摘录优美词句、百科小知识等，适当写写读后感，培养学生"不动笔墨不读书"的良好习惯。不仅帮助学生完成了部分积累和消化，而且大大激起了学生阅读的积极性。读书摘抄笔记记录学生的成长轨迹，在班级里掀起了一次又一次的读书、摘抄、写作热潮。

(二)结合课堂教学传授方法

课内阅读教学是学生获取课外阅读方法的主要途径。日常教学中我们常要求学生先通读全文了解课文的大概，再找出不懂的地方通过工具书等方法解决疑难字词，接着在重点词句的地方做上记号，最后熟读全文质疑问难。指导学生将课内学到的阅读方法迁移到课外，这种方法有很强的针对性，学生易接受，效果也好。

三、营造读书条件，让学生多读

(一)优化环境，营造氛围

没有一个良好的阅读情境和阅读氛围，是很难收到良好的课外阅读效果的，因而教师要利用各种机会，努力为学生创造课外阅读的条件，继续营造书香环境。

为在同学中营造浓郁的读书氛围，我们学校在校园环境的建设中增加文化的含量，在校园、教学楼、楼道、楼梯等每面墙壁上设置有关读书方面的名言文化牌，借古今中外文化巨人之口告诉学生读书的意义和方法。利用黑板报、学习园地以及教室走廊等地方，在学校校园文化布置基础上，进行教室文化建设。班里的文化建设也紧紧围绕读书与梦想主题展开，名人读书小故事，读书名言，深入其中。同学自创的读书乐手抄报，读书书法作品展示，无不激励着同学们多读书，彰显着读书带给他们的快乐。我们让校园、班级的每个角落都成为学生阅读的书页，力求做到让学生作品上墙，让墙壁说话。让每个角落育人，让每一处景点说话，让学校处处充满书香，从而营造良好的书香氛围。

(二)确保充足的阅读时间

要切实把学生的读书活动落到实处，让学生有充裕的时间阅读，必须在每天的时间表里为学生的阅读安排时间。我们学校把阅读课安排进了课表里，给学生释放一定的时间和空间，使学生的阅读变得轻松，为打造书香校园、书香班级提供时间保证。充分利用阅读指导课对学生进行一些必要的阅读方法指导，或解决学生在阅读过程中遇到的疑难，或向学生推荐介绍阅读材料，或一起交流读书心得等。同学之间充分利用阅读课介绍自己看过的新书、好书或好文章，交流自己在读书活动中的心得体会，形成良好的读书氛围。有时候也安排自习课作为学生读书的时间，书可以是自己带来，也可是与同学换着读，还可以是图书角的书。

同时每周一、三、五中午为"悦读时光"，孩子们吃完中餐后，捧着自己喜欢的书，静静开始阅读，岁月静好，唯有读书流淌。这些措施在一定程度上为学生构建了良好的阅读时空，使之在浩瀚的书海中去遨游。

（三）建立互动图书平台

要营造良好的阅读环境和氛围，阅读的物质资源是基础。因此，要首先为学生提供丰富的课外阅读资源。我们根据学校为每个班配备的丰富的图书资源，及时登记入库，为读书活动的开展提供了新鲜血液。所有书籍登记后供全班调配，由学生自己管理，有专门固定时间，专人负责借阅，课余随时借还，十分方便。同时，还采用好书共享制度，同学家里的好书看完后，可以带到学校，同学们轮流看，做到好书共享。

（四）利用好攀登阅读平台

班里有专人负责攀登阅读的查阅工作，定期检查评比，答疑问难。学校学期末进行总结表彰攀登阅读方面做得好的同学，在一定程度上更加激励了孩子们多读书，读好书。

（五）多种阅读活动齐头并进，让学生在书香中享受快乐

开展丰富多彩的读书活动，为同学们搭建展示读书成果的平台，以唤起师生阅读的原动力，为打造书香校园班级提供动力支撑。

1. 班里开展了"悦读欣赏"活动。每节语文课前，固定几分钟，由小干部组织，先进行阅读欣赏环节，同学们可以分享自己读书中的主要内容、精彩情节、自己看后的简单感受，以及推荐同学们阅读这本书的理由等，活动开展后，同学们兴趣盎然，读书的积极性更强。有些孩子为了让大家欣赏更清楚、更直观，还精心制作了PPT。这样最大限度地发挥图书的作用，扩大学生的阅读量，激发孩子们的阅读兴趣。

2. 同时还开展共读一本书活动。我们学完"走进名著"单元后，为了激发孩子们阅读名著的热情，享受名著带来的乐趣，通过调查发现多数孩子在几大名著中，除了《西游记》外，喜欢《水浒传》的多些，于是有计划在班里开展同读一本书活动。为了增加读的效果，孩子们边读，边让同学们按章节交流读书情况，学生们制作演示文稿，把每章的精彩情节与大家分享，图文并茂。在交流中，孩子们更直观地了解书中的内容。同读一本书活动，极大地激发了孩子们的阅读兴趣，课下也经常看到孩子们或埋头看书，或交流书中

情节，班级中充盈着浓郁的读书氛围。同读一本书，定期交流，加深了孩子们对书中内容的理解。孩子们阅读的热情更加高涨。

3. 抓好经典诵读。学校为学生配备了《弟子规》《论语》《道德经》、唐诗宋词等书籍。我们年级开展了背诵《弟子规》、古诗闯关等诗文诵读活动，使孩子们潜移默化地受到经典诗词的熏陶。

4. 落实阅读反馈。设置了学生读书记录卡，落实星级阅读评价，学生将读过的书刊文章等内容以表格形式统计出来。学校定期组织学生读书手抄报评选和读书征文活动。每周进行一次《艺海拾贝》读书笔记检查。定期组织优秀读书笔记展评；"书籍告诉我"读书知识竞赛；"请与我分享"读书心得交流会；"诗思飞扬"诗歌朗诵会；手抄报展览；开展诵读古诗文等竞赛活动。以综合实践活动为载体，积极开展阅读活动，使学生在享受成功的同时培养起读书的爱好。通过这些活动，学生的素质有了一定的提高，享受到了书香的快乐。不仅使学生拓宽了知识面、提升了水平，而且使学生孕育了文化气质、提升了综合素养，促进了学生的德行教化。

教学有法，但无定法。我相信，没有最好的，只有更好的。有阅读的人生是精彩的人生，构建阅读生态，提升阅读素养，让阅读的欢乐充满整个校园，让"书香校园"成为孩子们遨游知识海洋的乐园。

致力于书香校园建设　促进师生可持续发展

张玉环　城子小学

【摘要】 在"为每位学生的发展提供最有效的教育帮助"的办学理念引领下，我校致力于书香校园建设，努力构建学习型组织，在师生中以激发阅读的兴趣和热情为出发点，以培养阅读的习惯和能力为手段，开展阅读活动，彰显学校办学的理念，强化学校文化建设的特色，搭建阅读展示平台，让阅读点亮教育智慧，提升教师研究能力，促进师生可持续发展。

【关键词】 书香校园　师生发展

在"为每位学生的发展提供最有效的教育帮助"的办学理念引领下，我校致力于书香校园建设，努力构建学习型组织，通过校园阅读工程的开展，增强师生的人文底蕴，为师生的可持续发展奠定基础。

一、确立师生阅读目标，营造书香校园氛围

"鸟欲高飞先振翅，人欲上进先读书"，为了适应学校师生发展的需要，彰显学校办学的理念，强化学校文化建设的特色，我校把师生阅读兴趣和习惯的养成作为书香校园建设的目标，立足学校教学和学生长远发展，端正思想，着眼学校师生的长远发展，制定了"师生读书成长工程"实施方案，积极开展师生阅读。通过开展阅读活动，在教师层面力求让理论拓展教师的视野，提高教师的教学艺术，引领教师专业发展。在学生中以激发阅读的兴趣和热情为出发点，以培养阅读的习惯和能力为手段，开展阅读活动，使学生吸收文化智慧，吸取人类优秀文化的营养，培植热爱书籍的情感，养成阅读的自信心和良好习惯，让阅读引领师生成长。

二、阅读点亮教育智慧，提升教师研究能力

教学的发展离不开人的发展，更离不开教师的发展。苏霍姆林斯基在《给教师的建议》中提出，教师要以读书作为自己人生成长的一笔重要"财富"。语文教师的专业素质要成长，首要任务就是要博览群书，使自己成为一名"腹有诗书气自华"的教师，身体力行，引领学生的阅读兴趣，去影响学生的阅读行为。

为了引领教师成长，我校要求教师每周阅读一篇教育教学相关文章，每月阅读一本教育教学刊物，每个寒、暑假读一本教育专著，每学期必须阅读两本以上的教育专著，以拓宽自己的思维和视野，同时还要根据自己的学科特点阅读专业书籍，写好读书笔记和读书心得，开展了读书交流活动，学校定期举行教师读书评比活动，促使教师养成良好的读书习惯。

学校在激发与培养学生良好的课外阅读动机的同时，保证学生每天都有一定的阅读时间。指导学生课内外结合，知识性和趣味性相结合。根据文章内容，激发学生的想象，进行知识积累，要求学生把所读到的篇名记录在本上，每篇文章中的好词、好句子把它记下来。指导学生进行综合性的知识小报展览、评比。

语文学科教师从培养学生阅读兴趣和习惯入手，引导学生阅读鉴赏古今的优秀作品，鼓励学生大胆想象和创新，学会倾听作者和自己内心的声音，注重体验阅读的愉悦，通过开展经典诵读、读书报告会等阅读活动，激发学生学习语文的兴趣，培养学生的人文情怀，尊重学生的阅读体验，让阅读成为学生生活的一部分。王崧舟老师曾经说，"教师专业成长的历程实际上是两个转化的过程，即'读书——底蕴——教学'，从读书到底蕴的转化，是积淀的过程；从底蕴到教学的转化，是创生的过程"。

诗歌在我国已经流传了两千多年，骨干教师荣涛在《轻叩诗歌的大门》这一组语文综合性学习中，带领学生在诗歌的海洋中汲取更多的现代诗的知识。从现代诗入手，帮助学生梳理现代诗的开端、发展，感悟诗歌的魅力。同时有效指引学生进行课下的综合性学习。教学中教师关注诗歌与生活的联系，引导学生从歌曲中、文章中、微信中、婚礼中……众多的生活碎片中感受诗歌的存在。让学生深深感悟到有生活的地方就有诗歌，诗歌就是写生活，提升学生的综合素养。为他们课后的学习提供了有效帮助。

作为首批"中华优秀传统文化与现代课堂教学实践研究"实验校，围绕"弘扬传统文化，吟诵经典名作"这一主题，我校开展以传承中华传统文化引领课堂教学研究，在《汉字之旅——追寻甲骨文》《由十二生肖想到的》语文实践活动课上，教师通过对传统文化的探究，激发学生热爱祖国文字的情感。五年级语文教师在引导学生学习《猴王出世》的基础上，带领学生走进《西游记》，在"中国经典名著之旅"中引导学生在读经典、画经典、讲经典、品经典中体会名著的语言美，神奇美，提升学生的语文素养。

数学教师共同研读了《小学数学基本概念解读》《小学数学教学中的核心问题——基本概念与运算法则》《小学数学课堂的有效教学》《简约数学教学》《和吴正宪老师一起读数学新课标》等大量专业书籍。针对"分数意义"教学，深度研究概念本质，研究教学策略的有效实施，改进教学设计。数学团队以"什么是分数""体验估算价值，培养估算意识"为主题，在吴正宪工作站门头沟分站举办的"阅读教育经典，提高研究能力"读书交流活动中两次荣获区级一等奖。

学校根据英语绘本阅读研究需要，为师生购买了大猫系列、攀登英语阅读系列、泡泡系列、培生英语系列、典范英语系列、丽声拼读故事会等系列图书近万册。达到每生两本以上，班级间图书书目不同，平行班之间定期进行图书交换。为了激发学生的阅读兴趣，采用定量阅读换券、集券换取英语绘本书的方式激励学生自主阅读。在"阅读相伴 助力成长"——英语绘本阅读教学研讨活动中，教师以国家教材为基点，以英语绘本为载体，引导学生品味原汁原味的西方语言，积累知识、获得方法、理解文本、感悟文化，提升了学生的阅读兴趣。

随着师生读书活动的深入开展，阅读活动的形式也越来越丰富，教师沉醉于学习与研究，助推着学校课程及教学改革工作的不断创新，促进了学校的内涵式发展。先后被评为北京市"十二五"期间基础教育科研先进校，荣获门头沟区课程建设先进校一等奖；教师参加区课堂教学大赛分别荣获英语、语文、数学学科一等奖；数学教师代表门头沟参加北京市数学课堂教学大赛，荣获一等奖。

三、搭建阅读展示平台，经典伴随学生成长

我校充分利用校园每一面墙壁，引领学生热爱阅读、诵读经典，我们还定期更新学校黑板报、班级黑板报、宣传栏、班级的展示板面都有以"书话人生"为主题的内容。营造了书香校园环境 和班级环境。设立了班级图书角，利用黑板报开辟"班级书香"栏，让每个学生都有了展示读书成果、交流思想的舞台，开展了丰富多彩的读书活动。

良好的阅读氛围熏陶和感染着学生，将阅读与丰富多彩的活动相结合，与习作、生活实践相结合，创设语文课内阅读与课外阅读和谐发展的综合氛围。读书与丰富多彩的活动相结合，定期举办"读书节""读书月"活动。汇报读书收获，交流读书笔记，举行专题读书活动。为提升校园品味，更为孩子们的幸福人生奠基。

阅读交流活动展示学生的阅读成果。为学生提供了展示的平台，品尝到成功的喜悦，学校举办校园读书节，读书节上各年级的活动精彩纷呈，先后开展了"童年浸润书香 经典伴我成长"的阅读展示活动，以弘扬传统文化为主题的成语知识系列活动。成语，是中华民族千百年来文化的积淀，是劳动人民智慧的结晶，我校长期以来，重视中华传统文化教育，广泛开展"弘扬传统文化 吟诵经典名作"的主题教育活动，把活动与语文课堂教学、课外阅读和校园文化活动紧密结合。2014年组织学生参加区语委办举办的"门头沟区小学生成语英雄大会"，学校荣获"成语英雄团"称号；参加市教委、市语委举办的小学生成语文化知识才艺竞赛活动，取得了优异的成绩。

四、建立家校读书机制，带动亲子阅读开展

我校充分挖掘家长资源，通过"亲子阅读"，建设学习型家庭，营造了孩子成长的理

想环境，让孩子感受人间亲情，感悟生活哲理，感触现实世界。学生的阅读水平、写作水平不断提高。家长也积极地参与进来。在家里和孩子一起读书，家长们通过我校的网站，及时和老师进行沟通，献计献策，有不少家长把自己和孩子的读书心得发至网站，家长和孩子共同学习，共同提高。

营造了书香家庭环境，用心引导家庭文化，利用一切机会将书香气息带给家庭。通过家校互动栏目、开家长会、家访等形式，利用一切与家长接触的机会，将学校营造书香校园的信息带给家庭。在学校举办"读书节"的时候让家长感受学校的书香文化。倡议开展了以"书香家庭"为特色学习型家庭建设的活动。倡导"让父母与孩子一起读书"。在这种自然的交流中，家长与孩子不仅是学习的交流，而且更多的是心灵的交流。这种跨越代沟的沟通，使家庭充满温馨与和谐。

开展阅读活动以来，给学校、教师、学生以及家长带来了巨大的变化，清晨，学生一进入教室，就有组织地开始诵读古诗文，凝神聚气。身心的愉悦为课堂学习准备了一个良好的接受、参与、探究的学习心境。课堂中教师将所学内容与课外阅读科学、有机地结合，更能收到意想不到的效果。不少学生能将平日积累、背诵过的名篇名句，恰当地运用到自己的言谈和习作中去，或说明事理，或抒情，为言谈和习作增添了不少光彩。

同学们天天读，日日诵，久而久之，很多同学已经开始有意识地扩大读书面。教室的图书角更是孩子们的最爱，大家争相借阅，读书热情高涨。在老师的指导下，同学们的阅读和理解水平不断提高，不少学生在阅读时自觉做摘抄、背诵，并与同学做交流，积累的名句数量激增。浓郁的读书氛围弥漫了整个校园，学校已形成"人人爱读，书香满园"的局面。

为调动师生的阅读兴趣，学校依托平台数据，进行了多次攀登阅读之星、书香班级的评选，开展的以弘扬传统文化为主题的系列活动，在师生分享阅读成果的同时，锻炼了学生的语言表达能力，激发了学生对传统民族文化的热爱，促进了优秀语言文化的传承，以优秀民族文化引领学生践行社会主义核心价值观，有力地推动了教师的专业发展，促进了学生的健康成长，为师生的可持续、健康发展打下了坚实的基础。

最是书香能致远
——黑山小学校园阅读的探索之路
杨慧贤　黑山小学

【摘要】 阅读是人类获取信息知识的手段，更是推动人类社会进一步发展的关键环节。一个没有阅读的学校永远不可能有真正的教育。黑山小学始终把文化建设摆在学校工作的突出位置，并把书香校园创建工作作为学校文化建设的重要组成部分。为了激发师生"多读书、读好书、好读书"的热情，学校从环境创设，激阅读之趣；课程开发，享阅读之美；活动展示，感阅读之乐三个方面开启校园阅读探索之路。用阅读点亮学生智慧人生，落实我校"文墨书山 和雅学园"的办学理念。

【主题词】 阅读　点亮　智慧　人生

新教育实验的倡导者朱永新曾说："一个人的精神发展史实质上就是一个人的阅读史，而一个民族的精神境界在很大程度上取决于全民族的阅读水平。"著名阅读史专家蒂文·罗杰·费希尔在他的《阅读的历史》一书的开篇中指出："世间最神奇的事莫过于阅读。"伴随着中高考改革，"得阅读者得天下"这句话成为当下的流行语。可见，阅读对任何一个文明的传承与发展起到了非常重要的作用，是推动人类社会进一步发展的关键环节。

2014年，据国际权威机构调查，我国3.67亿儿童人均拥有图书只有1.3册，未成年人儿童读物图书拥有量在全世界排名第68位，仅占以色列的五十分之一。整个社会缺乏良好的阅读氛围，孩子们感受不到书香气息。朱永新教授曾说过："一个没有阅读的学校永远不可能有真正的教育。"学校教育最关键的一点，就是让学生养成阅读的兴趣、习惯和能力。

黑山小学始终把文化建设摆在学校工作的突出位置，而书香校园创建工作是学校文化建设的重要组成部分之一。近年来，学校先后提出了"让读书成为习惯""读书是师生最美的姿态""让读书成为师生生活中的一部分"等读书口号，在阅读兴趣培养与阅读习惯养成两个方面，从环境创设、课程开发和活动展示三个角度激发了师生"多读书、读好书、好读书"的热情，提升了教师专业素质和人文素质，让阅读的种子扎根在学生的心田。

一、环境创设，激阅读之趣

环境对人的影响是隐形的、潜移默化的。文化育人依赖长期"润物无声"的环境熏陶和氛围感染。

(一)校园阅读文化，墙壁成为"代言人"

学校充分利用空间，让每一面墙壁开口说话，从而增强文化育人的感染力。按着"从学生中来，到学生中去"的原则，我通过访谈、调研、观察，发现低年级的"小豆包"对图文并茂的绘本故事爱不释手；中年级的小同学偏爱童话故事、神话故事；高年级的"大朋友"却喜欢动物小说、科幻小说或大部头的经典名著。

于是，我从中精心挑选了一些绘本故事，以儿童的语言编写了推荐语，并设计了小熊、树叶、蝴蝶等造型的展板，粘贴在校园的墙面上。低年级的孩子们课间休息时，不再是追逐跑闹，而是伫立在展板前，小声地读起来，识字少的孩子听着别人读。每天或看或听或读，唤起了他们想读整个故事的愿望，耳闻目染的过程让孩子们亲近阅读。

中年级的童话故事有《格林童话》《安徒生童话》《新美南吉童话》，这些童话都来源于教材。学生读懂了一篇故事，教师推荐其他的童话故事，以此延伸学生的阅读，将课内与课外整合，激活学生阅读的兴趣。

通过高年级语文教材中的《猴王出世》《草船借箭》《景阳冈打虎》《林黛玉初入贾府》，孩子们认识了神通广大的孙悟空、勇猛无畏的武松、神机妙算的诸葛亮和多愁善感的林黛玉，还想了解他们更多的故事吗？通过内容简介，再次勾起学生阅读的兴致。

不仅如此，我还围绕"读书"的主题，用展板讲述古代读书人的故事，凿壁偷光的匡衡、映雪读书的孙康、以水沃面的范仲淹、结发悬梁的孙敬、铁锥刺股的苏秦、囊萤照读的车胤、牛角挂书的李密……古代文人无论环境多么艰苦，仍旧钟爱读书，手不释卷，我以此激励孩子们珍惜现在的美好生活，多读书，读好书，好读书。

我还将古诗按照四季、爱国、思乡、哲理等类别进行整理，让孩子们每日浸润在传统文化之中。俗话说："熟读唐诗三百首，不会作诗也会吟。"

总之，阅读氛围的创设就像把一粒神奇的种子，埋进学生的心中，滋养学生快乐成长。

(二)楼道开放图书吧，让书籍唾手可得

学校图书室藏书五万多册，因图书馆面积较小，学生没有阅读的空间，图书馆的书大都被尘封起来，学生与"知识的宝库"总是保持着一定的距离，无法从课外阅读中汲取营养，获得力量。爱阅读的学生因为书籍的贫乏而降低了热情，不爱阅读的学生更是难以捧起书本。

于是，在校图书管理员的帮助下，我们让图书馆的图书流动起来，创建了楼道开放图书吧。图书走近了学生，既方便了借阅，又满足了爱读书的同学。在创建书香校园的过程中，我区图书馆为了满足学生阅读的兴趣，扩大学生阅读的范围，在年初为我校学生送来了一批新书，这批书更多的是科技、天文、经济、心理等方面的，开阔了学生的视野，让更多的孩子寻找到自己的阅读方向。现在课间少了打打闹闹，多了手捧书籍、沉浸书中的场景。

(三)班级阅读书角，让学生"悦"在其中

我们是基础教育的主力，要想让孩子爱上阅读，我们首先就要喜欢阅读，做学生阅读路上的领航人。我通过网络查询了不同年龄段适合学生阅读的书籍，还参考名校设计的书单，并结合《小学语文课程标准》的要求，在班主任老师的协助下，确定了每个年级的书单。在校领导的大力支持下，依据书单定购了8000多册书籍。每周80分钟午读时光，老师们陪着孩子一起阅读，这种陪伴让更多的学生静下心来读书，逐步养成了阅读的习惯。不仅如此，每班有图书管理员，有借阅图书登记表，还有班级的读书口号。

苏霍姆林斯基说："要无限相信书籍的力量。"的确，只有阅读成为在我们的学校里最日常的行为，成为教育最神圣的使命，我们才能够让学校焕发出强大的活力。

二、课程开发，享阅读之美

《小学语文课程标准》指出：鼓励学生多读书、读好书，从小养成阅读的习惯。各学段明确规定了阅读量，从课内延伸到课外，丰富学生的知识，拓宽学生的阅读视野。近两年中高考改革再一次提出阅读的重要性，阅读连接着学生的昨天和明天。当孩子自己养成了阅读的习惯、思考的习惯时，他就拥有了开启明天和未来的金钥匙。

我校开发了阅读课程，包括诵读、自主"悦"读、读写绘和整本书阅读课程。

(一)每日晨诵，开启美好一天

"天对地，雨对风，大陆对长空……"每天八点，漫步校园，朗朗的诵读声声入耳。这天籁般的晨诵声开启了学生美好的一天。著名教育家朱永新教授倡导"晨诵、午读、暮省"的阅读方式，他认为晨诵能为每一天注入生命源泉。我校以课标要求的必背古诗、经典《日日诵》和《诵读》的内容为主，低年级老师带着读，中高年级学生能够领诵或齐诵，每周一个主题，每天一篇诗歌，句句入心。品味国学的独特魅力，增强记忆力，校园书香氛围日益浓郁。

(二)午间"悦"读，丰富学生语言

我校大部分学生中午在校吃饭，饭后40分钟是专属于孩子们的"悦"读时间。每个班

级每周有80分钟的午间"悦"读，他们都会自觉地到班级图书角取书，开展阅读活动。那时候，你走进校园，每个班都是静悄悄的，因为孩子们都在静静地读书。有时，同学们在班主任的指导下"同读一本书"，边读边思考，设计着问题，课间考考同学们读书是不是仔细。午间"悦"读让孩子们享受其中，积累好词佳句，丰富自己的语言，实现厚积薄发。

（三）读绘读写，激活学生表达

小学生对于写作始终存在畏难心理，究其原因一是无材料可写；二是内容缺乏真情实感；三是学生的想象力不够丰富。

1. 低年级以读绘为主

绘本是一种图文并茂的读物，短小的故事蕴含着深刻的道理。重在通过读绘本故事，引导学生在细读中学会观察图画，营造无限的想象空间；在猜读中激发学生阅读的兴趣，培养学生推理想象的能力。抓住空白点或发散点，给孩子创造机会用绘画的形式表达自己的内心情感。孩子可能画得不是很好，只要他能说出自己的理由，我们就要鼓励。因为绘画就是学生最初的语言表达，每一幅作品中都有一个美丽的故事。

2. 中高年级以读写为主

阅读与写作好比一对相互依存的孪生弟兄。两者相辅相成，相互促进。著名语文教育家叶圣陶说："阅读的基础训练不行，写作能力是不会提高的……写作基于阅读。""阅读与写作是一贯的，阅读得其法，阅读程度提高了，写作程度没有不提高的。"著名语文教育家刘国正说："阅读是写作的基础之一，是学生获得写作范例的唯一途径。"阅读是吸收，写作是输出。我们引导学生善于积累好词佳句，为学生的语言表达做支撑；阅读教材中名家名篇，从布局谋篇、遣词造句、情感表达等不同方面学习表达方法，通过设计仿写、补白、续写、改写等内容，从小片段再到大篇章训练，由简单到具体，语言得以锤炼，实现活学活用。

连续两个学期，我们将学生的作文整理集结成册，两套共10本，每年读书节作为礼物送给学生。当学生的作文变成铅印的文字，那一刻大大增强了学生的自信。

（四）整本书阅读，凸显思维跨越

如何增强阅读教学的连贯性，激发学生思维的活力和探究潜质呢？最好的办法是阅读整本书。整本书更丰富、更复杂的情节，更有利于提升学生整体感知、评价鉴赏、推断解释等能力。我校在整本书阅读从课内、课外两个角度开始尝试。

一是课内整本书阅读。如：五年级下册学习了《草船借箭》，初识诸葛亮的神机妙算；又拓展阅读《空城计》，感受诸葛亮的有勇有谋；学生对诸葛亮这个人物有了极大的兴趣。然后推荐《三国演义》，以学生最感兴趣的人物为切入口，从一篇文章走进一部作品，让学生在开阔的语言环境中深入学习，让学生体会到文学的乐趣。

二是课外整本书阅读。通过学习，我们发现让学生读后有所收获、有所启迪是整本书阅读的目的。为了实现这个目的，我们研究初期主要是以导读课和分享课两类课型为主。导读课重在激发阅读兴趣，分享课重在交流收获。最近，我们组织学生阅读《不老泉》，学生通过绘制思维导图，分析人物性格；并依据人物性格绘制人物画像；填写表格提炼内容信息；围绕题目展开讨论。老师带着学生层层深入感悟生命的意义。课后专家点评指导，让我们的整本书研究的方向更加明确。

三、活动展示，感阅读之乐

（一）依托读书节开展活动

"读书节"是给学生搭建展示平台，让学生将自己阅读的收获、成长与同伴分享。我校围绕"阅读润童年 书香伴成长""书香伴 益成长""阅读悦美 浸润书香""与好书相伴 享阅读之美"等主题开展系列活动，有读书小报的展示、图书漂流活动、绘本故事秀、汉字大比拼、名人故事汇、成语英雄会、好书推介会、课本剧展演、制作小书签、爱国诗朗诵、评选阅读星等等，真可谓是内容丰富、形式多样。

每一届读书节的活动都是根据学生年龄特点量身定制的，以班级、年级、校级三个层面进行，做到全员参与，共享阅读之乐。

（二）校园广播展风采

朗读是一门古老的声音艺术。因央视《朗读者》节目的播出，它又重新回到人们视线之内。朗读总是与文学、与情感密不可分。通过朗读，人们可以从声音世界过渡到文学世界。朗读不仅仅是一种技术，它更是传递着温暖、情感和美好，把人们带向诗意。

为此，我校开展了"寻找最美声音"的朗读者活动。每周二下午课前的10分钟，各班朗读优秀的孩子选择课文中的优秀篇章，通过广播展示自己。每周一个班级，每周三至五个学生，或是独自朗读，或是几个人朗读，同学们认真而投入。不仅让全校师生发现、享受美的声音，同时增强了学生的自信。可谓是一举多得！

这个学期，我校赖妙琼、贺建老师与四名学生合作的《师生情》作品获得区级"朗读者"活动一等奖，还参加了区级展演。老师与学生和谐、美好的声音传递着爱与温暖。

一次次活动，一次次体验，每个学生参与其中，丰富了各类知识，增长着见识，收获着读书的快乐，为他们的健康发展奠定了坚实的基础。

（三）教师做阅读领航人

要想让学生爱上阅读，教师先要爱上阅读。学校定期围绕"与经典同行，与好书为友"主题阅读活动，老师们或是读经典或是读专业书籍或是读绘本故事……大家一起畅游书海，尽享精神食粮。我校张宏卫、高俊杰和丁叶老师还撰写读后感，刊登在区域内的

《京西时报》。阅读具有使人蜕变的神奇力量。让我们携手助力学生在"文墨书山 和雅学园"中健康成长。

总之，一个真正优秀的学校必然是一个文化土壤丰厚的学校，它能以自己多年积淀起来的独特的文化激励人、感染人、培育人。书香校园的创建给学校、老师和学生带来了深刻的变化，它为学校内涵发展找准了支点，为教师成长提供了平台，为学生腾飞坚固了基石。"最是书香能致远"，当我们看到学生在"书香"中品味成功、快乐成长时，会忍不住感到由衷的喜悦；我们自身也在"书香"里提升素养，实现我校"文墨书山 和雅学园"办学理念，形成"和雅黑小"的教育品牌。

参考文献

[1] 蒂文·罗杰·费希尔. 阅读的历史[M]. 北京：商务印书馆，2009.
[2] 朱永新. 我的阅读观[M]. 北京：中国人民大学出版社，2012.

让"悦读"文化涵养学生的心灵

石春太　琉璃渠小学

> **【摘要】** 阅读改变人生，热爱阅读可以改变孩子的一切，阅读是一种终身教育的好方法，使孩子终身受益。
>
> 遵循孩子身心发展的规律，本着学生终身受益的教育理念，让学生养成阅读的习惯，幸福一生，用"悦读"文化涵养学生的心灵，在班级活动中培养学生阅读习惯，并通过开展班级特色"悦读"活动，与学生一起营造班级良好的精神风貌，打造学生成长的精神家园，与学生共享教育幸福，让"悦读"启迪学生思想，陶冶学生情操，弘扬学生道德，培养学生的主人翁精神，塑造积极向上的班级精神，促进学生健康成长。
>
> **【关键词】** 创造"悦读"的环境　建立"悦读"制度　分享"悦读"

书是一杯蜜，是辛勤的蜜蜂采千百朵花的精华酿成的；书是一杯茶，只有细细品尝，才能透过苦涩，品出芬芳。读书是一种幸福，读书是一种享受，读书是一种境界，读书使我们的生活变得更加精彩！孩子，坚持每天阅读吧。坚持不懈地阅读可以改变一个人的一生！

我深知让学生养成"悦读"行为习惯是一个长期、曲折、反复的过程，是一个不断提高和发展的过程，学生克服一个坏习惯和养成一个好习惯，绝非一朝一夕之功即能达到的。因此，我在"恒"字上下功夫，使学生由被动到主动，由适应到习惯，循序渐进，逐步形成自觉的"悦读"良好行为习惯，我采取了以下做法。

一、创造"悦读"的环境

精心布置班级室内文化环境，在潜移默化中渗透"悦读"教育。班级在布置室内环境方面具体如下。

（一）设卫生角、争章角、图书角等红领巾角。

卫生角：干净、整洁的教室环境有益于孩子的身心健康，同时也能够为师生提供良好的学习环境，因此保持教室整洁尤为重要。在教室后面开辟一个卫生角，每天由值日生将卫生工具正确摆放，做到整洁、有序；同时由学生收集生活中的健康小知识，贴于墙上，并定期根据季节更换，使每位同学都能够及时了解到健康知识，更好地关注自己的身体健康。

争章角：在宣传栏右侧设争章角，每月评选一次，由全班同学选出四名同学与老师共同组成评审团，对每位同学进行公正、合理的评选。

图书角：书籍是人的精神食粮，好书使人受益终身，为了丰富学生的知识，开阔视野，班级构建了图书角，由每位同学捐出2～3本有价值的课外读物，以及学校图书馆借来的图书，归类摆放，从而方便学生借阅图书，更好地扩充他们的知识量。

（二）布置班级宣传栏。

每月根据学校主题，认真制作主题鲜明的手抄报、电脑报等，精心布置班级宣传栏。

教室南墙开辟出一块班级特色文化园，在这个园地里，学生可以发挥创造，展现个性，将自己最得意的作品展示出来，可以是美术作品、感悟日记、体验心得、读书笔记、书法或者摄影作品等，既能培养学生的创造能力，也能让他们了解到班中其他同学的多才多艺，看到他人的优秀，以更谦虚的态度，更严格的要求要求自己，同时，特色园的建设也激发了学生更好地创建班集体的热情。

（三）室外环境布置。

结合本班特色文化的主题"爱读书，快乐悦读"，要求每位同学写下自己的学习计划、奋斗目标、未来理想，用自己的才智、创意认真布置个人档案袋，将其张贴于教室外墙壁，希望每一位同学都能根据自己的计划，拿出好的表现，同时定期进行学习情况小结，合理调整自己的档案袋，起到督促作用。

（四）建立了植物之家。

让孩子们带来的植物都能有一个小小的家，受到孩子们的照顾；整个教室突出静雅、朴素、整洁。桌凳摆放整齐；地面整洁；物品摆放有序；门窗干净明亮。

总之，高品位地优化班级环境，体现"悦读教育"的育人理念，把我们班级文化特色渗透到学生活动的各个过程、细节之中，发挥其育人的持久性特点。

二、建立完善的"悦读"制度

一个班级科学管理的前提是规章制度的规范化。俗话说"无规矩不成方圆"，班级的规章制度是为了给学生提供参与班级活动及处理班级事务的行为标准。新学年一开学，通过民主方式，与学生一起制定"悦读"制度。

（一）做好"采蜜集"的摘抄，每读完一本要写体会。

每个学生一本"采蜜集"，用于摘抄佳句佳段，编写阅读提纲、写体会等。学生的"采蜜集"设有读书目录，以及具体的摘抄格式。每读一本书，都要做好摘抄，写体会，老师要检查、审阅通过、盖章才能读下一本书。格式要求如下。

读书目录

序号	书名	作者	页数	读书时间	审核

摘抄要求格式

序　号	
书　名	
摘　抄	
感受（至少200字）	

（二）保证阅读时间。

允许"早读"或午间阅读，每天上午11：20—11：45这段阅读时间做到专时专用。还要求学生每天在家至少阅读15分钟，填写好家庭记录单，做到每周一查。下面是家庭记录单。

（　　）至（　　）学年度（　　）年级"家庭阅读"记录单

姓名：

日　期	阅读内容	阅读时间	阅读时长	家长签字	等　级

保证学生有充足时间阅读，做到有目的地开展课外阅读及指导。

（三）班级设立一个图书角，成为学校阅览室和家庭藏书的延伸。

先让班级里的图书管理员到学校图书室借自己喜欢看的书，再让学生自己从家里带来好看的书，我自己也从家中带来几本适合孩子们读的书，通过多渠道，丰富班级图书，保证藏书量。平时在校有空闲让学生随意看，不限制时间，回家后要再继续看的可以向图书管理员借阅，培养自主管理意识。

（四）每月要评一次"读书小状元"，进行读书交流。

三、营造学生"悦读"

书是人类的朋友，书是人类进步的阶梯！读一本好书就如同和高尚的人对话。

我认为，爱读书的孩子肯定不是一个坏孩子，应该让学生多读书，读好书、好读书，让书籍成为学生的良师益友，让书香渗入到学生的言谈举止中去。

为了让书籍成为学生的良师益友，让"悦读"渗入到学生的言谈举止中去。我从以下几个方面入手。

（一）引领阅读之路。

营造"悦读"氛围，就要引导学生走上成功的阅读之路，那么我就要在阅读上下大功夫。

1. 指导"阅读方法"。

激发学生读书的欲望。开学初,让学生网上搜集一些名人读书的故事,并组织学生在班级中进行自己查阅资料的交流,从而使学生认识到读书的好处,并懂得读书要有选择,要广泛,要善于挤时间,更要善于思索、质疑等道理。

在此基础上,我又结合用一篇文章,具体指导学生该如何展开阅读。

方法如下。(1)告诉学生读书要在心中有个自读提纲:比如①看见了题目你想到些什么?②读后你知道了什么?还想知道些什么?③你还有哪些不明白的问题?要求学生做到眼到心到。(2)重点强化"不动笔墨不读书"的方法:①圈点勾画。即用相关的符号在书上记录下自己阅读时的见解、感受,或爱、或憎、或疑、或思。②做批注。即在文章旁边写出自己的见解和感受。可以品评遣词造句的精妙,写出自己的理解、体会和感想,可以谈一谈对同一问题的不同见解或由此引发的联想。

2. 教给学生知道读什么书。

是啊,书籍浩如烟海,让学生全部读,显然不可能;让学生有选择地读,该读什么呢?引导孩子爱读书、读好书是每个教师应尽的责任。对于精神领域而言,孩子们接受什么样的文化教育,就将成长为什么样的人。教师应规定必读书目和自选书目。

(二)请家长来协助。

家庭是孩子生活、学习的重要场所,是儿童先接受教育和产生影响的地方。当代教育正在走向家庭教育、学校教育、社会教育密不可分的格局。为了促进学生养成阅读习惯,邀请家长参与到班级"悦读教育"活动中,得到学生家长的认可和支持,教育学生的效果就会大大加强。

下发给家长一封信,并利用家长会等机会,倡导学生家长与班级共同建设"书香家庭",让阅读大踏步地走进我们的教室,走进我们的家庭,激发全班学生的读书激情。

(三)保证读书交流会,开展活动促读。

我班每月有一节的阅读课是读书交流时间,这个时间要充分利用好。让学生进行交流,可以讲自己喜欢的书中片段,可以朗读一段自己喜欢的文章,可以来谈一谈自己的读书感受,还可以对大家一起读过的书展开讨论。交流了,认识才会更深刻;展示了,理解才会更深入。

我们分三个模块展示:精彩段落展示、读书交流、读书的益处等环节。

每月要评一次"读书小状元"。评选方法:同学们参观"家庭记录单、采蜜集"无记名投票;小组推荐;自己推荐的方法。

每月举行一次读书展评活动,进行读书笔记评比活动,树立起优秀学生典型,推动班级读书活动的深入开展。

阅读,在一个人成长的过程中,乃至在一个民族、一个国家发展中的重要作用已多有论证，其可谓个人和民族、国家成长的"源头活水"。少年儿童阶段是养成阅读习惯的关键时期。德国的一项研究表明，一个人在13岁，最迟在15岁之前如果还不能养成阅读的习惯，对书产生感情，那么他的一生必将碌碌无为。中国有句古诗：问渠哪得清如许，为有源头活水来。素质教育给了学生更大的学习空间。其中，进行广泛的课外阅读成了学生的必修课。课外阅读不仅可以使学生开阔视野，增长知识，培养良好的自学能力和阅读能力，还可以进一步巩固学生在课内学到的各种知识，对于提高学生的认读水平和作文能力，形成良好的道德品格，乃至于对整个学科学习都起着极大的推动作用。拓展课外阅读的广度、宽度和深度，从小培养孩子们良好的课外阅读习惯，需要学校、社会、教师、家长共同关注，齐心协力。与书为友，和孩子同读，伴孩子一起成长，让人人成功起步，应当成为我们老师和家长的共同追求。

一学年以来，在整个"悦读教育"活动中，同学们在书海中尽情地遨游，不断地吸收知识，取得了较为丰硕的成果。学生的作文水平有了很大的提高，知识面也扩大了。此外，通过发动各家长参与评价，为本次读书活动扩大影响，增强了学校与家庭的联系，使学校和家庭形成一股合力，共同为孩子的读书活动提供了优良的条件，并且拓展了读书活动的空间。

书是我们校园文化中一道亮丽的风景线，愿"悦读"能够成为孩子们的习惯和乐趣，让他们在溢满书香的校园中成长、进步！

参考文献

[1] 蔡建华.为每个学生创造成长的条件[M].北京：北京教育出版社，2000.
[2] 孙蒲远.班主任之歌[M].北京：北京教育出版社，2001.

书香润泽校园　阅读丰富心灵

谭峰　北京第二实验小学永定分校

古语有云，惟"书有色，艳于西子；惟文有香，秀于百卉。"书籍里蕴藏着采撷不尽的智慧，给我们心灵以丰沛的滋养。对于教师，读书的意义更是不言而喻，读书，不仅助力教师拥有圣洁的灵魂，高远的情怀，还能促教师言而有据、教而有方，使教师做而有术、思而有道。因此，我校特别重视教师阅读，将其定义为一项工程，多项并举，努力让书香润泽百年校园，让阅读丰富师生心灵。

一、加强组织管理，注重顶层设计

我校起源私塾，历时百年，一直有鼓励教师读书的优秀传统。2016年，学校勾画新的发展蓝图，制定了五年发展规划，配合五年发展规划制定了适合学生发展的《育鹰行动计划》和培养教师的《翔云工作计划》。同时，将教师阅读定义为一项工程，制定了《师生读书成长工程实施方案》，成立读书工程领导小组，校长亲任组长，由教科室的领导专人负责，积极开展师生阅读，努力构建学习型组织，营造书香校园。

二、开发阅读环境，营造读书氛围

学校建立了图书馆和教师阅览室，每学期学校都会购置适合教师阅读的书籍，还利用校园网平台，开辟了"读书专栏"，随时交流读书感受，教科室不定期向全体教师推荐阅读书目。

三、组织多彩活动，搭建分享平台

1. 假期读书"三个一"，充电备战新学期

每年寒暑假，学校都会开展假期阅读活动，要求做到"三个一"，即：至少读一本教育教学专著。每位老师利用假期时间自选一本教育教学专著，进行认真阅读，用心思考；写一篇"读书心得"。在读书过程中，选取感触最深、收获最大的一本书、一个内容、一个主题谈一谈自己的想法；召开一次"读书交流会"。开学后，学校利用集体教研时间，召开"读书心得交流会"，会后将老师的读书心得进行布展，各组之间进行交流。

2. 教师共读一本书，感悟思想与真谛

近期，学校为全体教师推荐并配发了总校李烈校长的《给生命涂上爱的底色》、华应龙校长的《华应龙与化错教学》，以及宋茂盛校长的《从心守道做校长》等书，制定分章阅读计划，各组教师按计划进行阅读。在共读的基础上，召开全体教师参与的分享交流

会。老师们结合自己的学科谈学习、谈理解，结合自己的工作实践谈所思所想、所悟所得，还有的教师用思维导图展现学习成果。

3. 美文诵读演绎会，分享交流促提升

学校已连续两年组织师生美文诵读展示赛，教师的美文诵读比赛，也由最初的语文教师参与，发展为任课教师全员参与。此外，还进行"重温名著，演绎经典"读书汇报活动，并邀请专家来校评价与指导。教师们认真阅读，精心排演，展示的《夏洛的网》《城南旧事》《三国演义》《西游记》《阿Q正传》《红楼梦》等精彩片段异彩纷呈。

专家对老师们熟悉的篇篇经典进行品读分析，使老师们对一些曾经熟悉的人物形象和意象有了重新的认识。

四、借力项目课题，提升阅读素养

学校借助区级课题"基于课内阅读促进和提升学生课外阅读状况的策略研究"，积极开展师生共读书活动。语文学科组全体教师和学生一起同读了《城南旧事》，组织了"行走在读书与教学之间"——《城南旧事》专题阅读交流会，高年级组从作品、作者和写作背景，中年级组从人物形象的理解把握，低年级组教师从作品片段赏析等不同角度进行分享交流，并表演经典片段——英子和"贼"的故事，在课题研究、教学实践和同伴共读中，提升阅读素养。

书，是我们每一位师生的朋友；读书，是校园里最美丽的风景；读书的人，是校园里最可爱的人；琅琅的读书声，是校园里最动听的声音。相信在学校的顶层设计下，扎实活动中，这位朋友会牵手师生，这道风景会永远绮丽，这群可爱的人儿会前赴后继，这最动听的声音会时时响起。书香，定会润泽百年校园，阅读，定会丰富师生心灵。

书香浸满校园　阅读浸润心灵
——校园阅读促进面临的问题及策略
韩迪　王平村中心小学

【摘要】 阅读能开阔视野，阅读能收获知识，阅读能陶冶情操。阅读的好处数不胜数，校园作为学生最常活动的场所，推广学生加强课外阅读势在必行。《小学语文课程标准》中提道：阅读教学要培养学生广泛阅读兴趣，扩大阅读面，增加阅读量，提高阅读品味。加强对课外阅读的指导。语文学科改进意见中也指出，要积极拓展阅读视野，提升阅读能力。本文结合本校实际，讨论了我校在新时代校园阅读促进过程中面临的诸多问题，提出了相应的意见和建议。

【关键词】 校园阅读　小学生

一、概述

阅读能开阔视野，阅读能收获知识，阅读能陶冶情操。《小学语文课程标准》中提道：阅读教学要培养学生广泛阅读兴趣，扩大阅读面，增加阅读量，提高阅读品味。加强对课外阅读的指导。语文学科改进意见中也指出，要积极拓展阅读视野，提升阅读能力。校园作为学生最常活动的场所，推广学生加强课外阅读势在必行。

二、促进校园阅读所面临的问题

（一）校园阅读的现状

书籍是屹立在时间的汪洋大海中的灯塔，它指引着我们前行的方向，提供给我们精神的养料。由中国新闻出版研究院组织实施的第十一次全国国民阅读调查结果显示：2013年未成年人人均读书量为6.97本。其中，0～8岁的公共图书阅读量人均5.25本，9～13岁的课外阅读量人均为8.26本。年级的增长使得学生们的识字量在不断上涨，但也是由于这样的原因，学生们所接触到的事物也越来越多，同样影响阅读的因素也越来越多。

（二）促进校园阅读所面临的问题

1. 生活环境的影响

21世纪我们的科技越来越发达，电脑、手机几乎是家家必备。各种娱乐游戏层出不穷，吸引了大多数孩子的眼球，占用了他们过多的课余时间，以至于学生不想也没有时间阅读。

2. 家庭环境因素

父母是孩子的第一任老师，父母对阅读的重视程度是影响孩子阅读的重要因素。以我校为例，作为一个农村校，大部分学生的家长都是外来务工人员，他们更多的精力放在了赚钱养家上，而忽视了对孩子学习及阅读的教育。也同样是这样的原因，家长也没有时间阅读，致使家庭的阅读氛围并不浓厚，不能带动孩子的阅读。同样由于经济条件的制约，家长也不会出大部分的钱为孩子提供很多的书。

3. 学生的阅读态度

发达的网络环境以及父母对于阅读的态度大大影响了孩子的阅读态度。中国儿童文学研究所所长朱自强曾经说过："当下青少年阅读的现状是功利性阅读多，情趣性阅读少；浅阅读多，深阅读少；图像阅读多，文字阅读少。"[1]很多孩子在读书和玩手机之间选择了玩手机，也有部分孩子读书就是为了应付考试、应付老师、应付家长，而并不是因为自己的兴趣使然。

三、推广校园阅读的建议

（一）激发学生阅读兴趣，推广校园阅读

1. 浓郁的班级阅读文化刺激学生阅读欲望

苏霍姆林斯基曾经说过："要使教室的每一面墙壁都具有教育的作用"。在教室里充分利用每一面墙壁，张贴有关阅读的警示标语，张贴爱读书学生的阅读心得、读书小报，每天晨会让学生进行好书推荐，在教室里放置移动书柜，由学校、老师、学生共同提供书籍，大家互相借阅、交流。每两周开一次关于阅读的主题班会，评选阅读之星。在浓郁的阅读氛围中刺激学生想要阅读的欲望，进而促校园阅读。

2. 精彩的课堂设计修正学生阅读态度

课前结合语文课本配套的同步阅读布置阅读内容。古人云："不动笔墨不读书"，在课外阅读时可以要求学生摘抄自己喜欢的句子和段落，记录不懂的问题，写读后感等等。多样的课前要求，明确了读书的意义。

课上结合要学习的语文课文，提出与本课有关的课外读物中的问题。以《凤辣子初见林黛玉》为例，课上提到贾宝玉、薛宝钗等经典人物很多学生听说过，但是提到他们之间的关系，如果没有细致的课外阅读，大家对人物关系不会很清楚。这样类似的提问也是在告诉学生，我们的课外阅读是非常有必要的。

课后同样依托文本推荐相关书籍。精彩的课堂之所以精彩就在于课结束了，而听课的人意犹未尽。往往这个时候是给学生推荐阅读的最佳时机。以《巨人的花园》为例，课上孩子们通过与文本的对话读懂了巨人的花园因为巨人懂得和孩子们分享又变得生机勃勃。老师提问：大家知道后来巨人怎么样了吗？请大家下课后找到王尔德的《自私的巨人》这本书读一读，看看巨人的结局和你们猜测的到底一样不一样。

  3.多样的综合实践活动提高学生阅读兴趣

语文综合实践活动是阅读名著的重要载体，充分利用这一活动，有助于提高阅读名著效率[2]。我校曾开展"阅读经典，走进三国"活动，活动中有的同学自发绘制了三国人物关系图，有的同学表演了《桃园三结义》，有的同学带来了三国人物介绍，还有的人带来了自己画的三国人物。活动中拓展了由三国引申出的谚语以及诗词歌赋，学生也动笔与喜欢的三国人物进行了对话。丰富的内容引起了一阵三国热，激发了学生阅读《三国演义》的兴趣。

古诗词对于部分学生来说比较难懂，背起来更是不容易。以《水调歌头》为例，带领学生听歌曲《明月几时有》，学习舞蹈。这一过程既锻炼了学生身体，又使得学生对这首词记忆深刻，激发了学生对古诗文阅读的兴趣。

（二）家校联手，共同提高学生阅读

有效的阅读离不开家长的支持和引导。开展"与家长共读一本书"的家教协会的活动。鼓励家长陪同孩子一起阅读，交流读书感受。亲子阅读不仅仅提高了学生阅读的兴趣，更促进了亲子间的关系。

校园阅读更离不开学校的大力支持。长期开放图书室提供阅读资源，结合攀登阅读平台检验学生阅读情况，提高阅读效率。

四、结束语

建构主义学习观认为：知识不是通过教师传授得到的，而是学习者在一定情境即社会文化背景下，借助其他人的帮助，利用必要的学习资料，通过意义建构的方式而获得[3]。课外阅读是学习的重要途径，促进校园阅读势在必行。

参考文献

[1] 郑洁.浅析青少年阅读推广中的现状、问题与对策[J].海峡科学，2014（4）：61-63.

[2] 宋养能.利用语文综合实践活动提高名著阅读教学效率[J].科学大众·科学教育，2011（8）.

[3] 张芙芳.建构主义学习理论指导下小学生语文课外阅读指导策略[J].中国教育技术装备，2010（29）：73-74.

敲阅读之门，进阅读之家

李成婕　王平村中心小学

【摘要】 当今社会是学习型、信息化社会，人们需要终身学习，大量接触信息，学习和信息处理能力都依赖于一种基本的能力：阅读能力。小学阶段是孩子良好阅读习惯的培养期，尤其作为高年级学生，当具备一定的阅读能力的时候，丰富他们的阅读量和阅读内容就显得尤为重要。结合我校六年级学生现状，发现孩子们没有阅读习惯，更缺乏家长陪同孩子共同阅读的习惯，加之很多父母外出打工，爷爷奶奶缺少培养下一代阅读知识的能力，针对这些情况，学校特开展了"开阅读之门，进阅读之家"的阅读活动。

【关键词】 阅读　兴趣　成长

古语有云：书中自有黄金屋，书中自有颜如玉！打开一本好书，就像是打开一座知识的宝库；打开一本好书，就像打开一扇心灵的天窗。阅读是一件快乐而有趣的事，它可以荡涤学生们的心灵，编织孩子们的梦想。

小学阶段是孩子良好阅读习惯的培养期，尤其作为高年级学生，当具备一定的阅读能力的时候，丰富他们的阅读量和阅读内容就显得尤为重要，结合六年级学生现状，发现孩子们没有阅读习惯，更缺乏家长陪同孩子共同阅读的习惯，加之很多父母外出打工，爷爷奶奶缺少培养下一代阅读知识的能力，针对这些情况，特开展了"开阅读之门，进阅读之家"的阅读活动。

一、阅读伴"我"成长——学校开启"我"阅读之门的第一把钥匙

开学初，为了培养学生们进行课外阅读的积极性，使阅读成为他们自觉的行为习惯，学校为我们购买了书籍。我为孩子们精选了一些适合高年级段的书籍，比如：贴近生活的书籍、浅显易懂的文章、名家名篇等。随着读书的深入，学生阅读行为的持续发展，逐渐形成了"要我读，我要读"的阅读兴趣。

重视学生阅读习惯，是对一种能力的培养，也可以说是一项工程。课堂上讲读课时，我带领学生品词酌句理解内容，教阅读方法时精心选择，比如：齐读、默读、分角色读、小组读、指读、引读，使学生读中品味，始终处于一种专注、兴奋的阅读状态，并在阅读中加深对内容的理解，这也是阅读的深层所在。在讲读每篇课文后，还会给学生推荐名家名作，目的是引导，在潜移默化中使学生明白人生的方向，内化于心，外化于行。

开展"好书大家看"活动，每人带来自己的藏书充实班级小书柜，建立班级图书角。推选好班级图书管理员，在班中营造一种良好的读书氛围。图书管理员统一负责图书的管理、发放和收缴。班长和中队长负责维持好班级秩序，确保有一个良好的读书环境，保证学生每天在校至少有二十分钟的阅读时间。

定期开展交流活动，是阅读的升华。让学生选取自己最喜欢的段落，有感情地读给大家听，也可以把自己的读书感受和收获与大家一起分享。

老师做好导读工作，教给学生阅读方法。提倡个性阅读，教给学生读书做记号、读书做笔记的批注读书法。要求学生将读书活动中读到的精彩片段、好词好句、名人名言摘录在"采蜜本"中，要求积累好词佳句，做到每周至少摘抄一百字。看似硬性的规定，却对提高学生阅读能力、理解能力、写作能力起到了如虎添翼的效果。

一个学期的"阅读"活动初见成效。我趁热打铁，开展了"阅读伴我成长"主题教育活动。活动中，学生们有的谈读书感受，有的讲推荐好书的理由，还有的把自己家的书捐给班级与大家分享读书的快乐。

二、阅读伴"我"成长——家庭开启"我"阅读之门的第二把钥匙

（一）做好宣传发动工作。一方面使学生认识到开展读书活动的意义，明确读书活动的目标、任务，自觉参与到读书活动中来；另一方面做好家长工作，倡导在家庭中开展亲子阅读活动，引导孩子按学校推荐并结合自身的兴趣选择读物，拓展学生阅读范围。在家庭中形成倾听、交流的氛围与互动，把学生自己读的书籍、读书视频发到微信群中，家长和学生当评委，进行点评和鼓励。

（二）号召学生每天晚上在家里安排四十分钟阅读时间，双休日、节假日，更要做到读书、休息两不误，使读书成为一种习惯、一种乐趣、一种自觉自愿的行动。

（三）要为孩子营造一个好的阅读环境，不仅是在班级中有一个良好的阅读氛围，更要在家中号召家长为孩子营造良好的阅读环境，为培养孩子阅读习惯打下坚实的基础。

三、阅读伴"我"成长——"开阅读之门，进阅读之家"展演汇报

2018年1月4日，学校举办了六年级的"开阅读之门，进阅读之家"家校共读展演汇报活动。这一天，同学们兴致勃勃，早早地与家长一起来到学校。汇报开始了，第一部分是古诗词朗诵，一个连一个的古诗词诵读，谱写成了一串串动人的音符，回荡在多功能厅里，台下不时响起一阵阵的掌声。第二部分展演的是家长和学生共同展示四大名著节选，以及读后感交流、好书推荐的展示。家长和孩子对角色的投入，情感的传递，学生读后感真情的流露，好书推荐的真诚，不仅打动了家长，也打动了孩子们自己。

本次活动，学生和家长反响强烈。有家长在微信群中这样写道："今天的活动我认为开得太成功了，是老师送给各位家长的最好礼物"。有学生在日记中写道："阅读的书越多，你的知识相对越丰富，从而你就更精彩"！

随着阅读活动的有序开展，学生和家长参与阅读活动的积极性提高了，学生和家长能每天坚持读书，有的家里还购买了部分图书，家长和学生的读书意识正在逐渐增强，特别是对当今以手机为中心的一些低头族来说，学校开展的阅读活动不失为一种对策，一种传承中华传统文化、弘扬民族精神、颂扬英雄气概和平民本色的好方法。我想家长和同学们已经明白了"三更灯火五更鸡，正是男儿读书时。黑发不知勤学早，白首方悔读书迟"这句诗词的含义，他们已经在抓紧时间，勤奋学习，不错过读书的好时光。

通过一年半的"阅读"活动，大家从书中收获了知识，收获了能力，收获了快乐！这次活动中，收获最大的还是学生，其中王可心、郝渊童、冯美娜等十名学生获得班级阅读之星荣誉称号，六一班获得区级阅读班集体荣誉称号。我在活动中获得区级"阅读领航人"的荣誉称号。

书籍是人类进步的阶梯！"读书之于思想，犹如运动之于身体。运动使人健壮，读书使人贤达。"爱迪生的这段话我愿与学生们共勉。希望学生们在今后漫长的人生旅途中，能够更爱读书，读更多的好书，一生与书为伴！

书香满校园，阅读伴成长

吴蕊　王平中学

【摘要】 对阅读问题进行再思考，并结合本校实际对阅读推广工作进行梳理和分析，进一步归纳出一些规律性的东西，为书香校园的建设提供必要的依据。

【关键词】 阅读现状　兴趣　习惯　方法　对策分析

阅读，不仅能够巩固和发展课堂教学的成果，还能够使学生增长知识、培养美德、提高能力，促进他们智力的开发。阅读问题，一直以来是一个备受关注，却又饱受诟病的话题。尽管多方呼吁，社会关注度也很高，可社会阅读的现状，以及国人的阅读热情还是不容乐观，尤其在传统的纸质阅读方面，正出现无法回避的下滑趋势。在严峻的现实面前，初中生的阅读现状同样不容乐观，作为一个急需阅读的学习群体，在各种考试指挥棒的挥舞下，学生阅读一直在夹缝中生存着，更显得岌岌可危。我从剖析原因着手，并结合本校在阅读推广中的对策来对校园阅读问题进行一个全面客观的评价和分析。

一、阅读有助成长

1. 课外阅读能够传承中国传统文化

阅读看起来是一件自我的事情，看似与别人无关，实际上，它传承着中国传统文化。秦始皇"焚书坑儒"，毁掉了一大批书，也毁掉了相当部分的文化。中国文化是靠书传承下来的，没有书，文化就没有传承。从古至今，一批批的文人学者，不停地读书、思考、写作和总结，我们的文化才得以传承下来。回想我们每个人小时候，父母都会先让你"读书"，以你背下多少首唐诗而高兴、自豪，甚至在抓周时，都会放上一本书、一支笔，即使将来你不喜欢读书写作，也愿意让你摸一摸书和笔。

2. 阅读是获取知识、增加阅历的主要途径

读书可以弥补我们阅历的不足，比如专业知识方面，有些事情我们无法用眼睛看到，天上是什么样的？地下是什么样的？等等，我们都可以在书中寻求这些答案。阅读是每个人成长的一种方式和渠道，在经典阅读的熏陶中，我们不仅获得文学素养的提升，更重要的是感觉并体会到母语学习的乐趣和情趣。现在的社会是高度信息化的社会，要求人们具有自主选择、吸收和处理信息的能力，这种能力的培养必须依靠大量的阅读，包括网络、

报刊、书本和杂志等等方面。

  3. 阅读让我们不迷失

  阅读有关科学的书，你会知道什么不是科学；阅读励志的书，你会更快地成长。我们都知道要尊敬师长，这不是天生的。我们也都知道读书破万卷，下笔如有神，这也不是天生的，这些都是在读书过程中知道的。我们教育学生要做好人、助人为乐、见义勇为，这些都可以通过读书学习，让学生明辨是非。所以，多读书，才不会迷失自我，知道该做什么不该做什么。阅读的过程，是文字的律动、语言的节奏，它们会在我们的大脑中运行，心灵中徜徉。每读到一句很美的语句，心灵也会跟着舒畅，读到悲伤的场景，也会跟着心痛，所以阅读更是心灵的蜕变。

二、中学生课外阅读中存在的问题

  1. 不爱读书，缺乏阅读的兴趣

  主观上，一方面学生对课外阅读的重要性认识不足，学生中为了应付考试不得不喜欢文化课的居多，很少能主动购买或阅读课外读物，即使购买，相信大多数也都是一些与考试相关的辅导材料、试题集锦等；另一方面，学生没有时间阅读。现在的学生课内学习负担很重，大量的时间都花在做作业、攻克试题上，能够用来进行课余阅读的自由空间非常狭小，大多数家长更觉得阅读是在浪费时间。

  2. 阅读面窄，阅读量少

  （1）很多学生宁愿读杂志、故事会，也不读名著，因为名著费时、费力、费钱，而杂志涉及面广泛，趣味性强而且方便、快捷、便宜，尤其是漫画和各类校园新型口袋书刊，得到了更多学生的青睐。

  （2）在文学作品中，大多数学生视线较集中于"小说"一类上。各类武侠、言情小说居于学生阅读排行榜的前列，而散文、诗歌和戏剧则很少有人问津。学生对于史、地、政、军事、科普之类的书籍更是冷淡，因为这类书籍大多比较枯燥乏味，提不起阅读的兴趣。

  3. 良莠不分，不懂选择

  书籍浩如烟海，学生会感到迷惘，不知怎样来读，初步尝试后觉得没有成就感，于是就会放弃，这也说明学生阅读的随意性太大，毫无目的、更无计划。很少有人去思考自己为什么要读，甚至是找不到真正适合自己的书籍。

三、我校在推进校园阅读的对策

  1. 为教师订购专业书籍、刊物

  教师是一个离不开阅读的群体，为了满足广大教师对本专业知识和信息的需求，我校每年都以教研组为单位，为不同学科教师订购全年的本专业刊物，订购经费统一由学校财务支出，具体过程（包括经费控制和杂志对口的初审）都是由校图书馆完成的，校长最后终审把关。这项举措尽管费用不高，可意义重大，不仅拓宽了教师的专业知识，提高了专业水平，而且由教师带头阅读，在校内倡导了一种学习的新风尚，得到了全体教师的热烈拥护。这种以专业阅读为出发点的阅读活动，势必会点燃全校师生广泛的阅读热情，从而进一步延伸至对非专业经典书刊的阅读。

2. 每日一读，引导学生参与阅读

因我校特殊的地理位置，学生基本都住校，抓住这一契机，我们全校利用晚饭前的半小时，开设师生共同阅读，阅读的书籍有名著、诗歌、散文，学生的阅读最主要的还是语文老师推荐的与课本内容相关的作品。为了促进学生阅读能力的提高，在语文课堂上，教师可以讲一些课外作品，把中外名著中的一些精彩情节抽出来细细分析，激发学生对阅读的渴望。在自习课或空闲时间，教师也常在学生面前读一些文学作品，为学生营造一种好的氛围，努力用自己的言行影响他们。学生是校园阅读的主力军，青春期的学生有更大的阅读需求，只是他们没有计划和目的，所以老师先推荐。校图书馆则为我们提供了书刊文献资源，为每个班级都建立了借阅账号，每个班还派出一位小管理员来校图书馆挑选图书，数量一般以班级人数为准，保证人手一本，并要求每读完一个章节都要完成读书笔记或心得，帮助他们更好地阅读、学习。经过一个学期的阅读，学生的阅读热情被进一步点燃，那些原本不来图书馆借阅的学生也加入到了班级阅读的行列。当然，阅读几本书是远远不够的，但对于学生来说，几本书，就可能是一个起点，一座灯塔，一个象征。

3. 改变师生观念，扩大阅读在学习生活中的影响力

每一个有过阅读经历的人都知道：并非所有的阅读体验都会令人感到愉悦，很多人会因为阅读的"不悦"和"高不可攀"而放弃。没有一个人是天生喜欢阅读的，在数字化多媒体时代，更多的人愿意接触具有动感的东西，比如影视、网络还有手机游戏等等。纯文字的东西，让人们感到枯燥乏味，对善于接受新事物的年轻人来说更是如此，他们可能更喜欢QQ聊天、微信互动，喜欢上网浏览，或者看无厘头搞笑的影视类节目。而校园阅读活动的推广，正是让阅读和思考成为一种习惯，成为生活的一部分。在我校校长的关心下，校园内渐渐形成了一股清新的阅读风气，无论是教师还是学生，似乎都感受到了阅读的必要性和重要性，也慢慢体验到阅读的美好，阅读可以激发我们思考的能力、记忆的能力，还能培养丰富的想象力、独立思维的能力等等。让我们尽快培养起阅读的习惯，并从阅读中感受到成功和喜悦。

四、"开卷有益"书香校园

开卷有益——要真正体会到只要打开书本阅读，就会有益处，虽然这并非一朝一夕之

功。书香校园，亦是如此，这需要我们的不懈努力。就好比古代的书院，现代的名校，有无数的名师任教，并培养出了众多有名的学子，才可以称得上一个"名"字。对于一所普通学校，同样也是如此。书香校园，需要师生的共同参与，需要大家的行动落实，只有孜孜不倦的阅读行动才能营造出浓浓的书香氛围。

现在很多学校都在建设书香校园，都在为申报示范性图书馆或者示范特色学校而努力着。阅读作为一个重要的评估指标，已经引起了校领导和教师的高度重视。在这里只是希望所有的行动不要再次沦为一种"被迫"和"摆设"，只有一如既往地去坚持和参与，才能最终收获胜利的果实。同时，我希望本校抛砖引玉式的经验介绍能够为更多的中学提供一种阅读推广的依据，让校园阅读、浓浓的书香真正走进校园和每一个家庭，让更多的人来一起感受阅读的快乐和美好。

参考文献

[1] 罗秉利. 高中生阅读现状及学校在阅读推广中的对策分析[J]. 图书馆工作，2013（2）：49-50.

[2] 李灿元. 中学生课外阅读中存在的问题及原因[J]. 百度文库教育专区，2015.

[3] 何伟令. 新课程[J]. 龙源期刊，2014（3）.

[4] 王兆善. 当代学生读书的五大好处[J]. 读书方法，2012.

[5] 王鲲. 小学生阅读存在的问题及对策[R]. 新校园，2013.

为心灵与智慧架设彩虹桥

宗华　育园小学

【摘要】 学生发展核心素养，主要指学生应具备的、能够适应终身发展和社会发展需要的必备品格和关键能力。对于学生来讲能养成良好的学习习惯，掌握适合自身的学习方法，能自主学习，具有终身学习的意识和能力尤为重要。良好的读书习惯又是重中之重。可是，当今大部分小学生早已习惯于看iPad、看手机、看电脑、看电视，很多小学生唯一从头到尾认真读过的书就是语文书。试问，捧着一本语文书，守着一台电视机或一部iPad长大的孩子能适应未来社会对他们的种种挑战吗？作为小学语文教师，"我们越来越深切地认识到，读书现状与当今世界知识量急剧增长的形势极不适应，与社会发展对人的素质产生的更高要求极不适应。"因此，在小学阶段激发小学生的读书兴趣，培养小学生良好的读书习惯，是教师的首要任务。本文将以如何激发和培养小学生的读书兴趣，使其爱上阅读为主要内容，介绍一些个人做法。

【关键词】 兴趣　读书

对于学生来讲能养成良好的学习习惯，掌握适合自身的学习方法，能自主学习，具有终身学习的意识和能力尤为重要，而良好的读书习惯又是重中之重。可是，当今大部分小学生早已习惯于看iPad、看手机、看电脑、看电视，很多小学生唯一从头到尾认真读过的书就是语文书。因而激发和培养小学生的读书兴趣尤为重要。因为书籍是儿童认识世界的一个窗口，通过阅读，可以把孩子引入到一个神奇美妙的图书世界，使他们的生活更加丰富多彩、乐趣无穷。古人曾云："人有学步时，读有起步时。"学生有了读书的兴趣，就像长出一双神奇的翅膀。有了读书的兴趣，才能使他们从内心深处对课外阅读产生主动需要，才能使他们适应未来社会的发展，从而使他们受益终身。读书不仅让我的学生们得到许多实惠，更让我这个小学语文老师受益匪浅。现介绍一些个人做法。

一、与学校活动相结合，促学生读书

高尔基曾经说过："书是人类进步的阶梯。好书，像长者，谆谆教诲；似导师，循循善诱；如朋友，心心相印。"为了激发学生读书的热情，增长学生的知识，拓宽学生的知识面，营造浓郁的书香氛围，我组织我们班学生积极投身于学校开展的"学名人、伟人，感受大家风范"的读书立志活动中，让学生走进书本，亲近书本，喜爱读书，学会读书。

兴趣是最好的老师，要想让学生爱读书，就要让学生对读书感兴趣。"要让学生爱读书，首先要让他们与书交朋友。通过各种方式把学生带进浩瀚的书的海洋，给他们认识书、了解书、与书交朋友的机会，使他们对课外书逐渐产生喜爱之情，从而激发学生的读书兴趣。"为此，我动员全班学生积极投入到学校的读书活动中去，向学生宣传了读书的意义。利用晨会、班会向学生推荐了一些适合他们阅读的图书，讲了一些古人读书的小故事，观看了一些有关读书的动画片，介绍了一些同龄儿童读书受益的先进事迹，以此来激发学生读书的欲望。

二、与学生分享读书经历，促学生读书

为了"激发学生的读书兴趣，使学生乐于读书，自觉自愿地读书；从没有课外阅读习惯到养成课外阅读习惯，坐得住，读得进，主动地读，持之以恒地读，使课外阅读成为课余生活的一个重要组成部分；从没有老师指导就不会读书，到可以独立进行阅读"。我冥思苦想，想了许多办法，其中最有效的就是把我上大学时的读书经历介绍给他们。我给他们讲一些大学里的学习方法——自学，即老师列出书目，学生自己阅读，然后课上与主讲老师一起探讨。我们班学生最爱玩的一个游戏就是"模拟大学自习室"，中午小饭桌休息过后，学生们回到教室，喝一口水，然后拿出自己喜欢看的课外书静静地看起来，没有一个出声的，因为谁也不愿意打破这种宁静，他们喜欢在这种宁静中享受读书的乐趣。

叶圣陶先生曾经说过："为养成阅读的习惯，非多读不可；同时为充实自己的生活，非多读不可。"为了让学生多读，保证学生的读书时间和质量，我鼓励学生尽量在学校完成家庭作业，这样回家后就可以尽情地读自己喜欢的课外书。我还经常把我读的某篇文章或某本书介绍给学生，与他们共同分享。我们班还经常开展读书交流、好书推荐等活动，给学生架设展示自我的舞台，让学生充分展示自己的才能，提供进行互相交流、彼此学习的机会，同时增长知识，增进了解和友谊。

三、教学生阅读方法，促学生读书

每天跟学生说："你们要重视阅读，要多读书！"也许开始还见效，可是慢慢地，学生们对阅读的兴趣就会越来越淡。这是为什么呢？因为学生们没有阅读方法，时间长了对阅读就不感兴趣了。正所谓"授之以鱼"不如"授之以渔"，作为语文老师我们一定要教给学生一些阅读方法助其读书。

首先，我鼓励学生们做到不动笔墨不读书。我把我的读书摘记本给他们看，教他们如何做摘记。并且告诉他们，摘记不是记在本子上就完事了，是要记在脑子里，用到自己的写作中。记得二年级在学习《看雪》一课时，其中有一句描写雪的句子——"天上飘着雪花，地上铺着雪毯，树上披着银装，到处一片洁白。"我引导学生们把这句话记下来。后

来在判学生们寒假里写的日记时，有几个学生就把这句话恰当地运用上了，我还在班里读了他们的日记，并表扬了他们。慢慢地，学生们的作文或日记中的好词、好句越来越多了，而且使用得都非常恰到好处。同时，我还告诉学生们摘记本不仅可以摘记一些好词、好句，还可以把读书时的一些感受和想法记录下来。慢慢地，我发现学生们在学习课文时，理解能力和感悟能力也明显提高了。

其次，我还告诉学生们读书有"三到"。正如朱熹在《训学斋规》中曾提到的："读书有三到，谓心到、眼到、口到。心不在此，则眼不看仔细，心眼既不专一，却只漫浪诵读，决不能记，记亦不能久也。三到之中，心到最急。心既到矣，眼口岂不到乎？"所以，读书时要做到静心、专心、耐心、用心，心到位了，眼和口自然就到位了，心、眼、口都到位了，效果自然就最佳了。

掌握了一些阅读方法之后，学生们再也不会觉得阅读是件难事了，慢慢地他们就对读书有了兴趣，就会爱上读书。

四、开展丰富多彩的活动，促学生读书

小学生虽然年龄小，但他们有很强的竞争意识，你追我赶的劲头都很足。根据学生们的这个特点，我在班中开展了丰富多彩的读书活动，通过活动激发和培养全体同学读书的兴趣。上学期我们班的"畅游书海"活动搞得很成功，涌现出了十几位"读书小状元"和"读书小博士"，我们班还被学校评为"书香班级"。这学期，我们班的"读书擂台赛"更是搞得有声有色。开学初的一次班会上，我在教室后面的"个个争先"小展板中贴上全班同学的人名单，并宣读了"读书擂台赛"的比赛规则："读完一本书即争得一枚读书章，男女生各设'读书擂主'，读五本书以上者有资格争当擂主，并有资格参加学校的'校级争章'，读书最多者为擂主。"最后，我宣布"从今天开始读书擂台赛正式开始"。学生们读书热情很高，纷纷争当"读书擂主"，有的学生一学期读了60多本书，班中人人争得读书章，读书争章率达到100%。同时，学校大队部规定一学期读书达24本以上者被评为"读书小状元"，读书达12本以上者被评为"读书小博士"，本学期我们班共有31名同学被评为"读书小状元"，6名同学被评为"读书小博士"，看着他们手捧奖状，身穿学校特制的文化衫，脸上洋溢着灿烂的笑容，我从心眼儿里为他们高兴。

苏联教育家苏霍姆林斯基在《给教师的一百条建议》中奉劝教师："只要方法得当，最敏感的、个性最独特的、固执任性的、好造反的和桀骜不驯的学生也能变成书迷。用书和智慧去征服他们吧！"苏霍姆林斯基说的一点都没错，学生们比以前爱读书了，即使是原先班中最淘气的学生，现在也看不见他搞破坏、淘气了，取而代之的是课间他在楼道内的小书屋读起了书。所以不管是课间还是课余，都可以看到班中的学生捧着书津津有味地读书的情景。《世界名人故事传》《小故事大道理》《科学家的故事》《鲁滨孙漂流记》《昆虫

记》《安徒生童话》《木偶奇遇记》《爱丽丝漫游仙境》《中华上下五千年》……一本又一本的书在学生们手中相互传阅。

五、借攀登阅读，促学生读书

去年学校引进了攀登阅读项目，在寓游戏与认证相结合的过程中，学生们逐渐喜欢上了这个有趣的App，读完书后，马上就到攀登阅读的平台上去做认证题。

为了让学生更喜欢读书，我决定从成语入手，因为成语是我们中华优秀传统文化中的一颗璀璨的明珠。虽然"成语"二字对我们所有人来说都不陌生，对于小学生也一样，谁都能随口说出几个成语，但是成语的博大精深谁又能真正理解。为了让学生了解成语，学用成语，有了这个想法以后，我就先给学生们讲了一节名为《走进成语乐园》的趣味课，以此来激发学生对成语的兴趣。然后，我还组织学生们围绕成语开展了一系列的实践活动，如：利用PPT展示自己所积累的成语，画成语，讲成语故事，演成语故事等。学期末，我们班还代表学校参加了攀登阅读项目的班级成语大赛的展示。学生们的精彩表现赢得了在场的领导和老师们的阵阵掌声，学生们不仅收获了荣誉，更收获了知识，最主要的是学生们更爱读书了。

六、借成功体验，促学生读书

由于读的课外书多，不仅使学生们增大了识字量，开阔了视野，增长了知识，培养了读书习惯，而且也使他们明白了不少做人的道理。同时更激发起了他们的求知欲，教我们班的任课老师普遍反映我们班的学生知识丰富，接受能力强，经常能提出有一定难度和深度的问题。一次，魏老师在给我们班上名人课——张衡时，当讲到圆周率时，我们班的赵文轩同学突然举手，魏老师问他"怎么了？"他说："圆周率不是张衡发明的，是祖冲之发明的。"魏老师马上说："你有什么依据？"他赶快从位斗里拿出一本书——《祖冲之传》，并很快翻到介绍圆周率的地方请魏老师看。魏老师看后特别高兴，不仅在班里表扬了赵文轩同学，而且课后还把这件事告诉了我，并对我说："你们班的孩子知识真丰富，懂得真多，给你们班上课真有意思。"听了魏老师的一番话，我觉得激发和培养学生的读书兴趣是非常正确的，一定要坚持下去；另外，我还觉得读书真是一件受益无穷的事，正如古人所云"积财千万，无过读书。"

"课内学方法，课外求发展，让学生掌握并运用学到的学习方法指导自己在学习过程中自主、自求、自得。这样，我们的教学就飞跃到了一个新的高度，就能为学生的终身学习打下基础，为学生一生的可持续发展奠定基础。"记得在讲二年级下册的《丑小鸭》一课时，我刚要向学生介绍这篇童话故事的作者安徒生时，我们班的一个学生就抢着说："老师，我知道安徒生。"见此情况，我没有批评他，而是说："请这位小老师上台给我们介绍一下安徒生吧！"我坐到他的位子上，他快速走上讲台，看着他落落大方的样子，听着他的讲解如此详细，我不禁为他的精彩讲解而鼓掌，更被他丰富的课外知识所震惊。对于他的讲解，其他同学也是听得目瞪口呆，纷纷投去赞赏的眼光，不约而同地击掌夸奖"嘿，嘿，你真棒！"看着他满脸的喜悦，我从心里为他高兴。谁能想象得到以前他是一个不按时完成作业，上课总是一问三不知的学生。自从他和书交上了朋友，他就像变了一个人，上进、好学，一有时间他就读书，学习成绩也比以前提高了许多。一次次的成功体验让越来越多的孩子有了成就感，越有成就感，他们就对读书越有兴趣，就越爱读书。

记得一位哲人曾经说过："你读的书越多，你的知识就越丰富；你的知识越丰富，你离成功就越近。"读课外书与上语文课并不矛盾，它们是相辅相成的。"培养学生的读书兴趣，是学生学好语文的前提。通过课堂教学激发和培养学生学习语文的兴趣，让学生感受到语言文字的魅力，掌握了学习的方法，具有了学习的能力，他们就能自己去读书，自己去学习，就能自我发展，健康成长。"

因此，作为小学语文教师，我们要想尽一切办法激发和培养学生的读书兴趣。让他们从最开始的被动阅读，转变为主动阅读，让读书不仅给他们带来真正的快乐，更为他们日后的学习和发展，以及终身学习打下坚实的基础，使读书成为他们生活中必不可少的一部分。正如高尔基所说："读书，这个我们习以为常的过程，实际上是人的心灵和上下古今一切民族的伟大智慧相结合的过程。"让我们共同努力，为学生架起心灵与智慧之间的彩虹桥吧！

新时代下校园阅读促进面临的问题及对策

李娅　北京市育园中学

> **【摘要】** 名著经典阅读对于培养学生的语文素养有着积极的意义。但是在教师、学生以及社会层面都存在着或多或少的问题，这就需要我们有的放矢地寻找策略，发挥名著经典阅读的最大功效。

语文课程应致力于学生语文素养的形成与发展。那么我们的学生应该具有怎样的语文素养呢？钱理群教授有句话说得很好："语文听说读写能力的培养绝不是一个单纯的技能训练，它实质上是对人的智力、潜能的全面开发，是人的精神素质、境界的全面提高。"因此，中学语文教育的功能应该是"为终生学习打底，为终生精神发展打底"。而名著就是指具有较高艺术价值和知名度，且包含永恒主题和经典的人物形象，能够经过时间考验经久不衰，被广泛流传的文学作品。它是人类智慧的结晶，传承着丰富的人文精神与道理，可以塑造个体人格，丰富个体精神，也启迪人们体悟人生的价值意义。可见，名著经典作为高中教学的重要组成部分是大势所趋，是时代与教育发展的必然。

同时我们也应该看到，虽然高中会考与高考中加入名著阅读考察内容，促使广大师生对于名著阅读进一步重视，但高中语文名著经典阅读现状依然不容乐观。

一、高中语文名著经典阅读面临的问题

（一）学生层面

1. 有阅读兴趣而无阅读习惯

笔者通过调查发现，目前中学生对于课外阅读有一定的兴趣，70%以上的学生则明确表示自己喜欢利用课余时间阅读一些有用的课外书籍。但是，在所有被调查的对象中，只有很少的学生养成了每天阅读的好习惯，他们总是在每天固定的时间里（午休或晚上睡觉前）至少阅读半个小时以上，而大多数学生对于阅读没有固定的安排，看时间和心情而定，有空闲的时候就阅读，也没有具体的时间长短的限制。同时，还有一小部分学生明确表示不喜欢阅读。造成这种现象的原因，主要是一些中学生认为阅读课外书籍没有时间，能完成作业、应付考试就不错了。

2. 有阅读要求而无阅读方法

在调查中，笔者发现只有少数中学生知道根据具体情况选择恰当的阅读方式，其余的

学生面对着阅读文本，只习惯于略读或精读，造成阅读效率低下或阅读兴趣下降。有的学生在阅读时，遇到不认识的字，总要停下阅读，非查它个"水落石出"不可，结果往往造成阅读效率不高；有的学生在阅读中遇到深奥的文言难句、冷僻难解的典故时，更是长时间地停滞不前，有的甚至因此不能读完全文，半途而废。这主要是由于没有具体明确的目标与计划，课外阅读不择时间、地点、内容，加之又没有教师的指导，因此就起不到应有的作用。

3. 有阅读行为而无阅读效果

现在，我们的高中生有阅读的需求，亦有阅读的实际行为，但是涉及为什么喜欢所阅读过的这本书时，他们就基本无话可说了，因为他们大多只是追求阅读过程中的猎奇心理的满足，阅读只停留在故事情节的了解层面上，至于阅读后得到了什么收获，除了情节的引人入胜就是情节的曲折离奇，而时间久了之后，情节也会渐渐地淡忘。这主要是由于缺乏独立思考造成的。由此发现，高中生的阅读效果并不令人满意。

4. 有阅读数量而无阅读品位

我们的调查发现，目前高中生通过各种途径已经阅读了大量的书籍，甚至少数高一的学生就基本上阅读过了教育部规定的高中生课外必读书目中的一半，但这毕竟只是少数。走进学生课堂，我们仍能发现他们的课桌上赫然摆着卡通漫画绘图小册子、粗制滥造的武打言情小说、网络电脑游戏杂志、"搞笑"作品或写当代影视歌星、媒体主持、体坛明星之类的"时尚"杂志，甚至新生代的"另类文学作品"。我们不能全盘否定诸如此类的书籍，但我们不能不相信这个数据：至少有三分之一的高中生没有真正读过一本完整的中国或外国名著，大多是通过道听途说能知道有这个书名就已经很了不起了，根本就谈不上阅读的感受了，而每一次写读后感之类作文时，只有去"拿来"了。但是一提及电脑游戏、武打招式、明星逸闻趣事，他们往往就可以滔滔不绝，如数家珍般了。这些都是因为缺乏选择与鉴别，盲目追随"流行"，造成阅读资源浪费，阅读品位不高。

(二) 教师层面

1. 指导力度不够

学生对于名著经典内容的理解仅限于感官上的初级理解，而教师可以通过与学生共同讨论交流讲解将这种初级感受上升到对生活更高层次的领悟上，从而拓展学生在人文精神上的发展空间。而在实际教学中，教师的指导由于各种现实原因大打折扣，实际效果不明显。

2. 时间分配难以控制

每一学期的教学任务除了名著经典的阅读以外，还包括指定教学篇目。而学生还要面临其他科目的各种学习内容以及考试和升学的压力。校内阅读课时有限，需要学生课下完成阅读。但教师难以控制学生落实到位。

3. 存在功利化心理

部分教师存在应试性的功利化的思想，为了在最少时间内得到最大收获，妄图用自己搜集总结的知识经验代替学生的阅读思考过程，花费大量时间对名著进行架空式鉴赏，那已真正背离名著经典阅读的目的。

(三)社会层面

因为在文化快餐氛围的影响下，很多的文化商人对名著原作进行"删繁就简式"的"手术"，市场上出现了许多导读式名著和青少版读本，这类读本起到了推广名著的作用。但是经典名著是人类几千年的文化精髓，是人类智慧的结晶。它的思想价值、文学价值无与伦比。作为人类重要的文化遗产，它的语言、情节、人物形象对读者产生的震撼力，远不是那些简化本、青少版读本所比得了的。

二、高中语文名著经典阅读面临问题的解决方法

(一)学生层面

1. 优化资源配置

人人有书、人人读书、名著阅读进课堂、让图书流动起来，让班级飘满书香，落实名著书籍，建立班级图书柜，让图书室的书流动到班级。首先，在班级设立读书专柜。其次，学生自主带书或从学校图书室借阅部分名著，充实班级图书柜。编写了图书书目，每个学生都办了借书卡，每本书都编了号，有专门的图书管理员。无论是课间还是课后，书柜前总是围着三五个同学。它不仅方便了学生借阅名著，也大大激发了学生阅读名著的兴趣，培养了他们自主探究的能力。

2. 用计划给学生安上翅膀

学生制订自己名著阅读计划。具体做法如下。

①学习内容：每学期阅读不少于2～3部的名著。

②学习方式：普遍采用研究性学习方式，学习结果以读书笔记、手抄报等形式呈现。

③课时安排：每隔周安排两节名著阅读课。

④学习活动：写2～3篇读书笔记，每学期由学生主办一次读书报告会。

⑤学习过程指导：阅读指导与阅读教学相结合。

(二)教师层面

1. 针对学生实际，加强阅读指导

强化学生在名著阅读中的主体意识，培养学生运用探究式学习方式阅读名著的习惯，使其掌握科学的名著阅读方法，提高作文写作与语文成绩。通过阅读名著，提升学生的写

作能力、鉴别能力、创新能力，推动学生个性化阅读与深入阅读的能力，提高人文素养。探寻名著阅读课堂教学有效性的一些基本特征，发现影响语文课堂名著阅读教学有效性的因素并给出与之相对应的教学策略，提高学生的作文教学水平与语文名著阅读课堂教学水平。转变以教师讲授为主、学生被动接受的教学方式和学习方式，构建开放的课程系统，构建名著阅读教学的有效性课堂教学模式。

2. 课外时间是关键，课内时间是保障

中学阶段学习任务重，时间紧，名著阅读之所以不能顺利开展，时间是最主要的原因。名著阅读想要真正落到实处，还必须有赖于各学科的通力合作，协调好各学科间的关系，切实保障阅读时间。名著阅读一定不能贪多，分量不宜太重，否则很容易有始无终，反而养不成良好习惯，甚至影响其他科目的学习。同时，结合我校开展的假期阅读活动，认真指导学生完成好假期读书笔记，落实好课内进行名著阅读读书时间，把"名著阅读"的时间列入课程表。

3. 克服功利心理，从基础做起

在名著经典教学中，首先教师要克服功利心理，思考名著阅读的根本意义何在？经典阅读意义在于增长见识、启迪智慧，在于提高阅读能力、提升思维品质，在于培养人文素养、丰富内心世界。以此为目标，名著导读课要落实到具体阅读中，包括名著的基本介绍、故事梗概、主要人物、思想情感、写作特色、阅读建议、精彩片段及点评。一部名著具有的深刻丰富内涵，显然这种简略的介绍是不能触及其精髓的，但这却是给学生的名著阅读提供了一个范例、一些方向、一点思考：告诉我们可以从这些方面来阅读、鉴赏名著。

学生阅读中外名著经典对于培养学生的语文综合素养是功德无量的，应该是学校素质教育不可或缺的有机组成部分，具有十分重要的现实意义。这种素养不仅体现在语文学习上，也体现在社会交往中。人总是处在一定的社会关系之中，每一个健康的人都得学会与人正常交往。"语文素养"中的核心要素就是综合运用语文进行言语交往活动的能力，这种能力必须要有知识、思维、情感、文化等多种要素的支撑。我们的名著阅读可以涵盖知识、能力、情感态度、文化等多种要素，学生可以从名著所提供的生动具体的人物形象和社会图景中获得丰富的认识材料，诸如经济状况、社会风貌、阶级关系、风土人情、心理状态等等。随着社会的发展，各种各样的社会交际活动也越来越多，人们的精神需求层次也会越来越高，当我们的学生在名著阅读的影响下，走向社会，他们的语言谈吐，他们的精神气质，也必将会提升我们社会的文化层次。这种影响是必然的，也是长远的。

书香校园建设离不开以家庭为单位的书香门第建设
——让孩子将校园阅读文化传播到家庭

任立军　实验二小永定分校三7班　任庭纬家长

> 【摘要】 在中国经济、社会改革进入深水区的关键时刻，党和国家积极倡导阅读的大背景下，书香校园建设成为全民阅读最容易把握最容易出成果的关键点，从而使得阅读成为学生和家庭成员最具价值的生活习惯和生活方式，为中国社会经济文化发展贡献力量，为中华民族的伟大复兴增光添彩。基于此，我们选择了书香校园建设和书香家庭建设之间的关系这一论题进行研究，并得出结论：书香校园建设离不开书香家庭建设，让孩子将校园阅读文化传播到家庭，使得阅读成为孩子和家庭成员共有的一种生活方式。

随着互联网和移动互联网的发展，书本与人们之间的距离越拉越远。小学生在校园里尚且还能"听话地"读书，不过一旦回到家庭，读书就变得艰难并痛苦着，网游、影视剧、动漫等网络传播的快餐文化迅速侵占了小学生们的业余时间，在家庭里读书变得遥不可期。再看看那些终日与手机为伴的中学生、大学生和年轻白领们，更让我们对阅读现状忧心忡忡。

近年来，习近平总书记在多个场合强调要加强读书学习，要爱读书、读好书、善读书，"把学习作为一种追求、一种爱好、一种健康的生活方式，做到好学乐学"。

最近一年来，我们越来越意识到，书香校园建设离不开以家庭为单位的"书香门第"建设，通过校园里的孩子们将校园的阅读习惯带到家庭当中，通过校园里的孩子们建立起的阅读文化向家庭传播，在整个社会，为孩子也为大人们建立书香氛围，创建更加广泛的阅读文化。这样，校园，是书香校园；家庭，是书香家庭。阅读，便是一种习惯；阅读，更是一种文化，一种能够传播的文化，在学校、家庭与社会之间，建立起阅读的生活方式。

一、由书香校园阅读延伸到书香家庭阅读的家庭公约建设

1. 指导和鼓励孩子制定科学合理的阅读计划

为了让阅读能够快速延伸到家庭中去，必须避免孩子在校认真阅读、在家却讨厌阅读或不阅读的习惯。通过家委会的工作，老师和家长共同指导和鼓励孩子制定阅读计划。开

始可以是简单的阅读计划，通过阅读时间的增长，计划不断修改完善，趋于科学合理。家长为了让孩子多读书、读好书，参与的积极性自不必说，凡是有条件的家长都愿意积极参与到孩子的阅读计划制定中来。

2. 把家长甚至家庭成员演变成阅读计划的参与者

起初，多数家长或家庭成员是这一计划的监督者，孩子是这份计划的执行者。显然，这样的一种阅读角色关系，并不利于阅读计划的推进。于是，我们将一些共同参与阅读意愿强烈的家长组织到一起，希望他们成为阅读计划的参与者，这就发展到亲子阅读。一份包括家庭成员在内的亲子阅读计划达成了。这里，我们的一个小经验是，家庭成员不是孩子阅读计划的"助读者"，而是依照自身兴趣的实际阅读者。

3. 建立书香家庭阅读计划为基础的家庭公约

我们参照北大书同教育科技研究院院长齐大辉教授的《家庭公约》理论，将阅读计划与家庭公约结合起来，使得家庭阅读通过一种公约的形式固化下来，并形成机制化，以此来避免在实施家庭阅读计划过程当中存在的分歧、情绪管理、学习成绩等可能的冲突和障碍，保证家庭阅读计划能够顺利持续推进。

二、由广泛阅读发展到发掘孩子专长的智慧化"有营养"阅读

在推进家庭公约式家庭书香阅读计划的过程中，我们又发现，阅读应该是一种有效率、有效果、有价值的事情。面对市面上各种各样琳琅满目的书籍，不但孩子们选择起来异常困难，就连很多家长也不知道给孩子阅读什么书。于是，我们家长和老师分别研究发掘孩子阅读"营养"兴趣点，以便帮助孩子建立起智慧化"有营养"的阅读习惯。

1. 老师在课堂上通过课文学习，摸索每一个孩子的阅读"营养"兴趣点

语文书是一本各种类型文章的大百科，有古诗、古文、现代诗歌、散文、记叙文等不同体裁的文章，也有历史、革命题材、伟人故事、童话故事、自然山水、文化百科等不同的文章内容，这正是语文老师借此发掘孩子们的兴趣点的重要来源。对于学习不同课文孩子们的表现，做出详尽的记录，然后依据记录结果进行分析整理，再寻找可能兴趣点的类似文章给孩子看，以确认某一兴趣点是否与孩子的阅读"营养"需求最契合。就这样，反复观察、记录、整理、分析、总结、试验，最后找出每一个孩子的最佳阅读"营养"兴趣点。以此，引导孩子进行专长智慧化"有营养"的阅读。

2. 家长在家庭书香阅读计划中，探究自己孩子的阅读"营养"兴趣点

家长在发现孩子阅读"营养"兴趣点上功不可没。每一个家庭都创建了很多比较好的办法。一些家长采取为孩子讲不同类型的故事，来不断积累和总结孩子的阅读兴趣；一些家长采取参观、浏览、实验等办法，来不断发掘和发现孩子的阅读兴趣点；也有一些家长采取让孩子跟从事不同专业的同事朋友聊天的方式，来从中提取到孩子的阅读兴趣点。家

长们在这方面，真可谓八仙过海各显神通，为探究自己孩子的阅读"营养"兴趣点，真可谓使出了浑身解数。

就这样，在老师与家长的共同努力下，我们的孩子的阅读，不再是广泛枯燥无味的阅读，而是很快进入到专长的智慧化"有营养"阅读，阅读变成了孩子们最爱吃的棒棒糖，一天不吃就难受。现在看我们孩子写作文，有的是未来的物理学家写作文，有的是未来的科幻小说家写作文，有的是未来的音乐家写作文。这些"有营养"的阅读，使孩子们真正钻进自己的"兴趣小屋"，做自己最喜欢的事情，并正在努力成为自己最想成为的未来的自己。

三、由吸收知识性阅读引导到解决方案型阅读

在阅读实践当中，我们要求老师和家长共同实现阅读跟踪，对于孩子及家长的阅读兴趣点的来源进行深度探究，并收集整理出几十份有效"阅读兴趣来源"问卷。通过对问卷的整理分析，我们发现，吸收知识性阅读或称为增长知识性阅读仅仅是阅读兴趣的表象，真正的阅读动力之源是解决问题——这与当下孩子和家长比较实际现实的想法相一致。于是，我们提出了解决方案型亲子阅读模式。

1. 孩子们倾向的解决问题式和解决方案型阅读模式

书本一旦能够成为解决具体问题的工具，那么阅读就显得水到渠成了。书本一旦成为简单的知识灌输和积累的工具，那么阅读就或许会成为人们的一种累赘。通过调研问卷，我们发现有60%以上的孩子有通过阅读寻找解决问题办法的倾向，而孩子们的父母当中有82%以上的希望通过阅读提升自己的职业或专业水平，期望通过阅读能够解决工作生活当中遇到的问题。于是，将孩子的阅读兴趣点与孩子的解决问题需求结合起来——尽管有些孩子要解决的问题很幼稚——我们仍然寻找到了一种有效的阅读组合，期望通过这种组合型的阅读，让孩子能够切实地解决现实中的困惑或问题。比如，有的孩子喜欢种植花草，她希望解决花草种植技术的问题，我们就给她定制花草知识、花草家庭种植、花草家庭培育、家庭绿化等方面的书籍阅读计划，让孩子边阅读边实践并解决问题。于是，孩子慢慢就深入进去了，书不仅仅是阅读的载体，更是她解决问题的工具。逐渐地，这个孩子便成为花草方面的小专家、小百科了。到学校班级，老师鼓励她把花草种植的经验分享给同学们，她又变成了同学们在花草种植方面的小老师。有些孩子在某些具体解决问题方面，还真就超过了大人的认知和水平。

2. 家长以职业导向或生活导向的解决方案型阅读模式

我们一直强调家庭的读书氛围，是因为中国家庭确实缺乏读书氛围，原因就是家长参与性不强。家委会经常呼吁，家长要成为书香家庭的参与者，事实上却收效甚微，多数家长不过是做做样子给孩子看。

针对这一现象，我们研究了家长的职业和专业特长，为其进行针对性的阅读指导。久而久之，很多家长会在班级或学校群里发表一些关于自己阅读对于职业成长的益处，逐渐吸引更多的家长参与进来。对于一些全职妈妈来说，她们更关心孩子教育问题，我们就结合学校的知子花教育培训老师授课的机会，请她们来听课，然后跟教育专家探讨，一对一地帮助全职妈妈建立以解决教育问题为导向的阅读组合和模式。

关于家长阅读的成效监测，我们通过老师对于这些家长孩子的表现就可以略知一二，再通过具体的教育座谈，发现这些全职妈妈们真正成为能够解决问题的家庭里的教育专家。

3. 二者相结合的亲子阅读解决方案模式

我们研究的核心是孩子们的阅读，扩展到亲子阅读，是因为要保持孩子阅读的持续性和发展性。正是因为有了解决方案型的阅读模式，很多家庭便成为持续不断阅读的书香"门第"。

我们发现，解决方案所带来的实惠和解决问题能力，真正成为孩子和家长与书连接在一起的纽带。一位售卖水果的学生家长，原本从来不读书，后来，我们推荐其参与到解决方案阅读活动中来，现在她成为最具商业意识的"水果摊主"，通过解决方案模式阅读，她成为最早使用移动支付的水果摊主，她是最早利用社群营销的水果摊主，她是最懂水果知识的水果摊主。而她的两个孩子，就是她的秘书和助理，每每有新方法新点子出来，都是孩子们最先读到，并把她们能够接受的方式，迅速传递给父母。这是目前亲子阅读结合最为紧密的一个家庭。

四、将纯粹的阅读演化成一种文化和生活方式

通过书香校园建设，把阅读的理念延伸到家庭，建立以家庭为单位的解决方案型阅读模式，建立家庭书香"门第"，改变的不仅仅是"读书无用论"的荒谬论调，同时，也建立起"读书创造价值"的全新阅读价值观。很多家庭因此而受益匪浅，不仅孩子提高了学习成绩、解决问题的能力，还使得家长提高了自身的职业素养、专业能力和技能，而且还实实在在地提高了家庭的收入水平。我们想，读书创造价值的理念，不仅仅使家庭收入水平得到提高，更重要的是促进了家庭更高水平的可持续发展，这一理念不仅体现在教育和阅读价值上，更有着不可估量的社会价值。

如今，我们通过这样的方式，将过去纯粹的阅读演化成为一种阅读文化和生活方式——过去，在家庭里孩子、家长手机不离手，现在是书本不离手；过去，无论在学校还是家庭里，读书是一项痛苦的差事，现在阅读变成一种快乐的生活方式。

结语

"建设教育强国是中华民族伟大复兴的基础工程，必须把教育事业放在优先位置，加快教育现代化，办好人民满意的教育"，十九大报告中关于发展教育事业做出这样的表述。

全民阅读工程被列为"十三五"时期文化重大工程之一。国家新闻出版广电总局更是明确了2017年全民阅读工作的8个着力点，即着力办好主题阅读活动、着力提供优质阅读内容、着力完善基础阅读设施、着力促进少年儿童阅读、着力倡导领导干部阅读、着力推动基层群众阅读、着力营造良好阅读氛围、着力加强组织协调工作。

现在书香校园建设正在向书香家庭建设发展，并形成家校结合的家庭亲子阅读公约，更推广有像天津市提出创建"书香天津"读书活动。正像习总书记希望的那样，读书逐渐成为一种生活方式，成为中华民族伟大复兴的力量之源。

品味经典　享受阅读
——浅谈对整本书阅读的认识与做法
李辉　北京八中京西校区

>【摘要】阅读对人成长的影响是巨大的，一本好书往往能改变人的一生。然而，目前不论初中还是高中阶段，学生的语文课内阅读量均远远不够，其语文核心素养很难得到提升，所以，在增加阅读量的同时，我们更应倡导以经典阅读为基础的整本书阅读，这才是理想的阅读。
>
>【关键词】经典阅读　读出文脉　读出兴趣　读出"滋味"

"世间数百年旧家无非积德，天下第一件好事还是读书。"读什么书？作为世界儿童文学最高奖的获得者，曹文轩老师这样回答："现在书店里的书大部分都不适合给孩子看，与其看这样的书，不如让孩子们到外边看云彩。"

什么书适合学生们阅读？语文课程标准关于课外阅读的建议指出：语文教学应该培养学生广泛的阅读兴趣，扩大阅读面，增加阅读量，提倡少做题，多读书，好读书，读好书，读整本的书，鼓励学生自主选择阅读材料。

由此可见，阅读应"经"，读书要"整"。"经"指"经典"，"整"是"整本"。一个孩子理想的阅读应该从这个地方开始。

一、读出文脉

（一）以课外为延展

负责编写教材的总主编温儒敏老师说过：

"现在语文教学最大的弊病就是少读书，不读书。教材只能提供少量的课文，光是教课文、读课文，不拓展阅读量，怎么用力，语文素养也不可能真正提升上去。部编本语文教材比起以往教材，更加注意往课外阅读延伸了，但阅读量还是不够。"

初中如此，高中更可见一斑。因此，我注重加大高一学生的课外阅读量，鼓励他们抓住所有细碎时间"海量阅读"，鼓励读一些"闲书"，也就是和考试、甚至和阅读写作并不一定"挂钩"的"书"，如：《读者》《青年文摘》《思维与智慧》等杂志，三十名学生，人手一本，编好号码，三天一换，每月可读八本，一年就可以读九十六本；也鼓励他们读一些"深"一点的书，可以"似懂非懂"地读，"连滚带爬"地读，如：《古文观止》十二卷,《史记》一百三十卷等。

我国历史悠久,文化遗产丰富,用文言记录的历史文献、用文言撰写的文学作品,多到不可计数。文言所记录的,不仅是古代社会的典章制度和政治经济,还有先贤哲人的人生经验和思想哲理。只有带着学生走近之,研读之,才能从古知今,以史为鉴,才能看到中华民族一代又一代人的智慧。

想想看,如果我们及早领会了古人"斧斤以时入山林"的采伐规则,便不会过度开发,带来灾祸;如果学生读过"今之孝者是谓能养。至于犬马,皆能有养。不敬,何以别乎"这段话,当在对待父母时,就会把他们的尊严看得和他们的生计同等甚至更加重要。

特别是在道德重建的今天,中国传统道德中"己所不欲勿施于人"的利他主义,"爱民""富民""民为重"的民本思想,"以不贪为宝"的清廉品德,"志士不忘在沟壑,勇士不忘丧其元"的大义凛然态度,"吾日三省吾身"的自律精神,"君子怀刑"的守法意识……都会在学生的阅读中,化为一股清流,潜移默化地涤荡着每个人的心灵,进而改变一个人的精神气象。

(二)以经典为典范

语文、语文,语感最重要。它多半就是通过大量的阅读而得来的"童子功"。但如果阅读的是"一口气读完,一转身就忘"的书,不仅对写作毫无帮助,而且会破坏学生天然的语感和基本的语言表达能力。所以,语文老师不仅要引导学生大量地读,广泛地读,更应选择有"文脉"的好书让学生读,进而丰富他们的精神世界。

什么是文脉?曹文轩老师讲了一个自己的故事:五年级时,曹老师的父亲有一柜子书,里面有一套鲁迅作品的单行本,曹老师看得很上瘾,到了初中时,已经达到痴迷程度。他是那个学校写作文写得最好的孩子,曾经创造过一个奇迹,语文老师布置了一个作文题,曹老师本人一口气写了三大作文本,至今还是那个学校的一段佳话。

曹老师说:"我在写作文的时候,觉得鲁迅的精神、境界、品质,乃至鲁迅说话的语调、口吻、腔调顺着我的笔流淌到了我的作文本上。当时我当然不知道那叫什么,几十年以后的今天我终于知道了,那个东西就叫'文脉'。"

有文脉的书会告诉你什么是美,怎么欣赏美,也会让你变成一个有情调、高品位的人,经典名著无疑就是这样"有文脉"的书。

高一年级,以高考为重,同时兼顾初高衔接,因此,在初中九本经典名著的阅读基础之上,第一学期,我给孩子们规定的必读书目是:

1.《论语》(整本)(2018年北京高考经典阅读篇目)
2.《边城》(2018年北京高考经典阅读篇目)
3.《平凡的世界》(2018年北京高考经典阅读篇目)

4.鲁迅专题:《朝花夕拾》《呐喊》《彷徨》(《呐喊》为2018年北京高考经典阅读篇目)
选读书目为:
1.《水浒传》(初中已读)
2.《三国演义》(初中已读)
3.《四世同堂》(初中部分同学已读)
4.《欧也妮·葛朗台》(初中未读)

阅读经典名著,就是在读"有文脉"的书,就是在与智者对话。读它们,学生会享受阅读带来的特殊愉悦;读它们,学生会构建出美好的精神世界,读它们,学生更会在这精彩纷呈的世界里遇见更好的自己。

二、读出兴趣

丰满的理想也会遭遇现实的骨感。随着学习时间推移,高中学业知识日益加深,学生的精力如同被多只手向各个方向拉扯着,学生的阅读时间慢慢减少,连阅读兴趣也悄悄打起了折扣。见此情景,我及时调整策略,继续调动学生的阅读积极性。

(一)以课内打通课外

经典名著不是孤立的,比如说《守财奴》与《欧也妮·葛朗台》,《范爱农》与《朝花夕拾》,《祝福》与《彷徨》等,我将名著与教材整合拓展阅读,让学业繁忙的高一学生感觉到阅读的必要,提高阅读兴趣。

一个学期下来,学生不仅读完必读书目和选读书目,而且还将其阅读拓展到其他类型的书籍上,有的学生甚至于在中午排队打饭时仍手捧书籍,犹如进入忘我之境界,成为学校一道独特而美丽的风景。

(二)以活动作为载体

一位教育家说过"将语文作为一种活动来进行解释和分析,建立在这一基础上的教学方法,我们称之为再创造方法。"于是乎,我又开展了以下活动。

1.名著推荐交流展示

"学生是学习的主体,教师是学习活动的组织者和引导者。"为了把读的效果进一步落到实处,我以《边城》《三国演义》《呐喊》《欧也妮·葛朗台》和《平凡的世界》五本经典名著的推荐为活动载体,采用小组合作、汇报展示的方式,组织学生进行了整本书阅读后的交流。

步骤一,小组根据老师布置的任务明确分工。
(1)推荐名著作者及作品主要内容。
(2)推荐书中最精彩的一段情节加以赏析。

（3）推荐一位主要人物并评析其性格。

（4）推荐名家对作品的评价。

（5）推荐本组阅读体会，与大家分享。

步骤二，小组借助网络，搜集材料，并制作展示汇报所需的PPT。

步骤三，小组每名成员，逐一登台，对本组所选名著进行推荐。

此项活动，调动了班中每位同学的积极性，加深了他们对每部作品主体内容的了解，并对主要人物的性格特征和精神品质、作品的思想意义和价值取向等有了自己独特的感受和体验。

读完《平凡的世界》，学生说："著名评论家白烨说过：ّ现在研究农民把农民作为表现对象的作品，一年多达1200多部，这中间有多少是能够留下来的呢？很多长篇小说里有血和泪水，而路遥的作品是真正的心血之作，甚至是拿生命换来的，他写这个作品的时候，写到非常疯狂时，整个手都发硬了，于是就拿热水泡……《平凡的世界》能得到那么多人的喜爱，绝对与这种投入与付出有关系。'"

读完《三国演义》，学生说："群雄纷争，逐鹿中原，充满豪迈，也造就了英雄。但老百姓却因战争朝不保夕，使我更加珍惜现在和平、幸福的生活。"

读完《呐喊》，学生说："在鲁迅的作品里，尽是他那忧国忧民的民族责任感，尽是他对中华民族的深深热爱。他的言语犀利，他的作品尖锐有力地抨击了不合理的封建制度。这样的文章没有用华丽的文字，但字字都像利刃一样直插人心，这，就是我喜欢鲁迅先生的原因。"

在名著推荐活动中，学生提升了语文素养，并最终获得了对人生、对社会有益的启示，这，不就是我们带领学生进行经典阅读的意义之所在吗？

2. 观看相关影视作品

有些经典名著，被翻拍成了影视作品，进而被广泛流传，比如《三国演义》《欧也妮·葛朗台》《平凡的世界》等。在名著阅读课上，我截取其中的精彩片段，引导学生与原著进行"比读"，相同之处"驻足"，细细欣赏品析，不同之处"交锋"，作比得出优劣，通过思与辨的碰撞，学生进入了一种深度阅读状态，从而发现更多惊喜，获得更多启迪。

3. 编演戏剧传承经典

"戏剧展演"活动，是北京市教委倡导的引导学生灵活多样、丰富多彩学习语文的重要内容，是进一步落实《中小学语文学科教学改进意见》、立德树人、培育和践行社会主义核心价值观、探索语文学科实践活动的实施途径。

在阅读经典名著的基础上，开展戏剧的编排与演出，不但能够促进学生对整部作品的把握，还能够使学生对作品人物的性格有更加准确与精当的揣摩与理解，更能够激发学生对经典著作的阅读兴趣，唤起学生对祖国语言的热爱，以及对优秀文化的认同感。

在第一届语文戏剧节展演中，我带学生读《红岩》，演《红岩》，不论是排练还是演出，学生们都沉浸在故事中，俨然已化身为宁死不屈的江姐和不向敌人乞求自由的陈然，他们演出了共产党员执着而坚定的信念，举手投足间显示出革命者勇敢而顽强的精神，他们用自己精湛的"演技"，让观者为之动容落泪，这，就是经典的传承！

三、读出"滋味"

摘抄、随笔、读后感、经典故事的配图等，可以让初中生们把书读得有滋有味。那么，该如何引导高一学生，达到"别有一番滋味在心头"的更高阅读境界呢？

曹文轩老师曾说："阅读是把弓，写作是支箭。"与写作打通，可有着深化阅读的功效。于是，当学生"行走"在阅读名著的过程中时，我会提醒他们以"批注"为抓手，采用"一事一议批注法""对比烘托批注法"以及"借鉴引用批注法"等来提高阅读名著的效率。

当学生读完整本名著后，我则又引导他们学写人物评述，提高阅读的质量。

1. 结合作品内容概述人物主要行迹，重点突出，语言精要。
2. 根据人物行迹恰切评价人物典型性格、形象典型意义等，注意准确深刻。
3. 能够使文段的语言有思想，有文采。

学生读完《欧也妮·葛朗台》，这样评述《守财奴》中欧也妮的形象。

"有美貌而能谦卑不炫耀，便是一种智慧；有智慧而能怜悯苍生，则是慈悲。欧也妮是慈悲的，她继续为查理还清了庞大的债务，高尚无暇的爱情让人泪垂。在此之后，她用父亲的遗产修建养老院、教会小学，是对父亲的救赎，也是其仁爱之心的流露。欧也妮是个天使般的人物，虽有弱点，但无法掩盖她身上散发出的柔和的光芒，不耀眼，但温暖人心。欧也妮的爱情如幻影泡沫，但这并不妨碍她将个人之爱化作大爱。她仿佛一株圣洁的百合，缓缓绽放，吐露芳华。"

读完《四世同堂》，学生又这样评述着钱默吟的形象。

"钱默吟是书中最为光辉的一个形象。他是旧式文人，向来不问国家大事，每天浇花、看书、画画和吟诗。他没有士大夫的阔绰，却力求士大夫的安逸；他无隐者之资，却有隐者之风。在那充满铜臭气味和趋炎附势的社会里，他那箪食瓢饮而不与世俗同流合污的情操是值得肯定的。在他身上我们看到了他旧式文人的精神面貌和性格特征，看到了中国传统文化对人们的影响。但作者更着力描写的是他凛然不可侵犯的民族气节和爱国精神。当日本侵略者的坦克隆隆开过北平大街时，蛰眠在他心灵深处的民族气节和爱国精神被惊醒了。在战争中，诗人隐士演变成了战士，虽已年逾花甲，却以坚定的信仰、顽强的毅力，奔走于抗日的活动之中。他冒着生命危险救助了一位素不相识的王排长；当他开汽车的儿子钱仲石拉着一车日本兵故意开进山沟与侵略者同归于尽时，他没有悲伤，没有自怜，而是自豪；他在敌人监狱里，受尽折磨而不屈。他身上表现出来的'宁作寸寸断，不可绕指柔'的民族气节和品格，以及那种'国将不国，何以为家'的悲愤，就像浮雕一样鲜明、突出，给我们留下了难忘的印象。"

是啊，阅读经典名著，已经成为语文学习的重要内容。将经典著作的阅读进行到底，将有文脉的整本书阅读坚持到底，这无关乎学生的能力，只与提升学生素养、滋养学生精神息息相关。

阅读是一种向上的力量。一个民族的精神境界，在很大程度上，也取决于全民族的阅读水平。相信，在经典名著的引领浸润下，在与语言文字的"耳鬓厮磨"中，我们的学生，定能踏上思想成熟、境界开阔的未来成长之路。

感受经典魅力，共享阅读快乐

陈研哲　人大附小京西分校

【摘要】 为激发小学生阅读经典名著的兴趣，在《上课的学问——方法篇》《余映潮的中学语文教学主张》等书籍的启发下，以阅读《西游记》为载体，尝试开展了语文学科实践活动的五种有效策略：1. 阅读前测，激发学生阅读经典名著的兴趣。2. 读书交流，激发学生产生进一步探究阅读的欲望。3. 阅读后测，对所读部分内容加深印象，查漏补缺，巩固阅读方法，培养阅读能力。4. 阅读达人赛，人人参与，给学生创设一个展示平台。5. 制作海报，戏剧表演，让学生对经典名著中的精彩篇章铭记于心，内化于行。得出结论：1. 整本书阅读实践活动的开展，使语文真正成为学生生活的一部分，使语文教学变封闭为开放，成为一汪活水。2. 只有站在学生的角度研发学生喜欢的课外读物，才会激发学生的阅读兴趣。3. 阅读后测，引导学生读出经典名著的新味道。4. 阅读达人赛能够促进学生深入阅读与思考。5. 制作海报、戏剧表演，有助于学生品读经典名著中的优秀语言文字，感受经典的魅力。

阅读经典名著的语文实践活动，不仅在促进学生快乐成长与进步的同时，拓宽了学生的学习渠道，而且重建了教师的课程意识，对教师同样有着不可估量的意义。

【关键词】 西游记　整本书　阅读教学　策略研究

一、问题的提出

近几年，在中央的号召下我国社会逐渐大力倡导全民阅读，学校、家庭也意识到孩子阅读的深远意义，因此更加重视孩子的课外阅读。如何结合教学实际开展有效的阅读活动，激发学生阅读兴趣，需要教师不断思考、探索与实践。

（一）学生现状分析

我所教人大附小京西分校两个四年级的班级学生共计72人，三分之二的学生来自本区棚户区改造家庭，三分之一的学生是外地进京务工人员的子女，家庭教育力量比较薄弱。值得庆幸的是大多数家长对子女的教育意识强，能够努力提供支持，给孩子借阅或购买课外书籍并督促阅读。开学初，我对学生课外阅读作品情况做了调查和统计，见下表。

喜欢阅读作品类别	所占人数	所占比例
科幻	30人	42.67%
悬疑、推理小说	23人	31.94%
儿童文学	7人	9.72%
经典名著（如《西游记》等）	4人	5.56%

分析：有效统计人数为64人，通过数据了解到，其中有53个学生，占73.61%，喜欢阅读科幻、悬疑、推理类的课外读物。这些作品与一般传统作品不同，会夹杂着对未来想象的感性，有一种神秘特性，可以唤起学生的好奇心，学生理所当然很喜欢。而经过时间沉淀选择出来的经典名著类文学作品，只有4人喜欢阅读，仅占5.56%。据了解，学生不喜欢阅读经典名著的原因有三：1.不知道哪类读物是经典名著；2.感觉经典名著离自己很远，觉得没意思；3.有的学生看过视频版《西游记》，不想再读文字作品了。

（二）《西游记》阅读前测

当对学生进行"如果读四大名著之一，你选择读哪一本？"的调查时，72人中，有49人选择读《西游记》，占68.06%。于是我决定从学生最熟悉的《西游记》入手开展阅读经典语文实践系列活动的尝试。

由《西游记》改编的影视作品大多数学生耳熟能详，十分喜爱，于是，我对学生进行了阅读前测，结果令人出乎意料：不知道《西游记》的作者是吴承恩的有26人，占36.11%；不知道吴承恩是明代作家的有47人，占65.28%，不知道唐僧师徒四人经历八十一难取得真经的有22人，占32.56%。三个关于《西游记》的基本问题学生回答不够理想，可以看出学生对这部名著的了解甚少，对于重要情节、重要人物不清楚，更不用说在读中思考，读出自己的感受了。同时，通过前测，学生对《西游记》产生了一种既熟悉又陌生的感觉，大大激发了阅读兴趣。

（三）确定以阅读《西游记》为载体，制定开展阅读经典语文实践活动的计划

小学生并非成熟的读者，他们的阅读旅程是一个在教师的引导下不断成长的过程。这个过程必然伴随着对经典名著的感知、体认，伴随着阅读经典文学作品意识的逐步习得和沉淀。因此我做了周密的阅读实践活动实施计划，见下表。

实践活动次数	时间与进度安排		阅读进度与活动计划
第一次阅读	第4周 阅读第1～10回	周一	读书交流会
		周二	阅读后测，选拔阅读小达人。
		周三	班级阅读达人赛
		周四	班级戏剧、展演
		周五	布置下一次阅读活动任务

(续表)

实践活动次数	时间与进度安排	阅读进度与活动计划
第二次阅读	第8周 阅读第11～29回	同上
第三次阅读	第12周 阅读第30～48回	同上
第四次阅读	第16周	回顾整本书,制作《西游记》海报,年级阅读达人赛,戏剧展演。

我将每月最后一周定为主题阅读周,每一天都安排了相应的阅读活动。读书交流会,学生按照感兴趣的话题自由分组交流印象深刻的故事;阅读后测,了解学生个人阅读和集体交流的学习效果,及时查漏补缺,引导学生精读,细读;阅读达人赛,用竞赛的形式激发学生的阅读兴趣;戏剧展演,将阅读课与戏剧课整合,通过演绎经典的方式,带领学生深入理解,领悟精髓。

二、文献综述

语文课程要"为学生的全面发展和终身发展打下基础",课堂上,一定要给学生"看"的条件,给学生"想"的时间,给学生"说"的场合,给学生"创"的机会,让学生能够自主学习。语文课程还应通过优秀文化熏陶感染,促进学生和谐发展,使他们提高思想道德修养和审美情趣,逐步形成良好的个性和健全的人格。[1]

好的课堂是能打通古今、打通物我,打通文史哲的。叶圣陶老先生说:"教材无非是个例子,目的就是让学生有所得,能在你的教学中得益。"既然教材是一个例子,那么我们引进另外一个例子,完全是可以的,有时也是非常必要的。教学的最终目的是让学生自主学习,这个理念我们要明确。有这样的理念,我们才能够理直气壮地引进和运用优质资源。[2]

"趣教"是为了化平淡为美妙,变无味为有味,从而充分地开发利用课文的价值,是为了在充满情趣的氛围之中进行教学,让同学们身心愉悦地学习,不仅让同学们学得快,记得牢,更让同学们体会到语言文字的妙处及学习语文的乐处。[3]

三、阅读经典名著《西游记》,开展语文学科实践活动的策略

1. 产生式教学策略:利用前测激发学生自主产生阅读《西游记》的兴趣。
2. 独立学习与小组合作学习策略:独立阅读,小组合作交流汇报阅读收获。

---

[1] 张洪玲,陈小波.新版课程标准解析与教学指南[M].北京:北京师范大学出版社,2012.
[2] 黄玉峰.上课的学问——方法篇[M].南京:江苏凤凰科学技术出版社,2015.
[3] 余映潮.余映潮的中学语文教学主张[M].北京:中国轻工业出版社,2014.

3. 主动参与策略：进行阅读后测，开展读书小达人知识竞赛活动，人人参与阅读学习交流反馈活动，选出班级优秀小达人参加年级决赛并颁发证书。

4. 提升学习体验策略：开展制作《西游记》海报、排练、展演戏剧活动，让经典真正走进学生的内心。

四、阅读经典名著《西游记》，开展语文学科实践活动的有效方法

（一）阅读前测，激发学生阅读经典名著的兴趣

为了在阅读活动中做到心中有数，活动设计有依据，了解学生对《西游记》这本书真实的认知情况来加强阅读活动设计的实效性，激发学生阅读经典的兴趣，我对学生进行了阅读前测。如下图所示。

前测之后，我告诉学生所出题目均参考的是经向多方了解之后选择的中国画报出版社出版的青少版《西游记》这本书。这些题都是关于这本书的基本内容，不是很难，但一提到书中的细枝末节学生就不是很清楚了，例如：前测中提到的"黄袍怪的真身是＿＿＿＿＿""孙悟空大闹天宫时，＿＿＿＿＿用法宝打中孙悟空，使得二郎神得以抓住孙悟空。"等填空题，很多学生不知道。再如，"《西游记》中唐僧的三个徒弟你最喜欢哪一个？为什么？"学生的回答几乎都是孙悟空，均是围绕"神通广大"说理由，见解单一。可见，只有读文学作品才会真正读懂经典。前测大大激发了学生阅读《西游记》的兴趣。

（二）读书交流，激发学生产生进一步探究阅读的欲望

1. 独立阅读，用读书笔记写下点滴思考

个人的独立思考非常重要，阅读需要立足于每一个个体的独立阅读之上，交流也必须以独立的思考理解来作为基础。

为了让学生能够精细地阅读《西游记》，我把阅读活动进度安排为三次：第一次阅读第1～10回，第二次阅读11～28回，第三次阅读第29～48回。每次阅读活动学生写读书笔记，形式不限，直抒胸臆写读后感，列表格、画思维导图梳理故事情节和人物性格特点

都可以，例如：

（1）我最感兴趣的十大兵器（十大美女、十大坐骑、十大神仙、妖怪等）。

（2）你最喜欢师徒四人中的谁？为什么？

（3）哪一部分内容给你留下的印象最深？为什么？

……

相关读书笔记如下图所示。

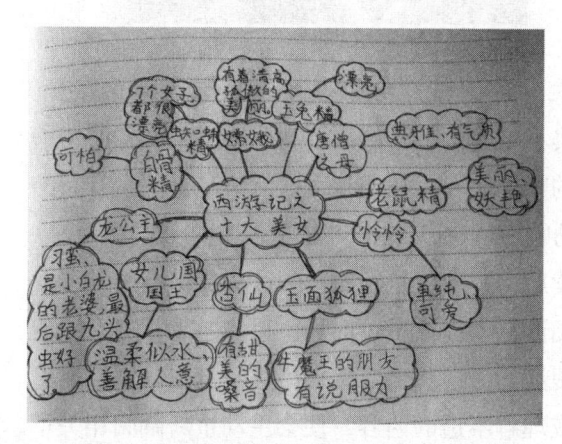

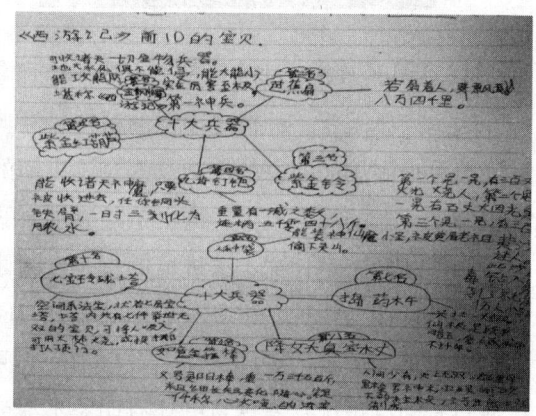

经学生用心梳理，一本厚厚的《西游记》逐渐脉络清晰地印在学生的心里。

2.读书交流，学生彼此碰撞思维的火花，互相启发，学会品读经典名著

在读书交流过程中，群体之间通过互相讨论、对话、交流可以使彼此得到启迪，一些理解不够深入的问题通过交流会得到有效解决。

因此，学生阅读完一部分内容后，我会引导学生结合自己的阅读收获与思考，一人或有相同交流话题的几人自由组合，以"大话西游"为主题与全班同学交流读后感受。学生之间的交流，由最初的表面理解，想法雷同到大胆发表看法，敢于与人辩论，甚至提出质疑问题，其他同学在认真倾听后予以补充、修正或释疑。学生的阅读收获越来越大，逐渐丰富了独特的阅读体验，为今后阅读其他经典名著奠定了基础。

3.创造氛围，随时随地交流探讨，学生在轻松自由的环境中体验"悦读"

为了调动学生读书交流的积极性，我会组织学生选择校园里的不同地点开展读书交流活动，除了三尺讲台，改变座位形式，学生围坐或席地而坐，教学楼前的葫芦架下、操场旁边的龙爪槐树下都成了学生交流读书心得的理想佳境。每一次读书交流活动结束后，学生都特别期待下一次活动赶快到来，因为在这样的环境中交流感受身心愉悦，比较放松，可以更加自如地讲解阅读收获，谈论观点，评价人物性格。激发了学生探究阅读的兴趣，阅读交流活动收到良好的效果。交流活动如下图所示。

（三）阅读后测，对所读部分内容加深印象，查漏补缺，巩固阅读方法，培养阅读能力

阅读经典需要一种持之以恒的精神，经典不是一次、两次阅读就可以完事大吉的，一部经典是很耐读的。每一次阅读都会读出新的味道，因为我们在每次阅读时，都会有新的知识背景、新的视野产生，这也是经典永恒的魅力所在。

围绕《西游记》这本书进行的每一次阅读后测，不仅是针对已阅读交流部分的学习效果进行的反馈与评价，也是为后面学生进行阅读活动提供了风向标。后测题是相关章回的细节、重点、关键问题，意在引导学生用心阅读思考，甚至要在书中进行批注。学生通过后测自查阅读情况，发现自己还有印象不深或理解不透的内容，便会主动重新翻阅相关章节，再读。同时也帮助学生巩固了阅读经典名著的成功方法，从而提高阅读能力。后测题如下图所示。

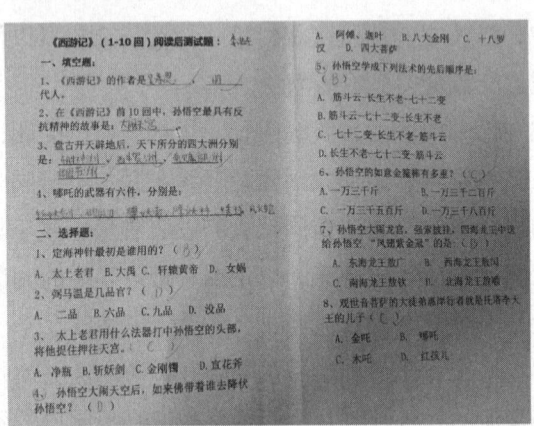

（四）阅读达人赛，人人参与，给学生创设一个展示平台，激发阅读兴趣

每次阅读后测结束，我会组织学生开展"我是阅读小达人"比赛活动，即老师用演示文稿形式出示后测时发现学生出现的阅读盲点或忽视点作为竞赛题。第一次阅读达人赛全班同学人人参与，用A4纸作题板写答案，全班同时亮题板，核对正确答案，互相监督记分，最终按照累计得分高低评选出前五名参加最后的"我是阅读小达人"年级决赛，每一次阅读达人赛的第一名自动成为下一次竞赛主持人。

这个活动学生非常喜欢，为了争做读书小达人，学生会反复读《西游记》的相关章节，经常会看到学生利用课间休息时间互相交流提问或主动与老师探讨感兴趣的问题，阅读《西游记》的态度越来越认真，氛围越来越浓厚。

三次班级读书达人竞赛结束后，评选出两个班的三十名同学进行年级读书小达人决赛。综合三次后测题中集中出现的问题和未参加决赛的学生每人出的一道题确定决赛题，最终评选出冠、亚、季军颁发奖状。如下图所示。

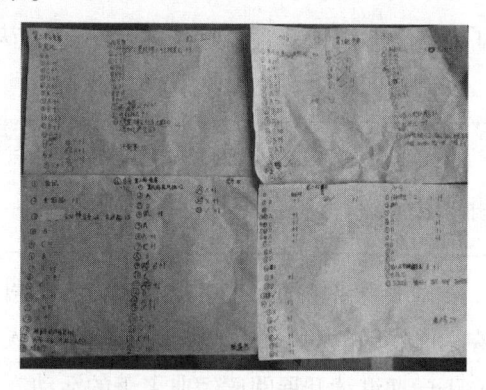

（五）制作海报，戏剧表演，让学生对经典名著中的精彩篇章铭记于心，内化于行

《西游记》以白话文为主，语言生动活泼而具有节奏性，自成书伊始，深受读者喜爱，并被译成多国语言，在世界范围内广泛流传。[4]其瑰丽神奇的想象和妙趣横生的神魔色彩吸引着学生，表演性、欣赏性强，为培养学生语文学科素养提供了丰富的内容。于是在第五周实践活动时，我组织学生分组制作海报，围绕本组表演的故事情节进行设计，为排练、表演戏剧初步构思。然后分组排练戏剧，有选惊心动魄的《三打白骨精》，有选有惊无险的《女儿国唐僧遇险》，还有选难辨虚实的《真假美猴王》。学生在排练中要反复推敲语言文字，认真揣摩人物性格，仔细梳理故事情节。最终学生像模像样、栩栩如生地表演给观众留下了难忘的印象。如下图所示。

---

[4] 吴承恩.西游记[M].北京：中国画报出版社，2013.

正如我国著名剧作家曹禺老先生所说："学生参加演戏可以加深对文章的理解，演戏里的人，就必须理解他们的思想与感情，要具备活泼生动的想象，也要有一定的表演能力，可以启发学生潜在的智力，使他们对听课、读书发生兴趣。"

五、结论

一学期下来，参与阅读经典名著《西游记》语文实践系列活动的学生，绝大多数最少读了两遍《西游记》，参加年级读书小达人决赛的同学最多读了五遍。

和阅读前数据对比，见下表。

喜欢阅读作品类别	阅读前		阅读后	
	所占人数	所占比例	所占人数	所占比例
经典名著（如《西游记》等）	4人	5.56%	46人	63.89%

从以上表格中的数据可以看出，喜欢阅读经典名著的学生明显增长了58.33%，说明学生在语文实践活动中对《西游记》有了深入了解并体会到阅读经典的快乐。甚至有学生希望在下学期继续开展阅读经典名著的活动，可见学生很喜欢这样的语文实践活动。

通过一学期的实践、研究，得出如下结论：

1. 整本书阅读活动的开展，使阅读真正成为学生生活的一部分，使语文教学变封闭为开放，成为一泓活水。

2. 只有站在学生的角度研发课外读物，才会激发学生的阅读兴趣。

3. 阅读后测，引导学生读出了经典名著的新的味道，让学生体会到其魅力所在。

4. 阅读达人赛活动促进学生深入阅读与思考。

5. 制作海报、戏剧表演，有助于学生品读文学作品中的优秀语言文字。

学无止境，活到老，学到老，这则格言对阅读经典依然是有用的。

学习不单单是学生，也是教师的一种生活方式，整本书阅读实践活动拓宽了学生的学习渠道，重建了教师的课程意识。阅读经典名著的语文实践活动，在促进学生快乐成长与进步的同时，对教师同样有着不可估量的意义。

参考文献

[1] 张洪玲,陈小波.新版课程标准解析与教学指南[M].北京：北京师范大学出版社，2012.

[2] 黄玉峰.上课的学问——方法篇[M].南京：江苏凤凰科学技术出版社，2015.

[3] 余映潮.余映潮的中学语文教学主张[M].北京：中国轻工业出版社，2014.

[4] 吴承恩.西游记[M].北京：中国画报出版社，2013.

从《猴王出世》一课走进《西游记》
——主题阅读实践活动
孙建梅　陈芳　实验二小永定分校

《新课程标准》在课程目标上，规定"认识中华民族的丰厚博大，吸收民族文化智慧，关心当代文化生活，尊重多样文化，吸取人类优秀文化的营养"，还指出"教材要注重继承与弘扬中华民族优秀文化"。的确，中国传统文化可谓博大精深。悠悠上下五千年，源远流长中华情。传统文化是不能摒弃的，是中国文化的基本内容，也是对我们个人品质、道德具有深远影响的文化。我们怎样才能通过这样一节《猴王出世》的阅读课来传承我国的传统文化呢？

《西游记》作为中国的四大名著之一，以章回小说的形式开创了语言叙事的新篇章，更好地保存了中国的传统文化，对中国传统文化的流传具有深远的意义。

由此，我们决定从《猴王出世》一篇文章走进《西游记》整本书，从美猴王一个人物形象走进其他人物，根据学生阅读实践和自主探究文化的需要，引导学生了解探究整本书中感兴趣的话题，进行一系列的主题阅读实践活动。

第一阶段——准确把握文本特点，精细解读文本

一、传统模式下解读文本

1. 文本内容：《猴王出世》是人教版小学语文五年级下册第五单元的"走进名著"中的一篇略读课文。这篇课文节选自我国古典神话小说《西游记》第一回。课文主要写了花果山上一块仙石孕育了一只石猴，这石猴与群猴玩耍时，因敢于第一个跳进水帘洞，被群猴拜为猴王，表现了石猴活泼可爱、敢作敢为的特点。

2. 文本特点：课文按事情发展的顺序描写了石猴成王的过程。石猴是集猴、神、人三者为一体的神话人物形象。第一，他来历非凡，是一个感受日精月华的石猴，出世充满了神奇色彩。第二，他更具有动物特点——野性、机灵、顽皮。第三，他具有人的思想感情，机警、聪明、勇敢及心想他人的可贵品质，有时还透着天真、活泼的稚气。作者巧妙地将他的动物特性与聪明勇敢的人格化个性和谐地融为一体，使这个形象以其无穷的魅力，吸引着一代又一代的读者。

二、中华优秀传统文化视野下解读《猴王出世》

1. 文化基因：其实西游记第一回"灵根育孕源流出，心性修持大道生"，也就是《猴

王出世》就暗示西游，就是写"心"。整个西天取经的过程，实际上就是一个修行人的心路历程。

读完《猴王出世》，我们能发现一个立体丰满的石猴形象。首先看他的身世。所谓的"三丈六尺五寸高、二丈四尺围圆"从这些数字上就可以发现这猴很不简单，原著有提示，这些数字是暗合了一年365天及一年二十四节气的，再加上"芝兰相衬、天真地秀、日精月华"都显示了石猴乃天地造化，神奇通灵。这为孙悟空后来大闹天宫被封为"齐天大圣"以及整部小说中孙悟空的神通广大埋下了伏笔。接下来写到的石猴生活起居、行为举止的部分展现出了活灵活现的猴性。而中间描写石猴探寻水帘洞的过程却有了微妙的变化，你会发现猴性逐渐消失，而人性却逐渐丰满起来。到文章最后，石猴的猴性已然消失，留在我们脑海中的是精明能干、出类拔萃、有勇有谋、敢于担当的印象，已经无愧于"美猴王"的称号了。

2. 再看整本书，《西游记》中也蕴含了许多中华传统文化。

（1）《西游记》具有我国神魔小说的特点。

神魔小说通常由两个部分组成。一个部分叫作"出身传"，另一个部分叫作"降妖传"。《西游记》的结构也是如此。前十二回是全书的引子，娓娓讲述了孙悟空和唐三藏的身世经历。后面则讲述了取经路途中降妖除魔的过程。

（2）《西游记》是一本难得的传统文化科普名著。

《西游记》里含有丰富的中国传统文化，不仅有易学文化，也有老子的《道德经》文化和佛教文化，它融合了中华传统文化中佛、道、儒三家的思想和内容，可以说是汇集了三教于一体。既让佛、道两教的仙人们同时登场表演，又在神佛的世界里注入了现实社会的人情世态，有时还插进几句儒家的至理名言，使它显得亦庄亦谐，妙趣横生，使该书赢得了各种文化层次的读者的爱好。

3. 《西游记》具有超过一般神魔小说的深刻精神内涵。

书中通过对取经过程的描写和孙悟空形象的塑造，体现了追求人性自由和人格尊严、礼赞奋斗抗争和渴望智慧力量的精神文化内涵，从而使作品在打上其赖以产生的时代特征的同时，透射出中华民族乃至全人类某种共同的生活意念和欲望，具有精神文化教科书的艺术特征和永久生命。

4. 西游记是部抒写生命理想之途的隐喻文本。

太阳东升西落，谓之"一天"，是人类生命最基本最简单的计算单位。在人类的视界中，太阳的一生就是一次次的"西行""西游"。按照中国传统"天人合一"的观念，人们将自己来世的寄托世界称之"西天"，人死叫作"上西天"，那么，人从生到死也就是一种"西行""西游"。因此，"西天取经"也就成了人生追求思考探寻生命本质意义的一个隐喻，"经"是什么?就是关于生存生命本质问题和终极意义的真理问题。

还有《西游记》中唐僧师徒四人，分别代表人类生命中的四种情感和运作倾向：唐僧是善良的化身，孙悟空是智慧和能力的化身，猪八戒是贪欲和惰性的化身，沙僧是忠厚实在的化身，佛家主张人"生而向善"，"僧""生"同音，"万念善为长"，唐僧是师，是取经的主导，也是队伍中唯一的人身！这是中国传统文化"以天为则""以人为本"的反映，以人统领一切，其他几个都是曾经犯过错误的大神大仙！

文本的解读是教师把握教材、实施有效教学的基础。在细致的文本解读的前提下，教师才能把握教材的重难点，才能有的放矢地进行阅读教学。

第二阶段——基于文本的特点作用，进行主题单元教学设计

一、明确教学目标

1. 能根据文前"阅读提示"，自主学习课文，了解课文主要内容：石猴是从哪儿来的，又是怎样成为猴王的。

2. 用精读、略读、跳读、浏览等多种学习方法，品位语言文字，感受石猴的性格特点及古代白话文的特点，领略经典名著的魅力。

3. 激发学生阅读经典名著的兴趣。

二、教学实施

我们遵循我校主题单元整合教学的要求，采用1+n的教学模式实施教学。

第一课时先以《猴王出世》一课教学为载体，从文本中了解石猴的性格特点。同时带动学生读《西游记》中描写孙悟空的多篇文章，引导学生对孙悟空这一人物有全面的认识，从而激发学生对整本书的兴趣，主动去阅读。

第二课时走进整本书教学，学生在读中体会总结其他几个主要人物形象，唐僧、猪八戒、沙僧三人性格特点，并且采取不同形式进行人物特点的展示，从而加深学生对名著的理解。

第三阶段——阅读《西游记》实践活动的实施

一、确立小组研究主题

学生小组谈论交流，确立主题。学生对《西游记》比较感兴趣。在最初的破题中，孩子们提出了五花八门的话题。大话题比较多，也比较散。研究起来比较困难。因此，老师再带领学生对提出的诸多问题进行归类整理。最后确定所研究的话题为六个：《西游记》中数字的含义；师徒四人取经的劫难有哪些；师徒四人取经的路线是什么；《西游记》中许多妖怪为什么要经过三次才能打败；师徒四人性格特点分析；孙悟空水性好不好。

二、学习小组开展主题研究活动

1. 学生按照自己感兴趣的话题自由组成了六个小组。
2. 各组推选组长,讨论研究目标。
3. 小组谈论和汇报研究目标。
4. 各组围绕各自的活动主题制定活动方案。
5. 各组汇报活动方案,其他小组互相补充,老师和同学提出意见和建议。
6. 各小组完善自己的活动方案。

活动小组	第1小组
探究的问题	《西游记》中数字的含义有哪些?
探究的内容	通过深入阅读《西游记》及相关影视作品,找出西游里的数字,研究其真正的含义
探究的方法、形式	资料整理、小组交流讨论、绘制成图画

活动小组	第2小组
探究的问题	师徒四人取经的劫难有哪些?
探究的内容	通过深入阅读《西游记》,查找资料,研究西游里81难有哪些,并对里面的妖怪进行分类研究。
探究的方法、形式	资料整理、小组交流讨论、制成PPT

活动小组	第3小组
探究的问题	《西游记》中师徒四人取经的路线与属于现在的哪些地方?
探究的内容	通过深入阅读《西游记》及相关影视作品,找出西游里取经的线路,整理研究现在属于哪些地方,与古代丝绸之路有什么联系?
探究的方法、形式	资料整理、小组交流讨论、制成PPT

活动小组	第4小组
探究的问题	《西游记》中许多妖怪为什么要经过三次才能打败?
探究的内容	通过深入阅读《西游记》及相关影视作品,找出西游里带有"三"字的章节,研究许多妖怪为什么要经过三次才能打败?
探究的方法、形式	资料整理、小组交流讨论、制成PPT

活动小组	第5小组
探究的问题	《西游记》中师徒四人性格特点分析
探究的内容	通过深入阅读《西游记》及相关影视作品,总结出师徒四人的性格特点,研究其具体表现在哪些方面?
探究的方法、形式	资料整理、小组交流讨论、制成PPT与表演相结合

活动小组	第6小组
探究的问题	《西游记》中孙悟空水性好不好
探究的内容	通过深入阅读《西游记》及相关影视作品，研究出孙悟空水性好不好？寻找答案
探究的方法、形式	资料整理、小组交流讨论、制成手抄报

三、活动成果汇报展示

学生小组根据自己整理的资料和设计的方案进行汇报。学生根据研究内容选择丰富多样的汇报方式进行精彩的汇报。

绘画展示：学生画了一幅"孙悟空拿着金箍棒抬头看着人参果"的作品，用来解释金箍棒重量和吃了人参果能活"四万八千年"的由来等。

戏曲展示：京剧社团的孩子，他们将京剧《美猴王》选段表演出来与PPT有效结合，体现出了孙悟空那种猴子的特性。

课本剧展示：师徒四人取经路上的故事。

四、活动总结

通过开展这一实践活动，引领学生去深入感悟《西游记》，培养学生对古典文学的兴趣，进一步了解这本书的内涵，激发学生的读书热情，学会初步评说小说中的人物。通过研究并谈论书中感兴趣的话题，学生敢于提出自己的看法，能勇敢发表自己的简单见解，发展了学生个性。同时，阅读实践活动的开展对提高学生的口语表达能力和思辨能力有很大的帮助，并能用不同的形式展现自己的研究成果，提升了自信心。

第十一章

门头沟区阅读交流体会及总结

从《论语》中看孔子的教育思想

张彤　三家店铁路中学

> 【摘要】 孔子一生"学而不厌、诲人不倦",是每个人的老师。一则则《论语》中渗透着孔子宝贵的教育思想和教育理念,这些在今天仍有很强的借鉴意义。
>
> 【关键词】 教育　教学　启发

孔子是我国历史上第一位教育家。他提出许多教育理念和教学方法,如"有教无类""因材施教"和"启发式"教学等。这些都是宝贵的教育遗产,值得我们去继承和发展。

在读《论语》的过程中,我们可以更加深刻地了解孔子这位老师,更加深刻地了解孔子的为师之道。《论语·述而》论述孔子"默而识之,学而不厌,诲人不倦。"这是孔子的毕生追求。做学问能静下心来,笃行慎思,不力求表现,将知识默默领会在心,并能将这种治学态度坚持下来而从不感到满足,实属不易;孟子说"得天下英才而育之"是人生的一件乐事,其实不光是乐事,更是幸事。如果我们遇到的学生并不是英才,还能做到诲人不倦吗?教育有时使人感到倦怠,我们看看孔子是怎么做的。

子曰:"自行束脩以上,吾未尝无诲焉。"(《论语·述而》)朱熹曰:"古者相见,必执贽以为礼,束脩其至薄者。"又曰:"故苟以礼来,则无不有以教之也。"孔子说:"只要主动给我一点见面薄礼,我从没有不教诲的。"事实上,穷困如颜回,未必拿得出这至薄见面礼,而孔子不但将其纳为弟子,而且以他为最得意的学生。南怀瑾先生认为孔子这句话的意思是说，凡是上进向学的孩子，我从来没有不教的，我一定要教他。这句话是"有教无类"的最好证明，从中我们可以看到孔子的仁爱之心。所以作为教育者，我们首先要爱自己的学生，抛弃偏见，从内心接纳每个学生。

孔子弟子三千，自己却没有特定的老师，可以说随处都有他的老师。子曰："三人行，必有我师焉。择其善者而从之，其不善者而改之。"（《论语·述而》）善者和不善者都是"我"的老师，则"我"从其善而改其恶焉。卫国的公孙朝问子贡："孔仲尼的学问是从哪里学来的？"子贡回答："我的老师什么都学，没有特定的老师专门给他传授知识。"第一，我们可以看到孔子不耻下问的谦虚之态，现在的学生，见识丰富，知识和信息来源广泛，应该承认，学生未必事事不如我们，在某些方面学生的确懂得比我们多，所以在必要的时候应该放低姿态，多与学生交流甚至"请教"，多了解学生的想法，这样能融入学生、走进学生，也能帮助学生树立自信心；第二，我们可以看到孔子广博的学识，就不同角度的问题求教于不同阶层的人。有人说中学语文教师就是杂家，因为语文的外延就是生活，我们应该给学生提供一个广阔的学习视野和空间，像孔子先生一样，保持旺盛的求知欲，以开放的心态接触新鲜事物，接受先进理念，努力做到世事洞明，一些学生喜欢刨根问底，只有"道行"够深，才能做让学生钦佩的老师。

因材施教是指教师要从学生的实际情况、个别差异出发，有的放矢地进行有差别的教学，使每个学生都能扬长避短，获得最佳发展。可是在教学中，我们往往忽视这条教学原则，通常以一条标准要求所有学生，实际上这是不可能实现的。孔子是怎么做的呢？

孟懿子、孟武伯、子游和子夏分别跟孔子请教孝道。孔子给出的却不是同一个答案。"孟懿子问孝。子曰：'无违。'""孟武伯问孝。子曰：'父母唯其疾之忧。'""子游问孝。子曰：'今之孝者，是谓能养。至于犬马，皆能有养；不敬，何以别乎？'""子夏问孝。子曰：'色难。'"（《论语·为政》）孟懿子是鲁国三家之一，三家是大夫，但是常常僭礼，不但用诸侯之礼，甚至用天子之礼，孔子感到非常痛心："是时三家僭礼，故夫子以是警之。"（朱熹《四书章句集注》）"无违"指不要违背礼制；孟武伯向孔子问孝，孔子回答："什么是孝呢？孝就是父母只为了你的疾病发愁。"孟武伯是孟懿子的儿子，孔子担心他任意妄为，做不义之事，因此给出了上述回答，什么意思呢？就是说除了疾病，父母什么都不担心你，只有做到如此，才算尽了孝；子游是圣门高第，孔子是怎么回答的呢？"如果对父母不敬，那养活爹娘和饲养狗马有区别吗？"以子游的品德素质当然未必至此，他的老师只是想提醒他爱父母不要超过尊敬的限度，"圣人直恐其爱逾于敬，故以是深警发之也。"（朱熹《四书章句集注》）孔子回答子夏时说："在父母面前经常保持和颜悦色是最难的。"孔子面对不同学生的提问，根据每个学生的个人情况，给出了不同的回答，宋代理学家程子总结曰："告懿子，告众人者也。告武伯者，以其人多可忧之事。子游能养而或失于敬，子夏能直义而或少温润之色。各因其材之高下，与其所失而告之，故不同也。"

可见，孔子先生是建立在对学生全面了解的基础上，针对其不足之处对症下药，运用这样的方法教学，学生的收获无疑是巨大的。我工作以来也会犯错，并且发现这些小错误都是上学时老师没有及时纠正造成的，那时老师关注的是整个班级的成绩，缺乏对个体的帮助和指导。因此初为人师，我方体会到因材施教的教育意义。

孔子还提出了启发式教学。子曰："不愤不启，不悱不发。"(《论语·述而》)朱熹解释道："愤者，心求通而未得之意。悱者，口欲言而未能之貌。启，谓开其意，发，谓达其辞。"教导学生，不到他想弄明白却不明白的时候，不去引导他；不到他想说出来却说不出来的时候，不启发他。孔子认为，让学生尝试解决学习困难，更重要的是，必须让学生有强烈的愿望去克服困难，这样的教学效果才会好。对此，理学家程子相当赞同："不待愤悱而发，则知之不能坚固；待其愤悱而后发，则沛然矣。"我自己有相同的感受，上了那么多年学，念了那么多本书，学习了那么多知识，现在能记起哪些呢？有人开玩笑，都还给老师了。原因是什么呢？在课堂上，大部分知识都是老师直接告诉我的，我思考的余地少，虽然能勉强应付考试，但是现在回忆起来，并无所得；相反，让我回忆上学时印象最深的一堂课，就是在我努力思考而不得，最终经老师启发之后的豁然开朗。在教学《核舟记》这课时，我是这样设计的：

学生将课文朗读通顺后，我带领他们简单概括了每段的大意，然后根据课文第六段，学生合计出了船上所有的人和物品。这时我说："这节课的任务，请大家'再现'这只核舟，喜欢画画的同学可以画出来，擅长文字表达的同学可以做个思维导图。"我这样做的目的一是想让学生切实感受王叔远高超的技艺；二是希望学生靠自己理清文章结构，并在老师的启发下发现本文的说明顺序。完成之后，我让学生拿着自己的"作品"上台展示。一个女生介绍自己的图画时说："我在这么大的纸上画这么多的人和物品都觉得费劲，可是王叔远在不足一寸长的桃核上面却能刻画出人物的情态来，可见他的技艺太高了。"我特别高兴，接着她介绍在船舱画了窗户、船头画了三个人、船尾画了两个舟子……这时我适时打断她问全班，"上节课我们学了《活板》这篇课文是按照活字印刷工艺流程的时间先后顺序写的，那我们从某同学的图画中能不能发现《核舟记》的说明顺序呢？"一个男生眼睛一亮："空间顺序！"我欣喜地叫他起来为大家解释为什么是空间顺序，效果非常好。一节课中，学生在动、在思考，我扮演的就是启发者的角色。这样的课堂非常受学生欢迎，老师也有教学的成就感。

我们有时抱怨学生不会思考问题，其实应该反思一下课堂教学，我们留给学生思考的空间了吗，用心设计问题了吗，有足够的耐心等待学生回答问题了吗？由于课堂时间有限等其他原因，我们等不到学生"愤"就"启"了，等不及学生"悱"就"发"了。学生获得的答案没有自己的思维轨迹和思考过程。另一方面，如果教师急于公布标准答案，不给学生思考和表现的机会，这个答案对学生来说既没有惊喜，也没有成就感，久而久之，学生思考的动力冲淡了，坐等老师喂饭的习惯就养成了。

站在学生的角度看问题，就会发现自己的问题，换个角度看待学生，才会理解学生。当我们在教学中产生困惑的时候，不妨回归《论语》，听听孔子先生的建议。

参考文献

[1] 杨伯峻.论语译注[M].北京：中华书局，2006.

[2] 朱熹.四书章句集注[M].北京：中华书局，2011.

[3] 钱穆.中国通史[M].成都：天地出版社，2017.

留下生命的痕迹
——读《匆匆》有感
白雨　大台中心小学

一直以来，对朱自清先生都怀有深深的敬佩之心，不单单是因其文品，更因其人品。了解先生更多的都是从书面上得来的，一篇《荷塘月色》，让我记住了先生的名字。《背影》让我走进了先生的心灵。先生也是普通人，涛声、明月、清风连同那荷香固然常飘逸于先生的笔下，但先生为人子、为人夫、为人父，依然要为生活奔波。生活中的历练，给先生感悟，让先生感恩。故此，《背影》才情动人心。而先生宁愿饿死，也不领美国"救济粮"的铮铮硬骨，更令他的人格得以升华，他的背影足以让世人仰视。

读《匆匆》一文时，我更是深深沉醉和折服于先生那优美的文字和深邃的哲理。文章以绵密细腻的笔触和飞跃跳荡的情思，感叹了时光似水，韶华易逝。

"燕子去了，有再来的时候；杨柳枯了，有再青的时候；桃花谢了，有再开的时候。但是，聪明的，你告诉我，我们的日子为什么一去不复返呢？"是啊，时光匆匆，岁月匆匆，自然界的事物时时刻刻都在周而复始，唯有一样永远不停留，永远不复返，那就是时间。

古往今来，人们都在感叹人生的短促，时光的飞逝。从孔老夫子的"逝者如斯夫！不舍昼夜"，到曹操的"对酒当歌，人生几何？"从《长歌行》中的"少壮不努力，老大徒伤悲"，到《满江红》中的"莫等闲，白了少年头，空悲切"，人们总害怕时光的消逝，所以时时在描述时光的飞逝，时时在劝诫后人要珍惜时光，然而很少有人会像先生那样，用诗一般形象精炼、富有抒情性和节奏感的散文，于洒脱之中感悟时光的匆匆！

是啊！时间是宝贵的，不是用钱就能买到的，即便花再多的钱，时间也不会多出一丝一毫。同时，时间又是易逝的，在不经意间，它便轻轻悄悄地离开，不再回来了。正如先生所写的："洗手的时候，日子从水盆里过去；吃饭的时候，日子从饭碗里过去；默默时，便从凝然的双眼前过去。我觉察他去的匆匆了，伸出手遮挽时，他又从遮挽着的手边过去，天黑时，我躺在床上，他便伶伶俐俐地从我身上跨过，从我脚边飞去了。"

先生在文中感叹他的时间流逝得太多，我又何尝不是如此呢？"过去的日子如轻烟，被微风吹散了，如薄雾，被初阳蒸融了；我留着些什么痕迹呢？"读到这里的时候，我思绪万千，却霎时面红耳赤。时至今日，一万多个日子已经从我身边悄无声息地流逝了。我想挽回它，却又无法挽回，因为它已离开，一去不复返了。于是，在我的懊恼中，在我的悔悟中，时间毫不留情地一天又一天地流走，甚至不曾向我告别。唉！人生是一段长长的旅程，却又仿佛一阵微风吹过，再也留不住时间的脚步。"我留着些什么痕迹呢？我何曾留下像游丝样的痕迹呢?"这不仅是先生思考的问题,也是我们每个人应该思考的问题。

在《钢铁是怎样炼成的》一书中,主人公保尔·柯察金说过这样一句话:"人生属于人们的只有一次,人的一生应当这样度过:当他回首往事时,他不因虚度年华而悔恨,也不因碌碌无为而羞愧。这样,在临死的时候,他就能够说:我把自己的整个生命和精力都献给了世界上最壮丽的事业——为人类的解放而进行的斗争!"虽然我们不是保尔,但作为一个有生命有思想的个体,我们就应该珍惜时间,不应该碌碌无为。但如何才能让有限的生命活出无限的价值来呢? 陈忠实曾经说过:无论往后生命历程中遇到怎样的挫折、怎样的委屈,不要动摇,不必辩解,走你自己的路吧!因为任何动摇包括辩解,都会耗费心力,耗费时间,耗费生命,不要耽搁自己的行程。是啊!我们要珍惜时间,勤奋工作,未来的成绩在于今天的努力,明天的理想在于今天的拼搏。只有奋斗,我们才会收获美好的明天。

当然,时间可以用来做有意义的事,也可以用来浪费。许多人都是在年老时才发觉时间的易逝,才发觉自己浪费的时间太多,已无法挽回,才发觉自己的不成功源于无法好好把握时间,珍惜时间,合理利用时间。然而这时候发觉已经晚了。他们往往会后悔,会抱怨苍天的不公,会说:"如果生命可以重来,如果苍天再给我一次机会……"等等。可他们却忘了,世界上没有后悔药,时间对每个人都很平等,而机会也是平等的。时间不会偏袒成功者,也不会冷落失败者。成功者的成功在于他们比失败者更会使用时间。对于成功者,匆匆是一种感叹,逝者如斯夫,冲淡了一切的成功与荣耀,还原自我,向更高的人生目标迈进。对于失败者,匆匆是一种慰藉,洗去所有失败的痛苦,掩饰伤痕的丑陋。但心头的创伤仍隐隐作痛。于是,匆匆成了一种无奈,留下耻辱的印迹,挥之不去。试想一下,如果早一些明白这些道理,人生又怎会留有悔恨呢?

"燕子去了,有再来的时候;杨柳枯了,有再青的时候;桃花谢了,有再开的时候……"轻轻地品读《匆匆》,我再次陷入了沉思。

是啊!时间是匆匆的。它让黑发变成白发,欢呼变成叹息,迎接变成等待。时间消逝,挥手瞬间。时间默默无闻,我们不知不觉间就任它穿过。在感慨时,日子从叹息中飘远;在思索时,日子从问题里穿过;在写字时,日子从笔尖上溜走;在眨眼时,日子从眼帘中闪过。它穿越了历史,埋葬了青春。

时间永远不会停止,所以我们对时间无须畏惧,我们能做的就是抓住时间,珍惜时间,秉承先生的"刹那主义",活在当下,为这美好的人生留下浓墨重彩的一笔,跨越永恒!

感受班主任的快乐
——读《窗边的小豆豆》有感
魏亚旭　京师实验小学

在老师的眼里,"小豆豆"是个顽皮、很难管教的孩子,在课堂上她多次吵嚷着跑到窗边去看自己的偶像"宣传艺人",她还许多次掀起课桌的盖子……,由于她不守课堂纪律而被老师"罚站"走廊,最后被退学。所以,从表面上看她不是个好学生。

但是,当她走进了"巴学园"——一个有很多大树和电车教室的学校,她的身上发生了巨大的变化,她不仅学会了遵守纪律,而且学会了关心他人、为他人着想。因为小林先生认为:"无论哪个孩子,当他出生的时候,都具有优良的品质。他在成长的过程中,会受很多影响,有来自周围的环境,也有来自成人的影响,这些优良的品质可能会受到损害。所以我们要尽早地发现这些'优良的品质'并精心呵护,把孩子们培养成富有个性的人。"小林先生热爱大自然,他希望孩子们尽可能地保持自然的性格。所以他能静静地倾听"小豆豆"四个小时的说话,给小豆豆充分的表达时间;他能从孩子的角度出发设计运动会的比赛项目,来激发一个残疾孩子的自信。正是在他的这种教育理念中,小豆豆逐渐地发生了变化。

读了这本书,我想到了我的工作——一位小学班主任。作为一名新教师,作为成天面对"淘气包"们的班主任,我该怎么做?

作为班主任,都要面对个别生,面对个别生的转化问题。这需要极大的耐心,极深的爱心,极巧的智慧。

如今,读了小豆豆的故事,看了小林校长的行为,我也跃跃欲试,思考起如何付出一颗"爱心",矫正个别同学的行为。我在寻找机会……

这一天,正上课呢,大部分孩子都坐得好好的,有位同学又坐不住了。只见他一会儿把涂改带扔到地上,弄出哗啦啦的响声;一会儿翻翻课桌里面,响动伴随着狼藉;一会儿又凑到别的同学跟前,指指点点,挤眉弄眼……我心里暗暗叫苦:这节精心准备的课,我又别想顺顺当当上下去了!

"这位同学,请回座位!"我想把他叫住,批评一顿,可说了也不会奏效——以前试过。怎么办?课还要往下讲,得"稳住"他,而且必须得稳住——我是一名新教师,孩子们都看着呢,还有几个淘气包也在"跃跃欲试"呢!要是不把眼前的难题解决,今后,我怎么管理班集体,威信何在?

一边看着这位同学,扫视其他同学,我的大脑一边高速运转。这时,他正好走到了书架边，他把书一摞一摞抱到了地上，然后几本几本地重新放回书架，还磕一磕……终于，最乱的一摞杂志，像豆腐块一样"趴"在了书架上。他站在不远处，小脸上露出了满意的笑容。我更满意，因为我想到了一个绝妙的主意：让他管理班级图书。

我开口了，"书码得真整齐啊！孩子们，咱们给他鼓鼓掌！"这位同学很得意，眼睛都眯成一条缝了。

"那么，"我顿了顿，"以后咱们班的图书就由你来管理好不好？同学们，同意的给这位同学鼓鼓掌啊——"我冲着其他同学示意。

我还把这位同学的座位搬到了书架旁，告诉他，可以随时整理。他果然没让我失望，那些书从此变得整整齐齐的了，课堂秩序也从此走向了"平安"。

如果只是课堂秩序走向了"平安"，那么，连我自己都不会满意。对于他的教育，我在处处观察、思考、寻找契机……发现他课下爱围着垃圾桶转圈玩，拿着笤帚挥来挥去，我就"委任"他为"卫生角"管理员，于是，班里少了一位"大侠"，多了一方"净土"；看到他老是弄一地废纸，我就送给他一个大纸盒子，让他帮着把自己和周围的废纸捡进盒子里，做手工用，于是，他的周围废纸少了，桌子上还时不时摆上小纸工……耐心的观察、实践，换来了孩子的一天天变化！随着告状声越来越少，我也深刻感悟到著名教育家陈宇老师说过的"只要用心，每个人都能成为最好的班主任——在学生心中最好的班主任，同时也是最好的自己"这句话的真谛！

今后，我想，当上课爱说话的孩子左顾右盼时，我会努力吸引他的注意力；当有人借故不上操时，我会耐心讲解运动的好处；当孩子"偷懒"不做值日时，我会身体力行地与他一同劳动……总之，我信奉"教育，成全了学生，也成全了一个又一个最好的班主任"，我愿力争以自己的努力，使我的每一个学生都获得益处！我相信，只要我甘于付出爱心，乐于付出智慧，我会从班主任工作中感受到越来越多的快乐！

读最美散文，品味心灵之美

吕玉海　京师实验小学

　　散文是文学殿堂中一种影响广泛、备受青睐的文体，古今中外的文学大师们，以其洞幽入微的观察力、超凡脱俗的秉性、细腻激扬的情愫，凭借生花的妙笔，写下了篇篇经典文章。今天我将与大家分享的就是影响一生、感动一生、珍藏一生的《最美的散文》。

　　《最美的散文》仿佛一杯爱尔兰咖啡，细细品味，方知其浓郁和香醇。书中精选了数百篇精美小品文，意境清幽，语言精美绝伦，是我们最理想的心灵驿站。书中每篇短文后都附了一小段感悟心语，现载录几段和大家一起分享，相信你看了这些短文后也会有这样深切的感悟。

　　读完中国最美散文，仿佛让我们又回到了校园的快乐时光。那里面篇篇经典文章记录着我们学生时代的美好回忆。

　　梁启超的《少年中国说》，文章语言平易晓畅，思路清晰，精辟有力，作者时而举例、时而引用，时而穿插精警动人的议论，旁征博引，挥洒自如，整篇文章气势充畅淋漓，大有一泻千里之感，极富鼓动性和感染力。

　　再次读完鲁迅先生的《藤野先生》，让我们回到了少年时代，再一次感受到了鲁迅对藤野先生的思念，对祖国的热爱，对黑暗现实的憎恨。《从百草园到三味书屋》又让我们看到了他散文的又一风格——清新、朴实、亲切感人，百草园中"似乎确凿只有一些野草，可是"那时却是我的乐园，"草原"变"乐园"期间充满了多少童趣。

　　许地山的《落花生》一文借助赞美花生，书写一种朴实无华、不求闻达，只求踏实处世、切实益世的人生态度。由于作者不是将自己的这种处世态度直接说出来，而是依托、借物阐理，因而意味深长，令人回味。读这样的文章，在享受阅读的快乐的同时，能使我们获得更多的人生教益。

　　郁达夫笔下的《北平的四季》让我们看到了别样的北平，他写的北平的四季，描写细腻真切，深邃优美，充分传达出北平四季各自奕奕的精神品格，做到了形神兼备。在他的笔下，北平四季犹如一幅栩栩如生的画卷，令人神往，令人陶醉。

　　中国优美散文让我们读起来是那样的亲切自然，仿佛穿梭于祖国的大好河山，与名人畅谈理想；而世界优美散文让我们走向了世界，饱览了世界各国的风土人情，真有读万卷书行万里路的畅快淋漓，更是对我们心灵的洗涤。

　　法国作家蒙田笔下的《人生可笑又滑稽》是他一次思想的展露，提供给我们的是他对人生之路迷茫的找寻，虽然一切现成的道路千千万，但适合自己的也只有唯一的用自己的努力开拓出来的一条。

爱默生的《圆》是一篇极富智慧而又生动形象的文章，充满了爱默生对无限世界探索的激情，文章以"圆"落笔，从体现形象的自然现象逐步走向理性的探究，进而表明了他对发现、超越和创造的极大信心。

美国作家霍桑笔下的《春日迟迟》最大的特色在于作者在尽力描绘自然界的春景时，融入了作者对人生世相的思考。由园中的老柳、不复年轻的紫丁香，联想到"那些风致翩翩，生来便仅为给整个世界添色增美的人，按理也应该早些死去。"这实际上是对人生深刻的感悟。

一篇美文仿佛一杯香茗，带给我们沁人的温馨；一个故事仿佛一朵浪花，推动我们远航的舟楫；一本好书仿佛一缕阳光，照亮我们智慧的心灵。读着那一篇篇最美的散文，我的心灵仿佛得到了一次次的洗礼。感谢这本好书，让我在分享别人故事的同时，聆听到自己心灵的感动。《最美的散文》带给我的不仅仅是生活的百味、岁月的蹉跎，还有美的体验、爱的感悟、生的信念……

读《优秀语文教师一定要知道的7件事》有感

高艳丽　龙泉小学

　　拿起窦桂梅老师写的《优秀语文教师一定要知道的7件事》时，真是有点临时抱佛脚的意思。当时我面临着要在"绿色耕耘农村骨干教师提高班"的研究小组里讲一节公开课《理想的风筝》的任务。教学设计几易其稿，完全没有信心，半夜里翻来覆去急得睡不着觉，想要放弃。当时翻看这本书既是为了休息一下大脑，又是为了寻找一些灵感。

　　很巧，浏览目录时就看到了窦桂梅老师写的《优秀语文教师一定要知道的7件事》中的第五件事："公开课，生命试炼的地方。"她说："一定要争取多上公开课。这是你最好的'炼炉'。没有这个平台，你就会失去和大家一起解剖的机会，失去共享酸甜苦辣的机会。就因为有了'公开'这面镜子，你才知道怎样不断地修正，不断地纠正自己，并改正自己；你才知道自己平常的课好，有时花的是'公开'的利息。"啊，当时我就想：这是在对我说的吗？

　　读着窦桂梅老师所描写的由于公开课而成长起来的经历，我反省自己，之所以要放弃，无非是怕受到大家的"解剖"，让那些平时大家看不到的浅薄显露出来。可如果像窦桂梅老师这样的名师都经历了这样的"炼狱"才走到今天，每天对她们都心存向往的我，又有什么理由放弃这次机会呢？当我想清楚了，反而放松下来。我尽自己最大的努力，把"绿耕"学习所引起的思考，融入自己的教案中，一次次推翻自己，不断地反复修正。那真是一个"痛苦"的过程，每天都是12点钟后才睡去，睡梦中还在思考……第一次走出《理想的风筝》的课堂，陈琳老师和朱家平老师这样评价我的课：很流畅、很舒服。当时一种淡淡的喜悦浮动在心头。这样可贵的求索经历，让我时时地为自己感动着，像这样全身心地去备课、全身心地去上课的时候真是太少了！《理想的风筝》这篇课文我上了四次，每一次都有新的思考，每一次又都会从大家的"解剖"中了解到自己出现的新问题。我很庆幸，我给了自己弥补缺陷的机会。

　　"燕子去了，有再来的时候；杨柳枯了，有再青的时候；桃花谢了，有再开的时候"，这样的话让人产生无限的希望与憧憬。可是，燕子再回来，杨柳又爆青，桃花依旧开放，她们以看似相同的面貌出现在我们面前的时候，我们是否留心过它们，即便北归的仍然是去年的燕子，也是长大抑或变化了的燕子；杨柳和桃花呢，又怎么会是去年的树叶和花瓣？（这是书中窦桂梅老师充满智慧的语言）

　　那么我呢，还是以前的我吗？

　　公开课呀，多么的赤裸裸，它让美的、丑的在课堂上一一呈现，美的固然让我欣喜，而丑的更让我刻骨铭心。

通过公开课，我发现自己的课堂存在着两个明显的缺陷。第一个缺陷：因为我的大部分精力都放在了研究教案上，个个教学环节、起承转合都了然于心，所以课堂上"舒服""流畅"成了亮点。可学生呢？我好像把他们忽略了。

"讲与学的黄金的分割"这部分内容，这样描述这种现象："我们看到这样的景象，'死'的教案成了看不见的手，支配着'活'的教师和学生，让他们围着它转；课堂成了'教案剧'出演的舞台，教师是主角，好学生是配角，大多数学生是不起眼的'群众演员'——甚至在很多情况下，学生仅仅是'听众'或'观众'。"

"……随着认识的深入，我们已经渐渐懂得，老师绝对不能一味地传播知识，在我们身上更应该具备的，是把课堂的生成及学生可持续发展的意识与能力，以及怎样把'一言堂'变成学生自主探讨的过程，以更好地按照学生的认知规律达成学习的目的。"

窦桂梅老师的话是不是一语中的？

第二个缺陷是第一个缺陷的连锁反应，因为我没有关注学生，所以无法把握课堂上的生成，表现为常常在自说自话。

窦老师这样告诉我们：即使是在学生地位已被置于主体的今天，我发现，对学生进行听的要求与训练却一直没有得到应有的重视。我们在与学生交流时，对听的严重忽视甚至漠视依然普遍存在。但细细想来，这小小的倾听正是学会尊重别人，学会真诚处事，学会关心，也学会合作所必不可少的。正是这小小的倾听习惯，会对学生的人生产生不可估量的影响。因此，是否可以这样说，有的时候，"倾听"比"表达"更重要……今天的孩子要学会倾听，但这需要为人师表的老师率先学会倾听学生的声音，而且这里我们老师不仅是要学会倾听，更重要的是要给学生做语言医生……有时学生的发言初听起来石破天惊，似乎有点古怪，但闪光点常常就在其中——只需要老师慧眼识珠，来个锦上添花。更多的时候，学生会出现用词不当、语句不通顺，甚至所答非所问、空话套话连篇等各种各样的疾病，但不论出现何种状况，矫正的重任，都落在了我们语文教师的身上。

"……我们知道，青蛙的眼睛很难注意到不活动的昆虫，这不是因为青蛙不想，而是它生理结构的限制造成的。教师无法对学生发言的细节问题做出适当的评价和引导，这实质上是教师自身知识和能力储备的问题……"

是啊，我在全心地投入之后，所表现出来的缺陷仍那么明显，平时我的课堂呢？我无颜去想。

如今，《优秀小学语文教师一定要知道的7件事》我仍在读，并不断地在反省自己。我不敢以"优秀"自居，而是要用这面"优秀"的镜子照亮自己达到"合格"的路。我很庆幸自己能读到这本书，它让我知道了每天所要坚守的语文课堂原来可以创造那么美好的境界。

最后，仍以这本书中窦桂梅老师的话来结束：

"我听到时光的钟声,告诉我已经长大……这是和学生在毕业典礼上唱的歌。那钟声是在告诉学生,也在告诉我们——告别幼稚与懵懂,走向我们的未来……前途漫漫,孔子'乐在其中',颜回'不改其乐'——这应当成为我,以及所有期待优秀的语文教师的座右铭。"

向着优秀,我们永远在路上。

读《我只欠母亲》有感

梁振茹　清水学校

对我而言，母亲就像春天的暖风一般吹拂着我的心；母爱就像绵绵细雨一般滋润着我的心田；母爱就像冬天的火炉一般温暖着我的躯干。

我们或许有时会对一个陌生人的一点关怀念念不忘，却对母亲的大爱视若无睹，甚至嫌她唠叨；或因一些小事就大发雷霆……然而，母亲却永远在一旁默默地支持我们，给予我们支持和鼓励。

《我只欠母亲》这篇文章是来源于作者赵鑫珊心扉的声音，声声掷地有声，夹杂着对自己过去物质的负疚和对母亲感恩似的怀念。读来扣人心扉。现实中，我们也经常这样对身边的爱习以为常，接受得坦然，以为是我们应得的，但付出得却太少。《我只欠母亲》就像一面警钟在敲响，给了我们深刻的经验教训。文章给我印象最深的一段：

大妹问过母亲："妈，你为什么最喜欢哥？"

"你哥是妈烧香拜佛求来的崽。"

祖父一共有五个儿子，我父亲是长子。母亲头胎和第二胎都是女儿，不到两岁便夭折。不久，我二婶生了儿子叫赵宝珊，这样一来大家庭的长孙便在二房，不在大房。我母亲的地位大受威胁，遭到歧视。在饭桌上，祖父常用讽刺的口吻，冷言冷语敲打我母亲："先长胡子的，不如后长须的。"意思是二婶后来者居上，先得了儿子，我的母亲落后了。20世纪三十年代的中国，重男轻女，母以子贵现象很严重。

母亲忠厚、老实，只好把眼泪往肚子里咽。她偷偷地去万寿宫拜佛，求菩萨保佑赐给她一个儿子。不久我出生了。

我上大学离开家乡的前一夜，妈舍不得我，抱着我睡。当时我十七岁。其实自我出生，从没有离开过娘。好在我走后，还有弟弟妹妹在母亲身边。

往北京的火车渐渐开动的时候，我看到母亲、大妹、弟弟和小妹久久站在站台上目送我。这回妈没有哭。

我这个人，活到今天，谁也不欠，只欠我母亲的，没能在她身边侍奉她八年、十年，使我深感内疚。

我的母亲和作者的母亲经历虽不太相同，但每读此文，不知何种原因，我总能很容易地就对号入座。我的母亲在两岁时患了脑膜炎，最后导致丧失了听力。两岁，那正是一个孩子在学习语言能力的时候，可是听力都没有了，她又拿什么去学说话呢？

自我记事起，村子里的人，包括我的奶奶都是称呼我母亲"哑巴"，听到"增书"这个名字也仅限于我父亲及姥姥家人口中。小时候年幼，我尚且不懂这是一种羞辱。但随着年龄的增长，我便愈发感觉到了这是一种极大的不尊重。因此，村子里一些大门没少被我用石头砸过，人也没少被我骂过。说起奶奶，直至她去世，她心里都不曾认可过我的母亲。即使我那不健全的母亲教育出了一个人民教师，她也认为一切太不合乎情理。

每讲到有关歌颂母爱的文章时，我总是喜欢和学生们分享一些母亲为我做的事：睡前母亲总是会放一杯热水在我卧室的床头柜；夜半母亲起夜时，总是会推开我卧室门看看我的被子是否盖好；看到我长白头发了，母亲也总是赶紧给我拔下来……其实有时文章表达的内容孩子们很容易就能读懂，但是能否悟透还真不敢妄下定论。与其去给他们讲透，倒不如带领着孩子们结合生活，从自身回忆寻找，去感悟母爱之伟大，让他们自己去悟出：孩儿的成长，是母亲再生的希望；孩儿的失败，是母亲酸楚的泪水；孩儿的成功，是母亲幸福的微笑。为了母亲的微笑，为了明天的收获，必须要努力！

记得母亲曾用极为不专业的哑语向我比画着：你别结婚了，你跟人家走了我该哭了。近些年因为工作及一些其他原因，我有时一两个月才能和母亲见上一面。现在母亲的每日生活重心则是含饴弄孙。希望等到我出嫁的那一天，画面是她抱着她的孙子微笑着送我出家门。因为从小到大母亲为我流过太多的眼泪，而我已不想再看到她为我流泪了。

路在脚下
——《草房子》读后感
张克全　三家店铁路中学

我与爱人在同一所学校工作，也许是工作的缘故，我俩总是一起看书，共同给孩子讲故事，慢慢地姑娘成了我们家的"小书虫"。家里的书柜里摆放着孩子喜欢的各种图书，有《三国演义》《山海经》《昆虫记》等许多书籍，它们与我们朝夕相处，给我们带来无穷的欢乐。我清楚记得这些都是我们给姑娘的奖品，节假日我们全家旅游的第一场所便是图书馆。我们会定期看一些图书，这个假期我们共同选择了《草房子》这本书。

也许是书中的故事情节有许多与我们的过去有相似之处的缘故，经常惹得我们高声畅谈，特别是文中的一个主人公秃鹤，他与我们成长有同病相怜的缘故吧，让我们对这本书有一份格外的感觉。秃鹤是他的绰号，他的真实名字叫陆鹤，不知是什么缘故他生下来就是个秃子，小时候没上学前人们叫他秃鹤，他没在意。但上了学后，同学们依然嘲笑他，渐渐地，他变得很自卑，家人们想了很多办法，戴帽子、抹姜片……，但始终没有改变同学对他的看法。

转机来自油麻地小学一年一度的话剧《屠桥》会演，时间紧迫，没有人愿意变为光头，角色又是位伪连长的角色，在这紧急时刻，秃鹤勇挑重担，刻苦训练，最后演出圆满成功。从此，还是秃顶的陆鹤变成了师生们心中最英俊的少年。读完故事，我们身受同感，特别是我的宝贝公主，第一个谈起了她第一次上舞台演讲的经过，只见孩子声情并茂地讲起："那是我上四年级时，当老师宣布谁参加校看连环画讲故事通知时，我第一个举手报名。班级最淘气的同学口口声声道：'张伯雅，大舌头还参加比赛。'"紧接着全班一片哗然。孩子的心像被万根钢针刺一样难受，后背凉凉的，眼泪不住在眼睛里打转。但她还是拿到了老师给我的演讲稿，她在家里反复练习，梦里都在想这件事，作为爸爸妈妈，我们也不停地鼓励孩子，等到校级比赛姑娘竟拿到了第一名，可同学们都觉得不是她自己做到的，因为我们都是学校的老师的缘故，她不敢相信每天相处的学生竟不相信自己，不过这并不能打倒孩子的信心，谁都知道天降大任于斯人之前，必将让她经历许多磨难。姑娘成功进入了代表学校参加区级比赛的名单，她加倍努力，作为爸爸妈妈的我们指导姑娘细节，孩子也不停地提问，我们也耐心地讲解，使姑娘信心百倍，每天孩子都把客厅当作舞台展示自我，功夫不负有心人，在区级比赛再次夺魁，最后宝贝代表区里参加了市级比赛，获得了优秀奖。同学们也不停地给她送来了祝福。从这件事，让孩子懂得了很多很多，感谢同学们多角度的鼓励，明白了自己确实有先天缺憾，但通过后天的努力完全可以弥补。

听到孩子的心声，我与爱人多了一份认同、欣慰、幸福。这也是我们共同的心得。我自言自语地说："如何定一个好的题目？"姑娘高兴地："老爸，今天可不上课。"还跳起了优美的舞步，爱人接着说道："明白了，路在脚下如何？"我们都点头微笑。

我赶紧伏案记录下这美好的时刻。其实，通往梦想的路再长，也会被我们的双脚征服。不积跬步，无以至千里；不积小流，无以成江海。

读《论语》改变人生

周伟川　首师大附中永定分校

北宋的程颐说："如读《论语》，未读时是此等人，读了后又只是此等人，便是不曾读。"可见，通过学习改变人生是孔子教育的一大特色。

为什么读《论语》会有改变人生的作用呢？这源于《论语》所坚守的基本教育理念。

一、为人处世比知识重要

"子曰：'弟子入则孝，出则悌，谨而信，泛爱众，而亲仁。行有余力，则以学文。'"孔子的意思是：只有做人做好了，有余力才可以去学习典章文献。"子夏曰：'贤贤易色；事父母，能竭其力；事君，能致其身；与朋友交，言而有信。虽曰未学，吾必谓之学矣。'"翻译为子夏说："对妻子，重品德，不重容貌；侍奉爹娘，能尽心竭力；服侍君上，能豁出生命；同朋友交往，说话诚实守信。这种人，虽说没学习过，我一定说他已经学习过了。"这更是明确在讲：为人处世就是最重要的学习。

学习典章文献只是狭义的"学习"，其目的仍然是能够在生活中实践运用。"子曰：'诵《诗》三百，授之以政，不达；使于四方，不能专对，虽多，亦奚以为？'"意思是："诵习了三百首诗，授他以政事，不能通达；派他出使四方，不能独立应对。学到的知识再多，又有什么用呀！"那个时期学习的目的就是为了在生活中用，要能胜任行政、外交、军事、襄礼、文书等各种实际工作。

二、以"仁"为核心的教育就是做人的教育

孔子的核心思想是"仁"。体现为："爱人""己欲立而立人""己欲达而达人""己所不欲勿施于人"……这些话说起来容易，难在"做"上面。孔子最令人敬佩的是他能在生活中践行这些理念。

孔门弟子更多的时候就是通过观察孔子在生活中怎样待人应事来向老师学习的。

下面我们来看《论语》中的几个例子。从日常生活片段中，我们来感受孔子怎样关心社会上的弱势群体。

1."厩焚。子退朝，曰：'伤人乎？'不问马。"

孔子的马棚失了火。孔子从朝廷回来，问："伤人了吗？"不问是否伤了马。

马棚失火最有可能受伤的是地位低下的养马人，春秋时期这个工作常常由奴隶负责。马是那个时期重要的财产，甚至比"人"要贵重得多。中西方都曾有奴隶社会一匹马的价格相当于五个奴隶的记载。齐景公的马死了，齐景公甚至要杀掉养马人。

2."师冕见，及阶，子曰：'阶也'。及席，子曰：'席也。'皆坐，子告之曰：'某在斯，某在斯。'"

"师冕出。子张问曰：'与师言之道与？'子曰：'然，固相师之道也。'"

师冕来见孔子，走到台阶，孔子道："这是台阶啦。"走到坐席旁，孔子道："这是坐席啦。"都坐定了，孔子告诉他说："某人在这里，某人在这里。"

师冕告辞出去。子张问道："这是同盲人讲话的方式吗？"孔子道："对的，这本来就是帮助盲人的方式。"

我深为孔子体贴入微地照顾盲乐师所感动，特别是为盲乐师一一介绍席间的各位客人，谁坐在哪个位置，这已经不仅仅是照顾盲人的起居了，更体现出孔子对残疾人人格尊严的高度尊重。

3."朋友死，无所归，曰：'于我殡。'"

朋友死亡，没有负责收敛的人，孔子便道："丧葬由我来料理。"古代办丧事花费很高，贫困学生颜回的丧事也是孔子负责办理的，其规模甚至超过了儿子孔鲤，孔子还差点为此卖掉自己的马车。

4.原思为之宰，与之粟九百，辞。子曰："毋！以与尔邻里乡党乎！"

原思是孔子的学生，家庭贫困。孔子为了帮助他，让他担任自己家的总管，孔子给他小米九百，原思认为太多了不肯受。孔子道："别推辞，有多余的，分给你的穷邻居们！"孔子不只是帮助学生，还通过学生来救济贫苦百姓。

成为"仁者"是孔子教育的最重要目标，学生每天都沐浴在孔子仁爱的光辉中。

孔子是我国历史上最伟大的教育家，《论语》是一部教导人们做人的书。通过修身，可以使人格变得更美好，并进而影响家、国、天下。让我们读《论语》改变人生，让社会变得更加美好。

后 记

为全面而深入地总结门头沟区"中小学校园阅读素养提升工程"的实施效果，展示我区教育科研的成果和实力，交流和推广校园阅读推广活动的经验，进一步促进和深化区域整体推进校园阅读项目的开展，在区域领导的高度重视下，在相关科研人员的共同努力下，《区域整体推进校园阅读促进的研究及实践——北京市门头沟区校园阅读素养提升项目成果集（上、下册）》正式与大家见面了。这是一份记载着我们科研心路的手札。书中记载的内容，是我区自2016年"校园阅读素养提升项目"实施以来，不断探索、辛勤耕耘、积极开展阅读促进和推广研究的智慧与结晶，是全面深化教育改革的重要成果。

在编纂本书的过程中，门头沟区的基础教育工作者们时时刻刻紧随国家教育改革的发展步伐，在多年的教育教学实践的基础上，积极推动课程和教学的整体性变革，在校园阅读推广领域一直保持着坚定的信念和初心，为推进教育事业改革和创新积累了一些经验。

在编纂过程中，关心门头沟区教育发展的各界领导、专家和教授给予了高度重视和足够的支持，又承蒙各位科研人员的辛勤付出与精诚合作，编纂工作才得以顺利完成。在此谨表谢意！

由于时间仓促，加之编纂人员水平有限，书中难免有疏漏和不足之处，敬请读者批评指正。

编者

2018年3月4日